Die Andere Bibliothek

Begründet von
Hans Magnus Enzensberger

Marcel Proust
Das Flimmern des Herzens

Aus den französischen Druckbogen
erstmals übersetzt, mit einem Anhang
und einem Vorwort versehen von

Stefan Zweifel

A la recherche du temps perdu

~~Les Intermittences du Cœur~~

~~Charles Swann~~
LE TEMPS PERDU
Du côté de chez Swann

PREMIÈRE PARTIE

CAMBRAY

Longtemps, je me suis couché de bonne heure. Parfois,
à peine ma bougie éteinte, mes yeux se fermaient si vite
que je n'avais pas le temps de me dire : « Je m'endors. » Et, une demi-heure après, la pensée qu'il était
temps de chercher le sommeil m'éveillait ; je voulais
jeter le journal que je croyais avoir encore ~~en mains~~
et souffler ma lumière ; et j'étais bien étonné de voir
autour de moi une obscurité ~~qui~~, douce et reposante
pour mes yeux, l'était peut-être plus encore pour mon
esprit, à qui elle apparaissait comme une chose sans
cause, incompréhensible, comme une chose vraiment

obscure, et qui lui faisait sentir l'obscurité intérieure
où il était lui aussi plongé. Je me demandais quelle
heure il pouvait être ; j'entendais le sifflement des trains
qui, plus ou moins éloigné, comme le chant d'un oiseau
dans un forêt, relevant les distances, me décrivait l'étendue de la campagne déserte où le voyageur se hâte vers
la station prochaine ; et le petit chemin qu'il suit va
être gravé dans son souvenir par l'excitation qu'il doit
donner à des lieux nouveaux, à des actes inaccoutumés, au vent froid sous les étoiles qui désormais toute
sa vie, dans ces claires soirées qui suivent les averses
réveillera en lui le désir du départ, à la causerie récente
et aux adieux sous la lampe étrangère qui le suivent

tourner d'un demi-cercle, j'étais a[...]
grand'tante, morte depuis bien des années ; et mon
corps, le côté sur lequel je reposais, gardiens fidèles
d'un passé que mon esprit n'aurait jamais dû oublier,
me rappelaient la flamme de la veilleuse de verre de
Bohême, en forme d'urne, suspendue au plafond par
des chaînettes, la cheminée en marbre, de Sienne, le
crucifix à la tête du lit, l'odeur du bénitier et du ra-
meau, l'haleine de l'élève, dans ma chambre à coucher de Combray, chez mes grands-parents, en ces jours
lointains (qu'en ce moment je me figurais actuels sans
me les représenter exactement et que je reverrais mieux
tout à l'heure quand je serais tout à fait éveillé), où il
y avait encore des chambres à coucher et des grands

parents : Les que chaque sentiment avait son caractère exclusif comme chaque chose avait son temps et
sa place, où l'on n'aimait pas ses parents parce qu'ils
étaient intelligents ou agréables mais parce qu'ils
étaient vos parents, où l'on n'allait pas dormir parce
que Noé en avait envie, mais parce que c'était l'heure
d'aller dormir et où il fallait, durant la longue céré-
monie du déshabiller, goûter jusqu'à la lie le renonce-
ment aux autres qui bavardaient en bas, l'acceptation
de se coucher et la volonté de trouver le sommeil dans
le grand lit exhaussé où l'on montait par deux degrés
s'anéantir sous le baldaquin, entre les rideaux bientôt
refermés de reps rouge aux bandes de velours frappé
de même couleur ; --- dans ces temps où, quand on
était malade, la vieille médecine vous laissait expirer
plusieurs jours sous vos couvertures et quelques cou-
vre-pieds ajoutés, la faute d'avoir pris froid, et livré
aux soins immoraux et vulgaires de quelques tisanes
antiques comme les fleurs des champs et la sagesse des
bonnes femmes, bourrache, queue de cerise ou séné,
qui vous faisaient vivement tremper votre flanelle et
remplir votre pot ; et sans le secours d'aucun de ces
produits pervers de l'immoralité moderne, antipyrine,
trional, aspirine, aussi puissants désorganisateurs des
lois de la famille que du fond du « tempérament »,
puisqu'ils ne tendent à rien moins qu'à faire croire
qu'on peut dans une certaine mesure mener, quand on
est malade, la vie d'un homme bien portant, qu'on
peut, après être resté couché toute la matinée, des-
cendre une heure au soleil, causer le scandale d'une
promenade en robe de chambre dans le jardin, et ôter
ainsi toute excuse de ne pas s'être levé à l'heure régle-
mentaire et d'avoir forcé la cuisinière à servir un double « petit déjeuner ».

Mais non, je devais être dans un fauteuil : j'étais
dans ma chambre chez Mme de Villeparisis, à la campagne ; mon Dieu ! il est au moins dix heures, on de-

IM „HERRZEN"
DER LITERATUR

Marcel Prousts sanfte Wandlung im Spiegel seiner Druckfahnen

Lieber Freund und Verleger,
Sie scheinen mir mein Überarbeitungssystem vorzuwerfen.
Ich gebe zu, es kompliziert alles [...]. Doch Sie kannten es, denn
Sie waren [im April 1913] mit Jacques Copeau bei mir, als er
angesichts der überarbeiteten Druckfahnen von Grasset ausrief:
„Aber das ist ja ein ganz neues Buch."
Marcel Proust an Gaston Gallimard,
21. oder 22. Mai 1919

In der Sade'schen écriture *besteht die Korrektur niemals im*
Streichen, sie kastriert nicht, sie fügt hinzu: eine paradoxe
Technik, die nur wenige Schriftsteller praktizieren, darunter
immerhin Rousseau, Stendhal, Balzac und Proust.
Roland Barthes

Wie wollte man sich nicht neben Marcel Proust in sein
Bett legen wollen, vom Lärm und Gerede der Welt durch
Korkwände geschützt, umduftet vom Nudeldampf seiner
Haushälterin Cécile Albaret und jenen „Petites Madeleines", in denen er, spiegelbildlich verkehrt, die Initialen
seines Namens versteckte? In ihrem Duft trat ihm jene Gegenwelt der Kindheit entgegen, die sich zu einem Roman
formte, den nicht er, Marcel Proust, der weithin bekannte

Salonliterat und Dandy des erlesenen Geschmacks schrieb, sondern „jener kleine Junge, der zwischen mir in Ruinen spielt".[1]

Nur dieser Junge, so Proust, hätte das Recht, seinen Roman zu schreiben, denn er würde mit ihm den souveränen Zugriff der Literaturkritiker im Gefolge des Großmeisters Charles-Augustin Sainte-Beuve außer Kraft setzen, die den Autor mit seinem Werk verwechseln und mit dem „perlenden Parlando" ihrer Pointen, wie Proust bemerkt, das Publikum amüsieren, anstatt ins Herz der Texte vorzustoßen. Diese führen ein Leben, das nicht vom Autor als „Subjekt" beherrscht wird, sondern sich auf dem „Subjektil" der Druckfahnen neu formiert und zu einer Epiphanie des jähen Jetzt weitet, indem die „jets", die Züge und Würfe der Feder, sich im Ungestalten, im Formlosen des Tintenflecks verdichten, der als Rorschachtest vielleicht weniger über den Autor aussagen, als über uns: seine Leser.

Legen wir uns also in jenes ungemachte Bett, in jenen Riss zwischen den zwei Versionen eines bereits druckfertigen Romans und seiner Neufassung; taumeln wir zwischen dem 31. März und dem 25. April 1913 von Tag zu Tag, von Nacht zu Nacht, von Druckbogen zu Druckbogen, je und je acht Buchseiten in jenem Sprung nehmend, der uns aus dem Bekannten ins Offene des Kreativen lockt, in jene „innere Erfahrung", in der wir als Leser das Buch Satz für Satz neu gestalten und uns, in der Übertragung einer Fassung in die andere, vom „R" jenes Herzens entrücken lassen, das Proust beim Zerschneiden und Umkleben der Druckfahnen in die verstörende Signatur eines Wortes versetzt, das auf dem allerersten Druckbogen noch „cœurr" heißt und unser Herz zerreisst in der ungestalten Form des: „Herrzens".[2]

Dieser Riss öffnet uns jenen Untergrund des Werkes, den wir unter den „ratures", den „Streichungen" der Autoren suchen, im Wissen, dass Proust nur zu einem sexuellen Höhepunkt fand, wenn er, in einer kühnen Inszenierung seiner Lust, erst dann zum Orgasmus fand, falls er, unter einer Spitzendecke liegend, darauf wartete, dass in einem Käfig eine Ratte, eine, wie er betonte, „fette" Ratte, durch den ritzenden Stich einer Nadel getötet wurde,[3] um im Aussetzen ihres Herzens seine eigenen *Intermittences du cœur* zu erleben, vor lauter Lust ersterbend wie der Erzähler Marcel im Abtritt des Hauses seiner Kindheit in „Combray" – oder Proust selbst, wenn er die Spitze seiner Feder, kreativ statt kastrativ, in das Gewebe seines Textes sticht...

EIN KREATIVES GEMETZEL

Hundert Jahre lang schlummerten diese Druckbogen unbelichtet von der Proust-Forschung, aber immer wieder von den Interpreten schmerzlich vermisst,[4] im Dunkel der Archive. Nach dem Tod von Proust haben sein Bruder Robert Proust und dessen Frau Marthe Dubois-Amyot die 51 Druckfahnen zu *Combray* und *Eine Liebe von Swann* mit zahllosen anderen Manuskripten aufbewahrt. Nach dem Tod von Robert Proust 1935 verkaufte Marthe sie an den Sammler Jacques Guérin. Bei Guérins Tod wiederum fanden sich diese Druckbogen in dessen Nachlass: Sie wurden am 6. Juli 2000 von *Christie's* in London versteigert und von der Fondation Martin Bodmer ersteigert, für 663.750 Pfund.[5]

Zweimal drei Stunden durfte der Proust-Forscher Anthony R. Pugh die Druckfahnen vor der Auktion einsehen,[6] dann verschwanden sie wieder im Dunkel der Archive, bis endlich, zum 100. Geburtstag des Romans, die Fondation Martin Bodmer zusammen mit dem Pariser Verlag Gallimard eine luxuriöse Faksimile-Ausgabe der ersten 29 Druckbogen zu *Combray* edierte, die Charles Méla kundig kommentierte und transkribierte.[7]

Endlich konnte man das „missing link" der Proust-Forschung studieren und geriet, wie etwa Andreas Platthaus in der FAZ, angesichts dieses „kreativen Gemetzels" in Verzückung. Eines der letzten großen Geheimnisse der Proust-

Forschung war gelüftet, von dem man nur aus Prousts Briefen wusste – etwa aus jenem, den er am 12. April 1913 an Jean-Louis Vaudoyer sandte, am Tag, als er gerade den Placard 15 erhalten hatte:

„Ich bin dabei, meine ersten Fahnenabzüge zu korrigieren. [...] Meine Korrekturen sind bis anhin (ich hoffe, das geht nicht so weiter) nicht wirklich Korrekturen. Es bleibt nicht eine von 20 Zeilen des ursprünglichen Textes (ohne von einer anderen ersetzt zu werden). Da wird durchgestrichen, korrigiert, auf allen weißen Stellen, die ich finden kann, und ich klebe überall Papiere hinein, oben, unten, rechts, links, etc."

Proust hofft, dass er den „Scharfsinn der Drucker" nicht überfordert – und wir hoffen, dass dieses Ping-Pong mit den beiden anderen Sets der Druckfahnen, die die Bibliothèque Nationale in Paris aufbewahrt,[8] unseren Scharfsinn in den Anmerkungen nicht total überfordert hat... Jedenfalls versuchte Proust seinen Verleger Bernard Grasset am 19. April 1913 präventiv zu beruhigen – gerade war Placard 20 eingetroffen und Proust hatte wohl schon die komplexen Umschichtungen auf den Placards 16 und 17 vorgenommen:

„Wir haben ja einen Vertrag, aber... ich werde Ihnen Geld überweisen! Denn ich habe die Fahnen, die Sie mir zugesandt haben, so stark überarbeitet, dass ich ein unredlicher Mann wäre, wenn ich eine solche enorme Zahl von Korrekturen als Teil unserer Übereinkunft betrachten würde. Letztlich ändert der Text sich nicht so extrem, denn alles, was ich beifügte, habe ich meist wieder gestrichen. Trotzdem wird sich die Dimension des Buches ändern (alles in allem eher eine Kürzung), jedenfalls ein unentwirrbares Durcheinander, das Ihren Arbeitern viel Mühe bereiten wird, worüber ich untröstlich bin und auch beschämt, so dass es nur gerecht ist, wenn Sie mir zusätzliche Kosten in Rechnung stellen, die Sie festlegen und die ich mit Vergnügen begleichen werde." Grasset wird ihm

595 Francs in Rechnung stellen – für Proust, damals noch Millionär und Börsenspekulant, ein Schnäppchen.

Es bleibt das Paradox: Er hat ein ganz neues Buch geschrieben – und: es hat sich nichts verändert. Nun also kann man diese beiden Bücher, das alte und das neue, oder eben die: beiden gleichen Bücher nebeneinander lesen – und zwischen ihnen bildet sich jenes dritte Buch, das jeder Leser in sich trägt.

DER TOD DES SYMBOLISMUS

Was bewog Proust zu seinen Korrekturen? In einem ersten Korrekturgang, den wir in den Anmerkungen dokumentieren, hat er nämlich nur wenig korrigiert. Doch am 1. Mai 1913 erschien von Jacques Rivière ein epochaler Text in der führenden Literaturzeitschrift Nouvelle Revue Française, in dem Rivière der symbolistischen Literatur den Todesstoß versetzte:

„Wir sind an einem Punkt angelangt, wo sich spürbar etwas verändert hat. [...] Die Literatur hat eine neue Richtung eingeschlagen. [...] Etwas geht nicht mehr, und jeder Autor, der leben will, muss sich jetzt davon abwenden: vom Symbolismus. [...] Er ist tot, und auf dem Pfad, den er eröffnete, gibt es nichts mehr zu entdecken. Da hilft kein Starrsinn; diese Seite („côté") verbaut eine Mauer." [9]

Proust reagierte zunächst irritiert, ablehnend gar, hatte er doch seinen Roman, wenn auch ohne Erfolg, zunächst dem vom Symbolismus geprägten Verlagshaus Mercure de France angeboten; doch vielleicht ahnte er, dass er in Rivière den ersten Leser finden würde, der die innere Stringenz seiner Komposition erahnen und ihn nach dem Krieg bei Gallimard durch die nächsten Bände begleiten sollte.

Der Placard 6 etwa ist, wie die umgeklebten Seiten aus dem Set NAF 16753 zeigen, zunächst noch verhalten korrigiert worden, ehe Proust weite Teile strich und die Parallele zwischen Marcels und Swanns in die Liebe „emigrierter" Beklemmung in all ihrer psychischen Komplexität vertiefte,

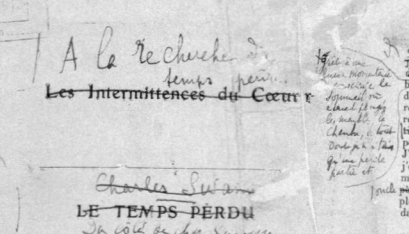

À la recherche du temps perdu

Les Intermittences du Cœur

Charles Swann

LE TEMPS PERDU

Du côté de chez Swann

PREMIÈRE PARTIE

CAMBRAY

I

... à peine ma bougie éteinte, mes yeux se fermaient si vite que je n'avais pas le temps de me dire : « Je m'endors. » Et, une demi-heure après, la pensée qu'il était temps de chercher le sommeil m'éveillait ; je voulais jeter le journal que je croyais avoir encore en mains et souffler ma lumière ; je n'étais bien étonné de me souffler ma lumière ; je n'avais pas cessé en dormant de faire des réflexions sur ce que je venais de lire, mais ces réflexions avaient pris un tour un peu particulier ; ...

... obscure, et qui lui faisait sentir l'obscurité intérieure où il était lui aussi plongé. Je me demandais quelle heure il pouvait être ; j'entendais le sifflement des trains qui, plus ou moins éloigné, comme le chant d'un oiseau dans une forêt, relevant les distances, me décrivait l'étendue de la campagne déserte où le voyageur se hâte vers la station prochaine ; et le petit chemin qu'il suit va être gravé dans son souvenir par l'excitation qu'il doit donner à des lieux nouveaux, à des actes inaccoutumés, au vent froid sous les étoiles qui désormais toujours se vie, dans ces claires soirées qui suivent les averses, s'éveillera en lui le désir du départ, à la causerie récente et aux adieux sous la lampe étrangère qui le suivent encore on voltigent dans la solitude et le silence de la nuit, à la douceur prochaine du retour.

J'appuyais tendrement mes joues contre les belles joues de l'oreiller qui, toujours pleines et fraîches sont comme les joues de notre enfance. Je frottais une allumette pour regarder ma montre. Bientôt minuit. C'est l'instant où le malade, qui a été obligé de partir en voyage et qui a dû coucher dans un hôtel inconnu, réveillé par une crise, se réjouit en apercevant sous la porte une raie de jour. Quel bonheur c'est déjà le matin ! Dans un moment les domestiques seront levés, il pourra sonner, on viendra lui porter secours. L'espérance d'être soulagé lui donne du courage pour souffrir. Justement il a cru entendre un pas ; le pas se rapproche puis s'éloigne. Et la raie de jour qui était sous sa porte a disparu. C'est minuit ; on vient d'éteindre le gaz ; le dernier domestique est parti et il faudra rester toute la nuit à souffrir sans remède.

Je me rendormais, et parfois je n'avais plus que de courts réveils d'un instant, le temps d'entendre les craquements organiques des boiseries, d'ouvrir les yeux pour fixer le kaléidoscope de l'obscurité, de goûter ... un pot de confi... appels momentanément ... à ma vue, ... que je ne permettrait de

constater qu'il fait noir dans le buffet et que le bois jouissait ... sommeil où était plongée la chambre, et tout doucement dont j'étais une petite partie à l'insensibilité duquel je retournais vite m'unir. Ou bien en dormant j'avais rejoint sans effort un âge à jamais révolu de ma vie primitive, retrouvé telle de mes terreurs enfantines comme celle ... qui me ... traitait par mes boucles, qu'avait dissipée le jour, — dafa... pour moi d'une ère nouvelle, — où on les avait coupées. J'avais oublié cet événement pendant mon sommeil, j'en retrouvais le souvenir, aussitôt que j'avais réussi à m'éveiller pour échapper aux mains de mon grand-père, mais par mesure de précaution j'entourais complètement ma tête de mon oreiller avant de retourner dans le monde des rêves.

Quelquefois, comme Ève naquit d'une côte d'Adam, une femme naissait pendant mon sommeil d'une fausse position de ma cuisse. Formée du plaisir que j'étais sur le point de goûter, je m'imaginais que c'était elle qui me l'offrait. Mon corps qui sentait dans le sien sa propre chaleur voulait s'y rejoindre, je m'éveillais. Le reste des humains m'apparaissait comme bien lointain auprès de cette femme que j'avais quittée il y avait quelques moments à peine ; ma joue était chaude encore de son baiser, mon corps courbaturé par le poids de sa taille. Si, comme il arrivait quelquefois, elle avait les traits d'une femme que j'avais connue dans la vie, j'allais me donner tout entier à ce but : la retrouver comme ceux qui partent en voyage pour voir de leurs yeux une cité désirée et s'imaginent qu'on peut goûter dans une réalité le charme du songe. Peu à peu son souvenir s'évanouissait, j'avais oublié la fille de mon rêve.

Un homme qui dort, tient en cercle autour de lui le fil des heures, l'ordre des années et des mondes. Il les consulte d'instinct en s'éveillant et y lit en une seconde le point de la terre

qu'il occupe, le temps qui s'est écoulé jusqu'à son réveil ; mais leurs rangs peuvent se mêler, se rompre. Qu'il se soit endormi brusquement, tourné sur un côté où le repose... pas d'ordinaire la flexion de ses membres, aussitôt les myriades des étoiles s'échappent, tombent à terre et s'éteignent, quoique la nuit commence à peine et quelles brillent de leur plus vif ... tout cela le ciel ; s'il s'éveille alors dans ce premier somme il ne saura plus l'heure, se figurera que le matin est proche. Que vers le matin au contraire, après quelque insomnie, le sommeil le prenne en train de lire, dans une posture trop différente de celle où il dort habituellement, il suffit de son bras soulevé pour arrêter et faire reculer le soleil, et à la première minute de son réveil il estimera qu'il vient d'aller se coucher. Que s'il s'assoupit dans une position encore plus déplacée et divergente, par exemple après dîner assis dans un fauteuil, alors le bouleversement sera complet dans les mondes désorbités, le fauteuil magique le fera voyager à toute vitesse dans le temps et dans l'espace, et quand il ouvrira les paupières, il se croira couché quelques mois plus tôt dans une autre contrée. Mais il suffisait que dans mon lit même mon sommeil fut profond et détendit entièrement mon esprit ; alors celui-ci lâchait le plan du lieu où je m'étais endormi, et quand je m'éveillais au milieu de la nuit je ne savais pas où je me trouvais.

Peut-être l'immobilité des choses autour de nous leur est-elle imposée par notre certitude de ce que sont elles et non pas d'autres, par l'immobilité de notre pensée en face d'elles. Toujours est-il que, quand je me réveillais ainsi, mon esprit s'agitant pour chercher, sans y réussir, à savoir où j'étais, tout tournait autour de moi dans l'obscurité, les choses, les pays, les années. Mon corps, trop engourdi pour remuer, cherchait, d'après la forme de sa fatigue, à repérer

oder auf dem Placard 1 den azurnen Schmetterlingsflügel verbannte, der die bergenden Arme der bereits als verstorben beweinten Arme der Mutter umflatterte (vgl. S. 33).[10]

Proust will kein sinnlicher Symbolist mehr sein, färbt er doch die entsprechenden Passagen ironisch oder schreibt sie dem Prahlhans Legrandin zu, und er betont in Briefen, dass sein Erinnerungswerk nicht eine „passive Wollust" darstelle, sondern: einen „Akt". In diesem Sinn verwirft er auch den Titel *Das Flimmern des Herzens*[11] genauso wie eine mehrfach erwogene Variante: *Die erdolchten Tauben*, als allzu allegorisch.[12] Ja, er erwägt zunächst sogar, wie man eingangs sieht, den Balzac'schen „trockenen" Titel *Charles Swann*, ehe er mit *Du côté de chez Swann* einen „grauen" Ton ins Spiel bringt, der das erdhafte „Gelände" betont, wie wenn die Bauern sagen, sie gingen „du côté de chez Monsieur Rostand", womit Proust das vieldeutige Wort „côté" aus Rivières Aufsatz geschickt einflicht.

Am radikalsten spürt man diesen epochalen Einschnitt beim Auftakt zum zweiten Teil *Eine Liebe von Swann*, der noch auf „unserem" letzten Druckbogen, dem Placard 29, zu sehen ist: Proust streicht auf den Druckfahnen 57 Zeilen, in denen der Salon der Verdurins mit den „calli" in Venedig verglichen wird:

„Es verhielt sich mit M. und Mme Verdurin wie mit gewissen Plätzen in Venedig, ungekannt und raumgreifend, die ein Spaziergänger eines Abends durch Zufall entdeckt und von denen kein Führer je gehandelt hat. Er dringt in ein Netz aus kleinen Gassen ein, die mit ihren Rillen allerwärts jenes Stück Venedig ritzen, das er vor sich findet, eingespannt zwischen die Kanäle und die Lagune, doch jählings findet er sich am Ende jener ‚calli', ganz so, als hätte sich die Materie von Venedig im Moment ihrer Kristallisation gedehnt, auf einem weiten ‚campo' wieder, dem er nie eine solche Bedeutung beigelegt hätte und auch nicht den Raum, umringt von zauberhaften ‚Palazzi', auf deren Fassaden sich die Meditation des Mondes heftete."

Zunächst bleibt nur stehen: „Die Verdurins luden nie zu Diners, denn bei ihnen hatte man immer sein ‚Gedeck‘.“ Und kurz danach fügt er handschriftlich eine weniger symbolistische als soziologische Skizze ein: „Um zum ‚kleinen Kern‘, zur ‚kleinen Gruppe‘, dem ‚kleinen Clan‘ der Verdurins zu gehören, war eine Bedingung hinreichend, aber auch notwendig: Man musste stillschweigend einem Credo stattgeben, das unter anderem den Glaubensartikel umfasste, dass der junge Pianist, den Madame Verdurin in jenem Jahr protegierte und von dem sie sagte: ‚Eigentlich sollte es nicht erlaubt sein, dass jemand *so* Wagner spielen kann!‘, besser spielte als Rubinstein, und dass Doktor Cottard besser diagnostizierte als Potain.“

Dieser neue Ton bestimmt die Wandlung der Placards, die Proust am 23. Mai dem Verleger zurückschickt, und er wird Proust bis zu seinem Tod begleiten. Man könnte in Anlehnung an Samuel Becketts Interpretation von 1930 von einem impressionistischen „*autosymbolisme*“ sprechen, bei dem sich die Fesseln von Ursache und Wirkung zwischen Subjekt und Objekt in den unübersichtlichen Sätzen so weit lockern, dass das einzelne Ding und das einzelne Wort dem lesenden Ich kurz ein Feld der Freiheit eröffnet und von einem Leben jenseits der Zeit zeugt.[13]

‖‖‖‖ DIE GRABWESPE IM KORKZIMMER ‖‖‖‖

Wie das Opfer der Grabwespe, die Proust in seinem Roman summen lässt (vgl. S. 390/391) und die ihre Beute mit Nervengift lähmt, damit die eigenen Jungen, erst einmal geschlüpft, an frische Nahrung herankommen, lebend noch, aber unbeweglich, so lag auch er da: Marcel Proust, in der Nacht auf den 18. November 1922, den hageren Kopf auf das Kissen gebettet, nach dem letzten tödlichen Kuss der Zeit – abgezehrt und Inbild jener Autoren, die sich ihrem Werk aufopfern, Untergeher und Hinübergeher zugleich.

So sieht man ihn auf der – wohl fälschlicherweise Man Ray zugeschriebenen – Photographie von 1922: *die* moderne Ikone des Autors als Subjektil seines Werkes.[14] Und so muss man ihn sich wohl vorstellen, als Opfer seiner literarischen Aufgabe: Mehr und mehr hat Proust seinen Bewegungsradius eingeschränkt, tauchte kaum mehr bei Festen und Bällen auf,[15] schleppte sich selten nur noch und tief in der Nacht ins Hotel Ritz an der Place Vendôme, um ein eiskühles Bier zu zischen, eine letzte Lust, höher geschätzt als das Sexuelle, bevor er sich wieder, „700 Briefe im Rückstand", in sein Bett legte, das Nachthemd voller Brandlöcher, weil er gegen sein Asthma rituelle Räucherungen vornahm. Dort lag er, Grab und Wespe zugleich, umsorgt von seiner privaten „Françoise", Cécile Albaret, der er – vom Veronal erschöpft, das er seit 1911 süchtig einnahm und dann mit bis zu „17 Tassen Kaffee" bekämpfte – kuriose Zettel hinlegte:

„Es zieht sehr stark. Wärmen Sie mir etwas Vichy-Wasser auf, dieses hier hat keine Kohlensäure mehr. Ich konnte Sie nicht nach meinen Kartoffeln fragen, mir ist schlecht von der widerlichen Torte. Ich friere. Ist es in der Küche wärmer als hier? Haben Sie Croissants? Ich fürchte, die Kartoffeln dauern zu lange. Wie lange brauchen Nudeln? Entschuldigung, dass ich so oft läute."[16]

Doch Cécile Albaret war ihm nicht nur eine Françoise, die die Poulets ebenso gekonnt kochte, wie kochend vor Wut tötete, sondern sie gab den Zettelchen, die Proust in seine Druckfahnen einklebte, den mythisch gewordenen Namen „paperoles", in dem sich das „Papier" mit dem Mündlichen der „parole" mischt, diktierte Proust doch sein Werk über weite Strecken Stenographen; und sie half ihm, mit diesen Paperoles eine Art zweites Nachthemd zusammenzunähen, das Gewebe seines Textes, den er Nacht für Nacht auflöste wie Penelope, um seine Freier, also: uns Leser, auf die Folter zu spannen.[17] Sie war es auch, der er, mitten in einer Frühlingsnacht 1922, den letzten Zettel zu seinem Werk zeigte, in zitternder Schrift das Wort „Ende" unter jenes Werk setzend, für das er allein noch lebte:[18]

„Das ~~verlieh~~ ließ diesen Menschen, die ich beschrieb, [...]
~~eine Gestalt, monströs, einen unendlich gelängten Raum~~
~~grässlicher Wesen,~~ grässlichen FabelWesen gleichen, monströs, ~~einen ohne Maß gedehnten geweiteten Platz in der~~
~~Zeit~~ als würden sie einen ~~gestreckten Raum~~ Raum einnehmend, ~~ohne Maß in der Zeit gedehnt, weit~~ so beträchtlicher
~~als der~~ im Vergleich zu dem derart beschränkten Platz, der
ihnen im Raum vorbehalten ist, einen vielmehr ohne Maß
gedehnten Platz ~~in der Zeit~~, da sie simultan wie Giganten,
in die Jahre gesenkt, ~~so weit entfernte~~ ganze Epochen, so
weit entfernt voneinander, durchleben, zwischen die sich
Tage sonder Zahl schoben – in der *Zeit*.
Ende"

IM LABYRINTH DER VARIANTEN UND VARIATIONEN

So war er umgeben von der ganzen Brut, die die Grabwespe in seinem Zimmer hinterlassen hat, umgeben von
jenen Wesen, die sich von ihm nährten: über hundert
Notizhefte, das erste ein Geschenk der verehrten, geliebten Mme Geneviève Straus, noch aus dem Januar 1908
stammend, dann die erst kürzlich entdeckte kleine *Agenda*
1906 mit Regieanweisungen für frühe Abschriften, die drei
Typoskripte, Auszüge von Szenen, die er im *Figaro* vorab-
drucken ließ – Verworfenes und Varianten zu Tausenden,
so umspannten ihn die Schriftzüge, die sich über vierzehn Jahre erstreckten und in denen er sich immer tiefer
verstrickte.

Man könnte nun in der von Anthony R. Pugh rekonstru-
ierten Abfolge das *Cahier 4* vornehmen, um dann auf das
Cahier 8 überzuwechseln, man könnte dabei beobachten,
wie sich erste Motive formieren, wieder abtauchen, eine Episode skizzenhaft aufblitzt, um weit hinten im gleichen Heft
wieder aufgenommen zu werden, wie die Madeleine den
Weißdornen Platz macht, hinter den Hecken eine braunhaarige Kellnerin auftaucht, phantasmatischer Ersatz für

Gilberte, die ihn im Licht der Frühe vor Kathedralen lockt, dann ganze Passagen, die er zweiteilt und wie gewisse Betrachtungen über *François le champi* (vgl. „Georges Sand vs. Gustave Flaubert") ans Ende des Werkes versetzt.

Man könnte mit Proust und seinen wechselnden Schreibkräften jeden Sommer nach Cabourg reisen, mitverfolgen, wie sich das Typoskript zu füllen beginnt, um 1909 schon, wie die Kohlenabzüge hin- und herwechseln, wie später Seiten eingefügt, neu nummeriert werden, bis Proust dann eine erste Folge von 160 Seiten den Freunden vorlas und ersten Verlegern schickte.

Doch allen lang eingefädelten Intrigen und aller schmeichelweichen Briefdiplomatie zum Trotz, schlugen Prousts Versuche, einen Verleger zu finden, wieder und wieder fehl: Mercure de France winkte genauso ab wie Fasquelle und dann der Direktor von Ollendorff, ein gewisser M. Humblot, der wohl nur noch für diese Zeilen bekannt ist: „Ich kann nicht verstehen, dass jemand dreißig Seiten darauf verwendet, zu beschreiben, wie sich ein Monsieur in seinem Bett hin- und herwälzt, bevor er Schlaf findet."

Und so wie jede Übersetzung an den „Wirbelbeinen" scheitern kann, die sich in die Stirn von Tante Léonie ziehen,[19] scheiterte der nächste Versuch an ebendieser grammatikalisch wirren Stelle, auf die, beim ersten Blättern, das Auge von André Gide fiel, sodass er den Verlag Gallimard zur Ablehnung bewog, was Gide später als den größten Fehler seines Lebens bezeichnen sollte.

UNTERWEGS ZUM BUCH

In der Tat wird Prousts Werk nach dem Ersten Weltkrieg doch noch zu Gallimard und damit auch zu Gide wechseln. Doch zuvor fand Proust in seiner Verzweiflung einen anderen Verleger: den jungen Bernard Grasset, dem er zusicherte, er wolle das Buch „auf eigene Rechnung" verlegen, um nie „die Kontrolle" darüber zu verlieren.

Ihm versichert er, der erste Band sei gar nicht so dick,

wie es scheint, sicher „nicht über 700 Seiten", eine Art magische Grenze, die der Verleger nicht überschreiten will. Sie werden sich im Februar und März 1913 rasch einig, wobei Proust darauf beharrt, dass das Buch nicht 10 Francs, sondern nur 3,50 Francs kosten soll, um die „wahren Leser" nicht vom Kauf abzuhalten.

Proust möchte das Werk zu diesem Zeitpunkt in drei Bänden erscheinen lassen: *Die verlorene Zeit*, *Die Seite von Guermantes* und *Die wiedergefundene Zeit*. Der erste Band umfasst drei Teile: *Combray*, *Eine Liebe von Swann* und *Namen und Orte: Namen*; heimlich merkt Proust schon vor, wo er den dritten Teil dieses Bandes unterbrechen könnte, damit das Buch nicht zu dick wird. Doch noch feilscht er um Platz und Anschläge: Ihm schwebt eine Edition wie Gustave Flauberts *L'Éducation sentimentale* bei Fasquelle vor: Mit „37 Zeilen pro Seite", wobei man, drängt Proust, vielleicht die Zeilen noch strecken könnte, um Raum zu gewinnen. Als Nächstes „versenkt" oder „verwebt" er, je nach Standpunkt, die Dialoge in die erzählenden Abschnitte, um Platz zu sparen, und überhaupt würde er *Combray* am liebsten in einem einzigen endlosen Abschnitt drucken lassen.

Dann endlich treffen die ersten Druckbogen ein. Schon auf dem ersten verheddert er sich, muss seine eigene Technik erst noch finden, sich darin üben, bis er zuletzt 1,65 Meter lange Paperoles in seine Texte einnähen sollte. Man sieht auf dem ersten Druckbogen schön, wie er zunächst nur wenig Eingriffe macht, die unter den späteren Streichungen noch zu sehen (und in den Anmerkungen zu lesen) sind. Kühn und kühner schneidet er aus den drei Abzügen Stellen aus, klebt sie um, verschiebt zuletzt gar einen ganzen Placard (Nummer 17) nach vorn und verbindet ihn mit der Hälfte des Placards 16.

Bald gibt Grasset zu bedenken: „Ihre Korrekturen verändern den ursprünglichen Text an zahlreichen Stellen so sehr, dass es einfacher wäre, den Text neu zu setzen, statt die ersten Fahnenabzüge beizuziehen, da auf ihnen nur noch ein paar Satzfragmente übrig bleiben." Vorsorglich wird Grasset als Erscheinungsdatum des Romans das Jahr „1914" aufs Vorblatt setzen, da er nicht mehr damit rechnete, dass das Buch am 14. November 1913 erscheinen würde...

Wie in einem Kriminalroman kann man nun verfolgen, wie Proust den Roman umschichtet, wie er wieder und wieder von Hand zwischen die gesetzten Seiten neue Formationen von Wörtern setzt, gewaltige Todeskreuze bildend, mit denen er ganze Passagen zu Grabe trug, um sie gleich wieder neu zu erwecken, in anderer Gestalt.

Der Naturforscher Vington etwa wandelt sich in den Komponisten Vinteuil, dessen Kompositionen die sadistische Geliebte seiner Tochter später, als sie sich liebevoll um sein Grab kümmern sollte, rekonstruiert – darunter jene „Phrase" aus dem „septuor", in das Proust die Buchstaben seines Namens schmuggelt: p r o u s t.

WAHRE BIBLIOPHILIE

So wird Proust, das Subjekt, zum Subjektil, zum Druckbogen selbst, über den sich die „jets" seiner Tintenspuren ziehen wie einst der silberne Faden, den der Erzähler im Abtritt seines Hauses aus sich selber zog; damals, als zunächst ein Flieder, dann die wilde Johannisbeere durch die Öffnung des Fensters klafften,[20] in dem phallisch der Wehrturm einer Ruine ragte, in der sich – so wird der Erzähler Tausende von Seiten später erfahren – die Kinder der Gegend erotischen Ausschweifungen hingaben, was Proust zunächst mit einer „unzüchtigen" Geste von Gilberte neben dem grünen „Spritzschlauch" andeutete.[21] Oder auch im Namen des Ortes „Troussainville"; aber das war wohl des Guten zu viel, und statt gleich unter die „geschürzten" Röcke zu blicken, erfindet er auf den Druckfahnen den vielstimmigen Ortsnamen „Roussainville le pin", in dem sich die phallische Pinie mit den heiligen („saints") Brüsten („seins") der Mädchen und dem rötlichen Haar

(„rousse") von Gilberte überlagern, gipfelnd im opalfahlen Ejakulat des Tintenflecks.

Weshalb also wollen wir unter den Streichungen zurück auf die Druckfahnen von 1913 blicken? Vielleicht, weil auch für uns gilt, was Proust am Ende des Romans feststellt, als er, vom schiefliegenden Pflasterstein im Hof der Guermantes an Venedig erinnert, in der Bibliothek der Duchesse de Guermantes den Band von *François le Champi* in die Hand nimmt und ihm dämmert, dass die Originalausgabe, falls ihm die Gabe zur Bibliophilie eignen würde, für ihn nicht die Erstausgabe des Romans wäre, sondern jene Ausgabe, aus der ihm seine Mutter vorgelesen hatte, in jenen Nächten, als der Wind durch Combray strich. So lesen wir, wie jener Junge, der allein den Buchtitel des Romans von George Sand einmal noch entziffern dürfte, stotternd und stockend, die Druckbogen, die Proust im Tagestakt vom 31. März 1913 an in Empfang nahm, um sie, als „neues Buch", am 23. Mai seinem Verleger Bernard Grasset zu retournieren. So wird sein Werk für uns Spätgeborene zur „ritournelle", in ewiger Bewegung wiederkehrend, und doch nie einen festen Platz gewinnend, denn es ändert sich mit jeder Lektüre neu.

||||| | | GEGENLÄUFIGE RHYTHMEN | |||||||

Jetzt endlich kann man sich diesen beiden gegenläufigen Rhythmen aussetzen, dem Rhythmus der Druckerei und dem Rhythmus eines flimmernden Herzens, dem Rhythmus einer Sprache, die von den ersten Kritikern als „barbarisch" gedeutet wurde, als deutsch oder lateinisch,[22] aber gewiss nicht als französisch,[23] denn die parataktischen Satzfügungen dehnen sich schmerzlich zu nie enden wollenden Sätzen, bis im letzten Wort die Spannung implodiert, die Spannung eines Satzes, eines Abschnittes, eines ganzen Kapitels, wie in der alles entspannenden „Tasse Tee".[24]

Schmerzlich und von einer sehnenden Sucht nach Erlösung getragen, türmen sich Prousts Parataxen als eine Art „lautmalerische Syntax" wie die Herzkammern des Winters und die Kammern des Sommers, in denen er Raum und Zeit entflieht, unter dem bedrückenden Druck einer pyramidalen Decke. Er weiß, dass die Kunst des Romanciers darin besteht, die vielen Schichten seiner Eindrücke in endlosen Überarbeitungen zu verdichten, damit er nicht wie der Autor Bergotte, dessen Liebe für Archaismen Proust bis ins 17. Jahrhundert zurückdehnt, zuletzt vor dem gelben „Eck" auf einem Bild von Vermeer zusammenbricht und mit der Erkenntnis stirbt, dass er, Bergotte, so geschichtet hätte schreiben müssen. Vielmehr soll ihm das von bengalischem Schein erleuchtete Eck in Combray, in dem sich als Puzzleteil seines Unbewussten die Szenerie seiner Jugend verdichtet, das ganze Gebäude der Erinnerung und das Raunen der durchmessenen Räume über einem Tröpfchen Lindenblütentee eröffnen, ihn zurückjagen auf die zwei Wege, die zwei Seiten von Guermantes und Méséglise, die Wege zwischen der lesbischen Liebe und der homosexuellen Lust, im Aussetzen des Herzschlags das Mannmännliche und das Frauweibliche vermittelnd – vermittelnd auch zwischen „den beiden Seiten", die bei Proust den Essay und den Roman, den Essay *Gegen Sainte-Beuve* und den Roman *Auf der Suche nach der verlorenen Zeit* zusammenschießen lassen: in jenem „punctum", das jeder Leser für sich erfahren muss und vor dem ihn kein „studium", kein Wissen schützt.[25]

Denn in der Literatur, da tauchen wir, vom „Muth des Dichters" verführt, wie Hölderlin sagte, „baar ins Leben" zwischen das „woogenluftige" Wassergewölk, doch im Tod noch, wenn wir in die Tiefe stürzen, durch die pyramidalen Herzkammern unserer Erinnerungen taumelnd, da „schützet" uns wie den Dichter: „die Einfalt nur".[26]

Der Einfall des Dichters setzte sich Proust aus, als die „Zwiefalt" mit seiner Mutter, mit der er gerade John Ruskin übersetzt hatte, durch ihren Tod im September 1906 zerbrach. Ihm dämmerte, dass er nun zum „Übersetzer seiner selbst", zum Autor werden müsste, der die Motive seines gescheiterten Romans *Jean Santeuil* neu bündelt: „Die Pflicht und Aufgabe eines Schriftstellers (nicht eines Künstlers: eines Schriftstellers) sind jene eines Übersetzers."

Doch zunächst flüchtete er sich für sechs Wochen in eine Klinik. Über diesen Aufenthalt ist kaum etwas bekannt. Immerhin erwägt er eine Weile, wie in „Auf der Suche nach dem ersten Satz" nachzulesen ist, den Auftakt aus der Perspektive des Sanatoriums zu schildern: Rückblickend auf jene Zeit, als er noch zu „guter Stunde" ins Bett ging, zu einer anständigen Stunde sozusagen, nämlich um „zehn Uhr abends", und nicht erst am Morgen, auf den unzeitigen „Gutnachtkuss" der Mutter wartend.

Ob am Tag oder in der Nacht: Der erste Wink kommt ihm aus einem Traum, den er 1908 auf der ersten Seite seines allerersten Notizheftes notiert:

„Traum von Maman, ihr Atem, sie wendet sich um, seufzt – *Du liebst mich doch, lass mich nicht noch einmal operieren, denn ich glaube, dass ich sterben werde, es lohnt sich nicht, mein Leben zu verlängern.*

Schweizer im Vorraum, die Hellebarde geschultert, lässt bei jedem Gast einen Stock auf den Steinfliesen am Eingang ertönen."

Diese erste Epiphanie verweist bereits auf die zwei ungleichen Pflastersteine im Hof der Guermantes. Schlüsselerlebnisse lassen die Zeiten und Projekte [27] aquarellartig ineinander verfließen, und die Liebe zur kleinen Gilberte wandert über die gemeinsame Silbe „bert" in den Körper von Albertine: Dabei verarbeitet Proust seine Eifersuchtsqualen nach der Flucht seines Chauffeurs Alfred Agostinelli, dem er einen Sekretär als Spion nachschickt –

C'est dans le volume sur son ambassade d'Espagne.
Ce n'est guère qu'un journal mais du moins un journal
fait ainsi. Je ne première différence avec les assa-
nous croyons obligés de lire matin et soir. "Je ne suis
où la lecture des journaux me semble fort agréable."
...du col de Swann dans le Figaro illustré,
gens qui nous intéressent!" enchérit ma tante Céline.
étonné. Ce que je reproche aux journaux c'est de nous
jours à des choses insignifiantes tandisque nous lis-
notre vie les livres où il y a des choses essentielles. Je
fiévreusement la bande du journal le matin, choses ou
et mettre dans le journal moi je ne sais pas, les.
détacha le mot d'un ton d'emphase ironique pour ne
Et c'est dans le volume doré sur tranches que nous
tous les dix ans apporte-t-il a... il a... pour

Ça désir d'affecter certains mondains que nous lisions dans
La Reine de Grèce et elle à Cannes ou que le Prince de Léon a
cela ne pas ta proposition serait ...lli... mais regrettait de
ne me lègue une à choses sérieuses...
conversation dit - a éronique... je ne sais pas pourquoi...
tournant ses bon grand ton... Et ma tante... mon a...

ce n'est pas un des meilleures
merveilleusement c'est ce qui
ants journaux que nous
pas de votre avis, il y a des jours
... montrer qu'elle avait bien la
...and ils parlent de choses, ou de
Ah! je ne dis pas... répondit...
faire faire attention tous les
...trois ou quatre fois dans
...devrait changer les choses
... Pascés ou Pascal (il
...pas avoir l'air perdant)
...voudrions qu'une fois
... choses qu'on aimerait

... vêtir... garnie près que
... d'un bal costumé. Comme
... était car il allait à faire
... une bien belle

que notre grand'mère
sirions dans la salle à
manger, on ne me
laisserait pas rester
pendant toute la durée
du dîner et je prie
de pas contrarier mon
père, maman ne me
laisserait pas lui donner
un très long baiser
devant le monde depuis
l'embrasser avait dit
le monde encore comme
si j'avais été dans
ma chambre. Aussi
...achet...
...souvent...
...la sall...

ne leur disait pas de donner la main à

Imagine-toi
mes parents
dans les pays scandinaves
il faudra qu'elle reçoive Diverici
Indiens

Vous savez, c'est la
meilleure vie dont il soit : « Jamais
Je ne vis dans cette épaisse bouteille que de l'humeur
de la grossièreté et des sottises. » « Épousez-vous ou non je connais
des bouteilles où il y a tout autre chose

... je relisais ce matin
int-Simon, disait Swann à mon grand-père,
chose qui vous aurait amusé Saint-Simon,
volume ... en ambassade d'Espagne raconte
fevrier avait eu l'audace de tendre la main à
... Je ne sais si ce fut « ignorance » ou « pan-
écrit Saint-Simon, il voulut donner la main à
ants. Je m'en aperçus assez tôt pour l'en-
r. » Mon grand-père s'extasiait déjà sur « igno-
l panneau », mais Mlle Céline, chez qui le
Saint-Simon, — un littérateur, — avait une
nesthésie complète des facultés auditives, s'in-
éjà : « Comment ? vous admirez cela ? Eh !
st du joli ! Mais qu'est-ce que cela peut vou-
est-ce qu'un homme n'est pas autant qu'un
qu'est-ce que cela peut faire qu'il soit duc ou
il a de l'intelligence et du cœur ? Il avait
manière d'élever ses enfants, votre Saint-
il ne leur disait pas de donner la main à
nnêtes gens. Mais c'est abominable, tout
nt. Et vous osez citer cela ? » Et mon grand-
é, sentant l'impossibilité, devant cette obs-
de chercher à faire raconter à Swann, les
qui l'eussent amusé, disait à voix basse à
Rappelle-moi donc le vers que tu m'as appris
soulage tant dans ces moments-là. Ah ! oui :
r, que de vertus vous nous faites haïr ! »
ne c'est bien ! » *Céline*

du moment où ils l'ont fermée. Mais
ur pas agacer mon père qui trouvait
« manifestations de tendresse » ridicules, ne
l'embrasser devant le monde » qu'une
retirait, aussitôt approché, son visage ; je
nt que ce baiser serait si court et furtif, je
ance tout ce que j'en pouvais faire seul,
avant que neuf heures sonnent la place
de maman où je l'embrassais, je prépa-

dit : « Où allons
va te coucher. » Je
voulus embrasser
maman à la
pronad on attendit
la cloche du dîner.
Il ... mais ne voyez-vous
ta mère, tous vous êtes
a my dit bersoie
Comme cela, ces mani-
festations sont
ridicules. Allons
monte. Et il me
fallut monter, il
me fallut

que j'embrasserais

Les soirs où des étrangers, ou seulement M. Sw[ann]
étaient là, maman ne montait pas dans ma cham[bre].
Je ne dînais pas à table, je venais après dîner a[u jar-]
din, et à neuf heures je disais bonsoir et je m[e]
me coucher. Ce baiser précieux et fragile que me
me confiait d'habitude dans mon lit au mome[nt de]
m'endormir et que ces soirs-là il me fallait trans-
ter du jardin dans ma chambre et garder pendant
le temps que je me déshabillais, sans que se bris[ât sa]
douceur, sans que se répandît et s'évaporât sa v[ertu]
d'apaisement, justement ces soirs-là où j'aurais [eu]
besoin de le recevoir avec plus de précaution, il fa[llait]
que je le prisse, que je le dérobe brusquement, pu-
quement, sans même avoir le temps et la liberté d[']
prit nécessaires pour porter à ce que je faisais ce[tte]
attention des maniaques qui s'efforcent de ne [pas]
penser à autre chose pendant qu'ils ferment une po[rte]
pour pouvoir, quand l'incertitude maladive leur r[evien-]
dra, s'ils l'ont fait ou non, lui opposer victorieuseme[nt]
le souvenir du moment où ils l'ont fermée. M[...]
maman pour ne pas agacer mon père qui trouv[...]

[Marge supérieure gauche, manuscrit :] Mais le seul d'entre nous pour qui la venue de Swann fût l'objet d'une préoccupation douloureuse, c'était moi. C[...] et que les

[Manuscrit :] Je dînais avant tout le monde et je venais ensuite m'asseoir [...] jusqu'à neuf heures [...] table, jusqu'à [...] convenu que [...] où il [...] coucher.

[Marge :] nous étions tous au jardin

[Bloc manuscrit central :]

Quand retentirent les deux coups hésitants de la clochette, on savait que c'était [...]
envoya ma grand'mère en reconnaissance. [...] Pensez à le remercier [...]
[...] vin [...] pêches, elle vous savez qu'[...] de mon grand-père
[...] ne commença pas à chuchoter [...] dit ma grand'tante. [...]
arriva dans une maison où tout le monde parle bas. Ma mère pen[...]
rait toute la peine que dans notre famille on avait pu faire à Swan[n]
elle trouve le moyen de le [...] amener un peu à l'écart.
[...] Mais je le suivis ; je ne pouvais me [...]
d'un pas en pensant que tout à l'heure il faudrait que je le [...]
et que je remonte dans ma chambre sans avoir comme les a[utres]
qu'elle vînt m'embrasser. « Voyons, M. Swann, lui dit-elle, [...]
votre fille ; je suis sûre qu'elle a déjà le goût des belles œuvres [...]
venez donc vous asseoir avec nous tous sur la verandah, dit [...]
fut obligé de s'interrompre mais en s'effaçant. Ma mère [...]
mais elle tira de cette contrainte [...] une pensée délicate [...]
[...] que la tyrannie de la [...] force à trouver leurs plus [...]
reparlerons d'elle quand nous saurons [...] dit-elle à lui vous a[...]
maman qui soit digne de vous comprendre. Je suis sûre que la sien[ne]
nous vous estimons tous autant ou [...] de fer. J'aurais voulu [...]
d'un groin [...] que je pourrais ce soir dans ma chambre [...]
de me persuader qu'elles n'avaient aucune importance, qu'elles [...]
demain matin, je [...] de me de m'attacher à des [...] idées d'av[...]

[Bas, titre gravure :] [...] en [...] murmillences pl. 5

[Colonne bas gauche, manuscrit :]
[...] comme sur une [...]
de l'[...] prochain qui m'effrayait.
Mais mon esprit tendu par ma
préoccupation, rendu convexe
comme le regard que je dardais
sur ma mère, ne se laissait
pénétrer par aucune impression
qui lui fût [...] touchée ou [...]
[...] la distraire étrangère.
[...] restaient bien au loin

[Colonne bas droite, imprimé :]
l'autre. Mais je n'ai pas perdu mon temps [...]
J'ai rencontré chez M. Legrandin un vieux sa[...]
connaît beaucoup Maubant, et à qui Mauba[nt]
quait dans le plus grand détail comment il s'[y prend]
pour composer un rôle. C'est tout ce qu'il y a [de plus]
intéressant. Peut-être pourrait-on obtenir de [lui]
vînt dîner un soir. Quand on le met sur Mau[bant ou]
sur Mme Materne, il parle des heures sans s'a[rrêter]
« Ce doit être délicieux, soupirait mon gr[and-père]
dans l'esprit de qui la nature avait malheureus[ement]
aussi complètement omis d'inclure la possi[bilité]...

Planche 5

(fragments manuscrits, marge gauche supérieure)

néanmoins on
...blement de son
...Deux billes sous
...confortable
...main, et il m'a prévu
...un mot d'elle efface
...is son mariage.
...Il n'y a plus que moi
...à ... le guitte
...Dans le salle à manger
...is la consolation
...moi un peu de
...ton Papa" c'était
...and père. Ma tante
...gée de s'interrompre
...Comme les bons
...
...Ah! j'ai ...
...ait de mon aussi
...pas pensé aux heures
...aujourd'hui, je te dis
...je les aurais oubliés
...ma cousine
...aurait de que

(marge gauche inférieure)

...Vington

"C'est un voisin de M.
Vington, je n'en savais
rien. Il est très
aimable." "Il n'y
a pas que M. Vington
qui ait des voisins...

(texte imprimé central)

...rais ma pensée, comme un peintre ne peut obtenir
que de courtes séances de pose, prépare sa palette, et
a fait d'avance de souvenir, d'après ses notes, tout ce
pour quoi il pouvait à la rigueur se passer de la pré-
sence du modèle. Quelquefois, ce commencement mental de baiser, qui me permettait de consacrer toute
la courte minute que m'accordait maman, à sentir sa
joue contre mes lèvres, il m'était même refusé car bien
avant l'heure mon grand-père, une de mes tantes avait
la férocité inconsciente de dire : « Comment! le petit...

(marge droite, fragments)

de père
ma por
pourra
le Comm
mental
baiser ...
toute la Cour
qu m'ac
...
sa joue
mes lèvre

die Telegramme lesen sich als Stenografie jener Roman-
teile rund das geheime erotische Leben von Albertine, die
er während des Krieges zwischen die bereits bestehenden
Teile der *Recherche* schiebt.

Er verewigt seine enttäuschte Liebe und Eifersucht zu
seinem Chauffeur also in *La Prisonnière* und *Albertine dispa-
rue* – eine Arbeit der Trauer. Am 30. Mai 1914 schrieb er
Agostinelli noch, er werde ihm einen Aeroplan schenken,
ein Flugzeug, und darin eingraviert ein Sonett von Stépha-
ne Mallarmé, dessen Titel, *Le Cygne*, auf deutsch suggestiver
wirkt: Verweist *Der Schwan* doch auf *Eine Liebe von Swann*.
Aber hélas, der 30. Mai war der Tag, als Agostinelli während
einer Flugstunde in der Nähe von Nizza ins Meer stürzte.

|||||| | IN DER ZWIEFALT ‖ ‖ ‖ ‖ ‖ ‖ |||||

Aus einem kleinen Streifen Papier kann bekanntlich, wenn
man ihn nur in den richtigen Tee taucht, wie bei jenem japanischen Spiel – oder einem chinesischen?, fragt Proust
noch 1911 einen Freund –, die ganze Welt sich entfalten,
aus der Zwiefalt zwischen Raum und Zeit. Und vielleicht
auch kann, so denkt man, das ganze Werk von Proust aus
einem einzigen Band sich entfalten, oder gar nur aus dem
„Mantra der ersten fünfzig Seiten", wie Roland Barthes
1978 meinte. Vielleicht gar aus einem einzigen Satz, wie
Julia Kristeva am Satz über die Kammern des Winters und
des Sommers demonstrierte:

„die winterlichen Zimmer,
   wo man,
      ins Bett gekuschelt,
  den Kopf in ein Nest schmiegt,
     das man aus den unterschiedlichsten Sachen
     zusammengestoppelt hat:
       einer Ecke
         des Kopfkissens,
      dem Saum
        der Decken,

dem Ende
eines Schals,
der Kante
des Bettes
sowie einer Ausgabe
der *Débats roses*,
all dies nach Art der Vögel gekittet,
indem man,
noch und noch,
das eigene Gewicht dagegenpresst;
wo man
bei eisigem Wetter
das Gefühl genießt,
von der Außenwelt geschieden zu sein
(wie die Meeresschwalbe,
die am Grund gewölbter Höhlen
in der warmen Erde nistet),
und wo man
dank des Feuers,
das die ganze Nacht im Kamin genährt wird,
wohlig schlummert,
eingehüllt in
einen Mantel aus Luft,
warm und rauchig,
durchschossen vom Glanz glimmender Kohlen,
eine Art unfühlbarer Alkoven,
heiße Höhle,
mitten ins Zimmer gegraben,
eine glühende Zone im wallenden Gewand
thermischer Schichten,
von Luftzügen durchzogen,
die unser Gesicht erfrischen,
aus Ecken wehend,
aus den kühlen Bereichen
rund um das Fenster
oder fern vom Feuer; –

Kammern des Sommers,
  wo man es genießt,
    der lauen Nacht verbunden zu sein,
etc."[28]

Weshalb also nicht: Nur *Combray*? Natürlich hätte Proust gegen eine Publikation des ersten Teils ohne *Eine Liebe von Swann* und *Namen und Orte: Namen* protestiert. So wird er in einem Brief an Paul Souday noch am 17. Dezember 1919 auf dessen kritische Einwände erwidern: „Dieses Werk (dessen schlecht gewählter Titel ein wenig täuscht) ist minutiös ,komponiert' (ich könnte Ihnen gern etliche Beweise dafür geben, dass das letzte Kapitel des letzten Bandes direkt nach dem ersten Kapitel des ersten Bandes geschrieben wurde). Der ganze ,Zwischenraum' ist danach geschrieben worden, aber das ist schon lange her. Der Krieg hat verhindert, dass ich Druckfahnen erhielt, die Krankheit hindert mich jetzt daran, sie zu korrigieren."

Und doch: In diesem ersten Teil, den er auf den Druckfahnen noch vor dem Krieg beendete, zwischen den Eindrücken beim Einschlafen und dem Licht der Frühe beim Erwachen, steigt, wie aus dem Duft einer Tasse Tee, das gesamte Œuvre von Proust auf, im Dunst der Sätze, die zwischen den beiden Fassungen sich unmerklich verändern und durch neue Gewichtungen und Umschichtungen aus dem bereits gedruckten Roman *Das Flimmern des Herzens – Combray* den Auftakt zu seinem Jahrhundertwerk bildeten: *À la recherche du temps perdu*.

Mehr noch hätte er Einwände gehabt, die erste Version zu publizieren, wie er am 20. Januar 1918 an Jacques-Émile Blanche schreibt, den er in einem Vorwort nach einer noch unkorrigierten Fassung zitiert hatte: „Ich finde es theoretisch grundsätzlich abwegig, einer ersten Fassung, einem Entwurf etc. den Vorzug zu geben. Sainte-Beuve behauptete stets, ,in den späteren Ausgaben nicht das Feuer usw. wiederzufinden'. [...] Ich fände es mithin idiotisch, Ihre Zweitfassungen für minderwertig zu erklären. Ich ähnelte sonst jenen Leuten, die von Molière nicht den *Menschen-feind*, sondern den *Tollpatsch*, von Musset nicht die *Nächte*, sondern die *Ballade an den Mond* lieben, das heißt all das, was Molière und Musset abzustreifen suchten, um zu höheren Formen zu gelangen. Ungeachtet dessen und ungeachtet der Gültigkeit dieses Prinzips kann es dann und wann vorkommen, dass ein erster Wurf einen Schwung hat, den zu restriktive Korrekturen hemmen. Ich frage mich, ob das nicht zuweilen in Ihren *Portraits et Essais* der Fall ist [...] Der Dichter muss auszuwählen und Opfer zu bringen wissen, aber ist es nicht von Vorteil, wenn der Autor des Vorworts ein Dokument liefert?"[29]

Doch sind Prousts Druckfahnen lange vor Henri Michaux' Drogenexperimenten mit Mescalin und lange vor Cy Twomblys Schriftschaustücken nicht unbezahlbare Kunstwerke, in denen sich das Schriftbild versinnlicht, wobei sich allein schon die Satzzeichen zu einem unerhörten Werk fügen wie in Kleists *Die Marquise von O*, deren Auftakt, ohne die Wörter, wie folgt aussähe?:

„   ,   ,

          ,   ,

                    .   —   ,

                              ,

          ;   ,

                    ;

    ."[30]
    .

PS:
Es gab in meinem Leben vielleicht kaum seligere Momente als dann, wenn ich das Gefühl hatte, die Sätze von Proust würden aus mir selbst fließen, als hätte ich sie, auf Deutsch, selbst geschrieben! Kurze Momente des Wahns und der maßlosen Selbstüberschätzung, geschenkt von einem Zufall, weil ich, beim Essen auf dem Balkon, unvorsichtig mit dem scharfen Messer abgestorbene Zweige einer Pflanze abschneiden wollte, aber meine Fingerbeere am linken

Zeigfinger traf, sodass ich nicht mehr mit dem Computer direkt die Übersetzung eintippen konnte, sondern zu einem – weichen – Bleistift Zuflucht nehmen musste, den ich in winzigen Linien über die riesigen Seiten der Faksimile-Ausgabe wandern ließ, um im Puls von Prousts Herzflimmern Satz für Satz, Wort für Wort hinzusetzen, in parataktischer Atemlosigkeit, wie bei Asthmaanfällen, die mich als Kind die drei Treppen zu Hause an der Freiestrasse nicht mehr hochgehen ließen, Atemzug für Atemzug einen Eindruck an den nächsten Eindruck reihend, um den Atem dann, in seltenen Fällen, frei fließen zu lassen wie den einer fernen Quelle entsprungenen Nil, von dem Walter Benjamin als Bild für Prousts Sprachfluss sprach.

Doch so wie laut Proust alle großen Werke „in einer Fremdsprache" geschrieben sind, müsste man auch beim Übersetzen eine fremde Sprache finden: „Dieser Mensch hat grammatikalische Gewissheiten. Aber, ach, Madame, es gibt keine Gewissheiten, nicht einmal grammatikalische", verrät Proust der von ihm verehrten, ja geliebten Geneviève Straus im Herbst 1908: „Die Einzigen, die die französische Sprache verteidigen, sind jene, die sie angreifen."

Ein Wink ins Befremdliche. Doch im Vergleich mit den bisherigen Übersetzungen standen mir deren hohe Verdienste vor Augen, für jeden Fehler, den ich in ihnen fand,[31] fand ich mindestens einen Fehler in meinem Entwurf – den schönsten, als ich Gedanken statt Stiefmütterchen („pensée") in einen Garten flattern ließ – und wurde demütiger und demütiger, die Last der Aufgabe des Übersetzers brach in den Körper aus, in stechende Schmerzen rund ums Ohr, in Lichtblitze in den Augen, die plötzlich zwischen den fünf Vorlagen bisheriger Übersetzungen und Prousts Varianten nicht mehr fokussieren konnten, bis alles flimmernd verschwamm wie die schönen Mädchen am Strand von Balbec, in der flirrenden[32] Hitze des Herzens.

Jetzt bleibt nur zu hoffen, dass diese Ausgabe jenen Taumel und Wahn ebenso auf den Leser überträgt... wie

die Einsicht, wie weit man eben doch von Prousts Satz-
kathedralen entfernt bleibt, oder, schlichter gesagt, von
seinem mit Kaffeeflecken und Rauchlöchern übersäten
Nachthemd.

Stefan Zweifel
Zürich / Paris, im Oktober 2017

1 *Gegen Sainte-Beuve*, hrsg. von Luzius Keller, übers. von Helmut Scheffel,
Frankfurt a.M. 1997, S. 220f. Diesen „Jungen" sollte man genauso wenig
mit Prousts autobiographischem Ich verwechseln wie Marcel, den
Erzähler der *Recherche*. Der wäre, so haben Spezialisten eruiert, nicht
wie Proust 1871, sondern etwa zehn Jahre früher geboren worden.

2 Vgl. die Abbildungen und Anmerkung 1 (S. 564).

3 Vgl. Georges Bataille: *Histoire des rats*, illustriert von Alberto Giacometti,
Paris 1947. Proust stellte dem (Männer-)Bordell von Albert le Cuziat
auch jenes Sofa zur Verfügung, auf dem er als Kind seine ersten erotischen Spielereien erlebte; dies ist das reale Gegenstück zur Profanation
von Mlle Vington (vgl. S. 497/498).

4 Das zeigt sich an all den genetischen Studien zu *Combray*, auf deren
Grundlage wir unseren Anhang aufbauten, oder in den Lücken, die sie
in den Kommentar der Pléiade-Ausgabe rissen. Gerade auch Jean Milly
hat diese Lücke in seinen Studien beklagt, in denen er die vokalische
Struktur von Prousts Sätzen genauso analysiert wie die in der Prosa
versteckten Rhythmen von Alexandrinern.

5 Ein überraschend niedriger Preis, wenn man ihn mit jenem vergleicht,
den *Sotheby's* für eine Erstausgabe des Romans von 1913 als Schätzpreis
für eine Auktion im Herbst 2017 in Anschlag bringt, nämlich 438.000
Pfund. Freilich wird dieser Posten von Briefen ergänzt, die „beweisen",
dass Proust den *Figaro* für eine Ankündigung des Romans auf der
ersten Seite mit 300 Francs und das *Journal des Débats* mit 660 Francs
„bestach"...

6 Anthony R. Pugh: *The Growht of* À la recherche du temps perdu.
*A Chronological Examination of Proust's Manuscripts from 1909 to 1914,
2 Bände*, Toronto 2004. Weitere Einsichten boten neben den Informa-
tionen von *Christie's* zur damaligen Auktion: Vérène de Soultrait: „Du
côté de chez Swann : premières épreuves corrigées, relation des trois
jeux de placards", *Bulletin d'informations proustiennes*, Nr. 31, Paris 2000,
S. 171–180. Jo Yoshida: „Ce que nous apprennent les épreuves de *Du côté
de chez Swann* dans la collection Bodmer", *Bulletin d'informations proustiennes*, Nr. 35, Paris 2005, S. 31–45.

7 Marcel Proust: *Du côté de chez Swann – Combray*, Introduction et tran-
scription de Charles Méla, publié sous la direction de Jean-Yves Tadié,

Paris 2013. 2016 folgte, ebenfalls bei Gallimard, die prachtreiche Edition des zweiten Bandes *Du côté de chez Swann – Un amour de Swann*, Édition de Charles Méla, Paris 2016. Aber das ist eine andere Geschichte...

8 NAF 16753, korrigierte Placards 1 (mit den ersten beiden eingeklebten Seiten aus dem Set der Fondation Martin Bodmer), 4, 5 (S. 5–8), 6 (S. 3–5), 23 (S. 5–8), 25, 26. NAF 16754, unkorrigierte Placards 2–4, 5 (S. 1, 3, 4), 7–23, 27–29.

9 Zit. nach Françoise Leriche: „L'aventure d'une écriture" in: *Swann Le centenaire*, Paris 2013.

10 Das zeigt auch Luzius Keller im wohl anschaulichsten Einblick in diese Wandlung von 1913 in: *Proust 1913*, Hamburg 2013.

11 „Das Buch wird heißen: *Auf der Suche nach der verlorenen Zeit.*" Und: „Also keine *Intermittences du cœur* mehr. Dieser Wechsel rührt daher, dass ich in der Zwischenzeit die Ankündigung eines Buches von M. Binet Valmer unter dem Titel *Le Cœur en désordre* gesehen habe. Wohl eine Anspielung auf dasselbe Krankheitsbild, das die Herzrhythmusstörungen kennzeichnet." Brief an Bernard Grasset vom 23. Mai 1913.

12 In den Briefen tauchen weitere kuriose Titelvorschläge auf wie:
Stalaktiten der Vergangenheit
Spiegelungen auf der Patina
Die hundertjährigen Strahlen
Die Hoffnung auf die Vergangenheit
Gärten in einer Tasse Tee.

13 Samuel Beckett: *Proust*, Paris 1990.

14 Wunderschön abgebildet zwischen Photographien der realen Vorbilder von Combray, Guermantes und Méséglise in der biographischen Studie von Andreas Isenschmid, der das pastose und oft viel zu breite Gemälde der bisherigen Biographien durch eine ebenso schlanke wie bestechende Skizze bereichert: *Marcel Proust*, Berlin/München 2017.

15 Wovon zuletzt eine spektakuläre Filmaufnahme die Runde im www.-Web machte, in der man ihn während einer Hochzeit kurz über eine Treppe trippeln sieht, ganz Buster Keaton.

16 So am 27. April 1922, zit. nach *Marcel Proust Briefe*, hrsg. von Jürgen Ritte, 2 Bände, Frankfurt a.M. 2016, S. 1287.

17 Mit Blick auf Françoise und seinen großen weißen Holztisch dachte Prousts Protagonist, „dass ich nah von ihr und auch fast wie sie arbeitete":
„Denn, indem ich dort einen zusätzlichen Zettel aufspießte, werde ich mein Buch aufbauen, zwar wage ich nicht voll Ehrgeiz zu sagen: wie eine Kathedrale, sondern ganz schlicht wie eine Robe. Wenn ich gerade nicht all meine Paperoles, wie Françoise sagte, neben mir hatte und mir just jene fehlte, die ich gerade brauchte, verstand Françoise meine Entnervung, sagte sie doch immer, dass sie nicht nähen könne, wenn sie nicht die nötige Anzahl Fäden und Knöpfe griffbereit habe.
Françoise wies auf meine *Cahiers*, zerfressen wie Holz, in dem sich

das Insekt festgesetzt hat: ‚Es ist ganz zerschabt, schauen Sie nur, was für ein Jammer, hier das Ende einer Seite, nur noch eine Spitzenwerk', und indem sie es wie ein Schneider musterte: ‚Ich glaube, ich kann sie nicht aufbessern, sie ist hin. Ein Jammer, vielleicht waren das Ihre schönsten Ideen. Wie man in Combray sagt, es gibt keine Kürschner, die sich besser auskennen als die Motten. Sie setzen sich stets in die feinsten Stoffe.'" *À la recherche du temps perdu*, Band IV, Paris 1987, S. 610f.

18 Proust schreibt im September 1922 an Armand de Guiche: „Ich habe ein System gefunden, um um 4 Uhr morgens essen zu gehen (allein)." Deshalb scheint sich sein Gesundheitszustand zu bessern, aber: „Aber es ist auch möglich, dass der Tod sich nähert. Das ist ärgerlich, da mein Buch noch nicht fertig ist."

19 Vgl. S. 164/165, eine Wiederaufnahme seiner Worterfindung „Wirbelentrückung" von S. 26/29.

20 Auf der Grundlage von Luzius Kellers Aufsatz „L'installation du petit cabinet sentant l'iris" (*Marcel Proust. La Fabrique de Combray*, Genf 2006) entfaltet Edi Zollinger in *PROUST – FLAUBERT – OVID. Der Stoff, aus dem Erinnerungen sind*, München 2013) meisterlich die erst in späteren Druckfahnen erfolgte Wandlung des Flieders, bzw. der „wilden Johannisbeere" (vgl. in der vorliegenden Ausgabe S. 484 und die Anmerkung 116, S. 581) in einen „Cassis": Im letzten Band der *Recherche* wird im Männerbordell ein „Cassis" aus dem Keller geholt und vom Erzähler im Zimmer 43 getrunken, ehe er im Zimmer 28, auch bisexuell angehaucht „14bis" genannt, den Baron Charlus erblickt, der sich von einem jungen Matrosen auspeitschen lässt. Zuvor war Albertine bei der Wendung „me casser..." errötet, da „casser le pot" umgangssprachlich bedeutet, sich den „Arsch vögeln" zu lassen. (Vgl. *À la recherche du Temps perdu*, Band III, Paris 1987, S. 840ff., und IV, S. 393ff.)

21 Anita Albus weist in ihrem sinnlichen Essay *Im Licht der Finsternis – Über Proust* (2. erweiterte Auflage, Frankfurt a.M. 2011, S. 114) darauf hin, dass *Unterwegs zu Swann* in der maßgeblichen, von Luzius Keller revidierten Übersetzung von Eva Rechel-Mertens mit der Wendung „eine nicht ganz anständige Bewegung" etwas sehr dezent bleibt (vgl. im vorliegenden Band S. 436/437).

22 Wieder und wieder erwähnt Proust in Briefen die lobende Bemerkung des Dichters Francis Jammes, sein Stil erinnere an Tacitus.

23 Besonders degoutant urteilt Céline: „Er schreibt nicht französisch, sondern ein überladenes franco-jiddisch, vollkommen jenseits aller französischen Tradition." Benjamin Fondane äußerte sich ebenso vernichtend – wie letztlich: hellsichtig – in der rumänischen Zeitung *Rampa*: „Heute wie bei der ersten Lektüre habe ich den Eindruck, dass dem Gedächtnis Prousts die elementare Funktion, Begriffe zu sortieren, nie bekannt war." Hellsichtig, weil Proust die anprallenden Eindrücke, wie während einer Fahrt auf einer Autobahn, unvermittelt und parataktisch auf unsere Netzhaut prallen lässt, weshalb wir diesen Rhythmus

oft bis in die Stellung der Adjektive, die wir in nachgestellte Adverbien verwandelten, um der französischen Anordnung zu entsprechen, zu übernehmen versuchten. Aus diesem Grund haben wir auch das Perfekt und Plusquamperfekt oft vermieden, so schon im ersten Satz, wohlwissend, welche Bedeutung man diesem spezifischen Zeitschnitt beimisst, wobei die grammatikalische Schichtung der Vergangenheit sich ohnehin nicht mit dem Deutschen gleichsetzen lässt.

24 Vgl. S. 154/155.

25 Konsequent streicht Proust im Verlauf des Schreibens alle anderen Epiphanien und Verweise auf Venedig, um den Duft der Madeleines umso nachhaltiger explodieren zu lassen. Er treibt auch zahlreiche theoretische Deutungen im letzten Moment ab, gerade in der Madeleine-Episode (vgl. S. 143/145), um diesen Eindruck, von der Theorie entlastet, ins *theorein*, ins betrachtende Schauen seiner Leser und direkt in deren Netzhaut zu jagen.

26 Friedrich Hölderlin: *Sämtliche Werke*, hrsg. von Dietrich Eberhard Sattler, Frankfurt a.M., 1975 ff. *Dichtermuth* und *Blödigkeit* (1. Fassung).

27 Der Fluss des Schreibens lockt ihn in verschiedene Richtungen, wie er Louis d'Albufera Anfang Mai 1908 eröffnet:
„Ich habe gerade in Arbeit:
eine Studie über den Adel
einen Pariser Roman
einen Essay über Sainte-Beuve und Flaubert
einen Essay über die Frauen
einen Essay über die Päderastie (nicht leicht zu veröffentlichen)
eine Studie über Glasmalerei
eine Studie über Steine."
Der Essay gegen Sainte-Beuve führt ihn in die Anfangsszene, als er erst am Morgen ins Bett ging und den Gutnachtkuss der Mutter im rosafarbenen Schein der Sonne erwartete. Der „Pariser Roman" schimmert in *Eine Liebe von Swann*. Die „Studie über Glasmalerei" leuchtet aus den Kirchenfenstern im vorliegenden Band. Und den „Essay über Päderastie" webt er in die Wandlungen von Baron Charlus ein, der seinen Namen erst auf den vorliegenden Druckfahnen erhielt.

28 Julia Kirsteva: *Le temps sensible – Proust et l'expérience littéraire*, Paris 1994.

29 Zitiert nach: *Marcel Proust Briefe*, op. cit., Band II, S. 1012. In diesem Sinn sollte man die vorliegende Übersetzung vielleicht eher als Vorwort betrachten.

30 Insofern hat Walter Benjamin in seiner mit Franz Hessel publizierten Version *Im Schatten junger Mädchenblüten* ausgerechnet die von ihm analysierte „Syntax uferloser Sätze", diesen „Nil der Sprache, welcher hier befruchtend in die Breiten der Wahrheit hinübertritt" nach Strich und Komma verraten. Doch mit seiner Wahl einer kurzatmigen Syntax hat Benjamin seine „Aufgabe des Übersetzers" durchaus ernst genommen, sein Wahn hat Methode: Alle anderen Übersetzer „scheiterten" an

Proust, gerade wenn sie die Satzlänge zum Maßstab aller Syntax genommen haben, so dass sie die frei schwebenden Partizipialkonstruktionen auf Deutsch gleichsam festnageln und logisch auf ihr Objekt beziehen müssen. Dadurch wird aus dem „Teppich des gelebten Daseins" ein Stück- und Strickwerk voller Laufmaschen. Denn bei Proust schweben die einzelnen Satzelemente, Monaden gleich, im Sprachraum; mit Leibniz zu reden, beziehen sie sich alle aufeinander, obwohl sie „keine Fenster" haben, sie ergänzen sich durch blindes Verständnis zur Besten aller Romanwelten, die deutschen Übersetzer aber müssen alle Fensterläden sperrangelweit öffnen. Durch die Punktierung der Sätze kann Benjamin hingegen die schwerfälligen, klärenden sprachlichen Bezüge weg- und den Text offenlassen. Zudem zeigt er das rückwärtige, maskierte Muster des Textes. Wir versuchten, nachgestellte Hilfsverben vermeidend, uns doch nochmals dem „vorwärtigen" Gewebe zuzuwenden.

31 Bislang saß etwa der Onkel Adolphe in einer gemütlichen „Hausjacke" oder gar „Joppe" vor der mysteriösen „Dame in Rosa". Der Blick in die Genese der einzelnen Sätze zeigte, dass es sich, wie Proust einmal in Klammern erwähnt, um eine „militärische Uniform" handelt, also sitzt Onkel Adolphe nun in einem „Waffenrock" da, um die Dame mit seiner Männlichkeit zu beeindrucken.

32 In dieser Bedeutung taucht das Verb „intermitter" im Roman an verschiedenen Stellen auf, zwischen Weissdornhecken flirrend oder als Licht in der Kirche flimmernd, weshalb wir uns für das medizinische nicht ganz korrekte „Flimmern des Herzens" im Titel entschieden.

le la Frapelière, onduleraient aussi nombreu-
etites feuilles en forme de cœur ; et c'est sans
que j'apercevais le peuplier de la rue des Per-
adresser à l'orage des supplications et des
ns désespérées ; c'est sans tristesse que j'en-
u fond du jardin les derniers roulements de
roucouler dans les lilas.

emps était mauvais dès le matin, mes parents
ent à la promenade et je ne sortais pas. Mais
suite l'habitude d'aller marcher seul du côté
glise s'il faisait mauvais, dans l'automne où
nes venir à Combray pour la succession de
Léonie, car elle était enfin morte, faisant
r à la fois ceux qui prétendaient que son
ffaiblissant finiraient par la tuer, et non moins
s qui avaient toujours soutenu qu'elle avait
adie non pas imaginaire mais organique, à
e de laquelle les sceptiques seraient bien
e se rendre quand elle y aurait succombé ; et
t par sa mort de grande douleur que chez un
, très chez celui-là, sauvage. Ce fut chez
e. Pendant les quinze jours que dura sa der-
ladie, Françoise ne la quitta pas un instant,
shabilla pas, ne se coucha pas, ne laissa per-
i donner aucun soin, et ne quitta son corps
nd les croque-morts l'eurent emporté. Alors
primes que cette sorte de crainte où Fran-
it vécu des mauvaises paroles, des soupçons,
res de ma tante avait développé chez elle un
t que nous avions pris pour de la haine et
de la vénération et de l'amour. Il était bien
emps où, quand nous venions passer nos va-
Combray, nous avions autant de prestige à
que ma tante. Peu à peu, au fur et à mesure
aractère de celle-ci avait changé, un abîme
reusé entre elle et nous aux yeux de Fran-
ous restions des hommes pareils aux autres.

et ses dorures
dans le ciel, s
sur son toit d
se promenait
horizontalement
dans la paroi
poule, qui, le
gré de son so
avec l'abande
de tuile faisa
nouveau réfle
je n'avais en
l'eau et à la
dre au souri
siasme en br
zut, zut, zut
mon devoir
obscure et d
vissement.

Et c'est
san qui pas
humeur, qu
voir mon pa
chaleur à m
marcher »,
ne se produ
préétabli, c
fois qu'une
meur de ca
ser la paro
de la conv
laissât lire
parents ave
plus sages
avaient em
cadille que

par l'averse reluisaient à neuf
arbres, sur le mur de la cahute,
encore mouillé, à la crête duquel
ule. Et le vent qui soufflait tirait
herbes folles qui avaient poussé
, et les plumes de duvet de la
et les autres se laissaient filer au
qu'à l'extrémité de leur longueur,
choses inertes et légères. Le toit
la mare, que le soleil rendait de
te, une marbrure rose, à laquelle
nais fait attention. Et voyant sur
mur même un pâle sourire répon-
iel, je m'écriai dans mon enthou-
nt mon parapluie refermé : « Zut,
s en même temps je sentis que
de ne pas m'en tenir à ces mots
r de voir plus clair dans mon ra-

ment-là encore, — grâce à un pay-
l'air déjà d'être d'assez mauvaise
t davantage quand il faillit rece-
dans la figure, et qui répondit sans
au temps, n'est-ce pas, il fait bon
j'appris que les mêmes émotions
as simultanément, dans un ordre
s les hommes. Plus tard chaque
un peu longue m'avait mis en hu-
camarade à qui je brûlais d'adres-
it justement de se livrer au plaisir
n et désirait maintenant qu'on le
ille. Si je venais de penser à mes
esse et de prendre les décisions les
lus propres à leur faire plaisir, ils
même temps à apprendre une pec-
s oubliée et qu'ils me reprochaient

Korrigierte Druckbogen von 1913
Placards 1 bis 29 vom 31. März bis 25. April 1913
aus der Fondation Martin Bodmer in Cologny

Unkorrigierte Druckbogen von 1913
Placards 1 bis 29 vom 31. März bis 25. April 1913
aus der Fondation Martin Bodmer in Cologny

Proust ersetzt den auf den Druckfahnen
gestrichenen ersten Satz und ersetzt ihn handschriftlich, was wir mit Rot auszeichnen – er schreibt:
Während mancher Jahre las ich jeden Abend,

Dann streicht er „jeden" und ersetzt es durch „am":
Während mancher Jahre las ich ~~jeden~~ am Abend,

Er fährt fort:
kaum war ich zu Bett gegangen, ein paar Seiten in

Hier bricht er unvermittelt ab und streicht alles,
wobei das bereits gestrichene „jeden" in kleinerer
Schrift gesetzt wird.
~~Während mancher Jahre las ich jeden am Abend, kaum war ich
zu Bett gegangen, ein paar Seiten in~~

Er kehrt zum ursprünglichen Satz zurück und fügt
ihn wieder handschriftlich ein:
Lange Zeit, ging ich zu guter Stunde zu Bett.

Nun fährt der Text in der gedruckten Fassung fort
und wir lesen den Prozess wie folgt:
~~Während mancher Jahre las ich jeden am Abend, kaum war
ich zu Bett gegangen, ein paar Seiten in~~ Lange Zeit, ging ich
zu guter Stunde zu Bett. Bisweilen schlossen sich, kaum war
meine Kerze erloschen, meine Augen so rasch, dass ich nicht
einmal Zeit fand, mir zu sagen: „Ich schlafe ein."

Rot Handschriftliche Korrekturen von Marcel Proust
~~Proust~~ Streichungen in handschriftlichen Korrekturen
~~Marcel Proust~~ Streichungen in gestrichenen Passagen
~~Proust~~ Streichungen in gedruckten Passagen
~~Marcel Proust~~ Lücken trennen gestrichene Varianten

4

Aм 31. März erhält Proust den ersten Druckbogen.
Er liest:
Lange Zeit, ging ich zu guter Stunde zu Bett. Bisweilen
schlossen sich, kaum war meine Kerze erloschen, meine
Augen so rasch, dass ich nicht einmal Zeit fand, mir zu
sagen: „Ich schlafe ein."

Nun streicht er gleich den ersten Satz,
was wir mit Blau auszeichnen:
Lange Zeit, ging ich zu guter Stunde zu Bett. Bisweilen
schlossen sich, kaum war meine Kerze erloschen, meine
Augen so rasch, dass ich nicht einmal Zeit fand, mir zu
sagen: „Ich schlafe ein."

Blau Gestrichene Passagen
{...} Rekonstruierte Passagen

AUf DER SUCHE
NACH DER VERLORENEN ZEIT

~~CHARLES SWANN~~
AUf DER SEITE VON SWANN

ERSTER TEIL

COMBRAY[2]

I

~~Während mancher Jahre las ich jeden am Abend, kaum war ich zu Bett gegangen, ein paar Seiten in~~ Lange Zeit, ging ich zu guter Stunde zu Bett.[3] Bisweilen schlossen sich, kaum war meine Kerze erloschen, meine Augen so rasch, dass ich nicht einmal Zeit fand, mir zu sagen: „Ich schlafe ein." Doch, schon eine halbe Stunde später, da weckte mich der Gedanke, dass es Zeit sei, Schlaf zu suchen; ich wollte ~~das Buch~~ den Band hinlegen, ~~den~~ ich noch in den Händen wähnte, und mein Licht ausblasen; im Schlaf hatte ich fortdauernd über das Gelesene nachgedacht, doch diese Gedanken hatten eine recht eigentümlichen Wendung genommen; es ~~ich sie hatten mich überzeugt, dass ich selbst es war, wovon gesprochen wurde~~ mir war, als wäre all das, wovon das Werk sprach, ich selbst: eine Kirche, ein Quartett, die Fehde zwischen Franz I. und Karl V. Diese Überzeugung hielt auch nach dem Erwachen noch ein paar Sekunden an. ~~Er~~; sie setzte meine Vernunft keineswegs

6

DAS FLIMMERN DES HERZENS

DIE VERLORENE ZEIT

ERSTER TEIL

CAMBRAY

Lange Zeit, ging ich zu guter Stunde zu Bett. Bisweilen
schlossen sich, kaum war meine Kerze erloschen, meine
Augen so rasch, dass ich nicht einmal Zeit fand, mir zu
sagen: „Ich schlafe ein." Doch, schon eine halbe Stunde
später, da weckte mich der Gedanke, dass es Zeit sei, Schlaf
zu suchen; ich wollte die Zeitung hinwerfen, die ich noch
in Händen wähnte, und mein Licht ausblasen; voll Verwunderung erblickte ich um mich herum ein Dunkel, das
sanft und beruhigend für meine Augen war, und vielleicht
mehr noch für meinen Geist, dem dies wie ein Ding ohne
Grund vorkam, unfasslich, ein wahrhaft dunkles Ding, und
es ließ ihn jene innerliche Dunkelheit fühlen, in die er selber abgesunken war. Ich fragte mich, wie spät es wohl sein
mochte; ich hörte den Pfiff der Züge, der, mehr oder weniger weit weg, gleich dem Gesang eines Vogels im Wald die

7

in Schreck, aber sie lag wie Schuppen auf meinen Augen, ~~die sie~~ und so bemerkten sie, von ihr gehemmt, nicht einmal, dass die Handleuchte nicht mehr brannte. Dann verblasste sie nach und nach, wie nach ~~einer~~ der Metempsychose ~~die Vorstellungen~~ die Gedanken aus einer vormaligen Existenz; ~~der Inhalt~~ der Gegenstand des Buches blätterte von mir ab, mir stand es frei, mich darin zu versenken oder nicht; sogleich gewann ich mein Augenlicht zurück und fand voll Verwunderung um mich herum ein Dunkel, sanft und beruhigend für meine Augen, aber vielleicht mehr noch für meinen Geist, dem dies wie ein Ding ohne Grund vorkam, unfasslich, ein wahrhaft dunkles Ding. Ich fragte mich, wie spät es wohl sein mochte; ich hörte den Pfiff der Züge, der, mehr oder weniger weit weg, gleich dem Gesang eines Vogels im Wald die Distanzen enthüllte, mir die Weite einer leeren Landschaft umriss, in der ein Reisender zur nächsten Bahnstation eilt; und der schmale Pfad, dem er folgt, wird sich in seine Erinnerung eingraben, und zwar aufgrund der Erregung, die er neuartigen Orten, ungewöhnlichen Handlungen verdankt, dem eben verklungenen Gespräch und dem Lebewohl unter fremder Lampe, in ihm noch lange nachhallend, in der Stille der Nacht, bis zur nahen Süße der Heimkehr.

Zart schmiegte ich meine Wangen an die prächtigen Wangen des Kissens, prall und frisch wie die Wangen unserer Kindheit. Ich rieb ein Streichholz, um auf meine Uhr zu schauen. Bald schon Mitternacht. Die Stunde, wo der Kranke, der zu einer Reise aufbrach und in einem unbekannten Hotel nächtigen musste, froh ist, wenn er, von einem Krampf geweckt, unter der Tür einen Strahl des Tages erblickt. Welch ein Glück, es ist schon Morgen! In Kürze werden die Bediensteten aufstehen, er wird klingeln können, man wird ihm zu Hilfe eilen. Die Hoffnung auf Linderung verleiht ihm die Kraft, alles zu ertragen. Da meint er jäh Schritte zu hören; die Schritte kommen näher, entfernen sich dann. Und der Strahl des Tages, der unter seiner Tür lag, ist verschwunden. Mitternacht; man hat gerade das

Distanzen enthüllte, mir die Weite einer leeren Landschaft umriss, in der ein Reisender zur nächsten Bahnstation eilt; und der schmale Pfad, dem er folgt, wird sich in seine Erinnerung eingraben, und zwar aufgrund der Erregung, die er neuartigen Orten, ungewöhnlichen Handlungen zuschreibt, dem kalten Wind unter den Sternen, der in ihm, sein ganzes Leben lang, an solch klaren Abenden, die auf Regengüsse folgen, jeweils den Wunsch wecken sollte, aufzubrechen, und auch dem eben verklungenen Gespräch und dem Lebewohl unter fremder Lampe, in ihm noch lange nachhallend, in der Einsamkeit und Stille der Nacht aufflatternd, bis zur nahen Süße der Heimkehr.

Zart schmiegte ich meine Wangen an die prächtigen Wangen des Kissens, stetsfort prall und frisch wie die Wangen unserer Kindheit. Ich rieb ein Streichholz, um auf meine Uhr zu schauen. Bald schon Mitternacht! Die Stunde, wo der Kranke, der zu einer Reise aufbrach und der in einem unbekannten Hotel nächtigen musste, froh ist, wenn er, von einem Krampf geweckt, unter der Tür einen Strahl des Tages erblickt. Welch ein Glück! Es ist schon Morgen! In Kürze werden die Bediensteten des Hotels aufstehen, er wird klingeln können, man wird ihm zu Hilfe eilen. Die Hoffnung auf Linderung verleiht ihm die Kraft, alles zu ertragen. Da meint er jäh einen Schritt zu hören; der Schritt kommt näher, entfernt sich dann. Und der Strahl des Tages, der unter seiner Tür lag, ist verschwunden. Mitternacht; man hat gerade das Gaslicht gelöscht; der letzte Bedienstete ist weg, und er muss die ganze Nacht, ohne Arznei, leiden.

Ich schlief wieder ein, und manchmal schreckte ich kurz noch auf, gerade Zeit genug, um das organische Knarren der Holztäfelung zu hören, die Augen zu öffnen, das Kaleidoskop der Dunkelheit zu betrachten, und so kostete ich (wie einen Topf Konfitüre, der für einen kurzen Moment in mein dämmerndes Bewusstsein tritt und ihm die Feststellung erlaubt, dass es in der Schenke schwarz ist und

Gaslicht gelöscht; der letzte Bedienstete ist weg, und er muss die ganze Nacht, ohne Arznei, leiden.

Ich schlief wieder ein, und manchmal schreckte ich kurz noch auf, gerade Zeit genug, um das organische Knarren der Holztäfelung zu hören, die Augen zu öffnen, das Kaleidoskop der Dunkelheit zu betrachten und[4], dank eines kurzen Schimmers von Bewusstsein, den Schlummer zu kosten, in den die Möbel versunken lagen, das Zimmer, all das, wovon ich nur ein kleiner Teil war und mit dessen Fühllosigkeit ich schon bald wieder verschmelzen würde. Oder dann hatte ich im Schlaf, mühelos zu einem unwiederbringlich versunkenen Zeitalter meines urtümlichen Lebens zurückgefunden, einen kindlichen Schreck entdeckt, jener etwa, der übrigens recht lange anhalten sollte, dass mich meine Mutter im Bett nicht küssen kam, oder jener noch weit frühere[5] etwa, dass mich mein Großonkel an meinen Locken zog, ein Schreck, der erst an jenem Tag verging – womit für mich eine neue Epoche datierte –, als man sie mir schnitt. Ich hatte diesen Einschnitt während meines Schlafs vergessen und erinnerte mich erst daran, als es mir gelang, aufzuwachen, um den Händen meines Großonkels zu entwischen, doch als Vorsichtsmaßnahme wickelte ich meinen Kopf um und um in mein Kissen, ehe ich wieder in die Welt der Träume zurückkehrte.

So wie Eva aus einer Rippe von Adam entstand, so entstand manchmal während meines Schlafes eine Frau aus der queren Position meines Schenkels. Von der Lust geformt, die mich erfasste, gaukelte ich mir vor, dass sie es war, die mir diese Lust schenkte. Mein Körper, der im ihrigen meine eigene Wärme fühlte, wollte mit ihr verschmelzen, ich erwachte. Im Vergleich zu jener Frau, die ich vor wenigen Augenblicken erst verlassen hatte, schienen mir alle übrigen Menschen sehr fern; meine Wange war noch warm von ihrem Kuss, mein Körper gerädert vom Gewicht ihrer Hüften. Und hatte sie, was nicht selten vorkam, die Züge einer Frau, die ich aus dem Leben

allein das Holz singt) den Schlummer, in den die Kammer versunken lag, denn all das, wovon ich ein kleiner Teil war, schlief, und bald schon würde ich mit dessen Fühllosigkeit wieder verschmelzen. Oder dann hatte ich im Schlaf, mühelos zu einem unwiederbringlich versunkenen Zeitalter meines urtümlichen Lebens zurückgefunden, einen kindlichen Schreck entdeckt, etwa dass mich mein Großvater an meinen Locken zog, ein Schreck, der erst an jenem Tag verging – womit für mich eine neue Epoche datierte –, als man sie mir schnitt. Ich hatte diesen Einschnitt während meines Schlafs vergessen und erinnerte mich erst daran, als es mir gelang, aufzuwachen, um den Händen meines Großvaters zu entwischen, doch als Vorsichtsmaßnahme wickelte ich meinen Kopf um und um in mein Kissen, ehe ich wieder in die Welt der Träume zurückkehrte.

So wie Eva aus einer Rippe von Adam entstand, so entstand manchmal während meines Schlafes eine Frau aus der queren Position meines Schenkels. Von der Lust geformt, die mich erfasste, gaukelte ich mir vor, dass sie es war, die mir diese Lust schenkte. Mein Körper, der im ihrigen meine eigene Wärme fühlte, wollte mit ihr verschmelzen, ich erwachte. Im Vergleich zu jener Frau, die ich vor wenigen Augenblicken erst verlassen hatte, schienen mir alle übrigen Menschen sehr fern; meine Wange war noch warm von ihrem Kuss, mein Körper gerädert vom Gewicht ihrer Hüften. Und hatte sie, was nicht selten vorkam, die Züge einer Frau, die ich aus dem Leben kannte, widmete ich mich ganz dem einen und einzigen Ziel: sie wiederzufinden, wie jene, die zu einer Reise aufbrechen, um mit eigenen Augen eine ersehnte Stadt zu sehen, und sich ausmalen, man könne in der Realität den Zauber eines Traumes kosten. Nach und nach sank meine Erinnerung dahin, ich hatte die Frau meines Traumes vergessen.

Ein junger Mann, der schläft, die Arme ausgebreitet, bannt in seinen Kreis den Faden aller Stunden, den Lauf aller Jahre und Welten. Er ortet sie beim Erwachen ganz

kannte, widmete ich mich ganz dem einen und einzigen Ziel: sie wiederzufinden, wie jene, die zu einer Reise aufbrechen, um mit eigenen Augen eine ersehnte Stadt zu sehen, und sich ausmalen, man könne in der Realität den Zauber eines Traumes kosten. Nach und nach sank meine Erinnerung dahin, ich hatte die Frau meines Traumes vergessen.

Ein Mann, der schläft, bannt in seinen Kreis den Faden aller Stunden, den Lauf aller Jahre und Welten. Er ortet sie beim Erwachen ganz instinktiv und liest an ihnen binnen einer Sekunde den Punkt der Erde ab, an dem er sich gerade befindet, die Zeit auch, die bis zu seinem Erwachen verstrichen war; aber ihre Reihenfolge kann sich mischen, abbrechen. Wenn ihn jedoch der Schlaf, nach langem Wachen, am Morgen im Laufe des Lesens umfängt, und zwar in einer ganz anderen Stellung als jener, in der er für gewöhnlich schläft, dann genügt schon sein angewinkelter Arm, um die Sonne anzuhalten und rückwärts rollen zu lassen, und in der ersten Minute seines Erwachens wird er die Stunde nicht kennen und meinen, er sei gerade erst zu Bett gegangen. Und wenn er in noch stärker abweichender Verrückung einschlummert, etwa nach dem Abendessen im Sessel sitzend, dann werden die aus ihrer Bahn gerissenen Welten vollends in Aufruhr geraten, der magische Sessel wird ihn mit höchster Geschwindigkeit durch Zeit und Raum reisen lassen, und im Augenblick, wo er die Lider öffnet, wird er glauben, er sei viele Monate zuvor in einem anderen Landstrich zu Bett gegangen. Aber es genügte, wenn, in meinem eigenen Bett, mein Schlaf tief war und meinen Geist ganz entspannte; dann verlor er den Lageplan des Ortes, an dem ich eingeschlafen war, und wenn ich mitten in der Nacht erwachte und vollkommen vergessen hatte, wo ich mich befand, dann wusste ich im ersten Augenblick nicht einmal mehr, wer ich war; ich hatte einzig, in der ursprünglichsten Schlichtheit, das Gefühl der Existenz, wie es in der Tiefe eines Tieres erzittern mag; ich war nackter noch als ein Höhlenmensch[6], dann aber überströmte

instinktiv und liest an ihnen binnen einer Sekunde den Punkt der Erde ab, an dem er sich gerade befindet, die Zeit auch, die bis zu seinem Erwachen verstrichen war; aber ihre Reihenfolge kann sich mischen, abbrechen. Falls er jäh eingeschlafen war, auf jene Seite gedreht, auf der die Biegung seiner Glieder für gewöhnlich nicht ruht, stieben Myriaden von Sternen auf, fallen zur Erde und erlöschen, wiewohl die Nacht noch kaum begonnen hat und sie in ihrem größten Glanz am Himmel strahlen; wenn er dann erwacht, wird er, im ersten Schlummer, nicht wissen, welche Stunde es ist, und meinen, der Morgen sei nah. Wenn ihn jedoch, gegenteils, der Schlaf, nach langem Wachen, am Morgen im Laufe des Lesens umfängt, und zwar in einer ganz anderen Stellung als jener, in der er für gewöhnlich schläft, dann genügt schon sein angewinkelter Arm, um die Sonne anzuhalten und rückwärts rollen zu lassen, und in der ersten Minute seines Erwachens wird er meinen, er sei gerade erst zu Bett gegangen. Und wenn er in noch stärker abweichender Verrückung einschlummert, etwa nach dem Abendessen im Sessel sitzend, dann werden die aus ihrer Bahn gerissenen Welten vollends in Aufruhr geraten, der magische Sessel wird ihn mit höchster Geschwindigkeit durch Zeit und Raum reisen lassen, und wenn er die Lider wieder öffnet, wird er, noch ehe er klar sieht, glauben, er sei viele Monate zuvor in einem anderen Landstrich zu Bett gegangen. Aber es genügte, wenn in meinem eigenen Bett mein Schlaf tief war und meinen Geist ganz entspannte; dann verlor er den Lageplan des Ortes, an dem ich eingeschlafen war, und wenn ich mitten in der Nacht erwachte, wusste ich nicht mehr, wo ich mich befand.

Vielleicht wird den Dingen um uns herum ihre Trägheit durch unsere Überzeugung aufgezwungen, sie seien noch immer sie selbst und keine anderen, durch die Trägheit unserer Anschauungen also. Wie dem auch sei, mein Geist mühte sich, wenn ich auf diese Weise erwachte, jedes Mal herauszufinden, wo ich war, doch vergeblich, alles drehte

mich diese Erinnerung – zwar noch nicht an jenen Ort, an dem ich ~~mich befand~~ war, sondern an andere, wo ich einst gewohnt hatte und auch jetzt hätte weilen können – wie eine Hilfe von oben, um mich aus dem Nichts zu ziehen, aus dem ich allein nicht mehr herausgefunden hätte; ich flog in Sekundenschnelle über ganze Jahrhunderte der Zivilisation hinweg, und ~~die~~ das im Wirrwarr erhaschte Bild von Petroleumlampen, dann von Hemden mit Klappkragen, fügte nach und nach die ursprünglichen Züge meines Ichs zusammen.[7]

Vielleicht wird den Dingen um uns herum ihre Trägheit durch unsere Überzeugung aufgezwungen, sie seien noch immer sie selbst und keine anderen, durch die Trägheit unserer Anschauungen also. Wie dem auch sei, mein Geist mühte sich, wenn ich auf diese Weise erwachte, jedes Mal herauszufinden, wo ich war, doch vergeblich, alles drehte sich um mich herum im Dunkeln, die Dinge, die Länder, die Jahre. Mein Körper, noch viel zu taub, um sich zu regen, versuchte, je nach Art seiner Müdigkeit, die Position seiner Glieder abzuschätzen, um daraus den Verlauf der Mauer abzuleiten, den Platz der Möbel, und so den Ort zu rekonstruieren und zu benennen, an dem er sich befand. Sein Gedächtnis, das Gedächtnis seiner Rippen, seiner Knie, seiner Schultern, präsentierte ihm reihum mehrere Zimmer, in denen er einst geschlafen hatte, während rings um ihn die unsichtbaren Mauern, je nach Gestalt des imaginierten Zimmers, ihre Lage wechselten, im Dunkel wirbelnd. Und noch bevor mein Denken, an der Schwelle der Zeiten und Formen zaudernd, durch Gegenüberstellungen die Wohnung identifiziert hatte, erinnerte er sich – mein Körper – an die jeweilige Machart des Bettes, die Position der Türen, den Lichteinfall der Fenster, die Existenz eines Ganges, und dies mit dem Gedanken, den ich beim Einschlafen hatte und beim Erwachen wiederfand. Im Bemühen, ihre Ausrichtung zu erahnen, stellte sich meine ankylotische Rippe zum Beispiel vor, sie liege vor der Wand in einem großen Baldachinbett, und schon sagte ich

14

sich um mich herum im Dunkeln, die Dinge, die Länder, die Jahre. Mein Körper, noch viel zu taub, um sich zu regen, versuchte, je nach Art seiner Müdigkeit, die Position seiner Glieder abzuschätzen, um daraus den Verlauf der Mauer abzuleiten, den Platz der Möbel, und so den Ort zu rekonstruieren und zu benennen, an dem er sich befand. Sein Gedächtnis, das Gedächtnis seiner Seiten, seiner Knie, seiner Schultern, präsentierte ihm reihum mehrere Orte, an denen er einst geschlafen hatte, während rings um ihn die unsichtbaren Mauern, je nach Gestalt des imaginierten Zimmers, ihre Lage wechselten, im Dunkel wirbelnd. Und noch bevor eines der von ihm evozierten Zimmer meinem Denken, an der Schwelle der Zeiten und Formen zaudernd, ermöglicht hätte, durch Gegenüberstellungen die Wohnung zu identifizieren, das Land und Jahr zu wählen, da erinnerte er sich – mein Körper – an die jeweilige Machart des Bettes, die Position der Türen, den Lichteinfall der Fenster, die Existenz eines Ganges, und dies mit dem Gedanken, den ich beim Einschlafen hatte und beim Erwachen wiederfand. Im Bemühen, ihre Ausrichtung zu erahnen, stellte sich meine ankylotische Rippe zum Beispiel vor, sie liege vor der Wand in einem kleinen Eisenbett, und schon sagte ich mir: „Ich muss aufstehen und die Lampe anmachen, wenn ich meine Aufgaben noch vor Schulbeginn erledigen will." Dann erstand die Erinnerung einer anderen Gliederlage, die Mauer stob in eine andere Richtung davon, zog das Bett hinter sich her und ließ mich eine halbe Drehung machen, ich war auf dem Land, bei meiner Großtante, die schon seit Jahren tot ist; und mein Körper, die Seite, auf der ich ruhte, diese treuen Wächter einer Vergangenheit, die mein Geist nie hätte vergessen sollen, erinnerten mich an das Flackern eines Nachtlichts aus böhmischem Glas, das, in Form einer Urne, an dünnen Ketten von der Decke hing, an den Kamin aus Marmor von Siena, an das Kruzifix am Kopfende meines Bettes, an den Duft des Weihwasserkessels und Palmwedels, an den

mir: „Schau an, ich bin wohl eingeschlafen, obschon Maman nicht gekommen ist, um mir Gutnacht zu sagen"; ich war in Combray auf dem Land bei meinem Großvater, der schon seit Jahren tot ist; und mein Körper, die Seite, auf der ich ruhte, diese treuen Wächter einer Vergangenheit, die mein Geist nie hätte vergessen sollen, erinnerten mich an das Flackern eines Nachtlichts aus böhmischem Glas, das, in Form einer Urne, an dünnen Ketten von der Decke hing, an den Kamin aus Marmor von Siena in meinem Schlafzimmer bei meinen Großeltern in Combray, aus fernen Tagen, die ich mir in diesem Moment gegenwärtig vorstellte, wiewohl ich sie mir nicht Punkt für Punkt ausmalte, denn schon bald würde ich sie mir, ganz wach geworden, genauer in Erinnerung rufen können.[8]

Dann erstand die Erinnerung einer anderen Stellung; die Mauer stob in eine andere Richtung davon; ich war in meinem Zimmer bei Mme de St Loup, auf dem Land; mein Gott! mindestens zehn Uhr, das Abendessen ist gewiss schon zu Ende! Ich habe es mit der Siesta übertrieben, die ich jeden Abend nach der Rückkehr vom Spaziergang mit Mme de St Loup zu halten pflege, bevor ich in mein Abendkleid schlüpfe. Schließlich sind schon viele Jahre seit Combray verstrichen, wo[9] ich bei unserer späten Rückkehr die roten Spiegelungen des Sonnenuntergangs im Glaswerk meines Fensters sah. Es ist ein anderes Leben, das man bei Mme de St Loup führt, ein anderes Vergnügen, das ich finde, wenn man erst in der Nacht hinausgeht, im Mondschein jenen Wegen folgt, auf denen ich einst in der Sonne gespielt hatte; und das Zimmer, in dem ich eingeschlafen sein mochte, statt mich für das Abendessen anzukleiden, ich sehe es von weitem, wenn wir zurückkommen, gequert vom Flackern der Lampe, dem einzigen Leuchtturm in der Nacht.

Diese wirbelnden und konfusen Evokationen währten immer nur ein paar Sekunden; oft unterschied meine kurze Unsicherheit über den Ort, an dem ich mich aufhielt, die verschiedenen Ahnungen, von denen sie durchzogen war, genauso wenig von-

Hauch des Alkovens in meinem Schlafzimmer bei meinen Großeltern in Combray, aus jenen fernen Tagen (die ich mir in diesem Moment gegenwärtig vorstellte, wiewohl ich sie mir nicht Punkt für Punkt ausmalte, denn schon bald würde ich sie mir, ganz wach geworden, genauer in Erinnerung rufen können), damals, als es noch Schlafzimmer gab und Großeltern auch: Als noch jedes Gefühl sein unvergleichliches Gepräge hatte und jedes Ding seine Zeit und seinen Platz, als man seine Eltern nicht liebte, weil sie intelligent oder nett waren, sondern einfach weil es Ihre Eltern waren, als man nicht schlafen ging, weil man gerade Lust hatte, sondern weil es Zeit zum Schlafen war, und man musste während der langen Zeremonie des Entkleidens den Verzicht auf die anderen, die unten schwatzten, bis zum bitteren Ende auskosten, die Einwilligung auch, sich schlafen zu legen, sowie die Bereitschaft, im erhöhten Bett, in das man über zwei Stufen stieg, Schlaf zu suchen, unter dem Baldachin zu einem Nichts zu werden, zwischen den Vorhängen, die mit rotem Rips und samtgeklöppelten Bändern von derselben Farbe schon bald zugezogen werden; – – in jenen Zeiten, wo Sie die alte Arzneikunst, wenn man krank war, mehrere Tage unter Ihren Decken und zusätzlichen Fußdecken schmachten ließ, nur weil man sich erkältet hatte, voll und ganz der geradezu unmoralischen und vulgären Heilkraft etwelcher Tees ausgeliefert, ebenso altmodisch wie Feldblumen und die Weisheit der Weiblein, Borretsch, Kirschstängel oder Sennesblätter, die Sie unter Ihrem Flanell schlimm schwitzen und Ihren Topf füllen ließen; und dies ohne die Hilfe irgendeines jener perversen Produkte der modernen Immoralität wie Antypirin, Trional, Aspirin, allesamt mächtige Zersetzungsmittel der familiären Gesetze und der „charakterlichen" Grundlagen, da sie auf nichts anderes abzwecken, als uns glauben zu machen, man könne, wenn man krank ist, in einem gewissen Maß das Leben eines gesunden Menschen führen, man könne, nachdem man den ganzen Morgen im Bett zuge-

einander, wie wir die aufeinanderfolgenden Positionen eines Pferdes, das wir rennen sehen, so isolieren, wie es uns das Kinetoskop zeigt.

~~So also sah ich~~ Ich sah ~~bisweilen~~ bald das eine, ~~bisweilen~~ bald das andere Zimmer, das ich in meinem Leben bewohnt hatte; und zuletzt hatte ich sie mir im Verlauf der langen Träumereien, die meinem Erwachen folgten, allesamt in Erinnerung gerufen; die winterlichen Zimmer,[10] wo man, ins Bett gekuschelt, den Kopf in ein Nest schmiegt, das man aus den unterschiedlichsten Sachen zusammengestoppelt hat: einer Ecke des Kopfkissens, dem Saum der Decken, dem Ende eines Schals, der Kante des Bettes sowie einer Ausgabe des *Petit Temps* der *Débats roses*, all dies nach Art der Vögel gekittet, indem man, noch und noch, das eigene Gewicht dagegenpresst; wo man bei eisigem Wetter das Gefühl genießt, von der Außenwelt geschieden zu sein (wie die Meeresschwalbe, die am Grund gewölbter Höhlen in der warmen Erde nistet), und wo man dank des Feuers, das die ganze Nacht im Kamin genährt wird, wohlig schlummert, eingehüllt in einen Mantel aus Luft, warm und rauchig, durchschossen vom Glanz glimmender Kohlen, eine Art unfühlbarer Alkoven, heiße Höhle, mitten ins Zimmer gegraben, eine glühende Zone im wallenden Gewand thermischer Schichten, von Luftzügen durchzogen, die unser Gesicht erfrischen, aus Ecken wehend, aus den abgekühlten Bereichen fern vom Feuer oder rund ums Fenster; – Kammern des Sommers, wo man es genießt, der lauen Nacht verbunden zu sein, ~~das entgegengesetzte Vergnügen findet~~, wenn sich der Schein des Mondes an die aufgeklappten Fensterläden lehnt und seine zauberische Lichtleiter bis an den Fuß des Bettes wirft, in dem man fast unter freiem Himmel schläft und sich wie eine Meise, auf dem Spitz einer Dolde, in der Brise wiegt[11]; ~~– Schlossgemächer zuweilen, wo man sich in freier Natur~~ ich mich fast in freier ~~Natur fühlte, wo die Mauern und Möbel eine feuchte Frische verbreiteten, wohlduftend, aufreizend und heilsam~~; zuweilen

bracht, eine Stunde an die Sonne gehen, den Skandal eines Spaziergangs im Schlafrock durch den Garten wagen, womit man sich jeglicher Entschuldigung beraubt, dass man nicht zur üblichen Stunde aufgestanden ist und die Köchin gezwungen hat, zweimal ein „Frühstück" aufzutragen.

Doch nein, ich musste mich in einem Sessel befinden: ich war in meinem Zimmer bei Mme de Villeparisis, auf dem Land; mein Gott! mindestens zehn Uhr, das Abendessen ist gewiss schon zu Ende! Ich habe es mit der Siesta übertrieben, die ich jeden Abend nach der Rückkehr vom Spaziergang mit Mme de Villeparisis zu halten pflege, bevor ich in mein Abendkleid schlüpfe. Schließlich sind schon viele Jahre seit Combray verstrichen, wo man jeden Abend bei Sonnenuntergang zurückkehrte und nach dem Abendessen zu Bett ging. Es ist ein anderes Leben, ein anderes Vergnügen, denen man bei Mme de Villeparisis oblag, wenn man erst in der Nacht hinausging, schweigend im Mondschein jenen Wegen folgte, auf denen ich einst in der Sonne gespielt hatte, und erst viele Stunden später zum Abendessen zurückkehrte, wenn der Mond oft schon hoch am Himmel stand; und das kleine Zimmer, in dem ich eingeschlafen war, statt mich für das Abendessen anzukleiden, ich sah es von weitem, wenn wir zurückkamen, innen von der Lampe, dem einzigen Licht der Nacht erhellt, während ich in Combray bei unserer späten Heimkehr die roten Nuancen der untergehenden Sonne auf dem Glaswerk meines Fensters erblickte, Spiegelungen des purpurnen Bandes, das sich über dem schwarzen Wald von Calvaire erstreckte.

Vielleicht bin ich nach dem Abendessen im Garten von Combray eingeschlafen, oder am Boden einer Barke in Querqueville. Und doch, ich fühle mich nicht an der frischen Luft und höre kein Murmeln von Wasser.

Diese wirbelnden und konfusen Evokationen währten immer nur ein paar Sekunden; oft unterschied meine kurze

das Louis-Seize-Zimmer, so heiter, dass jegliche Bedrückung schon am ersten Abend von mir wich, während die schmalen Säulen die Decke leicht abstützten und, in anmutiger Abfolge, dem Bett seinen Platz wiesen und aussparten; dann wiederum jenes, klein zwar, aber mit hoch erhobener Decke, die sich in pyramidaler Form über zwei Stockwerke in die Höhe bohrte und stellenweise mit Mahagoni verkleidet war, wobei mein Gemüt, schon in der ersten Sekunde vom unbekannten Geruch des Vetiver vergiftet, die Überzeugung gewann, dass mir die violetten Vorhänge feindlich gesinnt seien, dazu noch, weit oben, das Geplapper der Pendeluhr, mit solch frecher Gleichgültigkeit, als hätte es mich gar nicht gegeben; – und wo ein befremdlicher und gnadenloser Spiegel auf Standfüßen mit seinem Rechteck einen Winkel des Raumes schräg versperrte und sich mit Nachdruck an einem unvorhergesehenen Standort in die sanfte Fülle meines gewohnten Gesichtsfeldes drängte; – wo mein Geist im stundenlangen Bemühen, sich zu verrenken und in die Höhe zu schrauben, um passgenau die Form des Zimmers anzunehmen und es bis an die Spitze seines gigantischen Trichters auszufüllen, manch harte Nacht durchlitt, während ich ausgestreckt auf meinem Bett lag, die Augen in die Höhe starrend, das Ohr verängstigt, mit scheuenden Nüstern und pochendem Herz: so lange, bis die Gewohnheit die Farbe der Vorhänge gewandelt, die Pendeluhr zum Schweigen gebracht und dem schrägen, grausamen Spiegel Mitleid eingeflößt hatte, während der Duft von Vetiver übertüncht, wenn nicht gänzlich verjagt worden war, und sich die sichtbare Höhe der Decke deutlich gesenkt hatte. Gewohnheit! als Ausstatterin geschickt zwar, aber so langsam, dass sie unseren Geist während Wochen in provisorischen Verhältnissen schmachten lässt; und doch ist ihm, allem zum Trotz, ihr Beistand willkommen, denn bliebe er ohne sie auf seine eigenen Befähigungen beschränkt, er

Unsicherheit über den Ort, an dem ich mich aufhielt, die verschiedenen Ahnungen, von denen sie durchzogen war, genauso wenig voneinander, wie wir die aufeinanderfolgenden Positionen eines Pferdes, das wir rennen sehen, so isolieren, wie es uns der Cinematograph zeigt.{Bisweilen war es ein einzelner Ort, an dem ich mich zwar gar nicht aufhielt, von dem mich lediglich eine Reminiszenz heimsuchte, wie das Gefühl von Tageslicht, das von oben durch eine Lukarne fällt, oder die Geräusche und Feuchtigkeit eines Innenhofes hinter meinem Rücken; eine konfuse Träumerei des Körpers, Kunststunde der Materie, Embryo des ästhetischen Lebens unseres Organismus, der, wie auch der Geist, nicht nur mit der Gegenwart in Kontakt steht, sondern auch von der hinfälligen Vergangenheit umgetrieben wird. Wie jene Tiere, die im Winter eines nördlichen Landes während des Schlafs eine imaginäre Fliege aus der heimatlichen Provence vom Kopf wischen, die nur durch ihre Träume summt.

So also sah ich zuweilen das eine, zuweilen das andere Zimmer, das ich in meinem Leben bewohnt hatte: bald} das Louis-Seize-Zimmer, so heiter, dass jegliche Bedrückung schon am ersten Abend von mir wich, während die schmalen Säulen die Decke leicht abstützten, und, in anmutiger Abfolge, dem Bett, seinen Platz wiesen und aussparten; bald jenes, klein zwar, aber mit hoch erhobener Decke, die sich in pyramidaler Form über zwei Stockwerke in die Höhe bohrte und mit Mahagoni verkleidet war, wobei mein Gemüt, schon in der ersten Sekunde vom unbekannten Geruch des Vetiver vergiftet, die Überzeugung gewann, dass mir die violetten Vorhänge feindlich gesinnt seien, dazu noch, weit oben, das Geplapper der Pendeluhr, mit solch frecher Gleichgültigkeit, als hätte es mich gar nicht gegeben; – und wo ein befremdlicher und gnadenloser „Spiegel auf Standfüßen" mit seinem Rechteck einen Winkel des Raumes schräg versperrte und sich mit Nachdruck an einem unvorhergesehenen Standort in die sanfte Fülle

sähe sich außerstande, eine Behausung bewohnbar zu machen.[12]

Kein Zweifel, jetzt war ich ganz wach, mein Körper hatte sich, ein letztes Mal noch, gedreht, und der gute Engel der Gewissheit bot allem um mich Halt, er bettete mich in meinem Zimmer unter meine Decken und rückte meine Kommode, meinen Schreibtisch, meinen Kamin, das Fenster zur Straße und die beiden Türen in aller Dunkelheit an ihren, zumindest annähernd, richtigen Platz. Ich mochte noch so genau wissen, dass ich nicht in jenen Wohnstätten weilte, im Nu hatte mir die Ungewissheit des Erwachens deren Bilder zwar nicht in aller Deutlichkeit vor Augen geführt, aber doch als mögliche Gegenwart glaubhaft umrissen, jedenfalls war mein Gedächtnis in Aufruhr; für gewöhnlich mühte ich mich gar nicht, sofort wieder einzuschlafen; ich verbrachte den größten Teil der Nacht damit, mir unser Leben von dazumal in Erinnerung zu rufen, unser Leben in Combray, bei ~~meinem Großvater~~ meiner Großtante, in Balbec, in Paris, in Venedig und auch anderswo, Erinnerungen an Orte, Personen, die ich gekannt hatte, mit

22

meines gewohnten Gesichtsfeldes drängte; – wo mein
Geist im stundenlangen Bemühen, sich zu verrenken und
in die Höhe zu schrauben, um passgenau die Form des
Zimmers anzunehmen und es bis an die Spitze seines gigantischen Trichters auszufüllen, manch harte Nacht durchlitt,
während ich ausgestreckt auf meinem Bett lag, die Augen
in die Höhe starrend, das Ohr verängstigt, mit scheuenden
Nüstern und pochendem Herz: so lange, bis die Gewohnheit die Farbe der Vorhänge gewandelt, die Pendeluhr zum
Schweigen gebracht und dem schrägen, grausamen Spiegel Mitleid eingeflößt hatte, während der Duft von Vetiver
übertüncht, wenn nicht gänzlich verjagt worden war, und
sich die sichtbare Höhe der Decke deutlich gesenkt hatte.
Gewohnheit! als Ausstatterin geschickt zwar, aber so langsam, dass sie unseren Geist während Wochen in provisorischen Verhältnissen schmachten lässt; und doch ist ihm,
allem zum Trotz, ihr Beistand willkommen, denn bliebe er
ohne sie auf seine eigenen Befähigungen beschränkt, er

sähe sich außerstande, eine Behausung bewohnbar zu
machen. Nunmehr vermochte sich mein Geist ohne Mühe
bis zu dieser unerreichbaren Decke aufzuschwingen,
und ich hielt ihren Anblick aus, ohne die Sehnsucht nach
Selbstmord oder die Trauer des Exils ermessen zu müssen.
Zuletzt gelang es meiner Seele sogar, die Form des Zimmers
so passgenau einzunehmen, dass sie eine widerläufige und
nicht minder schmerzliche Erfahrung über sich ergehen
lassen musste, wenn ich später in einem anderen Zimmer
schlief, dessen Decke niedrig war.
So also gelang es mir im Verlauf langer Träumereien,
die meinem Erwachen folgten, sie alle wiederzusehen,
jene Zimmer, in denen ich gelebt hatte; winterliche Zimmer, {wo man, ins Bett gekuschelt, den Kopf in ein Nest
schmiegt, das man aus den unterschiedlichsten Sachen
zusammengestoppelt hat: einer Ecke des Kopfkissens, dem

allem, was ich von ihnen gesehen, mit allem, was man mir von ihnen erzählt hatte.[13]

In Combray wandelte sich, Tag für Tag, mein Schlafzimmer ~~am Ende des Nachmittags kurz vor dem Abendessen~~ am Ende des Nachmittags ~~in einen Ort des Schreckens, in einen schmerzhaften Angelpunkt, schon viele Stunden~~ und lange vor dem Augenblick, wo ich ins Bett und fern von meiner Mutter und meiner Großmutter liegen musste, ohne Schlaf zu finden, in einen schmerzlichen Angelpunkt meiner bangen Sorgen. ~~Zuweilen~~ Um mich abzulenken, wenn ich ~~schon vor dem Abendessen~~ am Abend eine tieftraurige Miene zur Schau trug, war man auf die Idee verfallen, mir eine Zauberlaterne zu geben, mit der man bis zur Stunde des Mahls meine Lampe zierte, die nach Art der frühesten Architekten und führenden Glasmaler der Gotik die opaken Mauern meines Zimmers mit kaum fasslichem Flirren überzog, mit bunten, übernatürlichen Scheinbildern, denen Legenden eingezeichnet waren wie in ein schwankendes und kurzlebiges Kirchenfenster. Doch meine Traurigkeit sah sich nur noch gesteigert, ~~denn mein an und für sich erträgliches Zimmer – es war mir dort vertraut geworden –, wenn es nicht die Marter des Zubettgehens gegeben hätte, war dies nicht länger~~ denn allein schon der Lichtwechsel zerstörte die Gewohnheit, die mir das Zimmer, abgesehen von der Marter des Zubettgehens, erträglich gemacht hatte. Denn nun erkannte ich es nicht wieder und war unruhig wie im Zimmer eines Hotels oder eines „Chalets", in dem ich, gleich nach der Ankunft mit der Eisenbahn, zum ersten Mal abstieg.

Jagenden Schrittes ritt ~~Golaud~~ Golo, von finsteren Plänen erfüllt, auf seinem Pferd aus dem kleinen dreieckigen Wald, der den Abhang eines Hügels mit düsterem Grün durchwirkte, und näherte sich ruckelnd dem Schloss der jammerbaren Geneviève de Brabant. Durch dieses Schloss zog sich ein bogenförmiger

Saum der Decken, dem Ende eines Schals, der Kante des Bettes sowie einer Ausgabe des *Petit Temps*, all dies nach Art der Vögel gekittet, indem man, noch und noch, das eigene Gewicht dagegenpresst; wo man bei eisigem Wetter das Gefühl genießt, von der Außenwelt geschieden zu sein (wie die Meeresschwalbe, die am Grund gewölbter Höhlen in der warmen Erde nistet), und wo man dank des Feuers, das die ganze Nacht im Kamin genährt wird, wohlig schlummert, eingehüllt in einen Mantel aus Luft, warm und rauchig, durchschossen vom Glanz glimmender Kohlen, eine Art unfühlbarer Alkoven, heiße Höhle, mitten ins Zimmer gegraben, eine glühende Zone im wallenden Gewand thermischer Schichten, von Luftzügen durchzogen, die unser Gesicht erfrischen, aus Ecken wehend, aus den abgekühlten Bereichen fern vom Feuer oder rund ums Fenster; Kammern des Sommers, wo man, der lauen Nacht verbunden, das entgegengesetzte Vergnügen findet, wenn sich der Schein des Mondes an die aufgeklappten Fensterläden lehnt und seine zauberische Lichtleiter bis an den Fuß des Bettes wirft, in dem man fast unter freiem Himmel schläft und sich wie eine Meise, auf dem Spitz einer Dolde, in der Brise wiegt;} – Schlossgemächer, in denen man sich, sommers wie winters, fast in freier Natur fühlte, wo die Mauern und Möbel eine feuchte Frische verbreiteten, wohlduftend und heilsam, wie im Park und unter hochstämmigen Bäumen; und vom Wald, von dem sie eher umschlungen als abgeschnitten wurden, hatten sie sich die Macht der Einsamkeit und die Kraft zur Verzückung bewahrt, wenn man ihn nächtens mit bloßen Füßen durchschreitet und natürliche Düfte einsaugt, wie man es in einer Allee von Bäumen tut; – sie alle hatte mein Geist vergessen, und ohne jene Erinnerung, die mein Körper unerwartet wiedergefunden hatte, wären sie für mich bis zu meinem Tod verloren geblieben, und mit ihnen all jene Wesen, die damit zusammenhingen und deren Bildnis mir nun für immer zurückgegeben worden war.

Riss, deckungsgleich mit dem Rand jener ovalen Scheiben, die in eine Fassung eingelassen waren, welche man durch die Schiebevorrichtungen der Laterne gleiten ließ. Es war nur ein Eck des Schlosses, und davor eine Heide, auf der Geneviève, blau gegürtet, in Träume versunken lag. Schloss und Heide waren gelb, doch war ich, um ihre Farbe zu kennen, gar nicht darauf angewiesen, einen Blick darauf zu werfen, denn schon lange vor den gläsernen Fassungen hatte mir dies der braungoldene Klang des Namens Brabant mit aller Deutlichkeit gezeigt. Golo hielt einen Augenblick inne, um voll Traurigkeit dem Schauermärchen zu lauschen, das meine Großtante mit fester Stimme vorlas, und offenkundig konnte er allem genau folgen, stimmte er doch seine Haltung mit einer Willfährigkeit, die nicht ohne Würde war, auf alle Winke des Textes ab; dann entfernte er sich, ruckelnden Schrittes wie zuvor. Und nichts vermochte seinem gemächlichen Ritt Einhalt zu gebieten. Wenn man die Laterne verschob, entdeckte ich das Pferd von Golo, das weiter über die Vorhänge des Fensters jagte, bald von den Falten aufgebauscht, dann in die Klüfte flüchtend. Der Körper von Golo war seines Orts von ebenso übernatürlicher Wesensart wie sein Reittier, er überwand jedes materielle Hindernis, jedes hemmende Objekt auch, indem er beim Zusammenprall alles als knöchernes Gerüst in sich aufnahm, und sei es nur der Türknauf, dem sich sein rotes Gewand sofort anverwandelte, um unbesiegbar darüber hinwegzurauschen, während sein bleiches Gesicht immer gleich edel und gleich melancholisch blieb, kein Zug zeugte von dieser Wirbelentrückung.

Gewiss, ich fand Gefallen an diesen ~~meinen diesen Projektionen~~ leuchtenden Projektionen, die ~~mein Zimmer kolorierten~~ gleichsam aus merowingischer Vorzeit aufstiegen und rund um mich herum den Abglanz versunkener Epochen wandern ließen, ~~doch ich~~ vermag nicht zu sagen, welch Unbehagen mir dieser Einbruch von Mysterium und Schönheit mitten in eine Kammer einflößte, die ich endlich so sehr mit meinem Ich

Kein Zweifel, jetzt war ich ganz wach, mein Körper hatte sich, ein letztes Mal noch, gedreht, und der gute Engel der Gewissheit bot allem um mich Halt, er bettete mich in meinem Zimmer unter meine Decken und rückte meine Kommode, meinen Schreibtisch, meinen Kamin, das Fenster zur Straße und die beiden Türen in der Dunkelheit an ihren, zumindest annähernd, richtigen Platz. Ich mochte jetzt noch so genau wissen, dass ich nicht in jenen Wohnstätten weilte, im Nu hatte mir die Ungewissheit des Erwachens deren Bilder zwar nicht je und je in aller Deutlichkeit vor Augen geführt, aber doch als mögliche Gegenwart glaubhaft umrissen, jedenfalls war mein Geist, mein Gedächtnis in Aufruhr; für gewöhnlich mühte ich mich gar nicht, sofort wieder einzuschlafen; ich verbrachte den größten Teil der Nacht damit, mir unser Leben von dazumal in Erinnerung zu rufen, unser Leben in Combray, bei meiner Großtante, in Querqueville, in Paris, in Venedig und auch anderswo, Erinnerungen an Orte, Personen, die ich gekannt hatte, mit allem, was ich von ihnen gesehen, mit allem, was man mir von ihnen erzählt hatte.

Mein Zimmer in Combray war, außer im Augenblick, wenn ich zu Bett musste, durchaus erträglich: es war mir vertraut. Wandeln mochte es sich nur an gewissen Abenden, wenn man zu meinem Vergnügen eine Zauberlaterne über die Lampe stülpte, die nach Art der frühesten Architekten und führenden Glasmaler der Gotik die opaken Mauern mit kaum fasslichem Flirren überzog, mit bunten, übernatürlichen Scheinbildern, denen Legenden eingezeichnet waren wie in ein Kirchenfenster.

Jagenden Schrittes ritt Golo, von finsteren Plänen erfüllt, auf seinem Pferd aus dem kleinen dreieckigen Wald, der den Abhang eines Hügels mit düsterem Grün durchwirkte, und näherte sich ruckelnd dem Schloss der jammerbaren Geneviève de Brabant. Durch dieses Schloss zog sich ein bogenförmiger Riss, deckungsgleich mit dem Rand jener

erfüllt hatte, dass es in meinem Bewusstsein nicht länger von ihr in den Hintergrund verdrängt wurde. Der anästhesierende Einfluss der Gewohnheit war gebrochen, ich begann wieder zu denken, zu fühlen, beides traurige Angelegenheiten. Der Türknauf meines Zimmers, der sich für mich insofern deutlich von allen anderen Türknäufen der Welt unterschied, als er sich von allein zu öffnen schien, ohne dass ich ihn drehen musste, so sehr war mir der Griff danach unbewusst geworden, er diente nun Golo als astraler Leib. Und kaum wurde zum Essen geklingelt, hatte ich nichts Eiligeres zu tun, als in den Speisesaal zu laufen, wo die plumpe Hängelampe ohne jede Ahnung von Golo und Blaubart war und dafür meine Eltern und den Bœuf à la casserolle kannte, über die sie ihr allabendliches Licht warf; und schon fiel ich in die Arme von Maman, die mir durch das Missgeschick von Geneviève de Brabant noch teurer geworden war, während mir die Untaten von Golo Anlass gaben, mein eigenes Gewissen voll Argwohn zu prüfen.[14]

Nach dem Abendessen, ach, da musste ich schon bald Maman verlassen, die mit den anderen zum Plaudern blieb, draußen im Garten, wenn es schön war, im kleinen Salon, in den sich alle Welt zurückzog, wenn das Wetter schlecht war. Alle Welt außer meine Großmutter, für sie war es „ein Jammer, auf dem Land eingesperrt zu bleiben", weshalb sie, an regenreichen Tagen, unablässig Zwist mit meinem Vater hatte, weil er mich zum Lesen in mein Zimmer schickte und nicht draußen ließ. „So wird er nicht stark und kräftig", sagte sie bedrückt, „gerade dieser Kleine, der es so nötig hätte, Kraft und Willensstärke zu sammeln." Mein Vater zuckte die Schultern und prüfte das Barometer, denn er hatte liebte die Meteorologie und die Topographie, während meine Mutter jegliches Geräusch mied, um ihn nicht zu stören, und ihn voll gerührter Achtung anblickte, freilich nicht allzu intensiv, um auf keinen Fall den Eindruck zu erwecken, sie wolle das Mysterium seiner Überlegenheit erkunden. Meine Großmutter nämlich sah man bei jeder Witterung,

28

ovalen Scheiben, die in eine Fassung eingelassen waren, welche man durch die Schiebevorrichtungen der Laterne gleiten ließ. Es war nur ein Eck des Schlosses, und davor eine Heide, auf der Geneviève, blau gegürtet, in Träume versunken lag. Schloss und Heide waren gelb, doch war ich, um ihre Farbe zu kennen, gar nicht darauf angewiesen, einen Blick darauf zu werfen, denn schon lange vor den gläsernen Fassungen hatte mir dies der braungoldene Klang des Namens Brabant mit aller Deutlichkeit gezeigt. Golo hielt einen Augenblick inne, um mit vollendeter Würde und voll mysteriöser Traurigkeit dem Schauermärchen zu lauschen, das meine Cousine mit fester Stimme vorlas, und offenkundig konnte er allem genau folgen, stimmte er doch seine Haltung mit einer Willfährigkeit, die nicht ohne Würde war, auf alle Winke des Textes ab; dann entfernte er sich, ruckelnden Schrittes wie zuvor. Und nichts vermochte seinem gemächlichen Ritt Einhalt zu gebieten. Wenn man die Laterne verschob, entdeckte ich voll Schreck das übernatürliche Pferd von Golo, das weiter über die Vorhänge des Fensters jagte, bald von den Falten aufgebauscht, dann in die Klüfte flüchtend. Der Körper von Golo war seines Orts von ebenso übernatürlicher Wesensart wie sein Reittier, er überwand jedes materielle Hindernis, jedes hemmende Objekt auch, indem er beim Zusammenprall alles als knöchernes Gerüst in sich aufnahm, und sei es nur der Türknauf, dem sich sein rotes Gewand sofort anverwandelte, um unbesiegbar darüber hinwegzurauschen, während sein bleiches Gesicht immer gleich edel und gleich melancholisch blieb, kein Zug zeugte von dieser mysteriösen Wirbelentrückung.

Ich vermag nicht zu sagen, welch Traurigkeit mir dieser Einbruch von Legenden, Mysterium und Schönheit mitten in eine Kammer einflößte, die ich endlich so sehr mit meinem Ich erfüllt hatte, dass es in meinem Bewusstsein nicht länger von ihr in den Hintergrund verdrängt wurde. Der Türknauf meines Zimmers, der sich für mich an sich schon

selbst wenn der Regen tobte und Françoise die kostbaren Korbsessel aus Angst, sie könnten feucht werden, überstürzt hineintrug, mitten im leeren, von der Sturzflut gepeitschten Garten
stehen, die zerzausten grauen Strähnen zurückstreichend,
damit ihre Stirn noch mehr vom heilsamen Wind und Regen
getränkt würde. Sie sagte: „Endlich kann man wieder atmen!",
und lief durch die aufgeweichten Alleen – vom neuen Gärtner,
wie sie fand, viel zu symmetrisch angeordnet, da ihm jegliches Gefühl für die Natur abging, während ihn mein Vater
schon in der Frühe gefragt hatte, ob sich das Unwetter legen
würde – mit ihren kleinen ruckelnden Schritten voll Begeisterung; sie waren auf die vielfältigen Regungen abgestimmt, die
der Taumel des Sturms, die Wucht der reinigenden Wirkung, die
Stupidität meiner Erziehung und die Symmetrie der Gärten in
ihrer Seele erweckten, und keineswegs auf den in ihren Augen
gänzlich abwegigen Wunsch, ihrem zwetschgenfarbenen Rock
Dreckspritzer zu ersparen, unter denen er nach und nach verschwand, bis zu einer Höhe, die für ~~unsere~~ die ihre Kammerzofe stets ein Problem und Anlass zur Verzweiflung war.

Fanden diese Gartengänge meiner Großmutter nach dem
Abendessen statt, so hatte nur eins die Macht, sie hineinzurufen: und zwar immer dann, wenn die kreisende Bahn ihres
Spaziergangs sie in periodischer Wiederkehr, wie ein Insekt,
zum Lichterglanz des kleinen Salons führte, wo auf dem Spieltisch die Liköre aufgetragen wurden – und zwar der Ruf meiner Großtante: „Bathilde! komm schon und halte deinen Mann
vom Cognac fern!" Meine Großtante hatte nämlich, um sie zu
necken (sie hatte in die Familie meines Vaters einen so anders
gearteten Geist getragen, dass sie von aller Welt verspottet und
gemartert wurde), den Großvater, dem jegliche Liköre untersagt waren, ein paar Tropfen trinken lassen. Meine arme Großmutter trat ein, bat ihren Gatten innigst, nicht vom Cognac zu
kosten; er geriet in Wallung, trank gleichwohl einen Schluck,
und meine Großmutter zog davon, betrübt, entmutigt, aber

deutlich von allen anderen Türknäufen der Welt unterschied, schien sich mir von allein zu öffnen, ohne dass ich ihn drehen musste, so sehr war mir der Griff danach unbewusst geworden, er diente nun Golo als astraler Leib. Und allein schon der Wechsel, den die Laterne in der üblichen Beleuchtung des Zimmers bewirkte, weil die Lampe ihren Schein nicht länger verbreiten konnte, ließ mich letztlich „das Zimmer wechseln", und zwar gerade so, als wäre ich an den Meerbädern in ein unbekanntes Chalet gekommen; der anästhesierende Einfluss der Gewohnheit war gebrochen, ich begann wieder zu denken, zu fühlen, beides traurige Angelegenheiten. Und ich hatte nichts Eiliger, als in den Speisesaal zu laufen, wo die gute plumpe Hängelampe ohne jede Ahnung von Golo und Blaubart war und nur meine Eltern und den Bœuf à la casserolle kannte, über die sie ihr allabendliches Licht warf; und schon fiel ich in die Arme von Maman, die mir durch das Missgeschick von Geneviève de Brabant noch teurer geworden war, während mir die Untaten von Golo Anlass gaben, mein eigenes Gewissen voll Argwohn zu prüfen. Gleichwohl fand ich großen Gefallen an den zitternden Erscheinungen, die mein Zimmer, in den Farben des Regenbogens, mit dem Widerschein der Geschichte kolorierten, so alt und so poetisch; und sie, jene von der Zauberlaterne hingeworfenen Landschaftsansichten, schienen mysteriöse Emanationen einer merowingischen Vergangenheit voll legendärer Widerfahrnisse, von denen sie handelten. Ach! ihr Anblick würde mich heute tief treffen, denn sie würden mich in eine längst versunkene Vergangenheit, in meine Kindheit, hinabsteigen lassen, in Erinnerungen an Schmerzen, die weit realer sind als jene von Geneviève de Brabant, an Verfehlungen, die mich härter treffen als jene von Golo, um mir schließlich das Herz abzuschnüren. Und wenn ich, so scheint mir, eines Tages in das Kinderzimmer eines kleinen Freundes träte und auf der Wand oder auf der Tür ihre prächtigen Lichtflecken sähe, leuchtend und blau wie jene,

doch lächelnd, denn sie war in ihrem Herzen so demütig, so sanft, dass sich ihr Zartsinn für die anderen und das geringe Aufhebens, das sie von ihrer Person und ihren Leiden machte, in ihrem Blick in ein Lächeln auflösten, und darin lag im Unterschied zu dem, was man in den Gesichtern vieler Menschen beobachten mag, ein ironischer Zug, der nur ihr selbst galt, für uns aber schwebte ein Kuss in ihren Augen, die all jene, die sie lieb hatte, nicht anschauen konnten, ohne sie voll Hingabe mit ihrem Blick zu streicheln. Die Qual, die ihr meine Großtante zufügte, das Schauspiel der vergeblichen Bitten und Ohnmacht meiner Großmutter, die schon im Voraus besiegt war, wenn sie meinem Großvater vergeblich das Glas Likör abspenstig machen wollte, dies alles waren Sachen, an deren Anblick man sich so sehr gewöhnt hatte, dass man sie späterhin mit einem Lachen bedachte und ebenso entschieden wie frohgemut die Partei des Peinigers ergriff, nur um sich davon zu überzeugen, dass all dies nichts Peinigendes hatte; sie versetzten mir damals einen solchen Schmerz Schreck, dass ich meine Großtante am liebsten geschlagen hätte. Doch sobald ich: „Bathilde! komm schon und halte deinen Mann vom Cognac fern!" hörte, wurde ich aus Feigheit bereits zum Erwachsenen und tat, was wir alle tun, wenn wir groß geworden sind und mit Leid und Ungerechtigkeit konfrontiert werden: ich wollte davor die Augen verschließen; zum Schluchzen stieg ich ganz nach oben im Haus, gleich neben die Studierstube unter dem Dach, in eine kleine Kammer, die nach Iris roch und die auch von einem Flieder durchduftet wurde, der draußen zwischen den Mauersteinen wucherte und einen blühenden Zweig durch das klaffende Fenster ragen ließ. Einem bestimmten niedrigen Gebrauch zugedacht, diente mir diese Kammer, von der man bei Tag bis zum Glockenturm von Troussinville zum Verlies von Roussainville le pin sah, lange Zeit, ungezweifelt weil es die einzige war, die ich mit dem Schlüssel abriegeln durfte, zur Zuflucht für all jene Betätigungen, die unverbrüchliche Einsamkeit verlangen:

32

die man auf den Flügeln gewisser Schmetterlinge entdeckt, frei flatternd, ehe sie verschwinden, ganz so, als schlüge der unsichtbare Flügel, den sie zieren, im Moment des Aufschwungs ein letztes Mal, dann würde ich, wie ich glaube, mit bedeckten Augen die Flucht ergreifen. Unbekannter Flügel mit Augen aus Azur und Feuer, entschwinde in jene Finsternis, von der ich schon so fern bin. Trag die Traurigkeit von damals nicht wieder zu mir: Sie würde mich wie einst unter die friedsame Lampe eilen lassen, die erloschen ist, zurück in Arme, die auf immer geschlossen sind und mich wie nichts sonst zu heilen wussten.

Nach dem Abendessen, ach, da musste ich, weil man mich früh zu Bett schickte, Maman verlassen, die mit den anderen zum Plaudern blieb, draußen im Garten, wenn es schön war, im kleinen Salon, in den sich alle Welt zurückzog, wenn das Wetter schlecht war. Alle Welt außer meine Großmutter, für sie war es „ein Jammer, auf dem Land eingesperrt zu bleiben", weshalb sie, an regenreichen Tagen, unablässig Zwist mit meinem Vater hatte, weil er mich zum Lesen in mein Zimmer schickte und nicht draußen ließ. „So werden sie nicht stark und kräftig", sagte sie bedrückt, „gerade dieser Kleine da, der es sehr wohl nötig hätte, Kraft und Willensstärke zu sammeln." Ihres Orts nämlich sah man sie bei jeder Witterung, selbst wenn der Regen tobte und Françoise die kostbaren Korbsessel aus Angst, sie könnten feucht werden, überstürzt hineintrug, mitten im leeren, von der Sturzflut gepeitschten Garten stehen, die zerzausten grauen Strähnen zurückstreichend, damit ihre Stirn noch mehr vom heilsamen Wind und Regen getränkt würde. Sie sagte: „Endlich kann man wieder atmen!", und lief durch die aufgeweichten Alleen – vom neuen Gärtner, wie sie fand, viel zu symmetrisch angeordnet, da ihm jegliches Gefühl für die Natur abging – mit ihren kleinen ruckelnden Schritten voll Begeisterung; sie waren, um die Wahrheit zu sagen, auf die vielfältigen Regungen abgestimmt, die der Taumel des Sturms, die Wucht der

die Lektüre, die Träumerei, die Tränen und die Wollust. Ach! noch ahnte ich es nicht: Weniger über die kleinen Verstöße ihres Gatten gegen seine Diät bekümmert als über meinen Mangel an Willen, über meine anfällige Gesundheit sowie die Ungewissheit, die sie über meiner Zukunft schweben sah, ging meine Großmutter bei ihren rastlosen Wandelgängen am Nachmittag und am Abend wieder und wieder an uns vorüber und neigte, himmelwärts gekrümmt, ihr schönes Gesicht mit den braunen und verrunzelten Wangen, die im Ansturm des Alters fast mauvefarben geworden waren wie die Ackerfurchen im Herbst und beim Hinausgehen verdeckt unter einem halb gehobenen Schleier lagen, während auf ihnen, von der Kälte oder einem traurigen Gedanken hingehaucht, stets eine ungewollte Träne trocknete.

Mein einziger Trost, wenn ich zum Schlafen nach oben musste, bestand in der Aussicht, dass mich Maman küssen käme, sobald ich in meinem Bett läge. Doch dieses Gutnachtwünschen währte nur kurz, rasch ging sie wieder hinunter, so rasch, dass für mich jener Augenblick, in dem ich hörte, wie sie hochkam und wie dann das leise Geräusch ihres Gartenkleides aus blauer Mousseline, an dem kleine, aus Stroh geflochtene Quasten baumelten, den Gang mit der Doppeltür durchlief, zu einem schmerzhaften Augenblick wurde. Er kündete bereits jenen nächsten an, der folgen sollte, wenn sie mich verlassen und hinuntergehen würde. So also verfiel ich auf den Wunsch, dass jener Gutnachtkuss, den ich so liebte, möglichst spät käme, damit sich die Zeit dehnte, in der Maman noch nicht gekommen war. Wenn sie mich geküsst hatte und die Tür öffnete, um zu gehen, wollte ich sie bisweilen zurückrufen, um ihr zu sagen: „Küss mich noch ein Mal", aber ich wusste sogleich, dass sie ihr verärgertes Gesicht aufsetzen würde, denn das Zugeständnis, das sie meiner Traurigkeit und meiner Unruhe gewährte, indem sie hochkam, um mich zu umarmen und mir den „Friedenskuss" zu bringen, ärgerte meinen Vater, der diese

reinigenden Wirkung, die Stupidität unserer Erziehung und die Symmetrie der Gärten in ihrer Seele erweckten, und keineswegs auf den in ihren Augen gänzlich abwegigen Wunsch, ihrem zwetschgenfarbenen Rock Dreckspritzer zu ersparen, unter denen er nach und nach verschwand, bis zu einer Höhe, die für unsere Kammerzofe Françoise stets ein Problem und Anlass zur Verzweiflung blieb.

Fanden diese „Gartengänge" meiner Großmutter nach dem Abendessen statt, so hatte nur eins die Macht, sie hineinzurufen: und zwar immer dann, wenn die kreisende Bahn ihres Spaziergangs sie in periodischer Wiederkehr wie ein Insekt zum Lichterglanz des kleinen Salons führte, wo auf dem Spieltisch die Liköre aufgetragen wurden – und zwar der Ruf meiner Großtante: „Bathilde! komm schon und halte deinen Mann vom Cognac fern!" Meine Großtante hatte nämlich, um sie zu necken (sie hatte in die Familie meines Vaters einen so anders gearteten Geist getragen, dass sie von aller Welt verspottet und gemartert wurde), den Großvater, dem jegliche Liköre untersagt waren, ein paar Tropfen trinken lassen. Meine arme Großmutter trat ein, bat ihren Gatten innigst, nicht vom Cognac zu kosten; er geriet in Wallung, trank gleichwohl einen Schluck, und meine Großmutter zog davon, betrübt, entmutigt, aber doch lächelnd, denn sie war in ihrem Herzen so demütig, so sanft, dass sich ihr Zartsinn für die anderen und das geringe Aufhebens, das sie von ihrer Person und ihren Leiden machte, in ihrem Blick in ein göttliches Lächeln auflösten, und darin lag im Unterschied zu dem, was man in den Gesichtern vieler Menschen beobachten mag, ein ironischer Zug, der nur ihr selbst galt, für uns aber schwebte ein Kuss in ihren Augen, die all jene, die sie lieb hatte, nicht anschauen konnten, ohne sie voll Hingabe mit ihrem Blick zu streicheln. Die Qual, die ihr meine Großtante zufügte, das Schauspiel ihrer vergeblichen Bitten und Ohnmacht, die schon im Voraus besiegt war, wenn sie meinem Großvater vergeblich das Glas Likör abspenstig machen wollte,

Rituale absurd fand, und sie trachtete lieber danach, mir dieses Bedürfnis abzugewöhnen, anstatt mich daran zu gewöhnen, ihr, sobald sie auf der Schwelle stand, noch einen zusätzlichen Kuss abzuverlangen. Nun, ~~der Anblick ihrer schlechten Laune zerstörte all den Frieden genügte, um das zarte Siegel zu zerbrechen, unter dem sie für mich einschloss ihre Lippen für mich den Frieden verschlossen hatten~~ ihre Verärgerung zu sehen, zerstörte all den Frieden, den sie mir einen Augenblick zuvor geschenkt hatte, als sie ihr liebendes Gesicht über mein Bett neigte und mir wie eine Hostie zur Kommunion des Friedens reichte, von der meine Lippen

dies alles waren Sachen, an deren Anblick man sich so sehr gewöhnt hatte, dass man sie späterhin mit einem Lachen bedachte und ebenso entschieden wie frohgemut die Partei des Peinigers ergriff, nur um sich davon zu überzeugen, dass all dies nichts Peinigendes hatte; damals aber versetzten sie mir noch einen so schmerzlichen, einen so unerträglichen Schreck, dass ich meine Großtante am liebsten geschlagen hätte, doch sobald ich jene grässlichen Worte: „Bathilde! komm schon und halte deinen Mann vom Cognac fern!" hörte, wurde ich aus Feigheit bereits zum Erwachsenen und tat, was wir alle tun, wenn wir „groß" sind und mit Leid und Ungerechtigkeit konfrontiert werden: ich wollte davor die Augen verschließen; zum Schluchzen stieg ich ganz nach oben im Haus, gleich neben die Studierstube unter dem Dach, in eine kleine Kammer, die nach Iris roch und die auch von einem Flieder durchduftet wurde, der draußen zwischen den Mauersteinen wucherte und einen blühenden Zweig durch das klaffende Fenster ragen ließ. Einem bestimmten niedrigen Gebrauch zugedacht, diente diese Kammer, ungezweifelt weil es die einzige war, die ich mit dem Schlüssel abriegeln durfte, lange Zeit zur Zuflucht für all jene Betätigungen, die unverbrüchliche Einsamkeit verlangen: die Lektüre, die Träumerei, die Tränen und die Wollust. Von dort sah man, tagsüber, in der Ferne den Glockenturm von Pinsonville, und selbst noch am Abend konnte man in der Nähe des Hauses undeutlich die gewölbten Hügel ausmachen, die man die Collines du Calvaire nannte, weil sich auf einem von ihnen einst ein Kalvarienberg über dem weit ausladenden Weiher erhoben hatte, wobei sich in jüngster Zeit zwischen ihnen eine Pferderennbahn breit gemacht hatte, und meine Tränen verdoppelten sich, weil ich die Leiden meiner Großmutter mit der Himmelfahrt Jesu verglich. Ach! noch ahnte ich es nicht: Weniger über die kleinen Verstöße ihres Gatten gegen seine Diät bekümmert als über meinen Mangel an Willen, über meine anfällige Gesundheit sowie die Unge-

wissheit, die sie über meiner Zukunft schweben sah, ging meine Großmutter bei ihren rastlosen Wandelgängen am Morgen, am Nachmittag und am Abend wieder und wieder an uns vorüber und neigte, himmelwärts gekrümmt, ihr schönes Gesicht mit den braunen und verrunzelten Wangen, die im Ansturm des Alters fast mauvefarben geworden waren wie die Ackerfurchen im Herbst und beim Hinausgehen verdeckt unter einem halb gehobenen Schleier lagen, während auf ihnen, von der Kälte oder einem traurigen Gedanken hingehaucht, stets eine ungewollte Träne trocknete.

Es war für mich eine rechte Qual, wenn ich jeden Abend zum Schlafen nach oben musste, während alle Welt noch unten blieb, um stundenlang zu plaudern. Mein Trost bestand in der Aussicht, dass mich Maman küssen kam, sobald ich in meinem Bett lag. Doch dieses Gutnachtwünschen währte nur kurz, rasch ging sie wieder hinunter, so rasch, dass für mich jener Augenblick, in dem ich hörte, wie sie hochkam und wie dann das leise Geräusch ihres Gartenkleides aus blauer Mousseline, an dem kleine, aus Stroh geflochtene Quasten baumelten, den Gang mit der Doppeltür durchlief, zu einem schmerzhaften Augenblick wurde. Er kündete bereits jenen nächsten an, der folgen sollte, wenn sie mich verließ und hinunterging. So also verfiel ich auf den Wunsch, dass jener Gutnachtkuss, den ich so liebte, möglichst spät käme. Die ganze Zeit, in der Maman noch nicht gekommen war, kam einer Gnadenfrist gleich und zögerte jenen Zeitpunkt hinaus, wo sie schon fort sein sollte, wo ich sie nicht mehr sehen würde. Wenn sie mich geküsst hatte und die Tür öffnete, um hinunterzugehen, wollte ich sie bisweilen zurückrufen, um ihr zu sagen: „Küss mich noch ein Mal", aber ich wusste sogleich, dass sie ihr verärgertes Gesicht aufsetzen würde, denn das Zugeständnis, das sie meiner Traurigkeit und meiner Unruhe gewährte, indem sie hochkam, um mich zu umarmen und mir den „Friedenskuss" zu bringen, ärgerte

ihre leibhaftige Gegenwart pflückten und[15] die Macht, mich
schlafen zu machen. Doch jene Abende, an denen Maman, zwar
nur für kurze Zeit, in meinem Zimmer weilte, waren lieblich
im Vergleich zu jenen, wo alle Welt zum Essen blieb und sie,
aus Rücksicht auf diesen Umstand, nicht hochkam, um mir
Gutnacht zu sagen.

Die Welt beschränkte sich für gewöhnlich auf M. Swann, der,
abgesehen von etwelchen Fremden auf Durchreise, mehr oder
weniger die einzige Person war, die zu uns nach Combray kam,
zuweilen für ein Essen unter Nachbarn (dies etwas weniger oft,
seit er jene elende Ehe geschlossen hatte, weil meine Eltern
nicht geruhten, seine Frau zu empfangen), zuweilen nach dem
Essen, gänzlich unverhofft. An den Abenden, wo wir, rund um
den gusseisernen Tisch versammelt, vor dem Haus unter dem
großen Kastanienbaum saßen und am Ende des Gartens nicht
etwa das grelle und lang schwingende Schellen hörten, das alle
Mitglieder des Hauses auf dem Heimweg mit seinem kalten
Klang, blechern und unversieglich, überschüttete, betäubte,
wenn sie, „ohne die Klingel zu betätigen", eintraten, sondern
den zweifachen Schlag des Glöckchens für Besucher, scheu,
oval und golden, dann fragten sich alle sogleich: „Ein Besuch,
wer könnte das sein?", dabei wusste man sehr wohl, dass es nur
M. Swann sein konnte; meine Großtante hob, um mit gutem
Beispiel voranzugehen, ihre Stimme und versuchte im Tonfall
ganz natürlich zu bleiben, wobei sie uns bedeutete, nicht so zu
tuscheln; nichts sonst wirke auf ankommende Gäste ähnlich
unhöflich, schließlich mache es sie glauben, dass man gerade im
Begriff sei, über Sachen zu sprechen, die ihnen nicht zu Ohren

meinen Vater, der diese Rituale absurd fand, und sie trachtete lieber danach, mir dieses Bedürfnis abzugewöhnen, anstatt mich daran zu gewöhnen, ihr, sobald sie auf der Schwelle stand, noch einen zusätzlichen Kuss abzuverlangen. Nun, ihre Verärgerung zu sehen, würde allzu sehr den Frieden stören, den sie mir einen Augenblick zuvor geschenkt hatte, als sie ihr seliges und liebendes Gesicht über mein Bett neigte und mir wie eine Hostie reichte, von der meine Lippen

ihre leibhaftige Gegenwart pflückten und bis zum nächsten Morgen bewahrten; Hostie einer Kommunion des Friedens, die mir einen süßeren und ruhigeren Schlaf sicherte als jenen, den wir in jenen anderen Hostien finden, in die der Apotheker den Schlaf einschließt und die durchaus auch Wunder wirken und, zumal an gewissen Abenden, unersetzlich sind, jedenfalls für all die, die ihre Mutter nicht mehr haben, denn sie hemmen für einen Moment das beklemmende Bedürfnis, sie zu umarmen. Doch jene Abende, an denen Maman, zwar nur für kurze Zeit, in meinem Zimmer weilte, waren lieblich im Vergleich zu jenen, wo alle Welt zum Essen blieb und sie, aus Rücksicht auf diesen Umstand, nicht hochkam, um mir Gutnacht zu sagen. Die „Welt" beschränkte sich für gewöhnlich auf M. Vington und M. Swann. M. Vington, den meine Großmutter als Crème aller feinen Leute bezeichnete, war ein Mann von übertriebener Höflichkeit und altmodischer Züchtigkeit. Mein Vater interessierte sich ausnehmend für die naturwissenschaftlichen Arbeiten von M. Vington, und wenn er M. Vington bei sich zu Hause in La Courbe aufsuchen durfte oder ihm dieser einen Besuch in seinem Haus abstattete, hätte er sich glücklich geschätzt, ihm zu lauschen, wie er etwelche Forschungen erläuterte. Und nichts wiederum hätte M. Vington mehr Freude bereitet. Doch aus einem Übermaß an Feingefühl und schüchterner

kommen sollten; und schon schickte man als Kundschafterin meine Großmutter, die wie immer über jeden Vorwand glücklich war, solange sie eine weitere Runde durch den Garten drehen durfte, wobei sie die Gelegenheit ergriff, um bei den Rosensträuchern im Vorbeigehen heimlich ein paar Stützen aus dem Boden zu rupfen und den Rosen ein natürlicheres Aussehen zu geben, wie eine Mutter, die, zum Auflockern, mit der Hand durch das Haar ihres Sohnes fährt, das der Coiffeur allzu sehr geglättet hat.

Wir warteten alle gespannt auf die Berichte, die meine Großmutter vom Feind bringen würde, als ob wir zwischen einer Vielzahl möglicher Belagerer schwanken würden, und bald sagte mein Großvater: „Ich erkenne die Stimme von Swann." Man konnte ihn in der Tat nur an der Stimme erkennen, da man sein Gesicht mit der krummen Nase und den grünen Augen unter einer hohen Stirn, die von blondem Haar umkränzt wurde, rötlich fast und mit einem Schnitt à la Bressant, kaum ausmachen konnte, schließlich behielten wir im Garten, um keine Mücken anzuziehen, so wenig Licht als möglich, und ohne mir etwas anmerken zu lassen, ging ich melden, man möchte doch den Sirup bringen; daran war meiner Großmutter viel gelegen, fand sie es doch freundlicher, wenn man nicht den Anschein erweckte, er stünde nur ausnahmsweise bereit, nämlich bei Besuchen. M. Swann hatte, wiewohl weit jünger, eine enge Verbindung zu meinem Großvater, der schon einer der besten Freunde seines Vaters gewesen war, ein vorzüglicher Mann, wenn auch etwas wunderlich, denn ein Nichts konnte bisweilen seine Herzenswallungen unterbrechen, den Gang seiner Gedanken in neue Bahnen lenken. Mehrere Male im Jahr hörte ich, wie mein Großvater bei Tisch die immergleichen Anekdoten über das Verhalten von Vater Swann beim Tod seiner Frau zum Besten gab, an deren Bett er Tag und Nacht gewacht hatte. Mein Großvater, der ihn schon lange nicht mehr gesehen hatte, eilte zu ihm in das Anwesen, das die

Höflichkeit suchte er sich stets in die Lage der anderen zu versetzen und befürchtete, er könnte sie langweilen, ihnen egoistisch erscheinen, wenn er seinem Wunsch nachgäbe, ihn auch nur erahnen ließe. Eines Tages, als ich meinen Vater nach La Courbe begleitet hatte, ließ er mich vor dem Haus warten, das in einer Mulde stand, so tief, dass das Fenster von M. Vington zu ebener Erde lag, und so konnte ich, noch ehe mein Vater eingetreten war, beobachten, wie er mit Nachdruck ein paar Notizen bereitlegte, die er ihm zweifelsohne unterbreiten wollte. Doch als mein Vater daneben stand, schob M. Vington, wie ich sehen konnte, das Manuskript auf die Seite. Er hegte zweifelsohne die Befürchtung, dass mein Vater auf den Gedanken verfallen könnte, er habe ihn nur nach La Courbe kommen lassen, um es ihm vorzulesen, und fasste sich so, als ob diese Blätter aus Versehen dalagen, und jedes Mal, wenn mein Vater insistierte: „Ich weiß gar nicht, wer sie dahin gelegt hat, ich habe doch hundert Mal gesagt, dass sie nicht hierhergehören", und als mein Vater insistierte, dass ihm M. Vington etwas vorläse, lenkte dieser aus Furcht, aufdringlich zu erscheinen, wenn er sich dazu hinreißen ließe, von Gegenständen seines Interesses zu handeln, das Gespräch auf andere, an denen meinem Vater in der Tat viel gelegen war, etwa auf die Wesensart unserer Bediensteten, die Pflege unseres Gartens, wobei er sich ständig unterbrach, um meinen Vater zu fragen, ob ihm nicht zu heiß oder zu kalt sei, ob er auch bequem sitze. M. Vington machte uns oft lachen, wenn er voll Empörung in der Sprache der „jungen Leute", die gerade im Schwange war, unangemessene Wörter hervorhob: „Ihr redet von M. Vington immer wie von einem alten Fossil", bemerkte mein Vater schlecht gelaunt. „Dabei ist er womöglich einer der bedeutendsten Naturforscher unserer Epoche. Wären seine Kräfte nicht am Tod seiner Frau zerbrochen und würde er seine Zuneigung zu seiner Tochter nicht bis zur Verhätschelung treiben, so hätte er die Tausende von Beobachtungen, die er gemacht

Swanns in der Umgegend von Combray besaßen, und um zu verhindern, dass er ihrer Sarglegung beiwohnte, bewegte er ihn mit Erfolg, für einen Moment, wenn auch unter Tränen, das Totenzimmer zu verlassen. Sie taten ein paar Schritte im Park, in dem schwach noch die Sonne schien. Plötzlich packte M. Swann meinen Großvater am Arm und rief: „Ah! mein alter Freund, was für eine Wohltat, wenn man bei so schönem Wetter zusammen eine Promenade unternimmt. Finden Sie das nicht auch schön, all diese Bäume, den Weißdorn und meinen Teich, zu dem Sie mich nie beglückwünscht haben. Dabei ist er mein Werk. Sie machen ja eine Miene wie eine Schlafmütze. Das sollte Sie doch an unsere guten alten Spaziergänge erinnern. Spüren Sie den sanften Lufthauch? Ah! man kann sagen, was man will, das Leben hat auch sein Gutes, nicht wahr, mein lieber Amédée?" Doch jäh verfiel er der Erinnerung an seine tote Frau, und es war ihm wohl zu kompliziert, den Grund zu suchen, wie er sich in einem solchen Moment zu einem Ausbruch der Freude hatte hinreißen lassen, und so ließ er es bei einer Geste bewenden, die ihm jedes Mal eignete, wenn eine allzu knifflige Frage seinen Geist bestürmte, und fuhr mit der Hand über die Stirn, wischte seine Augen und auch die Gläser seines Lorgnons. Gleichwohl blieb er über den Tod seiner Frau untröstlich, aber während der zwei Jahre, die er sie überlebte, sagte er meinem Großvater: „Seltsam, ich denke recht oft an meine arme Frau, aber ich kann nie viel auf einmal an sie denken." „Oft, aber nie viel auf einmal, wie der alte Vater Swann", wurde zu einer Lieblingswendung meines Großvaters, die er bei allen möglichen Gelegenheiten in Anschlag brachte. Ich hätte ja gedacht, dieser Vater Swann sei ein Monstrum gewesen, doch mein Großvater, den ich für den besseren Richter hielt und dessen Sentenzen mir als Jurisprudenz galten, wobei sie mich auch späterhin oft anhielten, Fehltritte zu verzeihen, die ich eigentlich verdammen wollte, rief aus: „Was!? er war ein goldenes Herz!"

hat, gesammelt, um eine geniale Idee abzustützen, was wäre das für ein Buch geworden! Aber es wird nie erscheinen, er hat es für seine Tochter aufgeopfert. Dabei ist das arme Ding nicht einmal hübsch, mit ihren Sommersprossen und ihrer rüpelhaften Art würde man sie eher für einen Knaben halten!" Doch meine Großmutter fand Gefallen an dieser unverstellten Rüpelhaftigkeit und wies darauf hin, welch schöner Ausdruck von Sanftheit, schüchtern fast, voll Zartgefühl, voll Aufrichtigkeit zuweilen im Blick der kleinen Vington aufschimmerte. Kaum hatte sie ein Wort ausgesprochen, schon fasste sie es im Sinne jener Leute auf, mit denen sie sprach, und befürchtete mögliche Missverständnisse. Manchmal rötete sich ihr Gesicht, nachdem sie meinen Eltern gegenüber den Wunsch geäußert hatte, sie wieder einmal zu besuchen, denn sofort verfiel sie auf den Gedanken, sie könnten aus ihrem Satz die Bitte um eine Einladung zum Abendessen herauslesen, wenn sie für Mariä Empfängnis nach Combray käme, oder in Hinblick auf irgendein anderes indiskretes Vorhaben, das ihrem Sinn fern lag und das wir ihr ohnehin nicht unterstellt hätten. „Sie hat es allem Anschein nach mit den Nerven", meinte meine Großmutter, „jedenfalls machte ihm ihre Erziehung viel zu schaffen, manchmal verbrachte sie ganze Tage an seiner Seite, ohne den Mund auch nur für einen einzigen Bissen zu öffnen. Schaut nur, wie er sie trotz all der Leibesübungen, die sie im Freien treibt, unter seine Fittiche nimmt, wie er sich stets mit der Sorge trägt, ihr könnte kalt sein."

Meine Eltern standen M. Vington einst wohl näher als jetzt, denn von ihm stammte, allem Anschein nach, eine kleine Sammlung von Mineralien, die mir mein Vater zu meinem Geburtstag schenkte, darunter viele verschiedene Gesteine, grüne, orangefarbene, solche, die wie Silber glänzten, ein kleiner Opal, in dem Splitter um Splitter, flackernd wie unter einem Händedruck, jenes grüne Funkeln aufglühte, das der Kolibri unter seinem Hals trägt, oder ein

Während mancher Jahre, in denen ihnen M. Swann junior, namentlich vor seiner Heirat, in Combray so manchen Besuch abstattete, ahnten meine Großtante und meine Großeltern gleichwohl nicht, dass er schon längst nicht mehr in jener Gesellschaft verkehrte, in der sich seine Familie bewegt hatte, vielmehr beherbergten sie unter dem Inkognito, das ihm sein Name Swann bei uns gewährte, gleichsam mit der Unschuld ehrenwerter Hoteliers, die unwissentlich einem berüchtigten Räuber Unterschlupf gewähren, eines der elegantesten Mitglieder des Jockey-Clubs, den besten Freund des Comte de Paris und des Prinzen von Wales, einen der meistumworbenen Männer in der gehobenen Gesellschaft des Faubourg Saint-Germain.

Unsere Ahnungslosigkeit im Blick auf dieses glänzende mondäne Leben, das Swann führte, lag zum Teil gewiss an der Zurückhaltung und Diskretion seines Charakters, aber auch am Umstand, dass sich die damaligen Bürger eine hinduistisch angehauchte Vorstellung von der Gesellschaft machten und sie als Konglomerat von geschlossenen Kasten betrachteten, wo sich jeder, von Geburt an, in jenen Rang versetzt sah, den seine Eltern einnahmen, und wo es, unter Absehung der Wechselfälle einer außerordentlichen Karriere oder einer unverhofften Heirat, nichts gab, kein Mittel, um in eine höhere Klasse vorzustoßen. Vater Swann war Wechselhändler; „Sohn Swann" gehörte also für sein ganzes Leben zu einer Kaste, in der das Vermögen, wie in einer Steuerkategorie, zwischen diesem und jenem Einkommen schwankt. Man wusste um den Umgang seines Vaters, und so wusste man um den seinen, wusste, mit wem er „in seiner Stellung" verkehren durfte. Sollte er andere Personen kennen, so mussten das Jugendfreunde sein, über die alte Bekannte seiner Familie wie meine Eltern umso wohlwollender hinwegsahen, als er uns seit dem Zeitpunkt, wo er Waise geworden war, mit schöner Regelmäßigkeit besuchen kam; doch konnte man darauf wetten, dass jene unbekannten Leute, die er traf und die uns unbekannt waren, zu jenen gehörten,

Stein, ein roher Agat vielleicht, ganz grau in seiner kargen und schroffen Hülle, doch eine geschliffene Seite gleißte wie ein Spiegel und ließ, gleichsam wie unter Glas, ein fahlblaues Seidentuch sehen, auf dem sich konzentrische Kreise abzeichneten, als wären sie mit Pastell gezogen oder als stammten sie von einem Schmetterlingsflügel. M. Vington aber nahm Anstoß daran, dass wir unseren anderen Freund von Combray, M. Swann, weiterhin wie einen Junggesellen empfingen, obwohl er eine skandalumwitterte Heirat gemacht hatte, und so stellte er seine Besuche fast vollständig ein, und wir trafen ihn nur noch im Marienmonat oder auf dem Weg zum Friedhof, wo er Stunden damit zubrachte, am Grab seiner Frau zu weinen.

Abgesehen von etwelchen Fremden auf Durchreise, die man nur zu förmlichen Diners lud, war M. Swann mehr oder weniger die einzige Person, die zu uns nach Combray kam, zuweilen für ein Essen unter Nachbarn (dies etwas weniger oft, seit er jene elende Ehe geschlossen hatte, weil meine Eltern nicht geruhten, seine Frau zu empfangen), zuweilen nach dem Essen, gänzlich unverhofft. An den Abenden, wo wir, rund um den kleinen gusseisernen Tisch versammelt, vor dem Haus unter der Zeder saßen und am Ende des Gartens nicht etwa das grelle und lang schwingende Schellen hörten, das alle Mitglieder des Hauses auf dem Heimweg mit seinem kalten Klang, blechern und unversieglich, überschüttete, betäubte, wenn sie, „ohne die Klingel zu betätigen", eintraten, sondern den zweifachen Schlag des Glöckchens für Besucher, scheu, oval und golden, dann fragten sich alle sogleich: „Ein Besuch, wer könnte das sein?", (wiewohl es ohnehin nur M. Swann sein konnte); meine Großtante hob, um mit gutem Beispiel voranzugehen, ihre Stimme und versuchte im Tonfall ganz „natürlich" zu bleiben, wobei sie uns bedeutete, nicht so zu „tuscheln"; nichts sonst wirke auf ankommende Gäste ähnlich unhöflich, schließlich mache es sie glauben, dass man gerade im Begriff sei, über Sachen zu sprechen, die

die er, in unserem Beisein, nicht zu grüßen gewagt hätte. Und hätte man unbedingt einen sozialen Koeffizienten auf Swann anwenden wollen, persönlich auf ihn abgestimmt, so wäre bei ihm dieser Koeffizient im Vergleich zu anderen Söhnen von Handelsvertretern aus dem Stand seiner Eltern eher niedriger ausgefallen, denn er war einfach gestrickt und hatte seit jeher eine grillenhafte Neigung zu ~~alten~~ antiken Sachen und zu Gemälden, ja er wohnte, seit er Waise war, in einem alten ~~Haus~~ Stadtpalais, in dem er seine Sammlungen stapelte und das meine Großmutter traumhaft gern besichtigt hätte, doch lag es am Quai d'Orléans, ein Quartier, das meine Großtante als Wohnort für infam erachtete. „Sie sind also ein Kenner? Ich ~~sage das~~ frage das nur in Ihrem eigenen Interesse, sonst wärmen Ihnen die Händler noch alte Schinken auf", sagte meine Großtante zu ihm, ~~die;~~ denn sie traute einem Menschen, der im Gespräch alle seriösen Themen mied, keinerlei Kompetenz zu und hatte sogar von seiner Intelligenz keine hohe Meinung, weil er eine geradezu prosaische Präzision[16] an den Tag legte, nicht nur wenn ~~wir~~ er mit uns auf die kleinsten Einzelheiten eines Kochrezepts eintrat, sondern auch ~~wenn~~ wenn ~~meine~~ die Schwestern meiner Großmutter über künstlerische Fragen sprachen. ~~Während~~ Von ihnen herausgefordert, seine Meinung kundzutun, ~~einer~~ seiner Bewunderung für ein ~~Werk~~ Gemälde Ausdruck zu verleihen, wahrte er ein fast schon unhöfliches Schweigen und rappelte sich dazu auf, wenn er über das Museum, in dem sich das Gemälde befand, über die Datierung, wann es gemalt worden war, handfeste Angaben machen konnte. ~~Meist~~ Für gewöhnlich aber versuchte er uns zu amüsieren, indem er jedes Mal eine neue Geschichte zum Besten gab, die er gerade, wie er sagte, mit Leuten erlebt hatte, ~~die wir kannten~~ die er aus unserem Bekanntenkreis pflückte, mit dem Apotheker von Combray, mit unserer Köchin, mit unserem Kutscher. Gewiss, diese Erzählungen machten meine Tante lachen, ohne dass sie ausmachen konnte, ob es an der lächerlichen Rolle lag, die sich

ihnen nicht zu Ohren kommen sollten; und schon schickte man als Kundschafterin meine Großmutter, die wie immer über jeden Vorwand glücklich war, solange sie eine weitere Runde durch den Garten drehen durfte, wobei sie die Gelegenheit ergriff, um bei den Rosensträuchern im Vorbeigehen heimlich ein paar Stützen aus dem Boden zu rupfen und den Rosen ein natürlicheres Aussehen zu geben, wie eine Mutter, die, zum Auflockern, mit der Hand durch das Haar ihres Sohnes fährt, das der Coiffeur allzu sehr geglättet hat.

Wir warteten alle gespannt auf die Berichte, die meine Großmutter vom Feind bringen würde, als ob wir zwischen einer Vielzahl möglicher Belagerer schwanken würden, und bald sagte mein Großonkel: „Ich erkenne die Stimme von Swann." Man konnte ihn in der Tat nur an der Stimme erkennen, da man sein Gesicht mit dem Adlerschnabel und den grünen Augen unter einer hohen Stirn, die von blondem Haar umkränzt wurde, rötlich fast und mit einem Schnitt à la Bressat, kaum ausmachen konnte, schließlich behielten wir kein Licht, um keine Mücken anzuziehen, und ohne mir etwas anmerken zu lassen, ging ich melden, man möchte doch Sirup bringen; daran war meiner Großmutter viel gelegen, fand sie es doch freundlicher, wenn man nicht den Anschein erweckte, er stünde nur ausnahmsweise bereit, nämlich bei Besuchen. M. Swann hatte, wiewohl weit jünger, eine enge Verbindung zu meinem Großvater, der schon einer der besten Freunde seines Vaters gewesen war, ein vorzüglicher Mann, wenn auch etwas wunderlich, denn ein Nichts konnte bisweilen seine Herzenswallungen aussetzen lassen, den Gang seiner Gedanken unterbrechen oder in neue Bahnen lenken. Mehrere Male im Jahr hörte ich, wie mein Großvater bei Tisch die immergleichen Anekdoten über das Verhalten von Vater Swann beim Tod seiner Frau zum Besten gab, die er angebetet und vorbildlich gepflegt hatte. Mein Großvater, der ihn schon lange nicht mehr gesehen hatte, eilte zu ihm in

~~jeweils~~ Swann jeweils zuschrieb, oder am Witz, mit dem er sie auftischte. „Sie sind mir vielleicht einer, Monsieur Swann." Da sie die einzige Person mit einem leicht vulgären Einschlag in unserer Familie war,[17] wies sie unsere durchreisenden Gäste, sobald die Rede auf Swann kam, darauf hin, er könnte, wenn er es nur wollte, Wohnsitz am Boulevard Haussmann oder an der Avenue de l'Opéra nehmen, schließlich sei er der Sohn von M. Swann, der ihm fast vier Millionen hinterlassen habe, aber dies sei nun mal eine Grille von ihm. Eine Grille, von der sie übrigens dachte, sie sei für die andern so unterhaltsam, dass sie in Paris, wenn ihr M. Swann am 1. Januar seinen Sack mit Marrons glacés brachte und andere Leute zugegen waren, nie die Bemerkung unterließ: „Nun denn!, M. Swann, wohnen Sie noch immer beim Weindepot, um sicherzugehen, dass Sie den Zug nicht verpassen, wenn Sie sich auf den Weg nach Lyon begeben?" Und aus dem Augenwinkel schielte sie, über ihr Lorgnon hinweg, zu den anderen Besuchern.

Doch hätte man meiner Großtante gesagt, dass dieser Swann, der in seiner Eigenschaft als Swann junior sehr wohl „berufen" sei, von der „gediegenen Bourgoisie, von den angesehensten Notaren und juristischen Sachwaltern von Paris empfangen zu werden (ein Privileg, das er unter den Scheffel stellte), ein ganz anderes Leben, im Versteckten gleichsam, führte; dass er nach dem Besuch bei uns, in Paris, gleich nachdem er uns gesagt hatte, er würde sich nun zu Bett legen, schon an der nächsten Ecke einen anderen Weg einschlagen und sich in einen Salon verfügen würde,[18] den das Auge anderer Wechselhändler und Geldgesellschafter nie erblickte, so wäre das meiner Tante so außerordentlich erschienen wie einer hochbelesenen Dame die Vorstellung, persönlich mit Aristaios bekannt zu sein, von dem sie wusste, dass er nach der Plauderei mit ihr ins tiefe Reich der Thetis tauchen würde, in Gefilde, die den Augen der Sterblichen entzogen sind und wo er, wie Vergil uns zeigt, mit offenen Armen empfangen wird, oder so, um uns an ein Bild zu halten,

das kleine Anwesen, das sie in der Umgegend von Combray besaßen, und um zu verhindern, dass er ihrer Sarglegung beiwohnte, bewegte er ihn mit Erfolg, für einen Moment, wenn auch unter Tränen, das Zimmer zu verlassen, in dem Mme Swann ruhte und das er seit mehreren Tagen hütete. Sie taten ein paar Schritte im Park, in dem schwach noch die Sonne schien. Plötzlich packte M. Swann meinen Großvater am Arm und rief: „Ah! mein alter Freund, was für eine Wohltat, wenn man bei so schönem Wetter zusammen eine Promenade unternimmt. Finden Sie das nicht auch schön, all diese Bäume, Sie machen ja eine Miene wie eine Schlafmütze. Das sollte Sie doch an unsere guten alten Spaziergänge erinnern. Spüren Sie den sanften Lufthauch? Ah! man kann sagen, was man will, das Leben hat auch sein Gutes, nicht wahr, mein lieber Amédée?" Doch jäh verfällt er der Erinnerung an seine tote Frau, und es war ihm wohl zu kompliziert, den Grund zu suchen, wie er sich in einem solchen Moment zu einem Ausbruch der Freude hatte hinreißen lassen, und so ließ er es bei einer Geste bewenden, die ihm jedes Mal eignete, wenn eine allzu knifflige Frage seinen Geist bestürmte, und strich die beiden Seiten seines Lockenkopfes glatt. Einige Zeit später erzählte er meinem Großvater, wie ihm ein Briefträger mit allem Nachdruck ein Schreiben einhändigen wollte, das gar nicht für ihn bestimmt war, und zu diesem Behuf hinzufügte: „Aber Ihre Frau Gemahlin hat mir gerade gesagt..." – „worauf ich ihm noch so oft wiederholen konnte, dass ich doch Witwer sei!", sagte er zu meinem Großvater und lachte schallend. Gleichwohl blieb er über den Tod seiner Frau untröstlich, aber während der zwei Jahre, die er sie überlebte, sagte er meinem Großvater: „Seltsam, ich denke recht oft an meine arme Frau, aber ich kann nie viel auf einmal an sie denken." „Oft, aber nie viel auf einmal, wie der alte Vater Swann", wurde zu einer Lieblingswendung meines Großvaters, die er bei allen möglichen Gelegenheiten in Anschlag brachte. Ich für meinen Teil hätte ja gedacht, dieser Vater Swann

das ihr eher in den Sinn kommen mochte, da sie es auf unseren Tellern für die Petits fours in Combray gemalt sah, als hätte sie zum Essen Ali Baba zu Gast, der, sobald er sich allein wusste, in die ~~blendende und unvermutete~~ Höhle vordrang, blendend vor lauter unverhofften Schätzen.

Eines Tages, als er uns in Paris nach dem Diner besuchte und sich entschuldigte, dass er sich in Schale geworfen hatte, schnappte Françoise nach seinem Aufbruch vom Kutscher, der ihn gefahren hatte, auf, er habe „bei einer Prinzessin" diniert – „ja, bei einer Prinzessin der Halbwelt!", entgegnete meine Tante und zuckte, ohne ihre Augen von ihrer Strickarbeit zu wenden, die Schultern, voll ironischer Heiterkeit.

sei ein Monstrum gewesen, wenn mir mein Großvater nicht versichert hätte, er habe ein Herz aus Gold gehabt. Ich glaubte ihm, denn ich hielt ihn für den besseren Richter, und so halte ich es noch heute: Oft, wenn ich jemanden, namentlich mich selbst, in die Kategorie der Monster reihe, denke ich an Vater Swann zurück und suche lieber jeden erdenklichen Winkel in der Kategorie der goldenen Herzen ab.

Während vieler Jahre, in denen M. Swann junior, namentlich vor seiner Heirat, unablässig meiner Großtante und meinen Großeltern in Combray Besuche abstattete, ahnten sie nicht, wie sie mir später erzählten, dass dieser junge Mann – was er in ihren Augen noch lange bleiben sollte – schon längst nicht mehr in jener Gesellschaft verkehrte, in der sich seine Familie bewegt hatte, vielmehr beherbergten sie unter dem Inkognito, das ihm sein Name Swann bei uns gewährte, gleichsam mit der Unschuld ehrenwerter Hoteliers, die unwissentlich einem berüchtigten Räuber Unterschlupf gewähren, eines der elegantesten Mitglieder des Jockey-Clubs, den besten Freund des Comte de Chambord und des Prinzen von Wales, einen der meistumworbenen Männer in der gehobenen Gesellschaft des Faubourg Saint-Germain.

Unsere Ahnungslosigkeit im Blick auf Swanns mondänen „Glanz" lag zum Teil gewiss an der Zurückhaltung und Diskretion seines Charakters, aber auch am Umstand, dass sich die damalige französische Bourgeoisie eine hinduistisch angehauchte Vorstellung von der Gesellschaft machte und sie als Konglomerat von geschlossenen Kasten betrachtete, wo sich jeder, von Geburt an, in jenen Rang versetzt sah, den seine Eltern einnahmen, und wo es, unter Absehung der Wechselfälle einer außerordentlich glänzenden Karriere oder einer unverhofften Heirat, nichts gab, kein Mittel, um in eine höhere Klasse vorzustoßen. Vater Swann war Wechselhändler, „Sohn Swann" gehörte also für sein ganzes Leben zu einer Kaste, in der das Ver-

mögen, wie in einer Steuerkategorie, zwischen diesem und jenem Einkommen schwankt. Man wusste um die Verbindungen seines Vaters, und so wusste man um die seinen, wusste, mit wem er „in seiner Stellung" Umgang pflegen durfte. Sollte er andere Personen kennen, so mussten das Jugendfreunde sein, über die alte Bekannte seiner Familie wie meine Eltern umso wohlwollender hinwegsahen, als er uns seit dem Zeitpunkt, wo er Waise geworden war, mit schöner Regelmäßigkeit besuchen kam; doch konnte man darauf wetten, dass jene unbekannten Leute, die er traf und die uns unbekannt waren, Leute waren, die er nicht zu grüßen gewagt hätte, wäre er ihnen in unserem Beisein begegnet. Und hätte man unbedingt einen sozialen Koeffizienten auf Swann anwenden wollen, persönlich auf ihn abgestimmt, so wäre bei ihm dieser Koeffizient im Vergleich zu anderen Söhnen von Handelsvertretern aus dem Stand seiner Eltern eher niedriger ausgefallen, denn er war einfach gestrickt und hatte seit jeher eine grillenhafte Neigung zur Botanik und Gemälden (man versicherte, dass er einst sogar eine Broschüre über einen wenig bekannten venezianischen Maler veröffentlicht hatte), ja er wohnte, seit er Waise war, am Quai d'Orléans, in einem „grässlichen Schuppen", wie meine Großtante sagte, die keinen Schimmer hatte, worum es sich dabei handeln mochte! (es war ein Stadtpalais aus dem 17. Jahrhundert, das meine Großmutter ins Träumen brachte, seit er ihr versprochen hatte, er würde sie das Haus besichtigen lassen, wobei er im ersten Stockwerk wohnte, während in den oberen seine Sammlungen und Herbarien untergebracht waren). Meine Großtante war in gewisser Weise die einzige Person mit einem leicht vulgären Einschlag in unserer Familie, und so wies sie unsere durchreisenden Gäste, sobald die Rede auf Swann kam, darauf hin, er „könnte", wenn er es nur wollte, Wohnsitz am Boulevard Haussmann oder an der Avenue de l'Opéra nehmen, schließlich sei er der Sohn von M. Swann, der ihm fast vier Millionen hinterlassen habe,

aber dies sei nun mal eine Grille von ihm. Eine Grille, von der sie übrigens dachte, sie sei für das Publikum so unterhaltsam, dass sie in Paris, wenn ihr M. Swann am 1. Januar seinen Sack mit Marrons glacés brachte und andere Leute zugegen waren, nie die Bemerkung unterließ: „Nun denn!, M. Swann, wohnen Sie noch immer beim Jardin des Plantes mit all Ihren alten Veilchen?" „Nach wie vor, Madame." Und aus dem Augenwinkel schielte sie, über ihr Lorgnon hinweg, zu den anderen Besuchern.

Doch hätte man meiner Großtante gesagt, dass dieser Swann, der in seiner Eigenschaft als „Sohn Swann" sehr wohl „berufen" sei, mit der „gediegenen Bourgoisie" und den angesehensten Notaren und juristischen Sachwaltern von Paris „zu verkehren" (ein Privileg, das er unter den Scheffel stellte), ein ganz anderes Leben, im Versteckten gleichsam, führte und Zutritt zu einer unbekannten Welt hatte, die das Auge anderer Wechselhändler und Geldgesellschafter nie erblickte; dass er nach dem Besuch bei uns, in Paris, gleich nachdem er uns gesagt hatte, er würde sich nun zu Bett legen, schon an der nächsten Ecke einen anderen Weg einschlagen und sich in irgendeinen unvermuteten und ruhmreichen „Salon" verfügen würde wie in eine blendende Schatzhöhle, in die man Ali Baba auf den Desserttellern von Combray eintreten sah, sobald er gewiss sein konnte, dass man ihn nicht mehr beobachtete, so wäre das meiner Tante so außerordentlich erschienen wie einer hochbelesenen Dame die Vorstellung, persönlich mit Aristaios bekannt zu sein, von dem sie in Erinnerung an die *Georgica* wusste, dass er nach der Plauderei mit ihr ins tiefe Reich der Thetis tauchen würde, in Gefilde, die den Augen der Sterblichen entzogen sind und wo er, wie Vergil uns zeigt, mit offenen Armen empfangen wird.

Eines Tages, als er uns in Paris nach dem Diner besuchte und sich entschuldigte, dass er sich in Schale geworfen hatte, schnappte Françoise nach seinem Aufbruch vom Kutscher, der ihn gefahren hatte, auf, er habe

Meine Großtante brachte sie auch im Umgang mit ihm voll
Herablassung in Anschlag. Da sie sich im Glauben wiegte, er
müsse sich durch unsere Einladungen geschmeichelt fühlen,
hielt sie es für ganz selbstverständlich, dass er uns im Sommer
nicht besuchen kam, ohne in der Hand einen Korb voller Pfir-
siche oder Himbeeren aus seinem Garten zu schwingen, und
dass er mir von jeder seiner Reisen nach Italien Photographien
von Meisterwerken mitbrachte.

Ohne jede Scheu schickte man ihn nach Rezepten, wenn man
gerade eins brauchte, Sauce Gribiche oder Ananassalat für die
großen Diners, zu denen man ihn freilich nicht lud, da man ihm
nicht das nötige Prestige zubilligte, um ihn fremden Gästen,
die zum ersten Mal zu Besuch kamen, aufzutischen. Wenn die
Konversation auf die Fürsten aus dem Hause von Frankreich
kam: „Leute, die weder Sie noch ich je kennen werden, was
uns aber einerlei ist, nicht wahr", sagte meine Großmutter
zu Swann, der womöglich gerade einen Brief von ~~Frohsdorf~~
Twickenham[19] in der Tasche trug; an Abenden, an denen die
Schwester meiner Großmutter sang, ließ sie ihn das Piano in
Position schieben oder die Noten wenden, ~~wobei sie~~ als wolle
sie dieses Wesen, das anderswo hofiert wurde, mit dem naiven
Jähsinn eines Kindes behandeln, das mit einem Sammlerstück spielt, so sorglos wie mit einem billigen Gegenstand.
Gewiss, der Swann, der zu jener Zeit Clubmens sonder Zahl
kannte, war ganz anders als jener, den meine Großtante sich
zusammenklitterte, wenn sie abends, im kleinen Garten von
Combray, nach den zwei scheuen Schlägen des Glöckleins, zur
Verlebendigung all ihr Wissen über die Familie Swann in jenes
schattenhafte und undeutliche Wesen pumpte, das sich in der
Finsternis abzeichnete und, gefolgt von meiner Großmutter, an
seiner Stimme zu erkennen war. Wir sind selbst in Hinsicht
auf die unscheinbarsten Angelegenheiten im Leben nicht ein

58

„bei einer Prinzessin" diniert – „ja, bei einer Prinzessin der Halbwelt!", entgegnete meine Tante und zuckte, ohne ihre Augen von ihrer Strickarbeit zu wenden, die Schultern, voll ironischer Heiterkeit.

PLACARD 4
VOM 2. APRIL 1913

Da meine Großtante sie auch im Umgang mit ihm voll Herablassung in Anschlag brachte, weil sie sich im Glauben wiegte, er müsse sich durch unsere Einladungen geschmeichelt fühlen, und es für selbstverständlich hielt, dass er oft mit einem Korb voller Himbeeren oder Pfirsichen aus seinem Garten kam und mir Photographien der „*Tugenden* und *Laster* von Giotto" mitbrachte (die mir übrigens nicht zu gefallen vermochten, denn es machte ganz den Anschein, als ob der *Neid* an seiner Schlange lutsche, und die *Caritas* verrenkte sich, damit Gott an ihr Herz rühren konnte); von R. Gozzolis *Abraham* auch.

Ohne jede Scheu ließ man ihn an Abenden, an denen die Schwester meiner Großmutter sang, das Piano in Position schieben oder die Noten wenden, oder man schickte ihn nach Rezepten, wenn man gerade eins brauchte, Poulet de chasseur, Perlhuhn à la Crapaudine, Ananassalat, Chester-Sandwiches für die „förmlichen" Diners, zu denen man ihn freilich nicht lud, da man ihm nicht das nötige Prestige zubilligte, um ihn fremden Gästen, die zum ersten Mal zu Besuch kamen, aufzutischen. Wenn die Konversation auf die Fürsten aus dem Haus von Frankreich kam: „Leute, die weder Sie noch ich je kennen werden, was uns aber einerlei ist, nicht wahr", sagte meine Großmutter zu Swann, der womöglich gerade einen Brief von Pohsdorf in der Tasche trug; und so behandelte sie dieses edle Wesen mit solchem Jähsinn und solcher Possenhaftigkeit, als würde es ihm Gefallen bereiten, sie zu amüsieren und sich an langen Abenden wie ein Sammlerstück herumreichen zu lassen, das man wie ein billiges Spielzeug verschliss! Wir sind selbst in Hinsicht auf die unbedeutendsten Ange-

Ganzes aus einem materiellen Guss, und unsere Identität muss nicht jeder zur Kenntnis nehmen wie ein Pflichtenheft oder ein Testament; unsere soziale Persönlichkeit ist ein Gedankengefüge der anderen. Und selbst der schlichte Akt, den wir mit der Wendung: „eine Person sehen, die wir kennen", umreißen, ist zum Teil ein intellektueller Akt. Wir füllen die physische Erscheinung des Wesens, das wir sehen, mit all dem Wissen an, das wir von ihm haben, und in der Gesamtsicht, unter der wir es uns vorstellig machen, haben diese Begriffe gewiss mehr Anteil als alles andere. Sie blähen seine Wangen so perfekt, sie folgen der Linie der Nase mit solcher Passgenauigkeit, sie verschmelzen so innig mit dem Wohlklang seiner Stimme in all ihren Abschattungen, als wären sie nichts als eine durchsichtige Hülle, und jedes Mal, wenn wir dieses Gesicht sehen oder jene Stimme hören, so stoßen wir wieder auf die nämlichen Begriffe, schauen und hören nichts als sie. Ungezweifelt hatten meine Eltern bei jenem Swann, den sie sich gezimmert, eine Fülle von Details aus seinem mondänen Leben aus Unkenntnis ausgespart, die für andere Personen den Anlass bildeten, dass die Züge seines Gesichts in ihrer Gegenwart vor lauter Eleganz erstrahlten, jedenfalls bis an ihre natürliche Grenze, die krumme Nase; doch stapelten sie in diesem Gesicht, das all seines Ruhmes ledig war, leer und geräumig, in die Tiefe seiner entwerteten Augen den vagen und sanften Bodensatz – halb Vergessen, halb Erinnerung – jener Mußestunden, die wir nach unseren wöchentlichen Diners zusammen verbracht hatten, um den Spieltisch versammelt oder im Garten, im Verlauf unserer guten ländlichen Nachbarschaft. Die körperliche Hülle unseres Freundes war davon so prall gefüllt, wie auch von den Erinnerungen, die sich mit seinen Eltern verbanden, dass dieser Swann ein Wesen geworden war, umfassend und lebendig, wobei ich den Eindruck gewann, ich würde mich von einer Person abwenden, um mich einer anderen zuzuwenden, die so ganz anders und von ihr verschieden ist, wenn ich in

legenheiten im Leben nicht ein Ganzes aus einem materiellen Guss, und unsere Identität muss nicht jeder in gleicher Weise zur Kenntnis nehmen wie eine Urkunde vom Standesamt oder ein Testament; nein, unsere soziale Persönlichkeit ist ein Gedankengefüge der anderen, und jener Swann, der zu jener Zeit Clubmens sonder Zahl kannte, war ganz anders als jener, den meine Großtante sich zusammenklitterte, wenn sie abends, im kleinen Garten von Combray, nach den zwei scheuen Schlägen des Glöckleins, zur Verlebendigung all ihr Wissen über die Familie Swann in jenes schattenhafte und undeutliche Wesen pumpte, das sich in der Finsternis abzeichnete und, gefolgt von meiner Großmutter, nur an seiner Stimme zu erkennen war. Der schlichte Akt, den wir mit der Wendung: „eine Person sehen, die wir kennen", umreißen, ist zum Teil ein intellektueller Akt. Wir füllen die physische Erscheinung des Wesens, das wir sehen, mit all dem Wissen an, das wir von ihm haben, und in der Gesamtsicht, unter der wir es uns vorstellig machen, haben diese Begriffe gewiss mehr Anteil als alles andere. Sie blähen seine Wangen so perfekt, sie folgen der Linie der Nase mit solcher Passgenauigkeit, sie verschmelzen so innig mit dem Wohlklang seiner Stimme in all ihren Abschattungen, als wären sie nichts als eine durchsichtige Hülle, und jedes Mal, wenn wir dieses Gesicht sehen oder jene Stimme hören, so stoßen wir wieder auf die nämlichen Begriffe, schauen und hören nichts als sie. Ungezweifelt hatten meine Eltern bei jenem Swann, den sie sich gezimmert, eine Fülle von Details aus seinem mondänen Leben vernachlässigt, die für andere Personen den Anlass bildeten, dass die Züge seines Gesichts in ihrer Gegenwart vor lauter Eleganz erstrahlten, jedenfalls bis an ihre gewöhnliche Grenze, die krumme Nase. Doch da sie, aus Unkenntnis, Swann nicht den Namen seiner berühmten Freunde einhauchen konnten, auch nicht den Nachhall der prunkreichen Feste, deren Mittelpunkt und Magnet er war, stapelten sie in sein leeres und von jeglichem Ruhm lediges

meiner Erinnerung ~~zurückblättere~~ von jenem Swann, den ich später so innig kennenlernen sollte, zu jenem frühesten Swann zurückgehe, bei dem ich auf die bezaubernden Fehler meiner Jugend stoße ~~zu jenem frühesten Swann und~~ und der übrigens weniger jenem anderen als vielmehr all jenen Personen glich, die ich in jenen Tagen kannte, ganz so, als ob unser Leben einem Museum gliche, wo alle Porträts einer bestimmten Epoche familiäre Züge, die gleiche Tönung aufweisen, und dieser erste Swann war[20] getränkt von Müßiggang, durchduftet vom großen Kastanienbaum, den Himbeerkörbchen und einem Zweig Estragon.

~~Ach, an den Abenden, an denen Swann dinieren kam, kam Maman nicht in meine Kammer hoch, um mich zu küssen; ich dinierte allein, vor allen anderen, dann setzte ich mich eine Weile an den Tisch, bis zur Stunde, in der ich, wie vereinbart, zu Bett gehen musste; und der Kuss von Maman, dieser Kuss, den sie mir für gewöhnlich kurz vor dem Einschlafen anvertraute und den ich an Tagen, wo Leute da waren, vom Speisesaal oder vom Garten in meine Kammer tragen musste, ohne dass das fragile Siegel, das ihre Lippen unter dem ihre Süße ruhte, zerbrach, ohne dass ihre flüchtige Macht sich ergoss und verdunstete, ausgerechnet an solchen Abenden, wo ich ihn mit noch höherer Sorgsicht hätte pflücken müssen, da sollte ich ihn schnappen ihn in aller Öffentlichkeit empfangen, abjagen, jäh, ohne die Zeit und die nötige Geistesgegenwart zu finden, die es mir danach gestattet hätte, der krankhaften Wiederkehr der Ungewissheit, des Zweifels, eine unerschütterliche Erinnerung entgegenzuhalten.~~

Und doch,[21] ~~eine Dame, die meine Großmutter kannte~~ eines Tages verfügte sich meine Großmutter mit der Bitte um eine Gefälligkeit zu einer Dame, mit der sie im Sacré-Cœur Bekanntschaft geschlossen hatte (und mit der sie aufgrund unserer Konzeption der Kasten trotz wechselseitiger Zuneigung nicht länger in Verbindung stehen wollte), die Marquise

Gesicht, in die Tiefe seiner entwerteten Augen den vagen und sanften Bodensatz, halb Vergessen, halb Erinnerung, jener Mußestunden, die wir nach unseren wöchentlichen Diners zusammen verbracht hatten, um den Spieltisch versammelt oder im Garten, erfüllt von unserem Leben in guter ländlicher Nachbarschaft. Die lebendige Hülle unseres Freundes war davon so prall gefüllt, wie auch von den Erinnerungen, die sich mit seinen Eltern verbanden, dass dieser Swann ein Wesen geworden war, das man so wenig zerstören konnte wie jenen anderen Swann. Pantoffelhafter, gewiss, bodenständiger auch, blieb er weniger wirklichkeitsgetreu als jener elegante Swann, getränkt von Müßiggang, durchduftet vom großen Kastanienbaum, den Himbeerkörbchen und einem Zweig Estragon. Und wenn ich heute vom einen zum anderen übergehe, so kann ich mich nicht des Eindrucks erwehren, dass ich aus einem Wesen aus Fleisch und Blut alle Substanz ablassen würde, aus der es sein Leben schöpft, um es mit einer anderen aufzublasen, ganz so, als würde ich eine Entkörperung ins Werk setzen.

Die ersten Zweifel meiner Großeltern an Swanns Verhältnissen stammten wohl von der Marquise de Villeparisis aus dem berühmten Geschlecht de Bouillon, die mit meiner Großmutter in Sacré-Cœur erzogen worden war. Sie hatten sich ein wenig aus den Augen verloren, doch Mme de Villeparisis liebte meine Großmutter, und wenn diese, in Ansehung der Kastenkonzeption, stets ihren Bitten widerstanden hatte, sich gegenseitig zu besuchen, so wusste sie im Gegenzug, dass sie in ihrer alten Freundin eine verlässliche Stütze fand, wenn sie sie um eine Gefälligkeit bat; meine Großmutter zeichnete sie uns als eine Frau von überlegener Intelligenz, nicht sonderlich empfindsam, nicht sonderlich liebenswürdig, mit ihrer Anteilnahme geizend, noch dem belanglosesten Gespräch viel Gewicht schenkend, ihren Briefchen auch, die zwar kurz waren, aber exquisit; doch hatte sie erst einmal versichert, gewisse

de Villeparisis, aus de~~mr~~ berühmten ~~Geschlecht~~ Familie de
Bouillon, diese also hatte ihr gesagt: „Allem Anschein nach
sind Sie mit M. Swann recht gut bekannt, ein enger Freund
meiner Neffen des Laumes." Meine Großmutter war nach diesem Besuch ganz begeistert von dem ~~Gemach, von das Madame
de Villeparisis~~ Haus, das auf Gärten hinausging und in dem
sie, nach dem Rat von Madame de Villeparisis, etwas mieten
sollte, aber auch vom Westenschneider und seiner Tochter, die
ihr Geschäft im Hof führten und ~~bei denen~~ wo sie mit der Bitte
ein~~trat~~, man möge ihren Rock nähen, den sie auf der Treppe
zerrissen hatte. Meine Großmutter fand diese Leute einfach
tadellos, sie ließ verlautbaren, die Kleine sei eine Perle und
der Westenschneider ein ganz vortrefflicher Mann, der beste,
den sie je getroffen. Denn für sie hing Vortrefflichkeit in keiner
Weise vom sozialen Stand ab. Eines Tages geriet sie über eine
Entgegnung, die der Westenschneider ihr gegenüber gemacht,
ins Schwärmen und sagte zu meiner Mutter: „Die Sévigné hätte
es nicht besser sagen können!", und im Gegenzug über einen
Neffen von Mme de Villeparisis, dem sie bei ihr begegnet war:
„Ah! meine Tochter, wie ordinär er ist!"

Nun führten[22] die Bemerkungen zu Swann nicht etwa dazu,
ihn im Geist meiner Großtante zu erheben, sondern Madame
de Villeparisis herabzusetzen. Es wollte ganz den Anschein
machen, als würde sie aus der Wertschätzung, die wir, im Vertrauen auf meine Großmutter, Mme de Villeparisis gewährten,
eine Pflicht ableiten, alles zu unterlassen, was sie herabwürdigen könnte, und nun hatte sie dagegen verstoßen, indem sie
die Existenz von Swann enthüllte und ihren eigenen Verwandten den Umgang mit ihm gestattete. „Wie, sie kennt Swann?
Und du hast behauptet, sie sei eine Verwandte des Maréchal
de Mac-Mahon!" Diesen Wink[23] sahen sie später durch die
Ehe mit einer Frau aus der schlimmsten Gesellschaft bestätigt,
einer Kokotte fast, die Swann ~~aus Zartgefühl~~ übrigens nie
vorstellte, stattdessen weiterhin allein zu uns kam, wenn auch

64

Schritte zu unternehmen – meine Großmutter hatte sie, im Wissen um ihre enge verwandtschaftliche Verbindung mit dem Maréchal de Mac-Mahon, verschiedentlich darum gebeten, bei ihm für Freunde von uns ein gutes Wort einzulegen –, dann erfüllt sie solche Versprechen spornstreichs mit staunenswertem Scharfsinn, Takt und Erfolg.

Jedes Mal, wenn meine Großmutter sie in solcher Absicht aufsuchte, wurde sie von Mme de Villeparisis angehalten, im nämlichen Haus wie sie ein Gemach zu mieten, oder in einem der angrenzenden Häuser, die, gleich gebaut, sämtlich auf Gärten hinausgingen, Gärten nun, die wiederum weit „naturnaher" wirkten, da sich kein Gärtner um sie kümmerte, und so wuchs die Begeisterung meiner Großmutter von Mal zu Mal, auch über den Blumenbinder, dessen Geschäft im Hof von Mme de Villeparisis lag, wobei seine Tochter Ausbesserungen an Stickarbeiten vornahm, und so trat meine Großmutter bei ihm mit der Bitte ein, man möge ihren Rock nähen, den sie auf der Treppe zerrissen hatte. Meine Großmutter fand diese Leute, den Blumenbinder und seine Tochter, einfach tadellos, sie ließ verlautbaren, die Kleine sei eine Perle und der Blumenbinder ein ganz vortrefflicher Mann, der beste, den sie je getroffen. Denn für meine Großmutter hing Vortrefflichkeit in keiner Weise vom sozialen Stand ab. Eines Tages geriet sie über Briefe einer Tagelöhnerin ins Schwärmen und sagte zu meiner Mutter: „Die Sévigné hätte es nicht besser sagen können!", und im Gegenzug über einen Neffen von Mme de Villeparisis, dem sie bei ihr begegnet war: „Ah! meine Tochter, wie ordinär er ist!"

Nun, im Verlauf eines der drei oder vier Besuche, die ihr meine Großmutter während der vierzig Jahre, welche seit ihrem Austritt aus Sacré-Cœur verstrichen waren, insgesamt abstattete, sagte Mme de Villeparisis einmal zu ihr: „Allem Anschein nach sind Sie mit M. Swann recht gut bekannt, ein enger Freund meiner Neffen Villebon." Meine Großmutter scheute es, weitere Einzelheiten zu erfragen,

weniger und weniger, aber mit Blick auf sie maßten sie sich – in der Vermutung, er hätte sie dort aufgelesen – ein Urteil über das ihnen gänzlich unbekannte Milieu an, in dem er für gewöhnlich verkehrte.

Doch es begab sich, dass mein Großvater in einer Zeitung las, dass M. Swann zu den treuen Gästen an der sonntäglichen Frühstückstafel beim Duc de X… zählte, dessen Vater und Großvater zu den angesehensten Staatsmännern unter der Regentschaft von Louis-Philippe gehörten.[24] Nun, mein Großvater verzehrte sich nach allen kleinen Fakten, die ihm eine Hilfe sein mochten, um seinen Gedanken Zugang zum Privatleben von Leuten wie Molé, wie dem Duc Pasquier, wie dem Duc de Broglie zu verschaffen. Er war ganz entzückt, als er vernahm, dass Swann mit Leuten Umgang pflegte, die mit jenen bekannt waren. Meine Großtante hinwiederum deutete diese Neuigkeit in einem Sinn, der für Swann ungünstig war: Wer sich seinen Umgang außerhalb der „Kaste", in die er hineingeboren war, mithin außerhalb seiner sozialen Klasse suchte, der war in ihren Augen tief gefallen. Ihr war, als würde man auf einen Schlag die Früchte all der erfreulichen Verbindungen mit wohlgesitteten Leuten verlustig gehen, die vorausschauende Familien zum Wohl ihrer Kinder auf löbliche Weise gepflegt und bewahrt hatten. Meine Großtante sah sogar davon ab, den Sohn eines Notars aus dem Freundeskreis ihrer Familie weiterhin zu frequentieren, weil er eine Durchlaucht geehelicht hatte, womit er, in ihren Augen, vom würdigen Rang eines Notarsohnes in denjenigen eines Frauenhelden abgesunken war, gleich jenen ehemaligen Kammerdienern oder Stallburschen, denen, wie man sich erzählt, gewisse Königinnen ihre Gunst geschenkt. Sie tadelte ~~meinen Großvater wegen seines Vorhabens~~ das Vorhaben meines Großvaters, Swann am nächsten ~~Tag~~ Abend, wenn er zum Diner käme, über jene Freunde auszufragen, von denen wir Wind bekommen hatten. Überdies verkündeten die beiden Schwestern meiner Großmutter, alte Jungfern,

doch wohl ahnend, welchen Verdruss diese Neuigkeit verbreiten würde, überbrachte sie sie nicht ohne zu erröten, denn statt Swann zu erhöhen, setzte sie die Neffen von Villebon auf der Leiter unserer mondänen Wertschätzung herab, vor allem aber löste sie bei meiner Großtante eine Abneigung gegen Mme de Villeparisis aus, die auch auf meine Großmutter abfärbte. Es wollte ganz den Anschein machen, als würde sie aus der Wertschätzung, die wir Mme de Villeparisis gewährten, die Pflicht ableiten, alles zu unterlassen, was sie herabwürdigen könnte, und nun hatte sie gegen diese Pflicht verstoßen, indem sie die Existenz von Swann enthüllte und ihren eigenen Verwandten den Umgang mit ihm gestattete. Was nun meine Großmutter anbetrifft, so hatte sie, wie man sagen könnte, soeben eingeräumt, dass sie uns über den Wert einer Person getäuscht hatte, der wir im Vertrauen auf ihre Ausführungen eine so hohe Stellung zugedacht hatten; und die irrige Vorstellung, die sich meine Großeltern von Swanns Umgang machten, wurde durch diesen Wink, den sie nicht richtig zu deuten wussten, nicht etwa ins Lot gerückt, vielmehr sahen sie dies später durch die Ehe mit einer Frau aus der schlimmsten Gesellschaft bestätigt, einer Kokotte fast, und mit Blick auf sie maßten sie sich – in der Vermutung, er hätte sie dort aufgelesen – ein Urteil über das ihnen gänzlich unbekannte Milieu an, in dem er für gewöhnlich verkehrte. Aus Zartgefühl sah Swann davon ab, seine Frau irgendwelchen Freunden vorzustellen, und suchte sie weiterhin allein auf; in unserem Haus sprach man ihn nie auf sie an, aber im Wissen um seine zärtliche Leidenschaft für die Tochter, die ihm jene Frau vor der Heirat geschenkt und die er als sein Kind anerkannt hatte (sie war um ein weniges jünger als ich), bat meine Mutter an den Tagen, an denen Swann zum Diner kam, meinen Vater immer wieder, ihn auf die Kleine anzusprechen: „Du würdest ihm eine große Freude machen, da bin ich mir sicher. Es ist gewiss sehr hart für ihn." „Du bist von Sinnen, das wäre lächerlich", erwiderte

die mit ihr deren edle Natur, nicht aber deren Geist teilten, es würde sich ihrem Verständnis entziehen, welches Vergnügen ihr Schwiegerbruder daraus ziehen mochte, über solche Lappalien zu reden.[25] Die Schwestern meiner Großmutter liebten es im Grunde nicht besonders, mit Swann ~~besonders viel~~ zu plaudern, da ihnen seine Konversation viel zu bodenständig erschien. Und in der Tat trat er auf tausenderlei Details ein, wenn man ihn nach Küchenrezepten fragte, doch bei Gegenständen, die ihm gewiss wichtig waren, schwieg er sich aus ~~bis~~, wiewohl er sein Herz hätte reden lassen können, und ~~fand stattdessen~~ verbreitete sich dafür voll Wohlgefallen über Fakten. Als sein Vater ~~starb, konnte man ihn nicht dazu bewegen, in unserer Gegenwart, und sei es auch nur mit einem einzigen Satz, jenem Kummer Ausdruck zu geben, von dem er, wie es hieß, verzehrt wurde. Aber~~ lange Zeit krank darniederlag, bevor er starb, gab er nicht ein einziges Mal der Sorge oder dem Kummer Ausdruck, den er vermutlich empfand. Doch fragte man ihn, was der Arzt gesagt habe, was der Chirurg operiert habe, trat er auf die nebensächlichsten Details ein und blieb uns keine Einzelheit schuldig. ~~Falls die Schwestern~~ Zuweilen hatte diese Trockenheit durchaus ihren Reiz, da sie jene intelligente und positivistische Gesellschaft ins Spiel brachte, in deren Kreis er sich bewegte und wo man sich, als Reaktion gegen den Idealismus einer vergangenen Epoche, darauf kaprizierte, sich ausschließlich an materielle Eindeutigkeiten zu halten. Oft aber spielte auch etwas Peinsames hinein, ganz so, als sei er über sein Leben unglücklich und wolle lieber nicht daran denken, um nicht in sein Inneres hinabsteigen zu müssen, und so ~~suchte~~ fand Swann ~~einen Ausweg ein Alibi~~ erst seinen Frieden, wenn er pflichtschuldig Erklärungen absonderte, die keinerlei persönliche Gedanken implizierten.[26]

Sie waren Persönlichkeiten mit hochfliegenden Absichten, und so sahen sie sich geradezu außerstande, sich für etwas, was man Klatsch nennen mochte, zu interessieren, selbst wenn

mein Vater. Aus Furcht, ihm Missvergnügen zu bereiten, drängte Maman nicht weiter. Ich aber, ich lag dauernd an der Schwelle zum Salon auf der Lauer, um in einem günstigen Moment einzutreten und meiner Mutter Gutnacht zu sagen, und ich weiß noch genau, jedes Mal, wenn Swann früh eintraf und meine Mutter ihn allein in Empfang nahm und darauf wartete, dass mein Vater und meine Großeltern hinunterkamen, richtete sie, da sie jedem Geschöpf auf Erden eine Freude machen wollte, als Erstes folgende Worte an ihn: „Nun denn!, Monsieur Swann, erzählen Sie mir etwas von Ihrer Tochter; sie ist gewiss schon sehr artig. Wird sie den Künsten so geneigt sein wie ihr Papa? Ich bin sicher, Sie versuchen, schon ihren Geschmack zu formen, und lassen sie im Kreis von allerlei schönen Sachen aufwachsen." Und Swann, selig, gerührt gar, berichtete, ihr seien bereits alle Stilrichtungen der Architektur geläufig. „Und nun will sie unbedingt alle Kathedralen aufsuchen. Reims kennt sie bereits, und noch besser Chartres, weil meine Frau dort Verwandte hat und die beiden jedes Jahr ein paar Wochen dort verbringen. Doch kam ich nicht umhin, ihr für nächstes Jahr eine Reise nach Bourges in Aussicht zu stellen, falls sie bis dahin schön brav ist." Dann sagte er eine Weile gar nichts und strich mit der Hand die beiden Seiten seines krausen Haars glatt, eine schön nach der anderen. Dann aber, wenn der Rest der Familie herunterkam, sah sich Maman gezwungen, das Thema zu wechseln, doch schöpfte sie aus diesem Zwang neuerliches Zartgefühl, ganz so wie gute Dichter unter der Tyrannei des Reimes zu noch höherer Schönheit finden: „Wir wollen wieder von ihr sprechen, wenn wir zu zweit sind. Nicht, dass die anderen daran keinen Anteil nehmen, aber nur eine Maman ist in der Lage, Sie zu verstehen. Ich bin sicher, die ihre wäre auch meiner Ansicht."

„Habt ihr bemerkt, wie Swann gealtert ist", meinte mein Großvater. „Sicher die Sorgen, die ihm sein Luder von einer Frau bereitet. Sie unterhält, wie allgemein bekannt

er von historischem Interesse war, oder für irgendetwas sonst, was nicht eng mit einer ästhetischen Frage zusammenhing oder mit einer moralischen. Das Desinteresse ihres Denkens an allem, was in der einen oder anderen Weise mit dem mondänen Leben zusammenhing, war absolut, und kaum hatte ihr Hörsinn seine zeitweilige Nutzlosigkeit erkannt, weil die Konversation am Tisch eine frivole oder auch nur seichte Wendung nahm und keine Aussicht bestand, dass die alten Jungfern sie auf Themen, die ihnen am Herzen lagen, zurücklenken konnten, schon versetzte er seine Empfangsorgane in Ruhezustand, und es drohte sogar ein Anflug von Atrophie. Wollte mein Großvater alsdann die Aufmerksamkeit der beiden Schwestern erregen, musste er zu jenen handfesten Warnungen Zuflucht nehmen, die Irrenärzte bei gewissen Anfällen krankhafter Geistesabwesenheit in Anschlag bringen: mehrmalige Schläge gegen Glas, mit einer Messerklinge, untermalt von einer jähen Aufforderung durch Stimme oder Blick, gewaltträchtige Mittel, die Psychiater oft in gewöhnlichen Beziehungen mit gesunden Menschen einfließen lassen, sei es aus beruflicher Gewohnheit, sei es, weil sie alle für leicht verrückt halten.

Weit²⁷ mehr Interesse bezeugten sie am Abend, bevor Swann zum Diner kommen sollte und ihnen persönlich ~~prächtige Pfirsiche~~ eine Kiste Asti-Wein geschickt hatte und meine Tante eine Nummer des *Figaro illustré* in Händen hielt, wo ~~über der Reproduktion eines Gemäldes von Corot~~ die Sprache auf ein Gemälde in der Corot-Ausstellung kam und folgende Worte standen: „Aus der Sammlung von M. Charles Swann", und uns sagte: „Habt ihr gesehen, der *Figaro* erweist Swann die Ehre?" „Ich habe euch doch schon immer gesagt, dass er einen guten Geschmack hat", meinte meine Großmutter. „Natürlich, du, Hauptsache du kannst anderer Meinung sein als *wir*", entgegnete meine Großtante, ~~die im Grunde daran litt, mit meiner Großmutter nie über irgendetwas gleicher Meinung zu sein~~ im Wissen, dass meine Großmutter nie der gleichen Meinung

70

ist, eine Liebschaft mit M. de Gurey, den man in ihrer Begleitung antrifft." „Dafür macht M. Swann nicht mehr das traurige Gesicht, das er eine Zeitlang vor seiner Heirat hatte", meinte meine Mutter. „Wie wahr, wie wahr, er wirkt ganz munter, aber er hat gewiss irgendeine Krankheit, so wie sich sein Gesicht in den letzten Jahren gewandelt hat." Doch es begab sich, dass mein Großonkel eines Tages in einer Zeitung las, dass M. Swann zu den treuen Gästen an der sonntäglichen Frühstückstafel beim Duc de X… zählte, dessen Vater und Großvater zu den angesehensten Staatsmännern unter der Regentschaft von Louis-Philippe gehörten. Der Umstand, dass er sich dort zeigte (als Junggeselle freilich, denn er nahm seine Frau nie irgendwohin mit), schien meiner Großtante unerklärlich, auch wenn sie es nicht in Abrede stellen konnte, doch ihr Zugeständnis zeitigte für Swann eine ungünstige Wirkung: Wer sich seinen Umgang außerhalb der „Kaste", in die er hineingeboren war, mithin außerhalb seiner sozialen Klasse suchte, der war in ihren Augen tief gefallen. Ihr war, als würde man auf einen Schlag die Früchte all der erfreulichen Verbindungen mit wohlgesitteten Leuten verlustig gehen, die vorausschauende Familien zum Wohl ihrer Kinder auf löbliche Weise gepflegt und bewahrt hatten. Meine Großtante sah sogar davon ab, den Sohn eines Notars aus dem Freundeskreis ihrer Familie weiterhin zu frequentieren, weil er eine Durchlaucht geehelicht hatte, womit er, in ihren Augen, vom würdigen Rang eines Notarsohnes in denjenigen eines Frauenhelden abgesunken war, gleich jenen ehemaligen Kammerdienern oder Stallburschen, denen, wie man sich erzählt, gewisse Königinnen ihre Gunst geschenkt. Mein Großvater zeigte sich weniger überrascht: „Das erstaunt mich nicht sonder Maßen", sagte er. „Seiner armen Mutter erging es nicht anders. So manches Mal traf man bei ihr Leute auf Besuch, die in unseren Kreisen nicht bekannt waren. Und da sie sich sofort von ihnen abwandte und nur noch für uns Augen hatte, sagten sich schlichte Gemüter,

war wie sie, und ~~uns~~ in der Überzeugung, dass[28] ~~meine Groß-mutter im Unrecht war, dazu bringen wollte, dass wir uns mit ihr solidarisch erklärten, damit sie uns sodann überraschend eine Verurteilung entlocken mochte, die wir nicht~~ wir ihr ~~oft~~ immer recht gaben, ~~wollte sie uns dazu bringen, uns zu soli-darisieren~~ wollte sie uns eine umfassende Verurteilung aller Ansichten meiner Großmutter entlocken, gegen die wir uns mit ihr gezwungenermaßen solidarisieren sollten. Doch wir blieben stumm. Die Schwestern meiner Großmutter ließen die Absicht durchscheinen, ~~Swann zu fragen~~ mit Swann über jene Reproduktion zu sprechen, wovon ihnen meine Großmutter abriet. ~~Sie hatte die Gewohnheit~~ Jedes Mal, wenn ~~die anderen~~ sie bei anderen einen Vorzug, und sei er noch so klein, ent-deckte, über den sie nicht verfügte, redete sie sich ein, dass es sich keineswegs um einen Vorzug, sondern um einen Mangel handle, und so beklagte sie sie, um sie nicht beneiden zu müs-sen.[29] „Ich glaube, damit würdet ihr ihm keine Freude berei-ten; ich jedenfalls weiß genau, wie unangenehm es mir wäre, wenn mein Name druckfrisch in einer Zeitung stünde, und ich würde mich alles andere als geschmeichelt fühlen, wenn man mich darauf anspräche." Die Schwestern meiner Großmutter hievon zu überzeugen, setzte sie sich freilich nicht in den Kopf; denn ~~die hielten es für vulgär, jemandem etwas zu sagen~~ mit jemandem über ihn selbst zu sprechen, ~~außer~~ aus Angst vor jeglicher Vulgarität trieben sie die Kunst, ~~eine persönliche Anspielung, die derjenige, der davon an den sie gerichtet war, so zu verhüllen~~ eine persönliche Anspielung unter findigen Umschreibungen zu verbergen, so weit, dass sie selbst von dem, an den sie gerichtet war, oft unbemerkt blieb. Was meine Mut-ter anbetrifft, ~~so ging ihre Sorge dahin~~ so sann sie nur darauf, meinem Vater das Zugeständnis abzuringen, ~~an Swann ein Wort zu richten~~ zu Swann zwar nicht von seiner Frau, aber von seiner Tochter zu sprechen, die er anbetete und derzuliebe er, so hieß es, schließlich in diese Heirat eingewilligt hatte. „Du könntest

dass diese Unbekannten gewiss Leute von geringem Rang sein müssten. Ich aber, der ich ihr Taktgefühl und ihren Feinsinn kannte, ahnte wohl, dass es sich genau umgekehrt verhalten müsse." Indes, mein Großvater, der von einer Herzensschlichtheit war wie kaum einer und nie mit Leuten in Verbindung treten wollte, die in seinen Augen aus einer glanzvolleren Schicht als seiner eigenen stammten, war im Gegenzug selbst noch auf die unscheinbarsten Einzelheiten erpicht, die ihm, in Gedanken, das Tor zum Privatleben eines Menschen öffneten, dessen politische Rolle sowohl während der Monarchie als auch während der ersten Jahre der Republik, dessen große Begabung, dessen hohe moralische Autorität seine Achtung genossen. Über „Wissen", über „Vorstellungen" zu verfügen, und zwar ohne diesetwegen Umgang mit ihnen pflegen zu müssen, nein, allein aufgrund der Erinnerungen von Menschen, die all jene Leute gekannt hatten und wussten, wie sich Molé, der Duc de Broglie, Casimirs Périer im Trauten verhielten, das ergötzte ihn sonder Maßen. Und so begann er Swann, kaum hatte er ihm das „Geständnis" seiner Beziehungen zum Duc de X... abgerungen, mit Fragen zu plagen: „Ei, Sie sind mir ein Heimlichtuer, Swann; es heißt, Sie würden den Duc d'Aumale recht oft sehen; was sagt er denn so über Thiers, über Cuizot. Wie versteht er sich mit dem Comte de Paris; nun, sagen Sie schon, erzählen Sie, schenken Sie uns ein paar Eindrücke."

Doch die beiden Schwestern seiner Frau, alte Jungfern, die mit meiner Großmutter deren edle Natur, nicht aber deren Geist teilten, verbrachten, zum Unglück meines Großvaters, seit kurzem ihre Ferien in Combray bei meinen Großeltern. Sie waren Persönlichkeiten mit hochfliegenden Absichten und so sahen sie sich geradezu außerstande, sich für etwas, was man Klatsch nennen mochte, zu interessieren, selbst wenn er von historischem Interesse war, oder für irgendetwas sonst, was nicht eng mit einer ästhetischen Frage zusammenhing oder mit einer moralischen. Das

doch ein Wort über sie verlieren, ihn fragen, wie es ihr geht. Es ist sicher schlimm für ihn." Aber mein Vater geriet in Zorn: „Aber nein! du hast absurde Ideen. Das wäre lächerlich!" ~~Alle waren im Garten versammelt, da erklangen~~ [30]

Der Einzige von uns, dem Swanns Besuch peinsame Sorge bereitete, war ich. Denn an ~~An~~ [31] den Abenden, wo Fremde oder auch nur M. Swann da waren, kam Mama nicht in meine Kammer

Desinteresse ihres Denkens an allem, was in der einen oder anderen Weise mit dem mondänen Leben zusammenhing, war absolut, und kaum hatte ihr Hörsinn seine zeitweilige Nutzlosigkeit erkannt, weil die Konversation am Tisch eine frivole oder auch nur seichte Wendung nahm und keine Aussicht bestand, dass die alten Jungfern sie auf Themen, die ihnen am Herzen lagen, zurücklenken konnten, schon versetzte er seine Empfangsorgane in Ruhezustand, und es drohte sogar ein Anflug von Atrophie. Wollte man alsdann die Aufmerksamkeit der beiden Schwestern meiner Großmutter erregen, musste man zu jenen handfesten Warnungen Zuflucht nehmen, die Irrenärzte bei gewissen Anfällen krankhafter Geistesabwesenheit in Anschlag bringen: mehrmalige Schläge gegen Glas, mit einer Messerklinge, untermalt von einer jähen Aufforderung durch Stimme oder Blick, gewaltträchtige Mittel, die Neurologen oft in gewöhnlichen Beziehungen mit gesunden Menschen einfließen lassen, sei es aus beruflicher Gewohnheit, sei es, weil sie alle für leicht verrückt halten.

{Kaum richtete mein Großvater an Swann eine Frage über den Duc de Broglie, eine Frage, die in den Ohren der beiden Schwestern meiner Großmutter wie eine tiefe, aber stürmische Stille klang, die man unterbrechen musste, ergriff die eine das Wort und sagte, noch bevor Swann antworten konnte, zur anderen: „Stell dir nur vor, Céline, ich habe Bekanntschaft mit einer schwedischen Lehrerin geschlossen, die mir über die Kooperativen in Skandinavien Einzelheiten berichtete, einfach höchst interessant. Sie sollte eines Abends zum Essen hierherkommen." „Das wäre ganz zauberhaft", meinte die andere, aber}

PLACARD 5
VOM 4. APRIL 1913

ich habe meine Zeit auch nicht vertrödelt. Ich habe bei M. Legrandin einen alten Gelehrten getroffen, der mit Maubant gut bekannt ist und dem Maubant in allen Einzelheiten auseinandergesetzt hat, wie er an eine Rolle herangeht.

hoch. ~~Ich dinierte nicht am Tisch, ich kam nach dem Diner in~~ ~~den Garten, und um neun Uhr sagte ich Gutnacht und ging~~ ~~nach oben ins Bett.~~ Ich dinierte vor allen anderen und setzte mich danach ~~einen Moment~~ bis um ~~neun~~ acht an den Tisch, ehe ich, wie verabredet, ~~nach oben~~ ins Bett gehen musste; dieser ~~Dieser~~ köstliche und fragile Kuss, den mir Mama für gewöhnlich in meinem Bett kurz vor dem Einschlafen anvertraute und den ich ~~an solchen Abenden vom Garten~~ vom Speisesaal in meine Kammer tragen und ihn beim Entkleiden die ganze Zeit bewahren musste, ohne dass seine Süße brach, ohne dass seine ~~lindernde~~ flüchtige Macht sich ergoss und verdunstete, ausgerechnet an solchen Abenden, wo ich ihn mit noch höherer Sorgsicht hätte entgegennehmen müssen, ausgerechnet da war es unvermeidlich, dass ich ihn schnappte, dass ich ihn abjagte, jäh, in aller Öffentlichkeit, ohne die Zeit und die nötige Geistesgegenwart zu finden, um mich meinem Tun mit der Aufmerksamkeit jener Manischen zu widmen, die sich beim Schließen einer Tür zwingen, an nichts anderes zu denken, damit sie bei einem Rückfall in die krankhafte Unsicherheit, ob sie es nun getan haben oder nicht, siegreich die Erinnerung an den Moment hochhalten können, in dem sie sie geschlossen haben. ~~Um meinen Vater nicht zu reizen, der derlei „Ausbrüche von~~ ~~Zärtlichkeit" für lachhaft erachtete, ließ sich Maman~~[32]

Wir[33] waren alle im Garten, als die zwei zögerlichen Schläge des Glöckchens erklangen. Man wusste, das war Swann; gleichwohl schickte man meine Großmutter als Kundschafterin. „Vergesst nicht, ihm auf deutliche Weise für ~~die Birnen zu danken,~~ ~~Sie wissen ja, wie vorzüglich sie sind~~ den Wein zu danken, ihr wisst ja, wie köstlich er ist, und die Kiste war riesig," empfahl mein Großvater seinen beiden Schwägerinnen. „Fangt ja nicht an, so zu tuscheln", meinte meine Großtante. „Wirklich gemütlich, wenn man in ein Haus kommt, wo alle leise reden." „Ah! da ist ja M. Swann. Wir wollen ihn fragen, ob er glaubt, dass es morgen schön wird", sagte mein Vater. Meine Mutter meinte,

Wirklich höchst interessant. Vielleicht kann man ihn dazu bewegen, eines Abends zum Essen zu kommen. Wenn man ihn auf Maubant ansetzt oder auch auf Mme Materna, dann redet er stundenlang ohne Unterlass." „Das muss herrlich sein", seufzte mein Großvater, unseligerweise hatte die Natur seinem Geist jegliche Möglichkeit verwehrt, sich leidenschaftlich für schwedische Kooperativen oder das Rollenverständnis von Maubant zu interessieren, doch ebenso hatte sie denjenigen der Schwestern meiner Groß-mutter jenes Körnchen Salz versagt, das man selbst ein-bringen muss, um an einem Bericht über das intime Leben von Tiers oder des Comte de Chambord irgend Geschmack zu finden.

Dieser Widerstreit ihrer Naturen zeigte sich auch in lite-rarischen Fragen. „Heute Morgen las ich bei Saint-Simon etwas", sagte Swann zu meinem Großvater, „was Sie ergöt-zen wird. In seinem Band über die Zeit in seiner Mission in Spanien berichtet er, dass sich Vaulévrier erkühnte, sei-nen Söhnen die Hand zu reichen. *Ich weiß nicht*, schreibt Saint-Simon, *ob er aus ‚Ignoranz' oder als ‚Fallstrick' meinen Kindern, die Hand reichen wollte. Ich merkte es rasch genug, um ihn daran zu hindern.*" Mein Großvater geriet schon bei „aus Ignoranz oder als Fallstrick" in Verzückung, aber Mlle Céline, bei der allein schon der Name von Saint-Simon – einem Literaten – die vollständige Betäubung ihres Gehörsinns verhindert hatte, zeigte sich darüber ent-rüstet: „Wie? und das bewundern Sie auch noch? Ei, das ist ja ein artiger Zug von Ihnen. Heißt das etwa, dass ein Mensch weniger wert ist als ein anderer? Es ist doch einer-lei, ob einer ein Herzog oder ein Kutscher ist, Hauptsache er verfügt über Intelligenz und Herz! Der hatte ja eine schöne Art, seine Kinder zu erziehen, Ihr Saint-Simon, anstatt ihnen einzuschärfen, jedem anständigen Menschen die Hand zu reichen. Das ist doch einfach abscheulich. Und Sie unterstehen sich, das auch noch zu zitieren?" Und mein Großvater, entnervt, weil er angesichts dieser Obstruktion

ein Wort von ihr möge den ganzen Verdruss, den man Swann seit seiner Heirat in unserer Familie bereitet hatte, vergessen machen. Sie fand das Mittel, ihn ~~zu anzustupfen~~ ein wenig zur Seite zu nehmen. ~~Ich war... Nur ich blieb einen Schritt neben ihr.~~ Ich aber folgte ihr; ich konnte mich nicht dazu durchringen, ~~mich zu entfernen~~ auch nur einen Schritt von ihr zu weichen, da ich daran dachte, wie ich sie im Speisesaal zurücklassen und in meine Kammer hochsteigen sollte, ohne den Trost anderer Abende, wenn sie mich küssen kam. „Nun, M. Swann", sprach sie zu ihm, „erzählen Sie mir doch ein wenig von Ihrer Tochter; ich bin sicher, dass sie genauso einen Hang zu schönen Sachen hat wie ihr Papa." „So kommt doch und setzt euch mit uns allen unter die Veranda", ~~rief~~ sagte mein Großvater. ~~Meine Mutter sah sich gezwungen, sich zu unterbrechen, aber~~ beim Näher-treten. Meine Mutter sah sich gezwungen, sich zu unterbre-chen, doch schöpfte sie aus diesem Zwang einen noch zartsin-nigeren Gedanken, so wie die Tyrannei des Reimes die guten Dichter zu ihren schönsten Funden zwingt. „Lassen Sie uns von ihr sprechen, wenn wir ~~allein~~ zu zweit sind", sagte sie mit gedämpfter Stimme zu Swann. „Nur eine Maman hat für solche Dinge Verständnis. Ich bin sicher, die ihre würde meine Ansicht teilen." Wir setzten uns alle rund um den gusseisernen Tisch. Ich wollte ~~, dass es mir gelang~~ nicht an die Stunden voller Angst denken, die ich an diesem Abend allein in meiner Kammer zubringen würde, ~~wenn ich~~ ohne Schlaf zu finden; ich mühte mich, mir einzureden, dass sie keine Rolle spielten ~~, sie wür-den~~ und ich sie schon morgen früh vergessen hätte, ~~ich mühte mich,~~ mich an ~~Gedanken~~ Vorstellungen voll Zukunft zu orien-tieren, ~~die mich führen~~[34] die mich wie auf einer Brücke über den nahenden Abgrund führen würden, der mich schreckte. Doch mein von Sorge gespannter Geist, konvex geworden wie der Blick, den ich auf meine Mutter heftete, war für keine andere Empfindung empfänglich ~~, die ihn treffen oder auch nur ablenken mochte~~. Die ~~Vorstellungen~~ Gedanken drangen zwar

die Unmöglichkeit ahnte, Swann jene Geschichten zu entlocken, die ihn ergötzt hätten, sagte leise zu Maman: „Wie
lautet nochmals der Vers, den du mir beigebracht hast und
der mir in solchen Momenten eine wahre Wohltat ist. Ah!
ja: *Oh Herr, wie manche Tugend macht ihr uns verhasst!* Ach!
wie trefflich!"

{An den Abenden, wo Fremde oder auch nur M. Swann
da waren, kam Mama nicht in meine Kammer hoch. Ich
dinierte nicht am Tisch, ich kam nach dem Diner in den
Garten und sagte um neun Uhr Gutnacht und ging zum
Schlafen hoch. Dieser köstliche und fragile Kuss, den mir
Mama für gewöhnlich in meinem Bett kurz vor dem Einschlafen anvertraute und den ich an solchen Abenden vom
Garten vom Speisesaal in meine Kammer tragen und beim
Entkleiden die ganze Zeit bewahren musste, ohne dass
seine Süße brach, ohne dass seine lindernde Macht sich
ergoss und verdunstete, ausgerechnet an solchen Abenden, wo ich ihn mit noch höherer Sorgsicht hätte entgegennehmen müssen, da war es unvermeidlich, dass ich
ihn schnappte, dass ich ihn abjagte, jäh, in aller Öffentlichkeit, ohne die Zeit und die nötige Geistesgegenwart
zu finden, um mich meinem Tun mit der Aufmerksamkeit
jener Manischen zu widmen, die sich beim Schließen einer
Tür zwingen, an nichts anderes zu denken, damit sie bei
einem Rückfall in die krankhafte Unsicherheit, ob sie es
nun getan haben oder nicht, siegreich die Erinnerung an
den Moment hochhalten können, in dem sie sie geschlossen
haben.} Doch um meinen Vater nicht zu reizen, der derlei
„Ausbrüche von Zärtlichkeit" für lachhaft erachtete, ließ
sich Maman „vor aller Welt" nur einen sekundenschnellen
Kuss geben und zog ihr Gesicht, kaum berührt, auch schon
wieder zurück; ich aber versuchte im Wissen, dass dieser
Kuss so kurz und flüchtig sein würde, alles, was in meiner
Macht stand, und wählte, bevor es neun Uhr schlug, die
Stelle auf Mamas Wange aus, da, wo ich sie küssen würde,
ich bereitete meine Gedanken vor, wie ein Maler, dem nur

in ihn, aber nur unter der Bedingung, dass sie zuvor jeden Schimmer von Schönheit oder auch nur Possierlichkeit ablegten, die mich treffen oder ablenken mochten. Wie ~~ein Kranker~~ jene Anästhesiemittel, ~~die einem Kranken während der Operation all seine Luzidität lassen, aber ihn daran hindern~~ dank denen ein Kranker ~~der Operation~~ voll Luzidität der Operation beiwohnt, die man an ihm vollführt, und keinerlei Schmerzen ~~spürt~~ fühlt, konnte ich mir Verse vorsagen, die ich liebte, oder die Mühewaltungen beobachten, die mein Großvater unternahm, um zu Swann über den Duc d'Audiffret-Pasquier zu reden, ~~ich fühlte~~: es ging von den Ersteren keinerlei ~~Freude~~ Rührung aus, und von den Letzteren keinerlei Fröhlichkeit. Diese Bemühungen ~~blieben waren~~ blieben fruchtlos.

Kaum hatte mein Großvater eine Frage über diesen Redner an Swann gerichtet, schon wandte sich die eine Schwester meiner Großmutter an die andere, schließlich klang diese Frage in ihren Ohren wie tiefe, stürmische Stille, die man allein schon aus Höflichkeit brechen musste: „Stell dir nur vor, Céline, ich habe eine junge schwedische Lehrerin kennengelernt, die mir über die Kooperativen in den skandinavischen Ländern Einzelheiten berichtete, einfach höchst interessant. Sie sollte eines Abends zum Essen hierherkommen." „Das will ich wohl glauben!" erwiderte Flora, ~~aber die andere. Aber eines Abends zu uns zum Essen kommen.~~ „Das wäre ganz zauberhaft, meinte die andere,[35] ich habe meine Zeit auch nicht vertrödelt. Ich habe bei M. Vington einen alten Gelehrten getroffen, der mit Maubant gut bekannt ist und dem Maubant in allen Einzelheiten auseinandergesetzt hat, wie er an eine Rolle herangeht. Wirklich höchst interessant. Er ist ein Nachbar von M. Vington, was ich gar nicht wusste; er ist sehr nett." „M. Vington ist nicht der Einzige, der nette Nachbarn hat", keifte ~~Mlle~~ meine Tante Céline mit einer Stimme, die aus Schüchternheit laut und aus Berechnung aufgesetzt wirkte, wobei sie Swann ~~einen Blick~~ einen, wie sie es nannte, vielsagenden Blick zuwarf. In diesem

kurze Sitzungen eingeräumt werden, seine Palette vorbereitet und aus der Erinnerung, auf der Grundlage seiner Notizen, all das ausführt, wozu die Gegenwart des Modells nicht zwingend notwendig ist. Dieses mentale Vorküssen, dank dem ich die kurze Minute, die mir Mama gewähren würde, um ihre Wange an meinen Lippen zu spüren, voll auskosten konnte, wurde bisweilen durchkreuzt, weil mein Großvater oder eine meiner Tanten, lange vor der Zeit, die unbewusste Bosheit besaßen, um zu sagen: „Wie! der Kleine ist noch nicht im Bett? Wenn er morgen früh heraus will…" Und mein Vater, der in Abmachungen nicht einen so unverbrüchlichen Glauben setzte wie meine Großmutter und meine Mutter, sagte: „Aber ja, los, geh hoch ins Bett." Und ich musste nach oben. Zuweilen kam ich, kaum aus dem Salon getreten, zurück, ich bat meine Mutter, ins Vorzimmer zu kommen, um mit mir ein Wort zu wechseln, mein Vater geriet in Rage, Mama kam nicht; diese Enttäuschung hätte genügt, um das zarte Siegel zu brechen, unter dem ihre Lippen meine Ruhe und meinen Schlaf in meinem Innern versiegelt hatten. Und so ging ich nach oben in mein Zimmer, verzweifelt, ohne letzte Wegzehrung.

Aber ach! eines Tages sagte mein Vater zu meiner Mutter: „Es ist einfach lächerlich, wenn der Kleine so vor aller Welt Gutnacht sagen kommt." Und von diesem Tag an musste ich, eine Stunde, zwei Stunden vor dem Augenblick des Zubettgehens, Maman um jenen Kuss bitten, dessen ach so flüchtige Süße meinen Schlaf hüten mochte. Kurz nach dem Tag, an dem diese Regel zum ersten Mal in Kraft getreten war, erinnerte mein Großvater beim Eintreten daran, dass M. Swann zum Essen kommen sollte. Das war für alle eine Freude, außer für mich. „Wir wollen M. Swann fragen, ob er glaubt, dass das Wetter schön wird", meinte mein Vater, der diese Frage jeden Morgen, sobald er seine Toilette beendet hatte, aus dem offenen Fenster seines Zimmers dem Gärtner zuwarf, der gerade dabei war, seine Beete zu fluten, ganz gegen den ästhetischen Sinn meiner

Moment schwante meiner Tante Flora, dass dieser Satz der Dank für den Wein aus Asti war, und schenkte Swann gleichfalls einen Blick, in dem sich Dank mit Ironie mischte, sei es, ~~weil sie fand~~ um den Geisteswitz ihrer Schwester zu unterstreichen, sei es aus Neid, dass Swann ihr eine Quelle der Inspiration gewesen war, sei es, dass sie es sich einfach nicht verkneifen konnte, sich über ihn lustig zu machen, weil er, ihrem Bedünken nach, auf der Sünderbank schmachtete. „Ich denke, es sollte uns ein Leichtes sein, diesen Herrn zu einem Diner zu laden", fuhr Flora fort; „wenn man ihn auf Maubant ansetzt oder auch auf Mme Materna, dann redet er stundenlang ohne Unterlass." „Das muss herrlich sein", seufzte mein Großvater, unseligerweise hatte die Natur seinem Geist jegliche Möglichkeit verwehrt, sich leidenschaftlich für schwedische Kooperativen oder das Rollenverständnis von Maubant zu interessieren, doch ebenso hatte sie denjenigen der Schwestern meiner Großmutter jenes Körnchen Salz versagt, das man selbst einbringen muss, um an einem Bericht über das intime Leben von Tiers oder des Comte de Chambord irgend Geschmack zu finden.

„So, so",[36] sagte Swann zu meinem Großvater, „Sie werden sehen, das, was ich Ihnen zu sagen habe, hat weit mehr Bezug auf Ihre Fragen von vorhin, als es den Anschein machen mag, denn in mancher Hinsicht hat sich nicht viel verändert. Heute[37] Morgen las ich bei Saint-Simon etwas, ~~sagte Swann zu meinem Großvater~~, was Sie ergötzen wird. ~~Im Band über seine Mission in Spanien erzählt Saint-Simon~~ Und[38] zwar im Band über seine Mission in Spanien; zwar nicht gerade einer der besten Bände, eigentlich eher ein Tagebuch, freilich ein Tagebuch, das stilvollendet geschrieben ist, was bereits einen ersten Unterschied zu den niederschmetternden Zeitungen setzt, zu deren Lektüre wir uns jeden Morgen und Abend verpflichtet fühlen." „Da bin ich anderer Ansicht, es gibt Tage, wo mir die Lektüre von Zeitungen durchaus Annehmlichkeiten bereitet", warf meine Tante Flora dazwischen, um anzudeuten, dass sie ~~die Reproduktion~~

Großmutter. Die Meteorologie wie auch die Topographie interessierten meinen Vater sehr. Und wenn er nach dem Mittagsmahl, sobald der Kaffee auf den Tisch getragen wurde, das Barometer konsultierte, vermied meine Mutter jedes Geräusch, um ihn nicht zu stören, schaute ihn voll Rührung und Respekt an, aber nie zu eindringlich, um ja nicht den Anschein zu erwecken, sie wolle das Mysterium seiner Überlegenheit ergründen. Als ich an jenem Abend hinausging, nahte die Stunde, wo M. Swann eintreffen sollte, ich zog Maman ins Vestibül, um ihr Gutnacht zu sagen, aber ich hatte noch nicht dazu angesetzt, sie zu küssen, als das Glöckchen klingelte: das war Swann; in diesem Moment öffnet mein Vater die Tür und sagt: „Los, es hat geklingelt, ab nach oben!" Maman küsst mich kaum, stößt mich von sich, um vor Swann zu treten. Ich musste, wie der Volksmund sagt, „schweren Herzens" Stufe für Stufe nach oben, hinauf also, gegen den Willen meines Herzens, das doch hinunter wollte, nah zu meiner Mutter, schließlich hatte sie ihm noch nicht durch einen Kuss die Erlaubnis erteilt, mir zu folgen. Diese widerliche Treppe, wo ich mich jeden Abend niedergeschlagen abmühte, verströmte einen Duft von Lack, der in gewisser Weise meinen Kummer in sich aufgesogen, verewigt hatte und sie so für meine Empfindsamkeit womöglich nur noch grausamer machte, denn unter diesem olfaktorischen Gewand hatte mein Verstand keinen Zugriff mehr. Wenn wir schlafen und wütende Zahnschmerzen von uns zunächst nur als ein junges Mädchen wahrgenommen werden, das wir zweihundert Mal aus dem Wasser zu retten suchen, oder wie ein Vers von Corneille, den wir ohne Unterlass wiederholen, dann ist es eine große Erleichterung, wenn wir aufwachen und unser Verstand jegliche tugendhafte oder prosodische Ummäntelung vom Eindruck der wütenden Zahnschmerzen fernhalten kann. Das genaue Gegenstück zu dieser Erleichterung fühlte ich, wenn der Kummer, nach oben gehen zu müssen, auf unendlich viel raschere Weise in mich eindrang,

den Satz über Swanns Corot im *Figaro illustré* ~~gesehen~~ sehr wohl
gelesen hatte. „In Sonderheit, wenn sie von Gegenständen oder
Menschen handeln, die uns am Herzen liegen!", setzte meine
Tante Céline hinzu. „Ah! das will ich nicht leugnen", erwiderte
Swann verdutzt. „Ich werfe den Zeitungen lediglich vor, dass sie
unsere Aufmerksamkeit Tag für Tag auf unbedeutende Sachen
lenken, während man ein Buch, in dem Wesentliches steht, drei
oder vier Mal im Leben lesen kann. Just in dem Augenblick,
wo wir am Morgen fieberhaft die Binde der Zeitung aufrei-
ßen, sollte man den Lauf der Dinge auf den Kopf stellen und
etwas anderes in die Zeitung drucken, ich weiß auch nicht,
die... *Pensées* von Pascal (er setzte dieses Wort mit einem Tonfall
voll ironischer Emphase ab, um nicht pedantisch zu wirken).
Und im Gegenzug läsen wir im Band mit Goldschnitt, den wir
nur alle zehn Jahre aufschlagen," fügte er hinzu und ~~spiegelte~~
bezeugte für alles Mondäne jene Verachtung ~~vor~~, die gewisse
Mondäne vorspiegeln, „etwa in einer Edition Garnier frères,
dass sich die Königin von Griechenland nach Cannes begeben
oder die Prinzessin de Léon einen Kostümball gegeben hat.
~~So~~ So wäre wieder alles im Lot." Doch im Bedauern, dass er
sich dazu hatte hinreißen lassen, über ernsthafte Sachen zu
sprechen, wenn auch nur oberflächlich~~, wandte er sich um
und fuhr fort~~: „Welch prächtige Konversation wir da führen",
meinte er ironisch, „ich weiß gar nicht, wie wir uns zu solchen ‚Höhenflügen' aufschwangen", und wandte sich wieder
meinem Großvater zu: „Nun denn, Saint-Simon berichtet, dass
sich Maulévrier erkühnte, seinen Söhnen die Hand zu reichen.
Wie Sie sicher wissen, sagt er über ebendiesen Maulévrier: ‚~~Nie~~
*In dieser bauchigen Flasche entdeckte ich nie anderes als schwarze
Galle, Flegeleien und Plattwitz.*'" „Bauchig oder nicht bauchig,
ich kenne Flaschen, die noch ganz anderes bergen", meinte
Flora mit Nachdruck, da auch ihr daran gelegen war, Swann
zu danken, schließlich war das Geschenk an sie beide ergan-
gen. Céline brach in Gelächter aus; verdutzt nahm Swann nach

augenblicklich fast, imgleichen listig und jäh, durch das Einatmen des eigentümlichen Lackduftes dieser Treppe, der weit giftiger war als jeder moralische Anflug.

Unter der Bedingung, dass ich nicht unten zu den geladenen Gästen stieß, durfte ich bis neun Uhr aufbleiben, ohne ins Bett zu müssen, und konnte sogar in den kleinen Salon hinunter, sobald man sich „in den Speisesaal verfügt" hatte. Und das tat ich. Vom Gefühl erfüllt, dass mir bis zum Zubettgehen noch eine Stunde blieb, mühte ich mich, nicht daran zu denken, ich betrachtete, in ihren Vasen, die Blumen, die der Gärtner, ohne jeden Sinn für Natur und die Kunst des Blumenbindens, auf erzwungene Weise in plumpen und dicht gedrängten Maßen angeordnet hatte. Im Garten, da begann der Mond, wie ein Lampion unter dem Blätterwerk des Kastanienbaums baumelnd, die Dunkelheit mit jenem silbernen Staub zu durchmischen, der sich in einer Stunde „legen" und die ganze Landschaft auf phantastische Weise einhüllen sollte. Und schon schien die Festigkeit, Wirklichkeit, aus den Dingen zu weichen, um in ihre Schatten überzugehen, das Gitterwerk der Laube, die die Mauer längs der Allee karierte, schien sich in lautere Helligkeit aufzulösen und klatschte eine dichtere und konkretere Abschattung neben sich. Ich lauschte der Melodie eines Klaviers, die aus einem nahen Haus herüberklang. Ich liebte sie zwar, doch die Gedanken jener, die von einer inneren Sorge getrieben werden, sind, wie ihr Blick, konvex und lassen von außen kein Gefühl mehr hinein. Ich breitete vor meinen Gedanken die Schönheit dieses Gartens aus, die Verse, die mir die liebsten waren, die philosophischen Funkenflüge, die mich ins Ewige entführen und davon abhalten sollten, ohne Unterlass nach jener nahenden Minute des Zubettgehens zu spähen, aber auch, wenn ich nicht einschlafen konnte, meine Traurigkeit dämpfen sollten, die ohnehin nur kurz währen und mit dem Morgen schwinden würde. Doch die schönsten Verse, die hochfliegendsten Gedanken verloren unweigerlich all

dieser Unterbrechung den Faden auf: *„Ich weiß nicht,* schreibt Saint-Simon, *ob er aus ‚Ignoranz' oder als ‚Fallstrick' meinen Kindern die Hand reichen wollte. Ich merkte es rasch genug, um ihn daran zu hindern."* Mein Großvater geriet schon bei „aus Ignoranz oder als Fallstrick" in Verzückung, aber Mlle Céline, bei der der Name von Saint-Simon – einem Literaten – die vollständige Betäubung ihres Gehörsinns verhindert hatte, zeigte sich darüber entrüstet: „Wie? und das bewundern Sie auch noch? Ei, das ist ja ein artiger Zug von Ihnen. Heißt das etwa, dass ein Mensch weniger wert ist als ein anderer? Es ist doch einerlei, ob einer ein Herzog oder ein Kutscher ist, Hauptsache er verfügt über Intelligenz und Herz! Der hatte ja eine schöne Art, seine Kinder zu erziehen, Ihr Saint-Simon, anstatt ihnen einzuschärfen, jedem anständigen Menschen die Hand zu reichen.[39] Das ist doch einfach abscheulich. Und Sie unterstehen sich, das auch noch zu zitieren?" Und mein Großvater, entnervt, weil er angesichts dieser Obstruktion die Unmöglichkeit ahnte, Swann jene Geschichten zu entlocken, die ihn ergötzt hätten, sagte leise zu Maman: „Wie lautet noch mal der Vers, den du mir beigebracht hast und der mir in solchen Momenten eine wahre Wohltat ist. Ah! ja: *Oh Herr, wie manche Tugend macht ihr uns verhasst!* Ach! wie trefflich!"[40]

~~Meine Mutter aus den Augen~~ Ich ließ meine Mutter nicht aus den Augen; denn ich wusste wohl, ~~gleich~~ sobald wir im Speisesaal säßen, würde man mich nicht während der ganzen Dauer des Diners dort lassen, und um meinen Vater nicht vor den Kopf zu stoßen, würde mir Maman nicht gestatten ~~ihr in aller Öffentlichkeit einen recht langen Kuss zu geben~~ sie in aller Öffentlichkeit ~~so oft~~ wieder und wieder zu küssen, wie es mir in meinem Zimmer möglich gewesen wäre. Und so ~~wusste ich, dass dieser Kuss so kurz und so flüchtig sein würde~~ gelobte ich mir ~~alles zu versuchen, was in meiner Macht stand, jetzt gleich um jetzt schon~~ im Speisesaal, wenn man mit dem Diner angefangen hätte und ich die Stunde nahen fühlte, schon im

ihren Zauber, all ihren Frohsinn, ehe sie in meinen Geist vorgelassen wurden, so wie die auserlesensten Gerichte im Mund eines Fieberkranken jeglichen Geschmack einbüßen. Schließlich musste ich hoch, hinter mir alle Zugänge versperren, indem ich die Läden meiner Fenster schloss, musste mein eigenes Grab graben, indem ich meine Decken aufschlug, musste ins Leichentuch meines Nachthemdes schlüpfen. Doch ehe ich mich selbst im Eisenbett einsargte, das man in meine Kammer gestellt hatte, weil mir im Sommer unter den Ripsvorhängen des großen Bettes zu heiß war, überwältigte mich eine Regung der Revolte, ich wollte die List eines Todgeweihten wagen. Ich schrieb meiner Mutter mit der Bitte, eine Sekunde hochzukommen, in einer extrem ernsten Angelegenheit, die ich ihr nicht schriftlich unterbreiten konnte. Meine Angst war, dass sich Françoise weigern könnte, meinen Brief zu überbringen. Ich wusste, für sie war es genauso unmöglich, Maman gegenüber eine Besorgung zu machen, solange alle Welt da war, wie wenn man den Portier eines Theaters fragen wollte, einem Schauspieler, der gerade auf der Bühne steht, einen Brief auszuhändigen. In Bezug auf Sachen, die man machen durfte oder nicht machen durfte, verfügte sie über einen komplexen, ausführlichen und barbarischen Kodex, dessen Gebote sie nicht einmal im Tausch gegen ein Königreich gebrochen hätte, wobei er derartige soziale Komplikationen und mondäne Künsteleien kannte, dass man sich fragen mochte, wer aus ihrer bäuerlichen und ganz und gar primitiven Abkunft, wer in ihrer Umgebung oder aus dem Umfeld dörflicher Domestiken ihr all dies suggeriert haben mochte.

Und entschied der Kodex über gewisse Fragen, die den engen Bezirk, in dem sie lebte, sprengten, so geschah dies immer mit einer Art unbeugsamem Zartsinn, mit fein abgestimmter und unversöhnlicher Brutalität, selbst bei den unfassbarsten oder willkürlichsten Unterscheidungen blieb alles unverhandelbar, was ihm angesichts

Vorgriff auf diesen Kuss, der so kurz und flüchtig sein würde, alles zu versuchen, was in meiner Macht stand, indem ich mit meinem Blick die Stelle auf Mamas Wange[41] auswählte und meine Gedanken bereits darauf vorbereitete, um durch dieses mentale Vorküssen die kurze Minute, die mir Maman gewähren würde, um ihre Wange an meinen Lippen zu spüren, auszukosten, wie ein Maler, dem nur kurze Sitzungen eingeräumt werden, seine Palette vorbereitet und aus der Erinnerung, auf der Grundlage seiner Notizen, all das ausführt, wozu die Gegenwart des Modells nicht zwingend notwendig ist. Doch da geschah es: Mein Großvater besaß, noch bevor zum Essen geläutet wurde, die unbewusste Bosheit, um zu bemerken: „Der Kleine sieht müde aus, er sollte hoch ins Bett. Er Wir speisen heute Abend ohnehin recht spät." Und mein Vater, der in Abmachungen nicht einen so unverbrüchlichen Glauben setzte wie meine Großmutter und meine Mutter, sagte: „Ja, los, ab ins Bett." Ich wollte Maman gerade einen Kuss geben, da hörte man die Glocke zum Essen. „Aber nein, lass deine Mutter in Frieden, ihr habt euch ja schon hinreichend Gutenacht gesagt, diese Ausbrüche sind einfach lachhaft. Los, hinauf mit dir." Und so musste ich hoch, ohne jede Wegzehrung; ich musste, wie der Volksmund sagt, „schweren Herzens" Stufe für Stufe nach oben, hinauf also, gegen den Willen meines Herzens, das doch hinunter wollte, nah zu meiner Mutter, schließlich hatte sie ihm noch nicht durch einen Kuss die Erlaubnis erteilt, mir zu folgen. Diese widerliche Treppe, wo ich mich stets niedergeschlagen abmühte, verströmte einen Duft von Lack, der in gewisser Weise jene besondere Art Sorge Beklemmung, die ich jeden Abend von neuem fühlte, in sich aufgesogen, verewigt hatte und sie so für meine Empfindsamkeit womöglich nur noch grausamer machte, denn unter diesem olfaktorischen Gewand hatte meine Intelligenz keinen Zugriff mehr. Wenn wir schlafen und wütende Zahnschmerzen von uns zunächst nur als ein junges Mädchen wahrgenommen werden, das wir

der modernen Züge jener alltäglichen Fälle, auf die er angewandt wurde, einen ungewöhnlichen Anstrich gab, zugleich hart, ausgeklügelt und müßig, wie gewisse Kodices aus tiefster Antike, das alte Gesetz der Juden etwa, das neben blutrünstigen Geboten, wie etwa: Kinder, die noch an der Brust hängen, aber auch schwangere Frauen zu massakrieren, durchaus übertriebene Skrupel an den Tag legt, wenn es bei kulinarischen Rezepten für Zicklein verbietet, dass man sie in der Milch der Mutter schmort, und vollkommene Stupiditäten umfasst, wenn es dazu rät, man soll, um die Erinnerung an Jakob zu ehren, bei einem Tier niemals den Schenkelmuskel essen. Ach! von diesem Kodex hatten wir nichts geahnt, und als sie uns lange genug kannte, um uns für „Herren" zu halten, die auch unter sein Gesetz fielen, verhängte sie jeden Augenblick unversöhnliche Verurteilungen für Verbrechen, die wir völlig ahnungslos auf uns geladen hatten, wobei sie sich erstaunt zeigte, dass „Personen von unserem Rang" so tief sinken konnten, obwohl wir sie nicht einmal dann hätten beichten oder verstehen können, wenn sie sie uns klar und deutlich vorgeworfen hätte. So wahr wir schuldig waren, ohne es zu ahnen, so ahnten wir nicht, dass wir dafür gezüchtigt wurden. Wir wussten nicht, dass wir ihr eine völlig unverdiente Schmach zufügten, wenn wir ihr eine gute Nacht wünschten, und wenn sie uns darauf erwidert hatte, sie wünsche, dass wir gut schliefen, dann fehlte uns genauso die Vorstellung, dass „eine solche Antwort unverschämt war, aber sie konnte halt nichts dagegen tun", so jedenfalls berichtete sie es beim Gottesdienst „den anderen", und es war auch unser Fehl, wenn wir bei dieser Antwort, wie sie weiter auspackte, ganz „stumm und dumm" geblieben seien und keinen „Pieps" gesagt hätten. „Und Sie mögen sich davor hüten", fügte sie hinzu und schloss damit ihre Domestikenerzählung durch einen vagen Verweis auf noch härtere Artikel ab, die jeglichen Rückfall ahndeten. Einer Freundin meiner Großeltern, die just zur Stunde

zweihundert Mal aus dem Wasser zu retten suchen, oder wie ein Vers von Corneille, den wir ohne Unterlass wiederholen, dann ist es eine große Erleichterung, wenn wir aufwachen und unser Verstand jegliche tugendhafte oder prosodische Ummäntelung vom Eindruck der wütenden Zahnschmerzen fernhalten kann. Das genaue Gegenstück zu dieser Erleichterung fühlte ich, wenn der Kummer, nach oben in meine Kammer gehen zu müssen, auf unendlich viel raschere Weise in mich eindrang, augenblicklich fast, imgleichen listig und jäh, durch das Einatmen des eigentümlichen Lackduftes dieser Treppe, der weit giftiger war als jeder moralische Anflug.

Erst einmal[42] in meinem Zimmer, hieß es, alle Zugänge versperren, die Fensterläden schließen, mein eigenes Grab graben, indem ich meine Decken aufschlug, wieder ins Leichentuch meines Nachthemdes schlüpfen. Doch ehe ich mich in meinem Eisenbett einsargte, das man in meine Kammer gestellt hatte, weil mir im Sommer unter den Ripsvorhängen des großen Bettes zu heiß war, überwältigte mich eine Regung der Revolte, ich wollte die List eines Todgeweihten wagen. Ich schrieb meiner Mutter und beschwor sie, in einer ~~extrem~~ schwerwiegenden Angelegenheit, die ich ihr nicht schriftlich unterbreiten konnte, hochzukommen. ~~Ich zählte nicht darauf, dass sie sich von diesem Vorwand übertölpeln ließe~~ Meine einzige Angst war, Françoise ~~(~~, die Köchin meiner Tante, die während meines Aufenthalts in Combray beauftragt war, sich um mich zu kümmern, könnte sich weigern, den Brief zu überbringen. Ich ahnte, ~~meiner Mutter einen Brief zu bringen zu machen zu übermitteln~~ Maman eine Botschaft zu bringen, ~~solange es~~ solange Leute da waren, das ~~war~~ schien für sie so unmöglich wie für den Portier eines Theaters, einem Schauspieler, der gerade auf der Bühne steht, einen Brief auszuhändigen. In Bezug auf Sachen, die man machen oder nicht machen durfte, verfügte sie über einen herrischen Kodex, ausführlich ~~und~~, spitzfindig und unversöhnlich, gerade in Bezug auf unfassbare oder müßige Unterscheidungen

kam, wenn Françoise ihre Wäsche oder Abrechnungen machen wollte, eine unhöfliche Antwort zu geben, das fand in ihrem Kodex durchaus Erlaubnis; aber einer Dame, die sie an einem bestimmten Tag nicht empfangen konnte, die Bitte zu unterbreiten, sie möge ein andermal kommen und auf die Antwort in einem Brief warten, den man ihr schicken wolle, das war strengstens untersagt. Und auch bei den Besorgungen, die man ihr auftrug, wurden für Françoise satzungswidrige Klauseln schlicht inexistent, sie begnügte sich, sie ohne jeden vorgängigen Hinweis einfach zu unterlassen. Wenn man sie fragte: „Nun, wird diese Dame zurückkommen?“, oder aber: „Werden Sie mir eine Antwort bringen?“, dann stiegen die vielfältigen Stigmata eines mutwilligen, gefrorenen und schmerzlichen Lächelns unversehens an die Oberfläche von Françoise’ Antlitz, denn sie wurde in einem solchen Moment auf mystische Weise von Zartsinnigkeiten tief durchschauert, und von der Süße einer herrischen, herrlichen Höflichkeit, die zu ihrem Leidwesen selbst bei wohlerzogenen Leuten wie meinen Großeltern so grobianisch sein konnte, dass sie die Gebote der Liebenswürdigkeit mit Missachtung straften und eine „einfache Domestike“ dazu drängten, gegen sie zu verstoßen, und so gab sie zur Antwort: „Das habe ich sie selbstredend nicht gefragt. Ich habe selbstredend keine Antwort erwartet.“ Und um meiner Großmutter zu beweisen, dass nicht alle Welt so ignorant und entartet sei, fügte sie hinzu: „Die Person wäre gewiss sehr betupft gewesen; ich weiß nicht, für wen sie mich gehalten hätte.“ Unseligerweise gab es nur einen einzigen Abschnitt von Françoise’ Kodex, dessen Bestimmungen offenbar harmonisch auf die Prinzipien meiner Eltern abgestimmt waren, und das war derjenige, der alle erdenklichen Beziehungen zu Maman regelte, sobald sie mit anderen im „Salon“ oder „im Speisesaal“ weilte; und zwar regelte er sie durch Verbote, und außer in Fällen wie Brand oder jähem Tod war es mehr oder weniger ausgeschlossen, dass man Maman „behelligte“, (was ihm den Anschein jener antiken Gesetze gab, die neben blutrünstigen Geboten, wie etwa, Kinder, die noch an der Brust hängen, zu massakrieren, aus übertriebenem Zartsinn verbieten, das Zicklein in der Milch seiner Mutter zu schmoren oder bei einem Tier den Schenkelmuskel zu essen). Dieser Kodex ~~wurde auch in Anschlag gebracht~~ schien in Anbetracht ihrer jähen Weigerung, gewisse Besorgungen, um die wir sie baten, auszuführen, ~~gewisse~~ soziale Komplikationen und mondäne Künsteleien vorzusehen, ~~sodass man sich fragen mochte~~ die nichts aus Françoise' Umfeld oder ihrem Leben als Dorfdomestike ihr suggeriert haben mochte. ~~Im vorliegenden Fall kam leitete sich der Widerstand, den sie dem Überbringen meines Briefes entgegensetzte, aus Gefühlen, die bei ihr besonders ausgeprägt waren von Respekt ab, der bei ihr besonders ausgeprägt war, nicht nur den Eltern geschuldet – wie den Toten, den Priestern, und den Königen –, sondern dem Fremden, den man feierte. Ich gestehe, noch viel später, in Momenten, wo ich fern von Françoise war, ich widerfuhr es mir, eine gewisse Schönheit darin zu erblicken, dass in ihrem Kopf Vorstellungen lebten ihre Denkweise im Kreis einer Vergangenheit lebte, die sie nicht recht begriff, wie etwa die Vergangenheit des alten Frankreich in der Epoche der Kathedralen, des Rolandliedes, der Kirche Saint-André des Champs in der Nähe von Combray,~~ sodass man sich unweigerlich sagte, dass in ihr eine sehr alte Vergangenheit Frankreichs lebte, edel und unverstanden, wie in jenen ~~provinziellen~~ Manufakturstädten, in denen alte Stadtpalais davon zeugen, dass es hier einst höfisches Leben gegeben hat, und wo Arbeiter in Fabriken für chemische Produkte mitten zwischen zarten Skulpturen arbeiten, die das Wunder vom Heiligen Theophilus oder die vier Söhne Haymons darstellen.

Im vorliegenden Fall ~~machte es~~ ließ es der Artikel des Kodex wenig wahrscheinlich erscheinen, dass Françoise, außer im Fall einer Feuersbrunst, Maman ~~vor~~ in Gegenwart von M. Swann wegen einer derart kleinen Person wie mir behelligen

92

solange Besuch oder Gäste da waren, jedenfalls für eine Person, die einen so niedrigen Rang in der Hierarchie des Hauses einnahm wie ich. Und im Versuch, zu verhindern, dass sich Françoise schlicht und einfach weigern würde, schreckte ich selbst vor einer Lüge nicht zurück und sagte ihr, dass es gar nicht ich war, der an Maman hatte schreiben wollen, sondern dass es Maman war, die mir, als sie mich verließ, aufgetragen hatte, ja nicht zu vergessen, ihr eine Antwort in Hinblick auf einen Gegenstand zu übermitteln, den ich auf ihre Bitte hin suchen sollte, und dass sie gewiss sehr erbost sein würde, wenn ich ihr dieses Wort nicht aushändigen ließe. Ich denke,

würde, und das hing ganz einfach mit dem Respekt zusammen, den sie nicht nur den Eltern bezeugte – wie auch den Toten, den Priestern und den Königen –, sondern auch ~~dem Fremden, den man empfing dem Gast~~ dem Fremden, dem man Gastrecht gewährte. ~~Doch allein schon der mitleidvolle Ton, in den sie verfiel, sobald sie darauf zu sprechen kam~~ Was mich in einem Buch unter Umständen gerührt hätte, aus ihrem Mund reizte es mich höchstens, denn sie verfiel in einen ernsten und mitleidvollen Tonfall, sobald sie darauf zu sprechen kam, und ~~mehr noch namentlich~~ vor allem an jenem Abend, wo der heilige Charakter, den sie dem Diner verlieh, dazu führte, dass sie sich weigern würde, die Zeremonie zu stören. Doch um das Glück auf meine Seite zu zwingen, schreckte ich selbst vor einer Lüge nicht zurück und sagte ihr, dass es gar nicht ich war, der an Maman hatte schreiben wollen, sondern dass es Maman war, die mir, als sie mich verließ, aufgetragen hatte, ja nicht zu vergessen, ihr eine Antwort in Hinblick auf einen Gegenstand zu übermitteln, den ich auf ihre Bitte hin suchen sollte, und dass sie gewiss sehr erbost sein würde, wenn ich ihr dieses Wort nicht aushändigen ließe. Ich denke,

PLACARD 6
VON 4. APRIL 1913[43]

dass mir Françoise nicht glaubte, denn wie jene primitiven Menschen, deren Sinne schärfer waren als die unsrigen, entdeckte ~~Françoise~~ sie anhand von Zeichen, die uns unzugänglich sind, sofort die ganze Wahrheit, die wir ihr verheimlichen wollten; sie betrachtete während fünf Minuten den Umschlag, als ob die Prüfung des Papiers und der Aspekt der Schrift sie über die Natur des Inhalts in Kenntnis setzen oder ihr zeigen würden, auf welchen Artikel ihres Kodex sie Bezug nehmen sollte. Dann ging sie mit einer resignierten Miene hinaus, die zu bedeuten schien: „Was für ein Unglück für Eltern, ein solches Kind zu haben." Kurz darauf kam sie, um mir zu sagen, man säße erst beim Eis und es sei dem Maître d'hôtel unmöglich,

dass mir Françoise nicht glaubte, sie betrachtete während fünf Minuten den Umschlag, als ob die Prüfung des Papiers und der Aspekt der Schrift sie über die Natur des Inhalts in Kenntnis setzen sollten. Dann ging sie mit einer resignierten Miene hinaus, die zu sagen schien: „Was für ein Unglück für Eltern, ein solches Kind zu haben." Kurz darauf kam sie, um mir zu sagen, man säße erst beim Eis und es sei dem Kammerburschen unmöglich, den Brief dieserweise vor aller Welt auszuhändigen (ich möchte betonen, dass ich mich nicht mit so hochfliegenden Absichten trug), sobald man jedoch bei den „Rachenreinigern" sei, ehe man

den Brief in diesem Moment in diesem Moment vor aller Welt
auszuhändigen, sobald man jedoch bei den „Rachenreinigern"
sei, würden sich Mittel und Wege finden lassen, um ihn Maman
zuzustecken. Sofort schwand meine Beklemmung; nun würde
ich Maman nicht mehr, wie noch kurz zuvor, bis morgen missen müssen, denn mein kleines Wort würde sie mit Sicherheit
erzürnen (und dies umso mehr, als mich dieser Winkelzug in
den Augen von Swann lächerlich erscheinen ließ), mich aber
immerhin ganz unsichtbar und entzückt in dasselbe Zimmer
treten lassen wie sie, ihr etwas von mir ins Ohr flüstern; dieser verbotene, feindliche Speisesaal, wo, vor einem Augenblick
noch, das Eis stand – die Granità –, und selbst die Rachenreiniger erschienen mir voll von böswilligen Freuden, da Mama
sie fern von mir genoss und todtraurigen Freuden, da Mama
sie fern von mir genoss, würde sich mir jetzt öffnen und, wie
eine süß gereifte Frucht, die ihre Schale durchbricht, Mamans
Aufmerksamkeit beim Lesen meiner Zeilen in mein berauschtes Herz sprudeln, spritzen lassen. Jetzt war ich nicht mehr von
ihr getrennt: die Schranken waren gefallen, ein zarter Faden
verband uns. Und das war noch nicht alles: Maman würde ohne
Zweifel bald kommen!

   Die Beklemmung, mit der ich eine meiner ersten die ich empfand und vor der und über die sich Swann, so dachte ich, mokie-
ren würde, wenn er gewusst hätte, was vorging meinen Brief
an Mama gelesen und das Gefühl erahnt hätte, das ihn diktiert
hatte, dessen Absicht erahnt hätte, indes vergiftete dabei verhielt es sich vielmehr so, dass, wie ich erst später erfahren sollte,
ein ähnliches Gefühl das vergiftete die Qual langer Jahre seines Lebens darstellte, und sie womöglich konnte mich niemand
so gut verstehen wie er, und diese Beklemmung. Bei ihm, da
war es die Liebe, sie ließ ihn jene Beklemmung kennenlernen,
wenn man das geliebte Wesen an einem Ort der Freuden weiß,
wo man selbst nicht ist und wo man es auch nicht aufsuchen
kann, und die Liebe, der sie gewissermaßen vorspurt, wird von

96

im Garten den Kaffee einnahm, würden sich Mittel und Wege finden lassen, um ihn Maman zuzustecken. Sofort schwand meine Beklemmung; nun würde ich Maman nicht mehr, wie noch kurz zuvor, bis morgen missen müssen, denn mein kleines Wort würde sie, im seligen Moment der Rachenreiniger, vielleicht erzürnen, mich aber ganz unsichtbar und entzückt in dasselbe Zimmer treten lassen wie sie, ihr etwas von mir ins Ohr flüstern; dieser verbotene, feindliche Speisesaal würde sich mir jetzt öffnen und, wie eine süß gereifte Frucht, die ihre harte Schale durchbricht, Mamans Aufmerksamkeit beim Lesen meiner Zeilen in mein berauschtes Herz sprudeln, spritzen lassen. Jetzt war ich nicht mehr von ihr getrennt: die Schranken waren gefallen, ein zarter Faden verband uns. Und das war noch nicht alles: Maman würde ohne Zweifel bald kommen!

Ich kam wohl zum ersten Mal mit jener Beklemmung in Berührung, wenn man das geliebte Wesen an einem Ort der Freuden weiß, wo man selbst nicht ist und wo man es auch nicht aufsuchen kann, eine Beklemmung, die gewissermaßen der Liebe vorspurt, bis sie von ihr in Beschlag genommen, zugespitzt wird, aber wenn sie uns befällt, bevor die Angst in unser Leben tritt, schwebt sie in der Zwischenzeit ungebunden und frei herum, ohne genau umrissene Gemütsregung, an einem Tag im Dienst des einen, am nächsten im Dienst des anderen Gefühls, bald von kindlicher Zärtlichkeit oder von Freundschaft für einen Kameraden erfüllt. Und als Françoise zurückkam, um mir zu sagen, dass mein Brief ausgehändigt würde, da machte ich meine erste Erfahrung mit jener göttlichen und trügerischen Freude, die uns später des Öfteren ein Freund, ein Verwandter der Frau, die wir lieben, verschaffen wird, wenn man beim Stadtpalais oder beim Theater eintrifft, wo „sie" sich aufhält, aus Anlass irgendeines Balls, einer Redoute oder „Premiere", bei der er sie treffen wird, und wenn uns dieser Freund vor der Tür herumirren sieht, verzweifelnd eine Gelegenheit abpassend, um mit ihr zu kommunizieren.

ihr in Beschlag genommen, zugespitzt, aber wenn sie uns, wie in meinem Fall, befällt, bevor die Angst in unser Leben tritt, schwebt sie in der Zwischenzeit ungebunden und frei herum, ohne genau umrissene Gemütsregung, an einem Tag im Dienst des einen, am nächsten im Dienst des anderen Gefühls, bald von kindlicher Zärtlichkeit oder von Freundschaft für einen Kameraden erfüllt. Und die Freude, die ich zum ersten Mal kennenlernte, als Françoise zurückkam, um mir zu sagen, dass mein Brief ausgehändigt würde, Swann hatte sie auch gekannt, jene trügerische Freude, die uns ein Freund, ein Verwandter der Frau, die wir lieben, verschaffen wird, wenn man beim Stadtpalais oder beim Theater eintrifft, wo sie sich aufhält, aus Anlass irgendeines Balls, einer Redoute oder Premiere, bei der er sie treffen wird, und wenn uns dieser Freund draußen herumirren sieht, verzweifelnd eine Gelegenheit abpassend, um mit ihr zu kommunizieren. Er erkennt uns, tritt traulich auf uns zu, fragt, was wir hier suchen. Und auf unsere erdichtete Behauptung, dass wir seiner Verwandten oder Freundin etwas Wichtiges mitteilen müssten, versichert er uns, nichts sei leichter als das, und schon lässt er uns ins Vestibül treten, unter der Versicherung, dass er sie binnen weniger denn fünf Minuten zu uns schicken würde. Oh, wie lieben wir diesen wohlwollen-den Zuträger – so wie ich in diesem Moment Françoise –, der uns mit einem einzigen Wort jenes Fest erträglich, menschlich, ja fast schon beglückend machte, das so unvorstellbar, höllisch schien, da wir in ihm nur feindliche Wirbel sahen, pervers und wonnevoll, die jene, die wir liebten, von uns fortriss, über uns lachen machte. Wenn wir es aus seinem Blickwinkel betrach-ten, dem des Verwandten, der uns ansprach und der seines ~~Zeichens auch~~ ein Eingeweihter der grausamen Mysterien war, ~~genauso wie~~ dann haben auch die anderen geladenen Fest-gäste nichts Dämonisches mehr. Diese Stunden, unerreichbar und entwürdigend, während derer sie unbekannte Wonnen kostet, jetzt konnten wir durch einen unverhofften Riss in sie

Er erkennt uns, tritt traulich auf uns zu, fragt, was wir hier suchen. Und auf unsere erdichtete Behauptung, dass wir seiner Verwandten etwas Wichtiges mitteilen müssten, versichert er uns, nichts sei leichter als das, und schon lässt er uns ins Vestibül treten, unter der Versicherung, dass er sie binnen weniger denn fünf Minuten zu uns schicken würde. Oh, wie lieben wir diesen wohlwollenden Verwandten, der uns mit einem einzigen Wort jenes Fest erträglich, menschlich, ja fast schon beglückend machte, das so unvorstellbar, höllisch schien, da wir in ihm nur feindliche Wirbel sahen, pervers und wonnevoll, die jene, die wir liebten, von uns fortriss, über uns lachen machte. Und dies, wiewohl der Verwandte, der uns ansprach, einer der geladenen Gäste dieses Festes war, mit der nämlichen Berechtigung wie alle anderen, ein Eingeweihter grausamer Mysterien. Wenn wir es aus seinem Blickwinkel betrachten, dann haben auch die anderen nichts Dämonisches mehr. Diese für uns so entwürdigenden, unerreichbaren Stunden, während derer sie unbekannte Wonnen kostet, jetzt konnten wir durch einen unverhofften Riss in sie vordringen; jetzt war einer jener Momente, deren Abfolge diese Freuden ausgemacht hatte, jene Stunden des Festes, ein Moment nicht weniger real als alle anderen, doch für uns womöglich viel einschneidender, da unsere Geliebte darein vermengt ist, wir stellen ihn uns vor, nehmen ihn in Besitz, greifen in ihn ein, fast haben wir ihn selbst erschaffen: den Moment, wo man ihr sagen wird, dass wir da seien, unten. Dieses mysteriöse Fest, eine seiner Episoden, gewirkt aus Wortwechseln, dem Kommen und Gehen, ihrem eigenen Abgang, sind wir selbst, sind dessen Seele, dessen Autor. Und gewiss waren die anderen Momente des Festes nicht von sonderlich anderer Essenz, bargen nicht mehr Zartsinn, und sie hätten uns nicht so viel Qual zufügen sollen, denn der wohlwollende Freund sagte uns: „Aber es wird ihr ein Entzücken sein, herunterzukommen! Es wird sie vielmehr freuen, mit Ihnen zu sprechen, als sich dort oben

vordringen; jetzt war einer jener Momente, deren Abfolge diese Freuden ausgemacht hatte, ein Moment nicht weniger real als alle anderen, doch für uns womöglich viel einschneidender, da unsere Geliebte darein vermengt ist, wir stellen ihn uns vor, nehmen ihn in Besitz, greifen in ihn ein, fast haben wir ihn selbst erschaffen: den Moment, wo man ihr sagen wird, dass wir da seien, unten. Und gewiss waren die anderen Momente des Festes nicht von sonderlich anderer Essenz, bargen nicht mehr Zartsinn, und sie hätten uns nicht so viel Qual zufügen sollen, denn der wohlwollende Freund sagte uns: „Aber es wird ihr ein Entzücken sein, herunterzukommen! Es wird sie vielmehr freuen, mit Ihnen zu sprechen, als sich dort oben zu langweilen." Ach![44] Swann hatte seine Erfahrung gemacht mit den guten Absichten eines Dritten, sie sind machtlos gegen eine Frau, die sich daran stört, dass sie bis in ein Fest von einem verfolgt wird, den sie nicht liebt. Oft kommt der Freund allein herunter.

Aber als ich später wusste, wie genau Swann diese Beklemmung kannte, überkam mich eine gewisse Trägheit, dieses Thema mit ihm zu erörtern. Nach so Dass er in Combray über mich gelacht haben mochte und, ohne es zu merken, ein Gefühl übergangen hatte, das ihm so ihn gerührt hätte, das war mir nach so langer Zeit vollkommen gleichgültig geworden. Und dann war jene Epoche, wo ich viel an Swann dachte, auch jene, wo ich am wenigsten gern mit ihm plauderte. Es schien mir ebenso überflüssig, ihn über die Entwicklungen in Kenntnis zu setzen, die sein geistiges „Double" in meinem Inneren machte, wie anderen Leuten, mit Künstlern in Beziehung zu treten mit dem Wissen, von wem sie lebten, deren Talent ihnen so teuer ist. Und doch, diese Beklemmung fiel bei uns beiden ineins, bis hin zum gemeinsamen eigentümlichen Wesenszug des Vesperalen; bei ihm war es vesperal vesperal war es bei ihm, weil er es zunächst aus Anlass einer Frau erlebt hatte, die er nur abends sehen konnte, sodass er im Unwissen darüber, wie sie den Tag

zu langweilen." Ach! das Wohlwollen eines Dritten vermag nichts gegen die Feindseligkeit, die einer im Herzen einer Frau erregt, indem er sie leidenschaftlich liebt und bis ins Ballgetümmel verfolgt, obwohl sie ihn gar nicht liebt. Und so kommt der Freund oft allein herunter.

Überdem, hätten wir sie gesehen, wären wir ins Fest vorgedrungen, wenn auch ohne den Mut, lange zu bleiben, weil wir befürchtet hätten, sie zu reizen, indem wir allem Anschein nach die Freuden belauerten, die sie an der Seite anderer genoss und die uns unermesslich vorkamen, weil wir, ohne das Ende abzuwarten, schon früher aufgebrochen wären, dann hätten wir vielleicht noch mehr gelitten, als wenn wir allein geblieben wären. Und so mag es manche Formen von Freuden geben, die man, verlockt, stille Freuden nennen möchte, wären sie nicht mit solcher Wucht dem Rückstoß jäh unterbrochener Unruhe ausgesetzt, während sie ja gerade in deren Besänftigung bestünden, und so mag es womöglich keine süßere geben als jene, die man an solchen Abenden kennenlernen kann: wenn man sich anschickt, einen Ball zu verlassen, und jene, die man liebt und die sich in eine strahlende Fremde wandelt, mitten unter Männern zurücklässt, denen ihre Blicke und ihre Fröhlichkeit, welche doch nur uns gelten sollten, eine Wollust zu versprechen scheinen, die hier oder anderswo ausgekostet wird und uns noch eifersüchtiger macht als die fleischliche Vereinigung selbst, weil sie unsere Fassungskraft übersteigt; nein, ich kannte keine süßere Freude, als wenn ich mich an solchen Abenden anschickte, über die Türschwelle zu treten, und mit Worten zurückgerufen wurde, die dem Ball jenes befürchtete Ende raubten, ihn im Rückblick ganz unschuldig erscheinen ließen und aus der Rückkehr meiner Freundin keine unfassliche und schreckliche, sondern eine süße und bekannte Sache machten, und wenn sie so neben mir in meiner Kutsche saß, fast wie im alltäglichen Leben, dann legte sie die strahlende und unbekannte Erscheinung ab und zeigte mir, dass es sich

zubrachte, ~~zunächst nur auf das eifersüchtig war, was sie nach~~
~~Einbruch der Nacht machen mochte; bei mir, weil es an jenen~~
~~Abenden in Combray geboren worden war, wo mich die feind-~~
~~liche Gegenwart eines geladenen Gastes um einen den Kuss von~~
~~Maman brachte. Emigriert in die Liebe, später~~ Und danach in die
Liebe emigriert, war sie vesperal ~~und bewahrte dieses ursprüng-~~
~~liche Gepräge~~ und blieb es auch, als sie den Zug einer chronischen Krankheit annahm, deren wahrer Grund in uns selbst
liegt, sich unabhängig von der äußeren Welt entwickelt und in
ihr lediglich den erstbesten Vorwand sucht, der es ihr erlaubt,
ihre Attacken auszulösen; sie mischte Traurigkeit und Zweifel[45]
sogar noch in die Liebe zu Frauen, die ihm keinerlei Anlass zu
solchen Gefühlen boten; dies hinderte ihn, in ihnen an das zu
rühren, dessen Unkenntnis ihn so leiden machte, ~~(ihre wah-~~
~~ren Gefühle für ihn)~~ denn es schob zwischen ihn und jede von
ihnen diese neuen Geliebten ein Licht brechendes Gemengelage von Verdächtigungen, die älter waren als sie und es ihm
verunmöglichten, sie anders als durch das ständige Gespenst
der „Frau, die unsere Eifersucht reizt" zu sehen, mit dem er,
aus reiner Willkür, eine jede von ihnen ein Fleisch werden ließ.
~~Sie blieb vesperal~~ Diese Beklemmung war für mich ebenso vespe-
~~ral, weil sie an jenen Abenden in Combray geboren wurde, wo~~
~~der schädliche Einfluss die verderbliche Gegenwart eines gela-~~
~~denen Gastes mich um den Besuch von Maman meiner Mutter~~
~~brachte,[46]~~ und sie bewahrte dieses frühe Gepräge, als sie in
die Liebe emigrierte und ich unbedingt wissen musste, dass
die Frau, die von mir schied, niemanden mehr sehen würde,
nachdem sie mir Gutnacht gesagt hatte, falls ich die Linderung bewahren wollte, die sie mir verschaffte, jene von Unruhe
durchzogene Linderung, die nur eine Geliebte verschaffen
kann, denn man misstraut ihr noch selbigen Augenblicks, in
dem man ihr vertraut, und man besitzt ihr Herz nie so, wie ich
in Combray das Herz meiner Mutter in einem Kuss empfing,
ohne den Vorbehalt eines Hintergedankens, ohne Trümmer

nur um eine Verkleidung gehandelt hatte, in die sie sich nicht in Hinblick auf mysteriöse Vergnügungen, sondern nur um ihrer selbst willen gehüllt hatte, wobei sie bereits nichts anderes mehr als Überdruss empfand; so also wurde ich, auf der Schwelle des Salons, von jenen Worten zurückgerufen, die sie mir zuwarf: „Möchten Sie nicht noch fünf Minuten auf mich warten, ich gehe gleich, wir könnten gemeinsam zurückfahren, Sie könnten mich nach Hause geleiten."

Die Beklemmung, mit der ich an jenem Abend Bekanntschaft schloss, als Françoise meinen Brief an Mama an sich genommen hatte, sie wird eines Tages – nicht anders als die Liebe – unwiderruflich die Gestalt einer chronischen Krankheit annehmen, deren wahrer Grund in uns selbst liegt, sich unabhängig von der äußeren Welt entwickelt und lediglich auf den erstbesten Vorwand wartet, um Attacken auszulösen und uns Gründe an die Hand zu geben, diese Attacken zu rechtfertigen. Von einem gewissen Alter an sind wir nicht mehr in eine Frau verliebt, sondern aus Anlass einer Frau. Unsere Liebeleien sind in Wirklichkeit, unbesehen der Vielfalt unserer Geliebten, stets nur eine einzige Liebe, latent und schmachtend, stets am Abgrund einer Attacke, die der winzigste Gesichtszug, der dazu Anlass geboten haben mochte, zum Ausbruch brachte. In gleicher Weise ist diese Beklemmung, seltener vielleicht und auf eigentümlichere Umstände angewiesen, um sich zu zeigen, eben doch immer da, in uns selbst, nur darauf wartend, dass im Zuge unserer Liebeleien eine kommt, die einer Frau gilt, welche recht eigentümliche Bedingungen erfüllt: eine frivole Frau, in die Welt vernarrt, sie vielleicht nur in einem Zeitraum, in einer Stunde aufsuchend, wo uns irgendein Zufall (ein Trauerfall, eine Reise, ein abweichender Takt in ihrem und unserem Tagesablauf, der uns an unsere professionellen oder anderweitigen Verpflichtungen fesselt) daran hindert, sie zu begleiten. Das genügt schon, um die Beklemmung von neuem erstehen

~~einer Zärtlichkeit, die gar nicht mir galt. Dieser Kuss, meine Mutter kam nicht hoch, um ihn mir zu geben.~~

Maman kam nicht, und ohne jegliche Schonung für meine Selbstliebe (die darauf bedacht war, dass sich die erdichtete Suche, deren Resultat ich ihr angeblich übermitteln sollte, nicht widerlegt sah) ließ sie mir folgende Worte ausrichten: „Keine Antwort", wie ich es seither so oft den Conciergen eines „Luxushotels" oder den Laufburschen einer Spelunke einem armen Mädchen überbringen hörte, ~~umso mehr~~ das ~~gleichwohl nicht aufgeben will~~ erstaunt sagt: „Wie er hat nichts gesagt?, aber ~~Sie haben doch~~ das kann nicht sein! Haben Sie ihm meinen Brief wirklich überbracht? Schon gut, ich werde warten." ~~Und~~ Und so ~~verweigert~~ versichert sie auch standhaft, dass sie keine zusätzliche Gaslaterne braucht, die der Concierge für sie anzünden will, und während sie so ausharrt, hört sie nur noch die paar wenigen Worte über das Wetter, das gerade herrscht, die zwischen dem Concierge und ~~der~~ dem Pagen gewechselt werden, den er unvermittelt fortschickt, als er bemerkt, dass es hohe Zeit sei, das Getränk eines Kunden im Eis zu kühlen. Nachdem ich das Angebot von Françoise,[47] mir einen Tee zu bringen oder an meiner Seite zu warten, ausgeschlagen hatte, schickte ich sie in die Anrichte zurück, ~~und~~ legte mich hin und schloss die Augen, stets darum bemüht, die Stimme meiner Eltern nicht mehr zu hören, die im Garten ihren Kaffee einnahmen. Doch schon nach wenigen Sekunden spürte ich: als ich Mama dieses Wort schrieb, mich ihr so näherte, dass ich sie zu erzürnen drohte, so nah, dass ich schon den Moment zu erhaschen glaubte, in dem ich sie wiedersah, da hatte ich mir die Möglichkeit versperrt, einschlafen zu können, ohne sie zu sehen, und die Schläge meines Herzens wurden von Minute zu Minute schmerzhafter, da sich meine Erregung noch erhöhte, indem ich mir eine Ruhe einredete, die einer Einwilligung in mein Unglück gleichkam. Da, jählings, fiel meine Angst von mir ab, eine Seligkeit überschwemmte mich, wie wenn ein mäch-

zu lassen, und es mischt selbst in Stunden, wo sie abklingt, viel Traurigkeit und viel Zweifel in unsere Liebe zu einer Frau, deren Charakter und Verhalten zu solchen Gefühlen keinerlei Anlass gibt; lamentabler Zuwachs unserer Liebe, der uns just von dem abwendig macht, was wir durch sie zu erreichen suchen (das Wesen des Gefühls, das diese Frau für uns hegt, das Begehren ihrer Tage, das Geheimnis ihres Herzens); denn es schiebt zwischen unseren Geist und diese Frau immer wieder jenes Licht brechende Gemengelage von Verdächtigungen, die vor ihre Zeit zurückreichen, die ihren Grund nicht in ihr haben und uns nur noch die Möglichkeit lassen, sie durch die Folie eines früheren Gespenstes zu sehen, das vielen gemeinsam ist: jene „Frau, die unsere Eifersucht reizt", mit der wir sie aus reiner Willkür Fleisch werden ließen.

Und vielleicht lag es an der Stunde, als in Combray diese Beklemmung in mir aufstieg, an diesem Kuss von Maman, den ich erwartete, um einschlafen zu können, an dem feindlichen Einfluss der „Geladenen", die ihn mir raubten, vielleicht lag es an diesen üblichen Umständen von Zubettgehen, von „Gutnachtsagen", vom „Diner", bei dem Maman war und bei dem ich nicht war, an all dem, was die früheste Gestalt dieser Beklemmung begleitete, dass sie bei mir, zeit meines Lebens, nie jenes ursprüngliche Siegel des Vesperalen ablegte. Emigriert in die Liebe, später, als ich älter war, blieb sie dem verstörenden Einfluss jener Stunde unterworfen, zu der sie geboren war, hoch über dem Garten von Combray, wo man sich anschickte, die Korbsessel und den gusseisernen Tisch zurechtzurücken, um den Kaffee aufzutragen. Selbst im Verlauf der zutiefst mit Eifersucht vermengten Lieben wollte es mir für gewöhnlich gelingen, nicht an all das zu denken, was meine Geliebte während des ganzen Tages machen mochte. Am Abend aber, falls ich jenen Frieden genießen wollte, jenen von Unruhe durchzogenen Frieden, den uns einzig eine Geliebte verschaffen kann, denn noch im selben Augenblick, in dem

tiges Medikament zu wirken beginnt und uns den Schmerz nimmt: Ich fasste den Entschluss, gar nicht mehr zu versuchen, einzuschlafen, ohne Maman gesehen zu haben, sie um jeden Preis zu küssen – selbst in der Gewissheit, mit ihr für lange Zeit in Zwist zu liegen –, sobald sie nach oben kam, um ins Bett zu gehen. Die Ruhe, die aus meinen überwundenen Ängsten resultierte, versetzte mich in eine außergewöhnliche Heiterkeit, nicht weniger als das Erwarten, Erdürsten und Befürchten von Gefahr. Ich öffnete das Fenster ohne jedes Geräusch und setzte mich an den Fuß meines Bettes; ich machte kaum eine Bewegung, damit man mich unten nicht hörte. Draußen, da schienen die Dinge ihrerseits in stiller Erwartung erstarrt, als wollten sie den mondenen Schein nicht stören, der jedes Ding durch die Verlängerung seines Widerscheins, dichter und wirklicher und als es selbst, verdoppelte, entrückte, er hatte die Landschaft zugleich verflacht und geweitet, wie einen bis anhin gefalteten Plan, den man auffaltet. Was sich regen musste, ein paar Blätter des Kastanienbaumes, regte sich. Aber ihr zartes Zittern, um und um in seinen geringfügigsten Nuancen und letzten Feinheiten vollendet, tropfte nicht auf den Rest, verschmolz nicht mit ihm, blieb eng umzirkt. Dieser Stille ausgesetzt, die nichts schluckte, nahm man die entferntesten Geräusche, jene, die von den Gärten am anderen Ende der Stadt kommen mussten, detailliert wahr, mit einem solchen „Feinschliff", dass sie diesen „Effekt von Ferne" nur ihrem Pianissimo zu verdanken schienen, wie jene Motive, vom Orchester des Konservatoriums so perfekt mit dem Dämpfer ausgeführt, dass man keine Note verliert und doch glaubt, sie kämen aus weiter Ferne vom Konzertsaal, und ~~die Abonnenten wie die Schwestern meiner Großmutter, wenn Swann ihnen seine Plätze gegeben hat~~ alle alten Abonnenten lauschten – wie die Schwestern meiner Großmutter, wenn Swann ihnen seine Plätze gegeben hat – voll Verzückung, als hörten sie den fernen Vormarsch einer Armee, die noch nicht in die Rue de Trévise eingebogen war.

man ihr vertraut, misstraut man ihr schon, und man besitzt ihr Herz nie so, wie ein Kind in einem Kuss das Herz seiner Mutter empfängt, ganz, ohne jeden Vorbehalt eines Hintergedankens, ohne den Trümmer einer Absicht, die nicht ihm allein gilt – am Abend, da tat es Not, dass ich der Letzte war, der sie sah, dass sie nach mir niemanden mehr treffen würde, damit der Gedanke, sie könnte mit anderen sein, mir nicht das streitig machen mochte, was sie mir von sich dagelassen hatte, als sie von mir schied; es war unumgänglich, dass sie mir sagte: „Gute Nacht, ich lege mich schlafen", damit ich einschlafen konnte.

Ach! hat man all die Qualen gekannt, die ich nannte, wird man eines Abends, falls uns der Zufall in einem solchen Moment in die Halle eines Luxushotels oder in den Vorraum einer „Spelunke" führt, vielleicht einen Blick voll überflüssigem Mitleid auf eines jener armen Mädchen werfen, das, in Tränen und Schminke, wartet und dem der Concierge in seiner Livree mitteilt: „Er sagte, dass es keine Antwort gibt", oder: „Er hat nichts gesagt", und das doch nicht aufgeben will: „Wie, er hat nichts gesagt? das kann nicht sein! Haben Sie ihm den Brief wirklich überbracht?... Schon gut, ich werde warten", um dann mit den Worten „Für mich ist es gut so, ich brauche nicht mehr Licht", die zusätzliche Gaslaterne zurückzuweisen, die der Concierge für sie anzünden will, wobei sie während ihrer endlosen und zwecklosen Warterei nur noch die paar wenigen Worte hört, die über das Wetter, das gerade herrscht, über die Jahreszeit, die voranschreitet, gewechselt werden, zwischen dem Concierge und einem Pagen, den er unvermittelt fortschickt, als er die Stunde bemerkt, um das Getränk eines Kunden im Eis zu kühlen; aber das Mitleid, das uns diese jammerbaren Geschöpfe empfinden lassen, von gleicher Art wie jenes, das wir der von uns geliebten Frau einhauchen möchten, damit sie uns nicht allzu sehr leiden lässt, weshalb nur verspüren wir es nie für jene nicht minder beklagenswerte Frau, die uns liebt, aber

~~Ich wusste~~[48] Ich wusste, dass ich mich damit eines Falles schuldig machte, der für mich ~~die~~, von Seiten meiner Eltern, die schwerwiegendsten Konsequenzen haben mochte, weit schwerwiegender, in der Tat, als es ein Fremder glauben mochte, gerade so, wie es, seinem Glauben nach, nur wirklich schändlichen Verfehlungen ~~vorbehalten~~ nach sich ziehen können. Aber in der Erziehung, die man mir gab, war die Rangordnung der Verfehlungen nicht die gleiche wie in der Erziehung anderer Kinder, und man ~~stellte~~ hatte mich daran gewöhnt, jene höher als alle anderen zu stellen (da es ohne Zweifel keine gab, vor denen ich mich ~~sorgfältiger~~ sorgfältiger hüten sollte), deren gemeinsames Merkzeichen ich heute kenne, man wird zu ihnen verleitet, indem man einem Impuls der Nerven nachgibt. Aber damals nahm man noch nicht solche Worte in den Mund, man verschwieg diese Herkunft, die mich im Glauben gewogen hätte, es sei verzeihlich, ihnen zu erliegen, ja vielleicht sei ich sogar außerstande, ihnen zu widerstehen. Aber ich erkannte sie sehr wohl an der Beklemmung, die ihnen vorausging, sowie an der Härte der Strafe, die ihnen folgte; und ich wusste, dass jene, die ich gerade auf mich geladen hatte, von derselben Gattung war wie jene, für die ich schon hart bestraft worden war, wenn auch ungleich schwerwiegender. Wenn ich mich auf den Weg zu meiner Mutter machen würde, im Moment, wenn sie nach oben ins Bett ging, und wenn sie sehen sollte, dass sich

von uns nicht geliebt wird, frei von Reue gar, wenn wir ihr nicht einmal eine Zeile zur Antwort senden und auf ewig jedes Rendez-vous verweigern.

Maman kam nicht, und ohne jegliche Schonung für meine Selbstliebe (die darauf bedacht war, dass sich die erdichtete Suche, deren Resultat sie mir angeblich übermitteln sollte, nicht widerlegt sah) ließ sie mir ausrichten, ich sollte schon lange Zeit schlafen, sie sei sehr erbost. Françoise zog sich zurück, mit der ermatteten Höflichkeit von Dienern eines wankenden Thrones, den sie ohne jedes Zögern im Stich lassen werden, ein paar Trostworte murmelnd, die mich erbitterten. Ich legte mich zu Bett, aber schon nach wenigen Sekunden spürte ich: als ich Mama dieses Wort schrieb, mich ihr so nah näherte, dass ich sie zu erzürnen drohte, als ich schon den Moment zu erhaschen glaubte, in dem ich sie wiedersah, da hatte ich mir die Möglichkeit versperrt, einschlafen zu können, ohne sie zu sehen, und die Schläge meines Herzens erhöhten sich von Minute zu Minute, ich fügte ihm noch mehr Schmerzen zu, indem ich mich zu beruhigen suchte, mir eine Resignation einredete, die eine Einwilligung in mein Unglück darstellte. Da, jählings, fiel meine Angst von mir ab, eine Seligkeit überschwemmte mich, wie wenn ein mächtiges Medikament zu wirken beginnt und uns den Schmerz nimmt: ich fasste den Entschluss, gar nicht mehr zu versuchen einzuschlafen, ohne Maman gesehen zu haben, sie um jeden Preis zu küssen, selbst in der Gewissheit, mich mit ihr zu überwerfen, sobald sie nach oben kam, um ins Bett zu gehen; ich stand auf. Die Ruhe, die aus meinen überwundenen Ängsten resultierte, versetzte mich in eine außergewöhnliche Heiterkeit, nicht weniger als das Erwarten, Erdürsten und Befürchten von Gefahr. Ich öffnete das Fenster ohne jedes Geräusch und setzte mich an den Fuß meines Bettes; ich wagte keine Bewegung, aus Furcht, dass man mich unten hören könnte. Draußen, da schienen die Dinge ihrerseits in stiller Erwartung erstarrt, als wollten

sie den mondenen Schein nicht stören, prachtreich, funkelnd und zerbrechlich, der nun bis an den Horizont drang und jedes Ding durch die Verlängerung seines Schattens verdoppelte, entrückte, er hatte die Landschaft zugleich verflacht und geweitet, wie einen bis anhin gefalteten Plan, den man auffaltet. Am Fuß jedes Baumes, an der Pforte jedes Hauses lag ein Widerschein auf der Lauer, den man für gewöhnlich zu solcher Stunde draußen nicht sehen konnte, gegen die man aber hätte prallen können, denn keinerlei Regung verriet ihre Gegenwart, man hatte ihre großen Gestalten nicht kommen hören, die nun im Schatten wachten. Was sich regen musste, ein paar Blätter der Akazie, regte sich. Aber ihr zartes Zittern, um und um in seinen geringfügigsten Nuancen und letzten Feinheiten vollendet, tropfte nicht auf den Rest, verschmolz nicht mit ihm, blieb eng umzirkt. Dieser unmerklichen Stille ausgesetzt, die nichts schluckte, nahm man die entferntesten Geräusche, jene, die von den Gärten am anderen Ende der Stadt kommen mussten, detailliert mit soviel Klarheit wahr, mit einem solchen „Feinschliff", dass sie diesen „Effekt von Ferne" nur ihrem Pianissimo zu verdanken schienen, wie jene Motive, die ein Instrumentalist, mitten im Orchester unter den anderen sitzend, mit einem Dämpfer spielt und die das Publikum aus weiter Ferne vom Konzertsaal zu vernehmen meint, wiewohl es der Urheber natürlich so eingerichtet hatte, dass diese Distanz, rein illusorisch, keine seiner Noten, auch nicht die ganze melodische Linie, daran hindern konnte, mit der unverbrüchlichsten Präzision an jedes Ohr zu gelangen.

Ich vermochte es nicht, mir den Ernst der Situation zu verschleiern. Die Erziehung, die man mir gegeben hatte, setzte an die Spitze der Leiter des Bösen (als jene, vor denen ich mich am meisten hüten sollte) jene Verfehlungen, deren gemeinsames Merkzeichen ich heute kenne, man wird zu ihnen verleitet, indem man einem Impuls der Nerven nachgibt. Aber damals nahm man noch nicht solche Worte

wach geblieben war, um ihr auf dem Gang Gutnacht zu sagen, dann würde ich nicht im Haus bleiben dürfen, man würde mich schon am nächstfolgenden Tag ins Collège stecken, so viel war gewiss. Eh! nun, selbst wenn ich mich fünf Minuten später aus dem Fenster stürzen sollte, so war mir das doch noch lieber. Was ich jetzt wollte, das war Maman, ihr Gutnacht sagen, ich war schon zu weit auf dem Weg fortgeschritten, der zur Umsetzung dieses Begehrens führte, um noch umzukehren.

Ich hörte die Schritte meiner Eltern, die Swann begleiteten; und sobald mir das Knirschen der Pforte angezeigt hatte, dass er gerade gegangen war, trat ich ans Fenster. Maman fragte meinen Vater, ob er die Languste gut gefunden habe und ob Swann nochmals von der Kaffeeglace genommen habe. „Ich fand sie recht belanglos", sagte meine Mutter, „ich glaube ~~ein andermal~~ das nächste Mal sollte man eine andere Sorte ausprobieren." „Ich weiß nicht, wie ich sagen soll, ich finde, Swann ~~ist gealtert~~ so anders", sagte meine Großtante, „~~er~~ er ist so alt geworden!" Meine ~~Familie~~ Großtante hatte sich so sehr daran gewöhnt, ~~in Swann jenen kleinen jungen Mann zu sehen, den sie gekannt~~ in Swann stets den gleichen ~~kleinen jungen Mann~~ Jüngling zu sehen, dass sie ihn plötzlich nicht mehr so jung an Jahren fand, die sie ihm nach wie vor gab. Und ~~meine ganze Familie~~ meine Eltern neigten mehr und mehr der Ansicht zu, Junggesellen, ~~die keine Ehe eingegangen waren, keine anständige Familie gegründet und~~ für die der helle Tag, der ohne Morgen ist, länger dauert, da er so leer ist und sich ~~für sie~~ die Momente aneinanderreihen, ohne zwischen Kindern

112

in den Mund, man verschwieg diese Herkunft, die mich im Glauben gewogen hätte, es sei verzeihlich, ihnen zu erliegen, ja vielleicht sei ich sogar außerstande, ihnen zu widerstehen. Aber ich erkannte sie sehr wohl an der Beklemmung, die ihnen vorausging, sowie an der Härte der Strafe, die ihnen folgte; und ich wusste, dass jene, die ich gerade auf mich geladen hatte, von derselben Gattung war, wenn auch ungleich schwerwiegender. Wenn ich mich auf den Weg zu meiner Mutter machen würde, im Moment, wenn sie nach oben ins Bett ging, und wenn sie sehen sollte, dass ich

wach geblieben war, um ihr auf dem Gang Gutnacht zu sagen, dann würde ich aus dem Haus gejagt, man würde mich schon am nächstfolgenden Tag ins Collège stecken, so viel war gewiss. Eh! nun, selbst wenn ich mich fünf Minuten später aus dem Fenster stürzen sollte, so war mir das doch noch lieber. Was ich jetzt wollte, das war Maman, ihr Gutnacht sagen, ich war schon zu weit auf dem Weg fortgeschritten, der zur Umsetzung dieses Begehrens führte, um noch umzukehren.

Ich hörte die Schritte meiner Eltern, die Swann begleiteten; und sobald mir das Knirschen der Pforte angezeigt hatte, dass er gerade gegangen war, trat ich ans Fenster. Meine Großeltern waren bereits hineingegangen. Maman fragte meinen Vater, ob er die Languste gut gefunden habe und ob Swann „nochmals" von der Glace genommen habe. „Nun denn, wenn du willst, werden wir jetzt nach oben zu Bett gehen", sagte mein Vater. „Wenn du möchtest, mein Freund, auch wenn ich keine Spur schlummrig bin. Aber jetzt, wo ich sehe, dass die arme Françoise auf mich gewartet hat, werde ich sie bitten, mein Korsett aufzuschnüren, während du dich entkleidest." Und meine Mutter öffnete die Gittertür zum Vestibül, das auf die Treppe führte. Schon bald hörte ich meine Mutter, die nach oben gekommen

aufgeteilt zu werden, hätten dieses ungewöhnliche, exzessive, unehrenhafte Altern durchaus verdient. „Ich glaube, dass er viel Sorgen wegen seinem Luder von einer Frau hat, die, wie in ganz Combray bekannt ist, mit einem ~~Monsieur de Fleurus~~ mit einem gewissen Monsieur de Charlus zusammenlebt. So geht jedenfalls der Dorfklatsch." ~~Ich dachte jedenfalls, sagte~~ Meine ~~Groß~~Mutter bemerkte, ~~er wirke~~ dass er seit einer Weile wenigstens nicht mehr so traurig aussehe. „~~Hast du bemerkt,"~~ ~~fragte sie meinen Großvater~~ Und er neigt auch nicht mehr so oft zu jener Geste, mit der er sich, ganz nach dem Vorbild seines Vaters, die Augen reibt und die Hand an die Stirn führt. Ich jedenfalls glaube, dass er diese Frau nicht mehr liebt." „Natürlich liebt er sie nicht mehr", erwiderte mein Großvater. „Ich erhielt von ihm schon vor langer Zeit einen Brief in dieser Angelegenheit, dem ich keine besondere Beachtung schenkte, aber er lässt keinerlei Zweifel an seinen Gefühlen, zumindest an seinen Liebesgefühlen zu seiner Frau. Da fällt mir ein, ihr habt ihm gar nicht für den Wein ~~aus Asti~~ gedankt", wandte sich mein Großvater an seine beiden Schwägerinnen. „~~Aber~~ Wie, nicht gedankt?, unter uns gesagt, ich glaube, ich habe es ihm recht zartsinnig angedeutet", ~~sagte~~ erwiderte meine Tante Flora. „Ja, das hast du wunderbar eingefädelt, ganz zu meiner Bewunderung", sagte meine Tante Céline. „Du warst aber auch nicht übel." „Ja, ich war recht stolz auf meinen Satz über die netten Nachbarn." „Wie, das soll euer Dank gewesen sein", sagte mein Großvater lauthals, „ich habe das sehr wohl gehört, aber Teufel auch, nie hätte ich gedacht, dass das an Swann gerichtet war. Jedenfalls könnt ihr sicher sein, dass er nichts mitkriegte." „Nu, nu, Swann ist kein Dummkopf, ich bin sicher, dass er es sehr wohl geschätzt hat. Ich konnte ihm doch nicht mit der Anzahl der Flaschen und dem Preis des Weines kommen!" Mein Vater und meine Mutter blieben allein zurück~~, dann~~ und hielten einen Augenblick inne; dann sagte mein Vater: „Nun denn, wenn du willst, werden wir jetzt nach

war, ihr Fenster schließen. Ohne jedes Geräusch ging ich auf den Gang; mein Herz schlug so fest, dass ich kaum vorwärts kam, aber immerhin schlug es nicht mehr aus Beklemmung, es schlug aus Schreck und Lust. Ich sah im Treppenhaus das Licht, das Mamans Kerze warf. Da sah ich sie selbst; ich schnellte los. In der ersten Sekunde betrachtete sie mich voll Erstaunen, ohne zu verstehen, was da genau vor sich ging. Dann nahm ihr Gesicht den Ausdruck von Zorn an, sie sagte kein Wort zu mir, und in der Tat richtete man schon wegen minderer Verfehlungen tagelang kein Wort an mich. Wenn Maman ein Wort an mich gerichtet hätte, dann hätte sie damit eingeräumt, dass man wieder mit mir spricht, und gerade das wäre mir vielleicht noch schrecklicher vorgekommen als das Schweigen, als Zeichen, dass vor dem Ernst der Strafe, die sich anbahnte, jegliches Schweigen, jeglicher Zwist knäbisch gewesen wären. Ein Wort hätte jener Ruhe entsprochen, mit der man einem Domestiken antwortet, wenn man den Entschluss gefasst hat, ihn zu entlassen; wie der Kuss, den man einem Sohn gibt, wenn man ihn „zum Dienst" entsendet, den man ihm aber verweigert, wenn es sich nur darum handelte, zwei Tage mit ihm böse zu sein. Doch sie hörte meinen Vater, der aus dem Waschraum trat, wo er sich ausgezogen hatte, und um die Szene zu vermeiden, die er mir bereiten würde, sagte sie mir mit vor Wut stockender Stimme: „Rette dich, rette dich, damit wenigstens dein Vater nicht sieht, dass du wie ein Irrer hier wartest!" Aber ich wiederholte ihr gegenüber: „Komm mir Gutnacht sagen", zutiefst erschreckt, weil ich bereits den Widerschein von Vaters Kerze sah, der die Mauer hinaufkroch, sein Nahen aber auch als ein Erpressungsmittel nutzend und hoffend, Maman wolle es vermeiden, dass mich mein Vater im Fall ihrer hartnäckigen Weigerung hier vorfinden sollte, und lieber zu mir sagen: „Zurück in deine Kammer, ich komme gleich." Doch zu spät, mein Vater stand vor uns.

oben zu Bett gehen." „Wenn du möchtest, mein Freund, auch wenn ich keine Spur schlummrig bin; es war nicht dieses fade Kaffeeglace, das mich so wach macht; aber da ich sehe Licht in der Anrichte, und da die arme Françoise auf mich gewartet hat, werde ich sie bitten, mein Korsett aufzuschnüren, während du dich entkleidest." Und meine Mutter öffnete die Gittertür zum Vestibül, das auf die Treppe führte. Schon bald hörte ich meine Mutter, die nach oben gekommen war, ihr Fenster schließen. Ohne jedes Geräusch ging ich auf den Gang; mein Herz schlug so fest, dass ich kaum vorwärts kam, aber immerhin schlug es nicht mehr aus Beklemmung, sondern aus Schreck und Lust. Ich sah im Treppenhaus das Licht, das Mamas Kerze warf. Da sah ich sie selbst; ich schnellte los. In der ersten Sekunde betrachtete sie mich voll Erstaunen, ohne zu verstehen, was da genau vor sich ging. Dann nahm ihr Gesicht den Ausdruck von Zorn an, sie sagte kein Wort zu mir, und in der Tat richtete man schon wegen geringerer Verfehlungen tagelang kein Wort an mich. Wenn Maman ein Wort an mich gerichtet hätte, dann hätte sie damit eingeräumt, dass man wieder mit mir spricht, und gerade das wäre mir vielleicht noch schrecklicher vorgekommen, als Zeichen, dass vor dem Ernst der Strafe, die sich anbahnte, jegliches Schweigen, jeglicher Zwist knäbisch gewesen wären. Ein Wort hätte jener Ruhe entsprochen, mit der man einem Domestiken antwortet, wenn man den Entschluss gefasst hat, ihn zu entlassen; wie der Kuss, den man einem Sohn gibt, wenn man ihn zum Dienst entsendet, den man ihm aber verweigert, wenn es sich nur darum handelte, zwei Tage mit ihm böse zu sein. Doch sie hörte meinen Vater, der aus dem Waschraum trat, wo er sich ausgezogen hatte, und um die Szene zu vermeiden, die er mir bereiten würde, sagte sie mir mit vor Wut stockender Stimme: „Rette dich, rette dich, damit wenigstens dein Vater nicht sieht, dass du wie ein Irrer hier wartest!" Aber ich wiederholte ihr gegenüber: „Komm mir Gutnacht sagen", entsetzt, weil ich den Widerschein von Vaters

Ohne es zu wollen, murmelte ich jene Worte, die niemand hörte: „Ich bin verloren!"

Doch dem war nicht so. Zwar schlug mir mein Vater ständig Freiheiten aus, die mir im Rahmen umfassenderer Bündnisse mit Billigung meiner Mutter und meiner Großmutter eingeräumt worden waren, weil er sich einen Deut um Prinzipien scherte und für ihn kein „Völkerrecht" bindend war. Aus rein willkürlichen Gründen, oder auch ohne jeden Grund, strich er mir in letzter Sekunden einen Spaziergang, so gewohnt, so heilig, dass man ihn mir nur unter Meineid vorenthalten konnte, oder dann sagte er, eines Abends, lange vor der rituellen Stunde zu mir: „Los, hinauf ins Bett, und zwar ohne jede Erklärung!" Aber eben da er keine Prinzipien kannte (jedenfalls nicht im Sinne meiner Großmutter), verharrte er letztlich auch nie in Starrsinn. Er blickte mich nur kurz verwundert und verärgert an, doch sowie ihm Maman mit zwei Worten erklärte, was sich zugetragen hatte, sagte er zu ihr: „Geh ruhig mit ihm; du möchtest, wie du gerade gesagt hast, noch nicht schlafen, also bleibe eine Weile in seinem Zimmer, ich komme schon zurecht." „Aber mein Lieber", erwiderte meine Mutter scheu, „ob ich schlafen möchte oder nicht, spielt doch keine Rolle, das Kind soll sich nicht daran gewöhnen…" „Wer sagt denn gewöhnen", sprach mein Vater schulterzuckend, „du siehst doch, dass der Kleine Kummer hat, er sieht ja ganz verzweifelt aus, das arme Kind; nun, wir sind doch keine Henker! und was hast du davon, wenn er krank wird! Es gibt ja zwei Betten in seinem Zimmer, sage also Françoise, sie soll dir das große Bett richten, und schlafe heute Nacht bei ihm. Guten Abend also, ich gehe jetzt zu Bett, schließlich bin ich nicht so ein Nervenbündel wie ihr."

Dank sagen konnte man meinem Vater nicht; solche „Empfindungsduselei", wie er es nannte, solche „lächerlichen Ausbrüche" hätten ihn nur gereizt. Doch weiß ich nicht, ob man für jemanden tiefere Damkbarkeit empfinden kann, als ich es an diesem Abend für ihn empfand; ich

Kerze sah, der bereits die Mauer hinaufkroch, sein Nahen aber auch als ein Erpressungsmittel nutzend und hoffend, Maman wolle es vermeiden, dass mich mein Vater im Fall ihrer hartnäckigen Weigerung hier vorfinden sollte, und lieber zu mir sagen: „Zurück in deine Kammer, ich komme gleich." Doch zu spät, mein Vater stand vor uns. Ohne es zu wollen, murmelte ich jene Worte, die niemand hörte: „Ich bin verloren!"

Doch dem war nicht so. Zwar schlug mir mein Vater ständig Freiheiten aus, die mir im Rahmen umfassenderer Bündnisse mit Billigung meiner Mutter und meiner Großmutter eingeräumt worden waren, weil er sich einen Deut um Prinzipien scherte und für ihn kein „Völkerrecht" bindend war. Aus rein willkürlichen Gründen, oder auch ohne jeden Grund, strich er mir in letzter Sekunde einen Spaziergang, so gewohnt, so heilig, dass man ihn mir nur unter Meineid vorenthalten konnte, oder dann sagte er, wie auch an diesem Abend, lange vor der rituellen Stunde zu mir: „Los, hinauf ins Bett, und zwar ohne jede Erklärung!" Aber eben da er keine Prinzipien kannte (jedenfalls nicht im Sinne meiner Großmutter), verharrte er letztlich auch nie in Starrsinn. Er blickte mich nur kurz verwundert und verärgert an, doch sowie ihm Maman mit etwelchen verlegenen Worten erklärte, was sich zugetragen hatte, sagte er zu ihr: „Geh ruhig mit ihm; du möchtest, wie du gerade gesagt hast, noch nicht schlafen, also bleibe eine Weile in seinem Zimmer, ich komme schon zurecht." „Aber mein Lieber," erwiderte meine Mutter scheu, „ob ich schlafen möchte oder nicht, spielt doch keine Rolle, das Kind soll sich nicht daran gewöhnen…" „Wer sagt denn gewöhnen", sprach mein Vater schulterzuckend, „du siehst doch, dass der Kleine Kummer hat, er sieht ja ganz verzweifelt aus, das arme Kind; nun, wir sind doch keine Henker! und was hast du davon, wenn er krank wird! Es gibt ja zwei Betten in seinem Zimmer, sage also Françoise, sie soll dir das große Bett richten, und schlafe heute Nacht bei ihm. Guten

blieb still und wagte nicht, mich zu rühren; noch stand er vor uns, groß, in seinem weißen Nachthemd unter dem violetten und rosa Kaschmir aus Indien, den er sich um den Kopf gewickelt hatte, weil er an Neuralgien litt, mit der nämlichen Geste wie Abraham auf seinem Kupferstich, den mir M. Swann gegeben hatte, Sarah bedeutet, sie soll sich Isaac beigesellen. Viele Jahre sind seither vergangen. Die Mauer im Treppenhaus, über die ich den Widerschein seiner Kerze wandern sah, gibt es, seit langem schon, nicht mehr. Seit langem schon steht es nicht mehr, nie mehr, in seiner Macht, meiner Mutter zu sagen: „Geh, geh nur mit dem Kleinen." Die Möglichkeit solcher Stunden kehrt nie wieder für mich zurück. Heute noch schüttelt es mich, wenn ich daran denke, vor lauter Schluchzern, die ich damals zunächst mit aller Macht unterdrückte und die erst losbrachen, als ich mich mit Maman allein fand. Und seither ist kein Abend vergangen, an dem ich meinem Vater in meinen Gebeten nicht den Schrei meiner Dankbarkeit sende, der in seiner Gegenwart nicht über meine Lippen trat.

Maman brachte jene Nacht in meiner Kammer zu; ausgerechnet als ich einen solchen Fehltritt tat, dass ich darauf gefasst war, aus dem Haus verjagt zu werden, gewährten mir meine Eltern mehr, als sie mir je für eine gute Tat zugestanden hätten. Und gerade in der Stunde, wo sich diese prangende Gnade bezeigte, bewahrte das Verhalten meines Vaters jenes Gewisse an Willkür und Unverdienst, das ihm eigen war, jedenfalls entsprang es weit mehr zufälligen Umständen als einem vorgefassten Plan. Wer weiß, vielleicht verdiente das, was ich, wenn er mich zu Bett schickte, seine Gestrenge nannte, diese Bezeichnung weit weniger als die Haltung meiner Mutter und meiner Großmutter, denn er war mir von seinem Wesen her weit fremder als sie und ahnte nicht einmal, wie elend ich jeden Abend war, während meine Mutter und meine Großmutter dies sehr wohl wussten; aber sie liebten mich viel zu innig, als dass sie mir dies Leid ersparen wollten, sie trachteten viel-

Abend also, ich gehe jetzt zu Bett, schließlich bin ich nicht so ein Nervenbündel wie ihr."

Dank sagen konnte man meinem Vater nicht; solche Empfindungsduselei, wie er es nannte, hätte ihn nur gereizt; ich blieb still und wagte nicht, mich zu rühren; noch stand er vor uns, groß, in seinem weißen Nachthemd unter dem violetten und rosa Kaschmir aus Indien, den er sich um den Kopf gewickelt hatte, weil er an Neuralgien litt, mit der nämlichen Geste wie Abraham auf dem Kupferstich nach Benozzo Gozzoli, den mir M. Swann gegeben hatte, Sarah bedeutet, sie soll sich Isaac beigesellen. Viele Jahre sind seither vergangen. Die Mauer im Treppenhaus, über die ich den Widerschein seiner Kerze wandern sah, gibt es, seit langem schon, nicht mehr. ~~Ich~~ In mir zerbrach damals auch manches, von dem ich ~~zu jener Zeit~~ dachte, es würde ewig währen, und Neues erhob sich an seiner Statt und gebar neue ~~Schmerzen~~ Sorgen und Freuden, die ich damals so wenig voraussehen konnte, wie mir heute meine damaligen kaum mehr fasslich sind. ~~Doch die Schluchzer~~ Seit langem schon steht es nicht mehr, nie mehr, in seiner Macht, meiner Mutter zu sagen: „Geh, geh nur mit dem Kleinen." Die Möglichkeit solcher Stunden kehrt nie wieder für mich zurück. Doch ~~die Schluchzer, die ich damals zunächst unterdrücken~~ ~~konnte und die erst losbrachen~~ seit kurzem höre ich, wenn ich die Ohren spitze, ganz deutlich wieder die Schluchzer, die ich vor meinem Vater mit aller Macht unterdrückte und die erst losbrachen, als ich mich mit Maman allein fand. In Wirklichkeit setzten sie nie mehr aus; und nur weil rings um mich das Leben mehr und mehr verstummt, höre ich sie wieder, wie die Glocken der Kloster, die vom Tageslärm der Stadt gänzlich übertönt werden, sodass man meinen könnte, sie hätten ausgesetzt, doch schon klingen sie, in der Stille des Abends, wieder.

Maman brachte jene Nacht in meiner Kammer zu; ausgerechnet als ich einen solchen Fehltritt tat, dass ich darauf gefasst war, das Haus verlassen zu müssen, gewährten mir

mehr danach, dass ich es zu bemeistern lernte, um meine feinfühligen Nerven abzustumpfen und meinen Willen zu stählen. Was meinen Vater anbetrifft, dessen Zuneigung zu mir von ganz anderer Art war, so zweifle ich, dass er je solche Stärke hätte aufbringen können: das eine Mal, als er meinen Kummer bemerkte, da sagte er zu meiner Mutter: „Geh schon und tröste ihn." Jene Nacht brachte ich mit meiner Mutter in meiner Kammer zu, und im Bemühen, diese Stunden, welche so unerwartet kamen, nicht mit Schuldgefühlen zu belasten, sagte sie zu Françoise, die das Außergewöhnliche fühlte, als sie Maman an meiner Seite sitzen und meine Hand halten sah, während sie mich ohne jedes murrende Wort weinen ließ: „Aber Gnädige, was hat Monsieur denn, dass er so weint?", worauf Maman ihr entgegnete: „Er weiß es doch selbst nicht, Françoise, es sind die Nerven; richten Sie mir rasch das große Bett und gehen Sie oben schlafen." So also wurde meine Traurigkeit zum ersten Mal nicht als sträflicher Fehler angesehen, sondern als unwillentliches Leid, das offizielle Anerkennung fand, und zwar als Nervenzerrüttung, für die ich nicht verantwortlich war; ich atmete auf, da ich der Bitternis meiner Tränen keine Gewissenszweifel mehr untermengen musste, ich durfte weinen, ohne Sünde. Ich war gerade gegenüber Françoise nicht wenig stolz über diese Wiederkehr menschlicher Anwandlungen, denn dies ließ mich, eine Stunde nur, nachdem meine Mutter den Gang in meine Kammer verweigert und mir voll Verächtlichkeit ausgerichtet hatte, ich solle schlafen, in den würdevollen Stand der Erwachsenen treten und hob mich auf einen Schlag in eine Art Pubertät des Kummers, in eine Mündigkeit jenseits aller Tränen. Ich hätte selig sein sollen: und war es nicht. Mir war, als hätte mir meine Mutter ein erstes Zugeständnis gemacht, das ihr gewiss einen Stich versetzte, als hätte sie zum ersten Mal dem Ideal entsagt, das sie für mich entworfen hatte, und zum ersten Mal gab sie sich, beherzt wie sie war, geschlagen. Mir war, als hätte ich

meine Eltern mehr, als sie mir je für eine gute Tat zugestanden hätten. Und gerade in der Stunde, wo sich diese Gnade bezeigte, bewahrte das Verhalten meines Vaters jenes Gewisse an Willkür und Unverdienst, das ihm eigen war, jedenfalls entsprang es weit mehr zufälligen Umständen als einem vorgefassten Plan. Wer weiß, vielleicht verdiente das, was ich, wenn er mich zu Bett schickte, seine Gestrenge nannte, diese Bezeichnung weit weniger als die Haltung meiner Mutter und meiner Großmutter, denn er war mir von seinem Wesen her weit fremder als sie und ahnte nicht einmal, wie elend ich jeden Abend war, während meine Mutter und meine Großmutter dies sehr wohl wussten; aber sie liebten mich viel zu innig, als dass sie mir dies Leid ersparen wollten, sie trachteten vielmehr danach, dass ich es zu bemeistern lernte, um meine feinfühligen Nerven abzustumpfen und meinen Willen zu stählen. Was meinen Vater anbetrifft, dessen Zuneigung zu mir von ganz anderer Art war, so zweifle ich, dass er je solche Stärke hätte aufbringen können: das eine Mal, als er meinen Kummer bemerkte, da sagte er zu meiner Mutter: „Geh schon und tröste ihn." Jene Nacht brachte ich mit meiner Mutter in meiner Kammer zu, und im Bemühen, diese Stunden, welche so unerwartet kamen, nicht mit Schuldgefühlen zu belasten, sagte sie zu Françoise, die das Außergewöhnliche fühlte, als sie Maman an meiner Seite sitzen und meine Hand halten sah, während sie mich ohne jedes murrende Wort weinen ließ: „Aber Gnädige, was hat Monsieur denn, dass er so weint?", worauf Maman ihr entgegnete: „Er weiß es doch selbst nicht, Françoise, es sind die Nerven; richten Sie mir rasch das große Bett und gehen Sie oben schlafen." So also wurde meine Traurigkeit zum ersten Mal nicht als sträflicher Fehler angesehen, sondern als unwillentliches Leid, das offizielle Anerkennung fand, und zwar als Nervenzerrüttung, für die ich nicht verantwortlich war; ich atmete auf, da ich der Bitternis meiner Tränen keine Gewissenszweifel mehr untermengen musste, ich durfte weinen, ohne Sünde. Ich war gerade

einen Sieg wider sie errungen, wobei es mir gleich einer Krankheit, Widerfahrnissen oder Alter gelungen war, ihren Willen zu brechen, ihre Vernunft zu beugen, und dass mit diesem Abend eine neue Zeitrechnung anbrach, ein trauriges Datum, ein für allemal. Hätte ich es gewagt, ich hätte Maman damals gesagt: „Nein, ich will lieber nicht, schlafe nicht hier." Doch ich wusste um die praktische, die, wie man heute sagen würde, realistische Weltklugheit, welche in ihrem Innern die glühend idealistische Veranlagung meiner Großmutter abfederte, und ich wusste, jetzt, wo das Unheil geschehen war, würde sie mich die lindernde Gunst lieber auskosten lassen und meinen Vater nicht mehr behelligen. Gewiss, das schöne Gesicht meiner Mutter glänzte an jenem Abend noch vor Jugendlichkeit, als sie mir sanft die Hand hielt und meine Tränen zum Versiegen bringen wollte; doch genau dies, so schien mir, hätte nicht sein sollen, ihr Zorn wäre für mich weniger bedrückend gewesen als diese ungekannte Sanftmut, die meiner Kindheit fremd gewesen war; mir war, als hätte ich mit unfrommer und heimlicher Hand eine erste Falte in ihre Seele getragen und das erste weiße Haar geweckt. Dieser Gedanke verdoppelte meine Schluchzer, und da sah ich, wie Maman, die sich nie zu Mitleid mit uns hinreißen ließ, jäh von ihm überwältigt wurde und das Bedürfnis niederrang, zu weinen. Da sie spürte, wie ich dies bemerkte, sagte sie lachend zu mir: „Es fehlt nicht viel, und mein Goldschatz macht Maman, wenn das so weitergeht, noch zu einem Dummerchen wie sich selbst. Nun denn, mein kleiner Wolf, da du noch nicht schlummrig bist, so wenig wie deine Mutter, so wollen wir unsere Nerven schonen, komm, machen wir etwas, holen wir eines deiner Bücher." Ich aber hatte keines im Zimmer. „Würde es deine Freude trüben, wenn ich bereits eines jener Bücher holen würde, die dir deine Großmutter zum Namenstag schenken wollte? Denk ruhig nach; wirst du nicht enttäuscht sein, wenn du übermorgen nichts mehr geschenkt bekommst?" Gegenteils, ich war entzückt, gegenüber Françoise nicht wenig stolz über diese Wiederkehr menschlicher Anwandlungen, denn dies ließ mich, eine Stunde nur, nachdem meine Mutter den Gang in meine Kammer verweigert hatte und mir voll Verächtlichkeit ausrichten ließ, ich solle schlafen, in den würdevollen Stand der Erwachsenen treten und hob mich auf einen Schlag in eine Art Pubertät des Kummers, in eine Mündigkeit jenseits aller Tränen. Ich hätte selig sein sollen: und war es nicht. Mir war, als hätte mir meine Mutter ein erstes Zugeständnis gemacht, das ihr gewiss einen Stich versetzte, als hätte sie zum ersten Mal dem Ideal entsagt, das sie für mich entworfen hatte, und zum ersten Mal gab sie sich, beherzt wie sie war, geschlagen. Mir war, als hätte ich einen Sieg wider sie errungen, wobei es mir gleich einer Krankheit, Sorge oder Alter gelungen war, ihren Willen zu brechen, ihre Vernunft zu beugen, und dass mit diesem Abend eine neue Zeitrechnung anbrach, ein trauriges Datum, ein für allemal. Hätte ich es gewagt, ich hätte Maman damals gesagt: „Nein, ich will lieber nicht, schlafe nicht hier." Doch ich wusste um die praktische, die, wie man heute sagen würde, realistische Weltklugheit, welche in ihrem Innern die glühend idealistische Veranlagung meiner Großmutter abfederte, und ich wusste, jetzt, wo das Unheil geschehen war, würde sie mich die lindernde Gunst lieber auskosten lassen und meinen Vater nicht mehr behelligen. Gewiss, das schöne Gesicht meiner Mutter glänzte an jenem Abend noch vor Jugendlichkeit, als sie mir sanft die Hand hielt und meinen Tränen Einhalt gebieten wollte; doch genau dies, so schien mir, hätte nicht sein sollen, ihr Zorn wäre für mich weniger bedrückend gewesen als diese ungekannte Sanftmut, die meiner Kindheit fremd gewesen war; mir war, als hätte ich mit unfrommer und heimlicher Hand eine erste Falte in ihre Seele getragen und das erste weiße Haar geweckt. Dieser Gedanke verdoppelte meine Schluchzer, und da sah ich, wie Maman, die sich nie zu Mitleid mit mir hinreißen ließ, jäh von ihm überwältigt wurde und das Bedürfnis niederrang, zu

und Maman holte einen Stapel Bücher, von denen ich durch das umhüllende Papier nur den kurzen und breiten Schnitt erraten konnte, doch er stellte schon diesem ersten Anschein nach, ungefähr und verschleiert, den Malkasten von Neujahr und die Seidenraupen vom Jahr zuvor in den Schatten. Es handelte sich um *Mare au Diable*, *François le Champi*, um die *Petite Fadette* und die *Maîtres Sonneurs*. Zunächst hatte meine Großmutter, wie ich mittlerweile erfuhr, die Gedichte von Musset, einen Band Rousseau und *Indania* ausgesucht; während sie müßige Lektüre für ebenso schädlich erachtete wie Bonbons oder Backwerk, war sie überzeugt, dass der hohe Hauch des Genies auf den Kopf eines Kindes einen Einfluss hatte, mindestens so belebend wie frische Luft und Meeresbrise auf den Körper, und gewiss weniger fährnisreich. Doch mein Vater hatte sie fast wie eine Verrückte behandelt, als er erfuhr, welche Bücher sie mir schenken wollte, und so ging sie noch einmal zum Buchhändler nach Chartres, damit ich auf keinen Fall um mein Geschenk käme (es war ein glühheißer Tag, und sie kehrte so geschwächt zurück, dass der Arzt meine Mutter ermahnte, sie dürfe es nicht zulassen, dass sie sich derart verausgabte), und so griff sie auf die vier ländlichen Romane von George Sand zurück. „Meine Tochter", sagte sie zu Maman, „ich konnte mich nicht dazu durchringen, diesem Kind etwas schlecht Geschriebenes zu schenken."

Jedenfalls ließ sie sich nie dazu herab, etwas zu kaufen, das nicht einen intellektuellen Mehrwert abwarf, namentlich jenen, den uns schöne Sachen verschaffen, indem sie uns lehren, unsere Freuden nicht in der Befriedigung von Sinnenwohl und Eitelkeit zu suchen. Und selbst wenn sie jemandem ein sogenannt nützliches Präsent machen musste, wenn sie einen Sessel schenken musste, ein Gedeck, einen Spazierstock, so wählte sie stets ein „antikes" Stück aus, ganz so, als ob ihnen der altmodische Anstrich jegliche Nützlichkeit genommen hätte, schienen sie doch mehr dazu angetan, uns etwas vom Leben

weinen. Da sie spürte, wie ich dies bemerkte, sagte sie lachend zu mir: „Es fehlt nicht viel, und mein Goldschatz, mein kleiner Gelbschnabel,[49] macht Maman, wenn das so weitergeht, noch zu einem Dummerchen wie sich selbst. Nun denn, da du noch nicht schlummrig bist, so wenig wie deine Mutter, so wollen wir unsere Nerven schonen, komm, machen wir etwas, holen wir eines deiner Bücher." Ich aber hatte keines im Zimmer. „Würde es deine Freude trüben, wenn ich bereits eines jener Bücher holen würde, die dir deine Großmutter zum Namenstag schenken wollte? Denk ruhig nach; wirst du nicht enttäuscht sein, wenn du übermorgen nichts mehr geschenkt bekommst?" Gegenteils, ich war entzückt, und Maman holte einen Stapel Bücher, von denen ich durch das umhüllende Papier nur den kurzen und breiten Schnitt erraten konnte, doch er stellte schon diesem ersten Anschein nach, ungefähr und verschleiert, den Malkasten von Neujahr und die Seidenraupen vom Jahr zuvor in den Schatten. Es handelte sich um *Mare au Diable*, *François le Champi*, um die *Petite Fadette* und die *Maîtres Sonneurs*. Zunächst hatte meine Großmutter, wie ich mittlerweile erfuhr, die Gedichte von Musset, einen Band Rousseau und *Indiana* ausgesucht; während sie müßige Lektüre für ebenso schädlich erachtete wie Bonbons oder Backwerk, war sie überzeugt, dass der hohe Hauch des Genies auf den Kopf eines Kindes einen Einfluss hatte, mindestens so belebend wie frische Luft und Meeresbrise auf den Körper, und gewiss weniger fährnisreich. Doch mein Vater hatte sie fast wie eine Verrückte behandelt, als er erfuhr, welche Bücher sie mir schenken wollte, und so ging sie noch einmal zum Buchhändler nach Chartres, damit ich auf keinen Fall um mein Geschenk käme (es war ein glühheißer Tag, und sie kehrte so geschwächt zurück, dass der Arzt meine Mutter ermahnte, sie dürfe es nicht zulassen, dass sie sich derart verausgabte), und so griff sie auf die vier ländlichen Romane von George Sand zurück. „Meine Tochter", sagte sie zu Maman,

früherer Menschen zu erzählen, als den Bedürfnissen der Leute von heute zu dienen. Ihr wäre es lieb gewesen, hätte ich in meinem Zimmer Photographien der schönsten Baudenkmäler oder Landschaften gehabt. Doch kaum war ein Kauf besiegelt, konnte sie sich, auch wenn der abgebildete Gegenstand ästhetischen Wert besaß, nicht des Eindrucks erwehren, als gewänne die Vulgarität, der Nießnutz, rasend rasch Oberhand aufgrund der mechanischen Darstellungsweise, der Photographie. Sie suchte nach einer List, um die kommerzielle Banalität vollständig zu eliminieren oder zumindest einzuschränken, sie soweit es ging durch Kunst zu ersetzen, auf mehreren Stufen, wie durch mehrere „Schichten" Kunst: anstatt nach Photographien der Kathedrale von Chartres, der Wasserspiele von Saint-Cloud, des Vesuvs, erkundigte sie sich bei Swann, ob es davon nicht Darstellungen großer Maler gebe, und so zog sie es vor, mir die Photographie der Kathedrale von Chartres nach Corot, die Wasserspiele von Saint-Cloud nach Hubert Robert, den Canal Grande nach Turner zu schenken, immerhin eine Kunststufe höher. Doch während der Photograph bei der Wiedergabe eines Meisterwerks oder der Natur keine Rolle mehr spielte und durch einen großen Künstler ersetzt worden war, trat er wieder in seine Rechte, indem er seine Sichtweise ins Bild setzte. Kaum hatte meine Großmutter die Vulgarität gebannt, wollte sie sie noch weiter zurückdrängen. Sie fragte Swann, ob das Werk nicht auch in Kupfer gestochen worden sei, wobei sie nach Möglichkeit alten Stichen den Vorzug gab, oder solchen, die einen zusätzlichen Hinblick boten, etwa jene, die ein Meisterwerk in einem Zustand zeigten, in dem es heute nicht mehr zu besichtigen ist (so der Stich von Leonardos *Abendmahl* vor dessen vollständiger Verschandelung durch Morghen). Zugegeben, diese Auffassung der Kunst, Geschenke zu machen, zeitigte nicht immer die glänzendsten Resultate. Die Vorstellung, die ich mir von Venedig machte, an das ich ohne Unterlass denken musste, zumal wir dort eine der

„ich konnte mich nicht dazu durchringen, diesem Kind etwas schlecht Geschriebenes zu schenken."

Jedenfalls ließ sie sich nie dazu herab, etwas zu kaufen, das nicht einen intellektuellen Mehrwert abwarf, namentlich jenen, den uns schöne Sachen verschaffen, indem sie uns lehren, unsere Freuden nicht in der Befriedigung von Sinnenwohl und Eitelkeit zu suchen. Und selbst wenn sie jemandem ein sogenannt nützliches Präsent machen musste, wenn sie einen Sessel schenken musste, ein Gedeck, einen Spazierstock, so wählte sie stets ein „antikes" Stück aus, ganz so, als ob ihnen der altmodische Anstrich jegliche Nützlichkeit genommen hätte, schienen sie doch eher dazu angetan, uns etwas vom Leben früherer Menschen zu erzählen, als den Bedürfnissen der Leute von heute zu dienen. Ihr wäre es lieb gewesen, hätte ich in meinem Zimmer Photographien der allerschönsten Baudenkmälern oder Landschaften gehabt. Doch kaum war ein Kauf besiegelt, konnte sie sich, auch wenn der abgebildete Gegenstand ästhetischen Wert besaß, nicht des Eindrucks erwehren, als gewänne die Vulgarität, der Nießnutz, rasend rasch Oberhand aufgrund der mechanischen Darstellungsweise, der Photographie. Sie suchte nach einer List, um die kommerzielle Banalität vollständig zu eliminieren oder zumindest einzuschränken, sie soweit es ging durch Kunst zu ersetzen, mehrere „Schichten" Kunst dazwischenzuschalten: anstatt nach Photographien der Kathedrale von Chartres, der Wasserspiele von Saint-Cloud, des Vesuvs, erkundigte sie sich bei Swann, ob es davon nicht Darstellungen großer Maler gebe, und so zog sie es vor, mir die Photographie der Kathedrale von Chartres nach Corot, die Wasserspiele von Saint-Cloud nach Hubert Robert, den Vesuv nach Turner zu schenken, immerhin eine Kunststufe höher. Doch während der Photograph bei der Wiedergabe eines Meisterwerks oder der Natur keine Rolle mehr spielte und durch einen großen Künstler ersetzt worden war, trat er wieder in seine Rechte, indem er seine Sichtweise ins Bild setzte. Kaum hatte meine Großmut-

128

nächsten Ferien verbringen wollten (und so verhielt es sich auch bei den französischen Kathedralen auf den Stichen nach Turner oder nach einer Zeichnung des Tizian), natürlich stets vor dem Hintergrund der Lagune, war gewiss weit weniger verlässlich als jene, die mir vulgäre Photographien vermittelt hätten. Wollte man gegen meine Großmutter ein Sündenregister aufsetzen, konnte man gar nicht mehr all die Sessel im Haus zählen, die sie jungen Verlobten oder alten Ehepaaren angeboten hatte und die beim ersten Gebrauch, den man von ihnen machen wollte, sogleich unter dem Gewicht der Beschenkten zusammenkrachten. Doch meine Großmutter hätte es für kleingeistig erachtet, sich eingehend um die Standfestigkeit einer Holzschnitzerei zu bekümmern, auf der gerade noch ein Blümlein, ein Lächeln, zuweilen ein schönes Phantasiegebilde aus der Vergangenheit zu entdecken war. Bei solchen Möbeln entzückte sie sogar das, was einem handfesten Bedürfnis entsprach, das uns nicht mehr geläufig war, wie jene veralteten Redensarten, in denen wir eine Metapher erblicken, die in unserer modernen Sprache durch Gewohnheit und Gebrauch entstellt war. Nun strotzten angerade auch die

ter die Vulgarität gebannt, wollte sie sie noch weiter zurückdrängen. Sie fragte Swann, ob das Werk nicht auch in Kupfer
gestochen worden sei, wobei sie nach Möglichkeit alten Stichen
den Vorzug gab, oder solchen, die einen zusätzlichen Hinblick
boten, etwa jene, die ein Meisterwerk in einem Zustand zeigten,
in dem es heute nicht mehr zu besichtigen ist (so der Stich
von Leonardos *Abendmahl* vor dessen Verschandelung durch
Morghen). Zugegeben, diese Auffassung der Kunst, Geschenke
zu machen, zeitigte nicht immer die glänzendsten Resultate.
Die Vorstellung, die ich mir von Venedig machte, nach einer
Zeichnung des Tizian, natürlich stets vor dem Hintergrund der
Lagune, war gewiss weit weniger verlässlich als jene, die mir
einfache Photographien vermittelt hätten. Wollte man gegen
meine Großmutter ein Sündenregister aufsetzen, konnte man
gar nicht mehr all die Sessel im Haus zählen, die sie jungen
Verlobten oder alten Ehepaaren angeboten hatte und die beim
ersten Gebrauch, den man von ihnen machen wollte, sogleich
unter dem Gewicht der Beschenkten zusammenkrachten.
Doch meine Großmutter hätte es für kleingeistig erachtet, sich
eingehend um die Standfestigkeit einer Holzschnitzerei zu
bekümmern, auf der gerade noch ein Blümlein, ein Lächeln,
zuweilen ein schönes Phantasiegebilde aus der Vergangenheit
zu entdecken war. Bei solchen Möbeln entzückte sie sogar das,
was einem handfesten Bedürfnis entsprach, das uns nicht mehr
geläufig war, wie jene veralteten Redensarten, in denen wir eine
Metapher erblicken, in unserer modernen Sprache durch die
Abnutzung der Gewohnheit entstellt. Nun strotzten angerade
die

PLACARD 8
VOM 7. APRIL 1913

ländlichen Romane von George Sand, die sie mir zu meinem
Namenstag schenkte, vor Wendungen, die, nicht anders als ein
altes Möbel, viel Staub angesetzt und sich ins Bildhafte verwandelt hatten, wie es nur noch auf dem Lande zu finden ist. Und

ländlichen Romane von George Sand, die sie mir zu meinem
Namenstag schenkte, gleichfalls vor Wendungen, die, nicht
anders als ein altes Möbel, viel Staub angesetzt und sich
ins Bildhafte verwandelt hatten, wie es nur noch auf dem
Lande zu finden ist. Und meine Großmutter hatte sie beim

meine Großmutter hatte sie beim Kauf anderen vorgezogen, so wie sie lieber ein Lob über einen Landsitz aussprach, in dem ein gotischer Taubenschlag stand oder einer jener alten Gegenstände, die eine beseligende Wirkung auf den Geist ausüben, indem sie ihm eine Sehnsucht nach Reisen in der Zeit einflößten, die nicht möglich sind.

Maman setzte sich an mein Bett; sie hatte *François le Champi* gewählt, der rötliche Einband und der unverständliche Titel verliehen ihm in meinen Augen erhabene Züge und mysteriöse Anziehungskraft. Noch hatte ich keine richtigen Romane gelesen. Doch hatte ich aufgeschnappt, dass George Sand eine geborene Romanautorin war. Deshalb neigte ich dazu, mir *François le Champi* als etwas unsäglich Wonnesames vorzustellen. Die Erzählweise, die des Lesers Neugier oder Mitgefühl erregen sollte, gewisse Wendungen, die eine beunruhigende Melancholie weckten und einem kundigen Leser aus anderen Romanen geläufig gewesen wären, erschienen mir, der ich ein neues Buch nicht als ein Beispiel unter vielen auffasste, sondern als etwas Einzigartiges, das seine Daseinsberechtigung aus sich allein zog, schlicht und einfach als eine verstörende Ausgeburt der unverwechselbaren Essenz von *François le Champi*. Unter diesen ach so alltäglichen Begebnissen, unter diesen banalen Angelegenheiten und geläufigen Wörtern fühlte ich Anklänge, wundersame Tonlagen. Die Handlung verwickelte sich; auf mich wirkte sie umso undurchdringlicher, als ich zu jener Zeit beim Lesen oft ganze Seiten lang träumte, von ganz anderen Sachen. Und zu diesen Lücken, die solche Abschweifungen in der Erzählung klaffen ließen, kam noch hinzu, dass Maman beim lauten Vorlesen alle Liebesszenen übersprang. Und all die wunderlichen Wendungen im wechselseitigen Verhältnis der Müllerin und des Kindes, welche nur im Aufkeimen ihrer Liebe eine Erklärung fanden, blieben für mich von einem tiefen Mysterium geprägt, dessen Quelle, wie ich mir mit Vorliebe ausmalte, allein im unbekannten und höchst lieblich klingenden

Kauf anderen vorgezogen, so wie sie lieber ein Lob über einen Landsitz aussprach, in dem ein alter Taubenschlag stand oder all jene Sachen, die eine beseligende Wirkung auf den Geist ausüben, indem sie ihm eine Sehnsucht nach Reisen in der Zeit einflößten, die nicht möglich sind.

Maman setzte sich an mein Bett; sie hatte *François le Champi* gewählt, der rötliche Einband und der unverständliche Titel verliehen ihm in meinen Augen erhabene Züge und mysteriöse Anziehungskraft. Es war das Jahr, in dem ich, so hatte man mir versprochen, endlich Romane lesen durfte, und so ging bei den ersten Büchern, die man mir gab, meine Sorge dahin, ob es sich wirklich um richtige Romane handelte. Ich fragte meinen Großonkel und Monsieur Swann: „Würden Sie *Quentin Durward* einen ‚Roman‘ nennen?" Ich wusste, dass George Sand eine geborene Romanautorin war. Deshalb neigte ich dazu, mir *François le Champi* als etwas unsäglich Wonnesames vorzustellen. Die ersten Seiten sind recht schlicht: Madeleine Blanchet, die Müllerin von Cormouer, findet auf ihrer Wiese ein Kind, das vor dem Brunnen spielt, in dem sie ihre Wäsche macht. Doch der Umstand, dass dieses Bauernhaus, dieser Kleine, dieser Brunnen, diese Wiese zu einem Roman gehörten, verlieh in meinen Augen allem einen Reiz ohnegleichen. Und dann fühlte ich, dass die Begegnung der Müllerin mit dem Kind mehr bedeutete, als es scheinen mochte, dass dies im späteren Leben dieser Figuren von Gewicht sein würde, dass es sich nicht um eine losgelöste Szene handelte, sondern um den Beginn von etwas, was in eine unbekannte Zukunft wies. Die Erzählweise, die des Lesers Neugier oder Mitgefühl erregen sollte, wäre einem kundigen Leser aus anderen Romanen geläufig gewesen, mir, der ich noch fast nichts gelesen hatte und ein neues Buch nicht als ein Beispiel unter vielen auffasste, sondern als etwas Einzigartiges, das seine Daseinsberechtigung aus sich allein zog, erschienen gewisse Wendungen, die eine beunruhigende Melancholie weckten, schlicht und einfach als

Namen „Champi" liegen mochte, der über das Kind, das ihn trug, ohne dass ich das Warum kannte, eine lebhafte, purpurn schimmernde und ganz verzaubernde Färbung goss. Während meine Mutter eine ungetreue Vorleserin war, so war sie imgleichen bei Werken, in denen sie auf ungekünstelte Gefühle traf, als Vorleserin bewundernswert, aufgrund ihrer ehrfürchtigen und schlichten Interpretation, aufgrund der Schönheit und Sanftheit ihrer Stimme auch. Weckten nicht Kunstwerke, sondern wirkliche Wesen in ähnlicher Weise ihr Mitgefühl oder ihre Bewunderung, so konnte man, im Leben selbst, nicht ohne Rührung beobachten, wie sie aus Ehrerbietung in ihrer Stimme, ihren Gebärden, ihren Worten jegliche Fröhlichkeit vermied, die einer Mutter, welche einst ihr Kind verlor, einen Stich hätte versetzen können, jeglichen Hinweis auch auf ein Fest, einen Geburtstag, der einen Greis an sein hohes Alter gemahnte, jegliche Frage der Haushaltung, die einem jungen Gelehrten Verdruss bereitet hätte. Wenn sie die Prosa von George Sand vorlas, die ganz jene Süße, jene moralische Erhabenheit atmet, die Maman, geschult von meiner Großmutter, über alles andere im Leben stellte, wobei ich ihr erst viel später abgewöhnen konnte, sie auch in Büchern über alles zu stellen, blieb sie gleichfalls darauf bedacht, aus ihrer Stimme jegliche Zaghaftigkeit, jegliche Künstelei zu bannen, die dem mächtigen Sog, darin aufzugehen, Abbruch getan hätten, und so verlieh sie diesen Sätzen just jene natürliche Zärtlichkeit, just jene reiche Milde, die sie verlangten, ja sie schienen geradewegs für ihre Stimme wie gemacht und lagen sozusagen samt und sonders in der Bandbreite ihrer Empfindsamkeit.

Sie fand, um den angemessenen Tonfall anzustimmen, jenen Herzton, der ihnen vorspurte und sie einflüsterte, ohne dass die Wörter selbst irgendeinen Hinweis geben; dank ihm tilgte sie im gleichen Zug jegliche Unbeholfenheit in den Zeitformen, dem Imperfekt und dem historischen Perfekt jene Sanftheit verleihend, die der Güte eignet, jene Melancholie, die in der

eine verstörende Ausgeburt der unverwechselbaren Essenz von *François le Champi*. Unter diesen ach so alltäglichen Begebnissen, unter diesen banalen Angelegenheiten und geläufigen Wörtern fühlte ich Anklänge, wundersame Tonlagen, die mich tief bewegten. Die Handlung verwickelte sich; auf mich wirkte sie umso undurchdringlicher, als ich zu jener Zeit beim Lesen oft ganze Seiten lang träumte, von ganz anderen Sachen. Und zu diesen Lücken, die solche Abschweifungen in der Erzählung klaffen ließen, kam noch hinzu, dass Maman beim lauten Vorlesen alle Liebesszenen übersprang. Und all die wunderlichen Wendungen im wechselseitigen Verhältnis der Müllerin und des Kindes, welche nur im Aufkeimen ihrer Liebe eine Erklärung fanden, blieben für mich von einem tiefen Mysterium geprägt, dessen Quelle, wie ich mir mit Vorliebe ausmalte, allein im unbekannten und höchst lieblich klingenden Namen „Champi" liegen mochte, der eine lebhafte, purpurn schimmernde und ganz verzaubernde Färbung über das Kind goss, das ihn trug, ohne dass ich das Warum kannte. Doch die leicht freizügigen Passagen, die sie überspringen musste, wurden mehr und mehr. Während meine Mutter eine leicht ungetreue Vorleserin war, die allzu viel säuberte, so war sie imgleichen bei Werken, in denen sie auf ungekünstelte Gefühle traf, als Vorleserin bewundernswert, aufgrund ihrer ehrfürchtigen und schlichten Interpretation, aufgrund der Schönheit und Sanftheit ihrer Stimme auch. Weckten nicht Kunstwerke, sondern wirkliche Wesen in ähnlicher Weise ihr Mitgefühl oder ihre Bewunderung, so konnte man, im Leben selbst, nicht ohne Rührung beobachten, wie sie aus Ehrerbietung in ihrer Stimme, ihren Gebärden, ihrer Konversation jegliche Fröhlichkeit vermied, die einer Mutter, welche einst ihr Kind verlor, einen Stich hätte versetzen können, jeglichen Hinweis auch auf ein Fest, einen Geburtstag, der einen Greis an sein hohes Alter gemahnte, jegliche Frage der Haushaltung, die einem jungen Gelehrten Verdruss

Zärtlichkeit mitschwingt. Vom Satz, der endet, zum nächsten überleitend, der anhebt, den Fall der Silben bald beschleunigend, bald hemmend, damit sie, wiewohl verschieden an Länge, in einen einförmigen Rhythmus eingehen, wobei sie dieser recht gewöhnlichen Prosa eine Art pochendes und empfindsames Leben einhauchte.

Meine Schuldgefühle hatten sich gelegt, ich überließ mich ganz der Süße dieser Nacht, in der ich meine Mutter an meiner Seite wusste. Ich wusste, dass eine solche Nacht nicht wiederkehren würde; der Wunsch, meine Mutter während dieser trostlosen nächtlichen Stunden in meiner Kammer zu haben, mochte noch so groß sein, er stand zu sehr im Widerstreit mit den Notwendigkeiten des Lebens und den Wünschen der anderen, als dass die Erfüllung, die man ihm an diesem Abend gewährte, etwas anderes sein konnte als widernatürlich und regelwidrig. Morgen würden meine Ängste wiederkehren, Maman würde nicht bleiben.[50] Aber wenn Aber wenn sich meine Ängste gelegt hatten, konnte ich sie nicht mehr nachvollziehen; schließlich lag der morgige Abend noch in weiter Ferne; ich sagte mir, noch hätte ich Zeit, um mich, wiewohl mir in dieser Zeit keine zusätzliche Macht zufliegen würde, dagegen zu wappnen, dass es Dinge gibt, die waren nicht von meinem Willen abhingen und mir vermeidbar erschienen und mir einzig durch den Aufschub vermeidbar schienen, der sie noch von mir trennte.

51 .   *

So also sah ich während langer Zeit, sobald ich, in der Nacht wach daliegend, an Combray dachte, stets nur eine Art Lichteck, mitten durch undeutliches Dunkel geschnitten, wie wenn das Aufgleißen von bengalischem Feuer oder elektrischen Projektionen an einem Bauwerk einzelne Abschnitte erleuchten, während der Rest in Nacht gehüllt bleibt: an der Basis, noch recht breit, der kleine Salon, der Speisesaal, die Mündung der finsteren Allee, durch die M. Swann, der unwissentliche

bereitet hätte. In einer jener Aufwallungen des Herzens, die frei von jeder taubsinnigen Überstürzung oder Taktlosigkeit sind, weil man dabei nicht an sich selbst, sondern nur an jene denkt, denen sie gelten, und die vielmehr mit Feingefühl, mit Umsicht in Einklang stehen und auch dazu ermuntern, wurde sie mit jeglichem Missgeschick ganz eins, eins auch mit Trauer, Genie; sie verschmolz mit ihnen. Wenn sie die Prosa von George Sand vorlas, die ganz jene Süße, jene Erhabenheit atmet, die Maman, geschult von meiner Großmutter, über alles andere im Leben stellte, wobei ich ihr erst viel später abgewöhnen konnte, sie auch in Büchern über alles zu stellen, blieb sie gleichfalls darauf bedacht, aus ihrer Stimme jegliche Zaghaftigkeit, jegliche Künstelei zu bannen, die dem mächtigen Sog, darin ganz aufzugehen, Abbruch getan hätten, und so verlieh sie diesen Sätzen just jene natürliche Zärtlichkeit, just jene reiche Milde, die sie verlangten, ja sie schienen geradewegs für ihre Stimme wie gemacht und lagen sozusagen samt und sonders in der Bandbreite ihrer Empfindsamkeit und ihres Herzens.

Den schlichtesten Sätzen wohnt ein Herzton inne, mehr noch: er spurt ihnen vor, sodass man sie im angemessenen Tonfall anstimmt, ohne dass die Wörter selbst irgendeinen Wink geben; im Fortgang ist er es, der die Epitheta wählt, und falls man ihn nicht hinter ihnen fühlbar macht, bleibt ihre Wahl unverständlich, sie erscheinen nur noch banal; er tilgt im gleichen Zug jegliche Unbeholfenheit in den Zeitformen, verleiht so dem Imperfekt und dem historischen Perfekt jene Sanftheit, die der Güte eignet, jene Melancholie, die in der Zärtlichkeit mitschwingt. Dann leitet er von einem Satz, der endete, zum nächsten über, der anhebt, den Gang der Silben bald beschleunigend, bald hemmend, damit sie, wiewohl verschieden an Länge, in einen einförmigen Rhythmus eingehen. Es liegt an solchen Akzenten, an diesem anhaltenden Atem, dass eine Prosa

Urheber all meiner Bekümmernisse, nahte, das Vestibül, wo ich mir einen Weg zur ersten Stiege der Treppe bahnte, die ich nur unter Grauen betreten konnte und die für sich allein den schmalen Keil dieser unregelmäßigen Pyramide bildete; im Spitz aber, da lag meine Schlafkammer mit dem kleinen Gang und der verglasten Tür für Mamans Auftritt; kurzum, ich sah es immer zur selben Stunde, abgeschnitten von allem, was es darum herum geben mochte, ganz allein im Finstern ragend, dazu, auf das Wesentlichste beschränkt (wie man es von der Auflistung der Schauplätze zu Beginn alter Theaterstücke kennt, die in der Provinz aufgeführt werden), die Kulisse für das Drama meines Entkleidens; ganz so, als hätte es in Combray nur zwei Stockwerke gegeben, durch eine schlanke Stiege verbunden, und als wäre es immer acht kurz nach sieben Uhr abends gewesen. Zugegeben, auf allfällige Fragen hätte ich sehr wohl angeben können, dass Combray noch mehreres umfasste und auch zu anderen Stunden Bestand hatte. Doch derlei Erinnerungen kämen einzig vom bewussten Gedächtnis, dem Gedächtnis des Verstandes, und da dessen Auskünfte nichts von jener Vergangenheit bergen, über die sie Bericht geben, so hätte mich nie die Lust angewandelt, von diesem Bruchstück Combrays zu träumen. All dies war für mich in Wirklichkeit bereits tot.

Tot, für immer? Schon möglich.

In alledem west viel Zufall, und ein weiterer Zufall, unser Tod, gestattet es uns nicht, lange auf die Gunst des Ersteren zu warten.

Ich halte den keltischen Glauben für sehr vernünftig, der besagt, dass die Seelen derer, die wir verloren haben, in irgendeinem geringeren Wesen gefangen sind, in einem Tier, in einem Gewächs, einem unbelebten Gegenstand, unwiederbringlich verloren bis zu dem Tag, auf den viele vergeblich warten, an dem uns, an einem Baum vorbeischlendernd, der Gegenstand in die Hände gespielt wird, der ihr Kerkergehäuse bildet. Schon

lebendig erscheint, und jeder Leser muss ihn in sich selbst finden, will er ihn ihr einhauchen.

Meine Schuldgefühle hatten sich gelegt, ich überließ mich ganz der Süße dieser Nacht, in der ich meine Mutter an meiner Seite wusste. Ich wusste, dass solches nicht wiederkehren würde; der Wunsch, meine Mutter während dieser trostlosen nächtlichen Stunden in meiner Kammer zu haben, mochte noch so groß sein, er stand zu sehr im Widerstreit mit den Notwendigkeiten des Lebens und den Wünschen der anderen, als dass die Erfüllung, die man ihm an diesem Abend gewährte, etwas anderes sein konnte als widernatürlich, regelwidrig, einzig in seiner Art. Ihm winkte kein Morgen. Morgen würden meine Ängste wiederkehren, aber Maman würde nicht bleiben. Gleichwohl war ich selig. In erster Linie, weil ich meine Ängste, kaum hatten sie sich gelegt, nicht mehr verstand; es schien ganz in meiner Hand zu liegen, dass sie nicht mehr wiederkämen; morgen lag in weiter Ferne und würde vielleicht ganz anders sein. Vor allem aber, weil ich gar nicht an den nächsten Tag denken mochte. Ich ahnte bereits, dass man vom Glück nur kosten kann, was mir winkte; ein Augenblick nur, ein Trugbild, und ich ahnte bereits voraus, was ich dereinst in der einseitigen Liebe erfahren würde (ich könnte schlicht „in der Liebe" sagen, denn es gibt Wesen, die keine wechselseitige Liebe kennen), und selbst da, wo wahres Glück nicht möglich ist, mag eine Stunde kommen, wo die Güte der von uns Geliebten, vielleicht auch eine flüchtige Laune oder der Zufall, auf unser Begehren, dank einer vollkommen glücklichen Fügung, ebenjene Worte, ebenjene Gesten, ebenjene Handlungen in Anschlag bringt, wie wenn wir uns wirklich geliebt sähen, wie wenn wir wirklich selig wären. Dann liegt es allein an uns, dass wir uns darauf verstehen, diesen Anflug von Glück voll Neugier zu wägen und voll Wonne auszukosten, widrigenfalls wir sterben, ohne je zu ahnen, was Glück für Herzen bedeutet, die weniger heikel sind oder in höherer Gunst stehen;

erzittern sie, flehen uns an, und sobald wir sie erkennen, ist der Zauber gebrochen. Von uns entfesselt, haben sie den Tod überwunden und wollen wieder an unserer Seite leben.

So verhält es sich auch mit unserer Vergangenheit. Es wäre verlorene Liebesmühe, wollten wir sie beschwören, denn sämtliche Bemühungen unseres Verstandes sind umsonst. Sie liegt fernab von seinem Reich und Zugriff, in irgendeinem materiellen Gegenstand (in der Empfindung, die uns dieser materielle Gegenstand vermittelt), ohne dass wir uns dessen versehen. Was diesen Gegenstand betrifft, so hängt es vom Zufall ab, ob wir ihm begegnen, bevor wir sterben, oder ob wir ihm nie begegnen.

Seit Jahren schon hatte für mich alles, was in Combray nicht mit dem Theater und Drama meines Zubettgehens zusammenhing, keinerlei Wirklichkeit mehr, bis ich im Winter eines Tages nach Hause kam und meine Mutter bemerkte, dass mir kalt war, und mir, gegen meine Gewohnheit, vorschlug, ein bisschen Tee zu nehmen. Zunächst schlug ich es aus, dann, ich weiß nicht, warum, änderte ich meine Meinung. Sie schickte nach einem jener feisten und bauchigen Backwerke, die kleine Madeleines genannt werden und aus dem gefurchten Schoß einer Jakobsmuschel gegossen scheinen. Und bald schon, ganz unwillkürlich, vom grauen Tag und der Aussicht auf ein trübes Morgen bedrückt, führte ich einen Löffel Tee an meine Lippen, in dem ich ein Stück Madeleine aufgeweicht hatte. Doch noch selbigen Augenblicks, in dem der Schluck, mit Kuchenkrumen untermengt, meinen Gaumen traf, überlief mich ein Schauer, und ich merkte nur noch auf das, was sich Wundersames in mir vollzog. Eine köstliche Wonne, ganz abgekapselt, flutete mich, ohne jeglichen Begriff ihrer Ursache. Sie ließ mir alle Wechselfälle des Lebens einerlei erscheinen, all seine Desaster harmlos, seine Kürze trügerisch, just so, wie Liebe wirkt, indem sie mich mit einer kostbaren Essenz erfüllte, oder mehr noch: diese Essenz war nicht in mir, sie war ich. Ich fühlte mich

es liegt allein an uns, zu gewärtigen, dass dies lediglich ein Bruchstück eines beständigen und wahrhaften Glücks darstellt, das uns nur in diesem einen Moment winkt; und damit der nächste Tag diesen Trug nicht widerlegt, liegt es allein an uns, dass wir nach jener Gunst, die wir dem Blendwerk einer außergewöhnlichen Minute verdanken, keine weitere erwarten. Igeln wir uns lieber in der Einsamkeit ein; versuchen wir, lange Zeit im Einklang mit den letzten Schwingungen jener Stimme zu leben, die wir für einen Augenblick verliebt machen konnten und von der wir nur noch eins verlangen: dass sie sich nie wieder an uns wendet, aus Angst, dass jedes weitere Wort unweigerlich anders klänge und eine Dissonanz in jene gefühlvolle Stille trüge, in der, gleichsam dank eines Pedals, die Klangfarbe des Glücks nachhallte.

II

So also sah ich während mancher Jahre, sobald ich, in der Nacht wach daliegend, an Combray dachte, stets nur eine Art Lichteck, mitten durch undeutliches Dunkel geschnitten, wie wenn das Aufgleißen von bengalischem Feuer oder elektrischen Projektionen an einem Bauwerk einzelne Abschnitte erleuchten, während der Rest in Nacht gehüllt bleibt: an der Basis, noch recht breit, der kleine Salon, der Speisesaal, die Mündung der finsteren Allee, durch die M. Swann (der unwissentliche Urheber all meiner Bekümmernisse) nahte, das Vestibül, wo ich mir einen Weg zur ersten Stiege der Treppe bahnte, die ich nur unter Grauen betreten konnte und die für sich allein den äußerst schmalen Keil dieser unregelmäßigen Pyramide bildete; im Spitz aber, da lag meine Schlafkammer mit dem kleinen Gang und der verglasten Tür für Mamans Auftritt; kurzum, ich sah es immer zur selben Stunde, abgeschnitten von allem, was es darum herum geben mochte, ganz allein im Finstern ragend, dazu, auf das Wesentlichste beschränkt (wie man es von der Auflistung der Schauplätze zu Beginn

nicht länger mittelmäßig, zufällig, sterblich. Woher mochte diese machtvolle Freude kommen? Ich fühlte, dass sie mit dem Geschmack des Tees und des Gebäcks in Zusammenhang stand, ihn aber auch überstieg, ins Unendliche, sie konnte nicht von nämlicher Natur sein. Woher stammte sie? Was bedeutete sie? Wie war sie zu fassen? Ich trinke einen zweiten Schluck, aus dem ich nicht mehr schöpfe als aus dem ersten, dann einen dritten, der mir weniger zuträgt als der zweite. Zeit, innezuhalten, die Macht des Trankes scheint zu schwinden. Eindeutig, die Wahrheit, nach der ich suche, liegt nicht in ihm, sondern in mir. Er hat sie in mir erweckt, doch sie selbst ist ihm gänzlich unbekannt, und so kann er nur, mit schwindender Kraft, ebendieses Zeugnis, das ich nicht zu deuten weiß, wiederholen, ohne Ende, ich aber will es ihm wieder und wieder abfordern, um es, ganz unberührt, abermals vorzufinden, mir preisgegeben, jetzt gleich, für eine alles klärende Erhellung. Ich stelle die Tasse hin und wende mich meinem Geist zu. Er allein kann die Wahrheit finden: Aber wie? Immer wenn sich der Geist selbst überfordert fühlt, lastet Ungewissheit; immer dann, wenn er, der Suchende, imgleichen das dunkle Land ist, in dem er suchen muss und wo ihm all sein Gepäck nicht weiterhilft. Suchen? Mehr noch: schöpfen. Er sieht sich etwas gegenüber, was noch nicht ist und was nur er allein Wirklichkeit werden lassen kann, damit es in sein Licht eintritt.

Und wieder fragte ich mich, was wohl

alter Theaterstücke kennt, die in der Provinz aufgeführt werden), die Kulisse für das Drama meines Entkleidens; ganz so, als hätte es in Combray nur zwei Stockwerke gegeben, durch eine schlanke Stiege verbunden, und als wäre es immer neun Uhr abends gewesen. Zugegeben, auf allfällige Fragen hierüber hätte ich sehr wohl angeben können, dass Combray noch mehreres umfasste und auch zu anderen Stunden Bestand hatte. Doch derlei Erinnerungen kämen einzig vom bewussten Gedächtnis, dem Gedächtnis des Verstandes, und da dessen Auskünfte nichts von jener Vergangenheit bergen, über die sie Bericht geben, so hätte mich nie die Lust angewandelt, von diesem Bruchstück Combrays zu träumen, noch auch darüber zu schreiben. All dies war für mich in Wirklichkeit bereits tot.

Tot, für immer? Schon möglich.

In alledem west viel Zufall, und ein weiterer Zufall, unser Tod, gestattet es uns nicht, lange auf die Gunst des Ersteren zu warten. Wenn wir in einem Augenblick geistiger Erregung, in dem äußere Umstände unsere körperliche Tätigkeit aussetzen lassen, zum Beispiel, wenn wir in der Kutsche zu einem Rendez-vous unterwegs sind und den gegenwärtigen Gegenstand unserer Gedanken ins Auge fassen, dann stellen wir fest, dass es nur am Faden des Zufalls hing, und besagter Gegenstand wäre unbemerkt geblieben. Und wer weiß, die Kutsche könnte, jetzt gleich, über uns zusammenbrechen, und unser Geist, aus dem langsam alles Leben tropft, müsste auf immerdar all jene Anschauungen aufgeben, die er in diesem Augenblick mit seinem erschauernden Mark ängstlich schützt und umhüllt. Vielleicht auch gleichen wir einem Maler, der einen Weg hinansteigt, hoch über einem See dahinführend, dessen Anblick hinter einem Vorhang aus Fels und Bäumen verborgen liegt. Er späht durch eine Bresche, schon liegt er in seiner Gänze vor ihm. Er nimmt seine Pinsel. So liegt auch unser Geist in seiner Gänze vor uns. Wir verfügen frei über ihn, wir können jeden Hügel beschreiben, der ihn überragt,

alle Schleier, die über seiner Oberfläche wallen. Doch bald schon kommt jene Nacht, in der man nicht mehr malen kann und auf die kein Tag mehr folgt.

Oft also ist es der Zufall (darunter verstehe ich Umstände, die nicht von unserem Willen in Szene gesetzt werden, jedenfalls nicht in Hinblick auf das Resultat, das sie zeitigen), der unserem Geist einen neuen Gegenstand zuträgt, dabei handelt es sich um eine weit seltenere Form von Zufall, einen Zufall, der in einem Ausscheidungsverfahren gesiebt und komplexen Produktionsprozessen unterzogen wurde, bis er dem Geist einen Gegenstand zuführt, über den er einst frei verfügte und der ihm entsprang.

Ich halte den keltischen Glauben für sehr vernünftig, der besagt, dass die Seelen derer, die wir verloren haben, in irgendeinem geringeren Wesen gefangen sind, in einem Tier, in einem Gewächs, einem unbelebten Gegenstand, unwiederbringlich verloren bis zu dem Tag, auf den viele vergeblich warten, an dem uns, an einem Baum vorbeischlendernd, das Werkzeug in die Hände gespielt wird, das ihr Kerkergehäuse bildet. Schon erzittern sie, flehen uns an, und sobald wir sie erkennen, ist der Zauber unterbrochen. Von uns entfesselt, haben sie den Tod überwunden und wollen wieder an unserer Seite leben.

So verhält es sich auch mit unserer Vergangenheit. Es wäre verlorene Liebesmühe, wollten wir sie beschwören, denn sämtliche Bemühungen unseres Verstandes sind umsonst. Sie liegt fernab von seinem Reich und Zugriff, in irgendeinem materiellen Gegenstand (in der Empfindung, die uns dieser materielle Gegenstand vermittelt), ohne dass wir uns dessen versehen. Was diesen Gegenstand betrifft, so hängt es vom Zufall ab, ob wir ihm begegnen, bevor wir sterben, oder ob wir ihm nie begegnen.

Seit Jahren schon hatte für mich alles, was in Combray nicht mit dem Theater und Drama meines Zubettgehens zusammenhing, keinerlei Wirklichkeit mehr, bis ich an einem der letzten Wintertage nach Hause kam und mich

meine Mutter unterkühlt fand und mir, gegen meine Gewohnheit, vorschlug, ein bisschen Tee zu nehmen. Zunächst schlug ich es aus, dann, ich weiß nicht, warum, änderte ich meine Meinung. Sie schickte nach einem jener feisten und bauchigen Backwerke, die „Kleine Madeleines" genannt werden und aus dem gefurchten Schoß einer Jakobsmuschel gegossen scheinen. Und bald schon, ganz unwillkürlich, vom grauen Tag und der Aussicht auf ein trübes Morgen bedrückt, führte ich einen Teelöffel an meine Lippen, in dem ich ein Stück Madeleine aufgeweicht hatte. Doch noch selbigen Augenblicks, in dem der Schluck, mit Kuchenkrumen untermengt, meinen Gaumen traf, überlief mich ein Schauer, und ich merkte nur noch auf das, was sich Wundersames in mir vollzog. Eine köstliche Wonne, ganz abgekapselt, flutete mich, ohne jeglichen Begriff ihrer Ursache. Sie ließ mir alsogleich alle Wechselfälle des Lebens einerlei erscheinen, all seine Desaster harmlos, seine Kürze trügerisch, just so, wie Liebe wirkt, indem sie mich mit einer kostbaren Essenz erfüllte, oder mehr noch: diese Essenz war nicht in mir, sie war ich. Ich fühlte mich nicht länger mittelmäßig, zufällig, sterblich. Woher mochte diese machtvolle Seligkeit kommen? Ich fühlte, dass sie mit dem Geschmack des Tees und des Gebäcks in Zusammenhang stand, ihn aber auch überstieg, ins Unendliche, sie konnte nicht von nämlicher Natur sein. Woher stammte sie? Was bedeutete sie? Wie war sie zu fassen? Ich trinke einen zweiten Schluck, aus dem ich nicht mehr schöpfe als aus dem ersten, dann einen dritten, der mir weniger zuträgt als der zweite. Zeit, innezuhalten, die Macht des Trankes scheint zu schwinden. Eindeutig, die Wahrheit, nach der ich suche, liegt nicht in ihm, sondern in mir. Er hat sie in mir erweckt, doch sie selbst ist ihm gänzlich unbekannt, und so kann er nur, mit schwindender Kraft, ebendieses Zeugnis, das ich nicht zu deuten weiß, wiederholen, ohne Ende, ich aber will es ihm wieder und wieder abfordern,

jener ungekannte Zustand sein könnte, der keinerlei logischen Beweis vorlegte, dafür aber die Evidenz seiner Seligkeit, seiner Wirklichkeit, vor der alles andere verblasste. Ich will versuchen, ihn einmal noch zu wecken. Ich taste mich in Gedanken zu jenem Moment zurück, als ich den ersten Löffel Tee nahm. Wieder finde ich den nämlichen Zustand vor, aber ohne jede neue Klarheit. Ich fordere meinem Geist eine zusätzliche Anstrengung ab, um einmal noch jenes Gefühl zurückzurufen, das entflieht. Und um den Schwung, mit dem er danach strebt, nicht zu brechen, räume ich jegliches Hindernis, jeden fremden Gedanken aus dem Weg, ich schütze meine Ohren und meine Aufmerksamkeit vor allen Geräuschen aus dem Zimmer nebenan. Als ich aber fühle, wie sich mein Geist ohne Erfolg abmüht, zwinge ich ihm, im Gegenzug, ebenjene Zerstreuung auf, die ich ihm zuvor verwehrt hatte, er soll ruhig an anderes denken, sich vor der äußersten Anstrengung sammeln. Abermals setze ich ihn der Leere aus, stelle ihn vor den noch ganz frischen Geschmack dieses ersten Schlucks, und ich fühle in mir etwas erschauern, was dahinjagt, hoch und höher will, als hätte man, in großer Tiefe, einen Anker gelichtet; ich weiß nicht, was es ist, doch es steigt und steigt, ganz langsam; Widerstände machen sich bemerkbar, und ich höre das Raunen der durchmessenen Räume.

Kein Zweifel, was in der Tiefe meines Ichs so pocht, kann nur eins sein: das Bild, die visuelle Erinnerung, die mit diesem Geschmack verbunden ist und ihm bis in mein Innerstes nach-

148

um es, ganz unberührt, abermals vorzufinden, mir preisgegeben, jetzt gleich, für eine alles klärende Erhellung. Ich stelle die Tasse hin und wende mich meinem Geist zu. Er allein kann die Wahrheit finden: Aber wie? Immer wenn sich der Geist selbst überfordert fühlt, lastet ernste Ungewissheit; immer dann, wenn er, der Suchende, imgleichen das dunkle Land ist, in dem er suchen muss und wo ihm all sein Gepäck nicht weiterhilft. Suchen? Mehr noch: schöpfen. Er sieht sich etwas gegenüber, was noch nicht ist und was nur er allein Wirklichkeit werden lassen kann, damit es in sein Licht eintritt.

Und wieder fragte ich mich, was wohl

PLACARD 9
VOM 7. APRIL 1913

jener ungekannte Zustand sein könnte, der keinerlei logischen Beweis vorlegte, dafür aber die Evidenz seiner Seligkeit, seiner Wirklichkeit, vor der alles andere verblasste. Ich will versuchen, ihn einmal noch zu wecken. Ich taste mich in Gedanken zu jenem Moment zurück, als ich den ersten Löffel Tee nahm. Wieder finde ich den nämlichen Zustand vor, aber ohne jede neue Klarheit. Ich fordere meinem Geist eine zusätzliche Anstrengung ab, um einmal noch jenes Gefühl zurückzurufen, das entflieht. Und um den Schwung, mit dem er danach strebt, nicht zu brechen, räume ich jegliches Hindernis, jeden fremden Gedanken aus dem Weg, ich schütze meine Ohren und meine Aufmerksamkeit vor allen Geräuschen aus dem Zimmer nebenan. Als ich dann fühle, wie sich mein Geist ohne Erfolg abmüht, zwinge ich ihm, im Gegenzug, ebenjene Zerstreuung auf, die ich ihm zuvor verwehrt hatte, er soll ruhig an anderes denken, sich vor der äußersten Anstrengung sammeln. Abermals setze ich ihn der Leere aus, stelle ihn vor den noch ganz frischen Geschmack dieses ersten Schlucks, und ich fühle in mir etwas erschauern, was dahinjagt, hoch und höher will, als hätte man, in großer Tiefe, einen Anker gelichtet; ich weiß nicht, was es ist, doch es steigt und steigt, ganz langsam;

jagen will. Doch es plagt sich in allzu großer Ferne ab, in einem allzu großen Wirrwarr; kaum kann ich den neutralen Widerschein ausmachen, in dem sich der unablässige Wirbel der vermengten Farben mischt; und ich kann die Gestalt nicht fassen, kann sie nicht, als einzig mögliche Dolmetscherin, darum bitten, mir die Zeugenschaft ihres Zeitgenossen, ihres unzertrennlichen Gefährten, des Geschmacks nämlich, zu übersetzen, ihn darum zu ersuchen, mir etwas über die besonderen Umstände zu verraten, zu sagen, um welche vergangenen Zeitläufte es geht.

Wird es, dieses Andenken, bis an die Oberfläche meines klaren Bewusstseins aufsteigen, jener alte Augenblick, der durch den Sog eines identischen Augenblicks aus so großer Ferne alles in der Tiefe meines Innern beschwor, aufrüttelte, nach oben kehrte? Ich weiß nicht. Nichts fühle ich mehr, jetzt, er stockt, ist womöglich abgetaucht; wer weiß, ob er der Nacht je wieder entsteigen wird. Zehn Mal muss ich neu beginnen, in Hinneigung zu ihm. Doch jedes Mal riet mir die Laschheit, die uns allen wichtigen Werken entsagen lässt, ich möge doch alles bleiben lassen, meinen Tee trinken und nur an meine Sorgen von heute denken, an meine Wünsche von morgen, die man ohne Sorgen wiederkäuen kann.

Und, auf einen Schlag, zeigte sich mir die Erinnerung. Dies war der Geschmack jenes kleinen Bissens Madeleine, den mir meine Tante Léonie in Combray am Sonntagmorgen, wenn ich ihr (weil ich an diesem Tag nicht zu guter Stunde vor der Stunde der Messe hinausging) in ihrem Zimmer einen guten Morgen wünschte, anbot, nachdem sie ihn in ihren Aufguss von Tee oder Lindenblüten getunkt hatte. Der Anblick der kleinen Madeleine hatte mir nichts in Erinnerung gerufen, bevor ich von ihr kostete; vielleicht, weil ich sie seither oft in den Auslagen der Patisserien gesehen hatte, ohne sie zu probieren, und so hatte sich ihr Bild von jenen Tagen in Combray gelöst, um sich an frischere zu heften; vielleicht auch hatte

Widerstände machen sich bemerkbar, und ich höre das Raunen der durchmessenen Räume.

Kein Zweifel, was in der Tiefe meines Ichs so pocht, kann nur eins sein: das Bild, die visuelle Erinnerung, die mit diesem Geschmack verbunden ist und ihm bis in mein Innerstes nachjagen will. Doch es plagt sich in allzu großer Ferne ab, in einem allzu großen Wirrwarr; kaum kann ich den neutralen Widerschein ausmachen, in dem sich der unablässige Wirbel der vermengten Farben mischt; und ich kann die Gestalt nicht fassen, kann sie nicht, als einzig mögliche Dolmetscherin, darum bitten, mir die Zeugenschaft ihres Zeitgenossen, ihres unzertrennlichen Gefährten, des Geschmacks nämlich, zu übersetzen, ihn darum zu ersuchen, mir etwas über die besonderen Umstände zu verraten, zu sagen, um welche vergangenen Zeitläufte es geht.

Wird es, dieses Andenken, bis an die Oberfläche meines klaren Bewusstseins aufsteigen, jener alte Augenblick, der durch den Sog eines identischen Augenblicks aus so großer Ferne alles in der Tiefe meines Innern beschwor, aufrüttelte, nach oben kehrte? Ich weiß nicht. Nichts fühle ich mehr, jetzt, er stockt, ist womöglich abgetaucht, wer weiß, ob er der Nacht je wieder entsteigen wird. Zehn Mal muss ich neu beginnen, in Hinneigung zu ihm. Doch jedes Mal riet mir die Laschheit, die uns allen wichtigen Werken entsagen lässt, ich möge doch alles bleiben lassen, meinen Tee trinken und nur an meine Sorgen von heute denken, an meine Wünsche von morgen, die man ohne Sorgen wiederkäuen kann.

Und, auf einen Schlag, zeigte sich mir die Erinnerung. Dies war der Geschmack jenes kleinen Bissens Madeleine, den mir meine Tante Léonie in Combray jeden Morgen, wenn ich ihr in ihrem Zimmer einen guten Morgen wünschte, anbot, nachdem sie ihn in ihren Aufguss von Tee oder Lindenblüten getunkt hatte. Der Anblick der kleinen Madeleine hatte mir nichts in Erinnerung gerufen, bevor ich von ihr kostete; vielleicht, weil ich sie seit Combray oft

von diesen Erinnerungen, seit langer Zeit vom Gedächtnis im Stich gelassen, nichts überlebt, alles hatte sich zersetzt, die Formen – namentlich jene des kleinen Muschelgebäcks voll fetter Sinnlichkeit unter seinem gestrengen und frommen Faltenwurf – waren verwittert oder entschlummert, hatten ihre Strahlkraft verloren, dank der sie ins Bewusstsein dringen mochten. Doch wenn von lang Vergangenem, nach dem Ableben der geliebten Wesen, nach der Zernichtung aller Dinge, nichts mehr Bestand hat, bleiben noch lange Zeit, zerbrechlich zwar, aber lebhafter, weit körperloser, beständiger, treuer auch, der Geruch und Geschmack übrig, erinnern sich, Seelen gleich, harrend und hoffend über den verbleibenden Ruinen, und tragen, über ihrem fast unfasslichen Tröpfchen, ohne einzubrechen, das gewaltige Gebäude der Erinnerung.

Kaum hatte ich den Geschmack des in Lindenblütentee getunkten Stücks Madeleine erkannt, das mir meine Tante gab (ich wiewohl ich noch nicht wusste, warum, und es noch einen recht langen Aufschub brauchte, bis ich entdecken würde, weshalb mich diese Erinnerung so selig machte), zumindest alsogleich da heftete sich alsogleich das graue Haus an der Straßenfront, in dem ihr Zimmer lag, wie eine Theaterkulisse an den kleinen Pavillon – mit Blick auf den Garten –, den man für meine Eltern auf der Hinterseite gebaut hatte, dieses beschnittene Eck, das ich bislang als Einziges wiedersah; und zusammen mit dem Haus kam die Stadt die Stadt, vom Morgen bis zum Abend, bei jeder Witterung, der Platz, wohin man mich vor dem Mittagessen schickte, die Straßen, in denen ich Besorgungen machte, die Wege, die man bei schönem Wetter einschlug. Und wie bei jenem Zeitvertreib, bei dem sich die Japaner damit vergnügen, in einer Porzellanschale mit Wasser kleine Papierstreifen zu tränken, die zunächst nach nichts aussehen, doch sobald sie hineintauchen, ziehen sie sich in die Länge, nehmen allerlei Formen an, färben sich, entfalten sich, wandeln sich in Blumen, Häuser, in klar erkennbare Personen,

in den Auslagen der Patisserien gesehen hatte, ohne sie zu probieren, und so hatte sich ihr Bild von jenen Tagen in Combray gelöst, um sich an frischere zu heften; vielleicht auch hatte von diesen Erinnerungen, seit so langer Zeit vom Gedächtnis im Stich gelassen, nichts überlebt, alles hatte sich zersetzt, die Formen – namentlich jene des kleinen Muschelgebäcks voll fetter Sinnlichkeit unter seinem gestrengen und frommen Faltenwurf, waren verwittert oder entschlummert, hatten ihre Strahlkraft verloren, dank der sie ins Bewusstsein dringen. Doch wenn von lang Vergangenem, nach dem Ableben der geliebten Wesen, nach der Zernichtung aller Dinge, nichts mehr Bestand hat, bleiben noch lange Zeit, zerbrechlich zwar, aber lebhafter, weit körperloser, beständiger, treuer auch, der Geruch und Geschmack übrig, erinnern sich, Seelen gleich, harrend und hoffend über den verbleibenden Ruinen, und tragen, über ihrem fast unfasslichen Tröpfchen, ohne einzubrechen, das gewaltige Gebäude der Erinnerung.

Kaum hatte ich den Geschmack des in Tee getunkten Stücks Madeleine erkannt, das mir meine Tante gab, da heftete sich alsogleich das alte graue Haus an der Straßenfront, in dem ihr Zimmer lag, wie eine Theaterkulisse an den kleinen Pavillon, den man für meine Eltern auf der Hinterseite gebaut hatte und der auf den Garten hinausging, dieses beschnittene Eck, das ich bislang als Einziges wiedersah. Und mit dem Haus die Stadt, vom Morgen bis zum Abend, bei jeder Witterung, der Platz, wohin man mich vor dem Mittagessen schickte, die Wege, die man bei schönem Wetter einschlug, die Straße, in der man bisweilen vor dem Diner eine Besorgung machte. Und wie bei jenem Zeitvertreib, bei dem sich die Japaner darin gefallen, in einer koreanischen Porzellanschale mit Wasser oder ihrem Lieblingsaufguss kleine Papierstreifen zu tränken, die zunächst nach nichts aussehen, doch sobald sie hineintauchen, ziehen sie sich in die Länge, nehmen allerlei Formen an, färben sich, entfalten sich, wandeln sich in

so wie nun sämtliche Blumen unseres Gartens und auch jene
aus dem Park von M. Swann sowie die Seerosen der Vivonne
und die braven Leute des Dorfes mit ihren kleinen Wohnungen
und die Kirche und ganz Combray mitsamt seiner Umgegend,
so stieg all dies, was feste Gestalt annahm, Stadt und Gärten,
aus meiner Tasse Tee.

II

Combray aus der Ferne, aus zehn Meilen im Umkreis, beim
Blick aus der Eisenbahn, wenn wir in der letzten Woche vor
Ostern eintrafen, das war nichts als eine Kirche, sie allein
brachte die Stadt auf den Punkt, verkörperte sie, sprach weithin
von ihr und für sie und scharte, wie man beim Näherkommen
sah, die dicht gedrängten Rücken der Häuser, wollig und grau,
mitten im freien Feld eng um ihren düster ragenden Überwurf, zum Schutz vor dem Wind, wie eine Hirtin ihre Schafe,
da und dort vom makellos gezogenen Kreis der letzten Reste
eines mittelalterlichen Bollwerks umringt, gleich einer kleinen
Stadt auf den Gemälden der spätgotischen Maler. Zum Wohnen war Combray recht bedrückend, Ebenbild seiner Straßen,
und die Häuser, aus den rußschwarzen Steinen der Gegend
erbaut und, hinter vorgelagerten Stufen, mit Giebeln geziert,
die weite Schatten warfen, lagen so sehr im Dunkel, dass man
zu früher Stunde in der Dämmerung die Vorhänge des „Salons"
hochziehen musste; Straßen mit den gestrengen Namen von
Heiligen (nicht selten mit Bezug auf die Geschichte der ersten
Herren von Combray): Rue Saint-Hilaire, Rue Saint-Jacques,
an der das Haus meiner Tante stand, Rue Sainte-Hildegarde,
an der das Stadtgitter fiel, sowie die Rue du Sainte-Esprit, auf
die sich das kleine Seitentor ihres Gartens öffnete;[52] und diese
Straßen von Combray liegen in einem so weit zurückliegenden
Teil meines Gedächtnisses, sind so anders getönt als alles, was
für mich heute die Dinge die Welt ausmacht, dass sie mir, wie
auch die Kirche, von der sie am Hauptplatz überragt wurden,

Blumen, Häuser, in klar erkennbare Personen, so wie nun sämtliche Blumen unseres Gartens und auch jene aus dem Park von M. Swann sowie die Seerosen der Vivonne und die braven Leute des Dorfes mit ihren kleinen Wohnungen und die Kirche und ganz Combray mitsamt seiner Umgegend, so stieg all dies, was feste Gestalt annahm, Stadt und Gärten, aus meiner Tasse Tee.

Combray aus der Ferne, aus zehn Meilen im Umkreis, beim Blick aus der Eisenbahn, wenn wir in der letzten Woche vor Ostern eintrafen, das war nichts als eine Kirche, sie allein brachte die Stadt auf den Punkt, verkörperte sie, sprach weithin von ihr und für sie und scharte, wie man beim Näherkommen sah, die dicht gedrängten Rücken der Häuser, wollig und grau, mitten im freien Feld eng um ihren düster ragenden Überwurf, zum Schutz vor dem Wind, wie eine Hirtin ihre Schafe, da und dort vom makellos gezogenen Kreis der letzten Reste eines mittelalterlichen Bollwerks umringt, gleich einer kleinen Stadt auf den Gemälden der spätgotischen Maler. Zum Wohnen war Combray recht bedrückend, Ebenbild seiner Straßen mit den gestrengen Namen von Heiligen: Rue Saint-Hilaire, Rue Saint-Jacques, an der das Haus meiner Tante stand, Rue Sainte-Hildegarde, an der das Stadtgitter fiel, sowie die Rue du Sainte-Esprit, auf die sich das kleine Seitentor ihres Gartens öffnete (Heilige, von denen ich etliche kannte, da ich sie in der Kirche auf Glasmalereien gesehen hatte, nicht selten mit Bezug auf die Geschichte der ersten Herren von Combray, wobei ihre Namen, an den Straßenkreuzungen angebracht, ihre unvordenkliche und übernatürliche Statthalterschaft verewigten); und sie alle überragte die Kirche an ihrem „Platz", windgepeitscht, da und dort ein paar Tauben, und jene Frau in Schwarz, die man in Provinzstädtchen immer antrifft, nicht nur zu Zeiten des Hochamts, stets im Begriff, die hölzerne Flügeltür aufzustoßen, die im Portal eingelassen war. Die Alten raffte es dahin, in rascher Folge, die Jungen waren angekränkelt,

in Wirklichkeit noch ~~übernatürlicher~~ unwirklicher erscheinen als die Lichtwürfe der Zauberlaterne; und ~~es gibt~~ zu gewissen Zeiten ~~da kann ich~~ ist mir, als ob ich wieder die Rue St. Hilaire queren, ein Zimmer in der Rue de l'Oiseau mieten könne, in der alten Hôtellerie de l'Oiseau, von Kellergewölben durchschossen, aus denen Küchengerüche aufstiegen, die sich, für Augenblicke, noch heute in mir ausbreiten; flimmernd und so warm, als öffnete sich eine Pforte aufs Jenseits, weit wunderbarer und übernatürlicher noch als die Möglichkeit, mit Golo Bekanntschaft zu schließen und mit Geneviève de Brabant zu plaudern.

Die Cousine meines Großvaters, meine Großtante, bei der wir wohnten, war die Mutter jener Tante Léonie, die seit dem Tod ihres Gatten, meines Onkels Octave, zunächst Combray nicht mehr verlassen wollte, dann in Combray ihr Haus nicht mehr, dann ihr Zimmer, dann ihr Bett, und so kam sie nicht mehr „hinunter", lag stets da, schwebend zwischen Kummer, körperlicher Schwäche, Krankheit, fixen Vorstellungen und Gotteshingabe. Ihr privates Gemach ging auf die Straße Saint-Jacques hinaus, die weiter hinten in den Grand-Pré mündet (das Gegenstück zum Petit-Pré, einem grünen Fleck mitten in der Stadt, zwischen drei Straßen), einförmig, grau in grau, mit drei Stufen aus Sandstein vor fast jeder Tür, wie eine Schlucht, die ein ~~gotischer~~ gotischer Steinmetz just in den Block treibt, den er in eine Krippe oder einen Kalvarienberg umwandelt. Meine Tante bewohnte letztlich nur noch zwei aneinandergrenzende Zimmer, am Nachmittag blieb sie im einen, während man das andere lüftete. Provinzielle Kammern, die uns – wie in gewissen Landstrichen Myriaden unsichtbarer Protozoen ganze Luft- oder Meeresströmungen illuminieren oder durchduften – mit tausenderlei Düften verzaubern, die von Tugend, Bescheidenheit, Gesittung ausgehen, von einem ganzen geheimen Leben, unsichtbar, überwältigend und vergeistigt, von der Atmosphäre in der Schwebe gehalten; natürliche Düfte,

der Zungenschlag aller schleppend, melancholisch und sanft, man war, so hieß es oft, „froh, ein Feuer gefunden zu haben", trug sich mit der Furcht, „nass zu werden"; und wenn es schön war, fand man, das Wetter sei ungesund; aus den rußschwarzen Steinen der Gegend erbaut, hinter vorgelagerten Stufen, die zur Straße führten, mit Giebeln geziert, die weite Schatten warfen, lagen die Häuser so sehr im Dunkel, dass bei hereinbrechender Dämmerung die Vorhänge in den „Salons" hochgezogen werden mussten; man hörte oft Totengeläut; bei Begräbnissen zog eine Prozession von Priestern im Chorhemd durch die Straßen, mit den Chorknaben und dem heiligen Abendmahl.

Die Cousine meines Großvaters, meine Großtante, bei der wir wohnten, war die Mutter jener Tante Léonie, die seit dem Tod ihres Gatten, meines Onkels Octave, den sie leidenschaftlich geliebt hatte, zunächst Combray nicht mehr verließ, dann in Combray ihr Haus nicht mehr, dann ihr Zimmer, dann ihr Bett, und so kam sie nicht mehr „hin-unter", lag stets da, schwebend zwischen Kummer, körper-licher Schwäche, Krankheit, fixen Vorstellungen und Gotteshingabe. Ihr privates Gemach ging auf die Straße Saint-Jacques hinaus, die weiter hinten in den Grand-Pré mündet (das Gegenstück zum Petit-Pré, einem grünen Fleck mitten in der Stadt, zwischen drei Straßen), ein-förmig, grau in grau, mit drei Stufen aus Sandstein vor fast jeder Tür, wie eine Schlucht, die ein Steinmetz just in den Block treibt, den er in eine Krippe oder einen Kalvarienberg umwandelt. Meine Tante bewohnte letztlich nur noch zwei aneinandergrenzende Zimmer, am Nachmittag blieb sie im einen, während man das andere lüftete. Provinzielle Kam-mern, die uns – wie in gewissen Landstrichen Myriaden unsichtbarer Protozoen ganze Luft- oder Meeresströmun-gen illuminieren oder durchduften – mit tausenderlei Düf-ten verzaubern, die von Tugend, Bescheidenheit, Gesittung ausgehen, von einem ganzen geheimen Leben, unsichtbar, überwältigend und vergeistigt, von der Atmosphäre in der

gewiss, Farben, die in der Luft liegen, wie über der nahen Landschaft, aber schon in Gehäusen gefangen, vermenschlicht, ein erlesenes, ausgeklügeltes[55] Gelee, schimmernd von all den Früchten des Jahres, die vom Feld in die Kommoden gewandert sind; domestizierte Jahreszeiten, in Hausrat verwandelt, das Prickelnde des weißen Raureifs durch die Süße von warmem Brot dämpfend, müßiggängerisch und regelmäßig wie eine Dorfuhr, herumschweifend und in Reih und Glied aufgestellt, unbekümmert und umsichtig, weiß wie Linnen, voll Morgenstund und Andacht, selig vor friedsamer Ruhe, die viel Banges birgt, erfüllt von prosaischer Ruhe, ein Füllhorn von Poesie für den, der sie durchquert, ohne in ihr zu leben. Die Luft flirrte von zartblühender Stille, die so nahrhaft, so üppig war, dass ich in ihr voll Naschsucht herumwandelte, in den frühen und noch ganz kühlen Morgenstunden an Ostern, die ich umso mehr genoss, als ich gerade in Combray eingetroffen war: bevor ich eintrat, um meiner Tante einen guten Morgen zu wünschen, ließ man mich eine Weile im ersten Zimmer warten, wo die Sonne, winterlich noch, an die Wärme vor dem Feuer flüchten wollte, das bereits zwischen den zwei Backsteinen züngelte und das ganze Zimmer mit rauchigem Geruch erfüllte wie die bauchigen „Backstuben" auf dem Lande oder die Rauchfänge der Kamine in Burgen, unter denen man sich wünscht, draußen möge Regen, Schneefall oder gar eine sintflutliche Katastrophe einsetzen, um diese wohlige Geborgenheit mit der Poesie des Überwinterns zu verbinden; ich tat ein paar Schritte vom Betschemel zum samtbeklöppelten Sessel, der stets mit einer gehäkelten Kopfstütze bekleidet war; und das Feuer verströmte gleich einem Teig lockende Düfte, was die Luft im Zimmer, durchwalkt und „aufgegangen" in der feuchten und sonnigen Frische der Frühe, ganz mürbe machte, sie Schicht um Schicht goldgelb kräuselte, blähte, einen unsichtbaren, aber greifbaren ländlichen Kuchen backend, eine gewaltige „Apfeltasche", deren Aromen, kaum gekostet, knuspriger schmeckten,

Schwebe gehalten; natürliche Düfte, gewiss, Farben, die in der Luft liegen, wie über der nahen Landschaft, aber schon in Gehäusen gefangen, vermenschlicht, ein erlesenes, industrielles Gelee, schimmernd von all den Früchten des Jahres, die vom Feld in die Kommoden gewandert sind; domestizierte Jahreszeiten, in Hausrat verwandelt, das Prickelnde des weißen Raureifs durch die Süße von warmem Brot dämpfend, müßiggängerisch und regelmäßig wie eine Dorfuhr, herumschweifend und in Reih und Glied aufgestellt, unbekümmert und umsichtig, weiß wie Linnen, voll Morgenstund und Andacht, selig vor friedsamer Ruhe, die viel Banges birgt, erfüllt von prosaischer Ruhe, ein Füllhorn von Poesie für den, der sie durchquert, ohne in ihr zu leben. Die Luft flirrte von zartblühender Stille, die so nahrhaft, so üppig war, dass ich in ihr voll Naschsucht herumwandelte, in den frühen und noch ganz kühlen Morgenstunden an Ostern, die ich umso mehr genoss, als ich gerade in Combray eingetroffen war: vor dem Eintreten, um meiner Tante einen guten Morgen zu wünschen, ließ man mich eine Weile im ersten Zimmer warten, wo die Sonne, winterlich noch durchs Fenster fallend, an die Wärme vor dem Feuer flüchten wollte, das bereits zwischen den zwei Backsteinen züngelte und das ganze Zimmer mit rauchigem Geruch erfüllte wie die bauchigen „Backstuben" auf dem Lande oder die Rauchfänge der Kamine in Burgen, unter denen man sich wünscht, draußen möge Regen, Schneefall oder gar eine sintflutliche Katastrophe einsetzen, um diese wohlige Geborgenheit mit der Poesie des Überwinterns zu verbinden; ich tat ein paar Schritte vom Betschemel zum samtbeklöppelten Sessel, der stets mit einer gehäkelten Kopfstütze bekleidet war; und das Feuer verströmte gleich einem Teig lockende Düfte, was die Luft im Zimmer, durchwalkt und „aufgegangen" in der feuchten und sonnigen Frische der Frühe, ganz mürbe machte, sie Schicht um Schicht goldgelb kräuselte, blähte, einen unsichtbaren, aber greifbaren ländlichen Kuchen backend,

feiner, fülliger, aber auch angestaubt vom Wandschrank, der Kommode, dem Papier der Stickvorlagen, stets kehrte ich, von uneingestandener Begehrlichkeit erfüllt, zurück, um den österlichen Geruch des blumigen Bettüberwurfs einzuatmen, klebrig, fad, schwer aufliegend und fruchtig.

In der angrenzenden Kammer hörte ich meine Tante reden, mit sich allein, halblaut. Wenn sie sprach, dann immer nur leise, dachte sie doch, in ihrem Kopf schwebe etwas Zerbrochenes und mit lauter Stimme würde sie es verrücken, trotzdem blieb sie, auch wenn sie allein war, nie lange still, dachte sie doch, das sei für ihre Kehle gesund, hindere den Blutfluss am Stocken, sodass es weniger oft zu Erstickungsanfällen und Beklemmungen käme, unter denen sie litt; in der absoluten Reglosigkeit, in der sie lebte, schenkte sie noch den geringsten Empfindungen eine außerordentliche Bedeutung; sie sprach ihnen eine solche Sprunghaftigkeit zu, dass sie sie schwerlich nur für sich behalten konnte, und da sie niemand Vertrauten hatte, den sie darüber hätte unterrichten können, verkündete sie alles sich selbst, in einem unablässigen Monolog, ihrer einzigen Tätigkeit. Unseligerweise achtete sie in ihrer Gewohnheit, laut zu denken, nicht darauf, ob jemand im angrenzenden Zimmer war, und ich hörte oft, wie sie zu sich selbst sagte: „Ich darf nicht vergessen, dass ich nicht geschlafen habe" (nie zu schlafen war ihr ganzer Stolz, was wir in unserem Sprachgebrauch respektierten: am Morgen kam Françoise nicht, um sie zu „wecken", sondern „trat bei ihr ein"; wollte meine Tante tagsüber ein Schläfchen abhalten, hieß es, sie wolle „nachdenken" oder „ein bisschen ruhen"; und wenn sie sich im Gespräch so weit vergaß, dass sie sagte, „das hat mich geweckt", oder „ich träumte, dass", dann errötete sie und fasste sich wieder so rasch als möglich).

Einen Augenblick später trat ich bereits ein, um meiner Tante einen Kuss zu geben; Françoise goss ihren Tee auf; fühlte sie sich jedoch aufgewühlt, wünschte meine Tante anstatt des Tees einen Aufguss, wobei ich mit der Aufgabe betraut wurde, aus

eine gewaltige „Apfeltasche", deren Aromen, kaum gekostet, knuspriger schmeckten, feiner, fülliger, aber auch angestaubt vom Wandschrank, der Kommode, dem Papier der Stickvorlagen und des Messbuches, stets kehrte ich, von uneingestandener Begehrlichkeit erfüllt, zurück, um den österlichen Geruch des blumigen Bettüberwurfs einzuatmen, klebrig, fad, schwer aufliegend und fruchtig.

In der angrenzenden Kammer hörte ich meine Tante reden, mit sich allein, halblaut. Wenn sie sprach, dann immer nur leise, dachte sie doch, in ihrem Kopf schwebe etwas Zerbrochenes und mit lauter Stimme würde sie es verrücken, trotzdem blieb sie, auch wenn sie allein war, nie lange still, dachte sie doch, das sei für ihre Kehle gesund, hindere den Blutfluss am Stocken, sodass es weniger oft zu Erstickungsanfällen und Beklemmungen käme, unter denen sie litt; in der absoluten Reglosigkeit, in der sie lebte, schenkte sie noch den geringsten Empfindungen eine außerordentliche Bedeutung; sie sprach ihnen eine solche Sprunghaftigkeit zu, dass sie sie schwerlich nur für sich behalten konnte, und da sie niemand Vertrauten hatte, den sie darüber hätte unterrichten können, verkündete sie alles sich selbst, in einem unablässigen Monolog, ihrer einzigen Tätigkeit. Unseligerweise achtete sie in ihrer Gewohnheit, laut zu denken, nicht darauf, ob jemand im Zimmer nebenan war, und ich hörte oft, wie sie zu sich selbst sagte: „Ich darf nicht vergessen, dass ich nicht geschlafen habe" (nie zu schlafen war ihr ganzer Stolz, was wir in unserem Hausgebrauch der Sprache respektierten: am Morgen kam Françoise nicht, um sie zu „wecken", sondern „trat bei ihr ein"; wollte meine Tante tagsüber ein Schläfchen abhalten, hieß es, sie wolle „nachdenken" oder „ein bisschen ruhen"; und wenn sie sich im Gespräch so weit vergaß, dass sie sagte, „das hat mich geweckt", oder, „ich träumte, dass", dann errötete sie und fasste sich wieder so rasch als möglich).

Einen Augenblick später trat ich bereits ein, um meiner

einem Beutel des Apothekers eine bestimmte Menge Lindenblüten in einen Teller zu schütten, die man dann in siedendes Wasser gab. Beim Trocknen hatten sich die Stängel in kapriziösen Verzweigungen gekrümmt, wobei sich mitten in deren Flechtwerk die blassen Blüten öffneten, wie von der Hand eines Malers arrangiert, der sie höchst ornamentale Posen einnehmen ließ. Die Blätter hatten ihr ursprüngliches Aussehen verloren oder verändert, sie hatten die mannigfaltigsten Gestalten angenommen, durchscheinender Flügel einer Fliege, weiße Rückseite einer Etikette, Blütenblatt einer Rose, aber gestapelt, zerstoßen oder verflochten wie beim Bau eines Nestes. Tausenderlei winzige Einzelheiten, bar jeden Sinnes, – verschwenderische Zauberpracht des Apothekers –, die bei einem industriell aufgearbeiteten Gebräu verloren gegangen wären, sie beglückten mich, wie ein Buch, in dem man voll Verwunderung auf den Namen eines Bekannten stößt, mit der erfreulichen Einsicht, dass dies die Stängel echter Lindenblüten waren, wie ich sie in der Avenue de la Gare sah, in gewandelter Form zwar, aber noch immer sie selbst, keine Doppelgänger, nein, nur etwas gealtert. Und jede neue Eigenschaft war nur die Metamorphose einer früheren Eigenschaft, in den kleinen grauen Büscheln entdeckte ich grüne Knospen, die nicht zur Reife gelangt waren; in Sonderheit der schimmernde Glanz, rosa und mondfarben, der die Blüten aus dem fragilen Wald der Stängel treten ließ, in dem sie wie kleine goldene Rosen baumelten – gleich dem Schimmer, der auf einer Mauer von der Stelle einer verblassten Freske zeugt, ein Merkzeichen der Kluft zwischen den Teilen eines Baumes, die „in Farbe" waren, und jenen, die es nicht waren –, zeigte mir, dass dies in der Tat jene Blüten waren, die, lange bevor sie im Sack des Apothekers aufblühten, die Frühlingsnächte durchduftet hatten. Noch war das rosa Flackern eines Kerzenlichts ihre Farbe, aber halb erblasst und abgestumpft im erlöschenden Leben, das nun das ihre war, wie eine Blütendämmerung. Bald schon tunkte

Tante einen Kuss zu geben; Françoise goss ihren Tee auf; fühlte sie sich jedoch aufgewühlt, wünschte meine Tante anstatt des Tees einen Aufguss, wobei ich mit der Aufgabe betraut wurde, aus einem Beutel des Apothekers eine bestimmte Menge Lindenblüten in einen Teller zu schütten, die man dann in siedendes Wasser gab. Beim Trocknen hatten sich die Stängel in kapriziösen Verzweigungen gekrümmt, wobei sich mitten in deren Flechtwerk die blassen Blüten öffneten, wie von der Hand eines Malers angeordnet, der sie höchst ornamentale „Posen" einnehmen ließ. Die Blätter hatten ihr ursprüngliches Aussehen verloren oder verändert, sie hatten die mannigfaltigsten Gestalten angenommen, durchscheinender Flügel einer Fliege, weiße Rückseite einer Etikette, Blütenblatt einer Rose, aber gestapelt, zerstoßen oder verflochten wie beim Bau eines Nestes. Tausenderlei winzige Einzelheiten, bar jeden Sinnes, – verschwenderische Zauberpracht des Apothekers –, die bei einem industriell aufgearbeiteten Gebräu verloren gegangen wären, sie beglückten mich, wie ein Buch, in dem man voll Verwunderung auf den Namen eines Bekannten stößt, mit der erfreulichen Einsicht, dass dies die Stängel echter Lindenblüten waren, wie ich sie in der Avenue de la Gare sah, in gewandelter Form zwar, aber noch immer sie selbst, keine Doppelgänger, nein, nur etwas gealtert. Und jede neue Eigenschaft war nur die Metamorphose einer früheren Eigenschaft, in den kleinen grauen Büscheln entdeckte ich grüne Knospen, die nicht zur Reife gelangt waren; in Sonderheit der schimmernde Glanz, rosa und mondfarben, der die Blüten aus dem fragilen Wald der Stängel treten ließ, in dem sie wie kleine goldene Rosen baumelten – gleich dem Schimmer, der auf verblassten Fresken zurückbleibt, ein Merkzeichen der Kluft zwischen den Teilen eines Baumes, die „in Farbe" waren, und jenen, die es nicht waren –, zeigte mir, dass dies in der Tat jene Blüten waren, die, lange bevor sie im Sack des Apothekers aufblühten, die Frühlingsnächte durchduftet hatten. Noch

meine Tante in den siedenden Aufguss, dessen Geschmack von toten Blättern oder verdorrten Blumen auskostend, eine kleine Madeleine, von der sie mir ein Stück hinhielt, kaum war es genugsam aufgeweicht.

Auf der einen Seite ihres Bettes stand eine große gelbe Kommode aus dem Holz von Zitronenbäumen sowie ein Tisch, der zugleich etwas von einem Offizin und einem Hochaltar hatte, wo man am Fuß einer Marienstatue sowie einer Flasche Vichy-Célestine auf Messbücher und Verschreibungen des Arztes stieß, alles also, um von ihrem Bett aus dem Hochamt und der Diät zu huldigen, ohne je die Stunde des Pepsin noch jene der Vesper zu versäumen. Zur anderen Seite grenzte das Bett ans Fenster, sie hatte die Straße vor Augen und las darin von morgens bis abends, zum Zeitvertreib, wie eine persische Prinzessin, die tägliche, aber zeitlose Chronik von Combray, die sie sodann mit Françoise diskutierte.

Ich weilte keine fünf Minuten bei meiner Tante, da entließ sie mich bereits wieder, aus Angst, ich möchte sie ermüden. Sie entbot meinen Lippen ihre blasse und schale Stirn, von Trauer gezeichnet, zum Kuss, noch hatte sie, zu dieser morgendlichen Stunde, ihr falsches Haar nicht geordnet, wobei die Wirbelbeine wie die Zacken einer Dornenkrone hindurchschimmerten, oder wie die Perlen eines Rosenkranzes, und sagte zu mir: „Los, mein Kind, geh nur, mach dich für die Messe bereit und vergiss nicht;

und wenn du unten Françoise antriffst, dann sag ihr, sie möge nicht allzu lange mit euch tändeln, sondern bald hochkommen, um zu schauen, ob ich etwas brauche."

Françoise stand seit Jahren schon in ihren Diensten und ahnte

war das rosa Flackern eines Kerzenlichts ihre Farbe, aber halb erblasst und abgestumpft im erlöschenden Leben, das nun das ihre war, wie eine Blütendämmerung. Bald schon tunkte meine Tante in den siedenden Aufguss, dessen Geschmack von toten Blättern oder verdorrten Blumen auskostend, eine kleine Madeleine, von der sie mir ein Stück hinhielt, kaum war es genügend aufgeweicht.

Auf der einen Seite ihres Bettes stand eine große gelbe Kommode aus dem Holz von Zitronenbäumen sowie ein Tisch, der zugleich etwas von einem Hochaltar und einer Apotheke hatte, wo man am Fuß einer Marienstatue sowie einer Flasche Vichy-Célestine auf Messbücher und Verschreibungen des Arztes stieß, alles also, um von ihrem Bett aus dem Hochamt und der Diät zu huldigen, ohne je die Stunde des Pepsin noch jene der Abendandacht zu versäumen. Zur anderen Seite grenzte das Bett ans Fenster, sie hatte die Straße vor Augen und las darin von morgens bis abends, zum Zeitvertreib, wie eine persische Prinzessin, die tägliche, aber zeitlose Chronik von Combray, die sie sodann mit Françoise diskutierte.

Ich weilte keine fünf Minuten bei meiner Tante, da entließ sie mich bereits wieder, aus Angst, ich möchte sie ermüden. Sie entbot meinen Lippen ihre blasse und schale Stirn, von Trauer gezeichnet, zum Kuss, noch hatte sie, zu dieser morgendlichen Stunde, ihr falsches Haar nicht geordnet, wobei die Wirbelbeine wie die Zacken einer Dornenkrone hindurchschimmerten, oder wie die Perlen eines Rosenkranzes, und sagte zu mir: „Los, mein Kind, geh nur, geh spielen, wie es deinem Alter entspricht;

PLACARD 10
VOM 8. APRIL 1913

und wenn du unten Françoise antriffst, dann sag ihr, sie möge nicht allzu lange mit euch ‚tändeln‘, sondern bald hochkommen, um zu schauen, ob ich etwas brauche.‟

Françoise stand seit Jahren schon in ihren Diensten und ahnte nicht, dass sie dereinst ganz in die unsrigen treten nicht, dass sie dereinst ganz in die unsrigen treten würde, sodass sie meine Tante während der Tage, die wir in Combray weilten, in der Tat etwas vernachlässigte. Es gab in meiner Kindheit, bevor wir nach Combray gingen und meine Tante Léonie ein paar Wintermonate noch bei ihrer Mutter in Paris verbrachte, eine Zeit, wo ich Françoise so wenig kannte, dass meine Mutter mir am ersten Januar, ehe wir meiner Großtante unseren Besuch abstatteten, ein Fünf-Francs-Stück in die Hand drückte und sagte: „Dass du dich ja nicht in der Person irrst. Warte, ehe du ihn gibst, bis du mich sagen hörst: ‚Guten Tag, Françoise‘, und ich dich im selben Augenblick am Arm stupse." Kaum waren wir in das finstere Vorzimmer meiner Tante getreten, da erblickten wir im Schatten, unter dem Faltenwerk einer blendend weißen Haube, steif und zerbrechlich, als wäre sie aus Zuckerfäden gesponnen, das konzentrische Gekräusel eines Lächelns, um uns, verfrüht, Dank zu sagen. Das war Françoise, reglos und aufrecht im Rahmen der kleinen Tür zum Korridor, wie eine Heiligenstatue in ihrer Nische. Hatte man sich allmählich an diese Kappellendusternis gewöhnt, konnte man auf ihrem Gesicht die interesselose Liebe lauterer Menschlichkeit aus-machen, von Hochachtung für die oberen Klassen ergriffen, die sich in den trefflichsten Regionen ihres Herzens regte, in der Hoffnung auf Neujahrsgaben. Maman zwickte mich fest in den Arm und sagte mit lauter Stimme: „Guten Tag, Françoise." Bei diesem Signal öffneten sich meine Finger und ließen das Geldstück fallen, das eine Hand fand, die es verschämt zwar, aber vorgereckt in Empfang nahm. Doch kannte ich, seit wir nach Combray gingen, niemanden besser als Françoise; wir waren ihre Lieblinge, sie begegnete uns, zumindest in den ersten Jahren, mit der nämlichen Ehrerbietung wie meiner Tante Léonie und hatte zu uns eine noch tiefere Zuneigung gefasst, weil wir den Nimbus, zur Familie zu gehören (sie hatte vor den unsichtbaren Banden, die ~~der Kreislauf ein und das-~~ ~~selbe Blut~~ der Kreislauf des gemeinsamen Blutes zwischen den

würde, sodass sie meine Tante während der Tage, die wir in Combray weilten, in der Tat etwas vernachlässigte. Es gab in meiner Kindheit, bevor wir nach Combray gingen und meine Tante Léonie ein paar Wintermonate noch bei ihrer Mutter in Paris verbrachte, eine Zeit, wo ich Françoise so wenig kannte, dass meine Mutter mir am ersten Januar, ehe wir meiner Großtante unseren Besuch abstatteten, ein Fünf-Francs-Stück in die Hand drückte und sagte: „Dass du dich ja nicht in der Person irrst. Warte, ehe du ihn gibst, bis du mich sagen hörst: ‚Guten Tag, Françoise‘, und ich dich am Arm stupse." Kaum waren wir in das finstere Vorzimmer meiner Tante getreten, da erblickten wir im Schatten, unter dem Faltenwerk einer blendend weißen Haube, steif und zerbrechlich, als wäre sie aus Zuckerfäden gesponnen, das konzentrische Gekräusel eines Lächelns, um uns, verfrüht, Dank zu sagen. Das war Françoise, reglos und aufrecht im Rahmen der kleinen Tür zum Korridor, wie eine Heiligenstatue in ihrer Nische. Hatte man sich allmählich an diese Kappellendusternis gewöhnt, konnte man auf ihrem Gesicht die interesselose Liebe lauterer Menschlichkeit ausmachen, von Hochachtung für die oberen Klassen ergriffen, die sich in den trefflichsten Regionen ihres Herzens breitmachte, in der Hoffnung auf Neujahrsgaben. Maman zwickte mich fest in den Arm und sagte mit lauter Stimme: „Guten Tag, Françoise." Bei diesem Signal öffneten sich meine Finger und ließen das Geldstück fallen, das eine Hand fand, die es verschämt zwar, aber sanft in Empfang nahm. Doch kannte ich, seit wir nach Combray gingen, niemanden besser als Françoise; wir waren ihre Lieblinge, sie begegnete uns, zumindest in den ersten Jahren, mit der nämlichen Ehrerbietung meiner Tante Léonie und hatte zu uns eine noch tiefere Zuneigung gefasst, weil wir den Nimbus, zur Familie zu gehören, mit dem Reiz verbanden, nicht Teil ihrer üblichen Herrschaft zu sein. Und so empfing sie uns voll Freude, beklagte uns, weil es am Tag unserer Ankunft, dem Vorabend von Ostern, noch kein

Mitgliedern einer Familie knüpft, eine ebensolche Scheu wie ein griechischer Tragiker), mit dem Reiz verbanden, nicht Teil ihrer üblichen Herrschaft zu sein. Und so empfing sie uns voll Freude, beklagte uns, weil es am Tag unserer Ankunft, dem Vorabend von Ostern, noch kein besseres Wetter gab und oft ein eisiger Wind ging, da erkundigte sich Maman nach Neuigkeiten von ihrer Tochter und ihren Neffen, fragte, ob ihr Enkel schön artig sei, was aus ihm werden soll, ob er seiner Großmutter nachschlage, etc....

Und wenn niemand mehr da war, sprach Maman im Wissen, dass Françoise ihre Eltern, vor Jahren gestorben, noch immer beweinte, voll Sanftmut von ihnen, fragte sie nach tausenderlei Einzelheiten, wie denn ihr Leben war.[54]

Sie hatte sogleich bemerkt, dass Françoise ihren Schwiegersohn nicht mochte und er ihr das Vergnügen vergällte, mit ihrer Tochter zusammen zu sein, da sie nicht so unbefangen reden konnte, wenn er dabei war. Und so sagte Maman, wenn Françoise den beiden, mehrere Meilen von Combray entfernt, einen Besuch abstattete, mit einem Lächeln: „Nicht wahr, Françoise, falls Julien nicht da sein kann und Sie Marguerite den ganzen Tag für sich allein haben, dann wären Sie untröstlich – und würden doch das Beste daraus machen?" Und Françoise sagte lachend zu ihr: „Madame wissen einfach alles; Madame sind weit schlimmer als die X-rays (das X sprach sie mit gespielter Schwierigkeit und einem Lächeln aus, wie um über sich selbst zu spotten, eine Unwissende, die so gelehrte Begriffe verwendet), die man für Mme Octave geholt hatte und die sehen, was man im Herzen trägt", und verschwand, ganz verwirrt, dass man sich derlei Gedanken über sie machte, womöglich, damit man sie nicht weinen sah; Maman war der erste Mensch, der ihr das süße Gefühl gab, zu spüren, dass ihr Leben, ihr Glück, ihr Kummer einer Bäuerin auch jemand anderem als ihr selbst, in aller Anteilnahme, Anlass zu Freude oder zu Trauer sein mochten. Meine Tante schickte sich darein,

besseres Wetter gab und oft ein eisiger Wind ging, sodass man man draußen einen dicken Mantel und im Haus ein tüchtiges Feuer brauchte, da erkundigte sich Maman nach Neuigkeiten von ihrer Tochter und ihren Neffen, fragte, ob ihr Enkel schön artig sei, was aus ihm werden soll, ob er seiner Großmutter nachschlage, etc....

Und wenn niemand mehr da war, sprach Maman im Wissen, dass Françoise ihre Eltern, vor Jahren gestorben, noch wie am ersten Tag beweinte, voll Sanftmut, voll Zartsinn von ihnen, fragte sie nach tausenderlei Einzelheiten, wie denn ihr Leben war, wohlwissend, dass man durch die Erwähnung der Toten denen, die sie wirklich geliebt haben, viel Gutes tut. Um der Tiefe ihrer Trauer, der Süße des vergangenen Lebens Ausdruck zu verleihen, fand Françoise, in ihrer eigenen Sprache, Worte von echtem Adel.

Das Zartgefühl, das sich bei ihr der Güte beigesellte, gestattete Maman, nicht nur am Leben der anderen Anteil zu nehmen, sondern es in seiner Gänze zu erfassen, und so merkte sie sofort, dass Françoise ihren Schwiegersohn nicht mochte und er ihr das Vergnügen vergällte, mit ihrer Tochter zusammen zu sein, da sie nicht so unbefangen reden konnte, wenn er dabei war. Und so sagte Maman, wenn Françoise den beiden, mehrere Meilen von Combray entfernt, einen Besuch abstattete, mit einem Lächeln: „Nicht wahr, Françoise, falls Julien nicht da sein kann und Sie Marguerite den ganzen Tag für sich allein haben, dann wären Sie untröstlich – und würden doch das Beste daraus machen?" Und Françoise sagte, voll Rührung über das Mitfühlen meiner Mutter und voll Bewunderung für ihren Scharfblick, lachend zu ihr: „Madame wissen einfach alles; Madame sind weit schlimmer als die X-rays (das X sprach sie mit gespielter Schwierigkeit und einem Lächeln aus, wie um über sich selbst zu spotten, eine Unwissende, die so gelehrte Begriffe verwendet), die man für Mme Octave geholt hatte und die sehen, was man im Herzen trägt", und verschwand, ganz verwirrt, dass man sich derlei Gedanken

während unseres Aufenthalts nicht so viel von ihr zu haben wie sonst, im Wissen, wie sehr ~~Maman~~ meine Mutter die Dienste dieser überaus aufgeweckten und fleißigen Magd schätzte, die schon um fünf Uhr früh so gepflegt in ihrer Küche stand, als ginge es zum Gottesdienst, unter ihrer Haube voll blendender und steifer Tollfalten wie aus Biscuit-Teig; wie sie einfach alles untadelig besorgte, schuftend wie ein Pferd, unbesehen, ob sie sich gerade wohlfühlte oder nicht, und zwar stets ohne jedes Aufhebens, wie nebenbei, die einzige Magd meiner Tante, die Maman das gewünschte heiße Wasser oder den schwarzen Kaffee wirklich brühheiß auftrug; sie gehörte zu jenen Bediensteten eines Hauses, die einem Fremden auf den ersten Blick zutiefst misshagen, vielleicht weil sie sich gar keine Mühe geben, ihn zu erobern, und für ihn keine Zuvorkommenheit haben, weil sie genau wissen, dass sie in keiner Weise auf ihn angewiesen sind und man eher darauf verzichten würde, ihn zu empfangen, als sie zu entlassen; und gerade an ihnen hängen die Herrschaften am meisten, da sie ihre wahren Verdienste kennen und nichts auf jene oberflächliche Manierlichkeit, jenes dienstfertige Geschwätz geben, die einem Besucher eine günstige Meinung eingeben mögen, aber oft eine unverbesserliche Nichtsnutzigkeit übertünchen.

Wenn Françoise dafür gesorgt hatte, dass meine Eltern über alles verfügten, was sie brauchten, begab sie sich zum ersten Mal nach oben zu meiner Tante, um ihr das Pepsin zu verabreichen und sich zu erkundigen, was ihr zum Frühstück genehm sei, wobei es selten vorkam, dass sie nicht bereits irgendein Ereignis von Bedeutung kommentieren oder erläutern musste.
– Françoise, denken Sie nur, Mme Goupil kam über eine Viertelstunde verspätet, um ihre Schwester zu holen; wenn sie auf ihrem Weg noch länger herumtrödelt, würde es mich nicht wundern, wenn sie erst nach der Elevation eintrifft.
– Tja, das wäre in der Tat kaum verwunderlich, gab Françoise zur Antwort.

über sie machte, womöglich, damit man sie nicht weinen sah; Maman war der erste Mensch, der ihr das süße Gefühl gab, zu sehen, dass ihr Leben, ihr Glück, ihr Kummer einer Bäuerin auch jemand anderem als ihr selbst, in aller Anteilnahme, Anlass zu Freude oder zu Trauer sein mochten. Meine Tante schickte sich darein, während unseres Aufenthalts nicht so viel von ihr zu haben wie sonst, im Wissen, wie sehr wir ihren Dienst schätzten, und in der Tat war Maman ganz entzückt darüber, „wie aufgeweckt und sauber dieses Mädchen ist“ und schon um fünf Uhr früh so „gepflegt“ in ihrer Küche stand, als ginge es zum Gottesdienst, unter ihrer Haube voll blendender und steifer Tollfalten wie aus Biscuit-Teig; wie rasch sie jeweils begriff, wie ein Arzt den Wundverband haben wollte, wie sie einfach alles untadelig besorgte, schuftend wie ein Pferd, unbesehen, ob sie sich gerade wohlfühlte oder nicht, und zwar stets ohne jedes Aufhebens, wie nebenbei, die einzige Magd meiner Tante, die einem das gewünschte heiße Wasser oder den schwarzen Kaffee wirklich brühheiß auftrug; sie gehörte zu jenen Bediensteten eines Hauses, die einem Fremden auf den ersten Blick zutiefst misshagen, vielleicht weil sie sich gar keine Mühe geben, ihn zu erobern, und ihm weder Zuvorkommenheit noch Ehrerbietung bezeugen, weil sie genau wissen, dass sie in keiner Weise auf ihn angewiesen sind und man eher darauf verzichten würde, ihn zu empfangen, als sie zu entlassen; und gerade an ihnen hängen die Herrschaften am meisten, da sie ihre wahren Verdienste kennen und nichts auf jene oberflächliche Manierlichkeit, jenes dienstfertige Geschwätz geben, die einem Besucher eine günstige Meinung eingeben mögen, aber sehr oft eine unverbesserliche Nichtsnutzigkeit übertünchen.

Wenn Françoise am Morgen dafür gesorgt hatte, dass meine Eltern über alles verfügten, was sie brauchten, begab sie sich zum ersten Mal nach oben zu meiner Tante, um ihr das Pepsin zu verabreichen und sich zu erkundigen, was ihr zum Frühstück genehm sei, wobei es selten vorkam,

– Françoise, wären Sie fünf Minuten früher gekommen, hätten
Sie Mme Imbert vorbeigehen sehen, mit Spargeln in den Händen, doppelt so dick wie die von Mutter Callot; finden Sie doch
über deren Magd heraus, wo sie sie herhat. Da Sie dieses Jahr ja
in alle Saucen Spargel tun, hätten Sie für unsere Ankömmlinge
ruhig ebensolche holen können.

– Es wäre nicht weiter verwunderlich, wenn die vom Herrn
Pfarrer kämen, sagte Françoise.

– Ha! das glauben Sie ja selbst nicht, meine teure Françoise,
gab meine Tante zurück und zuckte die Schultern, vom Herrn
Pfarrer! Sie wissen doch genau, dass bei ihm nur kümmerliche
kleine Spargeln sprießen, die nichts hermachen. Ich sagte
Ihnen doch, sie waren so dick wie ein Arm. Natürlich nicht
wie der Ihrige, weit gefehlt, nein, aber wie mein armer Arm,
der dieses Jahr so abgemagert ist. Françoise, haben Sie nicht
das Glockenspiel gehört, das mir meinen Kopf zermartert?

– Nein, Madame Octave.

– Ach!, mein armes Ding, dann muss Ihr Kopf aber ganz schön
solid sein, da können Sie Gott danken. Es war Maguelone, die
den Doktor Piperaud holte. Er kam spornstreichs mit ihr heraus, und sie bogen in die Rue de l'Oiseau. Sicher ist irgendein
Kind krank.

– Herrje auch! mein Gott, sagte Françoise, die keine Kunde
von einem Unglück vernehmen konnte, das irgendeinem Unbekannten in einem entlegenen Winkel der Welt zugestoßen war,
ohne es zu beseufzen.

– Aber Françoise, für wen haben denn die Totenglocken geläutet? Ach! gütiger Gott, bestimmt für Mme Rousseau. Schau her,
da habe ich doch glatt vergessen, dass sie vergangene Nacht
von uns ging. Herrjeh! es ist hohe Zeit, dass mich der gütige
Gott zu sich ruft, ich weiß gar nicht, wo ich meinen Kopf habe,
seit mein armer Octave verstorben ist. Aber ich vergeude Ihre
Zeit, meine Tochter.

– Aber nein, Madame Octave, meine Zeit ist nicht so teuer; ihr

dass sie nicht bereits irgendein Ereignis von Bedeutung kommentieren oder erläutern musste.

– Françoise, denken Sie nur, Mme Goupil kam über eine Viertelstunde verspätet, um zur Messe zu gehen; es würde mich nicht wundern, wenn sie erst nach der Elevation eintrifft.

– Tja, das wäre in der Tat kaum verwunderlich, gab Françoise zur Antwort.

– Françoise, wären Sie fünf Minuten früher gekommen, hätten Sie Mme Imbert vorbeigehen sehen, mit Spargeln in den Händen, doppelt so dick wie die von Mutter Callot; finden Sie doch über deren Magd heraus, wo sie sie herhat. Da Sie dieses Jahr ja in alle Saucen Spargel tun, hätten Sie für unsere Ankömmlinge ruhig ebensolche holen können.

– Es wäre nicht weiter verwunderlich, wenn die vom Herrn Pfarrer kämen, sagte Françoise.

– Ha! das glauben Sie ja selbst nicht, meine teure Françoise, gab meine Tante zurück und zuckte die Schultern, vom Herrn Pfarrer! Sie wissen doch genau, dass bei ihm nur kümmerliche kleine Spargeln sprießen, die nichts hermachen. Ich sagte Ihnen doch, sie waren so dick wie ein Arm. Natürlich nicht wie der Ihrige, weit gefehlt, nein, aber wie mein armer Arm, der dieses Jahr so abgemagert ist.

– Françoise, haben Sie nicht das Glockenspiel gehört, das mir meinen Kopf zermartert?

– Nein, Madame Octave.

– Ach!, mein armes Ding, dann muss Ihr Kopf aber ganz schön solid sein, da können Sie Gott danken. Es war Maguelone, die den Doktor Piperaud holte. Er kam spornstreichs mit ihr heraus, und sie bogen in die Rue de l'Oiseau. Sicher ist irgendein Kind krank.

– Herrje auch! mein Gott, sagte Françoise, die keine Kunde von einem Unglück vernehmen konnte, das irgendeinem Unbekannten in einem entlegenen Winkel der Welt zugestoßen war, ohne es zu beseufzen.

– Aber Françoise, für wen haben denn die Totenglocken

Schöpfer hat mit uns nicht darum geschachert. Ich will nur rasch schauen, ob mein Feuer ausgeht.

Auf solche Weise würdigten Françoise und meine Tante im Verlauf dieses morgendlichen Stelldicheins, was der Tag an ersten Ereignissen so mit sich brachte. Doch ab und zu waren diese Ereignisse in ein so mysteriöses und ernstes Gewand gehüllt, dass meine Tante spürte, wie sie nicht länger warten konnte, bis Françoise nach oben kam, und vier fürchterliche Glockenschläge hallten durch das Haus.

– Aber Madame Octave, es ist noch nicht Zeit für das Pepsin, sagte Françoise. Oder haben Sie einen Anfall von Schwäche?

– Nicht doch, Françoise, sagte meine Tante, oder vielmehr ja, wie Sie wissen, sind die Momente, in denen ich keinen Anfall von Schwäche habe, recht selten gesät; eines Tages werde ich wie Mme Rousseau von hinnen gehen, ohne Gelegenheit zu finden, meine Sünden zu bekennen; aber ich habe nicht deswegen geklingelt. Sie werden es kaum glauben, aber ich habe genauso, wie ich jetzt Sie sehe, Mme Goupil mit einem kleinen Mädchen gesehen, das ich nicht kenne. Holen Sie also für zwei Sous Salz bei Camus. Es wäre seltsam, wenn Ihnen Théodore nicht verraten kann, wer das war.

– Ach, das wird die Tochter von M. Pupin sein, meinte Françoise, die eine rasche Klärung vorzog, war sie doch seit heute Morgen schon zwei Mal bei Camus.

– Die Tochter von M. Pupin! Oh! und das soll ich glauben, meine teure Françoise! Weshalb habe ich sie dann nicht erkannt?

– Ich meine ja nicht die Große, Madame Octave, ich meine das Gör, das in Chartres zur Kost geht!

– Ah so!, sagte meine Tante. Dann ist sie sicher für die Festtage gekommen. Genau! Jetzt haben wir es, sie wird wegen der Festtage hier sein. Aber dann werden wir gleich sehen, wie Mme Sazerat zum Mittagessen bei ihrer Schwester klingelt. Das wird es sein! Hab ich doch den Kleinen von den Galopins gesehen,

geläutet? Ach! gütiger Gott, bestimmt für Mme Rousseau. Schau her, da habe ich doch glatt vergessen, dass sie vergangene Nacht von uns ging. Herrjeh! es ist hohe Zeit, dass mich der gütige Gott zu sich ruft, ich weiß gar nicht, wo ich meinen Kopf habe, seit mein armer Octave verstorben ist. Aber ich vergeude Ihre Zeit, meine Tochter.

– Aber nein, Madame Octave, meine Zeit ist nicht so teuer; ihr Schöpfer hat mit uns nicht darum geschachert. Ich will nur rasch schauen, ob mein Feuer ausgeht.

Auf solche Weise würdigten Françoise und meine Tante im Verlauf dieses morgendlichen Stelldicheins, was der Tag an ersten Ereignissen so mit sich brachte. Doch ab und zu waren diese Ereignisse in ein so mysteriöses und ernstes Gewand gehüllt, dass meine Tante spürte, wie sie nicht länger warten konnte, bis Françoise nach oben kam, und vier fürchterliche Glockenschläge hallten durch das Haus.

– Aber Madame Octave, es ist noch nicht Zeit für das Pepsin, sagte Françoise. Oder haben Sie einen Anfall von Schwäche?

– Nicht doch, Françoise, sagte meine Tante, oder vielmehr ja, wie Sie wissen, sind die Momente, in denen ich keinen Anfall von Schwäche habe, recht selten gesät; eines Tages werde ich wie Mme Rousseau von hinnen gehen, ohne Gelegenheit zu finden, meine Sünden zu bekennen; aber ich habe nicht deswegen geklingelt. Sie werden es kaum glauben, aber ich habe genauso, wie ich jetzt Sie sehe, Mme Goupil mit einem kleinen Mädchen gesehen, das ich nicht kenne. Holen Sie also für zwei Sous Salz bei Camus. Es wäre seltsam, wenn Ihnen Théodore nicht verraten kann, wer das war.

– Ach, das wird die Tochter von M. Pupin sein, meinte Françoise, die eine rasche Klärung vorzog, war sie doch seit heute Morgen schon zwei Mal bei Camus.

– Die Tochter von M. Pupin! Oh! und das soll ich glauben, meine teure Françoise! Weshalb habe ich sie dann nicht erkannt?

wie er mit einer Torte vorbeiging! Sie werden sehen, die Torte war für Mme Goupil.

– Wenn Mme Goupil bereits Besuche empfängt, Madame Octave, dann werden Sie bald sehen, wie all ihre Bekannten zum Essen eintreffen, schließlich ist es schon recht spät, sagte Françoise, da sie rasch wieder hinunter wollte, um sich um das Mittagessen zu kümmern, und so kam es ihr nicht ungelegen, meiner Tante diese Ablenkung in Aussicht zu stellen.

– Oh! wohl kaum vor Mittag, erwiderte meine Tante mit einem Anflug von Resignation, wobei sie einen Blick auf die Wanduhr warf, besorgt zwar, aber verstohlen, um nicht zu zeigen, dass sie, die doch allem entsagt hatte, gleichwohl eine so helle Freude daran fand, in Erfahrung zu bringen, wen Mme Goupil zu Tisch empfing, auch wenn dies zu allem Unglück noch über eine Stunde auf sich warten ließ. Und dann fällt es noch mit meinem Mittagessen zusammen!, seufzte sie mit halblauter Stimme zu sich selbst. Ihr Essen war ihr Zerstreuung genug, sie wünschte nicht noch eine weitere zum gleichen Zeitpunkt. „Sie werden doch hoffentlich nicht vergessen, mir meine Œufs à la crème in einem flachen Teller aufzutragen?" Dies waren nämlich die einzigen, die mit Bildmotiven geschmückt waren, und meine Tante fand bei jedem Essen Kurzweil daran, die Legende auf demjenigen zu entziffern, den man ihr an diesem Tag auftrug. Sie setzte die Brillengläser auf, entzifferte: *Alibaba und die vierzig Räuber* oder *Aladin und die Wunderlampe*, und setzte mit einem Lächeln hinzu: Sehr schön, sehr schön.[55]

– Ich wäre ja zu Camus gegangen..., setzte sie hinzu, jetzt, wo sie wusste, dass meine Tante sie nicht mehr zu ihm schicken würde.

– Aber nein, das ist nicht mehr nötig, er ist bestimmt bei Mlle Pupin. Meine teure Françoise, ich bedaure, dass ich Sie wegen nichts hochkommen ließ.

Freilich wusste meine Tante wohl, dass sie nicht wegen nichts nach Françoise geklingelt hatte, denn in Combray war eine

– Ich meine ja nicht die Große, Madame Octave, ich meine das Gör, das in Chartres zur Kost geht!

– Ah so!, sagte meine Tante. Dann ist sie sicher für die Festtage gekommen. Genau! Jetzt haben wir es, sie wird wegen der Festtage hier sein. Aber dann werden wir gleich sehen, wie Mme Sazerat zum Mittagessen bei ihrer Schwester klingelt. Das wird es sein! Hab ich doch den Kleinen von den Galopins gesehen, wie er mit einer Torte vorbeiging! Sie werden sehen, die Torte war für Mme Goupil.

– Wenn Mme Goupil bereits Besuche empfängt, Madame Octave, dann werden Sie bald sehen, wie all ihre Bekannten zum Essen eintreffen, schließlich ist es schon recht spät, sagte Françoise, da sie rasch wieder hinunter wollte, um sich um das Mittagessen zu kümmern, und so kam es ihr nicht ungelegen, meiner Tante diese Ablenkung in Aussicht zu stellen.

– Oh! wohl kaum vor Mittag, erwiderte meine Tante mit einem Anflug von Resignation, wobei sie einen Blick auf die Wanduhr warf, besorgt zwar, aber verstohlen, um nicht zu zeigen, dass sie, die doch allem entsagt hatte, gleichwohl eine so helle Freude daran fand, zu wissen, wen Mme Goupil zu Tisch empfing, auch wenn sie darauf, wie sie merkte, zu allem Unglück noch über eine Stunde zu warten hatte. Und dann fällt es noch mit meinem Mittagessen zusammen!, seufzte sie mit halblauter Stimme zu sich selbst. Ihr Essen war ihr Zerstreuung genug, sie wünschte nicht noch eine weitere zum gleichen Zeitpunkt. Sie werden doch hoffentlich nicht vergessen, mir meine Œufs à la crème in einem flachen Teller aufzutragen? Dies waren nämlich die einzigen, die mit Bildmotiven geschmückt waren, und meine Tante fand bei jedem Essen Kurzweil daran, die Legende auf demjenigen zu entziffern, den man ihr an diesem Tag auftrug. Sie setzte die Brillengläser auf, entzifferte: *Alibaba und die vierzig Räuber* oder *Jeanne d'Arc in Orléans*, und setzte mit einem Lächeln hinzu: Sehr schön, sehr schön.

Person, „die man nicht kannte", ein Wesen, so wenig glaublich wie ein Gott der Mythologie; und in der Tat, noch nie hatte sich in der Rue du Saint-Esprit oder auf dem Hauptplatz eine jener staunenswürdigen Erscheinungen gezeigt, ohne dass sorgfältige Nachforschungen das Fabelwesen auf das Maß „einer Person, die man kannte" zurechtgestutzt hätten, sei es persönlich, sei es abstrakt im Sinne ihres Zivilstands, insofern sie in diesem oder jenem Verwandtschaftsgrad zu Leuten aus Combray stand. Es war der Sohn von Mme Sauton, der aus dem Wehrdienst zurückkehrte, die Nichte von Pfarrer Perdreau, die aus dem Kloster kam, der Bruder des Pfarrers, Steuereintreiber in Châteaudun, der in Ruhestand ging oder einfach über die Feststage hierherkam. Wenn man sie erblickte, war man ganz aufgewühlt, denn man glaubte, es gäbe in Combray Leute, die man nicht kannte, nur weil man sie nicht auf der Stelle erkannt oder identifiziert hatte. Dabei hatten doch Mme Sauton und der Pfarrer schon vor langem kundgetan, dass sie „Reisegäste" erwarten. Wenn ich am Abend, bei der Heimkehr, hochging, um meiner Tante unseren Spaziergang zu schildern, und ihr aus lauter Unbedachtsamkeit sagte, wir hätten unweit vom Pont-Vieux einen Mann gesehen, den mein Großvater nicht kannte: „Was, ein Mann, den dein Großvater nicht kannte", erregte sich meine Tante. „Ha! das will ich dir gern glauben!" Gleichwohl wollte sie, von dieser Neuigkeit ein wenig in Wallung gebracht, ihr Herz beruhigen, und so wurde nach meinem Großvater geschickt. „Wer war es denn, der euch beim Pont-Vieux über den Weg lief, mein Onkel? ein Mann, den Sie nicht kennen?" – „Nicht doch", erwiderte mein Großvater, „es war nur Prosper, der Bruder des Gärtners von Mme Bouillebœuf." – „Ach so", sagte meine Tante beruhigt und eine Spur gerötet; mit ironischem Lächeln zog sie die Schultern hoch und fügte hinzu: „Er da hat mir eben gesagt, ihr hättet einen Mann getroffen, den Sie nicht kannten!" Und so riet man mir, das

– Madame Octave, es tut Not, dass ich Sie verlasse, ich kann nicht länger verweilen, es ist schon fast elf Uhr, mein Ofen ist noch nicht einmal am „Glühen" und ich muss noch meine Spargel „rupfen".

– Wie, Françoise, schon wieder Spargel! Sie haben dieses Jahr ja eine richtige Spargelkrankheit, Sie werden unsere Pariser noch ganz auslaugen!

– Aber nein, Madame Octave, sie mögen das. Jedenfalls werden sie, wenn ich sie ihnen vorsetze, und seien es auch nur die Spitzen, gewiss nicht darin herumstochern, das kann ich Ihnen versichern. Ich wäre ja zu Camus gegangen..., setzte sie hinzu, jetzt, wo sie wusste, dass meine Tante sie nicht mehr zu ihm schicken würde.

– Aber nein, das ist nicht mehr nötig, er ist bestimmt bei Mlle Pupin. Gehen Sie ruhig und wachen Sie über Ihr Mittagessen, meine teure Françoise, ich bedaure, dass ich Sie wegen nichts hochkommen ließ.

Freilich wusste meine Tante wohl, dass sie nicht „wegen nichts" nach Françoise geklingelt hatte, denn in Combray war eine Person, „die man nicht kannte", ein Wesen, so wenig glaublich wie ein Gott der Mythologie; und in der Tat, noch nie hatte sich in der Rue du Saint-Esprit oder auf dem Hauptplatz eine jener staunenswürdigen Erscheinungen gezeigt, ohne dass sorgfältige Nachforschungen das Fabelwesen auf das Maß „einer Person, die man kannte" zurechtgestutzt hätten, sei es persönlich, sei es abstrakt im Sinne ihres Zivilstands, insofern sie in diesem oder jenem Verwandtschaftsgrad zu Leuten aus Combray stand. Es war der Sohn von Mme Sauton, der aus dem Wehrdienst zurückkehrte, die Nichte von Pfarrer Perdreau, die aus dem Kloster kam, der Bruder des Pfarrers, Steuereintreiber in Châteaudun, der in Ruhestand ging oder einfach „über die Feststage" hierherkam. Wenn man sie erblickte, war man ganz aufgewühlt, denn man glaubte, es gäbe in Combray Leute, die man nicht kannte, nur weil man sie nicht auf der Stelle erkannt oder identifiziert hatte. Dabei hatten doch

nächste Mal umsichtiger zu sein und meine Tante nicht mit unbedachten Worten aufzuregen. In Combray kannten sich alle so gut, Tiere und Menschen, dass meine Tante beim zufälligen Anblick eines Hundes, den sie nicht kannte, diesem unerhörten Vorfall ohne Unterlass nachgrübelte, ihm ihre ganze Gabe zu logischen Schlussfolgerungen und so manche freie Stunde widmete.

– Das wird wohl der Hund von Mme Sazerat sein, meinte Françoise, ohne rechte Überzeugung, aber zur Beruhigung, damit sich meine Tante „nicht den Kopf zerbrach".

– Als würde ich den Hund von Mme Sazerat nicht kennen! entgegnete meine Tante, deren kritischer Geist eine Tatsache nicht so leicht hinnahm.

– Aha! dann wird es der neue Hund sein, den M. Galopin aus Lisieux brachte.

– Aha! schon besser.

– Es soll ein leutseliger Hund sein, fügte Françoise hinzu, die diese Auskunft von Théodore hatte, geistreich und galant wie ein Mensch, stets gut gelaunt, stets liebenswürdig, nie ohne einen Anflug von Grazie. Es kommt selten vor, dass ein Tier schon in diesem Alter so galant ist: Ich bin sehr Madame Octave, nun muss ich Sie aber verlassen, ich habe keine Zeit mehr für Kurzweil, es ist fast elf zehn Uhr, mein Ofen ist noch nicht am Glühen

PLACARD 10 B
VOM 16. APRIL 1913[56]

und ich muss noch meine Spargel „rupfen".

– Wie Françoise? schon wieder Spargel! Sie haben dieses Jahr ja eine richtige Spargelkrankheit, Sie werden unsere Pariser noch ganz auslaugen.

– Aber nein, Madame Octave, sie mögen das. Sie werden mit Appetit aus der Kirche kommen, und Sie werden schon sehen, dass sie gewiss nicht darin herumstochern!

– Sie sind bestimmt schon in der Kirche; da sollten Sie besser

Mme Sauton und der Pfarrer schon vor langem kundgetan, dass sie „Reisegäste" erwarten. Wenn ich am Abend, bei der Heimkehr, hochging, um meiner Tante unseren Spaziergang zu schildern, und ihr aus lauter Unbedachtsamkeit sagte, wir hätten unweit vom Pont-Vieux einen Mann gesehen, den mein Cousin nicht kannte: „Was, ein Mann, den dein Cousin nicht kannte", erregte sich meine Tante. „Ha! das will ich dir gern glauben!" Gleichwohl wollte sie, von dieser Neuigkeit ein wenig in Wallung gebracht, ihr Herz beruhigen, und so wurde nach meinem Cousin geschickt. „Wer war es denn, der euch beim Pont-Vieux über den Weg lief? ein Mann, den du nicht kennst?" – „Nicht doch", erwiderte mein Cousin, „es war nur Prosper, der Bruder des Gärtners von Mme Bouillebœuf." – „Ach so", sagte meine Tante beruhigt und eine Spur gerötet; mit ironischem Lächeln zog sie die Schultern hoch und fügte hinzu: „Er da hat mir eben gesagt, ihr hättet einen Mann getroffen, den du nicht kanntest!" Und so riet man mir, das nächste Mal umsichtiger zu sein und meine Tante nicht mit unbedachten Worten aufzuregen. Man kannte sich so gut, Tiere und Menschen, dass meine Tante beim zufälligen Anblick eines Hundes, den sie „nicht kannte", diesem unerhörten Vorfall ohne Unterlass nachgrübelte, ihm ihre ganze Gabe zu logischen Schlussfolgerungen und so manche freie Stunde widmete.

– Das wird wohl der Hund von M. Sazerat sein, meinte Françoise, ohne rechte Überzeugung, aber zur Beruhigung, damit sich meine Tante „nicht den Kopf zerbrach".

– Als würde ich den Hund von Mme Sazerat nicht kennen! entgegnete meine Tante, deren kritischer Geist eine Tatsache nicht so leicht hinnahm.

– Aha! dann wird es der neue Hund sein, den M. Galopin aus Lisieux brachte.

– Aha! schon besser.

– Es soll ein leutseliger Hund sein, fügte Françoise hinzu, die diese Auskunft von Théodore hatte,

keine Zeit verlieren. Gehen Sie und wachen Sie über Ihr Mittagessen.[57]

Während meine Tante so mit Françoise schwatzte, begleitete ich meine Eltern in die Messe. Wie lieb sie mir war, wie gern ich sie wiedersah, unsere Kirche!

Der ~~Ihr~~ Der alte Portalvorbau, ~~unter dem~~ durch den wir eintraten, schwarz, verhagelt wie ein Schaumlöffel, leicht geknickt und in den Winkeln tief ausgehöhlt (wie das Weihbecken, zu dem er uns führte), ganz so, als hätten beim Eintreten die sanft vorbeistreichenden Überwürfe unserer Bäuerinnen und ihre scheuen Finger beim Eintauchen ins geweihte Wasser, im Verlauf der Jahrhunderte wieder und wieder wiederholt, eine zerstörerische Kraft gewonnen, um den Stein zu wetzen und Spuren einzugraben, ~~tiefer noch als jene, die~~ wie sie die Räder der Karren in den Ecksteinen hinterlassen, gegen die sie Tag für Tag prallen~~: – und jene.~~ Diese Grabsteine, unter denen der edle Staub der Äbte von Combray ~~und Saint-Rigier~~, die hier beerdigt lagen, eine Art spirituelles Pflaster durch den Chor zog, auch sie bildeten nicht mehr eine harte und erstarrte Materie, denn die Zeit hatte sie aufgeweicht und wie Honig über die Grenzen ihrer Einfassung fließen lassen, hier etwa rissen sie in Form einer blonden Woge die Ranken eines gotischen Großbuchstabens mit sich fort und schwemmten die weißen Marmorveilchen; und dort, weiter hinten, wurden sie aufgesaugt, stauchten gar die Ellipsen einer lateinischen Inschrift, fügten der Anordnung dieser abgekürzten Schriftzüge einen Eigensinn hinzu, indem sie zwei Lettern eines Wortes nah und nah fügten, während alle anderen Lettern übermäßig weit auseinanderlagen~~: –.~~ Diese Glasmalereien~~, die~~ leuchteten nie so hell ~~leuchteten~~ wie an Tagen, wo sich die Sonne ~~nicht~~ nur wenig zeigte, und so wusste man, war es draußen grau, würde es in der Kirche schön sein; die eine wurde in ihrer ganzen Größe von einer einzigen Figur ausgefüllt, die dem König in einem Kartenspiel glich, der dort oben, unter dem steingefügten

Baldachin zwischen Himmel und Erde hauste; (in dem in seinem blauen, schräg einfallenden Widerschein sah man zuweilen, wenn an Wochentagen über Mittag keine Messe abgehalten wurde – einer jener seltenen Momente, wo die Kirche ganz luftig warm und hell leer war, menschlich fast, geradezu verschwenderisch, mit der Sonne auf den prachtreichen Möbeln, dann wirkte sie beinahe schon bewohnt wohnlich, wie die mit Steinskulpturen und bemaltem Glas verzierte Empfangshalle eines Hotels im mittelalterlichen Stil –, da sah[58] man Mme Sazerat fußfällig auf dem Gebetsschemel knien, neben sich ein wohlverschnürtes Pack von Petits fours, die sie gerade beim Patissier gegenüber abgeholt hatte und zum Mittagessen mitbringen würde); in einem anderen, auf der sich hatte sich ein rosa beschneiter Berg, an dessen Fuß eine Schlacht im Gange war, wie Raureif über das Glas gelegt hatte, vom Schwulst seines Hagelschauers getrübt wie eine Scheibe, auf der Flocken zurückbleiben, Flocken freilich, die von einer Morgenröte erleuchtet werden (gewiss von der gleichen, die das Altarblatt in Farben tauchte, so frisch, als stammten sie nicht von Farben, die immerdar mit dem Stein verbunden bleiben, sondern als seien sie, für einen Moment nur, durch einen Glanz von außen hingehaucht, der kurz darauf schwinden sollte); alle alle waren und alle waren so alt, dass man da und dort ihr silbernes Alter im Staub der Jahrhunderte funkeln sah, der Schussfaden ihres zarten Wandteppichs aus Glas gleißte blank abgewetzt: – . In der Sakristei gab es Eine andere wiederum Es gab unter ihnen eine, die ein gewaltiges und hohes Feld einnahm, unterteilt in rund hundert kleine Glasquader, zur Hauptsache blau und rot, in denen das Blau überwog, gleich einem großen Kartenspiel wie jenem, dessen Bestimmung es war, Karl VI. die Zeit zu vertreiben; doch sei es, dass ein aufglänzender Sonnenstrahl aufglänzte, sei es dass mein schweifendes Auge über das Glas wanderte und einen flackernden und kostbaren Brand entfachte, der bald erlösche, bald aufflackerte, im nächsten

184

Moment hatte es schon die wechselnde Färbung einer Pfauen-
schleppe angenommen; ~~dann die tiefe Transparenz und die
undurchdringliche Härte der Saphire, die sich auf einem ausladenden Brustbild gegenüberlagen;~~ dann bebte und wogte sie
in einem gleißenden und märchenhaften Regen, der aus der
düsteren und felsigen Tiefe des Gewölbes tropfte, die feuchten
Wände entlang hinunterlief wie im Kirchenschiff einer von
vielgewundenen Stalaktiten schimmernden Grotte, in deren
Inneres ich meinen Eltern folgte, die ihr Messbuch trugen;
einen Augenblick später hatte die rautenförmige Glasmalerei
eine tiefe Transparenz angenommen, mit der undurchdringlichen Härte von Saphiren, die sich auf einem gewaltigen Brust-
panzer gegenüberlagen, ~~hinter denen~~ dahinter aber erahnte
man, weit stärker herbeigesehnt als all diese Schätze, ~~gut und
redlich~~ ein flüchtiges Lächeln[59] der Sonne, ~~und~~ es zeigte sich
auch im ~~glänzenden~~ blauen und sanften Gewoge, in das es die
Edelsteine tauchte, wie auf dem Pflaster des Platzes oder dem
Stroh des Marktes; und selbst an unseren ersten Sonntagen,
nachdem wir vor Ostern eingetroffen waren, tröstete es mich
über die noch ganz nackte und schwarze Erde hinweg, indem
es – wie ein historischer Frühling aus der Zeit der Nachfahren
von Ludwig dem Heiligen – diesen blendenden und von gläsernen Myosotis vergoldeten Teppich erblühen ließ.[60] Zwei Tapisserien vom Hochwebstuhl zeigten die Krönung von Esther
~~durch Ahasverus~~ (wobei es die Tradition wollte, dass man Ahasverus die Züge eines Königs von Frankreich verlieh und Esther
diejenigen einer adligen Dame von Guermantes, in die er verliebt war), denen die Farben ~~beim Zerfließen,~~ zerfließend, noch
mehr Ausdruck, Tiefe, Helle gaben: ein zartes Rosa schwebte
um die Lippen von Esther, über den Rand ihrer Umrisse hinaus, und das Gelb ihrer Robe verbreitete sich so salbungsvoll,
so satt, dass sie dadurch an Festigkeit gewann und sich lebhaft
über den verdrängten Luftschichten bauschte; und das Grün
der Bäume, das im unteren Bereich des Sichtfeldes, aus Seide

und Wolle gewirkt, noch hell leuchtete, zeichnete sich, nach oben „gewandert", blass und blasser ab, die hohen Zweige über den dunklen Stämmen wechselten ins Gelbliche, golden glänzend und fast ausgelöscht im jähen und schrägen Lichteinfall einer unsichtbaren Sonne~~: –~~. All dies, und mehr noch die kostbaren Gegenstände, die der Kirche von Personen vermacht worden waren, die für mich eine geradezu mythische Größe angenommen hatten (das goldene Kreuz, vorgeblich vom heiligen Eligius geschmiedet und von Dagobert geschenkt, ~~die Glasmalerei des Abbé Suger,~~ das Grab der Söhne von ~~Karl dem Großen~~ Ludwig dem Deutschen aus Porphyr und emailliertem Kupfer), ließen mich, wenn wir unsere Sitze aufsuchten, durch ~~das Kirchenschiff~~ die Kirche schreiten ~~wie~~ wie durch ein von Feen bewohntes Tal, wo der Bauer voll Verwunderung in einem Fels, in einem Baum, in einem Weiher die handgreifliche Spur ihres übernatürlichen Wandelns erblickt, all dies machte für mich ~~aus der Kirche von Combray~~ daraus etwas, was vom Rest der Stadt gänzlich verschieden war; ein Bauwerk, das ~~sozusagen,~~ so zu sagen, einen vierdimensionalen Raum einnahm – mit der *Zeit* als vierter Dimension –, das Kirchenschiff quer durch die Jahrhunderte ausspannend, Joch um Joch, Kapelle um Kapelle, sodass es nicht bloß ein paar Meter zu durchmessen und zu überwinden schien, sondern ganze aufeinanderfolgende Epochen, aus denen es siegreich hervorging; das ungeschlachte und wilde 11. Jahrhundert in seinen dicken Mauern bergend, aus denen es mit seinen plumpen Bögen, hinter grobem Bruchstein verdeckt und versteckt, einzig im tiefen Einschnitt hervorbrach, den die Treppe des Glockenturms ~~unter das~~ unweit vom Portal gegraben hatte, doch selbst da noch wurde es von graziösen gotischen Arkaden verborgen, die sich wie große Schwestern in kokettem Kreis vordrängten, ~~mit einem Lächeln ihren Platz einnehmend,~~ um ihn vor Fremden zu schützen, so schoben sie sich vor ihren jungen bäurischen Bruder, murrsinnig und lumpig gekleidet; dafür erhob es über dem Platz seinen

Turm, der schon Ludwig den Heiligen betrachtet hatte und noch immer zu betrachten schien, himmelwärts; mit seiner Krypta aber stieß es in merowingische Nacht vor, wo wir uns unter einer finsteren und stark geäderten Decke, den ausladenden Membranen einer Fledermaus ähnlich, vortasteten, geführt von Théodore und seiner Schwester, die für uns mit einer Kerze das Grab der kleinen Tochter von Sigibert erleuchtete, in das eine tiefe Furche – wie die Spur eines Fossils – geritzt war, und zwar, so heißt es, von einer kristallenen Lampe, die sich am Abend des Mordes an der fränkischen Prinzessin ganz allein von ihren goldenen Ketten gelöst hatte, mit denen sie an der Stelle der jetzigen Apsis aufgehängt war und sich, ohne dass der Kristall zersprungen wäre, ohne dass die Flamme erloschen wäre, in den Stein gebohrt und ihn nach und nach sanft gehöhlt hatte.

Die Apsis der Kirche von Combray, wie wollte ~~ich~~ man wirklich davon sprechen? Sie wirkte ~~neben all den ruhmreichen Apsiden, die ich mittlerweile gesehen hatte,~~ so grobschlächtig, so arm an künstlerischer Schönheit und entbehrte jeglicher religiösen Inbrunst. An einer abschüssigen Straßenkreuzung liegend, erhob sich ihre äußere Hauptmauer über dem Fundament aus unbehauenen Bruchsteinen, übersät mit Kieseln, und so verstrahlte sie keinerlei Anflug kirchlicher Weihe, die Glasfenster wirkten viel zu hoch angebracht, und das Ganze machte eher den Anschein einer Kerkermauer als einer Kirche. Und fürwahr, wenn ich mir, späterhin, all die glorreichen Apsiden in Erinnerung rief, die ich besucht hatte, ~~und mich fragte, in welcher das religiöse Gefühl besonders machtvoll zum Ausdruck kam,~~ es wäre mir nie in den Sinn gekommen, sie in eine Reihe mit der Apsis von Combray zu stellen. Einmal aber, da erblickte ich eines Tages an der Biegung einer kleinen Straße in der Provinz, an der Kreuzung von drei Gassen, eine kahle, hochragende Mauer mit weit oben eingelassenen Glasfenstern, den nämlichen asymmetrischen Anblick bietend wie die Apsis

von Combray. Da fragte ich mich nicht wie in Chartres oder in Reims, mit welcher Macht das religiöse Gefühl zum Ausdruck gebracht wurde, sondern rief unwillkürlich: „Die Kirche!"

Die Kirche! ~~f~~Familiär; an der Rue Saint-Hilaire, wo sich ihre nördliche Pforte befand, zwischen ihren beiden Nachbarn eingepfercht, der Apotheke von M. Rapin und dem Haus von Mme Loiseau, an das sie ohne Trennraum anstieß; eine schlichte Citoyenne von Combray, die in der Straße eine Nummer hätte tragen können, wenn denn die Straßen von Combray Nummern gehabt hätten, jedenfalls hätte der Briefträger, so schien es, beim Verteilen der Post auch bei ihr einen Halt einlegen können, ehe er bei Mme Loiseau eintrat und bei M. Rapin herauskam, und doch gab es zwischen ihr und allem, was nicht sie war, ~~jener scheidenden~~ ~~Klüfte~~ Kluft, die mein Geist nie zu überbrücken vermochte. Mme Loiseau mochte vor ihrem Fenster zwar Fuchsien haben, welche die schlechte Angewohnheit besaßen, ihre Zweige mit hängenden Köpfen stets dahin und dorthin wandern zu lassen, wobei ihre Blüten, sobald sie groß genug waren, nichts Dringlicheres kannten, als ihre violenblauen und angekränkelten Wangen an der finsteren Fassade der Kirche zu kühlen, doch wirkten die Fuchsien diesethalben nicht etwa sakraler ~~als mein Großonkel, wenn er~~[62] ~~unter der Glasmalerei von Karl dem Bösen kniefällig wurde~~; zwischen den Blumen ~~von Mme Loiseau~~ und dem rußschwarzen Stein, an den sie sich schmiegten, öffnete sich, ~~unmerklich für die Augen~~ auch wenn meine Augen keinen Bruch feststellen konnten, vor dem Geist ein Abgrund.

Entdeckte man, an der Rue de l'Oiseau, ihre Pforte, beschmutzt von rußigem Schwarz, das nicht von einer Feuersbrunst stammte, und, in Griffweite, auf der Rückseite des Kirchenfensters von Gilbert dem Schlechten mit seiner vertrauten

Unheimlichkeit, etwelche verwischte Farbspuren, wie auf den antiken und plumpen Werken, die eine barbarische Vorliebe mit Edelsteinen überladen hatte und wo man in den Furchen des Steins auf den Schmelzfluss von grünem Email, einen barocken Rubin oder mugeligem Saphir stieß, so schien die Kirche im Herzen von Combray wie dessen Vergangenheit zu ruhen, wie das Nachleben der Tage von Saint-Hilaire.

Man erkannte den Glockenturm von Saint-Hilaire schon von weitem, er schrieb seine unvergessliche Gestalt mitten in den Horizont, noch bevor Combray auftauchte; ~~so etwa~~ aus dem Zug, der uns ~~in unseren Osterferien~~ in der Osterwoche von Paris hierherbrachte, wenn mein Vater bemerkte, wie er wechselweise über alle Furchen des Himmels floh und seinen kleinen eisernen Wetterhahn in alle Richtungen eilen ließ, und sagte: „Packt eure Decken ein, wir sind da“~~, oder auch~~. Und es gab auf einem der längsten Spaziergänge, die wir in Combray machten, eine Stelle, wo die Straße, eng und enger, unversehens in eine gewaltige ~~Ebene~~ Hochebene mündete, ~~in der Ferne von Tälern gesprenkelt, voll von kleinen Hügeln und~~[63] am Horizont von gezackten Wäldern begrenzt, einzig überragt von der zarten Spitze des Glockenturms von Saint-Hilaire, so schmal zwar, so rosa, dass er von einem Fingernagel in den Himmel geritzt schien, der dieser Landschaft, diesem Gemälde reiner Natur, ebendiesen Anflug von Kunst verleihen wollte, diesen einzigen menschlichen Wink.

~~Kam man näher,~~ Es war, auf ~~Auf~~ diese Distanz ~~war Combray nichts als eine Kirche, Inbegriff der ganzen Stadt, für sie und durch sie in die Ferne sprechend, und beim Näherkommen scharte sie, mitten auf freiem Feld, die grauen und wollenen Rücken der dichtgedrängten Häuser eng um ihren hohen, düsteren Überwurf, wie eine Hirtin ihre Schafe, da und dort von Resten eines mittelalterlichen Walls umzirkt, in so vollendetem Kreisrund wie auf den Gemälden eines spätgotischen Malers. Dann konnte man bald schon~~ Kam man näher, konnte man den

194

Rest des quadratischen und halb zerstörten Turms sehen, der, etwas weniger hoch, an seiner Seite ~~ragte~~ stehen geblieben war, wobei einem zunächst der rötliche und finstere Farbton seiner Steine auffiel; und man hätte, an einem nebligen Herbstmorgen, gesagt, es rage über dem stürmischen Violett der Reben eine Ruine aus Purpur, von der Farbe fast wie Wilder Wein.

Auf dem Hauptplatz ließ mich meine Großmutter, wenn wir heimkehrten, oft Halt machen, um ihn anzuschauen. Von seinen Turmfenstern, paarweise übereinander eingelassen, ~~mit jener Passgenauigkeit und Originalität der~~ mit jenen passgenauen und originellen Proportionen der Abstände, die nicht nur menschlichen Gesichtern ihre hohe Schönheit oder Würde ~~verleihen~~ geben, ließ er in regelmäßigen Abständen einen Schwarm Raben ~~fallen~~ regnen, die für einen Augenblick krächzend kreisten, als ob das alte Gemäuer, das sie flattern ließ, ohne etwas davon zu bemerken, auf einen Schlag unbewohnbar geworden wäre und das Principium unablässigen Aufruhrs ausströmte, um sie nun von sich zu stoßen und zu verjagen. Dann, nachdem sie den violetten Samt der Abendluft ringsherum gestrichelt hatten, kamen sie, jäh beruhigt, zurück und ließen sich vom Turm schlucken, der zunächst unheilvoll, jetzt aber einladend wirkte, vereinzelt saßen sie da und dort, ~~scheinbar unbewegt,~~ allem Anschein nach bewegungslos, aber nach etwelchen Insekten schnappend, oben auf der Spitze eines Glockenturms, wie eine Möwe, die mit der Reglosigkeit eines Fischers auf dem Kamm einer Welle ~~sitzt~~ verharrt. Ohne recht zu wissen, warum, schien meiner Großmutter der Glockenturm von Saint-Hilaire von aller Vulgarität, Anmaßlichkeit, Scheelsucht verschont, und so liebte sie ihn genauso wie die Natur, solange sie nicht von menschlicher Hand zurechtgestutzt war, ~~wie es der Gärtner meiner Großmutter tat~~ oder auch die genialen Meisterwerke, und schrieb ihm eine Fülle von wohltuenden Einflüssen zu. Und tatsächlich, der gesamte Abschnitt der Kirche, der sichtbar war, hob sich von jedem

anderen Gebäude durch eine Art Gedankenfülle ab, die ihm eingehaucht war, doch es war ihr Glockenturm, in dem sie zum Bewusstsein ihrer selbst zu gelangen schien, eine individuelle und verantwortungsvolle Existenz behauptend. Er war es, der für sie sprach. Ich denke auch, dass meine Großmutter, wirr zwar, gerade im Glockenturm von Combray all das sah, was für sie den höchsten Wert auf Erden verkörperte, den Anschein eines ungekünstelten Wesens, eines edlen Wesens. In Sachen Architektur unkundig, meinte sie: „Meine Kinder, macht euch ruhig lustig über mich, wenn ihr wollt, er mag ja nach den Regeln der Kunst nicht sonderlich schön sein, aber sein altes und bizarres Antlitz hat es mir angetan. Und ich bin sicher, würde er Klavier spielen, sein Anschlag wäre auf keinen Fall *trocken*." Und wenn sie ihn so anschaute, die sanfte Spannung anschaute, die andächtige Neigung seiner steinernen Schrägen, die sich, hoch und höher steigend, Händen gleich, zum Gebet verschränkten, dann verschmolz sie so innig mit diesem hochschnellenden Pfeil, dass ihr Blick mit ihm zu entschwinden schien; und dabei lächelte sie den alten abgenutzten Steinen zu, in aller Freundschaft, während die untergehende Sonne nur noch den Giebel besonnte, und sowie sie in diese hell schimmernde Zone eintauchten, vom Licht weich gemacht, schienen sie unvermittelt noch höher zu steigen, ins Ferne, wie ein Gesang, der von einer „Kopfstimme" eine Oktave höher aufgenommen wird. ~~Meine Großmutter stellte sich gar nicht erst die Frage, ob dieser Eindruck~~ *~~künstlicher~~* ~~Schönheit (Religion spielte nicht hinein, da meine Großmutter eine Freidenkerin war), den ihr der Glockenturm von Saint-Hilaire vermittelte, wirklicher als das Leben war und auch außerhalb von ihm Bestand haben mochte; aber ich weiß genau, dass sie, wenn auch unbewusst, genau dies glaubte, und zwar mit einem Glauben, der zu den einzigen wirklich tiefen Überzeugungen gehörte, zu jenen, denen gewisse Taten folgen. Denn wenn eine ihrer Nichten, die sie sehr liebte und die ihr glichen, schwer-~~

krank darniederlag, wünschte meine Großmutter, dass man sie, wenn man ihr eine Reise erlaubte, den Glockenturm von Combray besichtigen ließ, den sie noch nicht kannte. Und wenn diese junge Frau tot war, sagte meine Großmutter so manches Mal: „Ich bedaure, dass sie den Glockenturm nie sah, er hätte ihr gefallen." Gewiss steht der Glaube, auf den solche Reue baut, im Widerspruch zur wissenschaftlichen Auffassung eines vollständigen Todes, aber dieser Widerspruch spricht nicht weniger stark gegen die wissenschaftliche Auffassung als gegen den Glauben. Wer weiß, vielleicht verfehlen der Materialismus und die Doktrin der Unsterblichkeit der Seele in gleicher Weise die Wirklichkeit, gerade so wie beim Telephon die Ansichten von zwei Personen eines Landes, in dem man nicht weiß, was Elektrizität ist, wobei die eine glaubt, es handle sich um einen reinen Trug, die andere aber, um die unverfälschte Stimme, die Hunderte von Meilen transportiert wird, und zwar durch eine Intensivierung ihrer akustischen Strahlkraft.

Es war der Glockenturm von Saint-Hilaire, der allen Tätigkeiten, allen Stunden, allen Ansichten der Stadt ihre jeweiligen Züge verlieh und ihnen zur Krönung gereichte, zur Weihe. Von meiner Kammer aus konnte ich lediglich seinen Rumpf sehen, der mit Schiefertafeln bedeckt worden war; und doch, wenn ich sie am Sonntag sah, im Bett noch, sah, wie sie an einem warmen Sommertag gleißten wie eine schwarze Sonne, sagte ich mir: „Gott! schon neun Uhr! ich muss rasch aufstehen, ich muss mich herrichten, um zum Hochamt zu gehen, wenn ich noch Zeit finden will, Tante Léonie zuvor einen Kuss zu entbieten", und ich wusste auch schon genau, welche Farbe die Sonne auf dem Platz hatte, kannte die Hitze und den Staub des Marktes, den Schatten, den die Markise jenes Ladens warf, in den Maman womöglich noch vor der Messe eintrat, mitten hinein in den Geruch von ungebleichtem Tuch und Sommer, um den Kauf eines Schnupftuchs zu tätigen, das ihr der Krämer, die Hüfte beugend, hervorholte zeigte, ehe er, alles zum Schließen

vorbereitend, hinten im Geschäft verschwand, um sein Sonntagswams überzustreifen und sich die Hände einzuseifen, die er, aus Gewohnheit, alle fünf Minuten, selbst unter melancholischen Umständen, aneinander rieb, mit dem Ausdruck der Geschäftigkeit, eines erfolgreichen Handelsabschlusses.

Trat man nach der Messe bei~~m Théodore~~ Patissier Théodore ein, um ihm zu sagen, er solle ~~eine dickere Brioche~~ ~~St-Honoré~~ eine dickere Brioche als gewöhnlich bringen, da unsere Cousins aus Evreux vom schönen Wetter profitierten, um zum Essen zu kommen, so lag er da, vor uns, der Glockenturm, golden und seines Orts gebacken wie eine gewaltige, gesegnete Brioche, mit dicht geschichteter Rinde und dem zähflüssigen Schmelz des Sommers, seine scharfe Spitze ins Blau des Himmels ritzend. Am Abend aber, wenn ich vom Spaziergang zurückkam und an den Augenblick dachte, in dem ich meiner Mutter Gutnacht sagen und sie nicht mehr sehen sollte, da wirkte er, mit dem ausklingenden Tag, ganz mild, er lag da, hingebettet und flachgestrichen wie ein Kissen aus braunem Samt auf dem fahlen Himmel, der seinem Druck nachgab, sich leicht gehöhlt hatte, um ihm eine Mulde zu bieten und an seinen Rändern wieder hervorzuquellen; und es schien, als würden die Schreie der Vögel, die um ihn kreisten, sein Schweigen noch verdichten und seine Turmspitze höher schnellen lassen, und das verlieh ihm etwas Unaussprechliches.

Selbst bei unseren Besorgungen, die hinter der Kirche zu tätigen waren, da, wo man sie gar nicht sah, schien alles nach Maßgabe des Glockenturms geordnet, der da ~~und~~ wie dort zwischen den Häusern hervorlugte, ergreifender noch, so möglich, wenn er dieserweise ohne die Kirche auftauchte. Gewiss, es gibt unzählige, die aus solchem Blickwinkel schöner sind, und ich trage in meiner Erinnerung ~~manche~~ Vignetten von Glockentürmen, die über Dächer ragen und weit mehr das Gepräge von Kunst tragen als jene, die die tristen Straßen von Combray bildeten. Unvergesslich bleiben mir, in einer wunder-

lichen Stadt der Normandie, gleich neben Balbec, zwei reizende Stadtpalais aus dem 18. Jahrhundert, die mir in mancher Hinsicht lieb und anbetungswürdig vorkamen und zwischen denen man, wenn man vom prächtigen Garten aus schaute, der von den Gleisen an den Fluss hinunterführte, den gotischen Turmspitz einer hinter ihnen verborgenen Kirche erblickte, der sich hoch aufschwang, als würde er alles überragen, und so den Abschluss ihrer Fassaden bildete, dies aber mit einer so anders gearteten Materie, unendlich kostbar, schön gefurcht, rosa und glatt poliert, dass man leicht merkte, dass er mit ihnen so wenig zusammenhing wie die purpurne und vielgewundene Spitze einer turmartig gewundenen und mit Email überzogenen Muschel mit den zwei Kieselsteinen, die am Strand aneinanderliegen und sie einfassen. Selbst in Paris kenne ich, in einem der hässlichsten Quartiere der Stadt, ein Fenster, wo man hinter einer ersten, zweiten und dritten Flucht von zusammengewürfelten Dächern einen violetten Glockenturm erblickt, rötlich bisweilen, manchmal sogar, in den edelsten „Abzügen", die die Atmosphäre von ihm macht, mit dem Schwarz abgelagerter Asche, und doch ist es nichts weiter als der Dom Saint-Augustin, der diesem Anblick von Paris den Anstrich gewisser Veduten von Rom bei Piranesi verleiht. Doch ~~von diesen Stichen – und ich besitze davon so manche –, die mein Gedächtnis noch so stilsicher ausführte~~ mein Gedächtnis mochte diese Stiche noch so stilsicher ausführen, ~~keiner von ihnen schlug mich in seinen Bann~~, es konnte ihnen keiner all das verleihen, was für mich seit langem verloren war, jenes Gefühl, das uns einen Gegenstand nicht als Schaustück betrachten, sondern an ihn glauben lässt wie an ein Wesen ohne seinesgleichen, keiner von ihnen, ~~er mochte von meinem Gedächtnis noch so stilsicher ausgeführt sein,~~ barg in seinem Wirkkreis einen so tiefen Teil meines Lebens wie die Erinnerung an all diese Ansichten des Glockenturms von Saint-Hilaire in den Straßen, die hinter der Kirche lagen. Man erblickte ihn

um fünf Uhr, wenn man in der Post Briefe holte, links von uns um die Ecke, nur ein paar Häuser weiter, wie er die Linie der Dachgiebel jäh überragte, als abgesonderter Gipfel; wollte man hingegen eintreten, um Neuigkeiten von Mme Sazerat zu erfragen, folgte man mit den Augen der Linie, die nach dem Abfallen seiner anderen Flanke tief verlief, und wusste, dass man bei der zweiten Straße nach dem Glockenturm abbiegen musste; und dann, wenn man noch weiter vorstieß, wenn man zur Bahn ging, sah man ihn schräg, wie er das Profil seiner Sparren sowie unbekannte Flächen darbot wie eine nachhaltige Überraschung im Verlauf der ungeahnten Momente seines Umschwungs; oder auch, von den Ufern der Vivonne aus, die aufgrund der Perspektive muskulös verdichtete und neu getürmte Apsis, sie schien ganz angespannt im Kraftakt, den sie unternahm, um ihre Turmspitze ins Herz des Himmels zu schleudern: man kam stets auf ihn zurück, stets war er es, der alles überherrschte, die Häuser mit einer unerwarteten Zinne zierte, vor mir aufragend wie der Finger Gottes, dessen Leib in der Menge der Menschen verborgen blieb, ohne dass ich ihn diesethalben mit ihr verwechselt hätte. Und so geschieht es mir noch heute, wenn ich in eine große Provinzstadt oder in ein Quartier von Paris komme, das ich nicht gut kenne, und mir ein Passant, der mich „auf den Weg bringt", weit weg als Anhaltspunkt die Sturmglocke eines Spitals, den Glockenturm eines Klosters zeigt, der die Spitze seiner mönchischen Mütze im Winkel der Straße erhebt, die ich nehmen soll, falls mein Gedächtnis dunkel eine rührende Ähnlichkeit mit der geliebten und entschwundenen Gestalt entdeckt, dann erblickt mich der Passant, wenn er sich umdreht und sichergehen will, dass ich nicht in die Irre gehe, zu seinem Erstaunen starr dastehend, den unternommenen Spaziergang oder die anstehende Besorgung vergessend, vor dem Glockenturm, stundenlang, reglos, im Versuch, mich zu erinnern, während in den Tiefen meines Ichs ganze Landstriche aus dem Vergessen auftauchen,

langsam trocknend und neue Gestalt annehmend; und gewiss
werde ich, ängstlicher noch als zuvor, als ich ihn um Auskunft
bat, abermals meinen Weg suchen, in eine Straße einbiegen...
und zwar... in eine, die in meinem Herzen liegt...

~~Der Pfarrer hatte meine Tante dermaßen ausgelaugt, dass sie
sich, kaum war er weg, gezwungen sah, Eulalie wegzuschicken.
– Hier, meine teure Eulalie, sagte sie mit schwacher Stimme
und zog eine Münze aus einem kleinen Geldbeutel, den sie~~[64]

~~Der Samstag~~[65] ~~zeichnete sich für gewöhnlich durch eine Begegnung aus, die an und für sich nicht mit der Essenz dieses
eigentümlichen Tages zu tun hatte. Es kam nur selten vor, dass
wir auf dem Rückweg nicht M. Legrandin getroffen hätten, der,
aufgrund seines Berufs als Ingenieur in Paris zurückgehalten,
abgesehen von den Sommerferien~~ Auf dem Heimweg von der
Messe trafen wir oft M. Legrandin, der, aufgrund seines Berufs
als Ingenieur in Paris zurückgehalten, sein Anwesen in Combray,
abgesehen von den Sommerferien, nur von Samstagnachmittag-
abend bis Montagmorgen ~~sein Anwesen in Combray~~ aufsuchen
konnte, ~~und sobald er aus dem Waggon gestiegen war, unternahm er spornstreichs einen Rundgang, während sein Gepäck
in sein Haus gebracht wurde.~~ Er gehörte zu jenen Männern, die
nebst einer wissenschaftlichen Karriere, in der sie selbstredend
glänzten, über eine ganz anders geartete Bildung verfügten, literarisch, künstlerisch, welche in ihrem beruflichen Fach keine
Verwendung fand, dafür ~~in exklusiver Weise~~ ihrer Konversation
~~und ihren Bekanntschaften~~ zugutekam. Belesener als so mancher Literat (noch wussten wir zum damaligen Zeitpunkt nicht,
dass sich M. Legrandin eines gewissen Rufes als Schriftsteller
erfreute, und wir waren höchst erstaunt, als wir vernahmen, dass
ein namhafter Musiker eine Melodie über Verse von ihm verfasst komponiert hatte) und mit einer „leichteren Hand" begabt
als so mancher Maler, verfallen sie der Vorstellung, das Leben,
das sie führten, sei nicht jenes, für das sie geschaffen waren,
und so obliegen sie ihren eigentlichen Aufgaben bald mit einer

Sorglosigkeit, die nicht frei von Grillen bleibt, bald mit einer hartnäckigen und hochnäsigen Beflissenheit, und zwar voll verächtlicher und verbitterter Gewissenhaftigkeit. Groß gewachsen, mit einer stolzen Haltung, das Gesicht mit feiner Denkermiene und langem blondem Schnurrbart, der Blick blau und illusionslos, von ~~exquisiter~~ raffinierter Höflichkeit, redselig wie kaum einer, ~~wobei man in ihm wie in einem offenen Buch blättern konnte,~~ stellte er in den Augen meiner Familie, die ihn stets als Vorbild anführte, den ~~vollendeten~~ Typus eines ~~bitteren elitären~~ Menschen ~~von elitärem Geist dar, eine erhabene Seele, die~~ der das Leben auf ebenso edle wie zartsinnigste Weise auffasste, ~~kurz, einer, den meine Großmutter als einen~~[66] ~~wirklich feinen Menschen titulierte. Sie machte ihm nur zwei Vorhaltungen:~~ ~~Man warf ihm Meine Großmutter wunderte sich~~ Meine Großmutter warf ihm lediglich vor, eine Spur zu geschliffen zu parlieren, fast schon zu sehr wie ein Buch, jedenfalls ließ seine Sprache jene Ungezwungenheit missen, die seine Lavallière-Krawatten zur Schau stellten ~~mitsamt seiner Alpaka-Weste und dem Hut,~~ frei schlenkernd über seiner engen, fast zöglingshaften Weste. Sie wunderte sich über die flammenden Tiraden, die er oft gegen die Aristokratie ins Feld führte, das mondäne Leben und den Snobismus, „gewiss jene Sünde, an die der heilige Paulus dachte, als er von jener Sünde sprach, für die es keinen Erlass gibt", ~~und die befremdliche Flamme, die zuweilen durch seine Augen zuckte und meine Großmutter zu den Worten veranlasste: „Meine Kinder, wenn M. Legrandin eines Tages an Gehirnerweichung stirbt, würde mich das nicht wundern." Wir aber wussten, dass seine Schwermut vom Tod einer Schwester herrührte, die er innig geliebt hatte. Die andere war in Querqueville am Ärmelkanal verheiratet, mit einem braven Mann aus der Basse-Normandie.~~ ~~Es blieb ihr unbegreiflich, dass man eine Schwäche tragisch nahm Es war~~ Der Snobismus lag der Natur meiner Großmutter so fern, dass es ihr unbe-

greiflich blieb, weshalb man ihn geißeln sollte. Dazu kam, dass M. Legrandin eine verheiratete Schwester hatte, am Ärmelkanal, unweit von Balbec, mit einem braven Edelmann aus der Basse-Normandie. Der mondäne Ehrgeiz stand meiner Großmutter als Gefühl so fern, dass sie unmöglich nachfühlen oder auch nur verstehen konnte, dass es ihr ganz überflüssig vorkam, dass man so viel Inbrunst verschwenden darauf verwenden konnte, ihn zu geißeln. Überdem zeugte es in ihren Augen nicht gerade von Stil, dass M. Legrandin, dessen Schwester unweit von Balbec mit einem braven Edelmann aus der Basse-Normandie verheiratet war, sich so heftigen Attacken gegen den Adel hingab, wobei er sich so weit verstieg, dass er der Revolution zum Vorwurf machte, sie hätte nicht alle samt und sonders guillotiniert.
– Zum Gruß, meine Freunde! sagte er zu uns, wenn er uns samstags traf, wobei er seine Zigarre weitfortstippte, wenn meine Mutter dabei war wenn wir ihm über den Weg liefen; ihr seid vom Glück gesegnet, dass ihr so oft hier weilen dürft, schon übermorgen muss ich zurück nach Paris, zurück in meine Nische.
– Nun, ich denke, Sie können sich nicht über Ihr Haus in Paris beklagen, meinte mein Vater an ihn gewandt, es soll den Inbegriff von Komfort darstellen. Auch wenn ich im Gegensatz zu meiner Schwiegermutter kein altes Haus suche, so sah ich mich von all dem verlockt, was man mir von Ihrem äußerst komfortablen Gemach berichtete.
– Oh! ja, erwiderte M. Legrandin mit einem leicht ironischen und enttäuschten Lächeln, leicht zerstreut, wie es ihm ganz eigen war, es verfügt über allerlei überflüssige Dinge. Doch das Notwendigste fehlt, ein breites Stück Himmel wie hier. Trachten Sie danach, mein kleiner Junge, stets ein Stück Himmel über Ihrem Leben zu tragen, fügte er an mich gewandt hinzu. Sie verfügen über eine hübsche Seele, eine seltene Eigenschaft, eine wahre Künstlernatur, verwehren Sie ihr nicht, was ihr Not tut.

Und wir ließen ihn stehen, um etwas früher als am anderen Tag zurückzukehren und meine Tante zu sehen, die ganz allein war. Und wenn Françoise wieder daheim war, erkundigte sie sich bis ins kleinste Detail, was meine Tante getan hatte, ob sie gut geruht habe, ob sie zum Abendessen das verschriebene Vichy-Wasser geordert habe, ob man[67]

geistreich[69] wie eine Person, stets gut gelaunt, stets liebenswürdig, nie ohne einen Anflug von Grazie. Es kommt selten genug vor, dass ein Tier schon in diesem Alter so galant ist.“

Zuweilen aber stellte uns die Chronik von Combray vor Probleme, die selbst Françoise unter Aufbietung ihres ganzen Scharfsinns und trotz der Beihilfe der zwei Sous Salz von Camus nicht zu lösen vermochte. Eines Tages kamen meine Eltern vom Kirchgang mit den Worten nach Hause, sie hätten mitten im Chor eine Leiter stehen sehen!

Wenn bei unserer Rückkehr meine Tante fragte, ob Mme Sazerat Goupil zu spät zur Messe gekommen sei, so sahen wir uns außerstande, sie darüber aufzuklären. Im Gegenzug verschlimmerten wir noch ihre Verwirrung, indem wir ihr sagten, ein Maler arbeite in der Kirche an einer Kopie der Glasmalerei von Karl dem Bösen. Françoise, rasch zum Spezereihändler entsandt, kam unverrichteter Dinge zurück: in Ermangelung von Théodore, der gerade abwesend war und dank seines doppelten Berufs als Kantor, dem auch gewisse Unterhaltsarbeiten in der Kirche oblagen, und als Spezereihändler, der zu aller Welt in Beziehung stand, über ein universales Wissen verfügte. – Ach! seufzte meine Tante, ich wünschte, es wäre bereits die Stunde von Eulalie. Sie ist eben doch die Einzige, die mich über all das aufklären kann.

Eulalie war ein hinkendes Mädchen, lebhaft und taub, sie hatte seinen „Abschied“ von Mme de la Bretonnerie genommen, bei der sie seit ihrer Kindheit angestellt gewesen war, und

214

geistreich wie ein Mensch, stets gut gelaunt, stets liebenswürdig, nie ohne einen Anflug von Grazie. Es kommt selten
vor, dass ein Tier schon in diesem Alter so galant ist.

Zuweilen aber stellte uns die Chronik von Combray vor
Probleme, die selbst Françoise unter Aufbietung ihres
ganzen Scharfsinns und trotz der Beihilfe der zwei Sous
Salz von Camus nicht zu lösen vermochte. Eines Tages
kamen meine Eltern vom Kirchgang mit den Worten nach
Hause, sie hätten mitten im Chor eine Leiter stehen sehen!
Françoise, raschmöglichst zum Spezereihändler entsandt,
kehrte unverrichteter Dinge zurück: Es war gerade der Tag,
an dem Théodore frei hatte, dank seines doppelten Berufs
als Kantor, dem auch gewisse Unterhaltsarbeiten in der
Kirche oblagen, und als Spezereihändler (ein wenig auch,
aus Liebhaberei, Schüler der Pharmazeutik), der zu aller
Welt in Beziehung stand, verfügte er über ein universales
Wissen!

– Ach! seufzte meine Tante in solchen Fällen, ich wünschte
sehr, es wäre bereits der Tag von Eulalie. Sie ist eben doch
die einzige, die mich über all das aufklären kann.

Eulalie war ein hinkendes Mädchen, lebhaft und taub,
sie hatte seinen „Abschied" von Mme de la Bretonnerie
genommen, bei der sie seit ihrer Kindheit angestellt gewesen war, und hatte ein Zimmer zur Kirche hin bezogen, die

hatte ein Zimmer zur Kirche hin bezogen, die sie unentwegt aufsuchte, sei es für die Gottesdienste, sei es, um außerhalb der Gottesdienste ein kleines Gebet abzuhalten oder Théodore zur Hand zu gehen; die übrige Zeit stattete sie kranken Leuten wie meiner Tante Léonie Besuche ab, wobei sie ihr berichtete, was sich bei der Messe oder der Vesper so alles zugetragen hatte. Auch verschmähte sie keineswegs einen gelegentlichen Zustupf zur kleinen Rente, die ihr ihre vormaligen Herrschaften entrichteten, und so stattete sie von Zeit zu Zeit der Wäsche des Pfarrers oder einer anderen prägenden Persönlichkeit aus dem kirchlichen Umfeld von Combray eine Stippvisite ab. Über einem Mantel aus schwarzem Stoff trug sie ein weißes Häubchen, fast schon nonnenhaft, und eine Hautkrankheit verlieh gewissen Stellen ihrer Wangen und der krummen Nase da und dort das leuchtende Rosa der Balsamine. Ihre Besuche stellten für meine Tante Léonie eine große Abwechslung dar, da sie sonst niemanden empfing, außer den Herrn Pfarrer. Nach und nach hatte meine Tante allen anderen Besuchern die Tür gewiesen, da ihnen, in ihren Augen, der Makel anhaftete, in die eine oder andere Kategorie von Personen zu gehören, die ihr zuwider waren. Die einen, die schlimmsten und somit jene, derer sie sich zuvörderst entledigt hatte, waren jene, die ihr den Rat gaben, sich „zu verwöhnen", und, sei es ex negativum oder nur durch ein offenkundiges Schweigen der Missbilligung beziehungsweise ein zweifelndes Lächeln, die subversive Lehrmeinung propagierten, dass ihr ein kleiner Spaziergang in der Sonne und ein gutes blutiges Beefsteak (wo ihr doch schon seit vierzehn Stunden zwei tückische Schlücke Vichy-Wassers auf dem Magen lagen) gut täten, jedenfalls mehr als ihr Bett und ihre Arzneien. Die andere Kategorie bestand aus Leuten, die allem Anschein nach der Ansicht waren, dass sie ernstlicher krank war, als sie dachte, so ernstlich krank, wie sie ihnen vorjammerte. Dann auch all jene, die sie nach anfänglichem Zögern

sie unentwegt aufsuchte, sei es für die Gottesdienste, sei es, um außerhalb der Gottesdienste ein kleines Gebet abzuhalten oder Théodore zur Hand zu gehen; die übrige Zeit stattete sie kranken Leuten wie meiner Tante Léonie Besuche ab, wobei sie ihr berichtete, was sich bei der Messe oder der Vesper „so alles zugetragen hatte". Auch verschmähte sie keineswegs einen gelegentlichen Zustupf zur kleinen Rente, die ihr ihre vormaligen Herrschaften entrichteten, und so stattete sie von Zeit zu Zeit der Wäsche des Pfarrers oder einer anderen prägenden Persönlichkeit aus dem kirchlichen Umfeld von Combray „eine Stippvisite" ab. Über einem Mantel aus schwarzem Stoff trug sie ein weißes Häubchen, fast schon nonnenhaft, und eine Hautkrankheit verlieh gewissen Stellen ihrer Wangen und der krummen Nase da und dort das leuchtende Rosa der Balsamine, des Spitzenpapiers, das man in der Kirche unter die Vasen auf dem Altar legt, des Widerscheins, den die untergehende Sonne bisweilen über das Portal gießt, oder „der rosa Biscuits" von Camus. Diese Besuche stellten für meine Tante Léonie eine große Abwechslung dar, da sie sonst niemanden empfing, außer den Herrn Pfarrer. Nach und nach hatte meine Tante allen anderen Besuchern die Tür gewiesen, da ihnen, in ihren Augen, der Makel anhaftete, in die eine oder andere Kategorie von Personen zu gehören, die ihr zuwider waren. Die einen, die schlimmsten und somit jene, derer sie sich zuvörderst entledigt hatte, waren jene, die ihr den Rat gaben, sich „zu verwöhnen", und, sei es ex negativum oder nur durch ein offenkundiges Schweigen der Missbilligung beziehungsweise ein zweifelndes Lächeln, die subversive Lehrmeinung propagierten, dass ihr ein kleiner Spaziergang in der Sonne und ein gutes blutiges Beefsteak (wo ihr doch schon seit vierzehn Stunden zwei tückische Schlücke Vichy-Wassers auf dem Magen lagen) gut täten, jedenfalls mehr als ihr Bett und ihre Arzneien. Die andere Kategorie bestand aus Leuten, die allem Anschein nach der Ansicht waren,

und nur auf die inständige Bitte von Françoise „hochkommen" ließ und die im Verlauf ihres Besuchs deutlich unter Beweis gestellt hatten, dass sie jener Gunst, die man ihnen gewährte, unwürdig waren, weil sie ein schüchternes: „Glauben Sie nicht auch, wenn Sie sich bei schönem Wetter etwas regen würden..." vorbrachten oder ihr, gegenteils, auf ihren Satz „Mit mir geht es bergab, nur noch bergab, das ist das Ende, meine teuren Freunde" entgegneten: „Ach! wenn es um die Gesundheit schlecht bestellt ist! Aber für Sie ist es noch lange nicht aus", all die, die einen wie die anderen, konnten Gift darauf nehmen, nie mehr vorgelassen zu werden. Und falls sich Françoise über die Schreckensmiene meiner Tante belustigt zeigte, wenn sie von ihrem Bett aus in der Rue du Saint-Esprit eine Person erspäht hatte, die allem Anschein nach zu ihr kommen wollte, und die Glocke hörte, so lachte sie Françoise noch weit mehr, und zwar sowohl über eine gelungene List meiner Tante, die sie wieder einmal siegreich in Anschlag gebracht hatte, um sie abzuwimmeln, aber auch über deren fassungslose Miene, wenn sie abzogen, ohne sie gesehen zu haben; im Grunde bewunderte sie ihre Herrin und hielt sie für über all diese Leute erhaben, die sie nicht einmal zu empfangen geruhte. Kurz und gut, meine Tante wünschte erheischte ineins, dass man ihre Diät absegnete und ihre Schmerzen beklagte – und sie über ihre Zukunft tröstete.

Und darin glänzte Eulalie. Meine Tante mochte ihr in einer Minute zwanzigfach versichern: „Das ist das Ende, meine teure Eulalie", Eulalie entgegnete zwanzig Mal: „Wer eine Krankheit so gut kennt, wie Sie sie kennen, Madame Octave, wird hundert Jahre alt, wie mir erst gestern Mme Sazerin sagte." (Eine von Eulalies Überzeugungen, tief verwurzelt wie kaum eine, ließ sich auch durch die eindrückliche Zahl von Berichtigungen, die die Erfahrung noch und noch mit sich brachte, nicht erschüttern, und die bestand darin, dass sie meinte, Mme Sazerat heiße Mme Sazerin.)

– Ich erheische keineswegs, hundert zu werden, erwiderte meine

dass sie ernstlicher krank war, als sie dachte, so ernstlich krank, wie sie ihnen vorjammerte. Dann auch all jene, die sie nach anfänglichem Zögern und nur auf die inständige Bitte von Françoise „hochkommen" ließ und die im Verlauf ihres Besuchs deutlich unter Beweis gestellt hatten, dass sie jener Gunst, die man ihnen gewährte, unwürdig waren, weil sie ein schüchternes: „Glauben Sie nicht auch, wenn Sie sich bei schönem Wetter etwas regen würden..." vorbrachten oder ihr, gegenteils, auf ihren Satz „Mit mir geht es bergab, nur noch bergab, das ist das Ende, meine teuren Freunde" entgegneten: „In gewisser Weise wäre das für Sie eine Erlösung, bei allem, was Sie seit Octaves Tod durchmachten", all die, die einen wie die anderen, konnten Gift darauf nehmen, nie mehr vorgelassen zu werden. Und falls Françoise über die Schreckensmiene meiner Tante mit einem Anflug von Spott lächelte, wenn sie von ihrem Bett aus in der Rue du Saint-Esprit eine Person erspäht hatte, die allem Anschein nach zu ihr kommen wollte, und die Glocke hörte, so lachte Françoise noch weit mehr, und zwar sowohl über eine gelungene List meiner Tante, die sie wieder einmal siegreich in Anschlag gebracht hatte, um sie abzuwimmeln, aber auch über deren fassungslose Miene, wenn sie abzogen, ohne sie gesehen zu haben; im Grunde bewunderte Françoise ihre Herrin und hielt sie für über all diese Leute erhaben, die sie nicht einmal zu empfangen geruhte. Kurz und gut, meine Tante wollte ineins, dass man ihre Diät absegnete und ihre Schmerzen beklagte – und sie über ihre Zukunft tröstete.

Und darin glänzte Eulalie. Meine Tante mochte ihr in einer Minute zwanzigfach versichern: „Das ist das Ende, meine teure Eulalie", Eulalie entgegnete zwanzig Mal: „Wer eine Krankheit so gut kennt, wie Sie sie kennen, Madame Octave, wird hundert Jahre alt, wie mir erst gestern Mme Sazerin sagte." (Eine von Eulalies Überzeugungen, tief verwurzelt wie kaum eine, ließ sich auch durch die eindrückliche Zahl von Berichtigungen, die die Erfahrung noch und

Tante, die es nur ungern sah, wenn ihren Tagen ein präzises Ende gesetzt wurde.

Und da sich Eulalie also wie niemand sonst darauf verstand, meiner Tante Kurzweil zu verschaffen, ohne sie müd und matt zu machen, stellten ihre Besuche, die, außer bei unvorhergesehenen Hinderungsgründen, regelmäßig jeden Sonntag statt hatten, für meine Tante eine Freude dar, deren Erwartung sie an diesen Tagen wohl sein ließ, bald aber quälend wurde, sobald sich Eulalie verspätete, wie ein unmäßiger Hungeranfall. Die Wonne, auf Eulalie zu warten, verkehrte sich, allzu lange ausgekostet, in eine Qual, meine Tante schaute unablässig auf die Uhr, gähnte, fühlte Anwandlungen von Schwäche. Der Glockenklang von Eulalie bereitete ihr, wenn er ganz zu Ende des Tages erklang und sie ihn gar nicht mehr erwartete, fast schon Übelkeit. Und in der Tat, am Sonntag dachte sie einzig an diesen Besuch, und sowie das Mittagessen vorüber war, gab es für Françoise nichts Dringlicheres, als dass wir den Speiseraum verließen, damit sie nach oben steigen konnte, um meine Tante zu „beschäftigen". Dann (und zwar namentlich von dem Moment an, wo in Combray das schöne Wetter einsetzte) war die hochmütige Stunde des Mittags längst vom Turm Saint-Hilaire herabgeschwebt, den sie mit den zwölf flüchtigen Zacken ihrer klingenden Krone wie ein Wappen zierte, war über unserem Tisch verklungen, über dem gesegneten Brot, das gleichfalls ganz zutraulich nach dem Kirchgang mitkam, und noch immer saßen wir da, vor den Tellern aus *1001 Nacht*, die Glieder schwer von der Hitze und, natürlich, vor allem vom Essen. Denn dem Bodensatz von Eiern, Koteletts, Kartoffeln, Konfitüren, Biscuits, die sie uns nicht einmal mehr ankündigte, fügte Françoise Folgendes hinzu – je nach dem Gang der Feld- und Gartenarbeiten, dem Fang der Flut, den Wechselfällen des Handels, der Zuvorkommenheit der Nachbarn und ihrer eigenen Eingebungen, und dies so trefflich, dass unser Menü, wie die Vierblatt-Ornamente, die man im 13. Jahrhundert über

noch mit sich brachte, nicht erschüttern, und die bestand darin, dass sie meinte, Mme Sazerat heiße Mme Sazerin.) – Ich erheische keineswegs, hundert zu werden, erwiderte meine Tante, die es nur ungern sah, wenn ihren Tagen ein präzises Ende gesetzt wurde.

Und da sich Eulalie also wie niemand sonst darauf verstand, meiner Tante Kurzweil zu verschaffen, ohne sie müd und matt zu machen, stellten ihre Besuche, die, außer bei unvorhergesehenen Hinderungsgründen, regelmäßig jeden Sonntag und zuweilen auch am Donnerstag statt hatten, für meine Tante eine Freude dar, deren Erwartung sie an diesen Tagen wohl sein ließ, bald aber quälend wurde, sobald sich Eulalie verspätete, was ich nur mit Hunger vergleichen kann. Die Wonne, auf Eulalie zu warten, verkehrte sich, allzu lange ausgekostet, in eine Qual, meine Tante schaute unablässig auf die Uhr, gähnte, fühlte Anwandlungen von Schwäche. Der willkommene Glockenklang von Eulalie bereitete ihr, wenn er ganz zu Ende des Tages erklang und sie ihn gar nicht mehr erwartete, fast schon Übelkeit. Und in der Tat, am Donnerstag und Sonntag dachte sie einzig an diesen Besuch, und sowie das Mittagessen vorüber war, gab es für Françoise nichts Dringlicheres, als dass wir den Speiseraum verließen, damit sie nach oben zu meiner Tante steigen konnte, um sie zu „beschäftigen“. Dann (und zwar namentlich von dem Moment an, wo in Combray das schöne Wetter einsetzte) war die hochmütige Stunde des Mittags längst vom Turm Saint-Hilaire herabgeschwebt, den sie mit den zwölf flüchtigen Zacken ihrer klingenden Krone wie ein Wappenbild umzirkte, war über unserem Tisch verklungen, über dem gesegneten Brot, das gleichfalls ganz zutraulich aus der Kirche mitgekommen war, und noch immer saßen wir da, vor den Tellern aus *1001 Nacht*, die Glieder schwer von der Hitze und, natürlich, vor allem vom Essen. Denn dem Bodensatz von Eiern, Koteletts, Kartoffeln, Konfitüren, Biscuits, die sie uns nicht einmal mehr ankündigte, fügte Françoise – je nach dem

die Portale der Kirchen meißelte, im Ansatz den Rhythmus der Jahreszeiten und die Wechselfälle des Lebens spiegelte –: Einen Glattbutt, da ihr der Händler dessen Frische verbürgt hatte, einen Truthahn, da sie ein Prachtstück auf dem Markt von Roussainville le Pin entdeckt hatte, Karden mit Markbein, weil sie sie uns noch nie auf diese Weise gemacht hatte, einen gebratenen Gigot, weil die frische Luft ein Loch in den Bauch treibt und er bis sieben Uhr verdaut war, Spinat zur Abwechslung, Aprikosen, weil sie noch so selten waren, Johannisbeeren, weil es sie in zwei Wochen nicht mehr geben würde, Himbeeren, die M. Swann höchstselbst gebracht hatte, Kirschen, die ersten vom Kirschbaum aus dem Garten, nachdem er zwei Jahre keine getragen hatte, Rahmkäse, den ich einst so gern mochte, Mandelkuchen, weil sie ihn schon am Vortag bestellt hatte, eine Brioche, weil wir nun an der Reihe waren, eine zu spendieren. Wenn wir mit alldem fertig waren, kam, eigens für uns komponiert, aber in Sonderheit meinem Vater, einem Liebhaber, gewidmet, als persönliche Aufmerksamkeit und Inspiration von Françoise, eine Crème au chocolat, uns allen offeriert, flüchtig und leicht, ein Gelegenheitswerk, in das sie all ihr Talent legte. Hätte sich jemand geweigert, davon zu kosten, und gesagt: „Ich bin fertig, ich habe keinen Hunger mehr", er wäre umgehend in den Rang jener ungehobelten Kerle abgesunken, die selbst bei einem Werk, das ihnen ein Künstler zum Geschenk macht, nur auf Gewicht und Material achten, wo es doch nur um Intention und Signatur geht. Und wäre auch nur ein einziger Tropfen im Teller geblieben, es hätte an die nämliche Unhöflichkeit gegrenzt, wie wenn man sich vor Ende eines Stückes erhebt, vor der Nase des Komponisten.

Endlich sagte meine Mutter: „Los, trödle nicht ewig hier herum, hopp, hinauf in dein Zimmer, falls es dir draußen zu heiß ist, und schnappe einen Augenblick frische Luft, um nicht gleich nach Tisch zu lesen." Ich ging in die Nähe der Pumpe und ihren Trog, nicht selten, wie ein gotischer Taufstein, mit

Gang der Feld- und Gartenarbeiten, dem Fang der Flut, den Wechselfällen des Handels, der Zuvorkommenheit der Nachbarn und ihrer eigenen Eingebungen, und dies so trefflich, dass unser Menü, wie die Vierblatt-Ornamente, die man im 13. Jahrhundert über die Portale der Kirchen meißelte, im Ansatz den Rhythmus der Jahreszeiten und die Wechselfälle des Lebens spiegelte – noch Folgendes hinzu: Einen Glattbutt, da ihr der Händler dessen Frische verbürgt hatte, einen Truthahn, da sie ein Prachtstück auf dem Markt von Troussinville entdeckt hatte, Karden mit Markbein, weil sie sie uns noch nie auf diese Weise gemacht hatte, einen gebratenen Gigot, weil die frische Luft ein Loch in den Bauch treibt und er bis sieben Uhr verdaut war, Spinat zur Abwechslung, Aprikosen, weil sie noch so selten waren, Johannisbeeren, weil es sie in zwei Wochen nicht mehr geben würde, Himbeeren, die M. Swann höchstselbst gebracht hatte, Kirschen, die ersten vom Kirschbaum aus dem Garten, nachdem er zwei Jahre keine getragen hatte, Rahmkäse, den ich einst so gern mochte, Mandelkuchen, weil sie ihn schon am Vortag bestellt hatte, eine Brioche, weil wir nun an der Reihe waren, eine zu spendieren. Wenn wir mit alldem fertig waren, kam, eigens für uns komponiert, aber in Sonderheit meinem Vater, einem Liebhaber, gewidmet, als persönliche Aufmerksamkeit und Inspiration von Françoise, eine Crème au chocolat, ein Gelegenheitswerk, uns allen offeriert, flüchtig und leicht, in die sie freilich all ihr Talent legte. Hätte sich jemand geweigert, davon zu kosten, und gesagt: „Ich bin fertig, ich habe keinen Hunger mehr", er wäre umgehend in den Rang jener ungehobelten Kerle abgesunken, die selbst bei einem Werk, das ihnen ein Künstler zum Geschenk macht, nur auf Gewicht und Material achten, wo es doch nur um Intention und Signatur geht. Und wäre auch nur ein einziger Tropfen im Teller geblieben, es hätte an die nämliche Unhöflichkeit gegrenzt, wie wenn man sich vor Ende eines Stückes erhebt, vor der Nase des Komponisten.

einem Salamander geschmückt, der auf den verwitterten Stein das rege Relief seines allegorischen und ziselierten Körpers meißelte, und setzte mich auf die Bank ohne Lehne, von einem Flieder beschattet, in jenen kleinen Winkel des Gartens, der sich vermittels einer Bedienstetentür auf die Rue Saint-Esprit hin öffnete und wo sich über dem wenig gepflegten Boden, zwei Stufen zum Haus hinauf, die Hinterküche erhob, wie ein unabhängiges Gebilde. Man entdeckte ihre Fliesen, rot und glänzend wie Porphyr. Sie hatte weniger das Gepräge einer Grotte von Françoise als eines kleinen Tempels der Venus. Sie quoll über von Gaben des Milchmanns, des Früchtehändlers, der Gemüsefrau, die bisweilen von recht weit entfernten Markt- flecken kamen, um ihr die Erstlinge ihrer Felder zu weihen. Und ihr Giebel wurde stets vom Gurren einer Taube gekrönt.

Vormals weilte ich nie lange im heiligen Hain, der sie umgab, denn bevor ich nach oben zum Lesen ging, trat ich in die kleine Ruhekammer, die mein Onkel Adolphe, ein Bruder meines Großvaters, im Erdgeschoss bewohnt hatte, nachdem er, ein ehemaliger Militär, als Major in den Ruhestand getreten war, und ihr entströmte, selbst wenn die offenen Fenster die Hitze und zuweilen sogar die Sonnenstrahlen eindringen ließen, die selten soweit vorstießen, noch und noch ein zwielichtiger und frischer Duft, zugleich nach Wald und Ancien Régime riechend, der die Nüstern beim Betreten gewisser verlassener Jagdhütten langhin träumen lässt. Doch seit vielen Jahren schon trat ich nicht mehr in die Kammer meines Onkels Adolphe, kam er doch gar nicht mehr nach Combray; Anlass war ein Zerwürfnis zwischen ihm und meiner Familie, an dem ich die Schuld trug, und zwar unter folgenden Umständen:

Ein- oder zweimal pro Monat sandte man mich auf einen Besuch zu ihm nach Paris, er beendete gerade, im schlichten Waffenrock, das Mittagessen, das ihm von seinem Bedienste- ten in einer violett-weiß gestreiften Arbeitsweste aus Zwillich gereicht wurde. Brummelnd beschwerte er sich, dass ich schon

Endlich sagte meine Mutter: „Los, trödle nicht ewig hier herum, hopp, hinauf in dein Zimmer, falls es dir draußen zu heiß ist, aber um nicht gleich nach Tisch zu lesen, geh und schnappe einen Augenblick frische Luft." Das hieß, hinaus in die Nähe der Pumpe und ihren Trog, nicht selten, wie ein gotischer Taufstein, mit einem Salamander geschmückt, der auf den verwitterten Stein das Relief seines allegorischen und ziselierten Körpers meißelte, und setzte mich auf die Bank ohne Lehne, von einem Flieder beschattet, in jenen kleinen Winkel des Gartens, der sich vermittels einer Bedienstetentür auf die Rue Saint-Esprit hin öffnete und wo sich über dem wenig gepflegten Boden, zwei Stufen zum Haus hinauf, die Hinterküche erhob, wie ein unabhängiges Gebilde. Man entdeckte ihre Fliesen, rot und glänzend wie Porphyr. Sie hatte weniger das Gepräge einer Grotte von Françoise als eines kleinen Tempels der Venus. Sie quoll über von Gaben des Milchmanns, des Früchtehändlers, der Gemüsefrau, die bisweilen von recht weit entfernten Marktflecken kamen, um ihr die Erstlinge ihrer Felder zu weihen. Und ihr Giebel wurde stets vom Gurren einer Taube gekrönt.

Vormals weilte ich nie lange im heiligen Hain, der sie umgab, denn bevor ich zum Lesen nach oben ging, trat ich in die kleine Ruhekammer, die mein Onkel Adolphe, ein Bruder meines Großvaters, im Erdgeschoss bewohnt hatte, nachdem er, ein ehemaliger Militär, als Major in den Ruhestand getreten war, und ihr entströmte, selbst wenn die offenen Fenster die Hitze und zuweilen sogar die Sonnenstrahlen eindringen ließen, die selten soweit vorstießen, noch und noch ein zwielichtiger und frischer Duft, zugleich nach Wald und dem alten Frankreich riechend, der die Nüstern beim Betreten gewisser verlassener Jagdhütten langhin träumen lässt. Doch seit vielen Jahren schon trat ich nicht mehr in die Kammer meines Onkels Adolphe, kam er doch gar nicht mehr nach Combray; Anlass war ein Zerwürfnis zwischen ihm und meiner

lange nicht mehr gekommen sei, man wende sich eben von ihm ab; er bot mir ein Marzipan oder eine Mandarine an, wir querten einen Salon, in dem man nie verweilte und in dem nie Feuer gemacht wurde, die Wände waren mit vergoldetem Stuck verziert, die Decken blau bemalt, um den Himmel nachzuempfinden, dazu Möbel mit gesteppten Seidenpolster wie bei meinen Großeltern, aber gelb; dann verfügten wir uns in das, wie er sagte, sogenannte „Arbeitskabinett", an dessen Wänden Stiche hingen, wo, auf schwarzem Grund, eine mollige rosafarbene Göttin dargestellt war, einen Wagen lenkend, über dem Globus thronend oder mit einem Stern auf der Stirn, wie man es während des Second Empire liebte, weil darin eine Ahnung von Pompeij mitschwang, was bald in Ungnade fiel, bald wieder im Schwange war, und zwar aus dem alleinigen Grund, was immer man sonst noch ins Feld führen mochte: weil es eben einen Anflug von Second Empire verströmte. Dort blieb ich mit meinem Onkel, bis ihn sein Kammerdiener, im Auftrag des Kutschers, fragen kam, wann man anzuspannen habe. Mein Onkel versank sodann in Grübeleien, die sein Kammerdiener, voll Verwunderung, noch durch die flüchtigste Regung zu stören fürchtete, und so wartete er voll Neugier auf das Ergebnis, das sich stets gleich blieb. Dann, nach einem letzten Zaudern, verkündete mein Onkel unfehlbar die Worte: „Viertel nach zwei", was der Kammerdiener voll Verblüffung, aber ohne jedweden Einwand, wiederholte: „Viertel nach zwei? gut... ich werde es melden..."

Zu jener Zeit stand ich im Bann meiner Liebe zum Theater, eine platonische Liebe, da mir meine Eltern noch nie einen Gang ins Theater gestattet hatten, und ich malte mir die Freuden, die man dort genoss, so unzutreffend aus, dass ich beinahe dem Glauben zuneigte, jeder Zuschauer würde wie in einer Stereoskopie eine Kulisse betrachten, die allein für ihn da wäre, wiewohl sie ganz und gar den tausend anderen glich, die der Rest der Zuschauer, jeder für sich, betrachtete.

Familie, an dem ich die Schuld trug, und zwar unter folgenden Umständen:

Ein- oder zweimal pro Monat sandte man mich auf einen Besuch zu ihm nach Paris, er beendete gerade, im schlichten Waffenrock, das Mittagessen, das ihm von seinem Bediensteten in einer violett-weiß gestreiften Arbeitsweste aus Zwillich gereicht wurde. Brummelnd beschwerte er sich, dass ich schon lange nicht mehr gekommen sei, man wende sich eben von ihm ab; er bot mir ein Marzipan oder eine Mandarine an, wir querten einen Salon, in dem man nie verweilte und in dem nie Feuer gemacht wurde, die Wände waren mit vergoldetem Stuck verziert, die Decken blau bemalt, um den Himmel nachzuempfinden, dazu Möbel mit gestepptem Seidenpolster wie bei meinen Großeltern, aber gelb; dann verfügten wir uns in das, wie er sagte, sogenannte Arbeitskabinett, an dessen Wänden Stiche hingen, wo, auf schwarzem Grund, eine mollige rosafarbene Göttin dargestellt war, einen Wagen lenkend, über dem Globus thronend oder mit einem Stern auf der Stirn, wie man es während des Second Empire liebte, weil darin eine Ahnung von Pompeij mitschwang, was bald in Ungnade fiel, bald wieder im Schwange war, und zwar aus dem alleinigen Grund, was immer man sonst noch ins Feld führen mochte: weil es eben einen Anflug von Second Empire verströmte. Dort blieb ich mit meinem Onkel, bis ihn sein Kammerdiener, im Auftrag des Kutschers, fragen kam, wann man anzuspannen habe. Mein Onkel versank sodann in Grübeleien, die sein Kammerdiener, voll Verwunderung, durch keine Regung stören wollte, und so wartete er auf das Ergebnis, das sich stets gleich blieb, mit ehrerbietiger Neugierde. Dann, nach einem letzten Zaudern, verkündete mein Onkel unfehlbar die Worte: „Viertel nach zwei", was der Kammerdiener voll Verblüffung, aber ohne jedweden Einwand, wiederholte: „Viertel nach zwei? gut... ich werde es ihm melden!..."

Zu jener Zeit stand ich im Bann meiner Liebe zum Thea-

Jeden Morgen stürmte ich zur Liftfaßsäule Moriss, um zu schauen, was für Aufführungen angekündigt wurden.[70] Nichts mochte interessefreier und beglückender sein als die Träume, die jedes plakatierte Stück meiner Einbildungskraft eingab und die, imgleichen, von den Bildern ausgelöst wurden, die in untrennbarem Verbund mit den titelgebenden Wörtern standen, aber auch von der Farbe der Plakate, noch ganz feucht und gewellt vom Kleister, von dem sie sich ablösten. Und waren es nicht fremde Werke wie *Le Testament de César Giraudeau* und *König Ödipus*, die sich statt auf dem grünen Plakat der Opéra-Comique auf dem weinfarbenen Plakat der Comédie-Française abzeichneten, so schien sich nichts so sehr vom weiß glitzernden Strahlenkranz der *Diamants de la Couronne* abzuheben wie der glatte und geheimnisvolle Samt von *Domino Noir*, und da mir meine Eltern gesagt hatten, ich hätte bei meinem ersten Gang ins Theater zwischen diesen beiden Stücken zu wählen, suchte ich beifolgend den Titel des einen und den Titel des anderen zu ergründen, war dies doch das Einzige, was ich von ihnen wusste, um, nach Möglichkeit, bei jedem das verheißene Vergnügen abzuschätzen und mit demjenigen zu vergleichen, das das andere bergen mochte, und so stellte ich mir auf eindrückliche Weise zum einen ein stolzes und blendendes Stück vor, zum anderen ein samt-sanftes Stück, und blieb unfähig, zu entscheiden, welchem ich den Vorzug geben sollte, gerade so, wie wenn man mir, zum Dessert, die Wahl zwischen Riz à l'Impératrice oder Crème au chocolat ließ.

Alle Gespräche mit meinen Kameraden drehten sich um jene Schauspieler, deren künstlerische Kraft, auch wenn sie mir noch unbekannt war, die allererste Gestalt darstellten, unter der ich, auch wenn sie noch manch andere annehmen würde, ahnen konnte, was das war, die Kunst. Zwischen der Art und Weise, wie der eine oder der andere seine Tirade vortrug, schattierte, schienen mir noch die geringfügigsten Unterschiede von unwägbarem Gewicht. Und nach dem, was man mir von ihnen berichtet

ter, eine platonische Liebe, da mir meine Eltern noch nie einen Gang ins Theater gestattet hatten, und ich malte mir die Freuden, die man dort genoss, so unzutreffend aus, dass ich beinahe dem Glauben zuneigte, jeder Zuschauer würde wie in einer Stereoskopie eine Kulisse betrachten, die allein für ihn da wäre, wiewohl sie ganz und gar den tausend anderen glich, die die anderen Zuschauer, jeder für sich, betrachteten.

Jeden Morgen stürmte ich zur Liftfaßsäule Moriss, um zu schauen, was für Aufführungen angekündigt wurden. Hätten die frisch aufgezogenen Plakate, noch feucht und gewellt, mein Herz nicht in heller Aufruhr versetzt, wie in Erwartung eines Festes, dem man beiwohnen könnte, aber wohl nicht beiwohnen wird, hätten sie es nicht in Verwirrung gestürzt, imgleichen durch die Ungewissheit der Zukunft und den Duft von Klebstoff und Aktualität, so wäre nichts interessefreier und beglückender als die Träume, die jedes plakatierte Stück meiner Einbildungskraft eingab und die, je und je, von der Farbe des Papiers ausgelöst wurden, auf dem sich der Titel abhob, sowie von den Bildern, die es, untrennbar mit den Wörtern verbunden, füllten. Und war es nicht ein Werk wie *Le Testament de César Giraudeau* oder wie *König Ödipus*, das sich statt auf dem grünen Plakat der Opéra-Comique auf dem weinfarbenen Plakat der Comédie-Française abzeichnete, so schien sich nichts so sehr vom weiß glitzernden Strahlenkranz der *Diamants de la Couronne* abzuheben wie der glatte und geheimnisvolle Samt von *Domino Noir*, und da mir meine Eltern gesagt hatten, ich hätte bei meinem ersten Gang ins Theater zwischen diesen beiden Stücken zu wählen, suchte ich beifolgend den Titel des einen und den Titel des anderen zu ergründen, war dies doch das Einzige, was ich von ihnen wusste, um, nach Möglichkeit, bei jedem das verheißene Vergnügen abzuschätzen und mit demjenigen zu vergleichen, das das andere bergen mochte, und so stellte ich mir auf eindrückliche Weise zum einen ein stolzes und blendendes

hatte, klassierte ich sie in der Rangfolge ihrer Talente in Listen, die ich den lieben langen Tag rezitierte: 1. Sarah Bernhardt, 2. die Berma, 3. Madeleine Reichenberg, 3. Madeleine Brohan, bis sie schließlich in meinem Hirn hart und härter geworden waren und es durch ihre Unwiderruflichkeit hemmten.

Später, als ich im Collège war, korrespondierte ich jedes Mal, wenn der Lehrer den Kopf abwandte, sogleich mit einem neuen Freund, und meine erste Frage war jedes Mal, ob er schon einmal im Theater war und ob er die Ansicht teile, der größte Schauspieler sei Got, der zweite Delaunay, etc. Doch wenn, seinem Bedünken nach, Febvre nach Thiron kam oder Delaunay nach Coquelin, gab die unvermutete Beweglichkeit, die Coquelin, seine steinerne Starre abstreifend, in meinem Geist erworben hatte, um ebenda auf den zweiten Platz zu steigen, im Verbund mit der wundersamen Gelenkigkeit, der fruchtbaren Sprunghaftigkeit, mit der sich Delaunay begabt sah, wenn er in den vierten abstieg,

PLACARD 12
VOM 10. APRIL 1913

meinem Gehirn, geschmeidig und befruchtend, das Gefühl von blühendem Leben zurück.

Stück vor, zum anderen ein samt-sanftes Stück, und blieb unfähig, zu entscheiden, welchem ich den Vorzug geben sollte, gerade so, wie wenn man mir, zum Dessert, die Wahl zwischen Riz à l'Impératrice oder Crème au chocolat ließ.

Alle Gespräche mit meinen Kameraden drehten sich um jene Schauspieler, deren künstlerische Kraft, auch wenn sie mir noch unbekannt war, die allererste Gestalt darstellten, unter der ich, auch wenn sie noch manch andere annehmen würde, ahnen konnte, was das war, die Kunst. Zwischen der Art und Weise, wie der eine oder der andere seine Tirade vortrug, schattierte, schienen mir noch die geringfügigsten Unterschiede von unwägbarem Gewicht. Und nach dem, was man mir von ihnen berichtet hatte, klassierte ich sie in der Rangfolge ihrer Talente in Listen, die ich den lieben langen Tag rezitierte: 1. Got, 2. Delaunay, 3. Febvre, 4. Coquelin, 5. Thiron, bis sie schließlich in meinem Hirn hart und härter geworden waren und es durch ihre Unwiderruflichkeit hemmten.

Später, als ich im Collège war, korrespondierte ich jedes Mal, wenn der Lehrer den Kopf abwandte, sogleich mit einem neuen Freund, und meine erste Frage war jedes Mal, ob er schon einmal im Theater war und ob er die Ansicht teile, der größte Schauspieler sei Got, der zweite Delaunay, etc. Doch wenn, seinem Bedünken nach, Febvre nach Thiron kam oder Delaunay nach Coquelin, gab die unvermutete Beweglichkeit, die Coquelin, seine steinerne Starre abstreifend, in meinem Geist erworben hatte, um ebenda auf den zweiten Platz zu steigen, im Verbund mit der wundersamen Gelenkigkeit, der fruchtbaren Sprunghaftigkeit, mit der sich Delaunay begabt sah, wenn er in den vierten abstieg,

meinem Gehirn, geschmeidig und befruchtend, das Gefühl von blühendem Leben zurück.

Auch wenn mich die Schauspieler derart in Beschlag nah-

Auch wenn mich die Schauspieler derart in Beschlag nahmen, dass der Anblick von Maubant, der eines Nachmittags aus dem Théâtre Français trat, in mir die Beklemmung und alle Qualen der Liebe auslöste, um wie viel mehr noch der Name einer leuchtenden Diva über dem Eingang eines Theaters, um wie viel mehr der Anblick des Antlitzes einer Frau, die möglicherweise eine Schauspielerin war, wenn es auf der Scheibe eines Coupés, das mit seinen Pferden und den blühenden Rosen im Stirnriemen durch die Straße schoss, dann kam es in meinem Innern hinterher zu einem lang anhaltenden Schwindel, im ohnmächtigen und peinvollen Versuch, mir ihr Leben auszumalen. Ich teilte die berühmtesten Talente ordnend in Klassen ein, Sarah Bernhardt, die Berma, Bartet, Madeleine Brohan, Jeanne Samary, doch eine jede schlug mich in ihren Bann. Nun, mein Onkel kannte manche von ihnen, Kokotten auch, die ich nicht recht von den Schauspielerinnen zu unterscheiden vermochte. Er empfing sie bei sich zu Hause. Und wenn wir ihn nur an bestimmten Tagen aufsuchten, so weil an den anderen Tagen Frauen vorbeischauten, in deren Gegenwart ihn seine Familie auf keinen Fall treffen wollte, dies jedenfalls war ihre Einstellung, während, was meinen Onkel anbetrifft, das Gegenteil zutraf: Seine allzu große Leichtigkeit, hübsche Witwen, die unter Umständen gar nie verheiratet waren, oder auch Gräfinnen mit gurrenden Namen, die gewiss nur Decknamen waren, aus Höflichkeit meiner Großmutter vorstellig zu machen oder ihnen sogar ein Stück aus dem Familienschmuck zu verehren, hatte mehr denn ein Mal zu einem Zerwürfnis mit meinem Großvater geführt. Oft hörte ich, wenn der Name einer Schauspielerin im Gespräch fiel, wie mein Vater, lächelnd, zu meiner Mutter sagte: „Eine Freundin deines Onkels"; und ich dachte an die Lehrzeit, die selbst gewichtige Männer absolvierten, wenn sie, über Jahre vielleicht, ohne Nutzen vor der Pforte einer Frau verharrten, die auf keinen ihrer Briefe antwortete, sie vom Concierge aus ihrer Villa verjagen ließ, was

men, dass der Anblick von Maubant, der eines Nachmittags aus dem Théâtre Français trat, in mir die Beklemmung und alle Qualen der Liebe auslöste, um wie viel mehr noch der Name einer leuchtenden Diva über dem Eingang eines Theaters, um wie viel mehr der Anblick des Antlitzes einer Frau, die möglicherweise eine Schauspielerin war, wenn es auf der Scheibe eines Coupés, das mit seinen Pferden und den blühenden Rosen im Stirnriemen durch die Straße schoss, dann kam es in meinem Innern hinterher zu einem lang anhaltenden Schwindel, im ohnmächtigen und peinvollen Versuch, mir ihr Leben auszumalen. Ich teilte die berühmtesten Talente ordnend in Klassen ein, Sarah Bernhardt, die Berma, Bartet, Réjane, doch eine jede schlug mich in ihren Bann. Nun, mein Onkel kannte manche von ihnen, Kokotten auch, die ich nicht recht von den Schauspielerinnen zu unterscheiden vermochte. Er empfing sie bei sich zu Hause. Und wenn wir ihn nur an bestimmten Tagen aufsuchten, so weil an den anderen Tagen Frauen vorbeischauten, in deren Gegenwart ihn seine Familie auf keinen Fall treffen wollte, dies jedenfalls war ihre Einstellung, während, was meinen Onkel anbetrifft, das Gegenteil zutraf: Seine allzu große Leichtigkeit, hübsche Witwen, die unter Umständen gar nie verheiratet waren, oder auch Gräfinnen mit gurrenden Namen, die gewiss nur Decknamen waren, aus Höflichkeit meiner Großmutter vorstellig zu machen oder ihnen sogar ein Stück aus dem Familienschmuck zu verehren, hatte mehr denn ein Mal zu einem Zerwürfnis mit meinem Großvater geführt. Oft hörte ich, wenn der Name einer Schauspielerin im Gespräch fiel, wie mein Vater, lächelnd, zu meiner Mutter sagte: „Eine Freundin deines Onkels"; und ich dachte an die Lehrzeit, die selbst gewichtige Männer absolvierten, wenn sie, über Jahre vielleicht, ohne Nutzen vor der Pforte einer Frau verharrten, die auf keinen ihrer Briefe antwortete, sie vom Concierge aus ihrer Villa verjagen ließ, was mein Onkel einem Knaben wie mir ersparen konnte, indem er ihn in

mein Onkel einem Knaben wie mir ersparen konnte, indem er ihn in seinem Haus der Schauspielerin vorstellig machte, die für manch anderen unnahbar blieb, für ihn aber nichts weiter war als eine intime Freundin.

Nun denn – unter dem Vorwand einer Schulstunde, die verschoben worden war und jetzt so ungünstig fiel, dass sie mich schon zu mehreren Malen gehindert hatte, meinen Onkel zu sehen, und mich auch künftig daran hindern würde –, nützte ich an einem anderen Tag als demjenigen, der für die Besuche vorgesehen war, die wir ihm abstatteten, den Umstand, dass meine Eltern früher mit dem Mittagessen fertig waren als für gewöhnlich, und so ging ich hinaus, und statt die Plakatsäule aufzusuchen, zu der man mich allein ziehen ließ, eilte ich zu ihm. Ich bemerkte vor seiner Tür eine Kutsche mit einem Gespann von zwei Pferden, die an der Scheuklappe rote Nelken trugen, ganz so wie der Kutscher in seinem Knopfloch. Auf der Stiege hörte ich das Lachen und die Stimme einer Frau, und, sowie ich geläutet hatte, Stille, dann das Geräusch von Türen, die geschlossen wurden. Der Kammerdiener kam mir öffnen, und als er mich erblickte, wirkte er verlegen, meinte, mein Onkel sei sehr beschäftigt und könne mich auf keinen Fall empfangen, und während er ihm gleichwohl Meldung machte, sagte die nämliche Stimme, die ich gehört hatte: „Oh! doch, lass ihn herein, nur für eine Minute, das würde mich amüsieren. Auf der Photographie, die sich auf deinem Schreibtisch befindet, gleicht er seiner Mutter, deiner Nichte, deren Photographie neben der seinigen steht, oder nicht? Ich würde ihn gern kurz sehen, den Strolch!"

Ich hörte meinen Onkel brummeln, laut werden, schließlich ließ mich der Kammerdiener eintreten.

Auf dem Tisch lag der gleiche Teller mit Marzipan wie sonst; mein Onkel trug seinen alltäglichen Waffenrock, doch ihm gegenüber, in einem rosa Seidenrock und mit einem großen Perlencollier am Hals, saß eine junge Frau, beim letzten Bissen

234

seinem Haus der Schauspielerin vorstellig machte, die für manch anderen unnahbar blieb, für ihn aber nichts weiter war als eine intime Freundin.

Nun denn, unter dem Vorwand einer Schulstunde, die verschoben worden war und jetzt so ungünstig fiel, dass sie mich schon zu mehreren Malen gehindert hatte, meinen Onkel zu sehen, und mich auch künftig daran hindern würde, nützte ich an einem anderen Tag als demjenigen, der für die Besuche vorgesehen war, die wir ihm abstatteten, den Umstand, dass meine Eltern früher mit dem Mittagessen fertig waren als für gewöhnlich, und so ging ich hinunter, und statt die Plakatsäule aufzusuchen, zu der man mich allein hinausgehen ließ, eilte ich zu ihm. Ich bemerkte vor seiner Tür eine Kutsche mit einem Gespann von zwei Pferden, die an der Scheuklappe rote Nelken trugen, ganz so wie der Kutscher in seinem Knopfloch. Auf der Stiege hörte ich das Lachen und die Stimme einer Frau, und, sowie ich geläutet hatte, Stille, dann das Geräusch von Türen, die geschlossen wurden. Der Kammerdiener kam mir öffnen, und als er mich erblickte, wirkte er verlegen, meinte, mein Onkel sei sehr beschäftigt und könne mich auf keinen Fall empfangen, und während er ihm gleichwohl Meldung machte, sagte die nämliche Stimme, die ich gehört hatte: „Oh! doch, lass ihn herein, nur für eine Minute, das würde mich amüsieren. Auf der Photographie, die sich auf deinem Schreibtisch befindet, gleicht er seiner Mutter, deiner Nichte, deren Photographie neben der seinigen steht, oder nicht? Ich würde ihn gern kurz sehen, den Kleinen!"

Ich hörte meinen Onkel brummeln, laut werden, schließlich ließ mich der Kammerdiener eintreten.

Auf dem Tisch lag der gleiche Teller mit Marzipan wie sonst; mein Onkel trug seinen alltäglichen Waffenrock, doch ihm gegenüber, in einem rosa Seidenrock und mit einem großen Perlencollier am Hals, saß eine junge Frau, beim letzten Bissen einer Mandarine. Die Unsicherheit, ob

einer Mandarine. Die Unsicherheit, ob ich sie mit Madame oder mit Mademoiselle ansprechen sollte, trieb mir die Röte ins Gesicht, und da ich es nicht recht wagte, meine Augen in ihre Richtung zu wenden, aus Angst, sie ansprechen zu müssen, ging ich meinen Onkel umhalsen. Sie musterte mich mit einem Lächeln und mein Onkel sagte: „Mein Neffe", ohne ihr meinen Namen zu nennen, noch mir den ihrigen, offensichtlich war er nach dem Zwist, den er mit meinem Großvater gehabt hatte, bestrebt, so gut es ging, jede Verbindung zwischen seiner Familie und solchen Bekanntschaften zu unterbinden.

– Wie er seiner Mutter gleicht, sagte sie.

– Aber Sie haben meine Nichte doch nur auf der Photographie gesehen, warf mein Onkel mürrisch ein.

– Um Entschuldigung, mein teurer Freund, aber ich lief ihr letztes Jahr im Treppenhaus über den Weg, als Sie so schlimm krank waren. Natürlich habe ich sie nur für den Blitz eines Augenblicks gesehen, und Ihr Treppenhaus ist recht duster, aber es genügte mir, um sie zu bewundern. Dieser kleine junge Mann da hat ganz ihre schönen Augen und auch *das da*, sagte sie und zog mit dem Finger unten an ihrer Stirn eine Linie. Trägt Ihre Frau Nichte denselben Namen wie Sie, mein Freund?, fragte sie meinen Onkel.

– Er gleicht in erster Linie seinem Vater, grummelte mein Onkel, der darauf bedacht war, uns weder von Angesicht zu Angesicht noch indirekt durch die Nennung des Namens von Maman bekannt zu machen. Er ist ganz sein Vater und auch meine Mutter selig.

– Seinen Vater kenne ich nicht, sagte die Dame in Rosa mit einer leichten Neigung des Kopfes, und ich habe auch Ihre werte Mutter nie kennengelernt, mein Freund. Wie Ihnen erinnerlich ist, haben wir uns kurz nach Ihrem großen Kummer kennengelernt.

Ich fühlte eine leise Enttäuschung, da sich diese junge Dame nicht von den anderen hübschen Frauen unterschied, die ich

ich sie mit Madame oder mit Mademoiselle ansprechen sollte, trieb mir die Röte ins Gesicht, und da ich es nicht recht wagte, meine Augen in ihre Richtung zu wenden, aus Angst, sie ansprechen zu müssen, ging ich meinen Onkel umhalsen. Sie musterte mich mit einem Lächeln und mein Onkel sagte: „Mein Neffe", ohne ihr meinen Namen zu nennen, noch mir den ihrigen, offensichtlich war er nach dem Zwist, den er mit meinem Großvater gehabt hatte, bestrebt, so gut es ging, jede Verbindung zwischen seiner Familie und solchen Bekanntschaften zu unterbinden.

– Wie er seiner Mutter gleicht, sagte sie.

– Aber Sie haben meine Nichte doch nur auf der Photographie gesehen, warf mein Onkel mürrisch ein.

– Um Entschuldigung, mein teurer Freund, aber ich lief ihr letztes Jahr im Treppenhaus über den Weg, als Sie so schlimm krank waren. Natürlich habe ich sie nur für den Blitz eines Augenblicks gesehen, und Ihr Treppenhaus ist recht duster, aber es genügte mir, um sie zu bewundern. Dieser kleine junge Mann da hat ganz ihre schönen Augen und auch *das da*, sagte sie und zog mit dem Finger unten an ihrer Stirn eine Linie. Trägt Ihre Frau Nichte denselben Namen wie Sie, mein Freund?, fragte sie meinen Onkel.

– Er gleicht in erster Linie seinem Vater, grummelte mein Onkel, der darauf bedacht war, uns weder von Angesicht zu Angesicht noch indirekt durch die Nennung des Namens von Maman bekannt zu machen. Er ist ganz sein Vater und auch meine Mutter selig.

– Seinen Vater kenne ich nicht, sagte die Dame in Rosa mit einer leichten Neigung des Kopfes, und ich habe auch Ihre werte Mutter nie kennengelernt, mein Freund. Wie Ihnen erinnerlich ist, haben wir uns kurz nach Ihrem großen Kummer kennengelernt.

Ich fühlte eine leise Enttäuschung, da sich diese junge Dame nicht von den anderen hübschen Frauen unterschied, die ich gelegentlich im Kreis meiner Familie antraf, in Sonderheit das Mädchen eines unserer Cousins, den ich

gelegentlich im Kreis meiner Familie antraf, in Sonderheit das Mädchen eines unserer Cousins, den ich immer im Sommer besuchte. Lediglich besser gekleidet, verfügte die Freundin meines Onkels über den nämlichen wachen und gutmütigen Blick, der Ausdruck ebenso frank wie freundlich. Ich konnte an ihr keine der theatralischen Gebärden entdecken, die ich auf den Photographien von Schauspielerinnen anbetete, noch auch jene diabolischen Züge, die zu ihrem mutmaßlichen Lebenswandel gepasst hätten. Ich konnte nicht recht glauben, dass sie eine Kokotte war, und noch weniger wollte ich glauben, dass sie eine Kokotte mit Chic war, hätte ich nicht die zweispännige Kutsche gesehen, die rosa Robe, das Perlencollier, und hätte ich nicht gewusst, dass mein Onkel nur mit den erlesensten Damen ihrer Art Umgang pflegte. Freilich fragte ich mich, welchen Gefallen jener Millionär, der sie mit Kutsche, Stadtpalais und Schmuck ausstattete, daran finden mochte, sein Vermögen für eine Person anzutasten, deren Ausdruck so schlicht und gewöhnlich war. Und gleichwohl, wenn ich an ihr Leben dachte, dessen Verworfenheit mich womöglich tiefer verstörte, als wenn sie sich in meiner Gegenwart in einer auffallenden Erscheinung verkörpert hätte, – es blieb so unsichtbar wie das Geheimnis eines romanhaften Abenteuers, eines Skandals, aus dem Haus ihrer bürgerlichen Eltern in die Arme der Männer getrieben, in Schönheit erblühend, hatte sich jene in der Halbwelt einen Namen gemacht, deren Mienenspiel, deren Singsang in der Stimme von manchen, die ich kannte, kaum verschieden war und mich doch unwillentlich der Meinung zuneigen ließ, sie sei ein junges Mädchen aus gutem Haus, wo sie doch keine Familie mehr hatte.

Man hatte sich ins „Arbeitskabinett" verfügt, und mein Onkel bot ihr, durch meine Gegenwart leicht geniert, Zigaretten an. – Nein, sagte sie, mein Teurer, Sie wissen doch, dass ich an jene gewöhnt bin, die mir der Prinz Grand Duc zukommen lässt. Ich sagte ihm, dass dies Ihre Eifersucht erregte. Und sie zog

immer im Sommer besuchte. Lediglich besser gekleidet, verfügte die Freundin meines Onkels über den nämlichen wachen und gutmütigen Blick, der Ausdruck ebenso frank wie freundlich. Ich konnte an ihr keine der theatralischen Gebärden entdecken, die ich auf den Photographien von Schauspielerinnen anbetete, noch auch jene diabolischen Züge, die zu ihrem mutmaßlichen Lebenswandel gepasst hätten. Ich konnte nicht recht glauben, dass sie eine Kokotte war, und noch weniger wollte ich glauben, dass sie eine Kokotte mit Chic war, hätte ich nicht die zwei-spännige Kutsche gesehen, die rosa Robe, das Perlencollier, und hätte ich nicht gewusst, dass mein Onkel nur mit den erlesensten Damen ihrer Art Umgang pflegte. Freilich fragte ich mich, welchen Gefallen jener Millionär, der sie mit Kutsche, Stadtpalais und Schmuck ausstattete, daran finden mochte, sein Vermögen für eine Person anzutas-ten, deren Ausdruck schlicht und gewöhnlich war. Und gleichwohl, wenn ich an die Verworfenheit ihres Lebens dachte, war ich unter diesen Umständen womöglich tiefer verstört, als wenn sich dies in meiner Gegenwart in einer auffallenden Erscheinung verkörpert hätte, so blieb es bei der Ahnung, unsichtbar wie das Geheimnis eines roman-haften Abenteuers, eines Skandals, aus dem Haus ihrer bürgerlichen Eltern in die Arme der Männer getrieben, in Schönheit erblühend, hatte sich jene in der Halbwelt einen Namen gemacht, deren Mienenspiel, deren Singsang in der Stimme von manchen, die ich kannte, kaum verschie-den war und mich doch unwillentlich der Meinung zunei-gen ließ, sie sei ein junges Mädchen aus gutem Haus, wo sie doch keine Familie mehr hatte.

Man hatte sich ins „Arbeitskabinett" verfügt, und mein Onkel bot ihr, durch meine Gegenwart leicht geniert, Ziga-retten an.

– Nein, sagte sie, Sie wissen doch, dass ich an jene gewöhnt bin, die mir der Grand Duc zukommen lässt. Ich sagte ihm, dass dies Ihre Eifersucht erregte. Und sie zog aus

aus einem Etui Zigaretten, die mit fremdländischen goldenen Inschriften verziert waren. Aber ja, nahm sie unvermittelt den Faden auf, ich muss den Vater dieses jungen Mannes einmal bei Ihnen getroffen haben. Ist er nicht Ihr Neffe? Wie konnte ich das nur vergessen? Er war so gut zu mir, von so ausgesuchter Höflichkeit, sprach sie mit einem Ausdruck voll Bescheidenheit und Empfindsamkeit. Aber beim Gedanken, wie ungehobelt ebenjener Empfang gewesen sein mochte, den sie für auserlesen hielt, schließlich kannte ich seine die Zurückhaltung und seine Kälte meines Vaters, fühlte ich mich beschämt von seinem mangelnden Zartsinn, von der Kluft zwischen der überschwänglichen Dankbarkeit, die man ihm zuerkannte, und seiner mangelnden Freundlichkeit. Ich begriff, dass eine der rührenden Rollen dieser müßigen und strebsamen Damen in gewissem Hinblick darin bestand, dass sie ihre Großherzigkeit, ihr Talent, den stets verfügbaren Traum sentimentaler Schönheit – denn sie setzten all dies, wie die Künstler, nicht in Wirklichkeit um, ließen es nicht in den Rahmen ihres gewöhnlichen Lebens einfließen – sowie all das Gold, das sie wenig kostete, darauf verwandten, um das karge und ungehobelte Leben der Männer mit einer kostbaren und fein gearbeiteten Fassung zu zieren. In gleicher Weise hatte sie, im Fumoir, in dem sie von meinem Onkel im Waffenrock empfangen wurde und wo ihr ach so sanfter Körper, ihre Robe aus rosa Seide, ihre Perlen jene Eleganz verströmten, die ihr aus der Freundschaft mit dem Großfürsten zufloss, irgendeine nichtssagende Bemerkung meines Vaters aufgenommen, voll Zartgefühl poliert, ihr Geschliffenheit und edle Abkunft verliehen, und indem sie ihr einen wundersam wässrigen Blick nachschickte, schimmernd von Unterwürfigkeit und Dankbarkeit, erstattete sie sie ihm nun zurück, in ein kunstvolles Juwel verwandelt, in etwas „ganz Exquisites".

– So, los jetzt, es ist Zeit, dass du dich auf den Weg machst, sagte mein Onkel zu mir.

einem Etui Zigaretten, die mit fremdländischen goldenen Inschriften verziert waren. Aber ja, nahm sie unvermittelt den Faden auf, ich muss seinen Vater einmal bei Ihnen getroffen haben. Ist er nicht Ihr Neffe? Wie konnte ich das nur vergessen? Er war so gut zu mir, von so ausgesuchter Höflichkeit, sprach sie mit einem Ausdruck voll Bescheidenheit und Empfindsamkeit. Aber beim Gedanken, wie ungehobelt ebenjener Empfang gewesen sein mochte, den sie für auserlesen hielt, schließlich kannte ich die Zurückhaltung und die Kälte meines Vaters, fühlte ich mich beschämt von seinem mangelnden Zartsinn, von der Kluft zwischen der überschwänglichen Dankbarkeit, die man ihm zuerkannte, und seiner mangelnden Freundlichkeit. Ich begriff, dass eine der rührenden Rollen dieser müßigen und strebsamen Damen in gewissem Hinblick darin bestand, dass sie ihre Großherzigkeit, ihr Talent, den stets verfügbaren Traum sentimentaler Schönheit – denn sie setzten all dies, wie die Künstler, nicht in Wirklichkeit um, ließen es nicht in den Rahmen ihres gewöhnlichen Lebens einfließen – sowie all das Gold, das sie wenig kostete, darauf verwandten, um das karge und ungehobelte Leben der Männer mit einer kostbaren und fein gearbeiteten Fassung zu zieren. In gleicher Weise hatte sie, im Fumoir, in dem sie von meinem Onkel im Waffenrock empfangen wurde und wo ihr ach so sanfter Körper, ihre Robe aus rosa Seide, ihre Perlen jene Eleganz verströmten, die ihr aus der Freundschaft mit dem Großfürsten zufloss, irgendeine nichtssagende Bemerkung meines Vaters aufgenommen, voll Zartgefühl poliert, ihr Geschliffenheit und edle Abkunft verliehen, und indem sie ihr einen wundersam wässrigen Blick nachschickte, schimmernd von Unterwürfigkeit und Dankbarkeit, erstattete sie sie ihm nun zurück, in ein kunstvolles Juwel verwandelt, in etwas „ganz Exquisites".

– So, los jetzt, es ist Zeit, dass du dich auf den Weg machst, sagte mein Onkel zu mir.

Ich stand auf, mit dem unwiderstehlichen Drang, die

Ich stand auf, mit dem unwiderstehlichen Drang, die Hand der Dame in Rosa zu küssen, aber mir schien das so gewagt wie eine Entführung. Mein Herz pochte, während ich mich fragte: „Soll ich, soll ich nicht?", dann fragte ich mich nicht länger, was zu tun sei, um endlich etwas zu tun. Und mit einer blinden und überstürmten Geste, ohne irgendeinen der Beweggründe, die noch vor einem Moment dafür gesprochen hatten, führte ich die Hand, die sie mir hinhielt, an meine Lippen.

– Wie lieb er ist! schon ganz galant, mit einem Blick für Frauen: das hat er von seinem Onkel. Er wird ein vollendeter Gentleman, sagte sie und presste die Zähne zusammen, um dem Satz einen leicht britischen Akzent zu geben. Er könnte doch einmal auf einen *cup of tea* kommen, wie unsere englischen Freunde sagen; er muss mir nur am Morgen einen „Blauen" schicken.

Ich wusste nicht, was ein „Blauer" war. Überhaupt verstand ich nur die Hälfte der Worte, die die Dame in den Mund nahm, doch aus Furcht, es möchte in ihnen irgendeine Frage mitschwingen, auf die man höflicherweise antworten sollte, hörte ich ihr ohne Unterlass ganz aufmerksam zu, was mich recht müd und matt machte.

– Aber nein, das ist ausgeschlossen, sagte mein Onkel achselzuckend, er ist sehr eingespannt, er arbeitet viel. Er heimst alle Preise in seinen Kursen ein, fügte er leise hinzu, damit ich diese Lüge nicht hören und ihr nicht widersprechen konnte. Wer weiß, aus dem wird vielleicht ein kleiner Victor Hugo, eine Art Vaulabelle, Sie wissen schon.

– Ich liebe Künstler, erwiderte die Dame in Rosa, sie allein verstehen die Frauen... Nur sie und ein paar auserwählte Wesen wie Sie. Doch entschuldigen Sie mein Unwissen. Wer ist Vaulabelle? Meinen Sie damit die vergoldeten Bände, die, hinter Glas, in der kleinen Bibliothek Ihres Boudoirs stehen? Wie Sie wissen, haben Sie mir versprochen, sie mir auszuleihen, ich werde für sie Sorge tragen.

Mein Onkel, der seine Bücher nur höchst widerwillig auslieh,

Hand der Dame in Rosa zu küssen, aber mir schien das so gewagt wie eine Entführung. Mein Herz pochte, während ich mich fragte: „Soll ich, soll ich nicht?", dann fragte ich mich nicht länger, was zu tun sei, um endlich etwas zu tun. Und mit einer blinden und überstürmten Geste, ohne irgendeinen der Beweggründe, die noch vor einem Moment dafür gesprochen hatten, führte ich die Hand, die sie mir hinhielt, an meine Lippen.

– Wie lieb er ist! schon ganz galant, mit einem Blick für Frauen: das hat er von seinem Onkel. Er wird ein vollendeter Gentleman, sagte sie und presste die Zähne zusammen, um dem Satz einen leicht britischen Akzent zu geben. Er könnte doch einmal auf einen *cup of tea* kommen, wie unsere englischen Freunde sagen; er muss mir nur am Morgen einen „Blauen" schicken.

Ich wusste nicht, was ein „Blauer" war. Überhaupt verstand ich nur die Hälfte der Worte, die die Dame in den Mund nahm, doch aus Furcht, es möchte in ihnen irgendeine Frage mitschwingen, auf die man höflicherweise antworten sollte, hörte ich ihr ohne Unterlass ganz aufmerksam zu, was mich recht müd und matt machte.

– Aber nein, das ist ausgeschlossen, sagte mein Onkel achselzuckend, er ist sehr eingespannt, er arbeitet viel. Er heimst alle Preise in seiner Klasse ein, fügte er leise hinzu, damit ich diese Lüge nicht hören und ihr nicht widersprechen konnte. Wer weiß, aus dem wird vielleicht ein kleiner Victor Hugo, eine Art Vaulabelle, Sie wissen schon.

– Ich liebe Künstler, erwiderte die Dame in Rosa, sie allein verstehen die Frauen... Nur sie und ein paar auserwählte Wesen wie Sie. Doch entschuldigen Sie mein Unwissen. Wer ist Vaulabelle? Meinen Sie damit die vergoldeten Bände, die, hinter Glas, in der kleinen Bibliothek Ihres Boudoirs stehen? Wie Sie wissen, haben Sie mir versprochen, sie mir auszuleihen, ich werde für sie Sorge tragen.

Mein Onkel, der seine Bücher nur höchst widerwillig auslieh, gab auf all das keine Antwort und geleitete mich

gab auf all das keine Antwort und geleitete mich ins Vorzimmer. Ganz außer mir vor Liebe zur Dame in Rosa, setzte ich wilde Küsse auf die tabakgeschwängerten Wangen meines alten Onkels, und da er kein offenes Wort wagte, ließ er, etwas gewunden, durchblicken, dass es ihm sehr lieb wäre, wenn ich meinen Eltern nichts von diesem Besuch erzählen würde, worauf ich ihm, mit Tränen in den Augen, versicherte, dass sich mir seine Güte tief eingeprägt habe und ich eines Tages Gelegenheit finden würde, ihm meine Dankbarkeit zu bezeigen. So tief zwar, dass ich es zwei Stunden später, nach ein paar dunklen Andeutungen, die meinen Eltern jedoch keine rechte Vorstellung von meiner neuen gewichtigen Rolle vermittelten, für klarer hielt, ihnen den jüngsten Besuch in allen Einzelheiten zu schildern. Ich ahnte freilich nicht, dass ich damit meinem Onkel Ungemach bereitete. Wie auch, das wollte ich ja gerade vermeiden. Ich konnte nicht davon ausgehen, dass meine Eltern in diesem Besuch irgendetwas Verwerfliches sahen, da er in meinen Augen ohne Arg war. Kommt es nicht tagtäglich vor, dass uns ein Freund darum bittet, ihn bei einer Frau zu entschuldigen, der er nicht mehr schreiben kann, doch wir unterlassen es, in der Meinung, jene Person würde diesem Schweigen, das uns nichts bedeutet, auch keine Bedeutung zumessen. Ich stellte mir wie jedermann vor, dass das Gehirn der anderen ein regloses und gefügiges Gefäß sei, ohne jedes spezifische Vermögen über das, was man ihm eintrichtert; und als ich in dasjenige meiner Eltern die Neuigkeit von der Bekanntschaft träufelte, die mir mein Onkel eröffnet hatte, ging ich davon aus, dass ich ihnen imgleichen das wohlwollende Urteil übermittelte, das ich dieser Präsentation entgegenbrachte. Unseligerweise orientierten sich meine Eltern an Prinzipien, die jenen, welche ich ihnen nahezulegen suchte, gänzlich widersprachen, wenn man die Tat meines Onkels beurteilen wollte. Mein Vater und mein Großvater hatten mit ihm hierüber heftige Händel; darüber erhielt ich auf Umwegen

244

ins Vorzimmer. Ganz außer mir vor Liebe zur Dame in Rosa, setzte ich wilde Küsse und leidenschaftliche Liebkosungen auf die tabakgeschwängerten Wangen meines alten Onkels, und da er kein offenes Wort wagte, ließ er, etwas gewunden, durchblicken, dass es ihm sehr lieb wäre, wenn ich meinen Eltern nichts von diesem Besuch erzählen würde, worauf ich ihm, mit Tränen in den Augen, versicherte, dass sich mir seine Güte tief eingeprägt habe und ich eines Tages Gelegenheit finden würde, ihm meine Dankbarkeit zu bezeigen. So tief zwar, dass ich es zwei Stunden später, nach ein paar dunklen Andeutungen, die meinen Eltern jedoch keine rechte Vorstellung von meiner neuen gewichtigen Rolle vermittelten, für klarer hielt, ihnen den jüngsten Besuch in allen Einzelheiten zu schildern. Ich ahnte freilich nicht, dass ich damit meinem Onkel Ungemach bereitete. Wie auch, das wollte ich ja gerade vermeiden. Ich konnte nicht davon ausgehen, dass meine Eltern in diesem Besuch irgendetwas Verwerfliches sahen, da er in meinen Augen ohne Arg war. Kommt es nicht tagtäglich vor, dass uns ein Freund darum bittet, ihn bei einer Frau zu entschuldigen, der er nicht mehr schreiben kann, doch wir unterlassen es, in der Meinung, jene Person würde diesem Schweigen, das uns nichts bedeutet, auch keine Bedeutung zumessen. Ich stellte mir wie jedermann vor, dass das Gehirn der anderen ein regloses und gefügiges Gefäß sei, ohne jedes spezifische Vermögen über das, was man ihm eintrichtert; und als ich in dasjenige meiner Eltern die Neuigkeit von der Bekanntschaft träufelte, die mir mein Onkel eröffnet hatte, ging ich davon aus, dass ich ihnen imgleichen das erwünschte Wohlwollen übermittelte, das mich bezüglich dieser Präsentation beseelte. Unseligerweise orientierten sich meine Eltern an Prinzipien, die jenen, welche ich ihnen nahezulegen suchte, gänzlich widersprachen, wenn man die Tat meines Onkels beurteilen wollte. Mein Vater und mein Großvater hatten mit ihm hierüber heftige Händel; darüber erhielt ich auf Umwegen Kunde. Wenige Tage später,

Kunde. Wenige Tage später, als ich draußen meinem Onkel über den Weg lief, der in einer offenen Kutsche vorbeifuhr, wurde ich vom Schmerz, von der Dankbarkeit, von der Reue erfasst, denen ich Ausdruck verleihen wollte. Angesichts ihrer Wucht hielt ich einen Gruß mit dem Hut für unangemessen, da er meinem Onkel nahelegen mochte, dass ich mich ihm gegenüber nur zur banalsten Höflichkeit verpflichtet fühlte. Ich entschied, auf diese unpassende Geste lieber zu verzichten, und wandte den Kopf ab. Mein Onkel dachte, ich würde damit den Befehl meiner Eltern befolgen, was er ihnen nie verzieh, und so starb er manches Jahr danach, ohne dass ihn irgendjemand von uns je wieder gesehen hätte.

Deswegen trat ich nicht mehr in das, nunmehr verriegelte, Ruhegemach meines Onkels Adolphe, und nachdem ich in der Nähe der Hinterküche herumgetrödelt hatte und Françoise auf dem Vorplatz auftauchte und mir sagte: „Ich werde meine Küchenmagd den Kaffee auftragen und das Wasser erhitzen lassen, ich muss rasch zu Madame Octave", entschied ich mich zur Umkehr und ging ohne Umschweife bei mir lesen. Die Küchenmagd war eine moralische Person, eine feste Instanz, der eine Reihe unabänderlicher Attribute eine Art Kontinuität und Identität verlieh, und zwar im Verlauf all der flüchtigen Gestalten, in denen sie Fleisch wurde: denn wir hatten nie zwei Jahre in Folge die gleiche Küchenmagd. Im Jahr, als wir dauernd Spargel aßen, war die üblicherweise mit dem „Rupfen" der Spargeln betraute Küchenmagd eine arme Kreatur, kränklich, sie stand, als wir an Ostern eintrafen, bereits in einem weit gediehenen Stadium der Schwangerschaft, und man wunderte sich, dass Françoise ihr so viele Besorgungen und Gänge aufhalste, denn sie trug allmählich nur noch mit Mühe das mysteriöse Körbchen vor sich her, Tag für Tag praller gefüllt, wobei unter dem weiten Kittel die gewaltige Wölbung zu erahnen war.[71] ~~M. Swann hatte uns darauf hingewiesen, dass sie daran erinnerten~~ Der nun erinnerte an jene Houppelanden,

als ich draußen meinem Onkel über den Weg lief, der in einer offenen Kutsche vorbeifuhr, wurde ich vom Schmerz, von der Dankbarkeit, von der Reue erfasst, denen ich Ausdruck verleihen wollte. Angesichts ihrer Wucht hielt ich einen Gruß mit dem Hut für unangemessen, da er meinem Onkel nahelegen mochte, dass ich mich ihm gegenüber nur zur banalsten Höflichkeit verpflichtet fühlte. Ich entschied, auf diese unpassende Geste lieber zu verzichten, und wandte den Kopf ab. Mein Onkel dachte, ich würde damit den Befehl meiner Eltern befolgen, was er ihnen nie verzieh, und so starb er manches Jahr danach, ohne dass ihn irgendjemand von uns je wiedergesehen hätte.

Deswegen trat ich nicht mehr in das, nunmehr verriegelte, Ruhegemach meines Onkels Adolphe, und nachdem ich in der Nähe der Hinterküche herumgetrödelt hatte und Françoise auf dem Vorplatz auftauchte und mir sagte: „Ich werde meine Küchenmagd den Kaffee auftragen und das Wasser erhitzen lassen, ich muss rasch zu Madame Octave", entschied ich mich zur Umkehr und ging ohne Umschweife bei mir lesen. Die Küchenmagd war eine moralische Person, eine feste Instanz, der eine Reihe unabänderlicher Attribute eine Art Kontinuität und Identität verlieh, und zwar im Verlauf all der flüchtigen Gestalten, in denen sie Fleisch wurde: denn wir hatten nie zwei Jahre in Folge die gleiche Küchenmagd. Im Jahr, als wir dauernd Spargel aßen, war die üblicherweise mit dem „Rupfen" der Spargeln betraute Küchenmagd eine arme Kreatur, kränklich, sie stand, als wir an Ostern eintrafen, bereits in einem weit gediehenen Stadium der Schwangerschaft, und man wunderte sich, dass Françoise ihr so viele Besorgungen und Gänge aufhalste, denn sie trug allmählich nur noch mit Mühe das mysteriöse Körbchen vor sich her, Tag für Tag praller gefüllt, wobei unter dem weiten Kittel die gewaltige Wölbung zu erahnen war. Diese flatternden Schöße erinnerten an jene Houppelanden, in die Giotto gewisse symbolische Figuren auf den Fresken gewandete, von denen mir

die gewisse symbolische Figuren von Giotto gewandeten, von denen mir M. Swann Photographien mitgebracht hatte. Darauf hatte er uns höchstselbst hingewiesen, und wenn er sich bei uns ~~von~~ nach Neuigkeiten von der Küchenmagd ~~sprach~~ erkundigte, ~~sagte er: Die *Caritas* von Giotto~~ sagte er zu uns: Wie geht es unserer *Caritas* von Giotto? D~~as~~ arme Ding jedenfalls, aufgrund der Schwangerschaft Fett ansetzend, sogar im Gesicht, an den Wangen, die speckig und plump hinunterhingen, glich in der Tat jenen stämmigen und mannmäßigen Jungfrauen, Matronen fast, in denen die Tugenden in der Arenakapelle personifiziert waren. Und heute wird mir klar, dass ihr die *Tugenden* und *Laster* aus Padua noch in anderer Hinsicht glichen. So wie dem Bild dieses Mädchens durch das symbolische Angehängsel, das sie vor ihrem Bauch trug, ein sinnbildliches Gepräge erwuchs, ohne dass sie, so schien es, dessen Sinn erfasste, ohne dass ihr Gesicht irgendeinen Widerschein jener Pracht und Vergeistigung spiegelte – sie trug es wie eine beliebige schwere Bürde –, so scheint sich auch die mächtige Haushälterin, die in der Arenakapelle unter dem Namenszug „Caritas" dargestellt wird und deren Reproduktion, in Combray, an der Wand ~~meines Zimmers~~ meiner Studierstube ~~hing~~ aufgehängt war, in keiner Weise bewusst zu sein, ebenjene Tugend zu verkörpern, und wie sollte irgendein barmherziger Gedanke je durch ein solches Gesicht seinen Ausdruck finden, das so kraftstrotzend und grobschlächtig ist.

PLACARD 13
VOM 10. APRIL 1913

Gemäß einer Findung des Malers tritt sie mit ihren Füßen die Schätze[72] der Erde, und zwar just so, als würde sie Trauben stampfen, um deren Saft zu gewinnen, oder genauer, wie wenn sie sich, um höher hinaufzugelangen, auf Säcke stellen würde; so streckt sie Gott ihr entflammtes Herz entgegen, oder sagen wir lieber: sie „reicht" es ihm, wie eine Köchin einen Korkenzieher durch das Luftloch des Kellers jemandem hochreicht,

M. Swann Photographien mitgebracht hatte. Sie selbst, das arme Ding, aufgrund der Schwangerschaft Fett ansetzend, sogar im Gesicht, an den Wangen, die speckig und plump hinunterhingen, glich jenen stämmigen und mannmäßigen Jungfrauen, Matronen fast, in denen die Tugenden in der Arenakapelle personifiziert waren. Und die *Tugenden* und *Laster* aus Padua glichen ihr noch in anderer Hinsicht. So wie dem Bild dieses Mädchens durch das symbolische Angehängsel, das sie vor ihrem Bauch trug, ein sinnbildliches Gepräge erwuchs, ohne dass sie, so schien es, dessen Sinn erfasste, ohne dass ihr Gesicht irgendeinen Widerschein jener Pracht und Vergeistigung spiegelte – sie trug es wie eine beliebige schwere Bürde –, so scheint sich auch die mächtige Haushälterin, die in der Arenakapelle unter dem Namenszug „Caritas" dargestellt wird, in keiner Weise bewusst zu sein, ebenjene Tugend zu verkörpern, und wie sollte irgendein barmherziger Gedanke je durch ein solches Gesicht seinen Ausdruck finden, das so kraftstrotzend und grobschlächtig ist.

Gemäß einer Findung des Malers tritt sie mit ihren Füßen die Schätze der Erde, und zwar just so, als würde sie Trauben stampfen, um deren Saft zu gewinnen, oder genauer, wie wenn sie sich, um höher hinaufzugelangen, auf Säcke stellen würde, so streckt sie Gott ihr entflammtes Herz entgegen, oder sagen wir lieber: sie „reicht" es ihm, wie eine Köchin einen Korkenzieher durch das Luftloch des Kellers jemandem hochreicht, der durch das Fenster im Erdge-

der durch das Fenster im Erdgeschoss darum gebeten hatte. Die *Invidia* wirkt da schon neidischer. Freilich nimmt selbst in dieser Freske das Symbol einen solchen Raum ein und wird so wirklichkeitsnah dargestellt, die Schlange, die zwischen den Lippen der *Invidia* zischt, ist so dick und füllt ihren weit aufgerissenen Mund so vollständig aus, dass sich deren Gesichtsmuskeln verzerren, um sie zu bändigen, wie die eines Kindes, das mit seinem Atem einen Ballon aufbläst, wobei die Aufmerksamkeit der *Invidia* – und auf einen Schlag auch die unsere –, ganz und gar von der Tätigkeit der Lippen in Anspruch genommen wird, sodass keinerlei neidische Vorstellungen mehr vermittelt werden.

Und war nicht auch bei der armen Küchenmagd die Aufmerksamkeit ohne Unterlass aufgrund des Gewichts, das sie zu tragen hatte, ohne Unterlass ganz auf ihren Bauch gerichtet; und so auch dreht sich das Denken der Sterbenden recht oft um die qualvolle, dunkle Wirkkraft ihrer Eingeweide, um jene Aspekte des Todes, die es ihnen vorführt, sie in aller Härte fühlen lässt, wobei sie weit mehr einer Bürde gleichen, die sie zermalmt, einem Ringen um Atem, einem Drang zu trinken, als dem, was wir die Idee des Todes heißen.

Aller Bewunderung zum Trotz, die M. Swann den Fresken von Giotto zollte, empfand ich keinerlei Freude, als er sie mir aus Italien mitbrachte, und fand auch lange danach keine daran, sie in der kleinen Studierstube zu betrachten, wo man die von ihm mitgebrachten Kopien aufgehängt hatte, jene *Barmherzigkeit* ohne Barmherzigkeit, jenen *Neid*, der eher aussah wie eine Tafel aus einem Medizinbuch, zur Illustration der Kompression, die ein Tumor der Zunge oder das Einführen eines Operationsinstrumentes auf die Glottis oder das Halszäpfchen ausübt, und diese *Gerechtigkeit* mit ihrem ebenmäßigen Gesicht, gräulich und grämlich, trug in Combray das Merkmal hübscher lateinischer Schönheiten, fromm und seelendorr, die ich bei der Messe sah, mehrere von ihnen bereits für das Reserveregiment der

schoss darum gebeten hatte. Die *Invidia* wirkt da schon neidischer. Freilich nimmt selbst in dieser Freske das Symbol einen solchen Raum ein und wird so wirklichkeitsnah dargestellt, die Schlange, die zwischen den Lippen der *Invidia* zischt, ist so dick und füllt ihren weit aufgerissenen Mund so vollständig aus, dass sich deren Gesichtsmuskeln verzerren, um sie zu bändigen, wie die eines Kindes, das mit seinem Atem einen Ballon aufbläst, wobei die Aufmerksamkeit der *Invidia* – und auf einen Schlag auch die unsere –, ganz und gar von der Tätigkeit der Lippen in Anspruch genommen wird, sodass keinerlei neidische Vorstellungen mehr vermittelt werden.

In gleicher Weise war die Aufmerksamkeit der armen Küchenmagd aufgrund des Gewichts, das sie zu tragen hatte, ganz auf ihren Bauch gerichtet; und so auch dreht sich das Denken der Sterbenden recht oft um die qualvolle, dunkle Wirkkraft ihrer Eingeweide, um jene Aspekte des Todes, die es ihnen vorführt, sie in aller Härte fühlen lässt, wobei sie weit mehr einer Bürde gleichen, die sie zermalmt, einem Ringen um Atem, einem Drang zu trinken, als dem, was wir die Idee des Todes heißen.

Aller Bewunderung zum Trotz, die M. Swann den Fresken von Giotto zollte, empfand ich damals und auch später keinerlei Freude daran, sie an der Wand der kleinen Studierstube zu betrachten, wo man die von ihm mitgebrachten Kopien aufgehängt hatte, jene *Barmherzigkeit* ohne Barmherzigkeit, jenen *Neid*, der eher aussah wie eine Tafel aus einem Medizinbuch, zur Illustration der Kompression, die ein Tumor der Zunge oder das Einführen eines Operationsinstrumentes auf die Glottis oder das Halszäpfchen ausübt, und diese *Gerechtigkeit* mit ihrem ebenmäßigen Gesicht, gräulich und grämlich, trug das Merkmal manch hübscher Schönheiten, fromm und seelendorr, die Mehrzahl bereits für das Reserveregiment der Ungerechtigkeit angemustert. Erst später erkannte ich, dass die fesselnde Fremdheit, die einzigartige Schönheit dieser Fresken am

Ungerechtigkeit angemustert. Erst später erkannte ich, dass die fesselnde Fremdheit, die einzigartige Schönheit dieser Fresken am breiten Raum lag, den das Symbol auf ihnen einnahm, und am Umstand, dass es nicht wie ein Symbol dargestellt wurde, weil der symbolisierte Gedanke darin ja gar keinen Ausdruck fand, sondern ganz real wirkte, wie eine erlebte Erfahrung, die man durchgemacht hatte, und mit Händen zu greifen war; dies verlieh der Bedeutung des Werkes etwas Buchstäbliches und der Lehrhaftigkeit etwas Eindeutiges, voll konkreter Prägekraft.

Es verhielt sich wohl so, dass diesen *Tugenden* und *Lastern* von Padua dichte Wirklichkeit innewohnte, wo sie mir doch so lebendig vorkamen wie die schwangere Magd, wobei mir Letztere auch schon fast so allegorisch vorkam. Und womöglich eignete diesem (zumindest scheinbar) fehlenden Band zwischen der Seele eines Wesens und der Tugend, die es ausstrahlt, abgesehen vom ästhetischen Wert eine, wo nicht psychologische, so zumindest, wie man so sagt, physiognomische Wirklichkeit. Wenn ich im späteren Verlauf meines Lebens Gelegenheit hatte, in einem Kloster zum Beispiel, ganz und gar heiligen Inkarnationen tätiger Barmherzigkeit zu begegnen, so eigneten ihnen für gewöhnlich eine muntere Miene, zuversichtlich, kalt und schroff wie das gehetzte Gesicht eines Chirurgen, ein Gesicht, auf dem man keinen Anflug von Mitleid, keinerlei Rührung angesichts menschlicher Leiden ablesen kann, keinerlei Furcht, mit ihnen konfrontiert zu werden, und dies ist das harmgehärtete Antlitz, das abstoßende und erhabene Antlitz der wahren Güte.

Während die Küchenmagd – die unwillentlich die Überlegenheit von Françoise zum Strahlen brachte, wie der Irrtum durch Kontrastwirkung den Triumph der Wahrheit noch heller glänzen lässt – den Kaffee auftrug, der, mit den Worten von Maman, lediglich heißes Wasser war, um dann heißes Wasser, das kaum noch lauwarm war, in unsere Zimmer hochzutragen, hatte ich mich auf dem Bett ausgestreckt, ein Buch in der Hand,

252

breiten Raum lag, den das Symbol auf ihnen einnahm, und am Umstand, dass es nicht wie ein Symbol dargestellt wurde, weil der symbolisierte Gedanke darin ja gar keinen Ausdruck fand, sondern ganz real wirkte, wie eine erlebte Erfahrung, die man durchgemacht hatte, und mit Händen zu greifen war; dies verlieh der Bedeutung des Werkes etwas Buchstäbliches und der Lehrhaftigkeit etwas Eindeutiges, voll konkreter Prägekraft.

Es verhielt sich wohl so, dass diesen *Tugenden* und *Lastern* von Padua dichte Wirklichkeit innewohnte, wo sie mir doch so lebendig vorkamen wie die schwangere Magd, wobei mir Letztere auch schon fast so allegorisch vorkam. Überdem fragte ich mich, ob diesem (zumindest scheinbar) fehlenden Band zwischen der Seele eines Wesens und der Tugend, die es ausstrahlt, abgesehen vom ästhetischen Wert eine wo nicht psychologische, so zumindest, wie man so sagt, physiognomische Wirklichkeit innewohnt. Wenn ich im späteren Verlauf meines Lebens Gelegenheit hatte, in einem Kloster zum Beispiel, ganz und gar heiligen Inkarnationen tätiger Barmherzigkeit zu begegnen, so eignete ihnen für gewöhnlich eine muntere Miene, zuversichtlich, kalt und schroff wie das gehetzte Gesicht eines Chirurgen, ein Gesicht, auf dem man keinen Anflug von Mitleid, keinerlei Rührung angesichts menschlicher Leiden ablesen kann, keinerlei Furcht, mit ihnen konfrontiert zu werden, und dies ist das harmgehärtete Antlitz, das abstoßende und erhabene Antlitz der wahren Güte.

Während die Küchenmagd, die unwillentlich die Überlegenheit von Françoise zum Strahlen brachte, wie der Irrtum durch Kontrastwirkung den Triumph der Wahrheit noch heller glänzen lässt, den Kaffee auftrug, der, mit den Worten von Maman, lediglich heißes Wasser war, um dann heißes Wasser, das kaum noch lauwarm war, in unsere Zimmer hochzutragen, hatte ich mich auf dem Bett ausgestreckt, ein Buch in der Hand, mitten in meiner Kammer, die zitternd ihr zerbrechliches und durchscheinendes

mitten in meiner Kammer, die zitternd ihr zerbrechliches und durchscheinendes Licht hinter fast vollständig geschlossenen Läden gegen die Sonne des Nachmittags schützte, und doch hatte ein Abglanz des Tages Mittel und Wege gefunden, seine gelben Flügel hindurchzustrecken, reglos lag er da, zwischen Täfelung und Fenster, in einer Ecke, wie ein ruhender Schmetterling. Es war kaum hell genug, um zu lesen, und das Gefühl vom Glanz der Helle vermittelte sich mir einzig durch die Hammerschläge aus der Rue de la Cure, die Camus (von Françoise darüber in Kenntnis gesetzt, dass meine Tante gerade „nicht ruhte" und man also Krach machen durfte) auf die staubigen Kisten niederfallen ließ, die im Hall der Luft, wie sie für heiße Tage typisch war, scharlachfarbene Sterne in die Ferne zu senden schienen; aber auch durch die Fliegen, die in meiner Gegenwart bei ihrem kleinen Konzert eine Art Kammermusik des Sommers aufführten; es beschwor ihn zwar nicht wie die Melodie einer menschlichen Musik, die man einmal zufällig in der warmen Jahreszeit gehört hat und die später an ihn erinnert; sie ist durch zwingendere Bande an den Sommer gebunden: vom Sommertag ausgebrütet und stets im Einklang mit ihm, birgt sie ein weniges von seiner Essenz, sie erweckt nicht nur sein Bild in unserer Erinnerung, sondern bürgt für seine Wiederkunft, für seine tatsächliche Gegenwart, allumhüllend, unmittelbar zugänglich.

Diese schattenhafte Frische meiner Kammer, die dem hellen Sonnenschein der Straße war, was die Finsternis dem Sonnenstrahl ist, also ebenso lichtgetränkt wie er, sie bot meiner Phantasie das vollumfängliche Schaustück des Sommers, das meine Sinne bei den Spaziergängen immer nur bruchstückhaft genossen, und das passte so trefflich zu meinem Ruhen, das (durch Abenteuer, von denen meine Bücher handelten, in Aufruhr versetzt) gleich der reglos ruhenden Hand in einem strömenden Wasserstrudel dem Schock und dem Wirbel stürmischer Aktivitäten standhielt.

Licht hinter fast vollständig geschlossenen Läden gegen die Sonne des Nachmittags schützte, und doch hatte ein Abglanz des Tages Mittel und Wege gefunden, seine gelben Flügel hindurchzustrecken, reglos lag er da, zwischen Täfelung und Fenster, in einer Ecke, wie ein ruhender Schmetterling. Es war kaum hell genug, um zu lesen, und das Gefühl vom Glanz der Helle vermittelte sich mir einzig durch die Hammerschläge aus der Rue de la Cure, die der Packer (von Françoise darüber in Kenntnis gesetzt, dass meine Tante gerade „nicht ruhte" und man also Krach machen durfte) auf die staubigen Kisten niederfallen ließ, die im Hall der Luft, wie sie für heiße Tage typisch war, scharlachfarbene Sterne in die Ferne zu senden schienen; aber auch durch die Fliegen, die in meiner Gegenwart bei ihrem kleinen Konzert eine Art Kammermusik des Sommers aufführten; es beschwor ihn zwar nicht wie die Melodie einer menschlichen Musik, die man einmal zufällig in der warmen Jahreszeit gehört hat und die später an ihn erinnert; sie ist durch zwingendere Bande an den Sommer gebunden: vom Sommertag ausgebrütet und stets im Einklang mit ihm, birgt sie ein weniges von seiner Essenz, sie erweckt nicht nur sein Bild in unserer Erinnerung, sondern bürgt für seine Wiederkunft, für seine tatsächliche Gegenwart, allumhüllend, unmittelbar zugänglich.

Diese schattenhafte Frische meiner Kammer, die dem hellen Sonnenschein der Straße war, was die Finsternis dem Sonnenstrahl ist, also ebenso lichtgetränkt wie er, sie bot meiner Phantasie das vollumfängliche Schaustück des Sommers, das meine Sinne bei den Spaziergängen immer nur bruchstückhaft genossen, und das passte so trefflich zu meinem Ruhen, das (durch Abenteuer, von denen meine Bücher handelten, in Aufruhr versetzt) gleich der reglos ruhenden Hand in einem strömenden Wasserstrudel dem Schock und dem Wirbel stürmischer Aktivitäten standhielt.

Doch selbst wenn sich das Wetter aufgrund allzu großer Hitze verschlechterte, wenn ein Sturm oder zumindest ein

Doch selbst wenn sich das Wetter aufgrund allzu großer Hitze verschlechterte, wenn ein Sturm oder zumindest ein jäher Windstoß aufkam, bestand meine Großmutter darauf, dass ich ins Freie ging. Da ich meine Lektüre nicht missen wollte, setzte ich sie eben im Garten fort, unter dem Kastanienbaum, im kleinen Schilderhaus aus Flechtwerk und Tuch, wo ich mich ganz zuhinterst hinsetzte und vor den Augen allfälliger Gäste, die meinen Eltern einen Besuch abstatten mochten, sicher wähnte.

Und bildeten meine Gedanken ihres Orts nicht noch eine weitere Wiege, in deren Tiefe ich, wie ich wohl fühlte, verborgen lag, selbst wenn ich nachschaute, was sich draußen regte? Wenn ich einen Gegenstand der äußeren Anschauung erblickte, verharrte das Bewusstsein, ihn wahrzunehmen, zwischen mir und ihm, umhüllte ihn mit einer schmalen geistigen Lichtung, die mich hinderte, seine Materie je direkt zu berühren; sie verflüchtigte sich, sozusagen, bevor ich mit ihr in Kontakt trat, wie bei einem flammenden Körper, den man einem feuchten Gegenstand nähert und der nie in Berührung mit dessen Feuchtigkeit kommt, da ihn stets eine Zone des Verdampfens umgibt. Hinter dem bunten Schirm verschiedener Zustände, die mein Bewusstsein beim Lesen gleichzeitig entfaltete und die zwischen den tief in mir verborgenen Regungen und der ganz und gar äußerlichen Anschauung des Horizonts lag, der, am Ende des Gartens, vor meinen Augen lag, stieß ich im Innersten meines Selbst auf eine Fuchtel, die in unablässiger Bewegung alles andere lenkte, und das war mein Glaube an den philosophischen Reichtum, die Schönheit des Buches, das ich gerade las, sowie mein Wunsch, sie mir zu eigen zu machen, unbesehen um welches Buch es sich handelte. Denn selbst wenn ich es in Combray gekauft hatte, nachdem ich es vor Boranges[73] Krämerladen entdeckt hatte (allzu weit vom Haus entfernt, als dass Françoise ihre Einkäufe dort statt bei Camus getätigt hätte, aber als Papeterie und Buchhandlung besser bestückt), von Fäden im Mosaik der Hefte und Neueingänge umfasst, die

jäher Windstoß aufkam, vor allem aber, wenn es schön war, bestand meine Großmutter darauf, dass ich ins Freie ging. Da ich meine Lektüre nicht missen wollte, setzte ich sie eben im Garten fort, unter der Zeder, im kleinen Schilderhaus aus Flechtwerk und Tuch, wo ich mich ganz zuhinterst hinsetzte und vor den Augen allfälliger Gäste, die meinen Eltern einen Besuch abstatten mochten, sicher wähnte.

Und bildeten meine Gedanken ihres Orts nicht noch eine weitere Wiege, in deren Tiefe ich, wie ich wohl fühlte, verborgen lag, selbst wenn ich nachschaute, was sich draußen regte? Wenn ich einen Gegenstand der äußeren Anschauung erblickte, verharrte das Bewusstsein, ihn wahrzunehmen, zwischen mir und ihm, umhüllte ihn mit einer schmalen geistigen Lichtung, die mich hinderte, seine Materie je direkt zu berühren; sie verflüchtigte sich, sozusagen, bevor ich mit ihr in Kontakt trat, wie bei einem flammenden Körper, den man einem feuchten Gegenstand nähert und der nie in Berührung mit dessen Feuchtigkeit kommt, da ihn stets eine Zone des Verdampfens umgibt. Hinter dem bunten Schirm verschiedener Zustände, die mein Bewusstsein beim Lesen gleichzeitig entfaltete und die zwischen den tief in mir verborgenen Regungen und der ganz und gar äußerlichen Anschauung des Horizonts lag, der, am Rande des Gartens, vor meinen Augen lag, stieß ich im Innersten meines Selbst auf eine Fuchtel, die in unablässiger Bewegung alles andere lenkte, und das war mein Glaube an den philosophischen Reichtum, die Schönheit des Buches, das ich gerade las, sowie mein Wunsch, sie mir zu eigen zu machen, unbesehen um welches Buch es sich handelte. Denn selbst wenn ich es in Combray gekauft hatte, nachdem ich es vor Boranges Krämerladen entdeckt hatte (allzu weit vom Haus entfernt, als dass Françoise ihre Einkäufe dort statt bei Camus getätigt hätte, aber als Papeterie und Buchhandlung besser bestückt), von Fäden im Mosaik der Hefte und Neueingänge umfasst, die die beiden Türflügel einkleideten und sie, von Inschriften überzogen,

die beiden Türflügel einkleideten und sie, von Gedanken überzogen, noch geheimnisvoller wirken ließen als das Portal einer Kathedrale; und zwar nur, weil ich es wiedererkannt hatte, weil es mir als herausragendes Werk angeführt worden war, vom Lehrer oder einem Kameraden, die, wie mir damals schien, das Geheimnis der Wahrheit und der Schönheit, halb erahnt, halb unfasslich, zu kennen schienen, wobei deren ganze Kenntnis das verschwommene, aber unablässige Ziel meiner Gedanken war.

Auf diesen zentralen Glauben, der im Verlauf meiner Lektüre ständig Vorstöße von innen nach außen ausführte, auf der Suche nach Wahrheit, folgten die Gefühle, ausgelöst von dem Geschehen, an dem ich teilnahm, denn diese Nachmittage umfassten mehr dramatische Ereignisse als ein ganzes Menschenleben. Und zwar jene Ereignisse, die den Personen des Buches, das ich las, widerfuhren zustießen; gewiss, diese Personen waren, wie Françoise sagte, nicht „real". Doch auch jene Regungen, die uns die Freude oder das Missgeschick einer realen Person eingeben, vollziehen sich in unserem Innern nur durch die Vermittlung eines Bildes jener Freude oder jenes Missgeschicks; der Geistesblitz des ersten Romanciers bestand in der Entdeckung, dass in unserem Gefühlsapparat das Bild das einzig wesentliche Element darstellt und die Vereinfachung durch die schlichte Streichung realer Personen ein entscheidender Schritt hin zur Vollendung wäre. So innig wir auch immer mit einer realen Person mitfühlen mögen, sie wird im Wesentlichen von unseren Sinnen erfasst, das heißt, sie bleibt für uns opak, wie ein totes Gewicht, das unsere Empfindsamkeit nicht bergen kann. Widerfährt ihr ein Missgeschick, so wird unser ganzer Begriff, den wir von ihr haben, nur in geringem Ausmaß affiziert, mehr noch, auch der Begriff, den sie von sich selbst hat, wird nur in geringem Ausmaß affiziert. Der Fund, den der Romancier machte, bestand im Einfall, ebendiese Elemente, die unserer Seele unzugänglich sind, durch eine entsprechende

noch geheimnisvoller wirken ließen als das Portal einer Kathedrale; und zwar nur, weil ich es wiedererkannt hatte, weil es mir als herausragendes Werk angeführt worden war, vom Lehrer oder einem Kameraden, die, wie mir damals schien, das Geheimnis der Wahrheit und der Schönheit, halb erahnt, halb unfasslich, zu kennen schienen, wobei deren ganze Kenntnis das verschwommene, aber unablässige Ziel meiner Gedanken war.

Auf diesen ersten Glauben, der im Verlauf meiner Lektüre ständig Vorstöße von innen nach außen ausführte, auf der Suche nach Wahrheit, folgten die Gefühle, ausgelöst von dem Geschehen, an dem ich teilnahm, denn diese Nachmittage umfassten mehr dramatische Ereignisse als ein ganzes Menschenleben. Und zwar jene Ereignisse, die den Personen des Buches, das ich las, zustießen; gewiss, diese Personen waren, wie Françoise sagte, nicht „real". Doch auch jene Regungen, die uns die Freude oder das Missgeschick einer realen Person eingeben, vollziehen sich in unserem Innern nur durch die Vermittlung eines Bildes jener Freude oder jenes Missgeschicks; der Geistesblitz des ersten Romanciers bestand in der Entdeckung, dass in unserem Gefühlsapparat das Bild das einzig wesentliche Element darstellt und die Vereinfachung durch die schlichte Streichung realer Personen ein entscheidender Schritt hin zur Vollendung wäre. So innig wir auch immer mit einer realen Person mitfühlen mögen, sie wird im Wesentlichen von unseren Sinnen erfasst, das heißt, sie bleibt für uns opak, wie ein totes Gewicht, das unsere Empfindsamkeit nicht bergen kann. Widerfährt ihr ein Missgeschick, so wird unser ganzer Begriff von ihr nur in geringem Ausmaß affiziert, mehr noch, auch ihr Begriff ihrer selbst wird nur in geringem Ausmaß affiziert. Der Fund, den der Romancier machte, bestand im Einfall, ebendiese Elemente, die unserer Seele unzugänglich sind, durch eine entsprechende Anzahl immaterieller Elemente zu ersetzen, solchen also, denen sich unsere Seele anverwandeln

Anzahl immaterieller Elemente zu ersetzen, solchen also, denen sich unsere Seele anverwandeln kann. Und so spielt es keine Rolle mehr, ob wir die Taten, Empfindungen dieser neuartigen Kategorie von Wesen für echt halten, da wir sie uns angeeignet haben, da sie sich in unserem Inneren abspielen, und während wir fiebrig die Seite des Buches umblättern, bestimmen sie die Schnelligkeit unseres Atems und regeln die Intensität unseres Blickes. Hat uns der Romancier erst einmal in diesen Zustand versetzt, in dem die Emotion, wie bei allen rein inneren Zuständen, ums Zehnfache anschwillt, indem uns sein Buch in der Art eines Traumes aufwühlt, aber wie ein Traum, heller und klarer als wir es vom Schlaf kennen, wobei auch die Erinnerungsspur weit länger anhält, so entfesselt er in uns während einer Stunde alles erdenkliche Wohl und Weh, das wir im richtigen Leben erst nach Jahren kennenlernen, und auch dann nur bruchstückhaft, wobei uns gerade die nachhaltigsten Gefühle verborgen bleiben, weil sie sich aufgrund der Langsamkeit, mit der sie ablaufen, unserer Wahrnehmung entziehen. So nämlich wandelt sich, im Leben, unser Herz, und das ist unser schlimmster Schmerz. Das enthüllt sich uns nur beim Lesen, in der Imagination. In der Realität wandelt es sich, wie gewisse Naturerscheinungen, so langsam, dass uns, falls wir die Abfolge seiner verschiedenen Stimmungen überhaupt feststellen können, der Eindruck des Wandels erspart bleibt.

Bereits etwas weniger in meinem Körper verinnerlicht als das Leben der Personen, folgte sodann, halb vor mir als Aufriss schwebend, die Landschaft, in der die Handlung spielte und die auf mich einen tieferen Eindruck machte als jene, die, wenn ich meinen Blick vom Buch hob, vor meinen Augen stand.[74] So also überwältigte mich aus Anlass des Buches, das ich las, während zweier Sommer, in der Hitze des Gartens von Combray, die Sehnsucht nach einer gebirgigen und flussreichen Landschaft, in der ich zahllose Sägewerke sah und wo, auf dem Grund des klaren Wassers, Holzstücke unter Kressebüscheln

kann. Und so spielt es keine Rolle mehr, ob wir die Taten, Empfindungen dieser neuartigen Kategorie von Wesen für echt halten, da wir sie uns angeeignet haben, da sie sich in unserem Inneren abspielen, und während wir fiebrig die Seite des Buches umblättern, bestimmen sie die Schnelligkeit und regeln die Intensität unseres Blickes. Hat uns der Romancier erst einmal in diesen Zustand versetzt, in dem Emotion, wie bei allen rein inneren Zuständen, ums Zehnfache anschwillt, in dem uns sein Buch in der Art eines Traumes aufwühlt, aber wie ein Traum, heller und klarer als man es vom Schlaf kennt, wobei auch die Erinnerungsspur weit länger anhält, so entfesselt er in uns während einer Stunde alles erdenkliche Wohl und Weh, das wir im richtigen Leben erst nach Jahren kennenlernen, und auch dann nur bruchstückhaft, wobei uns gerade die nachhaltigsten Gefühle verborgen bleiben, weil sie sich aufgrund der Langsamkeit, mit der sie ablaufen, unserer Wahrnehmung entziehen. So nämlich wandelt sich, im Leben, unser Herz, und das ist unser schlimmster Schmerz. Das enthüllt sich uns nur beim Lesen, in der Imagination. In der Realität wandelt es sich, wie gewisse Naturerscheinungen, so langsam, dass uns, falls wir die Abfolge seiner verschiedenen Stimmungen überhaupt feststellen können, der Eindruck des Wandels erspart bleibt.

Bereits etwas weniger in meinem Körper verinnerlicht als das Leben der Personen, folgte sodann, halb vor mir als Aufriss schwebend, die Landschaft, in der die Handlung spielte und die auf mich einen tieferen Eindruck machte als jene, die, wenn ich meinen Blick vom Buch hob, vor meinen Augen stand.

So also überwältigte mich während zweier Sommer, in der Hitze des Gartens von Combray, die Sehnsucht nach einer gebirgigen und flussreichen Landschaft, in der ich zahllose Sägewerke sah und wo, auf dem Grund des klaren Wassers, Holzstücke unter Kressebüscheln verrotteten; unweit davon entfernt zogen sich, die Mauern entlang,

verrotteten; unweit davon entfernt zogen sich, die Mauern entlang, Dolden von violetten und rötlichen Blumen. Und da mir der Traum einer Frau, die mich lieben würde, stets im Sinn lag, wurde dieser Traum in jenen Sommern von der Frische fließender Gewässer genetzt; und welche Frau ich mir auch immer ausmalte, sogleich schossen neben ihr, zu beiden Seiten, Dolden von violetten und rötlichen Blumen hoch, gleichsam wie Komplementärfarben.

Das lag nicht nur daran, dass ein Bild, von dem wir träumen, stets vom Widerschein der fremdartigen Farben geprägt, geschmückt und verschönert wird, von denen es sich in unseren Träumereien zufällig eingerahmt sieht; denn die Landschaften in den Büchern, die ich las, übten auf meine Einbildungskraft nicht nur einen tieferen Eindruck aus als jene, die mir Combray vor Augen führte, sondern waren ihnen verwandt. Aufgrund der Auswahl, die der Autor getroffen hatte, aufgrund der Vertrauensseligkeit, mit der mein Geist seinem Wort wie einer Offenbarung vorauseilte, schienen sie mir – mit Eindrücken durchsetzt, die mir die Umgebung, in der ich mich befand, eben gerade nicht eingeben konnte, was namentlich für unseren Garten galt, ein blasses Produkt der pingeligen Phantasie des Gärtners, den meine Großmutter verachtete – ein so wahrhaftiges Stück der Natur zu sein, die ihres Orts würdig war, dass man sie studierte und ergründete.

Hätten mir meine Eltern, wenn ich in einem Buch las, erlaubt, der Region, die es schildert, einen Besuch abzustatten, so hätte ich geglaubt, der Eroberung der Wahrheit um einen unschätzbar großen Schritt nähergekommen zu sein. Denn wenn man sich stets von seiner Seele umgeben fühlt, so nicht wie von einem unsichtbaren Kerker; vielmehr fühlt man sich von ihr in einem unablässigen Schwung fortgerissen, der uns über sie hinausträgt, um ins Außen zu gelangen, doch bleibt man, mehr und mehr entmutigt, zurück, weil man in seinem Umkreis stets den nämlichen Klang hört, der nicht ein Echo

Dolden von violetten und rötlichen Blumen. Und da mir der Traum einer Frau, die mich lieben würde, stets im Sinn lag, wurde er in jenem Sommer von der Frische fließender Gewässer genetzt; und welche ich mir auch immer ausmalte, sogleich schossen neben ihr, zu beiden Seiten, Dolden von violetten und rötlichen Blumen hoch, gleichsam wie die Komplementärfarben, die sich dazu gesellten.

Das lag nicht nur daran, dass ein Bild, von dem wir träumen, stets vom Widerschein der fremdartigen Farben geprägt, geschmückt und verschönert wird, von denen es sich in unseren Träumereien zufällig eingerahmt sieht; denn die Landschaften in den Büchern, die ich las, übten auf meine Einbildungskraft nicht nur einen tieferen Eindruck aus als jene, die mir Combray vor Augen führte, sondern waren ihnen verwandt. Aufgrund der Auswahl, die der Autor getroffen hatte, aufgrund der Vertrauensseligkeit, mit der mein Geist seinem Wort wie einer Offenbarung vorauseilte, schienen sie mir – mit Eindrücken durchsetzt, die mir die Umgebung, in der ich mich befand, eben gerade nicht eingeben konnte, was namentlich für unseren Garten galt, ein blasses Produkt der Phantasie eines Gärtners – ein so wahrhaftiges und höchst kostbares Stück der Natur zu sein, die würdig war, dass man sie studierte und ergründete.

Hätten mir meine Eltern, wenn ich in einem Buch las, erlaubt, der Region, die es schildert, einen Besuch abzustatten, so hätte ich geglaubt, der Eroberung der Wahrheit um einen unschätzbar großen Schritt nähergekommen zu sein. Denn wenn man sich stets von seiner Seele umgeben fühlt, so nicht wie von einem unsichtbaren Kerker; vielmehr fühlt man sich von ihr in einem unablässigen Schwung fortgerissen, der uns über sie hinausträgt, um ins Außen zu gelangen, doch bleibt man, mehr und mehr entmutigt, zurück, weil man in seinem Umkreis stets den nämlichen Klang hört, der nicht ein Echo von außen ist, sondern der Hall eigener innerer Schwingungen. Man

von außen ist, sondern der Hall innerer Schwingungen. Man sucht in den Dingen, die gerade dadurch so wertvoll werden, den Widerschein, den unsere Seele über sie gegossen hat, und sieht sich wieder und wieder enttäuscht, wenn man feststellt, dass sie in der realen Natur jenen Zauber missen lassen, die sie, in unserem Denken, dem Hallraum gewisser Vorstellungen verdanken; bisweilen sammelt man mit viel Geschick und Aufwand die Kräfte der Seele und lenkt sie auf Wesen, von denen wir sehr wohl wissen, dass sie im Außen angesiedelt sind und wir sie nie erreichen. So malte ich mir im Bannkreis der Frau, die ich liebte, Orte der Sehnsucht aus, und wenn ich mir wünschte, dass sie mich dahin entführte, mir ungekannte Welten erschlösse, so nicht aus einer rein zufälligen und platten Gedankenverbindung heraus; nein, vielmehr waren meine Reiseträume und Liebeswünsche nur der momentane Ausdruck – den ich heute künstlich absondere, als ob ich einen glitzernden und scheinbar reglosen Wasserstrahl auf verschiedenen Höhen mit Einschnitten unterteilte – einer einzigen und unbezwingbaren Aufwallung all meiner Lebenskräfte.

Und indem ich den simultan in meinem Bewusstsein nebeneinander aufgereihten Zuständen von innen noch weiter nach außen nachspüre, stoße ich, noch bevor ich auf den realen Horizont treffe, der sie rahmt, auf Freuden von ganz anderer Art, etwa jene, bequem dazusitzen, den angenehmen Duft der Luft einzuatmen, ganz unbehelligt von Besuchern; und bei jeder Stunde, die der Glockenturm von Saint-Hilaire schlug, beobachtete ich, wie viel sich vom Nachmittag, Schicht um Schicht, bereits abgeschält hatte, bis ich den letzten Schlag vernahm, dank dem ich die gesamte verstrichene Zeit berechnen konnte, ehe in der nachfolgenden lang anhaltenden Stille im Blau des Himmels jener Abschnitt anbrach, der mir gewährt blieb, um bis zum trefflichen Diner zu lesen, das Françoise zubereitete und das mich, nach all den Anstrengungen, die ich während der Lektüre des Buches auf den Spuren der Helden

sucht in den Dingen, die gerade dadurch so wertvoll werden, den Widerschein, den unsere Seele über sie gegossen hat, und sieht sich wieder und wieder enttäuscht, wenn man feststellt, dass sie in der realen Natur jenen Zauber missen lassen, die sie, in unserem Denken, dem Hallraum gewisser Vorstellungen verdanken; bisweilen sammelt man mit viel Geschick und Aufwand die Kräfte der Seele und lenkt sie auf Wesen, von denen wir sehr wohl wissen, dass sie im Außen angesiedelt sind und wir sie nie erreichen. So malte ich mir im Bannkreis der Frau, die ich liebte, Orte der Sehnsucht aus, und wenn ich mir wünschte, dass sie mich dahin entführte, mir ungekannte Welten erschlösse, so nicht aus einer rein zufälligen und platten Gedankenverbindung heraus; nein, vielmehr waren meine Reiseträume und Liebeswünsche nur der momentane Ausdruck – den ich heute künstlich absondere, als ob ich einen glitzernden und scheinbar reglosen Wasserstrahl auf verschiedenen Höhen mit Einschnitten unterteilte – einer einzigen und unbezwingbaren Aufwallung all meiner Lebenskräfte.

Und indem ich den zur gleichen Zeit nebeneinander in meinem Bewusstsein aufgereihten Zuständen von innen noch weiter nach außen nachspüre, stoße ich, noch bevor ich auf den realen Horizont treffe, der alles rahmt, auf Freuden von ganz anderer Art, etwa jene, bequem dazusitzen, den angenehmen Duft der Luft einzuatmen, ganz unbehelligt von Besuchern; und bei jeder Stunde, die die Kirche von Saint-Hilaire schlug, beobachtete ich, wie viel sich vom Nachmittag, Schicht um Schicht, bereits abgeschält hatte, bis ich den letzten Schlag vernahm, dank dem ich die gesamte verstrichene Zeit berechnen konnte, ehe in der nachfolgenden lang anhaltenden Stille im Blau des Himmels jener Abschnitt anbrach, der mir gewährt blieb, um bis zum trefflichen Diner zu lesen, das Françoise zubereitete und das mich, nach all den Anstrengungen, die ich während der Lektüre des Buches auf den Spuren der Helden auf mich genommen hatte, wieder zu Kräften kommen

auf mich genommen hatte, wieder zu Kräften kommen ließ. Und zu jeder Stunde war mir, als sei es erst wenige Augenblicke her, seit die vorhergehende geschlagen hatte; gerade erst hatte sich die jetzige neben jener im Himmel abgezeichnet, und ich konnte es nicht fassen, dass sechzig Minuten in dem kleinen blauen Bogen Platz gefunden hatten, der sich zwischen ihren beiden goldenen Kerben erstreckte. Ab und an ließ eine solch verfrühte Stunde sogar zwei Schläge mehr ertönen als die vorherige; es gab also

PLACARD 14
VOM 11. APRIL 1913

eine, die ich noch überhört hatte, etwas, was statt gehabt hatte, hatte für mich nicht statt gehabt; der Bann des Lesens, magisch wie ein tiefer Schlaf, hatte meine Ohren durch eine Halluzination genarrt und die goldene Glocke von der azurnen Fläche des Schweigens gewischt. Diese herrlichen Sonntagnachmittage unter dem Kastanienbaum im Garten von Combray sahen sich dank meiner Umsicht von all den kümmerlichen Wechselfällen meines persönlichen Lebens gereinigt, das ich gegen ein Leben voller Abenteuer eingetauscht hatte, und gegen die wundersame Sehnsucht, in ein von zahllosen sprudelnden Quellen befruchtetes Land einzutauchen; noch heute erwecken sie, wenn ich an sie denke, jenes Leben und bergen es in der Tat, hatten sie es doch – während ich in meiner Lektüre fortfuhr und die Hitze des Tages ermattete – nach und nach umzirkt und in einen Kristall eingeschlossen, in langsamem Wandel schimmernd und durchzogen vom Blattwerk und seinen stillen Stunden, wohlklingend, duftend und strahlend klar.

Bisweilen wurde ich, mitten am Nachmittag, aus meiner Lektüre gerissen, die Tochter des Gärtners kam wie eine Verrückte dahergerannt, warf in ihrem Lauf ein Orangenbäumchen um, nicht ohne sich einen Finger zu ritzen und einen Zahn auszuschlagen, und rief: „Sie sind da, sie sind da", damit Françoise und ich an ihre Seite eilten, um nichts vom Schau-

ließ. Und zu jeder Stunde war mir, als sei es erst wenige Augenblicke her, seit die vorhergehende geschlagen hatte; gerade erst hatte sich die jetzige neben jener im Himmel abgezeichnet, und ich konnte es nicht fassen, dass sechzig Minuten in dem kleinen blauen Bogen Platz gefunden hatten, der sich zwischen ihren beiden goldenen Kerben erstreckte. Ab und an ließ eine solch verfrühte Stunde sogar zwei Schläge mehr ertönen als die vorherige; es gab also

eine, die ich noch überhört hatte, etwas, was statt gehabt hatte, hatte für mich nicht statt gehabt; der Bann des Lesens, magisch wie ein tiefer Schlaf, hatte meine Ohren durch eine Halluzination genarrt und die Strahlen der Glocke von der azurnen Fläche des Schweigens gewischt. Diese herrlichen Nachmittage unter der Zeder im Garten von Combray sahen sich dank meiner Umsicht von all den kümmerlichen Wechselfällen meines persönlichen Lebens gereinigt, das ich gegen ein Leben voller Abenteuer eingetauscht hatte, und gegen die wundersame Sehnsucht, in ein von zahllosen sprudelnden Quellen befruchtetes Land einzutauchen; noch heute erwecken sie, wenn ich an sie denke, jenes Leben und bergen es in der Tat, hatten sie es doch – während ich in meiner Lektüre fortfuhr und die Hitze des Tages ermattete – nach und nach umzirkt und in einen Kristall eingeschlossen, in langsamem Wandel schimmernd und durchzogen vom Blattwerk und seinen stillen Stunden, wohlklingend, duftend und strahlend klar.

Bisweilen wurde ich, mitten am Nachmittag, aus meiner Lektüre gerissen, die Tochter des Gärtners kam wie eine

stück zu verpassen: Es waren die Tage, an denen eine Truppe im Verlauf der Garnisonsmanöver Combray querte und, für gewöhnlich, die Rue Sainte-Hildegarde einschlug. Während unsere Bediensteten, auf Stühlen vor dem Gartentor aufgereiht, die Spaziergänger von Combray in ihrem Sonntagsstaat musterten und sich ihren Blicken darboten, hatte die Tochter des Gärtners durch einen Spalt, der zwischen zwei fernen Häusern in der Avenue de la Gare klaffte, das Gleißen ihrer Helme entdeckt. Die Bediensteten stellten überstürzt ihre Stühle hinein, weil die Kürassiere beim Defilée in der Rue Sainte-Hildegarde die Straße in ihrer ganzen Breite einnahmen, das Trottoir galt nichts mehr und der Galopp der Pferde streifte die Häuser wie Böschungen,[75] die einem entfesselten Fluss ein allzu schmales Bett bieten.

– Arme Kinder, sagte Françoise und stand, kaum am Gitter, schon unter Tränen; arme Jugend, die wie eine Wiese dahingemäht wird; allein schon beim Gedanken fühle ich einen Schock, fügte sie hinzu und legte ihre Hand aufs Herz, just da, wo sie ihn empfangen hatte, diesen *Schock*.

– Eine wahre Pracht, nicht wahr, Madame Françoise, all diese jungen Leute, die nicht am Leben hängen? meinte der Gärtner, um sie „in Rage" zu bringen.

Er hatte nicht in den Wind gesprochen.

– Nicht am Leben hängen? woran denn sonst soll man hängen, wenn nicht am Leben, das einzige Geschenk, das uns der liebe Gott nicht zweimal gibt. Herrje, es ist, bei Gott, nur allzu wahr, dass sie nicht an ihm hängen! Ich sah sie anno 1870; sie kennen keine Angst vor dem Tod, in diesen elenden Kriegen; sie sind von Sinnen und kaum noch den Strick wert, sie aufzuknüpfen, denn sie sind keine Menschen mehr, sondern Löwen. (Für Françoise barg der Vergleich eines Menschen mit einem Löwen, was sie Löh-wen aussprach, nichts Schmeichelhaftes.)

Die Rue Sainte-Hildegarde war allzu kurz, um sie von weitem kommen zu sehen, und so sah man erst durch den Spalt

Verrückte dahergerannt, warf in ihrem Lauf ein Orangen-
bäumchen um, nicht ohne sich die Finger zu ritzen und die
Zähne auszuschlagen, und rief: „Sie sind da, sie sind da",
damit Françoise und ich an ihre Seite eilten, um nichts vom
Schaustück zu verpassen: Denn es war der Tag, an dem eine
Truppe im Verlauf der Garnisonsmanöver Combray querte
und, für gewöhnlich, die Rue Sainte-Hildegarde einschlug.
Während unsere Bediensteten, auf Stühlen vor dem Gartentor aufgereiht, die Spaziergänger von Combray in ihrem
Sonntagsstaat musterten und sich ihren Blicken darboten,
hatte die Tochter des Gärtners durch einen Spalt, der
zwischen zwei fernen Häusern in der Avenue de la Gare
klaffte, das Gleißen ihrer Helme entdeckt. Die Bediensteten stellten überstürzt ihre Stühle hinein, weil die Kürassiere beim Defilée in der Rue Sainte-Hildegarde die Straße
in ihrer ganzen Breite einnahmen, das Trottoir galt nichts
mehr und der Galopp der Pferde streifte die Häuser wie
Böschungen, die einem entfesselten und wilden Fluss ein
allzu schmales Bett bieten.

– Arme Kinder, sagte Françoise und stand, kaum am Gitter,
schon unter Tränen; arme Jugend, morgen schon wie eine
Wiese dahingemäht; allein schon beim Gedanken fühle
ich einen Schock, fügte sie hinzu und legte ihre Hand aufs
Herz, just da, wo sie ihn empfangen hatte, diesen *Schock*.

– Eine wahre Pracht, nicht wahr, Madame Françoise, all
diese jungen Leute, die nicht am Leben hängen? meinte
der Gärtner, um sie „in Rage" zu bringen.

Er hatte nicht in den Wind gesprochen.

– Nicht am Leben hängen? woran denn sonst soll man hängen, wenn nicht am Leben, das einzige Geschenk, das uns
der liebe Gott nicht zweimal gibt. Herrje, es ist, bei Gott,
nur allzu wahr, dass sie nicht an ihm hängen! Ich sah sie
anno 1870; sie kennen keine Angst vor dem Tod, in diesen
elenden Kriegen; sie sind von Sinnen und kaum noch den
Strick wert, sie aufzuknüpfen, denn sie sind keine Menschen mehr, sondern Löwen. (Für Françoise barg der Ver-

zwischen den zwei Häusern der Avenue de la Gare wieder und wieder neue Helme schaukeln und in der Sonne gleißen. Der Gärtner hätte gern gewusst, ob noch viele kämen, und er hatte Durst, die Sonne stach. Da schnellte, auf einen Schlag, seine Tochter los, wie durch einen Belagerungsring, schlug eine Bresche, erreichte die Ecke der Straße und, nachdem sie tausend Toden getrotzt, überbrachte sie uns, nebst einer Karaffe Coco, die Neuigkeit, dass noch ein ganzes Tausend käme, ohne Unterlass, aus Richtung Méséglise. Françoise und der Gärtner, frisch versöhnt, diskutierten, wie man sich im Kriegsfall verhalten sollte:

– Schauen Sie, Françoise, sagte der Gärtner, dann lieber gleich eine Revolution, denn wenn sie deklariert wird, dann ziehen nur die in die Schlacht, die wirklich wollen.

– Ah ja, das kann ich verstehen; eine klare Sache, immerhin.

Der Gärtner hielt dafür, dass bei der Deklaration eines Krieges alle Eisenbahnen eingestellt werden.

– Bei Gott, wohl damit man sich nicht retten kann, meinte Françoise.

Und der Gärtner:

– Ah, wie schlau, denn er wollte nicht zugeben, dass der Krieg ein schlimmer Streich ist, den der Staat seinem Volk spielt, und jeder, falls er die Wahl hätte, das Weite suchen würde.

Aber Françoise eilte zu meiner Tante, ich kehrte zu meinem Buch zurück, die Bediensteten machten es sich wieder vor der Pforte bequem, ganz versunken in den Anblick des Staubes, der sich legte, und in die Gewühlswallungen, die die Soldaten erregt hatten. Noch lange, nachdem der Sturm abgeflaut war, schienen die Straßen von Combray schwarz vor lauter Spaziergängern. Und vor jedem Haus, auch vor jenen, in denen dies nicht Brauch war, saßen die Bediensteten, und zuweilen sogar die Herrschaften, mit starrem Blick und zierten die Schwelle mit einem gestickten Saum, kapriziös und trübsinnig wie ein Schleier aus Algen und Muscheln, die eine steile hohe Flut am

gleich eines Menschen mit einem Löwen, was sie Löh-wen aussprach, nichts Schmeichelhaftes.)

Die Rue Sainte-Hildegarde war allzu kurz, um sie von weitem kommen zu sehen, und so sah man erst durch den Spalt zwischen den zwei Häusern der Avenue de la Gare wieder und wieder neue Helme schaukeln und in der Sonne gleißen. Der Gärtner hätte gern gewusst, ob noch viele kämen, und er hatte Durst, die Sonne stach. Da schnellte, auf einen Schlag, seine Tochter los, wie durch einen Belagerungsring, schlug eine Bresche, erreichte die Ecke der Straße und, nachdem sie tausend Toden getrotzt, überbrachte sie uns, nebst einer Karaffe Coco, die Neuigkeit, dass noch ein ganzes Tausend käme, ohne Unterlass, aus Richtung Méséglise. Françoise und der Gärtner, frisch versöhnt, diskutierten, wie man sich im Kriegsfall verhalten sollte:

– Schauen Sie, Françoise, sagte der Gärtner, dann lieber gleich eine Revolution, denn wenn sie *deklariert* wird, dann ziehen nur die in die Schlacht, die wirklich wollen.

– Ah ja, das kann ich verstehen; eine klare Sache, immerhin.

Der Gärtner hielt dafür, dass bei der Deklaration eines Krieges alle Eisenbahnen eingestellt werden.

– Bei Gott, wohl damit man sich nicht retten kann, meinte Françoise.

Und der Gärtner:

– Ah, wie schlau, denn er wollte nicht zugeben, dass der Krieg ein schlimmer Streich ist, den der Staat seinem Volk spielt, und jeder, falls er die Wahl hätte, das Weite suchen würde.

Aber Françoise eilte zu meiner Tante, ich kehrte zu meinem Buch zurück, die Bediensteten machten es sich wieder vor der Pforte bequem, ganz versunken in den Anblick des Staubes, der sich legte, und in die Gewühls-wallungen, die die Soldaten erregt hatten. Noch lange, nachdem der Sturm abgeflaut war, schienen die Straßen von Combray schwarz vor lauter Spaziergängern. Und vor

Ufersaum als gestickten Trauerflor zurücklässt, wenn sie sich zurückgezogen hat.

Für gewöhnlich aber konnte ich ungestört lesen. Einmal aber, als ich im Begriff stand, das Buch eines Autors zu lesen, der für mich neu war, Bergotte nämlich, da sorgten die Unterbrechung und der Kommentar von Swann dafür, dass ich auf lange Zeit nicht mehr vor dem Hintergrund einer mit gezöpfelten Veilchen geschmückten Mauer, sondern einem ganz anders gearteten Hintergrund, nämlich dem Portal einer gotischen Kirche, das Bild einer jener Frauen sah, von denen ich träumte.

Von Bergotte hatte ich das erste Mal von einem Kameraden gehört, der älter war als ich und für den ich eine große Bewunderung hegte: Bloch. Als er vernahm, wie ich ihm meine Bewunderung für die *Nuit d'Octobre* gestand, prustete er lachend wie eine Trompete los und wandte sich an mich: „Hüte dich vor deinem schändlichen Schwärmen für den hochwohlgeborenen Herrn Musset. Er ist ein besonders mieser Federfuchs und ein ausgemachter Hohlkopf. Freilich muss ich gestehen, dass er, nicht anders als ein gewisser Racine, in seinem Leben immerhin einen rhythmisch recht gut gebauten Vers zustande gebracht hat, wobei er in seinem Fall, und dies gilt mir als hoher Verdienst, absolut nichtssagend ist, und zwar: ‚La blanche Oloossone et la blanche Camire‘ sowie ‚La fille de Minos et de Pasiphae‘. Beide wurden mir, dies sei zur Entlastung dieser beiden Eiterbeulen gesagt, durch einen Artikel meines hochverehrten Meisters Pater Lecomte angezeigt, eines Lieblings aller unsterblichen Götter. Da fällt mir ein, hier habe ich ein Buch, das ich im Moment leider nicht lesen kann, empfohlen, so wurde mir beschieden, von ebendiesem Teufelskerl. Er hält, so scheint es, den Autor, also den hochwohlgeborenen Bergotte, für einen der feinsten Federfüchse; und auch wenn er, ab und an, eine recht schwer erklärliche Langmut an den Tag legt, so gilt mir sein Wort als delphisches Orakel. Lies also diese lyrischen Prosastücke, und so der unübersteigliche Reim-

jedem Haus, auch vor jenen, in denen dies nicht Brauch war, saßen, wie vor unserem, die Bediensteten, und zuweilen sogar die Herrschaften, mit starrem Blick und zierten die Schwelle mit einem gestickten Saum, kapriziös und trübsinnig wie ein Schleier aus Algen und Muscheln, die der Sturm am Ufersaum als gestickten Trauerflor zurücklässt, wenn er sich zurückgezogen hat.

Für gewöhnlich aber konnte ich ungestört lesen. Einmal aber, als ich im Begriff stand, das Buch eines Autors zu lesen, der für mich neu war, Bergotte nämlich, da sorgten die Unterbrechung und der Kommentar von Swann dafür, dass ich auf lange Zeit nicht mehr vor dem Hintergrund einer mit Dolden von Blumen geschmückten Mauer, sondern einem ganz anders gearteten Hintergrund, nämlich dem Portal einer gotischen Kirche, das Bild einer jener Frauen sah, von denen ich träumte.

Von Bergotte hatte ich das erste Mal von einem Kameraden gehört, der älter war als ich und für den ich eine große Bewunderung hegte: Bloch, den mein Großvater mit dem wiederholten Gesang *Israel brich deine Fesseln* empfing. Als er vernahm, wie ich ihm meine Bewunderung für die *Nuit d'Octobre* gestand, prustete er lachend wie eine Trompete los und wandte sich an mich: „Hüte dich vor deinem schändlichen Schwärmen für den hochwohlgeborenen Herrn Musset. Er ist ein besonders mieser Federfuchs und ein ausgemachter Hohlkopf. Freilich muss ich gestehen, dass er, nicht anders als ein gewisser Racine, in seinem Leben immerhin einen rhythmisch recht gut gebauten Vers zustande gebracht hat, wobei er in seinem Fall, und dies gilt mir als hoher Verdienst, absolut nichtssagend ist, und zwar: ‚La blanche Oloossone et la blanche Camire‘ sowie ‚La fille de Minos et de Pasiphae‘. Beide wurden mir, dies sei zur Entlastung dieser beiden Eiterbeulen gesagt, von meinem hochverehrten Meister Pater Lecomte angezeigt, eines Lieblings aller unsterblichen Götter. Da fällt mir ein, hier habe ich ein Buch, das ich im Moment leider nicht

klopfer, der *Baghavat*[76] und den *Lévier de Magnus* verfasst hat, wohl gesprochen haben sollte, so wirst du, ~~mein~~ teurer Meister, Apollo sei Dank, die Wonnen olympischen Nektars kosten." Er hatte mich in seinem sarkastischen Ton gebeten, ihn als „~~mein~~ teurer Meister" zu apostrophieren, und apostrophierte mich seines Orts mit ebendiesen Worten. In der Tat zogen wir ein gewisses Vergnügen aus diesem Spiel, standen wir doch noch im Alter, in dem man glaubt, jedes Wort werde ~~für uns~~ Wirklichkeit.

Leider konnte ich im Gespräch mit Bloch trotz aller Ausführungen, die ich ihm abverlangte, die Verwirrung nicht bemeistern, in die er mich mit seiner Bemerkung gestürzt hatte, dass die schönen Verse (und dies mir gegenüber, der ich von ihnen nichts weniger als die Enthüllung der Wahrheit erwartete) umso schöner seien, wenn sie jeglichen Sinnes entbehrten. Bloch wurde jedenfalls nicht mehr in unser Haus eingeladen. Zunächst war er wohl willkommen. Wohl wahr, mein Großvater behauptete, jedes Mal, wenn ich mich einem meiner Kameraden tiefer verbunden fühlte als anderen, ihn gar nach Hause einlud, so sei es stets ein Jude, was ihm im Prinzip ~~nicht gefiel nicht missfällig war absolut~~ nicht missfiel – sogar sein Freund Swann war jüdischer Abkunft –, hätte er nicht gefunden, dass ich sie für gewöhnlich nicht gerade unter den Trefflichsten auswählte. Und so kam es, dass er fast jedes Mal, wenn ich einen neuen Freund heimbrachte, *O dieu de nos Pères* aus *La Juive* oder auch *Israel brich deine Fesseln* trällerte, doch auch wenn er nur die Naturtöne der Melodie sang (Ti la lam ta lam, talim), musste ich befürchten, dass sie meine Kameraden erkannten und die passenden Wörter hinzufügten.

Schon bevor er sie sah, hatte er nicht nur die jüdische Abkunft all meiner Freunde, die es wirklich waren, allein schon an ihrem Namen abgelesen, auch wenn ihm nichts Jüdisches mehr anhaftete, dafür aber etwas Störendes in ihrem Familiennamen. – Und wie heißt er, dein Freund, der heute Abend kommt?

lesen kann, empfohlen von ebendiesem Teufelskerl. Er hält, so scheint es, den Autor, also den hochwohlgeborenen Bergotte, für einen der feinsten Federfüchse; und auch wenn er, ab und an, eine recht schwer erklärliche Langmut an den Tag legt, so gilt mir sein Wort als delphisches Orakel. Lies also diese lyrischen Prosastücke, und so der unübersteigliche Reimklopfer, der *Baghavat* und den *Lévier de Magnus* verfasst hat, wohl gesprochen haben sollte, so wirst du, Apollo sei Dank, die Wonnen olympischen Nektars kosten."

Leider konnte ich im Gespräch mit Bloch trotz aller Ausführungen, die ich ihm abverlangte, die Verwirrung nicht bemeistern, in die er mich mit seiner Bemerkung gestürzt hatte, dass die schönen Verse (und dies mir gegenüber, der ich von ihnen nichts weniger als die Enthüllung der Wahrheit erwartete) umso schöner seien, wenn sie jeglichen Sinnes entbehrten. Bloch wurde jedenfalls nicht mehr in unser Haus eingeladen. Zunächst war er wohl willkommen. Wohl wahr, mein Großvater behauptete, jedes Mal, wenn ich mich einem meiner Kameraden tiefer verbunden fühlte als anderen, ihn gar zum Diner nach Hause einlud, so sei es stets ein Jude, was ihm nicht passte. Dazu kam, im Prinzip – sein Freund Swann war jüdischer Abkunft –, hätte er nicht gefunden, dass ich sie für gewöhnlich nicht gerade unter den Trefflichsten auswählte. Und so kam es, dass er fast jedes Mal, wenn ich einen neuen Freund heimbrachte, *O dieu de nos Pères* aus *La Juive* oder auch *Israel brich deine Fesseln* trällerte, doch auch wenn er nur die Naturtöne der Melodie sang (Ti la lam tam ta lam, talim), musste ich befürchten, dass sie meine Kameraden erkannten und die passenden Wörter hinzufügten.

Schon bevor er sie sah, hatte er die jüdische Abkunft all meiner Freunde, die es wirklich waren, allein schon an ihrem Namen abgelesen, auch wenn ihm des Öfteren nichts Israelitisches anhaftete, dafür aber oft etwas Störendes in ihrem Betragen.

– Dumont, mein Onkel.

– Dumont! Oh! da bin ich besser auf der Hut.

Und schon sang er:

Archers, faites bonne garde!

Veillez sans trève et sans bruit;

Bogenschützen, seid auf der Hut!

Wacht ohne Rast noch Lärm;

und nachdem er uns geschickt ein paar präzisere Fragen gestellt hatte, rief er aus: „Sei auf der Hut! Sei auf der Hut!", oder wenn er den Verdächtigen bereits vor Ort, ohne dessen Wissen, durch ein verdecktes Verhör dazu gebracht hatte, gegen seinen Willen seine Abkunft zu bekennen, dann begnügte er sich damit, uns ins Auge zu fassen, und trällerte, zum Beweis dafür, dass er keine Zweifel mehr hegte, fast unhörbar:

De ce timide Israëlite

Quoi! vous guidez ici le pas!

Wie denn! Hierher lenkt ihr den Schritt

Dieses scheuen Israeliten!

oder auch:

Champs paternels, Hebron, douce veillée.

Väterliche Gefilde, Hebron, du sanftes Tal.

oder auch:

Oui je suis de la race élue.

Ja, ich bin vom auserwählten Volk.

Diese kleinen Ticks meines Großvaters bedeuteten keinerlei missgünstige Gefühle gegenüber meinen Kameraden. Aber Bloch hatte aus anderen Gründen das Missfallen meiner Eltern erregt. Es begann damit, dass er meinen Vater aufgebracht hatte, als dieser ihn ganz durchnässt antraf und ihm voll Mitgefühl sagte:

– Aber M. Bloch, Sie sind ja ganz nass, was ist denn draußen für ein Wetter, hat es geregnet? Das verstehe ich nicht, der Barometer stand doch vorzüglich.

Darauf hatte er folgende Antwort gedrechselt:

– Und wie heißt er, dein Freund, der heute Abend kommt?

– Dumont, mein Onkel.

– Dumont! Oh! da bin ich besser auf der Hut.

Und schon sang er:

Archers, faites bonne garde!

Veillez sans trève et sans bruit;

Bogenschützen, seid auf der Hut!

Wacht ohne Rast noch Lärm;

und nachdem er uns geschickt ein paar präzisere Fragen gestellt hatte, rief er: „Sei auf der Hut! Sei auf der Hut!", oder wenn er den Patienten bereits bei seiner Ankunft, ohne dessen Wissen, durch ein verdecktes Verhör dazu gebracht hatte, gegen seinen Willen seinen Glauben und sein Blut alles zu beichten, dann begnügte er sich damit, uns ins Auge zu fassen, und trällerte, zum Beweis dafür, dass er keine Zweifel mehr hegte, fast unhörbar:

De ce timide Israëlite

Quoi! vous guidez ici le pas!

Wie denn! hierher lenkt ihr den Schritt

Dieses scheuen Israeliten!

oder auch:

Champs paternels, Hebron, douce veillée.

Väterliche Gefilde, Hebron, du sanftes Tal.

oder auch:

Oui je suis de la race élue.

Ja, ich bin vom auserwählten Volk.

Diese kleinen Ticks meines Großvaters bedeuteten keinerlei missgünstige Gefühle gegenüber meinen Kameraden. Aber dafür hatte Bloch aus ganz anderen Gründen das Missfallen meiner Eltern erregt. Es begann damit, dass er meinen Vater aufgebracht hatte, als dieser ihn ganz durchnässt antraf und ihm voll Mitgefühl sagte:

– Aber M. Bloch, Sie sind ja ganz nass, was ist denn draußen für ein Wetter, hat es geregnet? Das verstehe ich nicht, der Barometer stand doch vorzüglich.

Darauf hatte er folgende Antwort gedrechselt:

– Monsieur, ich kann Ihnen beim besten Willen nicht sagen, ob es geregnet hat. Ich lebe so erhaben über den Wechselfällen der Physik, dass sich meine Sinne gar nicht erst die Mühe machen, sie zu registrieren.

– Aber mein armer Sohn, dein Freund ist ein schöner Idiot, meinte mein Vater zu mir, sowie Bloch fort war. Ei! er konnte mir nicht einmal sagen, wie das Wetter war! Dabei gibt es nichts Wichtigeres! Was für ein Trottel.

Dann erregte Bloch das Missfallen meiner Großmutter, als sie sich nach dem Mittagessen, wie sie sagte, unpässlich fühlte und er ein Schluchzen unterdrückte und Tränen trocknete.

– Meinst du etwa, das sei aufrichtig, sagte sie zu mir, er kennt mich doch gar nicht; nun ja, vielleicht ist er nicht ganz normal.

Und schließlich erregte er allgemeines Missfallen, weil er mit anderthalb Stunden Verspätung und ganz verdreckt zum Mittagstisch kam, doch statt eine Entschuldigung vorzubringen, sagte er Folgendes:

– Ich lasse mich von widrigen atmosphärischen Witterungen ebenso wenig beeinflussen wie von den konventionellen Einteilungen der Zeit. Ich würde frei heraus den Gebrauch der Opiumpfeife oder des malajischen Kris wieder in ihr Recht setzen, aber von den weit verderbnisreicheren und ganz kleinbürgerlichen Instrumenten wie der Uhr und dem Regenschirm will ich nichts wissen.

Trotz alledem hätte er wieder nach Combray kommen können. Und doch war er nicht der Freund, den sich meine Eltern für mich wünschten; sie kamen zum Schluss, dass die Tränen, die ihm die Unpässlichkeit meiner Großmutter entlockte, keineswegs geheuchelt waren; doch wussten sie aus Instinkt oder aus Erfahrung, dass die jähen Aufwallungen unserer Empfindsamkeit kaum Einfluss auf den Verlauf unserer Handlungen und auf unsere Lebensführung haben, und auch, dass die Ehrfurcht vor moralischen Verpflichtungen, wie etwa die Treue gegenüber Freunden, die Vollendung eines Werkes, das

– Monsieur, ich kann Ihnen beim besten Willen nicht sagen, ob es geregnet hat. Ich lebe erhaben über den Wechselfällen der Physik, sodass sich meine Sinne gar nicht erst die Mühe machen, sie zu registrieren.

– Aber mein armer Sohn, dein Freund ist ein schöner Idiot, meinte mein Vater zu mir, sowie Bloch fortgegangen war. Ei! er konnte mir nicht einmal sagen, wie das Wetter war! Dabei gibt es nichts Wichtigeres! Was für ein Trottel.

Dann erregte Bloch das Missfallen meiner Großmutter, als sie sich nach dem Mittagessen, wie sie sagte, unpässlich fühlte und er ein Schluchzen unterdrückte und Tränen trocknete.

– Meinst du etwa, das sei aufrichtig, sagte sie zu mir, er kennt mich doch gar nicht; nun ja, vielleicht ist er nicht ganz normal.

Und schließlich bei allen, weil er mit anderthalb Stunden Verspätung und ganz verdreckt zum Diner kam, doch statt eine Entschuldigung vorzubringen, sagte er Folgendes:

– Ich lasse mich von widrigen atmosphärischen Witterungen ebenso wenig beeinflussen wie von den konventionellen Einteilungen der Zeit. Ich würde frei heraus den Gebrauch der Opiumpfeife oder des malajischen Kris wieder in ihr Recht setzen, aber von den weit verderbnisreicheren und ganz kleinbürgerlichen Instrumenten wie der Uhr und dem Regenschirm will ich nichts wissen.

Trotz alledem hätte er wieder nach Combray kommen können. Und doch war er nicht der Freund, den sich meine Eltern für mich wünschten; sie kamen zum Schluss, dass die Tränen, die ihm die Unpässlichkeit meiner Großmutter entlockte, keineswegs geheuchelt waren; doch wussten sie aus Instinkt oder aus Erfahrung, dass die jähen Aufwallungen unserer Empfindsamkeit kaum Einfluss auf den Verlauf unserer Handlungen und auf unsere Lebensführung haben, und auch, dass die Ehrfurcht vor moralischen Verpflichtungen, wie etwa die Treue gegenüber seinen Freunden, die Vollendung eines Werkes, das Einhalten einer Diät,

Einhalten einer Diät, in ihrer blinden Gewohnheit über ein weit verlässlicheres Fundament verfügen als in den glühenden ~~flüchtigen~~ momentanen und fruchtlosen Gemütsregungen. Statt Bloch hätten sie lieber Freunde an meiner Seite gesehen, die mir nicht mehr zumaßen, als man sich unter Freunden zumessen darf, jedenfalls gemäß den Moralvorstellungen der Bourgeoisie; solche, die mir nicht unvermutet einen Früchtekorb oder ein zärtliches Schreiben sandten, nur weil sie an diesem Tag gerade freundschaftliche Gefühle für mich hegten, aber denen es nie eingefallen wäre, die gerechte Waage der Pflichten und Erfordernisse der Freundschaft aufgrund einer reinen Regung ihrer Phantasie und ihrer Empfindsamkeit auf meine Seite neigen zu lassen oder sie zu meinen Ungunsten zu beeinflussen. Selbst unsere Fehler können sie nur schwerlich von dem abbringen, was sie uns schuldig sind. Inbegriff solcher Gemüter war meine Großmutter, sie, die sich vor Jahren mit einer Nichte überworfen hatte und kein Wort mehr an sie wandte, und doch hatte sie ihr Testament nicht abgeändert, in dem sie ihr all ihr Vermögen vermachte, da sie nun einmal ihre engste Verwandte war und sich dies „ziemt".

Ich aber liebte Bloch, und meine Eltern wollten mir nur Gutes, und die unauflöslichen Rätsel, vor die mich die sinnleere Schönheit der Tochter von Minos und Pasiphae stellte, raubten mir mehr Kraft und bereiteten mir mehr Leid als ein weiteres Gespräch mit ihm, auch wenn meine Mutter solche Unterredungen für fährnisreich hielt. Und man hätte ihn weiter in Combray empfangen, wenn er mir nach jenem Diner nicht dargelegt hätte – was ~~für mich ein immenses~~ einen großen Einfluss auf mein Wohlergehen haben sollte –, dass nämlich alle Frauen nur an Liebe dächten und es keine einzige gäbe, deren Widerstand man nicht brechen könne, und gleich auch noch versichert hätte, er habe aus verlässlicher Quelle vernommen, dass meine Großtante eine stürmische Jugend hinter sich hätte und in aller Öffentlichkeit ausgehalten worden

in ihrer blinden Gewohnheit über ein weit verlässlicheres Fundament verfügen als in den glühenden und fruchtlosen Gemütsregungen. Statt Bloch hätten sie lieber Freunde an meiner Seite gesehen, die mir nicht mehr zumaßen, als man sich unter Freunden zumessen darf, jedenfalls gemäß den Moralvorstellungen der Bourgeoisie; solche, die mir nicht unvermutet einen Früchtekorb oder ein zärtliches Schreiben sandten, nur weil sie an diesem Tag gerade freundschaftliche Gefühle für mich hegten, und denen es nie eingefallen wäre, die gerechte Waage der Pflichten und Erfordernisse der Freundschaft aufgrund einer reinen Regung ihrer Phantasie und ihrer Empfindsamkeit auf meine Seite neigen zu lassen oder sie zu meinen Ungunsten zu beeinflussen. Selbst unsere Fehler können sie nur schwerlich von dem abbringen, was sie uns schuldig sind. Inbegriff solcher Gemüter war meine Großmutter, sie, die sich vor Jahren mit einer Nichte überworfen hatte und kein Wort mehr an sie wandte, und doch hatte sie ihr Testament nicht abgeändert, in dem sie ihr all ihr Vermögen vermachte, da sie nun einmal ihre engste Verwandte war und sich dies „ziemt".

Ich aber liebte Bloch, und meine Eltern wollten mir nur Gutes, und die unauflöslichen Rätsel, vor die mich die sinnleere Schönheit der Tochter von Minos und Pasiphae stellte, raubten mir mehr Kraft und bereiteten mir mehr Leid als ein weiteres Gespräch mit ihm, auch wenn meine Mutter solche Unterredungen für fährnisreich hielt. Und man hätte ihn weiter in Combray empfangen, wenn er mir nach jenem Diner nicht gleich auch noch versichert hätte, er habe aus verlässlicher Quelle vernommen, dass meine Großtante eine stürmische Jugend hinter sich hätte und in aller Öffentlichkeit ausgehalten worden sei. Ich konnte nicht umhin, vor meinen Eltern diese Worte zu wiederholen, man wies ihm, als er das nächste Mal kam, die Tür, und als ich ihn später einmal auf der Straße ansprach, blieb er äußerst kühl.

sei. Ich konnte nicht umhin, vor meinen Eltern diese Worte zu wiederholen, man wies ihm, als er das nächste Mal kam, die Tür, und als ich ihn später einmal auf der Straße ansprach, blieb er äußerst kühl.

Doch was er bezüglich Bergotte gesagt hatte, war wahr.

In den ersten Tagen zeigte sich mir, wie bei einer Melodie, von der man dereinst nie genug bekommen würde, aber zurzeit noch nicht hingerissen ist, all das, was ich an seinem Stil so lieben sollte, noch nicht. Ich konnte den Roman, den ich von ihm las, nicht weglegen, doch wähnte ich mich einzig vom Thema in Bann geschlagen, wie im ersten Aufwallen der Liebe, wo man die Frau jeden Tag bei irgendeiner Zusammenkunft, bei irgendeinem Zeitvertreib aufsucht, im Glauben, man werde von deren Lustbarkeiten angezogen. Dann bemerkte ich die seltenen Ausdrücke, fast schon archaisch anmutend, die er in gewissen Momenten einzusetzen beliebte, bei denen ein verborgener Fluss von Harmonie, ein innerliches Präludium seinen Stil beflügelten; und in ebendiesen Momenten hob seine Rede über die eitle Träumerei des Lebens an, über den unversieglichen Strudel schöner Erscheinungen, über die nichts fruchtende, aber köstliche Qual, etwas zu verstehen und zu lieben, über die herzbewegenden Effigien, die in anbetungswürdiger und zauberhafter Weise die Fassade der Kathedralen für immerdar adelten, dann auch setzte er zu einer Philosophie an, die für mich neu war, mit Bildern, so wunderbar, dass man fast das Wort gewagt hätte, sie würden diesen Harfenklang erregen, der zu vernehmen war, seiner Begleitstimme aber verliehen sie samt den hochfliegenden Gedanken, die sie versinnbildlichten, etwas Erhabenes. Eine dieser Passagen von Bergotte, die dritte oder vierte, die ich vom Rest abgespalten hätte, schenkte mir eine Wonne, unvergleichbar mit jener, die ich aus dem ersten Stück gezogen hatte, eine Wonne, die ich in einer tieferen Schicht meines Ichs zu fühlen meinte, in sich geschlossener, umfassender, eine Schicht, in der alle Hemm-

Doch was er bezüglich Bergotte gesagt hatte, war wahr. In den ersten Tagen zeigte sich mir, wie bei einer Melodie, von der man dereinst nie genug bekommen würde, aber zurzeit noch nicht hingerissen ist, all das, was ich an einem Stil so lieben sollte, noch nicht. Ich konnte den Roman, den ich von ihm las, nicht weglegen, doch wähnte ich mich einzig vom Thema in Bann geschlagen, wie im ersten Aufwallen der Liebe, wo man die Frau jeden Tag bei irgendeiner Zusammenkunft, bei irgendeinem Zeitvertreib aufsucht, im Glauben, man werde von deren Lustbarkeiten angezogen. Dann bemerkte ich die seltenen Ausdrücke, fast schon archaisch anmutend, die er in gewissen Momenten einzusetzen beliebte, die nämlichen, bei denen ein verborgener Fluss von Harmonie, ein innerliches Präludium seinen Stil beflügelten; und in ebendiesen Momenten hob seine Rede über die eitle Träumerei des Lebens an, über den unversieglichen Strudel schöner Erscheinungen, über die nichts fruchtende, aber köstliche Qual, etwas zu verstehen und zu lieben, über die herzbewegenden Effigien, die in anbetungswürdiger und zauberhafter Weise die Fassade der Kathedralen für immerdar adelten, dann auch setzte er zu einer Philosophie an, die für mich neu war, mit Bildern, so wunderbar, dass man fast das Wort gewagt hätte, sie würden höchstselbst den Harfenklang erregen, der alsdann zu vernehmen war, seiner Begleitstimme aber verliehen sie samt den hochfliegenden Gedanken, die sie versinnbildlichten, etwas Erhabenes. Eine dieser Passagen von Bergotte, die dritte oder vierte, die ich vom Rest abgespalten hätte, schenkte mir eine Wonne, unvergleichbar mit jener, die ich aus dem ersten Stück gezogen hatte, eine Wonne, die ich in einer tieferen Schicht meines Ichs zu fühlen meinte, in sich geschlossener, umfassender, eine Schicht, in der alle Hemmnisse und Trennungen überwunden schienen. Dies wohl, weil ich damals in ebenjenem musikalischen Ausfluss, in ebenjener idealistischen Philo-

nisse und alle Trennungen überwunden schienen. Dies wohl, weil ich damals in ebenjenem musikalischen Ausfluss, in ebenjener idealistischen Philosophie die Vorliebe für erlesene Ausdrücke zu erkennen meinte,

PLACARD 15
VOM 12. APRIL 1913

die bereits, ohne dass ich mich dessen versehen hätte, der eigentliche Grund der Wonne waren, die ich beim Lesen von Bergotte empfand, in ihrem Bann hatte ich nicht mehr den Eindruck, eine bestimmte Passage eines bestimmten Buches zu gewärtigen, die auf der Oberfläche meines Denkens eine gestrichelte Linie hinterließ, sondern eher eine „ideale Stelle" von Bergotte, die all seinen Büchern gemeinsam war und der alle analogen Passagen, die damit verschmolzen, eine Dichte, eine Fülle verliehen, die meinen Geist weiteten.

Ich war selbstredend nicht der einzige Bewunderer von Bergotte; er war auch der Lieblingsschriftsteller einer Freundin meiner Mutter, die sehr belesen war. Und für die Lektüre seines zuletzt erschienenen Buches ließ Dr. du Boulbon seine Patienten warten; und aus ebendiesem Behandlungszimmer sowie einem Park unweit von Combray sind die ersten Samen jener Vorliebe für Bergotte ausgeflogen, damals noch eine rare Spezies, heute weltweit verbreitet, überall in Europa und Amerika anzutreffen, im unbedeutendsten Dorf noch, eine fürwahr ideale und zugleich gemeine Blume. Was die Freundin meiner Mutter und, wie es scheint, Dr. du Boulbon in erster Linie an Bergottes Büchern schätzten, war, wie bei mir, ebenjener melodische Fluss, jene altertümlichen Wendungen, dann wieder ganz gewöhnliche und vertraute Wörter, die er indes an einer bestimmten Stelle aufleuchten ließ, was seinerseits von einem ganz eigenen Geschmack zeugte; schließlich, in den traurigen Passagen, eine gewisse Schroffheit, ein fast schon rauer Tonfall. Er fühlte zweifelsohne auch selbst, dass darin sein tiefster Zauber lag. Denn in den folgenden Büchern

sophie die Vorliebe für erlesene Ausdrücke zu erkennen
meinte,

die bereits, ohne dass ich mich dessen versehen hätte, der
eigentliche Grund der Wonne waren, die ich beim Lesen
von Bergotte empfand, in ihrem Bann hatte ich nicht mehr
den Eindruck, eine bestimmte Passage eines bestimmten Buches zu gewärtigen, die auf der Oberfläche meines
Denkens eine gestrichelte Linie hinterließ, sondern eher
eine gleichsam „ideale Stelle" von Bergotte, die all seinen
Büchern gemeinsam war und der alle analogen Passagen,
die sich darauf bezogen, eine Dichte, eine Fülle verliehen,
die meinen Geist, um sie fassen zu können, weiteten.

Ich war selbstredend nicht der einzige Bewunderer von
Bergotte; er war auch der Lieblingsschriftsteller einer
Freundin meiner Mutter, die sehr belesen war. Und für
die Lektüre seines zuletzt erschienenen Buches ließ Dr.
du Boulbon seine Patienten warten; und aus ebendiesem
Behandlungszimmer sowie einem Park unweit von Combray sind die ersten Samen jener Vorliebe für Bergotte ausgeflogen, damals noch eine rare Spezies, heute weltweit
verbreitet, überall in Europa und Amerika anzutreffen, im
unbedeutendsten Dorf noch, selbst auf den Feldern, eine
fürwahr zauberhafte und zugleich gemeine Blume. Was die
Freundin meiner Mutter und, wie es scheint, Dr. du Boulbon in erster Linie an Bergottes Büchern schätzten, war,
wie bei mir, ebenjener melodische Fluss, jene altertüm-

unterbrach er, kaum war er auf irgendeine gewichtige Wahrheit oder den Namen einer berühmten Kathedrale gestoßen, seine Erzählung und ließ in einer Beschwörung, einer Anrufung, einem langen Gebet jenen Schwelgereien freien Lauf, die schon seiner Prosa in den ersten Werken innewohnten und einzig aufgrund kleiner Schwingungen an der Oberfläche erahnbar waren, womöglich noch sanfter, auch harmonischer, solange sie dieserweise verschleiert blieben, ohne dass man mit Bestimmtheit hätte sagen können, wo ihr Gemurmel seinen Ursprung nahm, noch wo es erstarb. Diese Stellen, in denen er voll Selbstgefallen schwelgte, waren unsere Lieblingsstellen. Ich konnte sie jedenfalls auswendig. Und ich war enttäuscht, wenn der Autor wieder den Faden seiner Erzählung aufnahm. Jedes Mal, wenn er dazu ansetzte, von einer Schönheit zu sprechen, die mir verborgen war, von ~~Tannen~~ Pinien, von einem Hagelschauer, von Notre Dame de Paris, von *Athalie* oder von *Phèdre*, führte diese Schönheit, in einem Bild, zu einer Explosion, die mich traf, in aller Evidenz. Ahnend, wie viele Bereiche des Universums meiner kraftlosen Wahrnehmung verschlossen bleiben würden, falls sie mir nicht von ihm nahegebracht werden sollten, hätte ich gern ~~über alle~~ eine Meinung von ihm über alle Dinge erhalten, eine Metapher, namentlich über all das, was ich selbst bei Gelegenheit besichtigen mochte, und unter all diesen in Sonderheit die ~~alten~~ französischen ~~Architektur~~ Monumente sowie gewisse Seestücke, denn er wies in seinen Büchern mit solchem Nachdruck auf sie hin, dass er sie wohl für sehr reich an Sinn und Schönheit hielt. Leider entging mir in fast allen Fragen seine Meinung. Ich zweifelte keineswegs, dass sie von meinen Ansichten ganz verschieden sein mochten, da sie aus ~~jener~~ einer unbekannten Welt stammten ~~und durch~~, zu der ich mich zu erheben trachtete; ~~ich war~~ überzeugt, dass all meine Gedanken diesem unfehlbaren Geist als reine Plattheiten erscheinen mussten, hatte ich mit ihnen Tabula rasa gemacht, und wenn ich nun in einem seiner Bücher zufällig auf

lichen Wendungen, dann wieder ganz gewöhnliche und vertraute Wörter, die er indes an einer bestimmten Stelle aufleuchten ließ, was bei ihm von einem ganz eigenen Geschmack zeugte; schließlich, in den traurigen Passagen, eine gewisse Schroffheit, ein fast schon rauer Tonfall. Er fühlte zweifelsohne auch selbst, dass darin sein tiefster Zauber lag. Denn in den folgenden Büchern unterbrach er, kaum war er auf irgendeine gewichtige Wahrheit oder den Namen einer berühmten Kathedrale gestoßen, seine Erzählung und ließ in einer Beschwörung, einer Anrufung, einem langen Gebet jenen Schwelgereien freien Lauf, die schon seiner Prosa in den ersten Werken innewohnten und nur aufgrund kleiner Schwingungen an seiner Ober-fläche zu erahnen waren, noch sanfter, vielleicht auch har-monischer, solange sie dieserweise verschleiert blieben, ohne dass man mit Bestimmtheit hätte sagen können, wo ihr Gemurmel seinen Ursprung nahm, noch wo es erstarb. Diese Stellen, in denen er voll Selbstgefallen schwelgte, waren unsere Lieblingsstellen. Ich konnte sie jedenfalls auswendig. Und ich war enttäuscht, wenn der Autor wieder den Faden seiner Erzählung aufnahm. Gern hätte ich es gesehen, dass all seine Bücher eine einzige Abfolge solcher Stellen gebildet hätten und ich in allen großen Fragen seine Ansichten, will sagen die *Wahrheit*, erfahren hätte. Leider blieb mir seine Ansicht über die meisten Dinge unbekannt. Ich zweifelte keineswegs, dass sie von meinen Ansichten ganz verschieden und weit entfernt sein mochten; und in der Überzeugung, sie gälten diesem unfehlbaren Geist als reine Plattheiten, hatte ich mit ihnen Tabula rasa gemacht, und wenn ich nun in einem seiner Bücher zufällig auf einen Gedanken stieß, den ich selber schon einmal gehabt, auf ein Gefühl, das ich selbst empfunden hatte, dann schwoll mein Herz, als hätte sie mir ein Gott in seiner Allgüte zurückge-geben, sie für gerechtfertigt und schön erklärt, als ob mein bescheidenes Dasein und das Reich der *Wahrheit* nicht auf der ganzen Linie getrennt wären.

einen Gedanken stieß, den ich selber schon einmal gehabt hatte, dann schwoll mein Herz, als hätte ihn mir ein Gott in seiner Allgüte zurückgegeben, ihn für gerechtfertigt erklärt. So kam es[77] bisweilen, dass eine Seite von ihm just jene Sachen sagte, die ich in der Nacht zuvor, als ich nicht schlafen konnte, meiner Großmutter und meiner Mutter schrieb, so sehr zwar, dass sie geradezu den Anschein einer Sammlung von Epigraphen annahmen, die wunderbar ~~geeignet~~ gewählt schienen, um meine Briefe einzuleiten. Sogar später noch, als ich ein Buch ~~schreiben wollte~~ beginnen wollte, ~~denn ich zu schreiben~~ zu komponieren begann und ~~es aufgab~~ mir ~~mehrere~~ gewisse Wendungen, die ich schrieb, ~~nicht genügten~~ nicht gut genug schienen, um mich zu ermutigen, es zu Ende zu schreiben, kam es durchaus vor, ~~wenn~~ dass ich ~~später~~ zuweilen bei Bergotte auf deren Äquivalent stieß. In seinen Büchern gefielen sie mir.[78] Falls sie sich nicht durch ebenjene Bemühung neutralisiert sahen, die ~~eine andere Gestalt~~ indes ein Beweis meiner Liebe zu ihnen war; und so kam es, wenn ich unvermutet in einem Werk eines anderen auf sie stieß, dann gab ich mich ohne ~~Skrupel~~ jeden weiteren Skrupel, ohne jede Sorge, der Vorliebe hin, die ich für sie hegte, wie ein Koch, der für einmal nicht die Küche besorgen muss ~~und diejenige der anderen essen darf~~, endlich Muße findet, um seine Naschsucht auszukosten.

Als ich eines Tages[79] in einem seiner Bücher auf einen Witz über eine alte Bedienstete stieß, den seine hochtrabende und feierlich getragene Sprache noch mehr ins Ironische wendete und den ich selbst immer wieder gegenüber meiner Großmutter vorgebracht hatte, wenn die Rede auf Françoise kam, oder ein andermal, als ich bemerkte, wie er es keineswegs unter seiner Würde fand, im Spiegel der Wahrheit eine Bemerkung aufscheinen zu lassen, wie ich sie bei einer Gelegenheit in ähnlicher Weise über unseren Freund M. Legrandin gewagt hatte, Bemerkungen also über Françoise und M. Legrandin, die ich jederzeit für Bergotte aufgeopfert hätte, in der Überzeugung,

Als ich eines Tages in einem seiner Bücher auf einen Witz über eine alte Bedienstete stieß, den seine hochtrabende und feierlich getragene Sprache noch mehr ins Ironische wendete und den ich selbst immer wieder gegenüber meiner Großmutter vorgebracht hatte, wenn die Rede auf Françoise kam, oder ein andermal, als ich bemerkte, wie er es keineswegs unter seiner Würde fand, im Spiegel der Wahrheit eine Bemerkung aufscheinen zu lassen, wie ich sie bei einer Gelegenheit in ähnlicher Weise über unseren Freund M. Legrandin gewagt hatte, Bemerkungen also über Françoise und M. Legrandin, die ich jederzeit für Bergotte aufgeopfert hätte, in der Überzeugung, er würde sie für belanglos halten, da war mir plötzlich, als ob mein bescheidenes Leben und das Reich der *Wahrheit* gar nicht so weit auseinanderklafften, wie ich gedacht hatte, dass sie sich an gewissen Punkten sogar kreuzten, und so vergoss ich, aus Trauseligkeit und Freude, über gewisse Seiten von Bergotte Tränen {wie in den Armen eines wiedergefundenen Vaters.

Jedes Mal, wenn er mit einem Bild dazu ansetzte, von etwas zu sprechen, dessen Schönheit mir bislang verschleiert, vage und beinahe reizlos erschienen war, Tannen, Hagelschauer, Notre-Dame de Paris, ließ er diese Schönheit, die sich mir näherte, explodieren, ganz klar war sie und verzauberte mich. Ahnend, wie viele Bereiche des Universums meine kraftlose Wahrnehmung ohne seine Beschreibung nie aufgespürt hätte, wünschte ich,} über seine Beschreibung, über seine Ansicht zu allen Dingen zu verfügen, in Sonderheit über all jene, die ich selber besichtigen konnte, und unter all diesen wiederum über die, von denen mich ein Wort aus seinen Büchern glauben ließ, dass sie ihm besonders am Herzen lagen, die alte Architektur von Frankreich, Seestücke.

Ich stellte mir Bergotte als schwachen desillusionierten Greis vor, der seine Kinder verloren und keinen Trost mehr gefunden hatte. Und so las ich ihn, sang in meinem Inneren

er würde sie für belanglos halten, da war mir plötzlich, als ob mein bescheidenes Leben und das Reich der Wahrheit gar nicht so weit auseinanderklafften, wie ich gedacht hatte, dass sie sich an gewissen Punkten sogar kreuzten, und so vergoss ich, aus Trauseligkeit und Freude, über gewisse Seiten von Bergotte Tränen[80] wie in den Armen eines wiedergefundenen Vaters.

Ich stellte mir Bergotte als schwachen enttäuschten Greis vor, der seine Kinder verloren und keinen Trost mehr gefunden hatte. Und so las ich, sang ich in meinem Inneren seine Prosa, so „dolce", so „andante lento", wie sie wahrscheinlich gar nicht geschrieben war, und noch der schlichteste Satz sprach voll rührseligem Anklang zu mir. Ich liebte seine Philosophie mehr als alles andere, ich gab mich ihr hin, ganz und gar. Sie ließ mich voll Ungeduld jene Zeit herbeisehnen, da ich im Collège in die sogenannte Philosophie-Klasse kommen sollte. Freilich wünschte ich, dass man sich dann einzig und allein in der Gedankenwelt von Bergotte bewegen würde, und wenn man mir verraten hätte, dass die Metaphysiker, denen ich alsdann folgen sollte, nichts mit ihm gemein hatten, dann hätte mich die Verzweiflung eines Verliebten angewandelt, der für sein ganzes Leben in Liebe entbrennen will und dem man mit anderen Meistern kommt, die er dereinst haben würde.

Eines Sonntags, während meiner Lektüre im Garten, wurde ich von Swann gestört, der meine Eltern besuchen kam.

– Was lesen Sie da, darf man schauen? Aha, etwas von Bergotte? Wer hat Ihnen denn seine Werke empfohlen?

Ich sagte ihm, Bloch.

– Ah! ja, jener Knabe, den ich hier einmal getroffen habe und der so ausnehmend Bellinis Porträt von Mohammed II. gleicht. Oh! wirklich frappant, er hat die gleich geschwungenen Brauenbogen, die gleiche krumme Nase, die gleichen hervortretenden Wangenknochen. Fehlt nur noch der Bart, dann wären sie ein und dieselbe Person. Wie dem auch sei, er hat offenbar Geschmack, denn Bergotte ist ein zauberhafter Kopf. Und da er

290

seine Prosa, so „dolce", so langsam, wie sie wahrscheinlich gar nicht geschrieben war, und noch der schlichteste Satz sprach voll rührseligem Anklang zu mir. Ich liebte seine Philosophie mehr als alles andere, ich gab mich ihr hin, ganz und gar. Sie ließ mich von jener Zeit träumen, da ich im Collège in die sogenannte Philosophie-Klasse kommen sollte. Freilich wünschte ich, dass man sich dann einzig und allein in der Gedankenwelt von Bergotte bewegen würde, und wenn man mir verraten hätte, dass die Metaphysiker, denen ich alsdann folgen sollte, nichts mit ihm gemein hatten, dann hätte mich die Verzweiflung eines Verliebten angewandelt, der für sein ganzes Leben in Liebe entbrennen will und dem man mit anderen Geliebten kommt, die er dereinst haben würde.

Eines Tages, während meiner Lektüre im Garten, wurde ich von Swann gestört, der meine Eltern besuchen kam.

– Was lesen Sie da, darf man schauen? Aha, etwas von Bergotte? Wer hat Ihnen denn seine Werke empfohlen?

Ich sagte ihm, Bloch.

– Ah! ja, jener Knabe, den ich hier einmal getroffen habe und der so ausnehmend Bellinis Porträt von Mohammed II. gleicht. Oh! wirklich frappant, er hat die gleich geschwungenen Brauenbogen, die gleiche krumme Nase, die gleichen hervortretenden Wangenknochen. Fehlt nur noch der Bart, dann wären sie ein und dieselbe Person. Wie dem auch sei, er hat offenbar Geschmack, denn Bergotte ist ein köstlicher Autor. Ich kenne ihn recht gut, er ist mein ältester Kamerad.

– Oh! Können Sie mir sagen, wer sein Lieblingsschauspieler ist?

– Schauspieler, keine Ahnung. Aber ich weiß, dass es keinen männlichen Künstler gibt, den er mit der Berma gleichsetzen würde, die er über alle anderen stellt. Haben Sie sie schon gehört?

– Nein, Monsieur, meine Eltern gestatten es mir nicht, ins Theater zu gehen.

bemerkte, welch Bewunderung ich für Bergotte hegte, machte Swann ~~zum ersten,~~ der sonst nie über Leute seiner Bekanntschaft sprach, eine Ausnahme und sagte mir: „Ich kenne ihn recht gut, und falls ich Ihnen damit eine Freude machen kann, wenn er eine Widmung vorne in Ihr Buch setzt, so kann ich ihn darum bitten." Ich wagte es nicht, dieses Anerbieten anzunehmen, aber ich stellte Swann einige Fragen über Bergotte.

– Können Sie mir sagen, wer sein Lieblingsschauspieler ist?

– Schauspieler, keine Ahnung. Aber ich weiß, dass es keinen männlichen Künstler gibt, den er mit der Berma gleichsetzen würde, die er über alle anderen stellt. Haben Sie sie schon gehört?

– Nein, Monsieur, meine Eltern gestatten es mir nicht, ins Theater zu gehen.

– Ein Jammer. Sie sollten sie nochmals darum bitten. Die[81] Berma in *Phèdre* oder in *Le Cid*, Sie sollten die Gelegenheit nutzen, solange sie noch auftritt. Es ist, wenn Sie so wollen, nur eine Schauspielerin, aber ~~ich~~ wie Sie wissen, halte ich nicht viel von den *Hierarchien* ~~in den~~ unter den Künsten, ~~und ich konnte auch hierin seine Angewohnheit feststellen~~ und[82] ich konnte feststellen, ~~dass~~ was mir schon öfter aufgefallen war, wenn er mit den Schwestern meiner Großmutter plauderte und von ernsten Dingen anfing, sobald er einen Ausdruck wählte, der seiner Ansicht nach über einen gewichtigen Gegenstand umschreiben sollte, pflegte er ~~ihn in Anführungszeichen zu setzen~~ ihn durch eine eigentümliche Betonung abzusetzen, mechanisch und ironisch – als hätte er ihn zwischen Anführungszeichen gesetzt, ganz so, als wolle er ihn nicht sich selbst zuschreiben, und so sagte er „die *Hierarchie*", wie die lächerlichen Leute so sagen". Weshalb aber sagte er es dann, die Hierarchie? Einen Augenblick später setzte er hinzu: „Dies wird Ihnen eine ebenso edle Vision eingeben wie irgendein Meisterwerk, ich weiß gar nicht recht, wie – und er begann zu lachen: *Les Reines de Chartres!* Im Gegenzug gab er sich höchste Mühe, ~~den Herausgeber, das~~

– Ein Jammer. Sie sollten sie nochmals darum bitten. Die Berma in *Phèdre* oder in *Le Cid*, das ist so genial wie alle hohen Manifestationen der Kunst, ganz gleich in welchem Fach. Ich glaube, Sie würden da einer Vision von Edelsinn beiwohnen, wie man es nirgends mehr findet. Sie sollten die Gelegenheit nutzen, solange sie noch auftritt.

– Gibt es Werke, in denen Bergotte von ihr handelt?

– Ich glaube, in seinem Heftchen über Racine, aber das ist bestimmt schon vergriffen. Ich werde ihn um eins bitten. Ich kann ihn um alles bitten, was Sie wünschen, denn es vergeht keine Woche im Jahr, wo ich nicht bei ihm speisen würde. Er ist der große Freund meiner Tochter. Sie besichtigen zusammen alte Städte, prachtreiche Abteien, Schlösser in poetischen Lagen.

{Meine Begriffe über die soziale Hierarchie waren nicht genügend ausgeprägt, um dies zu unterbinden, ja der Umstand, dass es mein Vater für ausgeschlossen hielt, dass wir mit Mme und Mlle Swann Umgang pflegten, führte lediglich dazu, dass ich sie in den ersten Rang versetzte und sie mit hohem Prestige bekleidete. Ich litt darunter, dass sich meine Mutter nicht ihr Haar färbte und die Augen nicht schwarz schminkte, wie es, so hatte ich in unserem Haus von unserer Nachbarin Mme Sazerat, einer bösen Zunge, gehört, Mme Swann tat}, nicht etwa um ihrem Gatten zu gefallen, sondern M. Orgueay, und ich fühlte, wir waren in ihren Augen ein Gegenstand der Verachtung und des Spotts, was mich vor allem wegen Mlle Swann bedrückte, da man mir gesagt hatte, sie sei ein höchst hübsches Mädchen, und ich dachte oft an sie und verlieh ihr jedes Mal dasselbe ganz zauberhafte und vollkommen willkürliche Gesicht. Doch als ich wusste, dass Mlle Swann ein Wesen von seltenem Stand sei und inmitten von unzähligen Privilegien wie in ihrem natürlichen Element badete und man ihr, wenn sie fragte, wen man zum Diner erwarte, mit Silben voller Strahlkraft den Namen eines goldenen Gastes angab, für sie freilich nichts weiter als ein

~~Erscheinungsdatum herauszusuchen~~ mir anzugeben, zu welchem Zeitpunkt, bei welchem Verlag~~, in welcher Auflage~~ das Heftchen von Bergotte erschienen war. Bis dahin ~~schien mir~~[83] schien mir diese Abscheu, seine Meinung ganz ernsthaft kundzutun, von pariserischer Eleganz, die sich ~~den Redensarten~~ dem provinziellen Dogmatismus der Schwestern meiner Großmutter widersetzte; und ich vermutete auch, dies sei ein Ausdruck von Geisteswitz aus dem Umfeld, in dem Swann lebte und wo man als Reaktion auf die lyrischen Ergüsse der Elterngenerationen im Übermaß die kleinen präzisen Tatsachen in ihr Recht rückte, die früher als vulgär verschrien waren, und so versagte man sich derlei „Phrasendrescherei". Jetzt aber empfand ich Swanns Einstellung gegenüber solchen Dingen in bestimmter Hinsicht als abstoßend. Ihm schien der Mut zu einer Meinung zu fehlen, ruhig war er nur, wenn er mit peinlicher Genauigkeit detaillierte Auskünfte geben konnte. Doch war er sich nicht im Klaren darüber, dass er auch so eine Meinung von sich gab, postulierte er doch, dass die Exaktheit solcher Details von Bedeutung sei. ~~Dann entsann ich mich~~ Da dachte ich wieder an jenes Diner, als ich so traurig war und bei dem er sagte, dass ~~Kostüm~~Bälle bei der Princesse de Léon ganz ohne Belang seien. Dabei ~~verbrachte~~ verwandte er sein ganzes Leben auf derlei Lustbarkeiten. All dies schien mir widersprüchlich. ~~Er fasste sich so, als ob das gegenwärtige Leben nicht viel wert ganz und gar provisorisch sei, in dessen Verlauf spare er seine Meinung für welches Leben aber sparte er es auf, endlich mit allem Ernst zu sagen, was er von den Dingen dachte und zu tun sich Beschäftigungen zu widmen, die er nicht lächerlich fand. Es würde also nie der Moment kommen, wo er mit allem Ernst sagen würde, was er von den Dingen wirklich hielt.~~ Für welches Leben sparte er ~~den feurigen Ausdruck seiner Gedanken~~ es auf, endlich mit allem Ernst zu sagen, was er von den Dingen hielt, Urteile ~~verwendend~~ formulierend, die er nicht zwischen Anführungszeichen setzen musste, statt sich mit peinsamer Höflichkeit aller-

alter Freund der Familie: Bergotte; ihr trauliches Tischgespräch, für sie das Gegenstück zu meiner Konversation mit meiner Großmutter, bestand aus Bergottes Worten über all die Gegenstände, von denen er in seinen Büchern nicht sprechen wollte und über die ich so gern seine Orakelsprüche gekannt hätte; und so sie Städte besuchte, würde er an ihrer Seite reisen, unbemerkt und ruhmreich, so wie Götter unter den Menschen wandeln; da spürte ich nicht nur den Preis eines Wesens vom Schlage einer Mlle Swann, sondern zugleich auch, wie grobschlächtig und unwissend ich auf sie wirken musste, und ich litt in aller Heftigkeit an der Süße und der Unmöglichkeit, ihr Freund zu sein, wobei mich ihr Denken imgleichen mit Sehnen erfüllte wie auch mit Verzweiflung. Wenn ich nun an sie dachte, dann erblickte ich sie meistens vor dem Portal einer Kathedrale, mir die Bedeutung der Statuen erläuternd, ehe sie mich mit einem Lächeln, das ihm nur Gutes von mir sagte, Bergotte als ihren Freund vorstellig machte. Und jedes Mal übergoss der Zauber all jener Vorstellungen, die die Kirchen, der Zauber der Küsten der Île de France und der Ebenen der Normandie in mir erweckten, das Bild, das ich von ihr ausmalte, mit all seinem Glanz. So stand ich kurz davor, sie zu lieben. Die Liebe ersteht aus dem Glauben, dass ein Wesen an einer unbekannten Welt teilhat, die uns seine Liebe erschließen wird, mehr verlangt sie nicht. Daran allein hängt sie, auf alles andere leistet sie leicht Verzicht. Selbst jene Frauen, die vorspiegeln, einen Mann einzig aufgrund seines Äußeren zu lieben, sehen in diesem Äußeren den Abglanz eines besonderen Lebens. Diesetwegen auch schwärmen sie für Männer aus dem Militär, der Feuerwehr; dank der Uniform sind sie beim Gesicht schon weniger wählerisch, sie möchten unter dem Brustharnisch ein anderes Herz küssen, verwegen und sanft, und ein junger Herrscher kann in den fremden Ländern, denen er einen Besuch abstattet, schmeichelhafte Eroberungen machen und braucht dafür nicht einmal die ebenmäßigen Gesichts-

lei Beschäftigungen zu widmen, von denen er zugleich ~~sagte~~ verkündete, sie seien lächerlich. Mir fiel ~~noch anderes~~ in dieser Art, wie Swann von Bergotte sprach, ~~wie ein anderer~~ etwas auf, was wiederum nicht allein ihm eignete, sondern ~~auch in ganz anderen Kreisen~~ in jener Epoche vielmehr allen Bewunderern von Bergotte gemeinsam war, ~~in welchen Kreisen auch immer~~ in allen Kreisen,[84] einer ~~Freundin meiner Mutter~~ unserer Freundinnen in Combray, dem Doktor du Boulbon. Ganz wie Swann sagten sie: „Was für ein zauberhafter Kopf, ~~so eigenwillig~~ er verfügt über eine ganz eigene Art, gesuchte Sachen zu sagen, aber durchaus angenehm. Man muss die Signatur gar nicht suchen, man merkt sofort, dass es von ihm ist." Doch keiner hätte sich dazu verstiegen, zu sagen: Ein großer Autor, er verfügt über ein großes Talent. Sie sagten nicht, dass er über Talent verfüge, weil sie nicht wussten, ob er wirklich darüber verfügt.[85] Wir brauchen immer viel Zeit, bis wir ~~im Gesicht~~ im Geist in der eigentümlichen Physiognomie eines neuen Autors die Gussform entdecken, die den Namen eines großen Talents in das Museum unserer Universalvorstellungen trägt. Gerade weil diese Physiognomie neu ist, scheint sie uns nicht wirklich dem zu entsprechen, was wir Talent nennen. Lieber sagen wir originell, reizvoll, feinfühlig, wuchtig; und dann, eines Tages, dämmert es uns, dass genau darin das Talent besteht.

– Gibt es Werke, in denen Bergotte von ihr handelt?

– Ich glaube, in seinem Heftchen über Racine, aber das ist bestimmt schon vergriffen. Ich werde ihn um eins bitten. Ich kann ihn um alles bitten, was Sie wünschen, denn es vergeht keine Woche im Jahr, wo ich nicht bei ihm speisen würde. Er ist der große Freund meiner Tochter. Sie besichtigen zusammen alte Städte.[86]

~~Seit langem schon waren meine Begriffe über die soziale Hierarchie viel zu verschwommen, als dass sie ein Hindernis darstellen mochten, der Umstand etwa, dass mein Vater den Umgang mit Madame und Mlle Swann für ausgeschlossen~~

296

züge, die für einen durchschnittlichen Bürger unabdingbar wären.

Indes, an diesen Tagen – wenn ich las –, was meine Tante
nicht guthieß, außer sonntags, einem Tag, an dem man sich
nicht mit ernsthaften Sachen beschäftigen durfte und sie
niemals nähte, sagte sie mir: „was *vertrödelst* du deine Zeit
mit Lesen, es ist doch nicht Sonntag", wobei sie die Wendung vertrödeln im Sinn von Kinderei und Zeitverschwendung verstand – da plauderte meine Tante mit Françoise,
bis die Stunde von Eulalie schlug. Sie verkündete ihr, sie
hätte Mme Goupil vorbeigehen sehen, „ohne Schirm, in
der Seidenrobe, die sie sich in Châteaudun machen ließ.
Falls sie vor der Vesperzeit noch weit hat, wird sie sie unter
Umständen schön tunken."
– Vielleicht, vielleicht (was bedeutete: vielleicht auch
nicht), meinte Françoise um eine günstige Wendung nicht
kategorisch auszuschließen.
– Ei, meinte meine Tante und schlug sich gegen die Stirn,
da fällt mir ein, dass ich gar nicht erfahren habe, ob sie es
gestern nach der Elevation überhaupt noch in die Kirche
schaffte. Ich darf nicht vergessen, mich bei Eulalie danach
zu erkundigen... Françoise, schau nur diese schwarze
Wolke hinter dem Glockenturm und diese finstere Sonne
auf den Schieferdächern, dieser Tag wird gewiss Regen
bringen. Es konnte ja unmöglich so bleiben, es ist viel zu
heiß. Und je eher, desto besser, denn bevor der Sturm losbricht, will und will mein Vichy-Wasser nicht runter, setzte
meine Tante hinzu, ganz im Geist von jemandem, bei dem
der Drang der Verdauung von Vichy-Wasser um vieles die
Befürchtung überwiegt, Mme Goupil könnte ihren Rock
ruinieren.
– Vielleicht, vielleicht.
– Und wenn es über dem Platz regnet, gibt es keinen Unterstand.
– Wie, schon drei? rief meine Tante unvermittelt und wurde
ganz blass, dann hat es ja schon zur Vesper geschlagen und

~~erachtete, ließ mich auf die Vorstellung verfallen, zwischen~~
~~ihnen und meiner Familie... Ich verfügte über keinerlei Begriffe~~
~~über die soziale Hierarchie oder andere Begriffe, die mich~~
~~daran gehindert hätten, sie in den ersten Rang zu setzen und~~
~~sie mit hohem Prestige zu bekleiden. Gern hätte ich es gesehen,~~
~~dass... Ich bedauerte, dass sich meine Mutter die Haare nicht~~
~~färbte und die Lippen nicht rot schminkte, denn ich hatte von~~
~~unserer Nachbarin Mme Sazerat vernommen, dass Madame~~
~~Swann... Da ich~~

Da ich über keinerlei Begriffe über die soziale Hierarchie verfügte, hatte der Umstand, dass ~~mein Vater~~ mein Vater jeglichen
Umgang mit Mme und Mlle Swann ausschloss, dazu geführt,
dass ich mir zwischen ihnen und uns eine große Kluft ausmalte
und ihnen hohes Prestige verlieh. ~~Ich bedauerte Ich~~ Ich bedauerte, dass sich meine Mutter die Haare nicht färbte und die
Lippen nicht rot schminkte, denn ich hatte von unserer Nachbarin Mme Sazerat vernommen, dass ~~dies tat~~ Madame Swann
dies tat, nicht etwa um ihrem Gatten zu gefallen, sondern M. de
Charlus, und ich dachte, wir wären in ihren Augen ein Gegenstand der Verachtung, was mich vor allem wegen Mlle Swann
bedrückte, da man mir gesagt hatte, sie sei ein höchst hübsches
Mädchen, und ich träumte oft von ihr und verlieh ihr jedes Mal
dasselbe Gesicht, ganz zauberhaft und vollkommen willkürlich.
Doch als ich an jenem Tag erfuhr, dass Mlle Swann ein Wesen
von seltenem Stand sei und inmitten von unzähligen Privilegien
wie in ihrem natürlichen Element badete und man ihr, wenn
sie ihre Eltern fragte, wen man zum Diner erwarte, mit Silben
voller Strahlkraft den Namen eines goldenen Gastes angab,
für sie freilich nichts weiter als ein alter Freund der Familie:
Bergotte; ihr trauliches Tischgespräch, für sie das Gegenstück
zu meiner Konversation mit meiner Großmutter, bestand aus
Bergottes Worten über all jene Gegenstände, von denen er
in seinen Büchern nicht sprechen wollte und über die ich so
gern seine Orakelsprüche vernommen hätte; und so sie Städte

ich habe mein Pepsin vergessen! Jetzt wird mir klar, weshalb mir mein Vichy-Wasser auf dem Magen lag.

Und indem sie sich auf ein in violetten Samt gebundenes Messbuch mit Goldschnitt stürzte, aus dem sie, in aller Hast, die mit Spitzenrändern aus vergilbtem Papier eingefassten Bildnisse rutschen ließ, die die Stellen der Festtage anzeigten, begann meine Tante, sogleich ihre Tropfen schluckend, so rasch als möglich in den heiligen Texten zu lesen, deren Verständnis sich aufgrund der Ungewissheit getrübt sah, ob das Pepsin, so lange nach dem Vichy-Wasser eingenommen, Letzteres überhaupt noch einholen konnte, um es runterzuspülen: Ein leichtes Klopfen gegen die Scheibe, wie wenn etwas dagegen prallt, dann ein reiches Rieseln wie von Sandkörnern, die jemand aus dem darüberliegenden Fenstern streute, schließlich weitete sich das Rieseln zu einem Prasseln, immer ebenmäßiger, rhythmischer werdend, flüssiger, klangvoll, musikalisch, unzählbar, allumfassend; der Regen.

– Tja!, sagte Françoise, was habe ich gesagt? Soll es ruhig prasseln.

– Doch mir ist, ich hätte die Glocke an der Gartentür gehört, gehen Sie und schauen Sie, wer das bei solchem Wetter sein mag.

Françoise kehrte zurück:

– Es ist Mme Amédée (meine Großmutter), sie sagte, sie wolle noch eine Runde drehen. Dabei regnet es stark.

– Das überrascht mich nicht, meinte meine Tante und hob die Augen zum Himmel, ich habe schon immer gesagt, dass ihr Geist anders gewickelt ist als bei den anderen. Jedenfalls ist es mir lieber, dass im Moment sie draußen ist und nicht ich.

– Mme Amédée ist immer das genaue Gegenteil aller anderer, meinte Françoise mild und sparte sich für den Augenblick, wo sie allein mit den anderen Bediensteten war, die Bemerkung auf, sie glaube, meine Großmutter sei ein wenig „verdreht".

besuchte, würde er an ihrer Seite reisen, unerkannt und ruhmreich, so wie Götter unter den Menschen wandeln; da spürte ich nicht nur den Preis eines Wesens vom Schlage einer Mlle Swann, sondern zugleich auch, wie grobschlächtig und unwissend ich auf sie wirken musste, und ich litt in aller Heftigkeit an der Süße und der Unmöglichkeit, ihr Freund zu sein, wobei mich ihre Gedanken Vorstellungen ihr Denken imgleichen mit Sehnen erfüllte wie auch mit Verzweiflung. Wenn ich nun an sie dachte, dann erblickte ich sie meistens vor dem Portal einer Kathedrale, mir die Bedeutung der Statuen erläuternd, ehe sie mich mit einem Lächeln, das nur Gutes von mir sagte, Bergotte als ihren Freund vorstellig machte. Und jedes Mal übergoss der Zauber all jener Vorstellungen, die die Kirchen, der Zauber der Küsten der Île de France und der Ebenen der Normandie in mir erweckten, das Bild, das ich mir von ihr ausmalte, mit all seinem Glanz: So stand ich kurz davor, sie zu lieben. Die Liebe ersteht aus dem Glauben, dass ein Wesen an einer unbekannten Welt teilhat, die uns seine Liebe erschließen mag, mehr verlangt sie nicht. Daran allein hängt sie, auf alles andere leistet sie leicht Verzicht. Selbst jene Frauen, die vorspiegeln, einen Mann einzig aufgrund seines Äußeren zu lieben, sehen in diesem Äußeren den Abglanz einer besonderen Lebens. Diesetwegen auch schwärmen sie für Männer aus dem Militär, der Feuerwehr; dank der Uniform sind sie beim Gesicht schon weniger wählerisch, sie meinen unter dem Brustharnisch ein anderes Herz zu küssen, verwegen und sanft, und ein junger[87] Herrscher, ein Erbprinz, kann in den fremden Ländern, denen er einen Besuch abstattet, schmeichelhafte Eroberungen machen und braucht dafür nicht einmal die ebenmäßigen Gesichtszüge, die für einen Börsenmakler unabdingbar wären.[86]

Während ich im Garten las, was meine Tante nicht verstehen konnte, außer sonntags, einem Tag, an dem man sich nicht mit ernsthaften Sachen beschäftigen durfte und sie niemals nähte,

– Jetzt ist das Ave vorbei! Eulalie wird nicht mehr kommen, seufzte meine Tante, das Wetter wird sie abschrecken.

– Aber es ist noch nicht einmal fünf Uhr, Madame Octave, es ist erst halb fünf.

– Erst halb fünf? und ich musste bereits die kleinen Vorhänge anheben, um einen missvergnügten Sonnenstrahl zu ergattern. Und das um vier Uhr dreißig! Eine Woche vor der Ewigen Anbetung! Ah! meine teure Françoise, der gütige Gott verfolgt uns mit seinem Zorn. Man denkt nicht mehr genug an Gott, und schon nimmt der liebe Gott Rache.

Heftige Röte belebte die Wangen meiner Tante, es war Eulalie. Doch kaum hatte sie sich Zutritt verschafft, kehrte Françoise unseligerweise mit einem Lächeln zurück, das einzig darauf abzweckte, sich in die Freude einzustimmen, die ihre Worte, wie sie nicht bezweifelte, meiner Tante bereiten würden, wobei sie jede Silbe einzeln artikulierte, um deutlich zu machen, dass sie, unbesehen der indirekten Rede, als treffliche Domestike ebenjene Worte überbrachte, derer sich der Besucher zu bedienen beliebte:

– Der Herr Pfarrer wäre entzückt, bezaubert gar, falls Madame Octave statt zu ruhen ihn zu empfangen geruhte. Der Herr Pfarrer möchte nicht stören. Der Herr Pfarrer ist unten, ich habe ihn in die Halle gelassen.

In Tat und Wahrheit bereiteten die Besuche des Pfarrers meiner Tante gar nicht ein so großes Vergnügen, wie Françoise vermutete, und das jubilierende Strahlen, das sie jedes Mal über ihr Gesicht zu gießen pflegte, wenn sie ihn ankündigen durfte, entsprach nicht ganz dem Gefühl meiner Tante, denn er ermüdete sie mit seinen endlosen Ausführungen,

~~unter der Woche, so sagte sie mir~~ hätte ~~sie mir gesagt~~ wobei sie mir an einem gewöhnlichen Wochentag gesagt hätte, „was *vertrödelst* du deine Zeit mit Lesen, es ist doch nicht Sonntag", wobei sie die Wendung vertrödeln im Sinn von Kinderei und Zeitverschwendung verstand – da plauderte meine Tante mit Françoise, bis die Stunde von Eulalie schlug. Sie verkündete ihr, sie hätte Mme Goupil vorbeigehen sehen, „ohne Schirm, in der Seidenrobe, die sie sich in Châteaudun machen ließ. Falls sie vor der Vesperzeit noch weit hat, wird sie sie unter Umständen schön tunken."

– Vielleicht, vielleicht (was bedeutete: vielleicht auch nicht), meinte Françoise, um eine günstige Wendung nicht kategorisch auszuschließen.

– Ei, meinte meine Tante und schlug sich gegen die Stirn, da fällt mir ein, dass ich gar nicht erfahren habe, ob sie es nach der Elevation überhaupt noch in die Kirche schaffte. Ich darf nicht vergessen, mich bei Eulalie danach zu erkundigen… Françoise, schau nur diese schwarze Wolke hinter dem Glockenturm und diese finstere Sonne auf den Schieferdächern, dieser Tag wird gewiss Regen bringen. Es konnte ja unmöglich so bleiben, es ist viel zu heiß. Und je eher, desto besser, denn bevor der Sturm losbricht, will und will mein Vichy-Wasser nicht runter, setzte meine Tante hinzu, ganz im Geist von jemandem, bei dem der Drang der Verdauung von Vichy-Wasser um Vieles die Befürchtung überwiegt, Mme Goupil könnte ihren Rock ruinieren.

– Vielleicht, vielleicht.

– Und wenn es über dem Platz regnet, gibt es keinen Unterstand.

– Wie, schon drei? rief meine Tante unvermittelt und wurde ganz blass, dann hat es ja schon zur Vesper geschlagen und ich habe mein Pepsin vergessen! Jetzt wird mir klar, weshalb mir mein Vichy-Wasser auf dem Magen lag.

Und indem sie sich auf ein in violetten Samt gebundenes Messbuch mit Goldschnitt stürzte, aus dem sie, in aller Hast, die mit Spitzenrändern aus vergilbtem Papier eingefassten

Bildnisse rutschen ließ, die alle Festtage anzeigten, begann meine Tante, sogleich ihre Tropfen schluckend, so rasch als möglich in dem heiligen Texten zu lesen, deren Verständnis sich aufgrund der Ungewissheit getrübt sah, ob das Pepsin, so lange nach dem Vichy-Wasser eingenommen, Letzteres überhaupt noch einholen konnte, um es runterzuspülen: „Drei Uhr, unglaublich, wie rasch die Zeit vergeht."

Ein leichtes Klopfen gegen die Scheibe, wie wenn etwas dagegenprallt, dann ein reiches Rieseln wie von Sandkörnern, die jemand aus dem darüberliegenden Fenstern streute, schließlich weitete sich das Rieseln zu einem Prasseln, immer ebenmäßiger, rhythmischer werdend, flüssiger, klangvoll, musikalisch, unzählbar, allumfassend; der Regen.

— Tja!, sagte Françoise, was habe ich gesagt? Soll es ruhig prasseln.

— Doch mir ist, ich hätte die Glocke an der Gartentür gehört, gehen Sie und schauen Sie, wer das bei solchem Wetter sein mag.

Françoise kehrte zurück:

— Es ist Mme Amédée (meine Großmutter), sie sagte, sie wolle noch eine Runde drehen. Dabei regnet es stark.

— Das überrascht mich nicht, meinte meine Tante und hob die Augen zum Himmel, ich habe schon immer gesagt, dass ihr Geist anders gewickelt ist als bei den anderen. Jedenfalls ist es mir lieber, dass im Moment sie draußen ist und nicht ich.

— Mme Amédée ist immer das genaue Gegenteil aller anderer, meinte Françoise mild und sparte sich für den Augenblick, wo sie allein mit den anderen Bediensteten war, die Bemerkung auf, sie glaube, meine Großmutter sei ein wenig „verdreht".

— Jetzt ist das Ave vorbei! Eulalie wird nicht mehr kommen, seufzte meine Tante, das Wetter wird sie abschrecken.

— Aber es ist noch nicht einmal fünf Uhr, Madame Octave, es ist erst halb fünf.

— Erst halb fünf? und ich musste bereits die kleinen Vorhänge

anheben, um einen missvergnügten Sonnenstrahl zu ergattern. Und das um vier Uhr dreißig! Eine Woche vor der den Bittagen! Ah! meine teure Françoise, der gütige Gott verfolgt uns mit seinem Zorn. Man denkt nicht mehr genug an Gott, und schon nimmt er Rache.

Heftige Röte belebte die Wangen meiner Tante, es war Eulalie. Doch kaum hatte sie sich Zutritt verschafft, kehrte Françoise unseligerweise mit einem Lächeln zurück, das einzig darauf abzweckte, sich in die Freude einzustimmen, die ihre Worte, wie sie nicht bezweifelte, meiner Tante bereiten würden, wobei sie jede Silbe einzeln artikulierte, um deutlich zu machen, dass sie, unbesehen der indirekten Rede, als treffliche Domestike ebenjene Worte überbrachte, derer sich der Besucher zu bedienen beliebte:

– Der Herr Pfarrer wäre entzückt, bezaubert gar, falls Madame Octave statt zu ruhen ihn zu empfangen geruhte. Der Herr Pfarrer möchte nicht stören. Der Herr Pfarrer ist unten, ich habe ihn in die Halle gelassen.

In Tat und Wahrheit bereiteten die Besuche des Pfarrers meiner Tante gar nicht ein so großes Vergnügen, wie Françoise vermutete, und das jubilierende Strahlen, das sie jedes Mal über ihr Gesicht zu gießen pflegte, wenn sie ihn ankündigen durfte, entsprach nicht ganz dem Gefühl der Kranken, denn da es der Pfarrer gewohnt war, wichtigen Besuchern Auskünfte über seine Kirche zu geben, und sich doch mit der Absicht trug, selbst eine Geschichte des Kirchsprengels vorzubereiten zu verfassen, ermüdete er sie mit seinen endlosen und erst noch immergleichen Ausführungen.

PLACARD 16
VOM 14. APRIL 1913

Doch wenn er mit demjenigen von Eulalie zusammenfiel, wurde meiner Tante der Besuch des Pfarrers, offen gestanden, lästig. Lieber hätte sie von Eulalie gut profitiert und nicht alle auf einen Schlag bei sich gehabt. Doch sie wagte es nicht, den

zu denen er bei den belanglosesten Dingen ansetzte. Doch wenn er mit demjenigen von Eulalie zusammenfiel, wurde ihr der Besuch des Pfarrers, offen gestanden, lästig. Lieber hätte sie von Eulalie „gut profitiert" und nicht „alle auf einen Schlag" bei sich gehabt. Doch meine Tante wagte es

Pfarrer abzuweisen, und begnügte sich, Eulalie mit einem Wink zu bedeuten, sie solle ja nicht zur gleichen Zeit aufbrechen, wollte sie sie doch eine Weile allein für sich behalten, sobald er fort wäre.

– Herr Pfarrer, was war es schon wieder, was man mir gesagt hat, in Ihrer Kirche sei ein Künstler, der seine Staffelei aufgestellt hat, um ~~die Glasmalerei~~ eine Glasmalerei zu kopieren ~~und~~? Das in einer Kirche! Ich muss schon sagen, ich habe noch nie dergleichen gehört, und das in meinem hohen Alter! was hat die Welt von heute nur in ihrem Kopf![89] Und wo es doch nichts Hässlicheres in dieser Kirche gibt.

– Ich würde zwar nicht so weit gehen, vom Hässlichsten zu reden, gewiss, so wie es in Saint-Hilaire Ecken gibt, die einen Besuch lohnen, so gibt es viele, die verfallen sind, und zwar in meiner armen Basilika, die einzige in der ganzen Diözese, die noch nicht restauriert wurde! Mein Gott, das Portal ist schmutzig und antik, aber immerhin von majestätischem Gepräge; die Wandteppiche von Esther, für die ich persönlich zwar keine zwei Sous geben würde, aber Kenner reihen sie gleich hinter die von Sens. Ich räume freilich ein, dass sie nebst etwelchen wenig realistischen Einzelheiten durchaus auch solche aufweisen, die von einer wahren Beobachtungsgabe zeugen. Aber man komme mir nicht mit den Glasmalereien. Gibt es einen vernünftigen Grund, Glasmalereien zu belassen, die kaum Tageslicht hereinlassen, ja die Sicht mit dem Widerschein einer undefinierbaren Farbe täuschen, und das in einer Kirche, in der keine zwei Steinplatten auf dem gleichen Niveau liegen, wobei man sie nur unter dem Vorwand nicht auswechselt, dass es sich um die Gräber der Äbte von Combray und der Herren von Guermantes handelt, der vormaligen Comtes de Brabant. Nehmen Sie Méséglise, heute nur noch eine Pfarrei von Bauern, wiewohl diese Ortschaft in alten Zeiten einen großen Anteil am Handel mit Filzhüten und Wanduhren hatte. Tja! die Kirche verfügt über herrliche Glasfenster, fast schon modern, darunter

nicht, den Pfarrer abzuweisen, und begnügte sich, Eulalie mit einem Wink zu bedeuten, sie solle ja nicht zur gleichen Zeit aufbrechen, wollte sie sie doch eine Weile allein für sich behalten, sobald er fort wäre.

– Herr Pfarrer, was war es schon wieder, was man mir gesagt hat, in Ihrer Kirche sei ein Mann, der Malereien anfertigt? Das in einer Kirche! Ich muss schon sagen, ich habe noch nie dergleichen gehört, und das in meinem hohen Alter!

– Und allem Anschein nach dauert das noch bis zum Johannistag, Madame Octave, erwiderte der Pfarrer, es stand mir nicht frei, dies auszuschlagen. Er verfügt über ein Schreiben von der Hand des Bischofs und des Architekten der Diözese.

– Aber, seufzte meine Tante, was hat die Welt von heute nur in ihrem Kopf!

– Und welchen Teil von Saint-Hilaire will der Künstler, ihrer Ansicht nach, auf seinem Gemälde abbilden? Etwa die große Glasmalerei von Guibert dem Schlechten, der für dieses falsche Tageslicht hinter meinem Altar verantwortlich ist?

– Das ist ja das Hässlichste in der ganzen Kirche!

– Mein Gott, ich würde zwar nicht so weit gehen, vom Hässlichsten zu reden, gewiss, so wie es in Saint-Hilaire Ecken gibt, die einen Besuch lohnen, so gibt es viele, die verfallen sind, und zwar in meiner armen Basilika, die einzige in der ganzen Diözese, die noch nicht restauriert wurde! Meinetwegen das Portal, das schmutzig und antik ist, aber von majestätischem Gepräge: meinetwegen die Wandteppiche von Esther, für die ich zwar keine zwei Sous geben würde, aber Kenner reihen sie gleich hinter die von Sens. Ich räume freilich ein, dass sie nebst etwelchen wenig realistischen Einzelheiten durchaus auch solche aufweisen, die von einer wahren Beobachtungsgabe zeugen. Aber man komme mir nicht mit den Glasmalereien. Gibt es einen vernünftigen Grund, Glasmalereien zu belas-

der überwältigende *Einzug von Louis-Philippe in Combray*, der besser nach Combray passen würde und es, wie man sagt, mit den berühmtesten Glasmalereien von Chartres aufnehmen kann. Erst gestern traf ich den Bruder von Dr. Percepied, der in diesen Fragen bewandert ist und sie für noch schöner ausgeführt erachtet. Ach! was für ein Unterschied zur Glasmalerei von Gilbert dem Schlechten! Doch als ich das jenem Künstler sagte, der im Übrigen sehr höflich wirkt und allem Anschein nach ein wahrer Virtuose mit dem Pinsel ist, was finden Sie denn an dieser Glasmalerei so außerordentlich, zumal sie noch düsterer ist als die anderen?

– Ich bin sicher, wenn Sie den Bischof bitten, sagte meine Tante träg, die langsam merkte, dass sie müde wurde, er wird Ihnen wohl kaum ein neues Glasfenster verweigern.

– Darauf können Sie zählen, erwiderte der Pfarrer. Aber just der nämliche Bischof hat die Glocke unter dieser unseligen Glasmalerei angebracht, und zwar mit dem nachdrücklichen Hinweis, dass sie Gilbert den Schlechten darstellt, Hochwürden de Guermantes, den direkten Nachfahren von Geneviève de Brabant, die eine Demoiselle de Guermantes war, und zwar just in dem Moment, wo er vom heiligen Hilarius die Absolution erhält.

– „Ich weiß gar nicht, wo man den Heiligen Hilarius sieht?"

– Aber doch, in der Ecke der Glasmalerei ~~jene große Figur in gelber Robe~~, haben Sie denn nie ein damenhaftes Wesen in gelbem Rock bemerkt? Nun denn, das ist der Heilige Hilarius. Der Bruder von Karl dem Stammler, ein frommer Fürst, der aber schon früh seinen Vater verlor, er übte die Macht über Leben und Tod mit der Anmaßlichkeit der Jugend aus, der es an jeglicher Disziplin gebrach, und sobald ihm in irgendeiner Stadt das Gesicht eines Mannes nicht behagte, massakrierte er all ihre Einwohner bis auf den letzten Mann. Fulbert wollte sich an Karl rächen und brannte die Kirche von Combray nieder, das heißt die ursprüngliche Kirche von damals; beim Auszug

sen, die kaum Tageslicht hereinlassen, ja die Sicht mit dem Widerschein einer undefinierbaren Farbe täuschen, und das in einer Kirche, in der keine zwei Steinplatten auf dem gleichen Niveau liegen, wobei man sie nur unter dem Vorwand nicht auswechselt, dass es sich um die Gräber der Äbte von Combray und der Grafen von Brabant handelt. (Wissen Sie eigentlich, dass die Herren Guermantes von den vormaligen Comtes de Brabant abstammen und die berühmte Geneviève de Brabant eine Demoiselle de Guermantes war, weshalb noch heute die älteste Tochter des Hauses Geneviève getauft wird?) Nehmen Sie Méséglise, heute nur noch eine Pfarrei von Bauern, wiewohl diese Ortschaft in alten Zeiten einen großen Anteil am Handel mit Filzhüten und Wanduhren hatte. Tja! die Kirche verfügt über herrliche Glasfenster, fast schon modern, darunter der überwältigende *Einzug von Louis-Philippe in Combray*, der besser nach Combray passen würde und es, wie man sagt, mit den berühmtesten Glasmalereien von Chartres aufnehmen kann. Manch einer gibt ihr den Vorrang und hält sie für noch schöner ausgeführt. Doch als ich das jenem Künstler sagte, der im Übrigen sehr höflich wirkt und allem Anschein nach ein wahrer Virtuose mit dem Pinsel ist, was finden Sie denn an dieser Glasmalerei so außerordentlich, zumal sie noch düsterer ist als die anderen? – Ich bin sicher, wenn Sie den Bischof bitten, sagte meine Tante, die langsam müde wurde, er wird Ihnen wohl kaum ein neues Glasfenster verweigern.

– Darauf können Sie zählen, erwiderte der Pfarrer. Aber just der nämliche Bischof hat die Glocke unter dieser unseligen Glasmalerei angebracht, und zwar mit dem nachdrücklichen Hinweis, dass sie Gilbert den Schlechten darstellt, Hochwürden de Guermantes. Sein Bruder war Karl der Stammler, ein frommer Fürst, der aber schon früh seinen Vater verlor, er übte die Macht über Leben und Tod mit der Anmaßlichkeit der Jugend aus, der es an jeglicher Disziplin gebricht, und sobald ihm in irgendeiner Stadt

mit seinem Hofstaat vom Landsitz, den er ganz in der Nähe von hier, in Troussinville, besaß, um in den Kampf gegen die Burgunder zu ziehen, gelobte Theodebert, sie über dem Grab des heiligen Hilarius zu errichten, falls ihm der Selige den Sieg schenken sollte. Davon zeugt nur noch die Krypta, in die Sie Théodore sicher schon geführt hat, denn Fulbert hat den Rest abgefackelt. Alsdann schlug er den glücklosen Karl mit Hilfe von Wilhelm dem Eroberer (der Pfarrer sprach ihn Wiehlhelm aus), weshalb sie von vielen Engländern besucht wird. Freilich scheint er nicht gerade die Sympathie der Bewohner von Combray erobert zu haben, denn sie fielen über ihn her und trennten ihm den Kopf ab. Nun, Théodore leiht gern ein kleines Buch aus, das mit allen Erläuterungen aufwartet.

Die größte Sehenswürdigkeit unserer Kirche ist aber unstreitig die Aussicht, die man vom Glockenturm genießt und die einfach grandios ist. Ihnen freilich, die Sie nicht wirklich bei Kräften sind, würde ich nicht anraten, die siebenundneunzig Stufen hochzusteigen, just die Hälfte des hochberühmten Mailänder Doms. Jedenfalls genug, um eine rüstige Person zu ermüden, zumal man halb gebückt hochsteigen muss, wenn man sich den Kopf nicht anschlagen will, und mit seinen Sachen und Sächelchen sammelt man sämtliche Spinnennetze auf der Treppe ein. Sie sollten sich auf jeden Fall gut einpacken, erwähnte er noch, ohne zu bemerken, welche Entrüstung bei meiner Tante die ~~Unterstellung~~ die Vorstellung auslöste, sie wäre in der Lage, auf den Glockenturm zu steigen, schließlich geht dort oben, wenn man erst einmal angekommen ist, ein heftiger Luftzug! Es gibt Leute, die versichern, sie hätten dort den kalten Hauch des Todes gespürt. Sei's drum, am Sonntag gibt es immer ganze Gruppen, die sogar von weit her kommen, um die Pracht des Panoramas zu bewundern, und ganz entzückt von dannen gehen. Ja genau, nächsten Sonntag werden Sie, wenn das Wetter so bleibt, gewiss viele Leute antreffen, schließlich ist Bitttag, und man kann gewiss nicht in Abrede stellen, dass man

312

das Gesicht eines Mannes nicht behagte, massakrierte er all ihre Einwohner bis auf den letzten Mann. Fulbert wollte sich an Karl rächen und brannte die Kirche von Combray nieder, das heißt die ursprüngliche Kirche von damals; beim Auszug mit seinem Hofstaat vom Landsitz, den er ganz in der Nähe von hier, in Pinsonville, besaß, um in den Kampf gegen die Burgunder zu ziehen, gelobte Theodebert, sie über dem Grab des heiligen Hilarius zu errichten, falls ihm der Selige den Sieg schenken sollte. Davon zeugt nur noch die Krypta, in die Sie Théodore sicher schon geführt hat, denn Fulbert hat den Rest abgefackelt. Alsdann schlug er den glücklosen Karl mit Hilfe von Wilhelm dem Eroberer (der Pfarrer sprach ihn Wiehlhelm aus), weshalb sie von vielen Engländern besucht wird. Freilich scheint er nicht gerade die Sympathie der Bewohner von Combray erobert zu haben, denn sie fielen über ihn her und trennten ihm den Kopf ab. Nun, Théodore leiht gern ein kleines Buch aus, das mit allen Erläuterungen aufwartet.

Die größte Sehenswürdigkeit unserer Kirche ist aber unstreitig die Aussicht, die man vom Glockenturm genießt und die einfach grandios ist. Ihnen freilich, die Sie nicht wirklich bei Kräften sind, würde ich nicht anraten, die siebenundneunzig Stufen hochzusteigen, just die Hälfte des hochberühmten Mailänder Doms. Jedenfalls genug, um eine rüstige Person zu ermüden, zumal man halb gebückt hochsteigen muss, wenn man sich den Kopf nicht anschlagen will, und mit seinen Sachen und Sächelchen sammelt man sämtliche Spinnennetze auf der Treppe ein. Sie sollten sich auf jeden Fall gut einpacken, erwähnte er noch, ohne die Empörung zu bemerken, die er bei meiner Tante auslöste, weil er sich den Anschein gab, als traue er ihr zu, auf den Glockenturm zu steigen, schließlich geht dort oben, wenn man erst einmal angekommen ist, ein heftiger Luftzug! Es gibt Leute, die versichern, sie hätten dort den kalten Hauch des Todes gespürt. Sei's drum, am Sonntag gibt es immer ganze Gruppen, die sogar von weit her kommen,

da oben einen feenhaften Blick genießt, der dank der einen oder anderen Sehflucht über die Ebene seinen ganz eigenen Reiz hat. Wenn die Luft klar ist, sieht man bis nach Verneuil. Und dazu kann man erst noch, auf einen Blick, Sachen sehen, die man sonst nur einzeln wahrnehmen kann, so etwa den Lauf der Vivonne und die Stadtgräben von Saint-Assise-la-Combray, dazwischen ein trennender Vorhang von sechs Bäumen, oder auch die verschiedenen Kanäle von Pont-le-Vidame. Jedes Mal, wenn ich nach Pont-le-Vidame ging, erblickte ich einen Zipfel des Kanals, und dann, wenn ich um eine Straßenecke bog, einen anderen, aber dann sah ich wiederum den vorhergehenden nicht mehr. Ich konnte mich noch so mühen, sie im Geist zusammenzufügen, es hat mich nicht groß beeindruckt. Vom Glockenturm Saint-Hilaire aber, das ist etwas ganz anderes, ein weites Netz, in das die Ortschaft eingespannt ist. Das Wasser selbst nimmt man freilich nicht wahr, man würde eher sagen, sie werde durch große Spalten in Quartiere zerteilt, wie eine Brioche, deren Stücke zusammengehören, wiewohl sie bereits angeschnitten ist. Um alles richtig zu machen, müsste man zur gleichen Zeit auf dem Glockenturm von Saint-Hilaire und in Pont-le-Vidame weilen.

Recht oft, wenn ich nach Beendigung meiner Lektüre zu meiner Tante ging, hörte ich den Pfarrer dieserweise über seine Kirche klagen, doch ich war ihr gegenüber weit weniger gestreng als er, und was er am stärksten kritisierte, war mir womöglich das Liebste. Während wir dieserweise mit Françoise plauderten, begleitete ich meine Eltern in die Messe, die ich liebte.[90]

um die Pracht des Panoramas zu bewundern, und ganz entzückt von dannen gehen. Ja genau, nächsten Sonntag werden Sie, wenn das Wetter so bleibt, gewiss viele Leute antreffen, schließlich ist Bitttag, und man kann gewiss nicht in Abrede stellen, dass man da oben einen feenhaften Blick genießt, der dank der einen oder anderen Sehflucht über die Ebene seinen ganz eigenen Reiz hat. Wenn die Luft klar ist, sieht man bis nach Verneuil. Und dazu kann man erst noch, auf einen Blick, Sachen sehen, die man sonst nur einzeln wahrnehmen kann, so etwa den Lauf der Vivonne und die Stadtgräben von Saint-Alise, dazwischen ein trennender Vorhang von sechs Bäumen, oder auch die verschiedenen Kanäle von Pont-le-Vidame. Jedes Mal, wenn ich nach Pont-le-Vidame ging, erblickte ich einen Zipfel des Kanals, und dann wenn ich um eine Straßenecke bog, einen anderen, aber dann sah ich wiederum den vorhergehenden nicht mehr. Ich konnte mich noch so mühen, sie im Geist zusammenzufügen, es hat mich nicht groß beeindruckt. Vom Glockenturm Saint-Hilaire aber, das ist etwas ganz anderes, ein weites Netz, in das die Ortschaft eingespannt ist. Das Wasser selbst nimmt man freilich nicht wahr, man würde eher sagen, sie werde durch große Spalten in Quartiere zerteilt, wie eine Brioche, deren Stücke zusammengehören, wiewohl sie bereits angeschnitten ist. Um das Wasser selbst zu sehen, um seinen Anblick zu genießen, muss man nach Pont-le-Vidame selbst gehen, das Kanalufer entlangflanieren, aber das hilft wenig. Um alles richtig zu machen, müsste man zur gleichen Zeit auf dem Glockenturm von Saint-Hilaire und in Pont-le-Vidame weilen.

Haben Sie schon bemerkt, Madame Octave, dass es sich mit vielen Dingen so verhält? So denke ich etwa jedes Mal, wenn ich ins Bistum gehe, um den Bischof zu sehen, vor dem Aufbruch an all das, was der Bischof verkörpert, als stünde ich noch auf dem Glockenturm, und ich sage mir: Was für ein Glück, dass du den Prälaten besuchen darfst,

316

der mit dem heiligen Vater Umgang pflegt, diesem großen Wissenden, diesem großen Heiligen! Und wenn ich beim Bischof war und in die Pfarrei zurückkomme, sage ich mir: Denk an den Mann, den du gerade gesehen hast, doch was sage ich da, er ist weit mehr als ein Mann, er ist eine richtige Persönlichkeit, er ist wirklich wer! Doch zwischen diesen beiden Momenten, also wenn ich beim Bischof selbst weile, tja!, ehrlich gesagt, es beglückt mich mehr, wenn ich ein Schwätzchen wie jetzt in Ihrem Kämmerchen abhalte, auch wenn es nichts vom Palast eines Kirchenfürsten hat, – aber was wollen Sie mehr, es tut Ihnen Genüge, alles schön bequem und sauber. Guter Gott, könnte ich das auch von meiner Kirche sagen!

Ich gestehe, dass ich in Bezug auf die Kirche von Combray nicht so gestreng urteile wie unser Pfarrer, und just das, was er kritisierte, war mir womöglich das Liebste. Der alte Portalvorbau schwarz, verhagelt wie ein Schaumlöffel, leicht geknickt und in den Winkeln tief ausgehöhlt (wie das Weihbecken, zu dem er führte), ganz so, als hätten beim Eintreten die sanft vorbeistreifenden Überwürfe unserer Bäuerinnen und ihre scheuen Finger beim Eintauchen ins geweihte Wasser, im Verlauf der Jahrhunderte wieder und wieder wiederholt, eine zerstörerische Kraft gewonnen, um den Stein zu wetzen und Spuren einzugraben, tiefer noch als jene, die die Räder der Karren in den Ecksteinen hinterlassen, gegen die sie Tag für Tag prallen: – und jene Grabsteine, unter denen der edle Staub der Äbte von Combray und Saint-Rigier eine Art spirituelles Pflaster durch den Chor zog, auch sie bildeten nicht mehr eine harte und erstarrte Materie, denn die Zeit hatte sie aufgeweicht und wie Honig über die Grenzen ihrer Einfassung fließen lassen, hier etwa rissen sie in Form einer blonden Woge die Ranken eines gotischen Großbuchstabens mit sich fort und schwemmten die weißen Marmorveilchen; und dort, weiter hinten, wurden sie aufgesaugt, stauchten

gar die Ellipsen einer lateinischen Inschrift, fügten der Anordnung dieser abgekürzten Schriftzüge einen Eigensinn hinzu, indem sie zwei Lettern eines Wortes nah und nah fügten, während alle anderen Lettern übermäßig weit auseinanderlagen: – diese Glasmalereien, die nie so hell leuchteten wie an Tagen, wo sich die Sonne nicht zeigte, und so wusste man, war es draußen grau, würde es in der Kirche schön sein; die eine wurde in ihrer ganzen Größe von einer einzigen Figur ausgefüllt, die dem König in einem Kartenspiel glich, der dort oben unter dem steingefügten Baldachin zwischen Himmel und Erde hauste; (in dem blauen, schräg einfallenden Widerschein sah man zuweilen, wenn an Wochentagen über Mittag keine Messe abgehalten wurde, – einer jener seltenen Momente, in dem die Kirche ganz luftig, warm und hell war, menschlich fast, geradezu verschwenderisch, mit der Sonne auf den prachtreichen Möbeln, dann wirkte sie beinahe schon bewohnt, wie die mit Steinskulpturen und bemaltem Glas verzierte Empfangshalle eines Hotels im mittelalterlichen Stil – da sah man Mme Sazerat fußfällig auf dem Gebetsschemel knien, neben sich ein wohlverschnürtes Pack von Petits fours, die sie gerade beim Patissier gegenüber abgeholt hatte und zum Mittagessen mitbringen würde); eine andere, auf der sich ein rosa beschneiter Berg, an dessen Fuß eine Schlacht im Gange war, wie Raureif über das Glas gelegt hatte, vom Schwulst seines Hagelschauers getrübt wie eine Scheibe, auf der Flocken zurückbleiben, Flocken freilich, die von einer Morgenröte erleuchtet werden (gewiss von der gleichen, die das Altarblatt in Farben tauchte, so frisch, als stammten sie nicht von Farben, die immerdar mit dem Stein verbunden bleiben, sondern als seien sie, für einen Moment nur, durch einen Glanz von außen hingehaucht, der kurz darauf schwinden sollte); alle so alt, dass man da und dort ihr silbernes Alter im Staub der Jahrhunderte funkeln sah, der Schussfaden ihres zarten Wandteppichs aus Glas gleißte blank abgewetzt: – Zwei Tapisserien vom

Hochwebstuhl zeigten die Krönung von Esther durch Ahasverus (wobei es die Tradition wollte, dass man Ahasverus die Züge eines Königs von Frankreich verlieh und Esther diejenigen einer adligen Dame von Guermantes, in die er verliebt war), denen die Farben beim Zerfließen noch mehr Ausdruck, Tiefe, Helle gaben: ein zartes Rosa schwebte um die Lippen von Esther, über den Rand ihrer Umrisse hinaus, und das Gelb ihrer Robe verbreitete sich so salbungsvoll, so satt, dass sie dadurch an Festigkeit gewann und sich lebhaft über den verdrängten Luftschichten bauschte; und das Grün der Bäume, das im unteren Bereich des Sichtfeldes, aus Seide und Wolle gewirkt, noch hell leuchtete, zeichnete sich, nach oben „gewandert", blass und blasser ab, die hohen Zweige über den dunklen Stämmen wechselten ins Gelbliche, golden glänzend und fast ausgelöscht im jähen und schrägen Lichteinfall einer unsichtbaren Sonne: – All dies, und mehr noch die kostbaren Gegenstände, die der Kirche von Personen vermacht worden waren, die für mich eine geradezu mythische Größe angenommen hatten (das goldene Kreuz, vom heiligen Eligius geschmiedet und von Dagobert geschenkt, die Glasmalerei des Abbé Suger, das Grab der Söhne von Karl dem Großen aus Porphyr und emailliertem Kupfer), ließen mich durch das Kirchenschiff schreiten wie durch ein von Feen bewohntes Tal, wo der Bauer voll Verwunderung in einem Fels, in einem Baum, in einem Weiher die handgreifliche Spur ihres übernatürlichen Wandelns erblickt, all dies machte für mich aus der Kirche von Combray etwas, was vom Rest der Stadt gänzlich verschieden war; ein Bauwerk, das sozusagen einen vierdimensionalen Raum einnahm – mit der *Zeit* als vierter Dimension –, das Kirchenschiff quer durch die Jahrhunderte ausspannend, Joch um Joch, Kapelle um Kapelle, sodass es nicht bloß ein paar Meter zu durchmessen und zu überwinden schien, sondern ganze aufeinanderfolgende Epochen, aus denen es siegreich hervorging; das ungeschlachte und wilde 11. Jahrhundert in seinen

dicken Mauern bergend, aus denen es mit seinen plumpen Bögen, hinter grobem Bruchstein verdeckt und versteckt, einzig im tiefen Einschnitt hervorbrach, den die Treppe des Glockenturms unter das Portal gegraben hatte, doch selbst da noch wurde es von graziösen gotischen Arkaden verborgen, die sich wie große Schwestern in kokettem Kreis vordrängten, mit einem Lächeln ihren Platz einnehmend, um ihn vor Fremden zu schützen, ihren jungen bäurischen Bruder, murrsinnig und lumpig gekleidet; dafür erhob es über dem Platz seinen Turm, der schon Ludwig den Heiligen betrachtet hatte und noch immer zu betrachten schien, himmelwärts; mit seiner Krypta aber stieß es in merowingische Nacht vor, wo wir uns unter einer finsteren und stark geäderten Decke, den ausladenden Membranen einer Fledermaus ähnlich, vortasteten, geführt von Théodore und seiner Schwester, die für uns mit einer Kerze das Grab der kleinen Tochter von Sigibert erleuchtete, in das eine tiefe Furche – wie die Spur eines Fossils – geritzt war, und zwar, so heißt es, von einer kristallenen Lampe, die sich am Abend des Mordes an der fränkischen Prinzessin ganz allein von ihren goldenen Ketten gelöst hatte, mit denen sie an der Stelle der jetzigen Apsis aufgehängt war, und sich, ohne dass der Kristall zersprungen wäre, ohne dass die Flamme erloschen wäre, in den Stein gebohrt und ihn nach und nach sanft ausgehöhlt hatte.

Die Apsis der Kirche von Combray, wie wollte ich wirklich davon sprechen? Sie wirkte neben all den ruhmreichen Apsiden, die ich mittlerweile gesehen hatte, so grobschlächtig, so arm an künstlerischer Schönheit und entbehrte jeglicher religiösen Inbrunst. An einer abschüssigen Straßenkreuzung liegend, erhob sich ihre äußere Hauptmauer über dem Fundament aus unbehauenen Bruchsteinen, übersät mit Kieseln, und so verstrahlte sie keinerlei Anflug kirchlicher Weihe, die Glasfenster wirkten viel zu hoch angebracht, und das Ganze machte eher den Anschein einer Kerkermauer als einer Kirche. Und

fürwahr, wenn ich mir späterhin, all die glorreichen Apsiden in Erinnerung rief, die ich besucht hatte, und mich fragte, in welcher das religiöse Gefühl besonders machtvoll zum Ausdruck kam, es wäre mir nie in den Sinn gekommen, sie in eine Reihe mit der Apsis von Combray zu stellen. Einmal aber, da erblickte ich eines Tages an der Biegung einer kleinen Straße in der Provinz, vor der Kreuzung von drei Gassen, eine kahle, hochragende Mauer mit weit oben eingelassenen Glasfenstern, den nämlichen asymmetrischen Anblick bietend wie die Apsis von Combray. Da fragte ich mich nicht wie in Chartres oder in Reims, mit welcher Macht das religiöse Gefühl zum Ausdruck gebracht wurde, sondern rief unwillkürlich: „Die Kirche!"

PLACARD 17
VOM 16. APRIL 1913

{Die Kirche! familiär, lag sie doch an der Rue Saint-Hilaire, wo sich ihre nördliche Pforte befand, zwischen ihren beiden Nachbarn eingepfercht, der Apotheke von M. Rapin und dem Haus von Mme Loiseau, an das sie ohne Trennraum anstieß; eine schlichte Citoyenne von Combray, die in der Straße eine Nummer hätte tragen können, wenn denn die Straßen von Combray Nummern gehabt hätten, jedenfalls hätte der Briefträger, so schien es, beim Verteilen der Post auch bei ihr einen Halt einlegen können, ehe er bei Mme Loiseau eintrat und bei M. Rapin herauskam, und doch gab es zwischen ihr und allem, was nicht sie war, eine ~~jener~~ scheidenden ~~Klüfte~~, die mein Geist nie zu überbrücken vermochte. Mme Loiseau mochte vor ihrem Fenster zwar Fuchsien haben, welche die schlechte Angewohnheit besaßen, ihre Zweige mit hängenden Köpfen stets dahin und dorthin wandern zu lassen, wobei ihre Blüten, sobald sie groß genug waren, nichts Dringlicheres kannten, als ihre violenblauen Wangen an der finsteren Fassade der Kirche zu kühlen, doch wirkten die Fuchsien diesethalben nicht etwa sakraler als mein Großonkel, wenn er unter der Glasmalerei von Karl dem Bösen kniefällig

wurde; zwischen den Blumen von Mme Loiseau und dem rußschwarzen Stein, an den sie sich schmiegten, öffnete sich, unmerklich für die Augen, vor dem Geist ein Abgrund.

Entdeckte man, an der Rue de l'Oiseau, ihre Pforte, beschmutzt von rußigem Schwarz, das nicht von einer Feuersbrunst stammte, und, in Griffweite, auf der Rückseite des Kirchenfensters von Karl dem Bösen mit seiner vertrauten Unheimlichkeit, etwelche verwischte Farbspuren, wie auf den antiken und plumpen Werken, die eine barbarische Vorliebe mit Edelsteinen überladen hatte und wo man in den Furchen des Steins auf den Schmelzfluss von grünem Email, einen barocken Rubin oder mugeligen Saphir stieß, so schien die Kirche im Herzen von Combray wie dessen Vergangenheit zu ruhen, wie das Nachleben der Tage von Saint-Hilaire.

Man erkannte den Glockenturm von Saint-Hilaire schon von weitem, er schrieb seine unvergessliche Gestalt mitten in den Horizont, noch bevor Combray auftauchte; so etwa aus dem Zug, der uns von Paris hierherbrachte, wenn mein Vater bemerkte, wie er wechselweise über alle Furchen des Himmels floh und seinen kleinen eisernen Wetterhahn in alle Richtungen eilen ließ, und sagte: „Packt eure Decken ein, wir sind da", oder auch auf einem der längsten Spaziergänge, die wir in Combray unternahmen, wo die Straße, eng und enger, unversehens in eine gewaltige Ebene mündete, in der Ferne von Tälern gesprenkelt, voll von kleinen Hügeln und am Horizont von gezackten Wäldern begrenzt, einzig überragt von der zarten Spitze des Glockenturms von Saint-Hilaire, so schmal zwar, so rosa, dass er von einem Fingernagel in den Himmel geritzt schien, der dieser Landschaft, diesem Gemälde reiner Natur, ebendiesen Anflug von Kunst verleihen wollte, diesen einzigen menschlichen Wink.

Kam man näher, konnte man den Rest des quadratischen und halb zerstörten Turms sehen, der, etwas weniger hoch, an seiner Seite ragte, wobei einem zunächst der rötliche

und finstere Farbton seiner Steine auffiel; und man hätte, an einem nebligen Herbstmorgen, gesagt, es rage über dem stürmischen Violett der Reben eine Ruine aus Purpur, von der Farbe fast wie Wilder Wein.

Auf dem Hauptplatz ließ mich meine Großmutter, wenn wir heimkehrten, oft Halt machen, um ihn anzuschauen. Von seinen Turmfenstern, paarweise übereinander eingelassen, mit jener Passgenauigkeit und Originalität der Proportionen, die nicht nur menschlichen Gesichtern ihre hohe Schönheit verleihen, ließ er in regelmäßigen Abständen einen Schwarm Raben fallen, die, für einen Augenblick, krächzend kreisten, als ob das alte Gemäuer, das sie flattern ließ, ohne etwas davon zu bemerken, auf einen Schlag unbewohnbar geworden wäre und das Principium unablässigen Aufruhrs ausströmte, um sie nun von sich zu stoßen und zu verjagen. Dann, nachdem sie den violetten Samt der Abendluft ringsherum gestrichelt hatten, kamen sie, jäh beruhigt, zurück und ließen sich vom Turm schlucken, der zunächst unheilvoll, jetzt aber einladend wirkte, vereinzelt saßen sie da und dort, scheinbar unbewegt, aber nach etwelchen Insekten schnappend, oben auf der Spitze eines Glockenturms, wie eine Möwe, die mit der Reglosigkeit eines Fischers auf dem Kamm einer Welle sitzt. Ohne recht zu wissen, warum, schien meiner Großmutter der Glockenturm von Saint-Hilaire von aller Vulgarität, Anmaßlichkeit, Scheelsucht verschont, und so liebte sie ihn genauso wie die Natur, solange sie nicht von menschlicher Hand zurechtgestutzt war, wie es der Gärtner meiner Großtante tat, oder auch die genialen Meisterwerke, und schrieb ihm eine Fülle von wohltuenden Einflüssen zu. Und tatsächlich, der gesamte Abschnitt der Kirche, der sichtbar war, hob sich von jedem anderen Gebäude durch eine Art Gedankenfülle ab, die ihm eingehaucht war, doch es war ihr Glockenturm, in dem sie zum Bewusstsein ihrer selbst zu gelangen schien, eine individuelle und verantwortungsvolle Existenz behauptend. Er war es, der für sie sprach.

Ich denke auch, dass meine Großmutter, wirr zwar, gerade im Glockenturm von Combray all das sah, was für sie den höchsten Wert auf Erden verkörperte, den Anschein eines ungekünstelten Wesens, eines edlen Wesens. In Sachen Architektur unkundig, meinte sie: „Meine Kinder, macht euch ruhig lustig über mich, wenn ihr wollt, er mag ja nach den Regeln der Kunst nicht sonderlich schön sein, aber sein altes und bizarres Antlitz hat es mir angetan. Und ich bin sicher, würde er Klavier spielen, sein Anschlag wäre auf keinen Fall *trocken*." Und wenn sie ihn so anschaute, die sanfte Spannung anschaute, die andächtige Neigung seiner steinernen Schrägen, die sich, hoch und höher steigend, Händen gleich, zum Gebet verschränkten, dann verschmolz sie so innig mit diesem hochschnellenden Pfeil, dass ihr Blick mit ihm zu entschwinden schien; und dabei lächelte sie den alten abgenutzten Steinen zu, in aller Freundschaft, während die untergehende Sonne nur noch den Giebel besonnte, und sowie sie in diese hell schimmernde Zone eintauchten, vom Licht weich gemacht, schienen sie unvermittelt noch höher zu steigen, ins Ferne, wie ein Gesang, der von einer „Kopfstimme" eine Oktave höher aufgenommen wird. Meine Großmutter stellte sich gar nicht erst die Frage, ob dieser Eindruck *künstlicher* Schönheit (Religion spielte nicht hinein, da meine Großmutter eine Freidenkerin war), den ihr der Glockenturm von Saint-Hilaire vermittelte, wirklicher als das Leben war und auch außerhalb von ihm Bestand haben mochte; aber ich weiß genau, dass sie, wenn auch unbewusst, genau dies glaubte, und zwar mit einem Glauben, der zu den einzigen wirklich tiefen Überzeugungen gehörte, zu jenen, denen gewisse Taten folgen. Denn wenn eine ihrer Nichten, die sie sehr liebte und die ihr glichen, schwerkrank darniederlag, wünschte meine Großmutter, dass man sie, wenn man ihr eine Reise erlaubte, den Glockenturm von Combray besichtigen ließ, den sie noch nicht kannte. Und wenn diese junge Frau tot war, sagte meine Großmutter so

manches Mal: „Ich bedaure, dass sie den Glockenturm nie sah, er hätte ihr gefallen." Gewiss steht der Glauben, auf den solche Reue baut, im Widerspruch zur wissenschaftlichen Auffassung eines vollständigen Todes, aber dieser Widerspruch spricht nicht weniger stark gegen die wissenschaftliche Auffassung als gegen den Glauben. Wer weiß, vielleicht verfehlen der Materialismus und die Doktrin der Unsterblichkeit der Seele in gleicher Weise die Wirklichkeit, gerade so wie beim Telephon die Ansichten von zwei Personen eines Landes, in dem man nicht weiß, was Elektrizität ist, wobei die eine glaubt, es handle sich um einen reinen Trug, die andere aber, um die unverfälschte Stimme, die Hunderte von Meilen transportiert wird, und zwar durch eine Intensivierung ihrer akustischen Strahlkraft.

Es war der Glockenturm von Saint-Hilaire, der allen Tätigkeiten, allen Stunden, allen Ansichten der Stadt ihre jeweiligen Züge verlieh und ihnen zur Krönung gereichte, zur Weihe. Von meiner Kammer aus konnte ich lediglich seinen Rumpf sehen, mit Schiefertafeln bedeckt; und doch, wenn ich sie am Sonntag sah, im Bett noch, sah, wie sie an einem warmen Sommertag gleißten wie eine schwarze Sonne, sagte ich mir: „Gott! schon neun Uhr! ich muss rasch aufstehen, um zum Hochamt zu gehen", und ich wusste auch schon genau, welche Farbe die Sonne auf dem Platz hatte, kannte die Hitze und den Staub des Marktes, den Schatten, den die Markise jenes Ladens warf, in den Maman womöglich noch vor der Messe eintrat, mitten hinein in den Geruch von ungebleichtem Tuch, um den Kauf eines Schnupftuchs zu tätigen, das ihr der Krämer, die Hüfte beugend, hervorholte, ehe er, alles zum Schließen vorbereitend, hinten im Geschäft verschwand, um sein Sonntagswams überzustreifen und sich die Hände einzuseifen, die er, aus Gewohnheit, alle fünf Minuten, selbst unter melancholischen Umständen, aneinander rieb, mit dem Ausdruck der Geschäftigkeit, eines erfolgreichen Handelsabschlusses.

Trat man nach der Messe bei Théodore ein, um ihm zu sagen, er solle eine dickere Brioche als gewöhnlich bringen, da unsere Cousins aus Evreux vom schönen Wetter profitierten, um zum Essen zu kommen, so lag er da, vor uns, der Glockenturm, golden und seines Orts gebacken wie eine gewaltige, gesegnete Brioche, mit dicht geschichteter Rinde und dem zähflüssigen Schmelz des Sommers, seine scharfe Spitze ins Blau des Himmels ritzend. Am Abend aber, wenn ich vom Spaziergang zurückkam und an den Augenblick dachte, in dem ich meiner Mutter Gutnacht sagen und sie nicht mehr sehen sollte, da wirkte er, mit dem ausklingenden Tag, ganz mild, er lag da, hingebettet und flachgestrichen wie ein Kissen aus braunem Samt auf dem fahlen Himmel, der seinem Druck nachgab, sich leicht gehöhlt hatte, um ihm eine Mulde zu bieten und an seinen Rändern wieder hervorzuquellen, und es schien, als würden die Schreie der Vögel, die um ihn kreisten, sein Schweigen noch verdichten und seine Turmspitze höher schnellen lassen, und das verlieh ihm etwas Unaussprechliches.

Selbst bei unseren Besorgungen, die hinter der Kirche zu tätigen waren, da, wo man sie gar nicht sah, schien alles nach Maßgabe des Glockenturms geordnet, der da und dort zwischen den Häusern hervorlugte, ergreifender noch, so möglich, wenn er dieserweise ohne die Kirche auftauchte. Gewiss, es gibt unzählige, die aus solchem Blickwinkel schöner sind, und ich trage in meiner Erinnerung manche Vignetten von Glockentürmen, die über Dächer ragen und weit mehr das Gepräge von Kunst tragen als jene, die die tristen Straßen von Combray bildeten. Unvergesslich bleiben mir, in einer wunderlichen Stadt der Normandie, zwei reizende Stadtpalais aus dem 18. Jahrhundert, die mir in mancher Hinsicht lieb und anbetungswürdig vorkamen und zwischen denen man, wenn man vom prächtigen Garten aus schaute, der von den Gleisen an den Fluss hinunterführte, den gotischen Turmspitz einer hinter ihnen

verborgenen Kirche erblickte, der sich hoch aufschwang, als würde er alles überragen, und so den Abschluss ihrer Fassaden bildete, dies aber mit einer so anders gearteten Materie, unendlich kostbar, schön gefurcht, rosa und glatt-poliert, dass man leicht merkte, dass er mit ihnen so wenig zusammenhing wie die purpurne und vielgewundene Spitze einer turmartig gewundenen und mit Email überzo-genen Muschel mit den zwei Kieselsteinen, die am Strand aneinanderliegen und sie einfassen. Selbst in Paris kenne ich, in einem der hässlichsten Quartiere der Stadt, ein Fenster, wo man hinter einer ersten, zweiten und dritten Flucht von zusammengewürfelten Dächern einen violetten Glockenturm erblickt, rötlich bisweilen, manchmal sogar, in den edelsten „Abzügen", die die Atmosphäre von ihm macht, mit dem Schwarz abgelagerter Asche, und doch ist es nichts weiter als der Dom Saint-Augustin, der diesem Anblick von Paris den Anstrich gewisser Veduten von Rom bei Piranesi verleiht. Doch von diesen Stichen – und ich besitze davon so manche –, die mein Gedächtnis noch so stilsicher ausführte, es konnte ihnen keiner all das verlei-hen, was für mich seit langem verloren war, jenes Gefühl, das uns einen Gegenstand nicht als Schaustück betrach-ten, sondern an ihn glauben lässt wie an ein Wesen ohne seinesgleichen, keiner von ihnen, er mochte von meinem Gedächtnis noch so stilsicher ausgeführt sein, barg in sei-nem Wirkkreis einen so tiefen Teil meines Lebens wie die Erinnerung an all diese Ansichten des Glockenturms von Saint-Hilaire in den Straßen, die hinter der Kirche lagen. Man erblickte ihn um fünf Uhr, wenn man in der Post Briefe holte, links von uns um die Ecke, nur ein paar Häu-ser weiter, wie er die Linie der Dachgiebel jäh überragte, als abgesonderter Gipfel; wollte man hingegen eintreten, um Neuigkeiten von Mme Sazerat zu erfragen, folgte man mit den Augen der Linie, die nach dem Abfallen seiner anderen Flanke tief verlief, und wusste, dass man bei der zweiten Straße nach dem Glockenturm abbiegen musste;

338

und dann, wenn man noch weiter vorstieß, wenn man zur Bahn ging, sah man ihn schräg, wie er das Profil seiner Sparren sowie unbekannte Flächen darbot wie eine nachhaltige Überraschung im Verlauf der ungeahnten Momente seines Umschwungs; oder auch, von den Ufern der Vivonne aus, die aufgrund der Perspektive muskulös verdichtete und neu getürmte Apsis, sie schien ganz angespannt im Kraftakt, den sie unternahm, um ihre Turmspitze ins Herz des Himmels zu schleudern: man kam stets auf ihn zurück, stets war er es, der alles überherrschte, die Häuser mit einer unerwarteten Zinne zierte, vor mir aufragend wie der Finger Gottes, dessen Leib in der Menge der Menschen verborgen blieb, ohne dass ich ihn diesethalben mit ihr verwechselt hätte. Und so geschieht es mir noch heute, wenn ich in eine Provinzstadt oder in ein Quartier von Paris komme, das ich nicht gut kenne, und mir ein Passant, der mich „auf den Weg bringt", weit weg als Anhaltspunkt die Sturmglocke eines Spitals, den Glockenturm eines Klosters zeigt, der die Spitze seiner mönchischen Mütze im Winkel der Straße erhebt, die ich nehmen soll, falls mein Gedächtnis dunkel eine rührende Ähnlichkeit mit der geliebten und entschwundenen Gestalt entdeckt, dann erblickt mich der Passant, wenn er sich umdreht und sichergehen will, dass ich nicht in die Irre gehe, zu seinem Erstaunen starr dastehend, den unternommenen Spaziergang oder die anstehende Besorgung vergessend, vor dem Glockenturm, stundenlang, reglos, im Versuch, mich zu erinnern, während in den Tiefen meines Ichs ganze Landstriche aus dem Vergessen auftauchen, langsam trocknend und neue Gestalt annehmend; und gewiss werde ich, ängstlicher noch als zuvor, als ich ihn um Auskunft bat, abermals meinen Weg suchen, in eine Straße einbiegen: und zwar in eine, die in meinem Herzen liegt.

Der Pfarrer hatte meine Tante dermaßen ausgelaugt, dass sie sich, kaum war er fort, gezwungen sah, Eulalie zu verabschieden.

Der Pfarrer hatte meine Tante dermaßen ausgelaugt, dass sie sich, kaum war er fort, gezwungen sah, Eulalie zu verabschieden.
– Hier, meine teure Eulalie, sagte sie mit schwacher Stimme und zog eine Münze aus einem kleinen Geldbeutel, den sie stets[91] in Griffweite hatte, hier, damit Sie mich in Ihren Gebeten nicht vergessen.
– Aber! Madame Octave, ich weiß nicht, ob ich soll, Sie wissen wohl, dass ich nicht diesethalben herkomme, meinte Eulalie, jedes Mal von neuem zögernd und verlegen, als wäre es das erste Mal, und mit einem Ausdruck des Missfallens, der meine Tante mehr belustigte als störte, denn als Eulalie, eines Tages, das Geld mit einem weniger widerwilligen Ausdruck als üblich entgegennahm, meinte meine Tante:
– Ich weiß nicht, was mit Eulalie war; dabei habe ich ihr doch das Gleiche gegeben wie sonst, aber sie wirkte gar nicht zufrieden.
– Ich denke, sie hat keinen Grund zur Klage, seufzte Françoise, die dazu neigte, alles, was meine Tante ihr oder ihren Kindern gab, für Kleingeld zu erachten, die winzigen Münzen aber, die Sonntag für Sonntag in Eulalies Hand landeten, hielt sie für wahre Schätze, im Wahn verschleudert, an eine undankbare Person. Freilich geschah dies so diskret, dass es Françoise nie wirklich mitbekam. Und zwar nicht, weil Françoise das Geld, das meine Tante Eulalie gab, für sich haben wollte. Die Besitztümer meiner Tante stimmten sie froh genug, wusste sie doch darum, dass die Reichtümer der Herrin auch das Ansehen und den Glanz ihrer Dienstmagd in aller Augen hob; und dass sie, Françoise, in Combray, Pont-le-Vidame und allerlei anderen Ortschaften gerühmt und gepriesen ward ob all der zahllosen Pachthöfe meiner Tante, ob der vielfachen und ausgiebigen Besuche des Pfarrers, ob des unvergleichlichen Verbrauchs von Flaschen mit Vichy-Wasser. Geizig war sie einzig zum Wohl meiner Tante;

– Hier, meine teure Eulalie, sagte sie mit schwacher Stimme und zog eine Münze aus einem kleinen Geldbeutel, den sie}

stets in Griffweite hatte, hier, damit Sie mich in Ihren Gebeten nicht vergessen.

– Aber! Madame Octave, ich weiß nicht, ob ich soll, Sie wissen wohl, dass ich nicht diesethalben herkomme, meinte Eulalie, jedes Mal von neuem zögernd und verlegen, als wäre es das erste Mal, und mit einem Ausdruck des Missfallens, der meine Tante mehr belustigte als störte, denn als Eulalie, eines Tages, das Geld mit einem weniger widerwilligen Ausdruck als üblich entgegennahm, meinte meine Tante:

– Ich weiß nicht, was mit Eulalie war; dabei habe ich ihr doch das Gleiche gegeben wie sonst, aber sie wirkte gar nicht zufrieden.

– Ich denke, sie hat keinen Grund zur Klage, seufzte Françoise, die dazu neigte, alles, was meine Tante ihr oder ihren Kindern gab, für Kleingeld zu erachten, die winzigen Münzen aber, die Sonntag für Sonntag in Eulalies Hand landeten, hielt sie für wahre Schätze, im Wahn verschleudert, an eine undankbare Person. Freilich geschah dies so diskret, dass es Françoise nie wirklich mitbekam. Und zwar nicht, weil Françoise das Geld, das meine Tante Eulalie gab, für sich haben wollte. Die Besitztümer meiner Tante stimmten sie froh genug, wusste sie doch darum, dass die Reichtümer der Herrin auch das Ansehen und den Glanz ihrer Dienstmagd in aller Augen hob; und dass sie, Françoise, in Combray, Pont-le-Vidame und allerlei anderen Ortschaften gerühmt und gepriesen ward ob all der zahllosen Pachthöfe meiner Tante, ob der vielfachen

hätte sie deren Vermögen verwaltet – welch Traum!, sie hätte es vor dem Zugriff aller gehütet, mit mütterlichem Ingrimm. Für weniger schlimm hätte sie es freilich erachtet, wenn meine Tante, deren Großzügigkeit, wie sie wusste, unheilbar war, sich zu Schenkungen hätte hinreißen lassen, solange sie an Reiche gegangen wären. Vielleicht ging ihr Gedanke dahin, dass die solche Geschenke meiner Tante nicht wirklich nötig haben[92] und somit nicht im Verdacht stehen, sie nur diesethalben zu lieben. Als Gaben an Personen mit großem Vermögen, an Mme Sazerat, an M. Swann, an M. Legrandin, an Mme Goupil, kurzum an Personen „des gleichen Standes" wie meine Tante, und somit „wohl passend", schienen sie ihr Teil jener Gewohnheiten aus dem fremden und glänzenden Leben der reichen Leute zu sein, die auf die Jagd gehen, Bälle geben, sich Besuche abstatten, wofür sie, lächelnd, nur Bewunderung hatte. Ganz anders aber lagen die Dinge, wenn die Nutznießer der Großzügigkeit meiner Tante zu denen gehörten, die Françoise „Leute wie mich, Leute, die nichts Besseres sind als ich" nannte und die sie am tiefsten verachtete, außer sie nannten sie: „Madame Françoise" und erachteten sich für „geringer als sie". Und wenn sie merkte, dass meine Tante ihren Kopf durchsetzte und das Geld – so glaubte zumindest Françoise – für unwürdige Kreaturen hinauswarf, fand sie allmählich die Gabe recht mickrig, die ihr meine Tante machte, jedenfalls im Vergleich mit den imaginären Summen, die sie an Eulalie verschwendete. Es gab im Umkreis von Combray keinen einzigen Pachthof, und sei er noch so stattlich, den Eulalie, wie Françoise mutmaßte, mit all dem, was ihr ihre Besuche einbrachten, nicht locker hätte aufkaufen können. Fest steht freilich auch, dass Eulalie die Reichtümer ähnlich gewaltig veranschlagte, die Françoise versteckte. Kaum war Eulalie fort, so prophezeite sie für gewöhnlich ohne jedes Wohlwollen, was ihr blühte. Sie hasste sie, aber sie fürchtete sie auch und glaubte sich in ihrer Gegenwart dazu genötigt, vor ihr eine „gute Miene" zur Schau zu tragen. Nach

und ausgiebigen Besuche des Pfarrers, ob des unvergleichlichen Verbrauchs von Flaschen mit Vichy-Wasser. Geizig war sie einzig zum Wohl meiner Tante; hätte sie deren Vermögen verwaltet – welch Traum!, sie hätte es vor dem Zugriff aller gehütet, mit mütterlichem Ingrimm. Für weniger schlimm hätte sie es freilich erachtet, wenn meine Tante, deren Großzügigkeit, wie sie wusste, unheilbar war, sich zu Schenkungen hätte hinreißen lassen, solange sie an Reiche gegangen wären. Vielleicht ging ihr Gedanke dahin, dass die solche Geschenke meiner Tante nicht wirklich nötig haben und somit nicht im Verdacht stehen, sie nur diesethalben zu lieben. Als Gaben an Personen mit großem Vermögen, an Mme Sazerat, an M. Swann, an M. Legrandin, an Mme Goupil, kurzum an Personen „des gleichen Standes" wie meine Tante, und somit „wohl passend", schienen sie ihr Teil jener Gewohnheiten aus dem fremden und glänzenden Leben der reichen Leute zu sein, die auf die Jagd gehen, Bälle geben, sich Besuche abstatten, wofür sie, lächelnd, nur Bewunderung hatte. Ganz anders aber lagen die Dinge, wenn die Nutznießer der Großzügigkeit meiner Tante zu denen gehörten, die Françoise „Leute wie mich, Leute, die nichts Besseres sind als ich" nannte, und, was sie am tiefsten verachtete, falls sie sie nicht mit „Madame Françoise" ansprachen und sich nicht für „geringer als sie" erachteten. Und wenn sie merkte, dass meine Tante ihren Kopf durchsetzte und das Geld – so glaubte zumindest Françoise – für unwürdige Kreaturen hinauswarf, fand sie allmählich, dass eine gewisse Ungerechtigkeit darin bestehe, dass die Gaben nicht öfter an ihre Adresse gingen, und sie erachtete jene, die ihr meine Tante machte, jedenfalls im Vergleich mit den imaginären Summen, die sie an Eulalie verschwendete, für mickrig. Es gab im Umkreis von Combray keinen einzigen Pachthof, und sei er noch so stattlich, den Eulalie, wie Françoise mutmaßte, mit all dem, was ihr ihre Besuche einbrachten, nicht locker hätte aufkaufen können. Fest steht freilich auch, dass Eulalie die

ihrem Aufbruch gewann sie nach und nach ihre Fassung zurück und sprach, ohne sie zu nennen, ganz ungeschminkt, indem sie sybillinische Orakelsprüche oder allgemein gehaltene Sprüche im Stil Salomons von sich gab, deren Zielscheibe meiner Tante freilich nicht entgehen konnte. Nachdem sie durch den Schlitz des Vorhangs erspäht hatte, ob Eulalie die Tür schon geschlossen hatte: „Schmeichelkatzen wissen genau, wie man wohl empfangen wird und Mäuse einheimst; aber nur Geduld, der liebe Gott wird sie eines gesegneten Tages alle züchtigen", dies sagte sie mit jenem schielenden Blick und jener Anspielung von Joas, der einzig an Athalie dachte, als er sagte:

Le bonheur des méchants comme un torrent s'écoule.
Das Glück der Bösen versiegt wie ein reißender Bach.

Doch sobald auch der Pfarrer gekommen war und sein nicht enden wollender Besuch meine Tante ausgelaugt hatte, trat Françoise hinter Eulalie aus dem Zimmer und sagte:
– Madame Octave, ich lasse Sie ruhen.

Und meine Tante, abgemattet, hauchte, statt eine Antwort zu geben, einen Seufzer aus, der ihr letzter zu sein schien, die Augen geschlossen, wie tot. Doch kaum war Françoise unten, schon hallten voll Wucht vier Glockenschläge durch das Haus und meine Tante, in ihrem Bett aufgerichtet, schrie:
– Ist Eulalie schon fort? Sie werden es nicht glauben, aber jetzt habe ich tatsächlich vergessen, sie zu fragen, ob es Mme Goupil noch vor der Elevation in die Messe geschafft hat! Los, laufen Sie ihr rasch nach.

Françoise aber kehrte zurück, ohne Eulalie eingeholt zu haben.
– Wie ärgerlich, sagte meine Tante und schüttelte den Kopf. Dabei war es doch das einzig Wichtige, was ich sie fragen wollte!

So verlief das Leben meiner Tante stets in gleichläufiger Weise, in der sanften Einförmigkeit dessen, was sie mit aufgesetzter Abfälligkeit und tief empfundener Zärtlichkeit ihren

Reichtümer ähnlich gewaltig veranschlagte, die Françoise versteckte. Kaum war Eulalie fort, so prophezeite sie für gewöhnlich ohne jedes Wohlwollen, was ihr blühte. Sie hasste sie, aber sie fürchtete sie auch und glaubte sich in ihrer Gegenwart dazu genötigt, vor ihr eine „gute Miene" zur Schau zu tragen. Nach ihrem Aufbruch gewann sie nach und nach ihre Fassung zurück und verfluchte sie, ohne sie zu nennen, in sybillinischen Orakelsprüchen oder in allgemein gehaltenen Sprüche im Stil Salomons, deren Zielscheibe meiner Tante freilich nicht entgehen konnte. Nachdem sie durch den Schlitz des Vorhangs erspäht hatte, ob Eulalie die Tür schon geschlossen hatte: „Schmeichel-katzen wissen genau, wie man wohl empfangen wird und Mäuse einheimst; aber nur Geduld, der liebe Gott wird sie eines gesegneten Tages alle züchtigen", dies sagte sie mit jenem schielenden Blick und jener Anspielung von Joas, der einzig an Athalie dachte, als er sagte:

Le bonheur des méchants comme un torrent s'écoule.

Das Glück der Bösen versiegt wie ein reißender Bach.

Doch sobald auch der Pfarrer gekommen war und sein nicht enden wollender Besuch meine Tante ausgelaugt hatte, trat Françoise hinter Eulalie aus dem Zimmer und sagte:

– Madame Octave, ich lasse Sie ruhen.

Und meine Tante, abgemattet, hauchte, statt eine Ant-wort zu geben, einen Seufzer aus, der ihr letzter zu sein schien, die Augen geschlossen, wie tot. Doch kaum war Françoise unten, schon hallten voll Wucht vier Glocken-schläge durch das Haus und meine Tante, in ihrem Bett aufgerichtet, schrie:

– Ist Eulalie schon fort? Sie werden es nicht glauben, aber jetzt habe ich tatsächlich vergessen, sie zu fragen, ob es Mme Goupil noch vor der Elevation in die Messe geschafft hat! Los, laufen Sie ihr rasch nach.

Françoise aber kehrte zurück, ohne Eulalie eingeholt zu haben.

„kleinen Trott" nannte. Alle schonten sie, nicht nur zu Hause, wo jeder einsehen musste, dass es vergebliche Liebesmüh war, ihr mehr Hygiene anzuempfehlen, und sich allmählich damit abfand, sich nach ihm zu richten, sondern auch im Dorf, wo, drei Straßen weiter, der Ballenpacker, ehe er seine Kisten zunagelte, Françoise fragte, ob meine Tante nicht „ruhe", doch in diesem Jahr wurde dieser Trott einmal unterbrochen. Wie eine Frucht, die im Verborgenen zur Reife gelangte, ohne dass man sich dessen versehen hätte, und von selbst herunterfiel, kam es eines Nachts zur Entbindung der Küchenmagd. Ihre Schmerzen wurden unerträglich, und da es in Combray keine Wehmutter gab, musste Françoise noch vor Tagesanbruch los, um im Nachbardorf eine zu holen. Meine Tante fand, aufgrund der Schreie unserer Küchenmagd, keine Ruhe und vermisste Françoise, die unbesehen der kurzen Distanz erst spät am Morgen zurückkehrte, gar sehr. Und so sagte meine Mutter in der Frühe zu mir: „Geh rasch nach oben und schau, ob deiner Tante etwas fehlt." Ich trat ins vordere Zimmer und sah durch die offene Tür meine Tante, auf der Seite liegend, schlafen; ich hörte sie leicht schnarchen. Ich wollte mich behutsam davon-stehlen, doch offenbar war der Lärm, den ich machte, bis in ihren Schlaf vorgedrungen und hatte einen „Gang hinunterge-schaltet", wie man bei den Automobilen zu sagen pflegt, denn die Musik des Schnarchens setzte einen Moment aus, um eine Tonlage tiefer wieder anzuheben, dann wachte sie auf und wandte ihr Gesicht halb zur Seite, so dass ich es sehen konnte; auf ihm lag ein Anflug von Schreck; sie hatte offensichtlich einen bösen Traum gehabt; aufgrund ihrer Stellung konnte sie mich nicht sehen und ich blieb stehen, ohne zu wissen, ob ich nähertreten oder mich zurückziehen sollte; doch schon schien ihr Wirklichkeitssinn zurückzukehren, sie erkannte den Trug ihrer Visionen, die sie geschreckt hatten; ein freudiges Lächeln, fromme Dankbarkeit gegenüber Gott, der darüber wacht, dass das Leben weniger grausam ist als der Schlaf, erhellten schwach

– Wie ärgerlich, sagte meine Tante und schüttelte den Kopf. Dabei war es doch das einzig Wichtige, was ich sie fragen wollte!

So verlief das Leben meiner Tante stets in gleichläufiger Weise, in der sanften Einförmigkeit dessen, was sie mit aufgesetzter Abfälligkeit und tief empfundener Zärtlichkeit ihren „kleinen Trott" nannte. Alle schonten sie, nicht nur zu Hause, wo jeder einsehen musste, dass es vergebliche Liebesmüh war, ihr mehr Hygiene anzuempfehlen, und sich allmählich damit abfand, sich nach ihm zu richten, sondern auch im Dorf, wo, drei Straßen weiter, der Ballenpacker, ehe er seine Kisten zunagelte, Françoise fragte, ob meine Tante nicht „ruhe", doch in diesem Jahr wurde dieser Trott einmal unterbrochen. Wie eine Frucht, die im Verborgenen zur Reife gelangte, ohne dass man sich dessen versehen hätte, und von selbst herunterfiel, kam es eines Nachts zur Entbindung der Küchenmagd. Ihre Schmerzen wurden unerträglich, und da es in Combray keine Wehmutter gab, musste Françoise noch vor Tagesanbruch los, um im Nachbardorf eine zu holen. Meine Tante fand, aufgrund der Schreie unserer Küchenmagd, keine Ruhe und vermisste Françoise, die unbesehen der kurzen Distanz erst spät am Morgen zurückkehrte, gar sehr. Und so sagte meine Mutter in der Frühe zu mir: „Geh rasch nach oben und schau, ob deiner Tante etwas fehlt." Ich trat ins vordere Zimmer und sah durch die offene Tür meine Tante, auf der Seite liegend, schlafen; ich hörte sie leicht schnarchen. Ich wollte mich behutsam zurückziehen, doch offenbar war der Lärm, den ich machte, bis in ihren Schlaf vorgedrungen und hatte einen „Gang hinuntergeschaltet", wie man bei den Automobilen zu sagen pflegt, denn die Musik des Schnarchens setzte einen Moment aus, um eine Tonlage tiefer wieder anzuheben, dann wachte sie auf und wandte ihr Gesicht halb zur Seite, sodass ich es sehen konnte; auf ihm lag ein Anflug von Schreck; sie hatte offensichtlich einen bösen Traum gehabt; aufgrund ihrer Stellung konnte

ihr Gesicht, und mit jener Gewohnheit, die sie angenommen hatte, halblaut mit sich selbst zu sprechen, wenn sie sich allein wähnte, murmelte sie: „Gott sei gelobt! wir haben nur mit der Küchenmagd Scherereien, die niederkommt. Dabei hat mir gerade geträumt, mein Octave selig sei wiederauferstanden und wolle mit mir täglich einen Spaziergang machen!" Ihre Hand streckte sich zu ihrem Rosenkranz, der auf dem kleinen Tisch lag, aber der Schlaf umfing sie wieder und nahm ihr die Kraft, ihn zu erreichen: sie schlummerte wieder ein, ganz beruhigt, und ich schlich auf Wolfspfoten hinaus, ohne dass sie oder sonst jemand erfuhr, was ich vernommen hatte.

Wenn ich sage, dass der Trott meiner Tante abgesehen von solch äußerst seltenen Zwischenfällen wie jener Niederkunft keinerlei Variationen kannte, so spreche ich nicht von jenen Variationen, die sich auf gleichläufige Weise in regelmäßigen Abständen wiederholten und in diese Einförmigkeit gleichsam eine Einförmigkeit höherer Ordnung trugen. So etwa ging Françoise jeden Samstag am Nachmittag auf den Markt von Roussainville le Pin, sodass alle eine Stunde früher zu Mittag speisen mussten. Und meiner Tante war dieser wöchentliche Verstoß gegen ihre Gewohnheiten so geläufig, dass sie an dieser Gewohnheit ebenso fest hing wie an allen anderen. Es war ihr so sehr zur „Routine" geworden, wie Françoise sagte, dass es sie „gestört" hätte, wenn sie an einem Samstag für ihre Mahlzeit auf die übliche Stunde hätte warten müssen, geradeso, wie wenn sie an einem anderen Tag die Mahlzeit auf die samstägliche Stunde hätte vorverlegen müssen. Dieses vorgezogene Mittagessen verlieh dem Samstag übrigens für uns alle ein anderes Gesicht, nachsichtig und recht sympathisch. Im Moment, wo man sonst noch eine Stunde bis zum entspannenden Essen ausharren musste, wusste man bereits, dass in wenigen Sekunden vorzeitige Endivien, eine huldvolle Omelette, ein unverdientes Beefsteak auf den Tisch kamen. Die Wiederkehr dieses asymmetrischen Samstags war übrigens eines jener

sie mich nicht sehen und ich blieb stehen, ohne zu wissen, ob ich nähertreten oder mich zurückziehen sollte; doch schon schien ihr Wirklichkeitssinn zurückzukehren, sie erkannte den Trug ihrer Visionen, die sie geschreckt hatten; ein freudiges Lächeln, fromme Dankbarkeit gegenüber Gott, der darüber wacht, dass das Leben weniger grausam ist als der Schlaf, erhellten schwach ihr Gesicht, und mit jener Gewohnheit, die sie angenommen hatte, halblaut mit sich selbst zu sprechen, wenn sie sich allein wähnte, murmelte sie: „Gott sei gelobt! wir haben nur mit der Küchenmagd Scherereien, die niederkommt. Dabei hat mir gerade geträumt, mein Octave selig sei wiederauferstanden und wolle mit mir täglich einen Spaziergang machen!" Ihre Hand streckte sich zu ihrem Rosenkranz, der auf dem kleinen Tisch lag, aber der Schlaf umfing sie wieder und nahm ihr die Kraft, ihn zu erreichen: sie schlummerte wieder ein, ganz beruhigt, und ich schlich auf Wolfspfoten hinaus, ohne dass sie oder sonst jemand vermutete, was ich vernommen hatte.

Wenn ich sage, dass der Trott meiner Tante abgesehen von solch äußerst seltenen Zwischenfällen wie jener Niederkunft keinerlei Variationen kannte, so spreche ich, selbstredend, nicht von jenen Variationen, die sich auf gleichläufige Weise in regelmäßigen Abständen wiederholten und in diese Einförmigkeit gleichsam eine Einförmigkeit höherer Ordnung trugen. So etwa ging Françoise jeden Samstag am Nachmittag auf den Markt von Troussinville, sodass alle eine Stunde früher zu Mittag speisen mussten. Und meiner Tante war dieser wöchentliche Verstoß gegen ihre Gewohnheiten so geläufig, dass sie daran ebenso fest hing wie an allen anderen. Es war ihr so sehr zur „Routine" geworden, wie Françoise sagte, dass es sie „gestört" hätte, wenn sie an einem Samstag für ihre Mahlzeit auf die übliche Stunde hätte warten müssen, geradeso, wie wenn sie an einem anderen Tag die Mahlzeit auf die samstägliche Stunde hätte vorverlegen müssen. Dieses vorgezogene

kleinen Ereignisse, ganz im trauten Rahmen, lokal und fast schon staatsbürgerlich, die dem geruhsamen Leben geschlossener Gesellschaften eine Art nationales Band verleihen und besonders beliebten Gesprächsstoff abgeben, für Witzeleien, für beliebig stark übertriebene Geschichten; es wäre der reife Kern für einen legendären Erzählzyklus gewesen, falls einer von uns einen epischen Kopf gehabt hätte. Frühmorgens schon, ehe wir angekleidet waren, sagten wir einander, ohne jeden Anlass, allein um die Freude der Solidarität auszukosten, gut gelaunt und voll Herzlichkeit, ja Patriotismus: „Keine Zeit verlieren, vergessen wir nicht, es ist Samstag!", während meine Tante, ins Gespräch mit Françoise verwickelt, bereits daran dachte, dass der Tag länger als gewöhnlich sein würde, und so sagte sie: „Wenn Sie ihnen ein schönes Stück Kalb zu machen geruhten, es ist schließlich Samstag." Wenn jemand in seiner Zerstreuung um halb elf die Uhr zückte und sagte: „Los, noch anderthalb Stunden bis zum Mittagstisch", war jeder ganz entzückt, wenn er ihn dabei erwischen konnte: „Ei wie, worauf denken Sie, Sie vergessen ja, dass es Samstag ist!"; noch eine Viertelstunde später lachte man darüber und gelobte, nach oben zu gehen und diesen Lapsus meiner Tante zu berichten, um ihre Laune aufzuhellen. Selbst das Antlitz des Himmels wirkte wie gewandelt. Nach dem Essen flanierte die Sonne, im Wissen, dass es Samstag sei, eine Stunde länger über das Himmelszelt, und wenn jemand meinte, man sei spät dran für den Spaziergang, und sagte: „Wie, erst zwei Uhr?", und ~~in jähem Erstaunen sah, dass es an der Uhr~~ feststellte, wie plötzlich zwei Uhrschläge vom ~~Kirchturm~~ Glockenturm von St-Hilaire erklangen, der ~~am leeren Himmel des anbrechenden Nachmittags niemanden traf~~ noch keinen Menschen auf den öden ~~Feld~~Wegen ~~sah und~~ traf und auch nicht am Ufer des lebhaften und weiß sprudelnden Flusses, der selbst von den Fischern verlassen dalag, während er also ganz vereinsamt in den leeren Nachmittagshimmel ragte, an dem nur ein paar säumige Wolken warteten, riefen alle im

Mittagessen verlieh dem Samstag übrigens für uns alle ein anderes Gesicht, nachsichtig und recht sympathisch. Im Moment, wo man sonst noch eine Stunde bis zum entspannenden Essen ausharren musste, wusste man bereits, dass in wenigen Sekunden vorzeitige Endivien, eine huldvolle Omelette, ein unverdientes Beefsteak auf den Tisch kamen. Die Wiederkehr dieses asymmetrischen Samstags war übrigens eines jener kleinen Ereignisse, ganz im trauten Rahmen, lokal und fast schon staatsbürgerlich, die dem geruhsamen Leben geschlossener Gesellschaften eine Art nationales Band verleihen und eine besonders beliebte Bühne für Gespräche abgeben, für Witzeleien, für beliebig stark übertriebene Geschichten, der reife Kern für einen legendären Erzählzyklus, falls einer von uns einen epischen Kopf gehabt hätte. Frühmorgens schon, ehe wir angekleidet waren, sagten wir einander, ohne jeden Anlass, allein um die Freude der Solidarität auszukosten, gut gelaunt und voll Herzlichkeit, ja Patriotismus: „Keine Zeit verlieren, vergessen wir nicht, es ist Samstag!", während meine Tante, ins Gespräch mit Françoise verwickelt, bereits daran dachte, dass der Tag länger als gewöhnlich sein würde, und so sagte sie: „Wenn Sie ihnen ein schönes Stück Kalb zu machen geruhten, es ist schließlich Samstag." Wenn jemand in seiner Zerstreuung um halb elf die Uhr zückte und sagte: „Los, noch anderthalb Stunden bis zum Mittagstisch", war jeder ganz entzückt, wenn er ihn dabei erwischen konnte: „Ei wie, worauf denken Sie, Sie vergessen ja, dass es Samstag ist!"; noch eine Viertelstunde später lachte man darüber und gelobte, nach oben zu gehen und diesen Lapsus meiner Tante zu berichten, um ihre Laune aufzuhellen. Selbst das Antlitz des Himmels wirkte wie gewandelt. Nach dem Essen flanierte die Sonne, im Wissen, dass es Samstag sei, eine Stunde länger über das Himmelszelt, und wenn jemand meinte, man sei spät dran für den Spaziergang, und sagte: „Wie, erst zwei Uhr?", riefen alle im Chor: „Sie täuschten sich, weil wir

Chor: „Sie täuschten sich, weil wir eine Stunde früher gegessen haben, Sie wissen doch, es ist Samstag!" Die Verblüffung eines Barbaren (so nannten wir all jene, die nicht wussten, was am Samstag anders war), der um elf vorsprach, um meinen Vater zu treffen, und uns bereits zu Tisch sah, gehörte zu den Dingen, die Françoise, zeitlebens, am meisten aufheiterten. Und während sie der Umstand amüsierte, dass der verdutzte Gast nicht wusste, dass wir samstags früher aßen, fand sie es noch komischer (wobei sie aus tiefstem Herzen mit diesem engstirnigen Chauvinismus sympathisierte), wenn es meinem Vater seinerseits nicht in den Sinn kam, dass ebendieser Barbar von nichts wissen konnte, und auf dessen Erstaunen, uns bereits im Speisesaal anzutreffen, ohne jede weitere Erklärung entgegnete: „Aber es ist doch Samstag!" Wenn sie an diesem Punkt ihrer Erzählung angekommen war, wischte sie sich Tränen der Heiterkeit aus den Augen, und um das Vergnügen, das sie verspürte, auf die Spitze zu treiben, spann sie das Zwiegespräch fort und erfand, was der Besucher, den dieses Wort „Samstag" nicht erhellte, zur Antwort gab. Und weit entfernt, uns über diese Ausschmückungen zu beschweren, wollten wir uns mit ihnen noch nicht zufriedengeben und fragten: „Hat er nicht noch etwas anderes gesagt? Das erste Mal erzählten Sie länger davon." Sogar meine Großtante hob den Kopf und guckte, ihr Nähzeug liegen lassend, über ihr Lorgnon.

Der Samstag[93] wartete noch mit einer weiteren Besonderheit auf, insofern wir im Monat Mai nach dem Mahl hinaus zum „Marienfest" gingen. Da wir auf M. Vington trafen, ~~der in seiner Gestrenge die unpassende Kleidung das nachlässige Auftreten der jungen Leute im Bann „der Ideen von heute"~~ der „die „beklagenswerte Aufmachung der jungen Leute, ganz im Geist der gegenwärtigen Epoche" streng tadelte, achtete meine Mutter darauf, dass mein Anzug nirgends beulte, dann brach man zur Kirche auf. Und so war es, wie ich mich erinnere, in jenem Marienmonat, dass meine Liebe zum Weißdorn erblühte. Er

eine Stunde früher gegessen haben, Sie wissen doch, es ist Samstag!" Die Verblüffung eines Barbaren (so nannten wir all jene, die nicht wussten, was am Samstag anders war), der um elf vorsprach, um meinen Vater zu treffen, und uns bereits zu Tisch sah, gehörte zu den Dingen, die Françoise, zeitlebens, am meisten aufheiterten. Und während sie der Umstand amüsierte, dass der verdutzte Gast nicht wusste, dass wir samstags früher aßen, fand sie es noch komischer (wobei sie aus tiefstem Herzen mit diesem engstirnigen Chauvinismus sympathisierte), wenn es meinem Vater seinerseits nicht in den Sinn kam, dass ebendieser Barbar von nichts wissen konnte, und auf dessen Erstaunen, uns bereits im Speisesaal anzutreffen, ohne jede weitere Erklärung entgegnete: „Aber es ist doch Samstag!" Wenn sie an diesem Punkt ihrer Erzählung angekommen war, wischte sie sich Tränen des Lachens aus den Augen, und um das Vergnügen, das sie verspürte, auf die Spitze zu treiben, spann sie das Zwiegespräch fort und erfand, was der Besucher, den dieses Wort „Samstag" nicht erhellte, zur Antwort gab. Und weit entfernt, uns über diese Ausschmückungen zu beschweren, wollten wir uns mit ihnen noch nicht zufriedengeben und fragten: „Hat er nicht noch etwas anderes gesagt? Das erste Mal erzählten Sie länger davon." Sogar meine Großtante hob den Kopf und guckte, ihr Nähzeug liegen lassend, über ihr Lorgnon.

{Der Samstag zeichnete sich für gewöhnlich durch eine Begegnung aus, die an und für sich nicht mit der Essenz dieses eigentümlichen Tages zu tun hatte. Es kam nur selten vor, dass wir auf dem Rückweg nicht M. Legrandin getroffen hätten, der, aufgrund seines Berufs als Ingenieur in Paris zurückgehalten, abgesehen von den Sommerferien nur vom Samstagnachmittag bis Montagmorgen sein Anwesen in Combray aufsuchen konnte, und sobald er aus dem Waggon gestiegen war, unternahm er spornstreichs einen Rundgang, während sein Gepäck in sein Haus gebracht wurde. Er gehörte zu jenen Männern, die

schmückte nicht nur die Kirche, in die wir trotz ihrer Heiligkeit eintreten durften, sondern sogar den Altar, ganz eins mit
den Mysterien, an deren Gepränge er genauso teilhatte wie
die Gebete, und er ließ zwischen den Leuchtern und heiligen
Kelchen seine Zweige ausschwärmen, in flachem Lauf zu einem
Festschmuck verflochten und verziert noch mit dem Gewinde
ihrer Blätter, über denen, wie über der Schleppe einer Braut,
eine Fülle von kleinen Büscheln aus Knospen von gleißendem
Weiß verstreut lagen. Nur heimlich wagte ich es, sie zu betrachten, und doch fühlte ich, dass diese prunkreichen Gebinde
lebendig waren und dass die Natur höchstselbst diese Kerben
in die Blätter geritzt und die zusätzliche Zierde aus weißen
Knospen ins Spiel gebracht hatte, ein würdiger Schmuck für
das volkstümliche Freudenfest wie auch die mystische Feier.
Weiter oben öffneten sich, da und dort, ihre Blütenkronen, noch
hielten sie ganz beiläufig wie eine letzte und flüchtige Zier den
Strauß von Staubfäden zurück, die zart wie die Jungferfäden,
von denen sie um und um verschleiert wurden, mit einer unbekümmerten Grazie, sodass ich mir beim Versuch, den Schwung
ihres Erblühens in der Tiefe meines Innern nachzuvollziehen
und nachzuahmen, mir vorstellte, ein weißhäutiges Mädchen,
zerstreut und lebhaft, werfe in taumelnder Schnelle ihren Kopf
in die Höhe, der Blick buhlerisch, die Pupillen ein Schlitz.[94]

nebst einer wissenschaftlichen Karriere, in der sie selbstredend glänzten, über eine ganz anders geartete Bildung verfügten, literarisch, künstlerisch, welche in ihrem beruflichen Fach keine Verwendung fand, dafür in exklusiver Weise ihrer Konversation und ihren Bekanntschaften zugutekam. Belesener als so mancher Literat und mit einer „leichteren Hand" begabt als so mancher Maler, verfallen sie der Vorstellung, das Leben, das sie führten, sei nicht jenes, für das sie geschaffen waren, und so obliegen sie ihren eigentlichen Aufgaben bald mit einer Sorglosigkeit, die nicht frei von Grillen bleibt, bald mit einer hartnäckigen und hochnäsigen Beflissenheit, und zwar voll verächtlicher und verbitterter Gewissenhaftigkeit. Groß gewachsen, mit einer stolzen Haltung, das Gesicht mit feiner Denkermiene und langem blondem Schnurrbart, der Blick blau und illusionslos, von exquisiter Höflichkeit, redselig wie kaum einer, wobei man in ihm wie in einem offenen Buch blättern konnte, stellte er in den Augen meiner Familie, die ihn stets als Vorbild anführte, den vollendeten Typus eines Menschen von elitärem Geist dar, eine erhabene Seele, die das Leben auf ebenso edle wie zartsinnigste Weise auffasste, kurz, einer, den meine Großmutter als einen wirklich feinen Menschen titulierte. Sie machte ihm nur zwei Vorhaltungen: die flammenden Tiraden, die er oft gegen die Aristokratie, das mondäne Leben und den Snobismus ins Feld führte, „gewiss jene Sünde, an die der heilige Paulus dachte, als er von jener Sünde sprach, für die es keinen Erlass gibt", und die befremdliche Flamme, die zuweilen durch seine Augen zuckte und meine Großmutter zu den Worten veranlasste: „Meine Kinder, wenn M. Legrandin eines Tages an Gehirnerweichung stirbt, würde mich das nicht wundern." Wir aber wussten, dass seine Schwermut vom Tod einer Schwester herrührte, die er innig geliebt hatte. Die andere war in Querqueville am Ärmelkanal verheiratet, mit einem braven Mann aus der Basse-Normandie.

– Zum Gruß, meine Freunde! sagte er zu uns, wenn er uns samstags traf, wobei er seine Zigarre weit fortstippte, wenn meine Mutter dabei war; ihr seid vom Glück gesegnet, dass ihr so oft hier weilen dürft, schon übermorgen muss ich zurück nach Paris, zurück in meine Nische.

– Nun, ich denke, Sie können sich nicht über Ihr Haus in Paris beklagen, meinte mein Vater an ihn gewandt, es soll den Inbegriff von Komfort darstellen. Auch wenn ich im Gegensatz zu meiner Schwiegermutter kein altes Haus suche, so sah ich mich von all dem verlockt, was man mir von Ihrem äußerst komfortablen Gemach berichtete.

– Oh! ja, erwiderte M. Legrandin mit einem leicht ironischen und enttäuschten Lächeln, leicht zerstreut, wie es ihm ganz eigen war, es verfügt über allerlei überflüssige Dinge. Doch das Notwendigste fehlt, ein breites Stück Himmel wie hier. Trachten Sie danach, mein kleiner Junge, stets ein Stück Himmel über Ihrem Leben zu tragen, fügte er an mich gewandt hinzu. Sie verfügen über eine hübsche Seele, eine seltene Eigenschaft, eine wahre Künstlernatur, verwehren Sie ihr nicht, was ihr Not tut.

Und wir ließen ihn stehen, um etwas früher als an anderen Tagen zurückzukehren und meine Tante zu sehen, die ganz allein war. Und wenn Françoise wieder daheim war, erkundigte sie sich bis ins kleinste Detail, was meine Tante getan hatte, ob sie gut geruht habe, ob sie zum Abendessen das verschriebene Vichy-Wasser geordert habe, und man drängte sie zum Diner, falls es schon Mai war,} denn dann gingen wir am Samstagabend zum Marienfest.

Da wir auf M. Vington trafen, der mit seiner Tochter in der Kutsche vorfuhr, achtete meine Mutter darauf, dass mein Anzug nirgends beulte, dann brach man zur Kirche auf. Und so war es wohl in jenem Marienmonat, dass ich zum ersten Mal den Weißdorn sah beziehungsweise überhaupt erst entdeckte. Er schmückte nicht nur die Kirche, in die wir trotz ihrer Heiligkeit eintreten durften, sondern sogar den Altar, ganz eins mit den Mysterien, an deren Gepränge

M. Vington war mit seiner Tochter gekommen und ließ sich neben uns nieder. Aus guter Familie, war er der Klavierlehrer ~~meiner~~ der Schwestern meiner Großmutter gewesen, und als er sich nach dem Tod seiner Frau und mehreren Erbschaften, die er gemacht hatte, in die Nähe von Combray zurückgezogen hatte, weilte er oft als Gast in unserem Haus. Doch von übertriebener Schamzüchtigkeit erfüllt, ~~kam er nicht~~ stellte er seine

358

er genauso teilhatte wie die Gebete, und er ließ zwischen den Leuchtern und heiligen Kelchen seine Zweige ausschwärmen, in flachem Lauf zu einem Festschmuck verflochten und verziert noch mit dem Gewinde ihrer Blätter, über denen, wie über der Schleppe einer Braut, eine Fülle von kleinen Büscheln aus Knospen von gleißendem Weiß verstreut lagen. Nur heimlich wagte ich es, sie zu betrachten, und doch fühlte ich, dass diese prunkreichen Gebinde lebendig waren und dass die Natur höchstselbst diese Kerben in die Blätter geritzt und die zusätzliche Zierde aus weißen Knospen ins Spiel gebracht hatte, ein würdiger Schmuck für das volkstümliche Freudenfest wie auch die mystische Feier. Ich hob meine Augen noch höher: da waren es nicht nur einzelne Knospen wie unten am Gezweige, sondern wahre Blütenkronen, die sich da und dort öffneten, mit einer so unbekümmerten Grazie, dass ich den Schwung ihres Erblühens innerlich nachzuvollziehen und nachzuahmen suchte und mir dabei vorstellte, ein weißhäutiges Mädchen, zerstreut und lebhaft, werfe in taumelnder Schnelle ihren Kopf in die Höhe. Die Blütenkronen hielten, ganz beiläufig wie ein Ballkleid seine aufrecht ragenden Rüschen, einen Strauß von Staubfäden zurück, zart wie das Gewebe von Jungfernfäden, der Blume angefügt, beigesellt wie eine letzte Zier, ganz luftig, die sie um und um mit einer schäumenden Wolke verschleierte. Doch beim Versuch, in meinem Innern die Seele der Blume selbst zu erschaffen, um ihre Schönheit zu begreifen,

PLACARD 19
VOM 18. APRIL 1913

sah ich mich zehn Mal gezwungen, die bekannte Gestalt jener Bewegung zu verwerfen, an die sie, einen Augenblick zuvor, gemahnte, von der sie indes allzu verschieden war, und wenn ihre zarten Staubfäden mit den winzigen Spitzen der Blume jenen umschleierten Blick verliehen, der, die Pupille zum Schlitz verengt, einem kurzsichtigen Mädchen eignet, buhlerisch, geziert gar, dann schien ihr Glanz im

Besuche ein, um Swann aus dem Weg zu gehen, der, wie er es nannte, „eine unpassende Ehe, ganz im Stil unserer Zeit" geschlossen hatte. Da meine Mutter erfahren hatte, dass er ~~komponierte sich der Komposition widmete~~ mehrere Stücke ~~komponiert hatte~~ ~~mehrere Kompositionen gemacht~~ komponierte, hatte sie ihm ~~aus Höflichkeit~~ aus Liebenswürdigkeit gesagt, bei ihrem nächsten Besuch müsse ~~er ihr irgendeine spielen~~ er ihr ~~eine~~ etwas von sich zum Besten geben. Darüber hätte sich M. Vington sehr gefreut; aber er ~~war~~ trieb die Höflichkeit und Güte ~~soweit~~ bis zu den äußersten Gewissensbedenken, wobei er sich stets in die Lage der anderen versetzte und sich daher mit der Befürchtung trug, sie zu langweilen und ihnen egoistisch zu erscheinen, falls er seinem Wunsch Folge leistete oder ihn auch nur durchschimmern ließ. Am Tag, als ~~sie ihn sahen~~ ihm meine Eltern einen Besuch abstatteten ~~blieb ich draußen, aus Furcht vor M. Vington, der das Auftreten junger Leute stets für unangemessen hielt, zumal sie Ausdrücke im Stil der Ideen des Tages der Epoche verwandten, doch da sein Haus, La Combe, unterhalb der Büsche lag, in denen ich saß, konnte ich, fünfzig Zentimeter vor dem Fenster, ebenen Fußes dem Besuch meiner Eltern beiwohnen. Bevor sie eintraten, sah ich, wie M. Vington legte überstürzt auf dem Klavier ein Stück offen zur Schau legte, das er ihnen sicherlich gern vorgespielt hätte.,~~ hatte ich sie begleitet, aber sie gestatteten mir nur, draußen zu bleiben, und da ~~der Salon~~ das Haus von M. Vington, La Combe, unterhalb ~~hoher~~ eines buschigen Hügels lag, ~~hatte ich mich,~~ wo ich mich versteckt hatte, fand ich mich ebenen Fußes mit dem Salon im zweiten Stock, fünfzig Zentimeter vor dem Fenster. ~~Bevor meine Eltern eintraten~~ Als man ihm meine Eltern meldete, hatte ich gesehen, wie M. Vington rasch ein Musikstück auf dem Klavier zur Schau legte. Doch ~~gewiss~~ sobald meine Eltern eingetreten waren, hob er es auf und schob es in eine Ecke. Gewiss trug er sich mit der Befürchtung, sie könnten ihm unterstellen, er sei nur deshalb über ihren Besuch glücklich,

Schoß der Petalen mit dem feierlichen und katholischen Gepränge verschmolzen, von dem sich das Geländer des Chors und die steinernen Fensterkreuze der Glasmalerien überwuchert sahen.

Ich wurde neben M. Vington gesetzt, ihn erwählte ich in seiner Eigenschaft als Naturforscher, um ihn über den Weißdorn auszufragen, wobei er die Wörter Blütenfäden und Kelch erwähnte, die mir bereits geläufig waren – denn Maman hatte eines Tages eine Abendrobe voller Blütenfäden angezogen, und ich wusste auch um die Rolle, die der Kelch während der Messe spielt –, und ebendiese Wörter wandte ich, ohne ihren Sinn zu ändern, alsbald auf den Weißdorn an, denn für meinen Geist lag in ihnen dessen ganzes Gepränge von atemberaubender Eleganz und Mystik. Als der Gottesdienst vorbei war, kniete ich im Vorbeigehen vor dem Altar nieder, wehte mich, während ich mich wieder aufrichtete, unvermittelt der bittere und mandelsüße Duft von Weißdorn an, und da bemerkte ich auf den Blüten winzige Stellen von hellerem Blond, unter denen dieses Aroma, wie ich vermutete, verborgen lag wie unter den überkrusteten Stellen... der Geschmack von Marzipan. Doch der Duft des Weißdorns ähnelte mehr noch dem von Mlle Vingtons Wangen, den ich unter ihren Sommersprossen vermutete, insofern auch er nicht auf etwas Essbares verwies, sondern eine reinere und zartere Gestalt annahm, blieb er doch die einzige immaterielle Speise, die sich der Naschsucht bot, welche sie erregt hatte. Aber trotz der stillen Reglosigkeit der Blumen auf dem Altar war dieser Duft gleichsam die Offenbarung ihres intensiven Lebens, unter dem der Altar summte, wie eine ländliche Hecke, die von zahllosen lebendigen Antennen aufgesucht wurde, an die man beim Anblick dieser rötlichen Staubfäden dachte, die sich etwas vom frühlingshaften Rausch bewahrt hatten, die verwirrliche Macht von Insekten, in Blumen verwandelt.

Beim Verlassen der Kirche plauderten wir unter dem Portal kurz mit M. Vington. Er schoss zwischen die raufenden

weil er ihnen eine seiner Kompositionen vortragen könnte, und jedes Mal, wenn meine Mutter im Verlauf des Besuchs darauf zurückkam, meinte er wieder und wieder: „Ich weiß gar nicht, wer das auf das Klavier ~~getan~~ gelegt hat, denn es gehört keineswegs dorthin", und lenkte die Diskussion auf andere Themen, und zwar just, weil ihm an ihnen wenig lag. Seine einzige Leidenschaft galt seiner Tochter~~, die mit ihrer knäbischen Art und den Sommersprossen im Gesicht nicht eben schön war~~, sie wirkte knabenhaft~~, „ein echtes Teufelchen"~~ und so robust ~~und rüde~~, dass man sich eines Lächelns nicht erwehren konnte, wenn man sah, wie sich ihr Vater um sie bekümmerte und stets einen zusätzlichen Schal zur Hand hatte, den er ihr über die Schultern werfen konnte. Meine Großmutter wies auf den sanften, zarten, fast schon scheuen Ausdruck hin, der so manches Mal im Blick dieses so rüden Kindes schimmerte, dessen Gesicht mit Sommersprossen übersät war. Bei jedem Wort, das sie aussprach, sann sie auf den Sinn, den ihm ihr Gegenüber geben mochte. ~~Und,~~ Auf der Hut vor allfälligen Missverständnissen ~~rötete sich im Monat Mai, wenn sie ihrer Freude über das Wiedersehen Ausdruck gab, ihr Gesicht, weil sie wir auf den Gedanken verfallen könnten, sie würde um eine Einladung buhlen~~ sah man,[95] wie sich unter den mannmännlichen Gesichtszügen eines „Teufelskerlchens" in durchscheinenden Schichten die zarten Züge eines jungen Mädchens hervorschälten, ganz in Tränen zerflossen.

Wenn ich beim Verlassen der Kirche vor dem Altar[96] niederkniete, wehte mich, während ich mich wieder aufrichtete, unvermittelt der bittere und mandelsüße Duft von Weißdorn an, und da bemerkte ich auf den Blüten winzige Stellen von hellerem Blond, unter denen dieses Aroma, wie ich vermutete, verborgen lag wie unter den überkrusteten Stellen... der Geschmack von Marzipan und unter den Sommersprossen ~~der Duft~~ derjenige von Mlle Vingtons Wangen. Trotz der stillen Reglosigkeit des Weißdorns war dieser flimmernde Duft gleichsam das Gemur-

Buben auf dem Platz, ergriff Partei für die Kleinen, redete den Großen ins Gewissen. Dann warf er seiner Tochter den Schal über die Schultern, den er stets auf seinen Armen trug, wenn er abends mit ihr hinausging, zum Schutz gegen die Kälte, was angesichts ihrer robusten und rüden Art etwas lachhaft wirkte, setzte sich an ihrer Seite in einen kleinen Buggy, den sie eigenhändig lenkte, und so kehrten alle beide nach La Combe zurück.

Wenn der Mond hell schien und die Luft warm war, führte uns mein Vater nicht auf direktem Weg nach Hause, sondern ließ uns, aus Ruhmsucht, einen langen Spaziergang über den Kalvarienberg einschlagen, was meine Mutter in ihrer Unfähigkeit, sich zu orientieren und sich auf ihrem Weg zurechtzufinden, als Heldentat eines strategischen Genies erachtete. Bisweilen gingen wir bis zum Viadukt, dessen steinerne Stützbögen beim Bahnhof anhoben und für mich das Sinnbild von Exil und Not fernab der zivilisierten Welt bedeuteten, schließlich ermahnte man uns Jahr für Jahr, wenn wir von Paris herfuhren, sorgfältig darauf zu achten, wann Combray käme, um die Station nicht zu verpassen, wir sollten uns bereithalten, da der Zug binnen zweier Minuten wieder abfahren und über das Viadukt weit weg von allen christlichen Landen rollen würde, deren äußerste Grenze für mich Combray markierte. Dann gingen wir über den Boulevard de la Gare zurück, an dem die anmutigsten Villen von Combray lagen. In jeden Garten säte das Licht des Mondes, wie Hubert Robert, seine zerfallenen Stufen aus weißem Marmor, seine Springbrunnen, seine gähnenden Gittertore. Sein Licht hatte das Telegraphenbüro ausgelöscht. Es blieb nur eine halb zerfallene Säule von ihm stehen, die sich indes die Schönheit einer zeitlosen Ruine bewahrt hatte. Ich schleppte die Füße nach, taumelte schläfrig, der Duft der Linden, der mich umschmeichelte, schien mir der Lohn, den man sich nur um den Preis tiefer Erschöpfung erwerben mochte, was mir nicht die Mühe wert schien. Hinter weit voneinander

mel ihres intensiven Lebens, der Altar summte wie eine ländliche Hecke, die von lebendigen Antennen aufgesucht wurde, an die man beim Anblick gewisser Staubfäden dachte, rötlich fast, die sich etwas vom frühlingshaften Rausch bewahrt hatten, die verwirrliche Macht von Insekten, die heute in Blumen verwandelt waren.

Beim Verlassen der Kirche plauderten wir unter dem Portal kurz mit M. Vington. Er schoss zwischen die raufenden Buben auf dem Platz, ergriff Partei für die Kleinen, redete den Großen ins Gewissen. Wenn uns seine Tochter die Freude mit ihrer groben Stimme bekundete, was für eine Freude es war, uns zu sehen, wurde sie rot, ganz so, als ob wir ihr unterstellen mochten, sie wolle darum buhlen, bei uns eingeladen zu werden, und schon errötete in ihrem Inneren gleichsam eine weit empfindsamere Schwester über diese leichtfertigen knäbischen Worte, die uns glauben ließen, sie buhle um eine Einladung in unser Haus. Ihr Vater warf ihr einen Mantel über die Schultern und sie fuhren los, sie stiegen in einen kleinen Buggy und kehrten alle beide nach La Combe zurück.

Da es am nächsten Tag Sonntag war und wir erst für die Hauptmesse aufstehen würden, führte uns mein Vater, wenn der Mond hell schien hinauf und die Luft lau war, nicht auf direktem Weg nach Hause, sondern ließ uns, aus Ruhmsucht, einen langen Spaziergang über den Kalvarienberg einschlagen, was meine Mutter in ihrer Unfähigkeit, sich zu orientieren und sich auf ihrem Weg zurechtzufinden, als Heldentat eines strategischen Genies erachtete. Bisweilen gingen wir bis zum Viadukt, dessen steinerne Stützbögen beim Bahnhof anhoben und für mich Exil und Not fernab der zivilisierten Welt bedeuteten, schließlich ermahnte man uns Jahr für Jahr, wenn wir von Paris herfuhren, sorgfältig darauf zu achten, wann Combray käme, um die Station nicht zu verpassen, wir sollten uns bereithalten, da der Zug binnen zweier Minuten wieder

entfernten Gittertoren bellten Hunde, die wir mit unseren einsamen Schritten geweckt hatten, wechselweise, wie ich es noch heute an gewissen Abenden höre, wenn ich durch ein verlassenes Quartier gehe, und zwischen ihr Bellen flüchtete sich der Boulevard de la Gare, als auf seinem Grund der öffentliche Park von Combray angelegt wurde, und wo immer ich auch weile, wenn sie laut werden und sich gegenseitig antworten, erblicke ich ihn, mit all seinen Linden und dem Trottoir im Mondschein.

Unvermittelt ließ uns mein Vater innehalten und fragte meine Mutter: „Wo sind wir?" Von der Anstrengung erschöpft, aber voll Stolz auf ihn gab sie zärtlich zu, dass sie keinerlei Ahnung habe. Er hob die Schultern und lachte. Und als ob er aus der Tasche seiner Hose zusammen mit dem Schlüssel auch sie hervorgeholt hätte, stand sie da, vor uns, die kleine Hintertür unseres Gartens, der uns in Gesellschaft der Straßenecke St-Esprit am Ende unbekannter Wege erwartete. Meine Mutter sagte zu ihm voll Bewunderung: „Du bist ganz außerordentlich." Und von diesem Augenblick an musste ich selbst keinen Schritt mehr tun, der Boden setzte sich für mich in Gang, quer durch den Garten, in dem seit langem schon mein Tun nicht mehr von willentlichen Akten begleitet wurde: Die Gewohnheit nahm mich in ihre Arme und trug mich, wie ein kleines Kind.

Da der Samstag eine Stunde früher begann und sie auf Françoise verzichten musste, lief für meine Tante dieser Tag langsamer als die anderen ab, aber gleichwohl sehnte sie ihn vom Wochenbeginn an voll Ungeduld herbei, da er gerade so viel Wechsel und Zerstreuung mit sich brachte, wie es ihr geschwächter und manischer Körper noch ertragen konnte. Dessen ungeachtet trachtete sie bisweilen nach größeren Umwälzungen, sie kannte jene Ausnahmemomente, wo es uns nach Unbekanntem dürstet und wo all die, die ein Mangel an Energie oder Phantasie daran hindert, in sich selbst einen Ansporn zur Erneuerung zu

abfahren und über das Viadukt weit weg von allen christlichen Landen rollen würde, deren äußerste Grenze Combray markierte. Dann gingen wir über den Boulevard de la Gare zurück, an dem die anmutigsten Villen der Gemeinde lagen. In jeden Garten säte das Licht des Mondes, wie Hubert Robert, seine zerfallenen Stufen aus weißem Marmor, seine Springbrunnen, seine gähnenden Gittertore. Sein Licht hatte das Telegraphenbüro ausgelöscht. Es blieb nur eine halb zerfallene Säule von ihm stehen, die sich indes die Schönheit einer zeitlosen Ruine bewahrt hatte. Ich schleppte die Füße nach, taumelte schläfrig, der Duft der Linden, der mich umschmeichelte, schien mir der Lohn, den man sich nur um den Preis tiefer Erschöpfung erwerben mochte, was nicht die Mühe wert war. Hinter weit voneinander entfernten Gittertoren bellten Hunde, die wir mit unseren einsamen Schritten geweckt hatten, wechselweise, wie ich es noch heute an gewissen Abenden höre, und zwischen ihr Bellen flüchtete sich der Boulevard de la Gare, als auf seinem Grund der öffentliche Park von Combray angelegt wurde, und wo immer ich auch weile, wenn sie laut werden und sich gegenseitig antworten, erblicke ich ihn, mit all seinen Linden und dem Trottoir im Mondschein.

Unvermittelt ließ uns mein Vater innehalten und fragte meine Mutter: „Wo sind wir?" Vom Marsch erschöpft, aber voll Stolz auf ihn gab sie zärtlich zu, dass sie keinerlei Ahnung habe. Er hob die Schultern und lachte. Und als ob er aus der Tasche seiner Weste zusammen mit dem Schlüssel auch sie hervorgeholt hätte, stand sie da, vor uns, die kleine Hintertür unseres Gartens, der uns in Gesellschaft der Straßenecke St-Esprit am Ende unbekannter Wege erwartete. Meine Mutter sagte zu ihm voll Bewunderung: „Du bist ganz außerordentlich." Und von diesem Augenblick an musste ich selbst keinen Schritt mehr tun, der Boden setzte sich für mich in Gang, quer durch den Garten, in dem seit langem schon mein Tun nicht mehr von willentlichen Akten begleitet wurde: Die Gewohnheit nahm mich

finden, sich von der nächsten Minute schon erhoffen, vom Postboten, der gerade klingelt, er würde ihnen etwas Neues bescheren, und sei es noch so schlimm, eine Emotion, einen Schmerz; wo die Empfindsamkeit, die das Wohlergehen zum Verstummen brachte wie eine ungebrauchte Harfe, endlich erzittern will unter einer Hand, fremd und vielleicht sogar brutal, selbst wenn sie zu Bruch gehen sollte; wo der Wille, der sich mit solcher Mühe das Recht erstritten hat, seine Wünsche, seine Qualen hemmungslos auszuleben, die Zügel in die Hände herrischer Ereignisse legen möchte, gelenkt von einer Notwendigkeit, und sei sie noch so grausam. Gewiss, da die Kräfte meiner Tante schon bei den einfachsten Anstrengungen versiegten und erst im Schoß der Ruhe, Tröpfchen um Tröpfchen, zurückkehrten, dauerte es sehr lang, bis der Speicher wieder gefüllt war, und es verstrichen ganze Monate, bis sie über jenen geringen Überschuss verfügte, den die anderen bei ihren Aktivitäten verausgaben, während sie damit nichts anzufangen wusste und sich zu keinem Entschluss durchringen konnte. Für mich steht außer Zweifel, dass sie damals – genauso wie ihr von Zeit zu Zeit der Wunsch erwuchs, das Kartoffelpüree durch Béchamel-Kartoffeln zu ersetzen, einzig aus dem Vergnügen, das ihr die Wiederkehr des täglichen Kartoffelpürees bescherte, von dem sie nie „genug bekommen" konnte – aus der Ansammlung monotoner Tage, an denen sie so hing, die Erwartung einer häuslichen Sturmflut zog, die auf einen Augenblick beschränkt, aber doch von so zwingender Macht sein sollte, dass sie ein für allemal jene Änderungen in die Wege leiten musste, deren Nutzen sie anerkannte, auch wenn sie sich nie dazu überwinden konnte. Sie liebte uns wirklich, und sie hätte uns gern nachgeweint; etwa dass ihr in einem Moment, wo es ihr gut ging und sie nicht in Schweiß gebadet war, die Nachricht überbracht würde, das Haus sei von einer Feuersbrunst ergriffen worden, der wir alle zum Opfer gefallen seien und die bald keinen Stein mehr auf dem anderen lassen sollte,

in ihre Arme und trug mich bis an mein Bett, wie ein kleines Kind.

Da der Samstag eine Stunde früher begann und sie auf Françoise verzichten musste, lief für meine Tante dieser Tag langsamer als die anderen ab, aber gleichwohl sehnte sie ihn vom Wochenbeginn an voll Ungeduld herbei, da er gerade so viel Wechsel und Zerstreuung mit sich brachte, wie es ihr geschwächter und manischer Körper noch ertragen konnte. Dessen ungeachtet trachtete sie bisweilen nach größeren Umwälzungen, sie kannte jene Ausnahmemomente, wo es uns nach Unbekanntem dürstet und wo all die, die ein Mangel an Energie oder Phantasie daran hindert, in sich selbst einen Ansporn zur Erneuerung zu finden, sich von der nächsten Minute schon erhoffen, vom Postboten, der gerade klingelt, er würde ihnen etwas Neues bescheren, und sei es noch so schlimm, eine Emotion, einen Schmerz; wo die Empfindsamkeit, die das Wohlergehen zum Verstummen brachte wie eine ungebrauchte Harfe, endlich erzittern will unter einer Hand, fremd und vielleicht sogar brutal, selbst wenn sie zu Bruch gehen sollte; wo der Wille, der sich mit solcher Mühe das Recht erstritten hat, seine Wünsche, seine Qualen hemmungslos auszuleben, die Zügel in die Hände herrischer Ereignisse legen möchte, selbst und seien sie noch so grausam. Gewiss, da die Kräfte meiner Tante schon bei den einfachsten Anstrengungen versiegten und erst im Schoß der Ruhe, Tröpfchen um Tröpfchen, zurückkehrten, dauerte es sehr lang, bis der Speicher wieder gefüllt war, und es verstrichen ganze Monate, bis sie über jenen geringen Überschuss verfügte, den die anderen bei ihren Aktivitäten verausgaben, während sie damit nichts anzufangen wusste und sich zu keinem Entschluss durchringen konnte. Für mich steht außer Zweifel, dass sie damals – genauso wie ihr von Zeit zu Zeit der Wunsch erwuchs, das Kartoffelpüree durch Béchamel-Kartoffeln zu ersetzen, einzig aus dem Vergnügen, das ihr die Wiederkehr des täglichen Kartoffel-

während sie alldem ohne Hast entgehen könnte, falls sie unverzüglich aufstehen würde, dies musste wieder und wieder durch ihre Hoffnungen geistern, da sich dem nebensächlichen Reiz, in langer Trauer voll Zärtlichkeit an uns denken zu dürfen und zur Verblüffung des Dorfes den Leichenzug niedergeschlagen, aber beherzt, todgeweiht, aber aufrecht anzuführen, etwas weit Wichtigeres beigesellte, es würde sie gerade noch zu Zeiten dazu zwingen, ohne jeden weiteren nervenaufreibenden Aufschub den Sommer in ihrem hübschen Bauerngehöft von Roussette zu verbringen, da gab es nämlich einen Wasserfall. Weil nie ein solches Ereignis eintrat, über dessen Erfolgsaussichten sie gewiss brütete, wenn sie wieder einmal, ganz allein und versunken, eine ihrer ungezählten Patiencen legte (auch wenn schon die ersten Anzeichen, der erste unvorhergesehene Zwischenfall sie in Verzweiflung gestürzt hätte, schon das bloße Wort, das die schlimme Nachricht überbringt und dessen Tonfall man nie mehr vergessen wird, also alles, was, im Unterschied zu seiner logischen und abstrakten Möglichkeit, das Gepräge des realen Todes trug), dann verfiel sie darauf, um ihr Leben für eine Weile spannender zu gestalten, erfundene Wechselfälle ins Spiel zu bringen, die sie leidenschaftlich vorantrieb. So labte sie sich unvermittelt am Verdacht, Françoise würde sie bestehlen; sie aber würde zu einer List greifen, um ganz sicherzugehen, und sie auf frischer Tat ertappen; aufgrund ihrer Gewohnheit, beim einsamen Kartenlegen imgleichen ihr Set und das Set ihres Gegners zu spielen, richtete sie die verlegenen Ausflüchte von Françoise an sich selbst und antwortete mit solchem Feuer und solcher Entrüstung, dass man sie, wäre einer von uns in einem solchen Moment eingetreten, schweißgebadet vorgefunden hätte, die Augen funkelnd, das künstliche Haar so verrutscht, dass die kahle Stirn zu sehen gewesen wäre. Françoise vernahm wahrscheinlich aus dem Nebenzimmer bisweilen beißende Sarkasmen, die direkt an ihre Adresse gerichtet waren, denn

pürees bescherte, von dem sie nie „genug bekommen"
konnte – aus der Ansammlung monotoner Tage, an denen sie
so hing, die Erwartung einer häuslichen Sturmflut zog, die auf
einen Augenblick beschränkt, aber doch von so zwingender
Macht sein sollte, um ein für allemal jene Änderungen in die
Wege zu leiten, denen sie keineswegs absprach, ihrer Gesundheit zuträglich zu sein, auch wenn sie sich nie dazu überwinden
konnte. Sie liebte uns wirklich, und sie hätte uns gern nachgeweint; etwa dass ihr in einem Moment, wo es ihr gut ging und
sie nicht in Schweiß gebadet war, die Nachricht überbracht
würde, das Haus sei von einer Feuersbrunst ergriffen worden,
der wir alle zum Opfer gefallen seien und die bald keinen Stein
mehr auf dem anderen lassen sollte, während sie alldem ohne
Hast entgehen könnte, falls sie unverzüglich aufstehen würde,
dies musste wieder und wieder durch ihre Hoffnungen geistern, da sich dem nebensächlichen Reiz, in langer Trauer voll
Zärtlichkeit an uns denken zu dürfen und zur Verblüffung des
Dorfes den Leichenzug niedergeschlagen, aber beherzt, todgeweiht, aber aufrecht anzuführen, etwas weit Wichtigeres
beigesellte, es würde sie gerade noch zu Zeiten dazu zwingen,
ohne jeden weiteren nervenaufreibenden Aufschub den Sommer in ihrem hübschen Bauerngehöft von Mirougrain zu verbringen, da gab es nämlich einen Wasserfall. Weil nie ein solches Ereignis eintrat, über dessen Erfolgsaussichten sie gewiss
brütete, wenn sie wieder einmal, ganz allein und versunken,
eine ihrer ungezählten Patiencen legte (auch wenn schon die
ersten Anzeichen, der erste unvorhergesehene Zwischenfall sie
in Verzweiflung gestürzt hätte, schon das bloße Wort, das die
schlimme Nachricht überbringt und dessen Tonfall man nie
mehr vergessen wird, also alles, was, im Unterschied zu seiner
logischen und abstrakten Möglichkeit, das Gepräge des realen
Todes trug), dann verfiel sie darauf, um ihr Leben von Zeit zu
Zeit spannender zu gestalten, erfundene Wechselfälle ins Spiel
zu bringen, die sie leidenschaftlich vorantrieb. So labte sie sich

meine Tante hätte sich nicht genug Luft verschafft, wenn sie sie lediglich ausgesponnen und sie im vollkommen immateriellen Zustand des Gedankens belassen hätte, ohne ihnen durch halblautes Murmeln mehr Wirklichkeit zu verleihen. Ab und zu gab sich meine Tante mit diesen Schaustellereien im Bett nicht zufrieden und wollte solche Stücke real in Szene setzen. Eines Sonntags, die Türen waren sämtlich auf geheimnistuerische Weise verschlossen, vertraute sie Eulalie ihre Zweifel an Françoise' Redlichkeit an, ihren Entschluss auch, sie loszuwerden, dann wieder, ein andermal, äußerte sie vor Françoise den Verdacht, Eulalie sei eine untreue Seele, die bald vor verschlossenen Türen stehen werde; wenige Tage später war ihr die Vertraute des Vorabends zuwider und sie raufte sich wieder mit der Verräterin zusammen, ehe sie, für die nächste Aufführung, ihre Rollen abermals tauschte. Doch die Mutmaßungen, die ihr Eulalie bisweilen eingeben mochte, waren nur ein Strohfeuer und fielen bald in sich zusammen, fehlte es ihnen doch an Nahrung, da Eulalie nicht im Haus wohnte. Anders aber verhielt es sich mit den Zweifeln bezüglich Françoise, die meine Tante ständig unter dem gleichen Dach wusste, wobei sie aus Furcht, sich zu erkälten, sobald sie aufstehen würde, es nicht wagte, aufzustehen und in die Küche hinunterzugehen, um zu überprüfen, ob sie begründet waren. Nach und nach kannte ihr Geist keine andere Beschäftigung mehr, als herauszufinden: was tat und was verheimlichte ihr Françoise gerade in diesem Moment? Sie bemerkte die flüchtigsten Regungen in ihrer Physiognomie, irgendeinen Widerspruch in ihren Worten, einen Wunsch, den sie zu bemänteln suchte. Und schon demonstrierte sie ihr, dass sie ihre Maske gelüftet habe, mit einem einzigen Wort, das sie erbleichen ließ, und meine Tante empfand allem Anschein nach, wenn sie es der Jammerbaren mitten ins Herz bohrte, großes Vergnügen. Und der nächste Besuch von Eulalie bewies meiner Tante, gleich den Entdeckungen, die einer jungen fest-

unvermittelt am Verdacht, Françoise würde sie bestehlen; sie aber würde zu einer List greifen, um ganz sicherzugehen, und sie auf frischer Tat ertappen; aufgrund ihrer Gewohnheit, beim einsamen Kartenlegen imgleichen ihr Set und das Set ihres Gegners zu spielen, richtete sie die verlegenen Ausflüchte von Françoise an sich selbst und antwortete mit solchem Feuer und solcher Entrüstung, dass man sie, wäre einer von uns in solchen Momenten eingetreten, schweißgebadet vorgefunden hätte, die Augen funkelnd, das künstliche Haar so verrutscht, dass die kahle Stirn zu sehen gewesen wäre. Françoise vernahm wahrscheinlich aus dem Nebenzimmer bisweilen beißende Sarkasmen, die direkt an ihre Adresse gerichtet waren, denn meine Tante hätte sich nicht genug Luft verschafft, wenn sie sie lediglich ausgesponnen und sie im vollkommen immateriellen Zustand des Gedankens belassen hätte, ohne ihnen durch halblautes Murmeln mehr Wirklichkeit zu verleihen. Ab und zu gab sich meine Tante mit diesen Schaustellereien im Bett nicht zufrieden und wollte ihre Stücke real in Szene setzen. Eines Sonntags, die Türen waren sämtlich auf geheimnistuerische Weise verschlossen, vertraute sie Eulalie ihre Zweifel an Françoise' Redlichkeit an, ihren Entschluss auch, sie loszuwerden, dann wieder, ein andermal, äußerte sie vor Françoise den Verdacht, Eulalie sei eine untreue Seele, die bald vor verschlossenen Türen stehen werde; wenige Tage später war ihr die Vertraute des Vorabends zuwider und sie raufte sich wieder mit der Verräterin zusammen, ehe sie, für die nächste Aufführung, ihre Rollen abermals tauschte. Doch die Mutmaßungen, die ihr Eulalie bisweilen eingeben mochte, waren nur ein Strohfeuer und fielen bald in sich zusammen, fehlte es ihnen doch an Nahrung, da Eulalie nicht im Haus wohnte. Anders aber verhielt es sich mit jenen, die Françoise betrafen, die meine Tante ständig unter dem gleichen Dach wusste, wobei sie aus Furcht, sich zu erkälten, sobald sie das Bett verlassen würde, es nicht wagte, in die Küche hinunterzugehen, um zu über-

gefahrenen Wissenschaft auf einen Schlag unvermutete Felder eröffnen, dass sie mit ihren Unterstellungen noch weit von der Wahrheit entfernt war. „Aber Françoise sollte es doch wissen, jetzt wo Sie ihr Ihre Kutsche gegeben haben." – „Ich soll ihr meine Kutsche gegeben haben!" kreischte meine Tante. – „Ah! ich weiß gar nicht recht, aber mir ist, als hätte ich sie gerade in der Kalesche vorbeifahren sehen, stolz wie Artaban, um sich auf den Markt von Troussinville zu begeben. Ich dachte, Madame Octave hätte sie ihr gegeben." Nach und nach lauerten Françoise und meine Tante, wie der Jäger und das Wild, nur noch darauf, den Ränken der anderen zuvorzukommen. Meine Mutter befürchtete, es würde sich bei Françoise ein regelrechter Hass auf meine Tante entwickeln, die sie so schlimm verletzte, wie sie nur konnte. Jedenfalls schenkte Françoise auch noch den flüchtigsten Worten, den flüchtigsten Gesten meiner Tante mehr und mehr außerordentliche Beachtung. Musste sie eine Bitte an sie richten, zögerte sie lange, wie sie es anstellen sollte. Und wenn sie ihr Ersuchen vorgebracht hatte, beobachtete sie meine Tante ganz verstohlen, im Versuch, aus dem Ausdruck ihres Gesichts darauf zu schließen, was für Gedanken sie hegen, was für Entschlüsse sie fassen mochte: So zwar, dass selbst die unbedeutendsten Tätigkeiten des Tagwerks meiner Tante, wie etwa ihr Lever, ihr Déjeuner, ihr Ruhen, aufgrund ihrer despotischen Eigentümlichkeit um ein weniges das Gewicht dessen angenommen hatten, was Saint-Simon die „Mechanik" des Lebens in Versailles nannte, und sie sich im Glauben wiegen mochte, ihr Schweigen, eine Androhung guter Laune oder eine hochmütige Physiognomie würde für Françoise zum Gegenstand eines ebenso leidenschaftlichen wie ängstlichen Kommentars werden wie das Schweigen, die Laune, der Hochmut des Königs, nachdem ihm ein Höfling, oder gar einer der höchsten Prinzen, eine Bittschrift unterbreitet hat, an der Wegbiegung einer Allee, in Versailles, und sie in Erfahrung

prüfen, ob sie begründet waren. Nach und nach kannte ihr Geist keine andere Beschäftigung mehr, als herauszufinden: was tat und was verheimlichte ihr Françoise gerade in diesem Moment? Sie bemerkte die flüchtigsten Regungen in ihrer Physiognomie, einen Widerspruch in ihren Worten, einen Wunsch, den sie zu bemänteln suchte. Und schon demonstrierte sie ihr, dass sie ihre Maske gelüftet habe, mit einem einzigen Wort, das sie erbleichen ließ, und meine Tante empfand allem Anschein nach, wenn sie es der Jammerbaren mitten ins Herz bohrte, großes Vergnügen. Und am nächsten Sonntag bewies eine Enthüllung von Eulalie meiner Tante, gleich den Entdeckungen, die einer jungen festgefahrenen Wissenschaft auf einen Schlag unvermutete Felder eröffnen, dass sie mit ihren Unterstellungen noch weit unter dem wahren Ausmaß der Wahrheit lag. „Aber Françoise sollte es doch wissen, jetzt wo Sie ihr Ihre Kutsche gegeben haben." – „Ich soll ihr meine Kutsche gegeben haben!" kreischte meine Tante. – „Ah! ich weiß gar nicht recht, aber mir ist, als hätte ich sie gerade in der Kalesche vorbeifahren sehen, stolz wie Artaban, um sich auf den Markt von Roussainville zu begeben. Ich dachte, Madame Octave hätte sie ihr gegeben." Nach und nach lauerten Françoise und meine Tante, wie der Jäger und das Wild, nur noch darauf, den Ränken der anderen zuvorzukommen. Meine Mutter befürchtete, es würde sich bei Françoise ein regelrechter Hass auf meine Tante entwickeln, die sie so schlimm verletzte, wie sie nur konnte. Jedenfalls schenkte Françoise auch noch den flüchtigsten Worten, den flüchtigsten Gesten meiner Tante mehr und mehr außerordentliche Beachtung. Musste sie eine Bitte an sie richten, zögerte sie lange, wie sie es anstellen sollte. Und wenn sie ihr Ersuchen vorgebracht hatte, beobachtete sie meine Tante ganz verstohlen, im Versuch, aus dem Ausdruck ihres Gesichts darauf zu schließen, was für Gedanken sie hegen, was für Entschlüsse sie fassen mochte: Nicht nur wandte sie nie Nicht nur, dass sie die Augen nie vom Gesicht ihrer Herrin

zu bringen suchten, ob jemand gesehen habe, dass Seine Majestät einen Blick darauf geworfen habe, oder ob er ihrer je Erwähnung getan habe. Und wenn irgendein Künstler, bei der Lektüre einer Denkschrift aus dem 17. Jahrhundert, plötzlich den Wunsch nährt, mit dem großen König vertraut zu werden, und diesem Ziel gerade dadurch einen Schritt näherzukommen meint, indem er sich eine Genealogie bastelt, die ihn von einer adligen Familie abstammen lässt, oder eine Korrespondenz mit einem der heutigen Herrscher Europas kauft und sich nicht bewusst ist, dass er eben dadurch dem, was er erreichen wollte, den Rücken kehrt und es irrigerweise unter identischer und toter Gestalt sucht, so kam er alldem weit weniger nah als eine alte Dame in der Provinz, die sich gutgläubig unbezwinglichen Manien und einer von Müßiggang genährten Boshaftigkeit unterwarf und niemals auf den Gedanken verfallen wäre, sie hätte irgendetwas von Ludwig XIV.

Eines Sonntags, als wir bei der Heimkehr erfuhren, dass meine Tante gleichzeitig den Pfarrer und Eulalie zu Besuch hatte und ihre Ruhezeit vorüber war, gingen wir alle hinauf, um ihr Gutnacht zu wünschen, und meine Maman sprach ihr ihr Beileid aus, weil die Missgunst des Zufalls sämtliche Besucher immer zur selben Stunde schickte:
– Wie ich hörte, fügte sich wieder alles unglücklich, Tante Léonie, sagte sie ihr ganz sanft, all Ihre Leute kamen auf einen Schlag.

Da fuhr meine Großtante dazwischen: „Lieber des Guten zu viel", denn seit ihre Tochter krank war, glaubte sie, sie müsse sie „aufheitern", indem sie alles immer in einem guten Licht erscheinen ließ.

Doch da ergriff mein Vater das Wort und sagte lachend:
– Ich möchte die Gelegenheit, wo die ganze Familie versammelt ist, ergreifen, um euch eine Geschichte zu erzählen, so erspare ich es mir, sie bei jedem neu beginnen zu müssen: – und ernster gefasst – Ich befürchte, wir haben

abwandte, ~~sogar in einzelnen Gesichtszügen von Françoise~~
Und so kam es – während ein Künstler bei der Lektüre einer
Denkschrift aus dem 17. Jahrhundert den Wunsch nährt, mit
dem großen König vertraut zu werden, und diesem Ziel gerade
dadurch einen Schritt näherzukommen meint, indem er sich
eine Genealogie bastelt, die ihn von einer historischen Familie
abstammen lässt oder eine Korrespondenz mit einem der heutigen Herrscher Europas unterhält, just dann kehrt er ~~dem, was~~
~~er erreichen wollte,~~ alldem den Rücken, weil er es irrigerweise
unter gleichbleibender und demzufolge toter Gestalt sucht –,
dass eine alte Dame in der Provinz, die sich gutgläubig unbezwinglichen Manien und einer von Müßiggang genährten Boshaftigkeit unterwarf, ohne je einen Gedanken an Ludwig XIV.
zu verschwenden, erlebte, dass selbst die unbedeutendsten
Tätigkeiten ihres Tagwerks, wie etwa ihr Lever, ihr Déjeuner,
ihr Ruhen, aufgrund ihrer despotischen Eigentümlichkeit um
ein weniges das Gewicht dessen annahmen, was Saint-Simon
die „Mechanik" des Lebens in Versailles nannte, und sie sich
im Glauben wiegen mochte, ihr Schweigen, ein Anflug guter
Laune oder eine hochmütige Physiognomie würde für Françoise
zum Gegenstand eines ebenso leidenschaftlichen wie ängstlichen Kommentars werden wie das Schweigen, die Laune, der
Hochmut des Königs, nachdem ihm ein Höfling, oder gar einer
der höchsten Prinzen, eine Bittschrift unterbreitet hat, an der
Wegbiegung einer Allee, in Versailles.[97]

Eines Sonntags, als meine Tante gleichzeitig den Pfarrer und
Eulalie zu Besuch und danach geruht hatte, gingen wir alle hin-
auf, um ihr Gutnacht zu wünschen, und meine Maman sprach
ihr ihr Beileid aus, weil die Missgunst des Zufalls sämtliche
Besucher immer zur selben Stunde schickte:
– Wie ich hörte, fügte sich wieder alles unglücklich, Tante[98]
Léonie, sagte sie ihr ganz sanft, all Ihre Leute kamen auf einen
Schlag.

Da fuhr meine Großtante dazwischen: „Lieber des Guten zu

uns mit Legrandin überworfen... er hat mich heute Morgen kaum gegrüßt.

Ich blieb nicht, um mir diese Geschichte anzuhören, da ich just am Morgen, als wir Legrandin trafen, mit meinem Vater zusammen war, und so ging ich in die Küche hinunter, um mich nach dem Abendmenü zu erkundigen, das mir Tag für Tag die Zeit vertrieb, wie die Neuigkeiten, die man in der Zeitung liest, und mich andererseits in Hochspannung versetzte wie ein Programm. Da M. Legrandin nach der Messe an uns vorbeikam, an der Seite einer Schlossherrin aus der Nachbarschaft einherschreitend, die wir nur vom Sehen kannten, entrichtete ihm mein Vater, ebenso freundschaftlich wie zurückhaltend, einen großen Gruß, ohne dass wir innegehalten hätten: und M. Legrandin antwortete knapp, zeigte sich erstaunt, als würde er uns nicht kennen, und mit einem Blick in die Ferne,

viel", denn seit ihre Tochter krank war, glaubte sie, sie müsse sie aufheitern, indem sie alles immer in einem guten Licht erscheinen ließ.

Doch da ergriff mein Vater das Wort:

– Ich möchte die Gelegenheit, wo die ganze Familie versammelt ist, ergreifen, sagte er, um euch eine Geschichte zu erzählen, so erspare ich es mir, sie bei jedem neu beginnen zu müssen: Ich befürchte, wir haben uns mit Legrandin überworfen... er hat mich heute Morgen kaum gegrüßt.

Ich blieb nicht, um mir die Geschichte meines Vaters anzuhören, da ich just nach der Messe, als wir Legrandin trafen, mit ihm zusammen war, und so ging ich in die Küche hinunter, um mich nach dem Abendmenü zu erkundigen, das mir Tag für Tag die Zeit vertrieb, wie die Neuigkeiten, die man in der Zeitung liest, und mich in Hochspannung versetzte wie ein Festprogramm. Da M. Legrandin nach der Kirche an uns vorbeikam, an der Seite einer Schlossherrin aus der Nachbarschaft einherschreitend, die wir nur vom Sehen kannten, entrichtete ihm mein Vater, ebenso freundschaftlich wie zurückhaltend, einen Gruß, ohne dass wir innegehalten hätten: M. Legrandin antwortete knapp und zeigte sich erstaunt, als würde er uns nicht kennen, und mit einem Blick in die Ferne,

PLACARD 20
VOM 19. APRIL 1913

der Personen eigen ist, die nicht liebenswürdig sein wollen und aus der jäh aufscheinenden Tiefe ihrer Augen den Anschein erwecken, uns auf hinten auf einer endlosen Straße aus so großer Distanz zu erblicken, dass sie sich damit begnügen, ein unscheinbares Kopfnicken an uns zu richten, um es auf die Proportionen einer Marionette abzustimmen.

Nun, die Dame, der Legrandin das Geleit gab, war eine angesehene Person; es konnte sich nicht darum handeln, dass er ungern überrascht wurde, weil er in der Gunst einer Frau stand; und so fragte sich mein Vater, wodurch er M. Legrandins Miss-

der nicht sonderlich höflichen Grüßen einer Person eigen ist, die nicht liebenswürdig sein will und aus der jäh aufscheinenden Tiefe ihrer Augen, wie auf einer nicht enden wollenden Straße, den Anschein erweckt, uns aus so großer Distanz zu erblicken, dass wir in ihren Augen nur noch die winzige Silhouette einer Puppazzi bilden, die sich bereits glücklich schätzen kann, dass man sich überhaupt dazu herablässt, ihr einen Gruß zu entrichten, und sei er noch so embryonal, ganz auf die Dimension einer Marionette abgestimmt.

fallen erregt hatte. „Ich würde es umso mehr bedauern, sein Missfallen erregt zu haben, meinte mein Vater, als er unter all den Leuten in ihrem Sonntagsstaat mit seinem kleinen rechtschaffenen Veston, seiner schlaffen Krawatte so wenig herausgeputzt wirkte und von echter Schlichtheit, ja einem geradezu treuherzigen Ausdruck war, der wirklich ganz sympathisch wirkte.“ Der Familienrat aber befand einstimmig, dass mein Vater sich etwas in den Kopf gesetzt hatte oder dass Legrandin, gerade in diesem Augenblick, durch irgendeinen Gedanken abgelenkt war. Indes, die Befürchtung meines Vaters sah sich schon am nächsten Abend zerstreut. Als wir gerade von einem langen Spaziergang zurückkamen, erblickten wir, unweit vom Pont-Vieux, Legrandin, der anlässlich der Festlichkeiten mehrere Tage in Combray blieb. Mit ausgestreckter Hand trat er auf uns zu: „Kennen Sie eigentlich, werter Herr Leser“, sagte er zu mir, diesen Vers von Paul Desjardins: „Les bois sont déjà noirs, le ciel est encore bleu.‘ ‚Schon ist das Gehölz verdunkelt, der Himmel aber noch blau.‘ Ist das nicht eine feinsinnige Notation ebendieser Stunde? Sie mögen Paul Desjardins vielleicht noch nie gelesen haben. Lesen Sie ihn, mein Kind; heute ist er, wie man munkelt, zu einem Moralapostel verkommen, doch während langer Jahre war er ein glasklarer Aquarellist: ‚Schon ist das Gehölz verdunkelt, der Himmel aber noch blau‘ … Der Himmel möge für Sie immer blau bleiben, mein junger Freund, selbst zur Stunde, die mir nun schlägt, wo das Gehölz schon schwarz ist, werden Sie Trost finden, wie ich, wenn ich den Blick zum Himmel wende.“ Er zog eine Zigarette aus seiner Tasche, seine Augen verweilten lang am Horizont. „Adieu, meine Kameraden“, sprach er unvermittelt zu uns und entschwand.

Zur Stunde, als ich hinunterging, um das Menü in Erfahrung zu bringen, war das Diner schon im Gang, und Françoise befehligte die Naturgewalten, die zu ihren Handlangerinnen geworden waren, wie in dem Zaubermärchen, in dem Riesen

Nun, die Dame, der Legrandin das Geleit gab, war eine höchst angesehene Person von untadeliger Tugend; es konnte sich also nicht darum handeln, dass er ungern überrascht wurde, weil er in der Gunst einer Frau stand; und so fragte sich mein Vater, wodurch er M. Legrandins Missfallen erregt haben mochte. Der Familienrat aber befand einstimmig, dass mein Vater sich etwas „in den Kopf gesetzt" hatte oder dass Legrandin, gerade in diesem Augenblick, durch irgendeinen Gedanken abgelenkt war. Mein Vater ließ sich nicht wirklich überzeugen und befürchtete nach wie vor, er habe sich mit einem Mann überworfen, den er schätzte. Aber diese Befürchtung sah sich schon am nächsten Abend zerstreut. Als wir gerade von einem langen Spaziergang zurückkamen, erblickten wir, unweit vom Pont-Vieux, Legrandin, der anlässlich der „Festlichkeiten" mehrere Tage in Combray blieb. Mit ausgestreckter Hand trat er auf uns zu: „Kennen Sie eigentlich, werter Herr Leser", sagte er zu mir, diesen Vers von Paul Desjardins: „‚Les bois sont déjà noirs, le ciel est encore bleu.' ‚Schon ist das Gehölz verdunkelt, der Himmel aber noch blau.' Ist das nicht eine feinsinnige Notation ebendieser Stunde? Sie mögen Paul Desjardins vielleicht noch nie gelesen haben. Lesen Sie ihn, mein Kind; heute ist er zu einem Moralapostel verkommen, doch während langer Jahre war er ein glasklarer Aquarellist: ‚Schon ist das Gehölz verdunkelt, der Himmel aber noch blau'... Der Himmel möge für Sie immer blau bleiben, mein junger Freund, selbst zur Stunde, die mir nun schlägt, wo das Gehölz schon schwarz ist, werden Sie Trost finden, wie ich, wenn ich den Blick zum Himmel wende." Er zog eine Zigarette aus seiner Tasche, seine Augen verweilten lang am Horizont. „Adieu, meine Kameraden", sprach er unvermittelt zu uns und entschwand.

Zur Stunde, als ich in die Küche hinunterging, um das Menü in Erfahrung zu bringen, war das Diner schon im Gang, und Françoise befehligte die Naturgewalten, die zu ihren Handlangerinnen geworden waren, wie in dem

als Köche angestellt werden; sie schürte die Kohlen, gab die Kartoffeln, die es zu garen galt, in den Dampf und vollendete, punktgenau, auf dem Feuer die kulinarischen Meisterwerke, die sie in Tongefäßen vorbereitet hatte, von gewaltigen Bottichen, Töpfen, Kesseln über Fischpfannen und Terrinen für Wild bis zu Patisserieformen und kleinen Crèmetöpfchen, wobei sie eine kunstvolle Kollektion von Kasserollen in allen Größen durchliefen. Ich hielt inne, um den Tisch zu betrachten, wo die Küchenmagd sie schon enthülst hatte, all die Erbsen, aufgereiht und durchgezählt wie grüne Spielmurmeln; doch meine Entzückung galt dem Spargel, in Ultramarin und Rosa getunkt, wobei die Spitze, zart in Mauve und Azur gestippt, die sich zu ihrem Stumpf hin – befleckt noch von der Erde des Setzlings – unmerklich verloren, in Regenbogenfarben von überirdischer Irisation. Mir war, als würden diese Himmelsschimmer das Geheimnis jener köstlichen Kreaturen enthüllen, die sich ein Vergnügen daraus gemacht hatten, sich in Gemüse zu verwandeln, denn in dieser Verkleidung aus essbarem und bissfestem Fleisch ließen sie durch die Farben der dämmernden Morgenröte, durch Skizzen von Regenbögen und das Verblauen des Abends ebenjene unbezahlbare Essenz durchschimmern, die ich noch zu erkennen glaubte, wenn sie nach dem Diner, bei dem ich sie gekostet hatte, die ganze Nacht hindurch ihre poetischen und plumpen Possen spielten wie in einem Märchenstück von Shakespeare und meinen Nachttopf in einen Parfumflacon wandelten.

Ach, arme *Caritas* von Giotto, wie Swann sie nannte, von Françoise damit betraut, sie zu „rupfen", sie hielt sie in einem Korb an ihrer Seite, mit schmerzverzerrtem Ausdruck, als trüge sie alles Leid der Erde; und die leichten Kronen aus Azur, die die Spargeln über ihrer rosa Tunika gürteten, waren ganz fein gezeichnet, Stern um Stern, wie auf den Fresken die Blumen, die eine Stirn umwinden oder aus dem Korb der *Tugend* von Padua ragen. Unbekümmert drehte Françoise eines jener Pou-

Zaubermärchen, in dem Riesen als Köche angestellt werden; sie schürte die Kohlen, gab die Kartoffeln, die es zu garen galt, in den Dampf und vollendete, punktgenau, auf dem Feuer die kulinarischen Meisterwerke, die sie in Tongefäßen vorbereitet hatte, von gewaltigen Bottichen, Töpfen, Kesseln über Fischpfannen und Terrinen für Wild bis zu Patisserieformen und kleinen Crèmetöpfchen, wobei sie eine kunstvolle Kollektion von Kasserollen in allen Größen durchliefen. Ich hielt inne, um den Tisch zu betrachten, wo die Küchenmagd sie schon enthülst hatte, all die Erbsen, aufgereiht und durchgezählt wie grüne Spielmurmeln; doch meine Entzückung galt dem Spargel, in Ultramarin und Rosa getunkt, wobei die Spitze, zart in Mauve und Azur gestippt, die sich zu ihrem Stumpf hin – befleckt noch von der Erde des Setzlings – unmerklich verloren, in Regenbogenfarben von überirdischer Irisation. Mir war, als würden diese Himmelsschimmer das Geheimnis jener köstlichen Kreaturen enthüllen, die sich ein Vergnügen daraus gemacht hatten, sich in Gemüse zu verwandeln, denn in dieser Verkleidung aus essbarem und bissfestem Fleisch ließen sie durch die Farben der dämmernden Morgenröte, durch Skizzen von Regenbögen und das Verblauen des Abends ebenjene unbezahlbare Essenz durchschimmern, die ich noch zu erkennen glaubte, wenn sie nach dem Diner, bei dem ich sie gekostet hatte, die ganze Nacht hindurch ihre poetischen und plumpen Possen spielten wie in einem Märchenstück von Shakespeare und meinen Nachttopf in einen Parfumflacon wandelten.

Ach, arme *Caritas* von Giotto, von Françoise damit betraut, sie zu „rupfen", sie hielt sie in einem Korb an ihrer Seite, ihr Ausdruck war schmerzgepeinigt, als trüge sie alles Leid der Erde; und die leichten Kronen aus Azur, die die Spargeln über ihrer rosa Tunika gürteten, waren ganz fein gezeichnet, Stern um Stern, wie auf den Fresken die Blumen, die eine Stirn umwinden oder aus dem Korb der *Tugend* von Padua ragen. Unbekümmert drehte Françoise

lets am Spieß, wie nur sie sie braten konnte, sie hatten den Wohlgeruch ihrer Verdienste in Combray weit verbreitet, und wenn sie sie uns zu Tisch auftrug, überwog, in meiner etwas absonderlichen Vorstellung ihres Charakters, die Sanftheit das Aroma dieses Fleisches, das sie so samtweich und so zart zu machen wusste, dies galt mir als das eigentliche Parfum ihrer Tugend.

Jener Tag aber, als mein Vater den Familienrat über die Begegnung mit Legrandin einberief und ich in die Küche hinunterging, gehörte zu einer Reihe von Tagen, an denen die *Caritas* von Giotto, noch ganz krank von der kürzlichen Niederkunft, nicht aus dem Bett konnte; Françoise stand ohne Hilfe da und war im Rückstand. Als ich unten ankam, war sie gerade dabei, in der Hinterküche, die zum Geflügelhof hinausging, ein Huhn zu töten, das durch seinen verzweifelten und vollkommen natürlichen Widerstand Françoise ganz außer sich brachte, alles untermalt von den Schreien „Dreckiges Viech! dreckiges Viech!", während sie ihm unter dem Ohr den Hals durchzutrennen suchte, was die heilige und salbungsvolle Sanftmut unserer Bediensteten in einem weniger vorteilhaften Licht erscheinen ließ, wie dann, wenige Stunden später, dessen goldgesäumte Haut im Stil eines Messgewandes mitsamt ihrem kostbaren Jus, der aus dem Kelch tropfte. Als es tot war, fing Françoise das fließende Blut auf, ohne dass es ihren Groll ertränkt hätte, und so kam es zu einem weiteren Wutanfall und sie sagte, mit Blick auf den Kadaver ihres Feindes, ein letztes Mal: „Dreckiges Viech!" Ganz taumelig stieg ich hinauf; ich wünschte mir, man würde Françoise sogleich vor die Tür setzen. Doch wer hätte mir dann jene warmen Brotlaibe, den so wohlduftenden Kaffee gemacht, oder auch... solche Poulets?...In Tat und Wahrheit folgten auch alle anderen diesem feigen Kalkül. Jedenfalls wusste meine Tante Léonie – was mir noch verborgen war – ganz genau, dass Françoise, die für ihre Tochter, für ihre Neffen ohne jede Klage ihr Leben her-

eines jener Poulets am Spieß, wie nur sie sie braten konnte, sie hatten den Wohlgeruch ihrer Verdienste in Combray weit verbreitet, und wenn sie sie uns zu Tisch auftrug, überwog, in meiner etwas absonderlichen Vorstellung ihres Charakters, die Sanftheit das Aroma dieses Fleisches, das sie so samtweich und so zart zu machen wusste, dies galt mir als das eigentliche Parfum ihrer Tugend.

Jener Tag aber, als mein Vater den Familienrat über die Begegnung mit Legrandin einberief und ich in die Küche hinunterging, gehörte zu einer Reihe von Tagen, an denen die *Caritas* von Giotto, noch ganz krank von der kürzlichen Niederkunft, nicht aus dem Bett konnte; Françoise stand ohne Hilfe da und war im Rückstand. Als ich unten ankam, war sie gerade dabei, in der Hinterküche, die zum Geflügelhof hinausging, ein Huhn zu töten, das durch seinen verzweifelten und vollkommen natürlichen Widerstand Françoise ganz außer sich brachte, alles untermalt von den Schreien „Dreckiges Viech! dreckiges Viech!", während sie ihm unter dem Ohr den Hals durchzutrennen suchte, was die heilige und salbungsvolle Sanftmut unserer Bediensteten in einem weniger vorteilhaften Licht erscheinen ließ, wie dann, wenige Stunden später, dessen goldgesäumte Haut im Stil eines Messgewandes mitsamt ihrem kostbaren Jus, der aus dem Kelch tropfte. Als es tot war, fing Françoise das fließende Blut auf, ohne dass es ihren Groll ertränkt hätte, und so kam es zu einem weiteren Wutanfall und sie sagte, mit Blick auf den Kadaver ihres Feindes, ein letztes Mal: „Dreckiges Viech!" Ganz taumelig stieg ich hinauf; ich wünschte mir, man würde Françoise sogleich vor die Tür setzen. Doch wer hätte mir dann jene warmen Brotlaibe, den so wohlduftenden Kaffee gemacht, oder auch... solche Poulets? ... In Tat und Wahrheit folgten auch alle anderen diesem feigen Kalkül. Jedenfalls wusste meine Tante Léonie – was mir noch verborgen war – ganz genau, dass Françoise, die für ihre Tochter, für ihre Neffen ohne jede Klage auf den Scheiterhaufen gestiegen wäre, anderen

gegeben hätte, anderen Wesen gegenüber ungeheure Härte bezeigen konnte. Dessen ungeachtet hatte meine Tante an ihr festgehalten, denn sosehr sie um ihre Grausamkeit wusste, so sehr schätzte sie ihre Dienste. Nach und nach bemerkte ich, dass hinter Françoise' Sanftmut, Gotteszerknirschung und Tugend wahre Küchentragödien verborgen lagen, so wie die Geschichtsschreibung entdeckt, dass die Herrschaft von Königen und Königinnen, die mit gefalteten Händen auf Kirchenfenstern abgebildet sind, von blutigen Händeln geprägt waren. Mir dämmerte langsam, dass andere menschliche Wesen, abgesehen von ihren Verwandten, mit ihrem Elend umso mehr ihr Mitleid erregten, je ferner sie von ihr lebten. Die Sturzbäche von Tränen, die sie beim Zeitunglesen über das Missgeschick von Unbekannten verströmte, versiegten rasch, sobald sie sich von der betroffenen Person ein klares Bild machen konnte. In einer jener Nächte, die auf die Niederkunft der Küchenmagd folgten, wurde sie von grässlichen Koliken heimgesucht; Maman hörte ihr Wehklagen, stand auf und weckte Françoise, die, gänzlich ungerührt, verkündete, diese Schreie seien eine reine Komödie, sie wolle sich nur als „feine Dame aufspielen“. Der Arzt, der derlei Krämpfe befürchtet hatte, hatte ein Merkzeichen in eines unserer Medizinbücher gelegt, just zwischen die Seiten, wo Letztere beschrieben werden und wo wir, seinen Worten zufolge, nachschlagen sollten, um eine Anleitung zur ersten Hilfe zu finden. Meine Mutter schickte Françoise, das Buch zu holen, und mahnte sie, das Merkzeichen nicht herausfallen zu lassen. Nach einer Stunde war Françoise noch immer nicht zurück; meine Mutter, ganz verstimmt, glaubte, sie hätte sich wieder hingelegt, und sagte mir, ich solle meines Orts in der Bibliothek nachsehen. Dort fand ich Françoise, die schauen wollte, was das Zeichen markierte, die klinische Beschreibung der Krämpfe las und nun, wo es sich um das Fallbeispiel einer Kranken handelte, die sie nicht kannte, in Schluchzer ausbrach. Bei jedem schmerzlichen Symptom, das der Verfasser

Wesen gegenüber ungeheure Härte bezeigen konnte. Doch liebte meine Tante ihre Dienste über alles! Und nach und nach entdeckte ich, dass hinter Françoise' Sanftmut, Gotteszerknirschung und Tugend wahre Küchentragödien verborgen lagen, so wie die Geschichtsschreibung entdeckt, dass die Herrschaft von Königen und Königinnen, die mit gefalteten Händen auf Kirchenfenstern abgebildet sind, von recht blutigen Händeln geprägt waren. Mir dämmerte langsam, dass andere menschliche Wesen, abgesehen von ihren Verwandten, mit ihrem Elend umso mehr ihr Mitleid erregten, je ferner sie von ihr lebten. Die Sturzbäche von Tränen, die sie beim Zeitunglesen über das Missgeschick von Unbekannten verströmte, versiegten rasch, sobald sie sich von der betroffenen Person ein klares Bild machen konnte. In einer jener Nächte, die auf die Niederkunft der Küchenmagd folgten, wurde die Jammerbare von grässlichen Koliken heimgesucht; Maman hört ihre Wehklagen, stand auf und weckte Françoise, die, gänzlich ungerührt, verkündete, diese Schreie seien eine reine Komödie, sie wolle sich nur als „feine Dame aufspielen". Der Arzt, der derlei Krämpfe befürchtet hatte, hatte ein Merkzeichen in eines unserer Medizinbücher gelegt, just zwischen die Seiten, wo Letztere beschrieben werden und wo wir, seinen Worten zufolge, nachschlagen sollten, um eine Anleitung zur ersten Hilfe zu finden. Meine Mutter schickte Françoise, das Buch zu holen, und mahnte sie, das Merkzeichen nicht herausfallen zu lassen. Nach einer Stunde war Françoise noch immer nicht zurück; meine Mutter, ganz verstimmt, glaubte, sie hätte sich wieder hingelegt, und sagte mir, ich solle meines Orts in der Bibliothek nachsehen. Dort fand ich Françoise, die schauen wollte, was das Zeichen markierte, die klinische Beschreibung der Krämpfe las und nun, wo es sich um „die Kranke" handelte, die sie nicht kannte, in Schluchzer ausbrach. Bei jedem schmerzlichen Symptom, das der Verfasser der Abhandlung erwähnte, klagte sie: „Herrje, heilige Jungfrau,

der Abhandlung erwähnte, klagte sie: „Herrje, heilige Jungfrau, wie kann der liebe Gott ein jammerbares Menschenkind nur so schlimm leiden lassen. Ach, die Ärmste."

Doch kaum war sie auf meinen Ruf ans Krankenlager unserer *Caritas* von Giotto zurückgekehrt, versiegten die Tränen, nichts mahnte sie mehr an jene angenehm prickelnde Empfindung von Mitleid und Rührung, die ihr so vertraut war und von der Zeitungslektüre immer wieder geweckt wurde, noch an irgendeine verwandte Freude, nein, im Ärger, dass sie wegen der Küchenmagd mitten in der Nacht mühselig aufstehen musste, und in Anbetracht ebenjener Schmerzen, die sie beim Lesen zum Weinen gebracht hatten, kannte sie nur noch ein missmutiges Murren, ja sogar schlimme Spottworte, jedenfalls sagte sie, kaum glaubte sie uns fort und außer Hörweite: „Sie hätte es ja lassen können, damit es nicht so weit kommt! aber es machte ihr Spaß! jetzt soll sie nur nicht so tun. Das muss ein gottverlassener Kerl gewesen sein, der sich mit *so was* einließ. Tja, genau wie es in der Mundart meiner Mutter selig hieß:

Qui du cul d'un chien s'amourose
Il lui paraît une rose.
Auch ein Hundearsch scheint dem Amourösen
schön wie ein paar Rosen.

Als ihr Enkel eine leichte Hirnhautentzündung hatte, brach sie, wiewohl selber krank, mitten in der Nacht auf, statt ihr Bett zu hüten, und das nur, um zu sehen, ob ihm was fehle; sie legte noch vor Tagesanbruch vier Meilen zu Fuß zurück, bevor sie wieder zur Arbeit kam, und im Gegenzug zeigte sich diese Liebe zu den Ihrigen samt ihrem Wunsch, die künftige Größe ihres Hauses zu sichern, in ihrer Politik gegenüber den anderen Domestiken gemäß der unumstößlichen Maxime, die da besagte: keiner darf sich bei meiner Tante einnisten, ja es war ihr ganzer Stolz, niemand anderen an sie heranzulassen, und so stand sie, auch wenn sie krank war, lieber selbst auf, um ihr das Vichy-Wasser zu verabreichen, als der Küchen-

wie kann der liebe Gott ein jammerbares Menschenkind nur so schlimm leiden lassen. Ach, die Ärmste."

Doch kaum war sie auf meinen Ruf ans Krankenlager unserer *Caritas* von Giotto zurückgekehrt, versiegten die Tränen, nichts mahnte sie mehr an jene angenehm prickelnde Empfindung von Mitleid und Rührung, die ihr so vertraut war und von der Zeitungslektüre immer wieder geweckt wurde, noch an irgendeine verwandte Freude, nein, im Ärger, dass sie wegen der Küchenmagd mitten in der Nacht mühselig aufstehen musste, und in Anbetracht ebenjener Schmerzen, die sie beim Lesen zum Weinen gebracht hatten, kannte sie nur noch ein missmutiges Murren, ja sogar schlimme Spottworte, jedenfalls sagte sie, kaum glaubte sie uns fort und außer Hörweite: „Sie hätte es ja lassen können, damit es nicht so weit kommt! aber es machte ihr Spaß! jetzt soll sie nur nicht so tun. Das muss ein gottverlassener Kerl gewesen sein, der sich mit *so was* einließ. Tja, genau wie es in der Mundart meiner Mutter selig hieß:

> *Qui du cul d'un chien s'amourose*
> *Il lui paraît une rose.*
> *Auch ein Hundearsch scheint dem Amourösen*
> *schön wie ein paar Rosen.*

Als ihr Enkel eine leichte Hirnhautentzündung hatte, brach sie, wiewohl selber krank, mitten in der Nacht auf, statt ihr Bett zu hüten, und das nur, um zu sehen, ob ihm was fehle; sie legte noch vor Tagesanbruch vier Meilen zu Fuß zurück, bevor sie wieder zur Arbeit kam, und im Gegenzug zeigte sich diese Liebe zu den Ihrigen samt ihrem Wunsch, die künftige Größe ihres Hauses zu sichern, in ihrer Politik gegenüber den anderen Domestiken gemäß der unumstößlichen Maxime, die da besagte: keiner darf sich bei meiner Tante einnisten, ja es war ihr ganzer Stolz, niemand anderen an sie heranzulassen, und so stand sie, auch wenn sie krank war, lieber selbst auf, um ihr das Vichy-Wasser zu verabreichen, als der Küchenmagd Zutritt zum Zimmer magd Zutritt zum Zimmer ihrer Herrin zu gewähren. Ganz wie jener Hautflügler, den Fabre beobachtet hatte, die Grabwespe, die mit dem Ziel, dass ihre Kleinen nach ihrem Tod frisches Fleisch essen können, die Anatomie in den Dienst ihrer Grausamkeit stellt; nach dem Erbeuten von Rüsselkäfern, Spinnen, sticht sie ihnen mit wundersamem Wissen und Geschick ins Nervenzentrum, das für die Bewegung der Füße, nicht aber für andere lebenswichtige Funktionen zuständig ist, so zwar, dass das paralysierte Insekt, an dessen Seite sie ihre Eier legt, den Larven beim Schlüpfen frisches Wild bietet, gefügig, wehrlos, jeglicher Flucht und jeglichen Widerstandes unfähig, aber doch ohne jeden Wildstich, genau so verfiel Françoise in ihrem unablässigen Bestreben, dass keine anderen Bediensteten die Haushaltung führen konnten, auf so gerissene und unbarmherzige Schliche, dass wir erst Jahre später in Erfahrung brachten, weshalb wir in jenem Sommer fast täglich Spargel aßen – nur weil deren Geruch der armen Küchenmagd, die sie rüsten musste, so schlimme Asthmaanfälle verursachte, dass sie schließlich kündigen musste.

Hélas! unsere Meinung über Legrandin sollte sich gründlich ändern: Eines Sonntags, der auf jene Begegnung auf dem Pont-Vieux folgte, in dessen Verlauf mein Vater seinen Irrtum eingestehen musste, da ging die Messe langsam zu Ende, und mit der Sonne sowie dem Lärm von draußen drang eine Stimmung in die Kirche, die jeder Heiligkeit entbehrte, sodass Mme Goupil, Mme Percepied (also all jene Leute, deren Augen bei meinem leicht verspäteten Erscheinen so sehr ins Gebet versunken waren, dass ich sogar überzeugt gewesen wäre, sie hätten mich gar nicht eintreten sehen, wenn ihre Füße nicht sogleich die kleinen Schemel weggestoßen hätten, die mich daran hinderten, zu meinem Stuhl zu gelangen) mit uns über ganz weltliche Dinge zu sprechen begannen, mit lauter Stimme, als stünden wir bereits draußen auf dem Platz, da sahen wir auf der gleißenden Schwelle des Portals, das kunterbunte

ihrer Herrin zu gewähren. Ganz wie jener Hautflügler, den Fabre beobachtet hatte, die Grabwespe, die mit dem Ziel, dass ihre Kleinen nach ihrem Tod frisches Fleisch essen können, die Anatomie in den Dienst ihrer Grausamkeit stellt; nach dem Erbeuten von Rüsselkäfern, Spinnen, sticht sie ihnen mit wundersamem Wissen und Geschick ins Nervenzentrum, das für die Bewegung der Füße, nicht aber für andere lebenswichtige Funktionen zuständig ist, so zwar, dass das paralysierte Insekt, an dessen Seite sie ihre Eier legt, den Larven beim Schlüpfen frisches Wild bietet, gefügig, wehrlos, jeglicher Flucht und jeglichen Widerstandes unfähig, aber doch ohne jeden Wildstich, genau so verfiel Françoise in ihrem unablässigen Bestreben, dass keine anderen Bediensteten die Haushaltung führen konnten, auf so gerissene und unbarmherzige Schliche, dass wir erst Jahre später in Erfahrung brachten, weshalb wir in jenem Sommer fast täglich Spargel aßen – nur weil deren Geruch der armen Küchenmagd, die sie rüsten musste, so schlimme Asthmaanfälle verursachte, dass sie schließlich kündigen musste.

Hélas! unsere Meinung über Legrandin sollte sich gründlich ändern: Eines Sonntags, der auf jene Begegnung auf dem Pont-Vieux folgte, in dessen Verlauf mein Vater seinen Irrtum eingestehen musste, da ging die Messe langsam zu Ende, und mit der Sonne sowie dem Lärm von draußen drang eine Stimmung in die Kirche, die jeder Heiligkeit entbehrte, sodass Mme Goupil, Mme Percepied (also all jene Leute, deren Augen bei meinem leicht verspäteten Erscheinen so sehr ins Gebet versunken waren, dass ich überzeugt gewesen wäre, sie hätten mich gar nicht eintreten sehen, wenn ihre Füße nicht sogleich die kleinen Schemel weggestoßen hätten, die mich daran hinderten, zu meinem Stuhl zu gelangen) mit uns über ganz weltliche Dinge zu sprechen begannen, mit lauter Stimme, als stünden wir bereits draußen auf dem Platz, da sahen wir auf der gleißenden Schwelle des Portals, das kunterbunte

Treiben des Marktes überragend, M. Legrandin, den der Gatte jener adligen Dame, an deren Seite wir ihn letzthin angetroffen hatten, gerade einer anderen Burgherrin aus der Gegend vorstellte. Das Gesicht von Legrandin glänzte vor Lebhaftigkeit und Übereifer; er vollführte einen tiefen Bückling, wölbte sich sodann mit zusätzlichem Schwung nach hinten, sodass er den Rücken unvermittelt weit über dessen Ausgangslage drückte, was ihm gewiss vom Sohn seiner Schwester, Mme de Cambremer, beigebracht worden war. Dieses jähe Hochschnellen jagte eine Art stürmische und muskulöse Welle durch den Hintern von Legrandin, den ich nie für so fleischig gehalten hätte; und ich weiß nicht, warum, aber dieses Gewoge seiner Materie, diese durch und durch fleischliche Flut ohne jeden Anflug von Vergeistigung, einzig vom Sturm einer Beflissenheit aus ganz und gar niederen Gründen aufgepeitscht, ließ in meinem Geist wie aus dem Nichts die Möglichkeit eines Legrandin aufblitzen, der ganz anders war als derjenige, den wir kannten. Jene Dame bat ihn, ihrem Kutscher etwas zu sagen, und während er zum Wagen schritt, hielt das Gepräge von scheuer und devoter Freude, die sich bei der Begrüßung auf seinem Gesicht abgezeichnet hatte, weiterhin an. Ganz verzückt, in einer Art Traum befangen, lächelte er, dann trat er wieder voll Hast auf die Dame zu, und da er schneller ging als gewohnt, schlenkerten seine Schultern links und rechts auf lachhafte Weise, und er schien so sehr darin aufzugehen, als wäre ihm alles andere einerlei, ganz und gar der träge und mechanische Spielball der Glückseligkeit. Nun, wir traten aus dem Portal und sollten sogleich an seiner Seite auftauchen, doch allzu wohlerzogen, um den Kopf abzuwenden, fasste er mit seinem Blick, plötzlich von tieferen Träumereien umflort, einen fernen Punkt am Horizont ins Auge, sodass er uns nicht mehr sehen konnte und auch nicht grüßen musste. Sein Gesicht schwebte treuherzig über einem ~~ganz~~ geschmeidigen und gerade geschnittenen Veston ~~wie ein entstaubte Hausjacke und~~ und ~~fühlte~~ hatte sich

Treiben des Marktes überragend, M. Legrandin, den der Gatte jener Schlossherrin, an deren Seite wir ihn letzthin angetroffen hatten, gerade einer anderen Burgherrin aus der Gegend vorstellte. Das Gesicht von Legrandin glänzte vor Lebhaftigkeit und Übereifer; er vollführte einen tiefen Bückling, wölbte sich sodann mit zusätzlichem Schwung nach hinten, sodass er den Rücken unvermittelt weit über dessen Ausgangslage drückte, was ihm gewiss von den Söhnen seiner Schwester, Mme de Chemisey, beigebracht worden war. Dieses jähe Hochschnellen jagte eine Art stürmische und muskulöse Welle durch den Hintern von Legrandin, den ich nie für so fleischig gehalten hätte; und ich weiß nicht, warum, aber dieses Gewoge seiner Materie, diese durch und durch fleischliche Flut ohne jeden Anflug von Vergeistigung, einzig vom Sturm einer Beflissenheit aus ganz und gar niederen Gründen aufgepeitscht, ließ in meinen Gedanken wie aus dem Nichts die Möglichkeit eines Legrandin aufblitzen, der ganz anders war als derjenige, den wir kannten. Jene Dame bat ihn, ihrem Kutscher etwas zu sagen, und während er zum Wagen schritt, hielt das Gepräge von scheuer und devoter Freude, die sich bei der Begrüßung auf seinem Gesicht abgezeichnet hatte, weiterhin an. Ganz verzückt, in einer Art Traum befangen, lächelte er, dann trat er wieder voll Hast auf die Dame zu, und da er schneller ging als gewohnt, schlenkerten seine Schultern links und rechts auf lachhafte Weise, und er schien so sehr darin aufzugehen, als wäre ihm alles andere einerlei, ganz und gar der träge Spielball der Glückseligkeit. Nun, wir traten aus dem Portal und sollten sogleich an seiner Seite auftauchen, doch allzu wohlerzogen, um den Kopf abzuwenden, fasste er mit seinem Blick, plötzlich von tiefen Träumereien umflort, einen fernen Punkt am Horizont ins Auge, sodass er uns nicht mehr sehen konnte und auch nicht grüßen musste. Als wir zu Hause eintrafen, merkte Maman, dass wir die Torte für den Abend vergessen hatten, und bat meinen Vater, mit mir kehrtzu-

allem Anschein nach unfreiwillig zwischen einen Luxus ~~verlo-~~
~~ren~~ verirrt, der ihm zuwider war. Und ~~eine Lavallière-Krawatte~~
~~schlenkerte im Wind, der über den Platz~~ eine getüpfelte Laval-
lière-Schleife, die im Wind des Platzes flatterte, ~~schien gehisst~~
baumelte vor Legrandin, gleich der Standarte ~~seiner stolzen~~
~~Unabhängigkeit~~ seines stolzen Isolationismus und seiner edlen
Unabhängigkeit. Als wir zu Hause eintrafen, merkte Maman,
dass wir den Saint-Honoré vergessen hatten, und bat meinen
Vater, mit mir kehrtzumachen, ~~mit der Bitte~~ um zu melden,
man solle sie sogleich vorbeibringen. Unweit von der Kirche
kreuzten wir Legrandin, der aus der Gegenrichtung kam und
die Schlossdame zu ihrer Kutsche geleitete. Er ging auf uns
zu, ohne das Gespräch mit seiner Nachbarin zu unterbrechen,
und gab uns aus dem Winkel seiner blauen Augen ein kleines
Zeichen, gleichsam aus der Tiefe unter seinen Wimpern, was
keinen Muskel seines Gesichts in Anspruch nahm und von
seiner Gesprächspartnerin vollkommen unbemerkt blieb; freilich suchte er allem Anschein nach das recht enge Feld, auf
das er seinen Ausdruck beschränkte, durch die Intensität des
Gefühls wettzumachen, und so ließ er im azurnen Eck, das uns
zugedacht war, ein Feuer hoher Huld funkeln, was jede reine
Munterkeit überstieg und an Mutwillen grenzte; er trieb die
Raffinesse der Liebenswürdigkeit bis zu einem Augenzwinkern
voll Nachsicht, Worten voll Andeutungen und Hintersinn, bis
hin zu geheimer Komplizenschaft; und schließlich steigerte
er die Versicherung seiner Freundschaft zu uns bis zu einer
zärtlichen Liebeserklärung, wobei er, einzig für uns, mit dem
Glanz einer Geheimsprache, die für die Schlossdame unsichtbar blieb, den in Liebe entflammten Augenstern in seinem
gefrorenen Gesicht illuminierte.

Noch am Vorabend hatte er meine Eltern gebeten, mich am
heutigen Abend zu einem Diner bei ihm zu schicken: „Geruhen
Sie, Ihrem alten Freund Gesellschaft zu leisten", sprach er zu
mir. „Lassen Sie mich, wie an einem Strauß, den uns ein Reisen-

machen und nochmals hineinzugehen, um die Bestellung aufzugeben. Unweit von der Kirche kreuzten wir Legrandin, der aus der Gegenrichtung kam und die Schlossdame zu ihrer Kutsche geleitete. Er ging auf uns zu, ohne im Gespräch mit seiner Nachbarin innezuhalten, und gab uns aus dem Winkel seiner blauen Augen ein kleines Zeichen, gleichsam aus der Tiefe unter seinen Wimpern, was keinen Muskel seines Gesichts in Anspruch nahm und von seiner Gesprächspartnerin vollkommen unbemerkt blieb; freilich suchte er allem Anschein nach das recht enge Feld, auf das er seinen Ausdruck beschränkte, durch die Intensität des Gefühls wettzumachen, und so ließ er im azurnen Eck, das uns zugedacht war, ein Feuer hoher Huld funkeln, was jede reine Munterkeit überstieg und an Mutwillen grenzte; er trieb die Raffinesse der Liebenswürdigkeit bis zu einem Augenzwinkern voll Nachsicht, Worten voll Andeutungen und Hintersinn, bis zu geheimer Komplizenschaft; und schließlich steigerte er die Versicherung seiner Freundschaft zu uns bis hin zu einer zärtlichen Liebeserklärung, wobei er, einzig für uns, mit dem Glanz einer Geheimsprache, die für die Schlossdame unsichtbar blieb, den in Liebe entflammten Augenstern in seinem gefrorenen Gesicht illuminierte.

Noch am Vorabend hatte er meine Eltern gebeten, mich am heutigen Abend zu einem Diner bei ihm zu schicken: „Geruhen Sie, Ihrem alten Freund Gesellschaft zu leisten", sprach er zu mir. „Lassen Sie mich, wie an einem Strauß, den uns ein Reisender aus einem Land sendet, in das wir nie mehr zurückkehren werden, in der Ferne Ihrer Jugend jene Blumen des Frühlings einatmen, den auch ich, vor langer Zeit, gekannt. Bringen Sie die Primeln, den Mönchsbart, den Scharfen Hahnenfuß mit, bringen Sie die Fetthenne mit, die den Lieblingsstrauß der Balzac'schen Flora bildet, mitsamt der Auferstehungspflanze, dem Gänseblümchen und dem Schneeball, die in den Alleen Ihres Onkels duften, noch ehe die letzten Schneebälle unter österlichem

der aus einem Land sendet, in das wir nie mehr zurückkehren werden, in der Ferne Ihrer Jugend jene Blumen des Frühlings einatmen, den auch ich, vor langer Zeit, gekannt. Bringen Sie die Primeln, den Mönchsbart, den Scharfen Hahnenfuß mit, bringen Sie die Fetthenne mit, die den Lieblingsstrauß der Balzac'schen Flora bildet, mitsamt der Auferstehungspflanze, dem Gänseblümchen und dem Schneeball, die in den Alleen Ihres Großonkels duften, noch ehe die letzten Schneebälle unter österlichem Platzregen geschmolzen sind. Herbei mit dem ruhmreichen Seidenkleid der Lilien, das selbst eines Salomon nicht unwürdig wäre, und mit dem polychromen Schmelz der Stiefmütterchen, doch tragen sie vor allem die frische Brise des letzten Frostes herbei, die für die beiden Schmetterlinge, die seit heute Morgen vor der Pforte warten, die erste Jerusalem-Rose öffnet."

Im Haus fragte man sich ernsthaft, ob man mich zum Diner bei M. Legrandin schicken sollte. Doch meine Großmutter wies den Gedanken, er sei unhöflich gewesen, von sich und verkündete, alles in allem: „Ihr werdet selber einräumen, dass er mitten unter in seinem ganz schlichten Kleid und daherkam, das nichts Mondänes an sich hatte." Und sie verkündete, in jedem Fall, selbst im ungünstigsten Fall, dass er sich wirklich unhöflich verhalten haben mochte, so sei es noch immer besser, sich so zu fassen, als habe man nichts bemerkt. Offen gestanden blieben meinem Vater, der über Legrandins Art am nachhaltigsten verstört war, letzte Zweifel, was dies eigentlich bedeuten mochte. Es war Wie Sie war wie alles

PLACARD 21
VOM 22. APRIL 1913

Sie war wie alle Handlungen, in denen sich die tiefen und verborgenen Wesenszüge einer Person enthüllen, die keinen Bezug: sie hat keinerlei Bezug zu seinen früheren Worten, und wir können aus der Aussage des Schuldigen, der alles abstreitet,

Platzregen geschmolzen sind. Herbei mit dem ruhmreichen Seidenkleid der Lilien, das selbst eines Salomon nicht unwürdig wäre, und mit dem polychromen Schmelz der Stiefmütterchen, doch tragen sie vor allem die frische Brise des letzten Frostes herbei, die für die beiden Schmetterlinge, die seit heute Morgen vor der Pforte warten, die erste Jerusalem-Rose öffnet."

Im Haus fragte man sich ernsthaft, ob man mich trotz seiner befremdlichen Anmutung von heute Morgen zum Diner bei M. Legrandin schicken sollte. Doch meine Großmutter,

deren Zweifel unsere Erzählung nicht ausräumte, verkündete, selbst im ungünstigsten Fall sei er höchstens unhöflich gewesen, was sie jedoch nicht glauben wollte und vor allem auch nicht begreifen konnte, und so solle man sich einfach so fassen, als hätte man nichts bemerkt.

keinerlei Bestätigung ziehen; wir sind auf das Zeugnis ~~unseres~~ ~~Gedächtnisses, das kaum~~ unserer Sinne angewiesen, wobei wir uns angesichts vereinzelter und unzusammenhängender Erinnerungen fragen, ob sie nicht der Spielball von Täuschungen waren; so kommt es, dass uns gerade jene Posen, die als einzige wirklich von Bedeutung sind, oft im Zweifel lassen.

Ich dinierte mit Legrandin auf seiner Terrasse; der Mond schien hell: „Wie schön still und schweigsam, nicht wahr", sagte er zu mir; „verwundeten Herzen wie dem meinen, so sagte ein Romancier, den Sie eines Tages lesen werden, behagen Schatten und Schweigen. Und sehen Sie, mein Kind, es kommt im Leben eine Zeit, die für Sie noch in weiter Ferne liegt, wo den müden Augen nur noch ein Licht genehm ist, nämlich jenes, das eine prächtige Nacht wie diese mischt und aus dem Finstern filtert, wo die Ohren nur noch einer Musik lauschen, jener, die der Mondschein auf der Flöte des Schweigens spielt." Ich lauschte den Worten von M. Legrandin, die mir stets angenehm waren, doch ~~vom Gedanken an~~ von der Erinnerung an eine Frau aufgewühlt, die ich letzthin zum ersten Mal bei einem meiner Spaziergänge in einer Kutsche vorbeifahren sah, und im Wissen, dass Legrandin mit mehreren Schlossdamen aus der Umgebung bekannt war, dachte ich mir, er könne auch jene kennen, und so nahm ich allen Mut zusammen und sagte: „Kennen Sie, Verehrtester, die... die Schlossherrin de Guermantes", voll Seligkeit nur schon, weil ich diesen Namen aussprach, über den ich eine Art Macht gewann, indem ich ihn aus meinen Träumen holte und ihm ein objektives und klangvolles Dasein verlieh.

Doch bei diesem Namen Guermantes sah ich, wie sich eine winzige braune Kerbe mitten in die blauen Augen unseres Freundes grub, als wäre sie von einer unsichtbaren Nadel geritzt worden, indes der Rest der Iris im Gegenzug wahre Fluten von Azur verströmte. Der Bogen seiner geschwärzten Brauen fuhr nieder. Und sein Mund, der eine bittere Falte

Ich dinierte mit ihm auf seiner Terrasse; der Mond schien hell: „Wie schön still und schweigsam, nicht wahr", sagte er; „verwundeten Herzen wie dem meinen, so sagte ein Romancier, den Sie eines Tages lesen werden, behagen Schatten und Schweigen. Und sehen Sie, mein Kind, es kommt im Leben eine Zeit, die für Sie noch in weiter Ferne liegt, wo den müden Augen nur noch ein Licht genehm ist, nämlich jenes, das eine prächtige Nacht wie diese mischt und aus dem Finstern filtert, wo die Ohren nur noch einer Musik lauschen, jener, die der Mondschein auf der Flöte des Schweigens spielt." Ich lauschte den Worten von M. Legrandin, die mir bis anhin angenehm waren und mir stets die Lust einflößten, all das kennenzulernen, wovon er sprach, die Verse von Paul Desjardins, die Romane von Balzac und die Rose von Jerusalem; doch seit Tagen schon von der Erinnerung an eine Frau aufgewühlt, die ich bei einem meiner Spaziergänge in einer Kutsche vorbeifahren sah, und im Wissen, dass Legrandin mit mehreren Schlossdamen aus der Umgebung bekannt war, dachte ich mir, er könne auch jene kennen und mir zu einem Wiedersehen verhelfen, und so nahm ich allen Mut zusammen und sagte: „Kennen Sie, Verehrtester, die... die Schlossherrin de Guermantes", voll Seligkeit nur schon, weil ich diesen Namen aussprach, ihn neben mich in die Luft setzte wie einen geliebten und schönen Gegenstand, über den ich eine Art süße Macht gewann, indem ich ihn aus meinen Träumen holte und ihm nun sozusagen ein objektives klangvolles Dasein verlieh, das nicht nur ich, sondern auch jemand anderer, nämlich Legrandin, wahrnehmen musste. Und die Frage: „Kennen Sie sie?" – so wie kurz darauf (falls er mir mit Ja antworten würde): „Könnten Sie mich mit ihr bekannt machen?" –, dies allein schon hieß, der Traurigkeit, der Mutlosigkeit, ein Ende zu setzen und meinem Herzen Hoffnung einzuhauchen.

Doch bei diesem Namen Guermantes sah ich, wie sich eine winzige braune Kerbe mitten in das blaue Auge unseres

sehen ließ, fand rasch wieder zu einem Lächeln, während in seinem Blick weiterhin Schmerz lag, wie bei einem schönen Märtyrer, dessen Leib von Pfeilen gespickt ist: „Nein, ich kenne sie nicht", meinte er, doch anstatt dieser schlichten Auskunft, dieser wenig überraschenden Antwort den flüssigen Ton angemessener Natürlichkeit zu geben, verlieh er beim Sprechen jedem Wort Gewicht, indem er sich vorneigte und mit dem Kopf nickte, und dies mit jenem Nachdruck, den man, um glaubwürdig zu erscheinen, einer unwahrscheinlichen Behauptung verleiht – als könne der Umstand, die Guermantes nicht zu kennen, einzig die Folge eines ungewöhnlichen Zufalls sein –, mit der Emphase von jemandem, der einen peinlichen Umstand nicht verschweigen kann und ihn laut und deutlich verkündet, um den anderen den Eindruck zu vermitteln, als würde ihm dieses Eingeständnis keinerlei Verlegenheit bereiten, als käme es ihm leicht, ungezwungen, spontan über die Lippen, kurz, als sei die ganze Situation – also die fehlende Beziehung zu den Guermantes – von ihm durchaus gewollt und nicht etwa über ihn verhängt, die Folge einer familiären Tradition, moralischer Prinzipien oder eines mystischen Gelübdes, das ihm den Umgang mit den Guermantes ausdrücklich untersagte: „Nein", fuhr er fort und erläuterte mit seinen Worten diesen eigentümlichen Tonfall, „nein, ich kenne sie nicht, wollte sie nie kennenlernen, sondern lieber meine volle Unabhängigkeit bewahren; letztlich bin ich, wie Sie wissen, ein jakobinischer Kopf. Schon viele wollten mir beispringen, man sagte mir, es sei ein Fehler, nicht nach Guermantes zu gehen, ich würde mir damit den Anschein eines Raubeins, eines Brummbärs geben. Aber ein solcher Ruf schüchtert mich nicht ein, es ist ja nur allzu wahr! Genau besehen liegt mir hienieden nichts mehr am Herzen außer ein paar Kirchen und Bücher, zwei oder drei, ein paar Gemälde, aber auch nicht viel mehr, dann noch der Mondschein, wenn mir die Brise Ihrer Jugend den Duft von Blumenbeeten zuträgt, die meine alten Augen nicht

Freundes grub, als wäre sie von einer unsichtbaren Nadel geritzt worden, indes der Rest der Iris im Gegenzug wahre Fluten von Azur verströmte. Der Bogen seiner geschwärzten Brauen fuhr nieder. Und sein Mund, der eine bittere Falte sehen ließ, fand rasch wieder zu einem Lächeln, während in seinem Blick weiterhin Schmerz lag, wie bei einem schönen Märtyrer, dessen Leib von Pfeilen gespickt ist: „Nein, ich kenne sie nicht", meinte er, doch anstatt dieser schlichten Auskunft, dieser wenig überraschenden Antwort den flüssigen Ton angemessener Natürlichkeit zu geben, verlieh er beim Sprechen jedem Wort Gewicht, indem er sich vorneigte und mit dem Kopf nickte, und dies mit jenem Nachdruck, den man, um glaubwürdig zu erscheinen, einer unwahrscheinlichen Behauptung verleiht – als könne der Umstand, die Guermantes nicht zu kennen, einzig die Folge eines ungewöhnlichen Zufalls sein –, mit der Emphase von jemandem, der einen peinlichen Umstand nicht verschweigen kann und ihn laut und deutlich verkündet, um den anderen den Eindruck zu vermitteln, als würde ihm dieses Eingeständnis keinerlei Verlegenheit bereiten, als käme es ihm leicht, ungezwungen, beabsichtigt über die Lippen, kurz, als sei die ganze Situation – also die fehlende Beziehung zu den Guermantes – von ihm durchaus gewollt und nicht etwa über ihn verhängt, die Folge einer familiären Tradition, moralischer Prinzipien oder eines mystischen Gelübdes, das es ihm ausdrücklich untersagte, mit den Guermantes Umgang zu pflegen: „Nein", fuhr er fort und erläuterte mit seinen Worten diesen eigentümlichen Tonfall, „nein, ich kenne sie nicht, wollte sie nie kennenlernen, sondern lieber meine volle Unabhängigkeit bewahren; letztlich bin ich, wie Sie wissen, ein jakobinischer Kopf. Schon viele wollten mir beispringen, man sagte mir, es sei ein Fehler, nicht nach Guermantes zu gehen, ich würde mir damit den Anschein eines Raubeins, eines Brummbärs geben. Aber ein solcher Ruf schüchtert mich nicht ein, es ist ja nur allzu wahr!

mehr erkennen können." Ich verstand nicht recht, weshalb man sich an seine Unabhängigkeit klammern soll, um Leute zu meiden, die man ohnehin nicht kennt, und warum dies den Anschein eines Wilden oder eines Bären gar erwecken mag. Doch heute verstehe ich sehr wohl, dass Legrandin nicht ganz aufrichtig war, als er vorgab, er liebe einzig die Kirchen, den Mondschein und die Jugend; schließlich liebte er geradezu innig die Schlossherren und wurde in ihrer Gegenwart von solcher Schüchternheit und Gefallsucht Angst erfasst, ihnen zu missfallen, dass er vor ihnen verheimlichte, auch normale Bürger, Söhne von Notaren oder Wechselhändlern als Freunde zu haben, wobei es ihm lieber war, dass die Wahrheit, wenn schon, erst in seiner Abwesenheit ans Licht kam, fern von ihm und durch ein Versäumnis; er war Snob. Freilich sagte er dergleichen niemals in der Sprache, die mir und meinen Eltern so lieb war. Und wenn ich fragte: „Kennen Sie die Guermantes", antwortete der redselige Legrandin: „Nein, ich wollte sie nie kennenlernen." Unseligerweise antwortete er als sein eigenes Double, denn ein anderer Legrandin, den er behutsam in seinem Inneren versteckte und nicht herauskehrte, weil der jetzige Legrandin sehr wohl von dem unsrigen Kenntnis hatte, von seinem Snobismus, den kompromittierenden Geschichten, jener andere Legrandin hatte durchaus eine Antwort gegeben, und zwar durch seinen verwundeten Blick, das Krächzen seiner Stimme, die übertriebene Ernsthaftigkeit im Ton seiner Antwort, durch die tausenderlei Pfeile, von denen sich unser Legrandin spornstreichs durchbohrt sah, schmachtend wie ein heiliger Sebastian des Snobismus. „Hélas, wie tief Sie mich treffen, nein, ich kenne die Guermantes nicht, lassen Sie den großen Schmerz meines Lebens ruhen." Und wiewohl dieses Enfant terrible von Legrandin, dieser Meisterschwindler Legrandin zwar nicht eine so hübsche Sprache wie der andere, dafür aber eine flinkere Zunge hatte, mit allen Reflexen begabt, wie man so sagt, mochte ihm Legrandin der Redselige noch so sehr

Genau besehen liegt mir hienieden nichts mehr am Herzen außer ein paar Kirchen und Bücher, zwei oder drei, ein paar Gemälde, aber auch nicht viel mehr, dann noch der Mondschein, wenn mir die Brise Ihrer Jugend den Duft von Blumenbeeten zuträgt, die meine alten Augen nicht mehr erkennen können." Ich verstand nicht recht, weshalb man sich an seine Unabhängigkeit klammern soll, um Leute zu meiden, die man ohnehin nicht kennt, und warum dies den Anschein eines Wilden oder eines Bären gar erwecken mag. Doch ich verstand sehr wohl, dass Legrandin nicht ganz aufrichtig war, als er vorgab, er liebe einzig die Kirchen, den Mondschein und die Jugend; schließlich liebte er geradezu innig die Schlossherren und fasste sich in ihrer Gegenwart so schüchtern und gefallsüchtig, dass er vor ihnen verheimlichte, auch normale Bürger, Söhne von Notaren oder Händlern als Freunde zu haben, wobei es ihm lieber war, dass die Wahrheit, wenn schon, erst in seiner Abwesenheit ans Licht kam, fern von ihm und durch ein Versäumnis; er war Snob. Freilich sagte er dergleichen niemals in der hübschen Sprache, die mir und meinen Eltern so lieb war. Und wenn ich fragte: „Kennen Sie die Guermantes", antwortete der redselige Legrandin: „Nein, ich wollte sie nie kennenlernen." Unseligerweise antwortete er als sein eigenes „Double", denn ein anderer Legrandin, den er behutsam in seinem Inneren versteckte und nicht „herauskehrte", weil der jetzige Legrandin sehr wohl von dem unsrigen Kenntnis hatte, von seinem Snobismus, den kompromittierenden Geschichten, jener andere Legrandin hatte durchaus eine Antwort gegeben, und zwar durch seinen verwundeten Blick, das Krächzen seiner Stimme, die übertriebene Ernsthaftigkeit im Ton seiner Antwort, durch die tausenderlei Pfeile, von denen sich unser Legrandin spornstreichs durchbohrt sah, schmachtend wie ein heiliger Sebastian des Snobismus. „Hélas, wie tief Sie mich treffen, nein, ich kenne die Guermantes nicht, lassen Sie den großen Schmerz meines Lebens ruhen." Und wiewohl

Schweigen gebieten – der andere hatte schon gesprochen, und unser werter Freund mochte über den schlechten Eindruck, den die Enthüllungen seines Alter Ego gemacht hatten, noch so untröstlich sein, ihm blieb nichts anderes, als es zu übertäuben.

Das will nicht heißen, M. Legrandin sei nicht aufrichtig gewesen, wenn er gegen die Snobisten wetterte. Er konnte, für sich genommen, gar nicht wissen, dass er selber einer war, da wir immer nur die Leidenschaften der anderen kennen, und falls es uns gelingt, die unsrigen je kennenzulernen, so können wir dies nur dank ihnen in Erfahrung bringen. Die unsrigen lenken uns indirekt, durch die Einbildungskraft, die die eigentlichen Triebfedern durch Übertragungsriemen ersetzt, die nicht so sehr ins Auge springen. Es war nie der Snobismus, der Legrandin direkt dazu bewegte, so häufig eine Duchesse aufzusuchen. Er beauftragte vielmehr Legrandins Einbildungskraft damit, ihm die fragliche Duchesse im Schmuck all ihrer Grazie zu zeigen. Legrandin suchte die Nähe der Duchesse in der Meinung, just dem Reiz ihres Geistes und ihrer Tugend zu erliegen, wovon die schandwürdigen Snobs nichts wissen wollen. Nur die anderen wussten, dass auch er einer war; denn in ihrem Unvermögen, die Kuppelei seiner Einbildungskraft zu erfassen, fielen in ihren Augen Legrandins mondänes Treiben und dessen Urgrund ineins.

Man gab sich in unserem Haus nicht länger falschen Vorstellungen über M. Legrandin hin, und unsere Beziehung zu ihm wurde sehr distanziert. Wir genossen nach wie vor seine Sprache, wussten aber, dass sie nicht aufrichtig war, und meine Mutter zog jedes Mal unendliches Vergnügen daraus, wenn sie Legrandin auf frischer Tat bei jener Sünde ertappte, die er in Abrede stellte und die er nach wie vor Todsünde hieß: dem Snobismus. Meinem Vater wiederum fiel es nicht ganz so leicht, den Hochmut von Legrandin so locker und fröhlich aufzunehmen; und als man eines Jahres gedachte, mich mit meiner Großmutter für die großen Ferien zu ihm nach Balbec

dieses Enfant terrible von Legrandin, dieser Meisterschwindler Legrandin zwar nicht eine so hübsche Sprache
wie der andere, dafür aber eine flinkere Zunge hatte, mit
allen Reflexen begabt, wie man so sagt, mochte ihm Legrandin der Redselige noch so sehr Schweigen gebieten – der
andere hatte schon gesprochen, und unser werter Freund
mochte über den schlechten Eindruck, den die Enthüllungen seines Alter Ego gemacht hatten, noch so untröstlich
sein, ihm blieb nichts anderes, als es zu übertäuben.

Das will nicht heißen, M. Legrandin sei nicht aufrichtig
gewesen, wenn er gegen die Snobisten wetterte. Er konnte,
für sich genommen, gar nicht wissen, dass er selber einer
war, da wir immer nur die Leidenschaften der anderen
kennen, und falls es uns gelingt, die unsrigen je kennenzulernen, so können wir sie nur dank ihnen in Erfahrung
bringen. Die unsrigen lenken uns indirekt, durch die Einbildungskraft, die ihnen andere Triebfedern unterschiebt.
Es war nie der Snobismus, der Legrandin direkt dazu
bewegte, so häufig eine Duchesse aufzusuchen. Er beauftragte vielmehr Legrandins Einbildungskraft damit, ihm
die fragliche Duchesse im Schmuck all ihrer Grazie zu
zeigen. Legrandin suchte die Nähe der Duchesse in der
Meinung, just dem Reiz ihres Geistes und ihrer Tugend zu
erliegen, wovon die schandwürdigen Snobs nichts wissen
wollen. Nur die anderen wussten, dass auch er einer war;
denn in ihrem Unvermögen, die Kuppelei seiner Einbildungskraft zu erfassen, fielen in ihren Augen Legrandins
mondänes Treiben und dessen Urgrund ineins.

Man gab sich in unserem Haus nicht länger falschen Vorstellungen über M. Legrandin hin, und unsere Beziehung
zu ihm wurde sehr distanziert. Wir genossen nach wie vor
seine hübsche Sprache, wussten aber, dass sie nicht aufrichtig war, und meine Mutter zog jedes Mal unendliches
Vergnügen daraus, wenn sie Legrandin auf frischer Tat
bei jener Sünde ertappte, die er in Abrede stellte und die
er nach wie vor Todsünde hieß: dem Snobismus. Meinem

zu schicken, sagte er: „Ich muss Legrandin unbedingt mitteilen, dass ihr nach Balbec geht, um herauszufinden, ob er sich anerbietet, euch mit seiner Schwester in Kontakt zu bringen. Er hat sicher vergessen, dass er uns gesagt hat, sie wohne nur gerade zwei Kilometer von dort." Meine Großmutter war der Ansicht, man müsse in den Seebädern von morgens bis abends am Strand Salz einatmen und niemals mit jemandem Bekanntschaft schließen, da Besuche, Spaziergänge auf Kosten der Meeresluft gehen, und so bat sie vielmehr darum, dass man M. Legrandin nichts von unserem Vorhaben verrate, sah sie doch schon dessen Schwester, Mme de Cambremer, just in dem Moment im Hotel an Land gehen, wenn wir zum Fischen aufbrächen und wir uns dazu gezwungen sähen, eingesperrt zu bleiben, um sie in Empfang zu nehmen. Doch Maman lachte über ihre Befürchtungen, sie dachte bei sich, dass keine Gefahr im Verzug sei, dass Legrandin nicht sonderlich darauf brenne, uns mit seiner Schwester in Kontakt zu bringen. Indes, wir mussten ihm mit Balbec gar nicht in den Ohren liegen, denn weil Legrandin keinerlei Verdacht hegte, dass wir uns mit der Absicht trugen, dorthin zu reisen, ging er uns eines Abends von selbst in die Falle, als wir ihn am Ufer der Vivonne trafen.

– Heute abend schwebt in den Wolken ein besonders prächtiges Violett und Blau, nicht wahr, mein Freund, sagte er zu meinem Vater, namentlich das Blau, eher schon blumig als luftig, ein aschiges Blau, das am Himmel ungewöhnlich wirkt. Und eignet jener rosa Wolke nicht auch ein Stich ins Blumige, nelkenhaft oder hortensisch gar. Es gibt höchstens noch den Ärmelkanal, zwischen der Normandie und der Bretagne, wo ich noch reichere Beobachtungen über das Pflanzenwesen der Atmosphäre machen durfte. Dort, unweit von Balbec, in der Nähe dieser wilden Orte, gibt es eine kleine Bucht von zauberhafter Milde, wo der Sonnenuntergang im Pays d'Auge, der Untergang einer roten und goldenen Sonne, den ich übrigens keineswegs verachte, blass wirkt, nichtssagend; dafür erblühen

Vater wiederum fiel es nicht ganz so leicht, den Hochmut von Legrandin so locker und fröhlich aufzunehmen; als man den Entschluss fasste, mich für die großen Ferien nach Querqueville zu schicken, sagte er: „Ich muss Legrandin unbedingt mitteilen, dass ihr nach Querqueville geht, um herauszufinden, ob er sich anerbietet, euch mit seiner Schwester in Kontakt zu bringen. Er hat sicher vergessen, dass er uns gesagt hat, sie wohne nur gerade zwei Kilometer von dort." Meine Großmutter war der Ansicht, man müsse in den Seebädern von morgens bis abends am Strand Salz einatmen und niemals mit jemandem Bekanntschaft schließen, da Besuche, Spaziergänge auf Kosten der Meeresluft gehen, und so flehte sie vielmehr darum, dass man M. Legrandin nichts von unserem Vorhaben verrate, sah sie doch schon dessen Schwester, Mme de Chemisey, just in dem Moment im Hotel an Land gehen, wenn wir zum Fischen aufbrächen und wir uns dazu gezwungen sähen, „eingesperrt" zu bleiben, um sie in Empfang zu nehmen. Doch Maman lachte über ihre Befürchtungen, sie dachte bei sich, dass keine Gefahr im Verzug sei, dass Legrandin nicht sonderlich darauf brenne, uns mit seiner Schwester in Kontakt zu bringen. Indes, wir mussten ihm mit Querqueville gar nicht in den Ohren liegen, denn weil Legrandin keinerlei Verdacht hegte, dass wir uns mit der Absicht trugen, dorthin zu reisen, ging er uns eines Abends von selbst in die Falle, als wir ihn am Ufer der Vivonne trafen. – Heute Abend schwebt in den Wolken ein besonders prächtiges Violett und Blau, nicht wahr, mein Freund, sagte er zu meinem Vater, namentlich das Blau, eher schon blumig als luftig, ein aschiges Blau, das am Himmel ungewöhnlich wirkt. Und eignet jener rosa Wolke nicht auch ein Kolorit ins Blumige, nelkenhaft oder hortensisch gar. Es gibt höchstens noch den Ärmelkanal, zwischen der Normandie und der Bretagne, wo ich noch reichere Beobachtungen über das Pflanzenwesen der Atmosphäre machen durfte. Dort, unweit von Brilquebec, wirkt der Sonnenuntergang in jener feuchten und sanften Atmosphäre am Abend in weni-gen Augenblicken solch himmlische Blumensträuße, blau und rosa, sie sind einfach ohnegleichen, und oft dauert es Stun-den, bis sie verwelken. Andere wiederum werden sogleich entblättert, und dann, dann kommt es zu einem noch schö-neren Schauspiel, wenn man den Himmel betrachtet, bestirnt mit unzähligen Blütenblättern, schwefelgelben und rosafarbe-nen, dahin und dorthin verstreut. In jener Bucht, Opalbucht genannt, scheinen die goldenen Strände noch sanfter, wie die blonde Andromeda, an die schrecklichen Felsen der umliegen-den Küsten gekettet, an jene verderblichen Gestade, berüchtigt für Schiffbrüche sonder Zahl, wo jeden Winter viele Barken im Tosen des Meeres verröcheln. Balbec! das älteste geologische Gerippe auf unserem Boden, eigentliches Ar-mor, Meer und Weltende, jene verfluchte Region, die Anatole France – ein Ver-führer, den unser kleiner Freund dereinst lesen sollte – so trefflich unter dem endlosen Nebel wie das wahrhafte Hekaya[99] aus der *Odysee* geschildert hat.

Namentlich in Balbec, wo bereits Hotels errichtet werden, auf dem antiken und bezaubernden Boden ruhend, den sie in keiner Weise entstellen, alldort locken, zwei Schritte entfernt nur, die Wonnen der Exkursionen durch diese urtümlichen und prachtreichen Regionen.

– Ach! dann kennen Sie Balbec, bemerkte mein Vater. Just dort soll der Kleine zwei Monate mit seiner Großmutter verbringen, und vielleicht auch mit seiner Mutter.

Legrandin wurde von dieser Frage in einem Moment überrumpelt, als er seine Augen, auf meinen Vater geheftet, nicht mehr abwenden konnte, doch indem er sie von Sekunde zu Sekunde noch tiefer – und erst noch mit einem wehmüti-gen Lächeln – in diejenigen seines Gesprächspartners bohrte, voll Freundschaftlichkeit und Offenheit, ohne jede Furcht, ihm unumwunden ins Angesicht zu blicken, schien er sein Antlitz zu durchdringen, als wäre es durchsichtig und als sähe er in

im Pays d'Auge, der Untergang einer roten und goldenen Sonne, den ich übrigens keineswegs verachte, blass, nichtssagend; dafür erblühen in jener feuchten und sanften Atmosphäre am Abend in wenigen Augenblicken solch himmlische Blumensträuße, blau und rosa, sie sind einfach ohnegleichen, und oft dauert es Stunden, bis sie verwelken. Andere wiederum werden sogleich entblättert, und dann, dann kommt es zu einem noch schöneren Schauspiel, wenn man den Himmel betrachtet, bestirnt mit unzähligen Blütenblättern, schwefelgelben und rosafarbenen, dahin und dorthin verstreut. Es gibt dort eine zauberhafte Bucht, Opalbucht genannt, wo die goldenen Strände noch sanfter scheinen, wie die blonde Andromeda, an die schrecklichen Felsen der umliegenden Küsten gelockt, an jene verderblichen Gestade, berüchtigt für Schiffbrüche sonder Zahl, wo jeden Winter viele Barken im Tosen des Meeres verröcheln. Es ist das älteste geologische Gerippe auf unserem Boden, eigentliches Ar-mor, Meer und Weltende, jene verfluchten Regionen, die Anatole France – ein Verführer, den unser kleiner Freund dereinst lesen sollte – so trefflich mit der Hekaya aus der *Odysee* verglichen hat.

Namentlich in Brilquebec, wo bereits Hotels errichtet werden, auf dem antiken und bezaubernden Boden ruhend, den sie in keiner Weise entstellen, alldort locken, zwei Schritte entfernt nur, die Wonnen der Exkursionen durch diese urtümlichen und prachtreichen Regionen.

– Ach! dann kennen Sie also Brilquebec, bemerkte mein Vater. Just dort soll der Kleine zwei Monate mit seiner Großmutter verbringen, und vielleicht auch mit seiner Mutter.

Legrandin wurde von dieser Frage in einem Moment überrumpelt, als er seine Augen, auf meinen Vater geheftet, nicht mehr abwenden konnte, doch indem er sie von Sekunde zu Sekunde noch tiefer – und erst noch mit einem wehmütigen Lächeln – in diejenigen meines Vaters bohrte, voll Freundschaftlichkeit und Offenheit, ohne jede

diesem Augenblick weit hinter ihm eine bunt leuchtende Wolke, die ihm ein mentales Alibi lieferte und die Ausflucht eröffnete, er habe just in dem Moment, wo man ihn nach Bekannten in Balbec fragte, an etwas anderes gedacht und die Frage gar nicht gehört. Für gewöhnlich entlocken solche Blick dem Gegenüber die Frage: „Woran denken Sie?" Doch mein Vater, neugierig geworden, verstimmt und grausam, doppelte nach:

– Haben Sie dort Freunde, wo Sie Balbec doch so gut zu kennen scheinen?

In einem letzten verzweifelten Versuch erlangte der lächelnde Blick von Legrandin ein Höchstmaß an Zärtlichkeit, Verschwommenheit, Aufrichtigkeit und Zerstreutheit, dies im offensichtlichen Glauben, er sei keine Antwort mehr schuldig, und so sagte er uns:

– Ich, ich habe überall Freunde, wo Gruppen von Bäumen, verletzt zwar, aber nicht bezwungen, sich nah und näher gerückt sind, um gemeinsam mit beharrlichem Pathos einen huldlosen Himmel anzuflehen, der kein Erbarmen mit ihnen kennt.

– Das meinte ich nicht, unterbrach mein Vater, nicht weniger beharrlich als die Bäume und nicht minder erbarmungslos als der Himmel. Ich fragte für den Fall, dass meiner Schwiegermutter irgendetwas zustoßen und sie sich dort in der Fremde verloren fühlen sollte, ob Sie ebendort jemanden kennen?

– Alldort wie überall, ich kenne alle und kenne keinen, fuhr Legrandin fort, der sich nicht so leicht geschlagen gab, die Dinge recht gut und die Leute recht wenig. Freilich wirken dort die Dinge bisweilen wie Personen, wie erlesene Menschen, von zartem Wesen, ganz so, als hätte das Leben sie enttäuscht. Dann und wann trifft man auf einer Steilküste ein Kastell, am Wegrand innehaltend, um seinen Kummer mit dem schwindenden Abend zu vergleichen, wenn der goldene Mond steigt und die Barken, bei ihrer Rückkehr, Streifen durch das vielfarbene Meer ziehen und auf ihren Masten dessen Flamme hissen und unter seinen Farben segeln; dann wieder ist es ein schlichtes,

Furcht, ihm unumwunden ins Angesicht zu blicken, schien er das Antlitz meines Vaters zu durchdringen, als wäre es durchsichtig und als sähe er in diesem Augenblick weit hinter ihm eine bunt leuchtende Wolke, die ihm ein mentales Alibi lieferte und die Ausflucht eröffnete, er habe just in dem Moment, wo man ihn nach Bekannten in Querqueville fragte, an etwas anderes gedacht und die Frage gar nicht gehört. Für gewöhnlich entlockt ein solcher Blick dem Gegenüber die Frage: „Woran denken Sie?" Doch mein Vater, neugierig geworden, verstimmt und grausam, doppelte nach:

– Haben Sie dort Freunde, wo Sie Querqueville doch so gut zu kennen scheinen?

In einem letzten verzweifelten Versuch erlangte der lächelnde Blick von Legrandin ein Höchstmaß an Zärtlichkeit, Verschwommenheit, Aufrichtigkeit und Zerstreutheit, dies im offensichtlichen Glauben, er sei keine Antwort mehr schuldig, und so sagte er uns:

– Ich, ich habe überall Freunde, wo Gruppen von Bäumen, verletzt zwar, aber nicht bezwungen, sich nah und näher gerückt sind, um gemeinsam mit beharrlichem Pathos einen huldlosen Himmel anzuflehen, der kein Erbarmen mit ihnen kennt.

– Das meinte ich nicht, unterbrach mein Vater, nicht weniger beharrlich als die Bäume und nicht minder erbarmungslos als der Himmel. Ich fragte für den Fall, dass meiner Schwiegermutter irgendetwas zustoßen und sie sich dort in der Fremde verloren fühlen sollte, ob Sie ebendort jemanden kennen?

– Alldort wie überall, ich kenne alle und kenne keinen, fuhr Legrandin fort, der sich nicht so leicht geschlagen gab, die Dinge recht gut und die Leute recht wenig. Freilich wirken dort die Dinge bisweilen wie Personen, wie erlesene Menschen, von zartem Wesen, ganz so, als hätte das Leben sie enttäuscht. Dann und wann trifft man auf einer Steilküste ein Kastell, am Wegrand innehaltend, um seinen Kummer

einsames Haus, eher hässlich, scheu, aber romantisch, das hinter einem Wäldchen irgendein zeitloses Geheimnis voll Glück und Zauber allen Augen entzieht. Dieses Land jenseits aller Wahrscheinlichkeit, fügte er mit machiavellistischem Feinsinn hinzu, dieses fiktive Land ist für ein Kind keine gute Lektüre, und gewiss würde ich dieses Land niemals meinem kleinen Freund empfehlen oder gar für ihn erwählen, wo er doch mit der Neigung seines Herzens schon so sehr zur Schwermut neigt. Die Himmelsstriche verliebter Trautheit und vergeblicher Reue mögen einem verbrauchten Alten wie mir zusagen, doch einem Temperament, das noch nicht gefestigt ist, waren sie stets abträglich. Glauben Sie mir, fuhr er mit Nachdruck fort, das Wasser dieser Bucht, schon halb bretonisch, mag eine beruhigende, wenn auch anfechtbare Wirkung auf ein Herz haben, das wie das meinige nicht mehr rein ist, ein Herz also, dessen Wunde nie mehr heilen wird. In Ihrem Alter aber, mein Knabe, wird davon abgeraten. Gute Nacht, liebe Nachbarn, fügte er hinzu und verließ uns in jäher Flucht, wie es ihm zur Gewohnheit geworden war, und indem er sich mit dem erhobenen Zeigefinger eines Arztes zu uns umwandte, brachte er seine Diagnose auf den Punkt: „Ja kein Balbec unter fünfzig, und auch dann noch hängt es vom Zustand Ihres Herzens ab", rief er uns zu.

Mein Vater sprach bei unserem nächsten Treffen auf ihn ein, marterte ihn mit Fragen, doch es war vergebliche Liebesmüh: Wie jener gebildete Gauner, der auf die Fabrikation gefälschter Palimpseste unendliche Mühe und Wissenschaft verwandte, obwohl schon ein Hundertstel davon genügt hätte, um sich eine weit lukrativere und erst noch ehrenwerte Stellung zu sichern, hätte M. Legrandin, falls wir weiter insistiert hätten, zuletzt eine lückenlose Ethik der Landschaft sowie eine himmlische Geographie der Basse-Normandie erstellt, nur um nicht gestehen zu müssen, dass, zwei Kilometer von Balbec entfernt, seine Schwester lebte und er sich gezwungen sähe, uns ein Empfeh-

mit dem schwindenden Abend zu vergleichen, wenn der goldene Mond steigt und die Barken, bei ihrer Rückkehr, Streifen durch das vielfarbene Meer ziehen und auf ihren Masten dessen Flamme hissen und unter seinen Farben segeln; dann wieder ist es ein schlichtes, einsames Haus, eher hässlich, scheu, aber romantisch, das hinter einem Wäldchen irgendein zeitloses Geheimnis voll Glück und Zauber allen Augen entzieht. Dieses Land jenseits aller Wahrscheinlichkeit, fügte er mit machiavellistischem Feinsinn hinzu, dieses fiktive Land ist für ein Kind keine gute Lektüre, und gewiss würde ich dieses Land niemals meinem kleinen Freund empfehlen oder gar für ihn erwählen, wo er doch mit der Neigung seines Herzens schon so sehr zur Schwermut neigt. Die Himmelsstriche verliebter Trautheit und vergeblicher Reue mögen einem verbrauchten Alten wie mir zusagen, doch einem Temperament, das noch nicht gefestigt ist, waren sie stets abträglich. Glauben Sie mir, fuhr er mit Nachdruck fort, das Wasser dieser Bucht, schon halb bretonisch, mag eine beruhigende, wenn auch anfechtbare Wirkung auf ein Herz haben, das wie das meinige nicht mehr rein ist, ein Herz also, dessen Wunde nie mehr heilen wird. In Ihrem Alter aber, mein Knabe, wird davon abgeraten. Gute Nacht, liebe Nachbarn, fügte er hinzu und verließ uns in jäher Flucht, wie es ihm zur Gewohnheit geworden war, und indem er sich mit dem erhobenen Zeigefinger eines Arztes zu uns umwandte, brachte er seine Diagnose auf den Punkt: „Ja kein Querqueville unter fünfzig, und auch dann noch hängt es vom Zustand Ihres Herzens ab", rief er uns zu.

Mein Vater sprach bei unserem nächsten Treffen auf ihn ein, marterte ihn mit Fragen, doch es war vergebliche Liebesmüh: Wie jener gebildete Gauner, der auf die Fabrikation gefälschter Palimpseste unendliche Mühe und Wissenschaft verwandte, obwohl schon ein Hundertstel davon genügt hätte, um sich eine unendlich lukrativere und erst noch ehrenwerte Stellung zu sichern, hätte M. Legrandin,

lungsschreiben anzubieten, was ihm eigentlich keinen solchen Schreck hätte einjagen müssen, konnte er sich doch – gerade dank seiner Erfahrungen, die er im Umgang mit dem Charakter meiner Großmutter gemacht hatte – ganz und gar darauf verlassen, dass wir davon keinen Gebrauch machen würden.

Wir kehrten stets zeitig von unseren Spaziergängen zurück, damit wir vor dem Abendessen meiner Tante noch einen Besuch abstatten konnten. Zu Beginn jener Jahreszeit, wenn der Tag früh endet, lag noch, wenn wir in die Rue de Saint-Esprit einbogen, ein Abglanz der untergehenden Sonne auf den Fenstern der Häuser und ein purpurnes Band hinten im Wald des Kalvarienbergs, der sich weiter weg im

PLACARD 22
VOM 22. APRIL 1913

Weiher spiegelte, ein Rot, das oft von beißender Kälte begleitet wurde und das ich in meinem Geist mit dem Rot des Feuers in Verbindung brachte, über dem man das Poulet briet, was für mich auf den poetischen Genuss beim Spazieren den Genuss von Feinschmeckerei, Wärme und Ruhe folgen ließ. Im Sommer hingegen ~~war~~ ging die Sonne, wenn wir zurückkehrten, ~~noch lange nicht untergegangen~~ noch nicht unter; und ~~während des Besuchs, den wir meiner Tante Léonie abstatteten, fiel ihr flacher werdendes Licht und fiel~~ während des Besuches, den wir bei meiner Tante Léonie machten, ~~aufs Fenster, wobei seine Strahlen~~ berührte sein Licht, flacher werdend, das Fenster, ~~aufgehalten, zerlegt, sich verzweigend, durchsickernd~~ von den großen Vorhängen und den Kordeln aufgehalten und zerlegt, sich verzweigend und durchsickernd, und maserte das helle Zitronenholz der Kommode mit kleinen goldenen Flächen, so erleuchtete es das Zimmer, schräg einfallend, mit jener Zartheit, die es im Untergehölz annimmt. Doch an gewissen

414

falls wir weiter insistiert hätten, zuletzt eine lückenlose Ethik der Landschaft sowie eine himmlische Geographie der Basse-Normandie erstellt, nur um nicht gestehen zu müssen, dass, zwei Kilometer von Querqueville entfernt, seine Schwester lebte und er sich gezwungen sähe, uns ein Empfehlungsschreiben anzubieten, was ihm eigentlich keinen solchen Schreck hätte einjagen müssen, konnte er sich doch – gerade dank seiner Erfahrungen, die er im Umgang mit dem Charakter meiner Großmutter gemacht hatte – ganz und gar darauf verlassen, dass wir davon keinen Gebrauch machen würden.

Wir kehrten stets zeitig von unseren Spaziergängen zurück, damit wir vor dem Abendessen meiner Tante noch einen Besuch abstatten konnten. Zu Beginn jener Jahreszeit, wenn der Tag früh endet, lag noch, wenn wir in die Rue de Saint-Esprit einbogen, ein Abglanz der untergehenden Sonne auf den Fenstern der Häuser und ein purpurnes Band hinten im Wald des Kalvarienbergs, der sich weiter weg im

Weiher spiegelte, ein Rot, das oft von beißender Kälte begleitet wurde und das ich, ohne zu wissen warum, in meinem Geist mit dem Rot des Ofens in Verbindung brachte, in dem man das Poulet briet, was für mich auf den poetischen Genuss beim Spazieren den Genuss von Feinschmeckerei, Wärme und Ruhe folgen ließ. Mitten im Sommer kehrten wir vor Sonnenuntergang zurück, und während unseres Besuchs bei meiner Tante wurde das flach ins Fenster fallende Sonnenlicht von den großen Vorhängen und den Kordeln aufgehalten und zerlegt, sich verzweigend und durchsickernd, und so erleuchtete es das Zimmer, schräg einfallend, mit jener Zartheit, die es im Untergehölz annimmt, maserte das helle Holz der Kommode mit kleinen goldenen Flächen. Doch an gewissen Tagen, die sehr selten waren, hatte die Kommode bei unserer Rück-

Tagen, die sehr selten waren, hatte die Kommode bei unserer Rückkehr ihre vorübergehende Maserung durch die sinkende Sonne längst verloren, es lag, wenn wir in die Rue du Saint-Esprit einbogen, kein Widerschein mehr auf den Scheiben, und der Weiher am Fuß des Kalvarienbergs hatte sein Rot eingebüßt, bisweilen wies er bereits die Färbung eines Opals auf, und ein langer Mondstrahl zog quer darüber, von den Fältelungen des Wassers bald breit gebaucht, bald geriffelt. Wenn wir dann zum Haus kamen, sahen wir auf der Türschwelle eine Gestalt und Maman rief:

– Mein Gott! das ist Françoise, die nach uns Ausschau hält, deine Tante macht sich Sorgen; wir sind aber auch spät dran.

Und ohne uns Zeit zu lassen, die Sachen abzulegen, stiegen wir schnell hoch zu meiner Tante Léonie, um sie zu beruhigen und ihr entgegen ihrer Vorstellung zu beweisen, dass uns nichts zugestoßen war; wir hatten lediglich „die Seite von Guermantes" aufgesucht, und Teufel auch, wenn wir diesen Weg einschlugen, konnte man, wie meine Tante wohl wusste, nie sicher sein, zu welcher Stunde man zurückkehrte.

– Da haben wir es, Françoise, sagte meine Tante, ich habe Ihnen doch gesagt, dass sie auf die Seite von Guermantes gingen! Mein Gott, sie müssen ja verhungert sein! und Ihr Gigot ist gewiss ganz trocken, so lange wie er warten musste. Das ist doch keine Stunde, um heimzukommen! wie konntet ihr nur auf die Seite von Guermantes gehen.

– Aber ich dachte, Sie hätten das gewusst, Léonie, sagte meine Mutter. Meines Wissens hat uns Françoise aus der kleinen Gartentür treten sehen.

Denn es gab rund um Combray zwei „Seiten" für Spaziergänge, so gegenläufig, dass man bei uns, wollte man nach der einen oder anderen „Seite", nicht durch das nämliche Tor trat: die Seite von Méséglise-le-sec, die man auch die Seite von Swann nannte, weil man, um dort zu gehen am Anwesen von Monsieur Swann vorbeikam, wenn man auf diese Seite dorthin

kehr ihre vorübergehende Maserung durch die sinkende Sonne längst verloren, es lag, wenn wir in die Rue du Saint-Esprit einbogen, kein Widerschein mehr auf den Scheiben, aber die Strahlen der Lampe zogen innen wie das Licht eines vertrauten Leuchtturms durch den Raum. Der Weiher am Fuß des Kalvarienbergs hatte sein Rot eingebüßt, bisweilen wies er bereits die Färbung eines Opals auf, und ein langer Mondstrahl zog quer darüber, von den Fältelungen des Wassers bald breit gebaucht, bald geriffelt. Wenn wir dann zum Haus kamen, sahen wir auf der Türschwelle eine Gestalt und Maman rief:

– Mein Gott! das ist Françoise, die nach uns Ausschau hält, deine Tante macht sich Sorgen; wir sind aber auch spät dran.

Und ohne uns Zeit zu lassen, die Sachen abzulegen, stiegen wir schnell hoch zu meiner Tante Léonie, um sie zu beruhigen und ihr entgegen ihrer Vorstellung zu beweisen, dass uns „nichts zugestoßen" war; wir hatten lediglich „die Seite von Guermantes" aufgesucht, und Teufel auch, wenn wir diesen Weg einschlugen, konnte man, wie meine Tante wohl wusste, nie sicher sein, zu welcher Stunde man zurückkehrte.

– Da haben wir es, Françoise, sagte meine Tante, ich habe Ihnen doch gesagt, dass sie auf die Seite von Guermantes gingen. Mein Gott, sie müssen ja verhungert sein! Ihre Gigots sind, so gesehen, gar nicht mal so fett. Ist der von heute Abend wenigstens ein Prachtstück? Ich befürchte, er ist gewiss ganz trocken, so lange wie er warten musste. Das ist doch keine Stunde, um heimzukommen! wie konntet ihr nur auf die Seite von Guermantes gehen.

– Aber ich dachte, Sie hätten das gewusst, Léonie, sagte meine Mutter. Meines Wissens hat uns Françoise aus der kleinen Gartentür treten sehen.

Denn es gab rund um Combray zwei „Seiten" für Spaziergänge, so gegenläufig, dass man bei uns, wollte man nach der einen oder anderen „Seite", nicht durch das näm-

wollte, und die Seite von Guermantes. Méséglise war mir, offen gestanden, nur als „Gegend" geläufig, und dank jener Leute, die am Sonntag nach Combray spazierten, Leute nun, die selbst meiner Tante und auch uns andern „gar nichts sagten", Zeichen genug, dass man sie für Leute hielt, die „wohl aus Méséglise kamen". Von Guermantes sollte ich eines Tages weit mehr kennenlernen, aber erst sehr viel später; und so blieb Méséglise für mich, meine ganze Jugend hindurch, so unnahbar wie der Horizont, dem Blick entzogen, wie weit man auch gehen mochte, durch Verwerfungen eines Bodens, der in nichts demjenigen von Combray glich, während Guermantes für mich als Begriff für ebenjene „Seite" stand, nicht so sehr in realer als in idealer Hinsicht, eine Art abstrakter geographischer Ausdruck wie Äquatoriallinie, Pol, Orient. „Über Guermantes" nach Méséglise zu gehen, oder umgekehrt, erschien mir als Wendung ebenso sinnlos, wie über Osten nach Westen zu gelangen. Da mein Vater von Méséglise stets als der Seite mit dem schönsten Blick über die Ebene sprach, den er kenne, von der Seite von Guermantes aber als typischer Flusslandschaft, ~~ich stellte sie mir~~ stellte ich sie mir dieserweise als zwei Entitäten vor, ~~und ich~~ verlieh ihnen jene in sich schlüssige Einheitlichkeit, wie es nur zwei Ausgeburten des Geistes angemessen ist; noch die geringste Parzelle der einen oder anderen Wegstrecke erschien mir wertvoll und bezeugte deren ureigene Erhabenheit, und so schienen, ehe man auf den heiligen Boden der einen oder anderen Wegstrecke trat, all jene durch und durch materiellen Wege, zwischen denen Erstere als Inbegriff von Rundblick oder Idealbild einer Flusslandschaft lagen, ebenso wenig eines Blickes würdig wie für Zuschauer, die der dramatischen Kunst anhängen, die engen Gassen rund um ein Theater. Mehr noch als die Distanz in Kilometern setzte ich zwischen sie jene Distanz, die sich in meinem Kopf zwischen ihnen auftat, sobald ich an sie dachte, eine jener geistigen Distanzen, die die Dinge nicht nur voneinander entfernen, sondern scheiden und auf eine andere

418

liche Tor trat: die Seite von Méséglise und die Seite von Guermantes. Méséglise war mir, offen gestanden, nur als berühmte „Richtung" geläufig, und dank jener Leute, die am Sonntag nach Combray spazierten, Leute nun, die selbst meiner Tante und auch uns andern „gar nichts sagten", Zeichen genug, dass man sie für Leute hielt, die „wohl aus Méséglise kamen". Von Guermantes sollte ich eines Tages weit mehr kennenlernen, aber erst sehr viel später; und so blieb Méséglise für mich, meine ganze Jugend hindurch, so unnahbar wie der Horizont, dem Blick entzogen, wie weit man auch gehen mochte, durch Verwerfungen eines Bodens, der in nichts demjenigen von Combray glich, während Guermantes für mich als Begriff für ebenjene „Seite" stand, nicht so sehr in realer als in idealer Hinsicht, eine Art abstrakter geographischer Ausdruck wie Äquatoriallinie, Pol, Orient. „Über Guermantes" nach Méséglise zu gehen, oder umgekehrt, erschien mir als Wendung ebenso sinnlos, wie über Osten nach Westen zu gelangen. Da mein Vater von Méséglise stets als der Seite mit dem schönsten Blick über die Ebene sprach, den er kenne, von der Seite von Guermantes aber als typischer Flusslandschaft, stellte ich sie mir als zwei Entitäten vor, verlieh ihnen je und je jene in sich schlüssige Einheitlichkeit, wie es nur zwei Ausgeburten des Geistes angemessen ist; noch die geringste Parzelle der einen oder anderen Wegstrecke erschien mir wertvoll und bezeugte deren ureigene Erhabenheit, und so schienen, ehe man auf den heiligen Boden der einen oder anderen Wegstrecke trat, all jene durch und durch materiellen Wege, zwischen denen Erstere als Inbegriff von Rundblick oder Idealbild einer Flusslandschaft lagen, ebenso wenig eines Blickes würdig wie für Zuschauer, die der dramatischen Kunst anhängen, die engen Gassen rund um ein Theater. Mehr noch als die Distanz in Kilometern setzte ich zwischen sie jene Distanz, die sich in meinem Kopf zwischen ihnen auftat, sobald ich an sie dachte, eine jener geistigen Distanzen, die die Dinge nicht nur vonei-

Ebene heben. Und diese Grenzlinie wurde aufgrund unserer Gewohnheit, im Verlauf eines einzigen Spaziergangs niemals beide Seiten aufzusuchen, sondern einmal Méséglise, das andere Mal Guermantes, noch absoluter, riegelte sie gleichsam weit voneinander ab, die eine blieb für die andere unergründlich, in geschlossenen, nicht miteinander kommunizierenden Röhren verschiedener Nachmittage.

Wollte man Richtung Méséglise gehen, trat man (nie zu früh, selbst wenn der Himmel bedeckt war, denn dieser Rundgang dauerte nicht allzu lange und führte auch nicht so weit weg) gleichsam noch ohne bestimmtes Ziel durch die große Haustür meiner Tante an der Rue du Saint-Esprit. Man wurde vom Waffenschmied begrüßt, warf seine Briefe in den Kasten, richtete im Vorbeigehen Théodore im Namen von Françoise aus, dass ihr das Öl ausgegangen sei oder der Kaffee, und verließ die Stadt auf dem Weg, der dem weißen Grenzzaun von Swanns Park folgte.[100] Noch bevor wir dorthin gelangten, trafen wir, im Vorfeld fremder Leute, auf den Geruch seiner Fliederbüsche. Sie nun hoben, zwischen den kleinen Herzen ihrer Blätter, grün und frisch, voll Neugier ihre mauvefarbenen und weißen Federn über den Parkzaun, selbst im Schatten von der Sonne schimmernd, in der sie gebadet hatten. Die einen oder anderen streckten, halb verdeckt vom kleinen Haus aus Dachziegeln, das man das Haus der Häscher nannte, in dem der Wächter wohnte, über dessen gotischen Giebel ihr rosa Minarett. Selbst die Nymphen des Frühlings hätten neben diesen jungen Huris grobschlächtig gewirkt, die in diesem französischen Garten die gleißenden und reinen Farben persischer Miniaturen hüteten. Trotz meiner Lust, ihre geschmeidigen Hüften zu umarmen und die bestirnten Locken ihrer wohl duftenden Köpfe an mich zu ziehen, gingen wir vorüber, ohne innezuhalten, verkehrten meine Eltern doch seit Swanns Heirat nicht mehr in der „Frapelière", und um nicht den Anschein zu erwecken, in den Park zu schielen, nahmen wir nicht den Weg, der seiner Umzäunung

nander entfernen, sondern scheiden und auf eine andere Ebene heben. Und diese Grenzlinie wurde aufgrund unserer Gewohnheit, im Verlauf eines einzigen Spaziergangs niemals beide Seiten aufzusuchen, sondern einmal Méséglise, das andere Mal Guermantes, noch absoluter, riegelte sie gleichsam weit voneinander ab, die eine blieb für die andere unergründlich, in geschlossenen Gefäßen verschiedener Nachmittage, ohne jede kommunizierende Röhren.

Wollte man Richtung Méséglise gehen, trat man (nie zu früh, selbst wenn der Himmel bedeckt war, denn dieser Rundgang dauerte nicht allzu lange und führte auch nicht so weit weg) gleichsam noch ohne bestimmtes Ziel durch die große Haustür meiner Tante an der Rue du Saint-Esprit. Man wurde vom Waffenschmied begrüßt, warf seine Briefe in den Kasten, richtete im Vorbeigehen Théodore im Namen von Françoise aus, dass ihr das Öl ausgegangen sei oder der Kaffee, er möge also nicht vergessen, das eine oder andere mitzubringen, und verließ die Stadt auf dem Weg, der dem weißen Grenzzaun von Swanns Park folgte. Man verließ das Dorf auf dem Weg, der vor „La Frapelière“ vorbeiführte, dem Anwesen von M. Swann.

Noch bevor wir dorthin gelangten, trafen wir, im Vorfeld fremder Leute, auf den Geruch seiner Fliederbüsche. Sie nun hoben, zwischen den kleinen Herzen ihrer Blätter, grün und frisch, voll Neugier ihre mauvefarbenen und weißen Federn über den Parkzaun, noch im Schatten von der Sonne schimmernd, in der sie gebadet hatten. Die einen oder anderen streckten, halb verdeckt vom kleinen Haus aus Dachziegeln, das man das Haus der Häscher nannte, in dem der Wächter wohnte, über dessen gotischen Giebel ihr rosa Minarett. Selbst die Nymphen des Frühlings hätten neben diesen jungen Huris grobschlächtig gewirkt, die in unseren Gärten die gleißenden und reinen Farben persischer Miniaturen hüteten. Trotz meiner Lust, ihre geschmeidigen Hüften zu umarmen und die bestirnten Locken ihrer wohl duftenden Köpfe an mich zu ziehen,

folgte und direkt in die Felder führte, sondern einen anderen, der zwar auch dorthin führte, aber so schräg verlief, dass er uns viel zu weit hinten ausspuckte. Eines Tages sagte mein Großvater zu meinem Vater:

– Erinnern Sie sich noch, wie Swann gestern zu seiner Frau sagte, da seine Frau und seine Tochter auf dem Sprung nach Chartres seien, wolle er das ausnutzen, um vierundzwanzig Stunden in Paris zu verbringen. Wir könnten also durchaus am Park entlanggehen, da die Damen ja nicht da sind, das wäre eine Abkürzung.

Da verweilten wir kurz vor dem Grenzzaun. Die Zeit des Flieders neigte sich ihrem Ende zu; ein paar ergossen noch in hohem mauvefarbenem Glanz die zarten Büschel ihrer Blüten, doch über weite Teile ihres Blattwerks, wo noch vor einer Woche ihr balsamisches Schäumen wogte, zersetzte sich, eingedickt und schwärzlich, ein hohler Geifer, verdorrt und ohne Geruch. Mein Großvater wies meinen Vater darauf hin, inwiefern die Anlage des Ortes gleich geblieben war und was sich geändert hatte, seit er mit M. Swann am Todestag von dessen Frau darin gewandelt war, und ergriff die Gelegenheit, diesen Spaziergang ein weiteres Mal zu erzählen.

Vor uns stieg eine von Kapuzinerkresse gesäumte Allee in der prallen Sonne zum Schloss hinan. Zur Rechten erstreckte sich der Park hingegen auf flachem Gelände. Vom Schatten hoher Bäume, die ihn rings umstanden, verdunkelt, lag eine Wasseranlage, die Swanns Eltern hatten ausheben lassen; doch selbst noch in seinen künstlichsten Kreationen bearbeitet der Mensch die Natur; gewisse Orte werden in ihrem Umkreis stets ihr eigentümliches Gepräge verstrahlen und pflanzen ihre unvergesslichen Merkzeichen mitten in einen Park, genau so, wie sie es auch fernab aller menschlichen Eingriffe getan hätten, in einer Einsamkeit, von der sie überall umschlossen werden, den Gesetzen ihrer Lage entsprungen und das menschliche Werk überwuchernd. So auch hatte sich am Fuß der Allee, die

gingen wir vorüber, ohne innezuhalten, verkehrten meine Eltern doch seit Swanns Heirat nicht mehr in der „Frapelière", und um nicht den Anschein zu erwecken, in den Park zu schielen, nahmen wir nicht den Weg, der seiner Umzäunung folgte und direkt in die Felder führte, sondern einen anderen, der zwar auch dorthin führte, aber so schräg verlief, dass er uns viel zu weit hinten ausspuckte. Eines Tages sagte mein Großvater zu meinem Vater:

– Erinnern Sie sich noch, wie Swann gestern zu seiner Frau sagte, dass seine Frau und seine Tochter seien auf dem Sprung nach Chartres und er wolle das ausnutzen, um vierundzwanzig Stunden in Paris zu verbringen. Wir könnten also durchaus am Park entlanggehen, da die Damen ja nicht da sind, das wäre eine Abkürzung.

Da verweilten wir kurz vor dem Grenzzaun. Die Zeit des Flieders neigte sich ihrem Ende zu; ein paar ergossen noch in hohem mauvefarbenem Glanz die zarten Büschel ihrer Blüten, doch über weite Teile ihres Blattwerks, wo noch vor einer Woche ihr balsamisches Schäumen wogte, zersetzte sich, eingedickt und schwärzlich, ein hohler Geifer, verdorrt und ohne Geruch. Mein Großvater wies meinen Vater darauf hin, inwiefern die Anlage des Ortes gleich geblieben war und was sich geändert hatte, seit er mit M. Swann am Todestag von dessen Frau darin gewandelt war, und ergriff die Gelegenheit, ein weiteres Mal davon zu erzählen.

Vor uns stieg eine von Kapuzinerkresse gesäumte Allee in der prallen Sonne zum Schloss hinan. Zur Rechten erstreckte sich der Park auf flachem Gelände. Vom Schatten hoher Bäume, die ihn rings umstanden, verdunkelt, lag eine Wasseranlage, die Swanns Eltern hatten ausheben lassen; doch selbst noch in seinen künstlichsten Kreationen bearbeitet der Mensch die Natur; gewisse Orte werden in ihrem Umkreis stets ihr eigentümliches Gepräge verstrahlen und pflanzen ihre unvergesslichen Merkzeichen mitten in einen Park, genau so, wie sie es auch fernab aller menschlichen Eingriffe getan hätten, in einer Einsamkeit,

hinter dem Weiher ragte, über zwei Reihen verteilt, aus dem Geflecht von Vergissmeinnicht und Immergrün die natürliche Krone, zart und blau, gebildet, die das Hell-Dunkel des Gewässers gürtete, und die Gladiole, ihre Schwerter in majestätischer Verschwendung schleudernd, schwang über dem Wasserhanf und dem Salomonssiegel im feuchten Grund, die ausgefransten Lilienblüten, violett und gelb, ihres seeweltlichen Szepters.

Die Abreise von Mlle Swann – sie raubte mir die schauerliche Gelegenheit, zu sehen, wie sie in der Allee auftauchte, und vom kleinen privilegierten Mädchen, das Bergotte zum hehren Freund hatte und mit ihm Kathedralen betrachten besuchen ging, erkannt und mit Verachtung bestraft zu werden –, ließ mir den Anblick der „Frapelière", und dies das erste Mal, wo er mir überhaupt gestattet war, gleichgültig werden, doch in den Augen meines Großvaters und meines Vaters schien sie das Anwesen einladender und vorübergehend auch reizvoller zu machen, und diesen Tag, wie die Wolkenlosigkeit in gebirgigen Gegenden zu Exkursionen einlädt, wunderbar geeignet für einen Ausflug auf dieser Seite; ich wünschte, es würde ein Strich durch ihre Rechnung gemacht und ein Wunder würde sie an der Seite ihres Vaters erscheinen lassen, so nah von uns, dass wir nicht mehr Gelegenheit hätten, ihr auszuweichen, und uns gezwungen sähen, ihre Bekanntschaft zu machen. Als ich unvermittelt im Gras, gleich einem möglichen Anzeichen ihrer Anwesenheit, eine Kofia neben einer Angelrute liegen sah, deren Kork im Wasser schaukelte, beeilte ich mich, die Blicke meines Vaters und meines Großvaters in die andere Richtung zu lenken. Da uns Swann gesagt hatte, wie schlecht es von ihm sei, sich zu verabsentieren, da er gerade Verwandte im Haus hatte, mochte die Rute auch einem Gast gehören. In der Allee waren keine Schritte zu hören. Die Höhe eines Baumes, der sich im Ungewissen verlor, hälftend, mühte sich ein unsichtbarer Vogel, den Tag zu verkürzen, und ergründete mit einem anhaltenden Ton die alles umhüllende Einsamkeit, doch erhielt

von der sie überall umschlossen werden, den Gesetzen ihrer Lage entsprungen und das menschliche Werk überwuchernd. So auch hatte sich am Fuß der Allee, die hinter dem artifiziellen Weiher ragte, über zwei Reihen verteilt, aus dem Geflecht von Vergissmeinnicht und Immergrün die Krone, zart und blau, gebildet, die das Hell-Dunkel des Gewässers gürtete, während die Gladiole, ihre Schwerter in majestätischer Verschwendung schleudernd, über dem Wasserhanf und dem Salomonssiegel im feuchten Grund, die ausgefransten Lilienblüten, violett und gelb, ihres seeweltlichen Szepters schwang.

Die Abreise von Mlle Swann raubte mir die schauerliche Gelegenheit, zu sehen, wie sie in der Allee auftauchte, und von ihr erkannt und mit Verachtung bestraft zu werden, sie ließ mir den Anblick der „Frapelière", und dies das erste Mal, wo er mir überhaupt gestattet war, gleichgültig werden, doch in den Augen meines Großvaters und meines Vaters schien sie das Anwesen einladender und vorübergehend auch reizvoller zu machen, und diesen Tag, wie die Wolkenlosigkeit in gebirgigen Gegenden, wunderbar geeignet für einen Ausflug auf dieser Seite; ich wünschte, es würde ein Strich durch ihre Rechnung gemacht und ein Wunder würde sie an der Seite ihres Vaters erscheinen lassen, so nah von uns, dass wir nicht mehr Gelegenheit hätten, ihr auszuweichen, und uns gezwungen sähen, ihre Bekanntschaft zu machen. Als ich unvermittelt im Gras, gleich einem möglichen Anzeichen ihrer Anwesenheit, eine Kofia neben einer Angelrute liegen sah, deren Kork im Wasser schaukelte, beeilte ich mich, die Blicke meines Vaters und meines Großvaters in die andere Richtung zu lenken. Da uns Swann gesagt hatte, wie schlecht es von ihm sei, sich zu verabsentieren, da er gerade Verwandte im Haus hatte, mochte die Rute auch einem Gast gehören. In der Allee waren keine Schritte zu hören. Die Höhe eines Baumes, der sich im Ungewissen verlor, hälftend, mühte

er von ihr eine so einstimmige Antwort, einen Gegenstoß von noch tieferem Schweigen und Reglosigkeit, dass man meinen mochte, anstatt rascher zu verfliegen, sei der Augenblick in alle Ewigkeit erstarrt. Das Licht stach so unerbittlich aus dem harrenden Himmel, dass man sich lieber seiner Aufmerksamkeit entzogen hätte, und das ruhende Gewässer, dessen Schlaf die Insekten ständig aufschreckten, träumte gewiss von einem imaginären Mahlstrom und erhöhte noch die Unruhe, in die mich der Anblick des dahintreibenden Korkschwimmers gestürzt hatte, als risse er ihn in rasender Schnelle in die stillen Weiten des gespiegelten Himmels; fast lotrecht schien er kurz davor, abzutauchen, schon fragte ich mich, ob ich, die Sehnsucht und die Angst einer Bekanntschaft in den Wind schlagend, nicht verpflichtet sei, Mlle de Swann zu warnen, dass gleich ein Fisch anbeißen würde, da musste ich im Laufschritt meinen Vater und meinen Großvater einholen, die nach mir riefen, ganz erstaunt, dass ich ihnen auf dem kleinen Pfad, den sie eingeschlagen hatten und der in die Felder hinaufführte, nicht gefolgt war. Er flirrte, so war mir, vom Duft des Weißdorns. Die Hecke bildete eine Abfolge von Kapellen, die unter dem zu einem Ruhealtar geschichteten Blumenschmuck verschwanden; zu ihren Füßen zeichnete die Sonne ein helles Gitter auf den Boden, ganz so, als fiele sie durch ein Kirchenfenster; ihr Duft verbreitete sich salbungsvoll, so fest umrissen, als stünde ich vor dem Altar der Jungfrau, und die Blumen, reich geschmückt, hielten je und je, ganz beiläufig, das funkelnde Bündel der Staubgefäße, zartes und glänzendes Geäder im spätgotischen Stil, wie es in Kirchen die Balustrade der Empore oder die gekuppelten Glasfenster durchzieht, um im weißen Fleisch der Erdbeerblüten auszubrechen. Wie naiv und bäurisch wirkten im Vergleich dazu die Heckenrosen, die in ein paar Wochen ~~durch die nämlichen Wege~~ ihres Orts den nämlichen ~~ländlichen Weg~~ ländlichen Weg in der prallen Sonne hochklettern würden, in der glatten Seide ihres rötlichen Korsetts, das ein einziger Lufthauch auflöst.

sich ein unsichtbarer Vogel, den Tag zu verkürzen, und ergründete mit einem anhaltenden Ton die alles umhüllende Einsamkeit, doch erhielt er von ihr eine so einstimmige Antwort, einen Gegenstoß von noch tieferem Schweigen und Reglosigkeit, dass man meinen mochte, anstatt rascher zu verfliegen, sei der Augenblick in alle Ewigkeit erstarrt. Das Licht stach so unerbittlich aus dem harrenden Himmel, dass man sich lieber seiner Aufmerksamkeit entzogen hätte, und das ruhende Gewässer, dessen Schlaf die Insekten ständig aufschreckten, träumte gewiss von einem imaginären Mahlstrom und erhöhte noch die Unruhe, in die mich der Anblick des dahintreibenden Korkschwimmers gestürzt hatte, als risse er ihn in rasender Schnelle in die stillen Weiten des gespiegelten Himmels; fast lotrecht schien er kurz davor, abzutauchen, schon fragte ich mich, ob ich, die Sehnsucht und die Angst einer Bekanntschaft in den Wind schlagend, nicht verpflichtet sei, Mlle de Swann zu warnen, dass gleich ein Fisch anbeißen würde, da musste ich im Laufschritt meinen Vater und meinen Großvater einholen, die nach mir riefen, ganz erstaunt, dass ich ihnen auf dem kleinen Pfad, den sie eingeschlagen hatten und der in die Felder hinaufführte, nicht gefolgt war. Er flirrte, so war mir, vom Duft des Weißdorns. Die Hecke bildete eine Abfolge von Kapellen, die unter dem zu einem Ruhealtar geschichteten Blumenschmuck verschwanden; zu ihren Füßen zeichnete die Sonne ein helles Gitter auf den Boden, ganz so, als fiele sie durch ein Kirchenfenster; ihr Duft verbreitete sich salbungsvoll, so fest umrissen, als stünde ich vor dem Altar der Jungfrau, und die Blumen, reich geschmückt, hielten je und je, ganz beiläufig, das funkelnde Bündel der Staubgefäße, zartes und glänzendes Geäder im Stil des Katholizismus, um im weißen Fleisch der Erdbeerblüten auszubrechen. Wie naiv und bäurisch wirkten im Vergleich dazu die Heckenrosen, die an diesem heißen Nachmittag den ländlichen Weg in der prallen Sonne an ihrer Seite hockletterten, in der glatten

Doch mochte ich noch so lange vor dem Weißdorn verweilen, seinen Duft, unsichtbar, aber beständig, einatmen, ihn vor meine Gedanken tragen, die mit ihm nicht viel anzufangen wussten, ihn verlieren, wiederfinden, um mit dem Rhythmus zu verschmelzen, der ihre Blüten bald hierhin, bald dorthin warf, dies mit einem jugendlichen Überschwang und unvermuteten Intervallen wie gewisse musikalische Intervalle, sie überschütteten mich ohne Ende mit einem Zauber von verschwenderischer Fülle, den ich nicht weiter zu ergründen vermochte und der gewissen Melodien glich, die man hundert Mal in Folge spielt, ohne auf den Grund ihres Geheimnisses zu kommen. Ich wandte mich kurz von ihnen ab, um sie sogleich mit frischen Kräften in Augenschein zu nehmen. Ich folgte ihnen bis zu einer Böschung, die, gleich hinter der Hecke, in jähem Anstieg zu den Feldern hinaufführte, dazwischen, verloren, Klatschmohn, ein paar in fauler Unbekümmertheit verspätete Kornblumen, die ihn da und dort mit ihren Blüten zierten wie den Saum eines Wandteppichs, auf dem spärlich verstreut ein Pflanzenmotiv erscheint, das schließlich die ganze Fläche überwuchert; noch ganz selten, weitab voneinander wie vereinzelte Häuser, die schon vom Nahen eines Dorfes künden, kündeten sie mir von der endlosen Ebene, in der sich die Weizenfelder wälzen, wo die Wolken weiden und der Anblick eines einzigen Klatschmohns, der an der Spitze seiner Takelage seinen roten Wimpel hisst und über der öligen und schwarzen Boje im Wind flattern lässt, mein Herz höher schlagen ließ, wie bei einem Reisenden, der auf der flachen Erde eine erste Barke erblickt, die gestrandet ist und von einem Kalfaterer ausgebessert wird, und, noch bevor er es erblickt hat, ausruft: „Das Meer."

Dann wandte ich mich abermals dem Weißdorn zu, wie jenen Meisterwerken, die man besser zu sehen glaubt, wenn man sie eine Weile nicht mehr im Blick hatte, doch ich mochte mit meinen Händen einen Rahmen formen, um mir nur sie vor Augen zu halten, das Gefühl, das sie in mir weckten und das, fortwährend

428

Seide ihres rötlichen Korsetts, das ein einziger Lufthauch auflöst.

Doch mochte ich noch so lange vor dem Weißdorn verweilen, seinen Duft, unsichtbar, aber beständig, einatmen, ihn vor meine Gedanken tragen, die mit ihm nicht viel anzufangen wussten, ihn verlieren, wiederfinden, um mit dem Rhythmus zu verschmelzen, der ihre Blüten bald hierhin, bald dorthin warf, dies mit einem jugendlichen Überschwang und unvermuteten Intervallen, die ebenjene Verzückung hervorriefen wie gewisse musikalische Intervalle, sie überschütteten mich ohne Ende, in aller Stille, mit einem Zauber von verschwenderischer Fülle, den ich nicht weiter zu ergründen vermochte und der gewissen Melodien glich, die man hundert Mal in Folge spielt, ohne auf den Grund ihres Geheimnisses zu kommen. Ich wandte mich kurz von ihnen ab, um sie sogleich mit frischen Kräften in Augenschein zu nehmen. Ich folgte ihnen bis zu einer Böschung, die, gleich hinter der Hecke, in jähem Anstieg zu den Feldern hinaufführte, dazwischen, verloren, Klatschmohn, ein paar in fauler Unbekümmertheit verspätete Kornblumen, die ihn da und dort mit ihren Blüten zierten wie den Saum eines Wandteppichs, auf dem spärlich verstreut ein Pflanzenmotiv erscheint, das schließlich das Gewebe überwuchert; noch ganz selten, weitab voneinander wie vereinzelte Häuser, die noch vom Nahen eines Dorfes künden, kündeten sie mir von der endlosen Ebene, in der sich die Weizenfelder wälzen, wo die Wolken weiden und der Anblick eines einzigen Klatschmohns, der an der Spitze seiner Takelage seinen roten Wimpel hisst und über der öligen und schwarzen Boje im Wind flattern lässt, mein Herz höher schlagen ließ, wie bei einem Reisenden, der auf der platten Erde eine erste Barke erblickt, die gestrandet ist und von einem Kalfaterer ausgebessert wird, und, noch bevor er es erblickt hat, ausruft: „Das Meer."

Dann wandte ich mich abermals dem Weißdorn zu, wie jenen Meisterwerken, die man besser zu sehen glaubt,

dunkel und unbestimmt, sich vergebens loszureißen suchte, um sich eng an ihre Blüten zu heften. Sie halfen mir nicht, es zu erhellen, und ich konnte nicht andere Blumen darum bitten, ihm Genüge zu tun.[101] Alsdann wurde mir jene Wonne beschert, die wir empfinden, wenn wir von unserem Lieblingsmaler ein Werk sehen, das sich von den bereits bekannten unterscheidet, oder vor ein Gemälde geführt werden, das wir nur von einer Bleistiftskizze her kennen, gleich einem Stück, das wir nur auf dem Klavier gehört haben und uns dann im Gewand der Farben eines Orchesters gegenübertritt, da rief mich mein Großvater und sagte, auf die Hecke der „Frapelière" weisend: „Da, du liebst doch den Weißdorn so sehr, schau nur diese rosa Blüte; wie hübsch sie ist." Es war in der Tat ein Dornstrauch, aber rosa, schöner noch als die weißen. Auch er trug

wenn man sie eine Weile nicht mehr im Blick hatte, doch ich mochte mit meinen Händen einen Rahmen formen, um mir nur sie vor Augen zu halten, doch das Gefühl, das sie in mir weckten und das sich loszureißen suchte, um sich eng an ihre Blüten zu heften, dieses Gefühl blieb dunkel, ich konnte es nicht in Worte fassen. Sie halfen mir nicht, es zu erhellen, aber ich konnte nicht andere Blumen darum bitten, ihm Genüge zu tun. Es verhält sich mit den Schöpfungen der Natur nicht anders als mit denen der Kunst. Die Liebe zu einer Gattung von Blumen, für das Werk eines Malers bleibt, selbst wenn es, als Auslöser, zur Liebe zu anderen Blumen oder anderen Malern führt, ausschließlich, jedenfalls solange es sich um Liebe handelt. Man erhofft sich nur von einem Maler, von dem man besessen ist, jene Wonne, die sie uns eingeflößt haben und weiterhin einflößen, wenn auch immer im gleichen Rahmen, seine Werke wecken unsere Sehnsucht nach ihr wieder und wieder. Doch weitet sich diese Wonne, erneuert sich; da erblicken wir von ebendiesem Maler ein Meisterwerk, das uns noch nicht bekannt war und sich bei aller Verwandtschaft von den anderen unterscheidet, und man empfindet sie von neuem, zum ersten Mal als eine gewandelte Wonne, und doch die gleiche, wobei sie die Vorstellung, die man sich von der kreativen Fülle eines derart wandlungsfähigen Künstlers macht, noch mehrt; oder wenn man uns vor ein Gemälde von ihm führt, das wir bislang erst von Reproduktionen kennen, so erscheint es uns um vieles reicher und verklärt, wie ein Stück, das wir erst auf dem Klavier gehört haben und das dann von den Farben des Orchesters eingekleidet wird. Ebendies bescherte mir mein Großvater, als er mich rief und, auf die Hecke der „Frapelière" weisend, sagte: „Da, du liebst doch den Weißdorn so sehr, schau nur diese rosa Blüte, wie hübsch sie ist." Es war in der Tat ein Dornstrauch, aber rosa, schöner noch als die weißen. Auch er trug einen festlichen Schmuck – denjenigen der einzig wahren Feste, der religiösen, denn es bindet sie nicht wie die weltlichen Feste ein mutwilliger Zufall an einen Tag, der ihnen nicht ausdrücklich bestimmt und der nicht seinem Wesen nach feierlich ist – und zwar einen weit reicheren Schmuck, denn die am Zweig hängenden Blumen, eine so nah über der anderen, dass keine Stelle schmucklos blieb, gleich den Pompons, die einen Hirtenstab des Rokoko umranken, „ganz in Farbe" und demnach, gemäß der Ästhetik von Combray, von höherem Rang, jedenfalls, wenn man als Richtmaß die Preisspanne aus dem „Kaufhaus" am Hauptplatz oder bei Camus nahm, wo jene Biscuits teurer waren, die rosafarben schimmerten. Auch ich schätzte den Quark aus rosa Crème höher, also jenen, in dem ich Erdbeeren zerstampfen durfte. Und diese Blumen hatten in der Tat den Ton von Esswaren angenommen oder von der zarten Zierde festlicher Kleider, jenen also, der den Grund ihrer Überlegenheit vor Augen führt und so den Augen der Kinder auf schlagendere Weise schön erscheint, und ebendarum finden sie diese Färbung lebhafter und natürlicher als alle anderen, auch wenn sie einsehen müssen, dass sie ihrer Naschsucht nichts verspricht und auch von der Schneiderin nicht bewusst ausgewählt worden war. Und ohne Zweifel habe ich, wie schon vor dem Weißdorn, aber mit noch größer Bezauberung, sofort gefühlt, dass die feierliche Pracht bei den Blüten nicht gemacht, nicht ein Kunstgebilde von menschlicher Fabrikation war, sondern Ausdruck der Natur, die dies ganz spontan gewirkt hatte, mit der Einfalt eines Dorfkrämers, der an einem Heiligenaltar werkelt und das Gebüsch mit diesen Rosetten von allzu zärtlichem Ton und provinziellem Pompadour-Stil überfrachtet. Am Ende der Zweige, gleich jenen kleinen Rosenstöcken, deren Töpfe unter Spitzenpapier verborgen liegen und

432

einen festlichen Schmuck, denjenigen der einzig wahren
Feste, der religiösen, denn es bindet sie nicht wie die
weltlichen Feste ein mutwilliger Zufall an einen Tag, der
ihnen nicht ausdrücklich vorbestimmt und der nicht seinem Wesen nach auf zwingende Weise feierlich ist, und
zwar einen weit reicheren Schmuck, denn die am Zweig
hängenden Blumen, eine so nah über der anderen, dass
keine Stelle schmucklos blieb, gleich den Pompons, die
einen Hirtenstab des Rokoko umranken, „ganz in Farbe"
und demnach, gemäß der Ästhetik von Combray, von
höherem Rang, jedenfalls, wenn man als Richtmaß die
Preisspanne aus dem „Kaufhaus" am Hauptplatz oder
bei Camus nahm, wo jene Biscuits teurer waren, die rosafarben schimmerten. Auch ich schätzte den Quark aus rosa
Crème höher, also jenen, in dem ich Erdbeeren zerstampfen durfte. Und diese Blumen hatten in der Tat den Ton
von Esswaren angenommen oder von der zarten Zierde
festlicher Kleider, jenen also, der den Grund ihrer Überlegenheit vor Augen führt und so den Augen der Kinder
auf schlagendere Weise schön erscheint, und ebendarum
finden sie ihn lebhafter und natürlicher als alle anderen,
auch wenn sie einsehen müssen, dass er ihrer Naschsucht
nichts verspricht und auch von der Schneiderin nicht
bewusst ausgewählt worden war. Und ohne Zweifel habe
ich, wie schon vor dem Weißdorn, aber mit noch größer
Bezauberung, sofort gefühlt, dass die feierliche Pracht bei
den Rosadornen nicht gemacht, nicht ein Kunstgebilde

433

die bei einem hohen Fest auf dem Altar ihre winzigen Brand-raketen erstrahlen ließen, wimmelten tausend kleine Knospen von blasserer Tönung und ließen beim Aufblühen einen blut-roten Schimmer sehen, wie am Grund eines Kelches aus rosa Marmor, womit sie, mehr noch als die Blüten selbst, die unver-gleichliche Essenz des Weißdorns verrieten, der überall da, wo er Knospen treibt und erblüht, dies allein in einer Farbe tut: rosa. Zwischen die Hecken gerückt, aber ebenso verschieden von ihr wie eine ein Mädchen im Festkleid mitten unter Leuten in nachlässiger Haustracht, bereit für die Maiandacht, der er bereits Gesellschaft zu leisten schien, so glänzte, in seinem frischen rosa Putz lächelnd, der Busch, köstlich und katholisch.

Die Hecke gab den Blick ins Innere des Parks frei, auf eine Allee, gesäumt von Sonnenblumen und Eisenkraut, zwischen denen Veilchen ihren frischen Beutel öffneten, von wohlduf-tendem und gegerbtem Rosa wie Kordovanleder, während auf dem Kies ein langer, grün gestrichener Spritzschlauch, seine Windungen entrollend, aus den eingelassenen Löchern über den Blumen, deren Duft er tränkte, den lotrechten und prisma-tischen Fächer seiner vielfarbenen Tropfen erhob. Unvermittelt hielt ich inne, konnte mich nicht mehr regen, wie vor einer Vision, die sich nicht bloß an unseren Blick richtet, sondern tie-fere Wahrnehmungsschichten aufwühlt und von unserem gan-zen Wesen Besitz ergreift. Ein Mädchen von rötlichem Blond, das von einem Spaziergang zurückzukehren schien und in der Hand einen Gartenspaten hielt, sah uns an, hob ein flecken-übersätes Gesicht. Ihre schwarzen Augen leuchteten, und da ich mich damals nicht darauf verstand, noch es später lernen sollte, einen tiefen Eindruck in seine objektiven Elemente zu zerlegen, und, wie man so sagt, nicht über genügend Beob-achtungsgabe verfügte, um den Begriff ihrer Farbe herauszu-schälen, zeigte sich mir während langer Zeit jedes Mal, wenn ich an sie dachte, die Erinnerung an ihre Strahlkraft in einem lebhaften Azur, da sie blond war: wer weiß, hätte sie nicht so

434

von menschlicher Fabrikation war, sondern Ausdruck der Natur, die dies ganz spontan gewirkt hatte, mit der Einfalt eines Dorfkrämers, der an einem Heiligenaltar werkelt und das Gebüsch mit diesen Rosetten von zärtlichem Ton und provinziellem Pompadour-Stil überfrachtet. Am Ende der Zweige, gleich jenen kleinen Rosenstöcken, deren Töpfe unter Spitzenpapier verborgen liegen und die bei einem hohen Fest auf dem Altar ihre winzigen Brandraketen erstrahlen ließen, wimmelten tausend kleine Knospen von blasserer Tönung und ließen beim Aufblühen einen blutroten Schimmer sehen, wie am Grund eines Kelches aus rosa Marmor, womit sie, mehr noch als die Blüten selbst, die unvergleichliche Essenz des Weißdorns verrieten, der überall da, wo er Knospen treibt und erblüht, dies allein in einer Farbe tut: rosa. Zwischen die Hecken gerückt, aber ebenso verschieden von ihr wie eine Frau im Ballkleid mitten unter Leuten in nachlässiger Haustracht, bereit für die Maiandacht, der er bereits Gesellschaft zu leisten schien, so glänzte, in seinem frischen rosa Putz lächelnd, der Busch, köstlich und katholisch.

Die Hecke gab den Blick ins Innere des Parks frei, auf eine Allee, gesäumt von Sonnenblumen und Eisenkraut, zwischen denen Veilchen ihren frischen Beutel öffneten, von wohlduftendem und gegerbtem Rosa wie Kordovanleder, während auf dem Kies ein langer, grün gestrichener Spritzschlauch, seine Windungen entrollend, aus den eingelassenen Löchern den lotrechten und prismatischen Fächer seiner vielfarbenen Tropfen über den Blumen erhob, deren Duft er tränkte. Unvermittelt hielt ich inne, konnte mich nicht mehr regen, wie vor einer Vision, die sich nicht bloß an unseren Blick richtet, sondern tiefere Wahrnehmungsschichten aufwühlt und von unserem ganzen Wesen Besitz ergreift. Ein blondes Mädchen, das von einem Spaziergang zurückzukehren schien, sah uns an, hob ein mit rosa Sommersprossen übersätes Gesicht, in der Hand einen Spaten haltend. Ihre schwarzen Augen

schwarze Augen gehabt – die einen so tief trafen, wenn man sie das erste Mal sah –, wäre ich nicht, wie es dann kam, ganz besonders in Liebe zu ihren blauen Augen entbrannt.

Ich betrachtete sie zunächst mit jenem Blick, der nicht nur ein Fürsprecher der Augen war, vielmehr lehnten sich, in Angst erstarrt, sämtliche Sinne aus deren Fenster, ein Blick, der den Körper, den er betrachtet, berühren, küssen umfangen, entführen will, und mit ihm auch dessen Seele; indes, ich befürchtete, mein Großvater und mein Vater könnten das junge Mädchen von einer Sekunde auf die andere erblicken und mich ihr entreißen, indem sie mich vorauslaufen hießen, und so suchte ich sie mit einem zweiten Blick, der unwillentlich flehte, zu zwingen, auf mich aufmerksam zu werden, mich zu erkennen! Sie warf ihre Pupillen nach vorn und zur Seite, um von meinem Großvater und meinem Vater Kenntnis zu nehmen, und offenkundig zog sie daraus den Schluss, dass wir ganz lächerlich waren, denn sie wandte sich mit gleichgültiger, ja verächtlicher Miene ab, damit ihr Gesicht nicht weiter in deren Sehfeld fiel, und weitermarschierend, ohne sie bemerkt zu haben, hatten sie mich überholt, da ließ sie ihre Blicke alles durchdringend in meine Richtung schweifen, ohne jeden eigentümlichen Ausdruck, ohne mich allem Anschein nach überhaupt zu sehen, so starr und von einem unterdrückten Lächeln untermalt, dass ich es nach Maßgabe der Vorstellungen von guter Erziehung, die man mir eingeflößt hatte, nicht anders deuten konnte denn als einen Beweis schimpflicher Verachtung,; – und ihre Hand vollführte gleicherzeit eine unzüchtige Geste, ~~denn wenn denn das Wörterbuch der Sitten denn das Lexikon~~ die, wenn sie in aller Öffentlichkeit an eine unbekannte Person gerichtet ist, gemäß dem kleinen Wörterbuch der Sitten, das ich in mir trug, nur einen Sinn haben mochte, und zwar denjenigen einer ~~nicht schamlosen~~ schamlosen Absicht.

– Komm schon, Gilberte; was treibst du denn, rief mit durchdringender und herrischer Stimme eine Frau in Weiß, die ich

leuchteten, und da ich mich nicht darauf verstand – und es auch später nicht lernen sollte –, einen tiefen Eindruck in seine objektiven Elemente zu zerlegen, und, wie man so sagt, nicht über genügend Beobachtungsgabe verfügte, um den Begriff ihrer Farbe herauszuschälen, zeigte sich mir während langer Zeit jedes Mal, wenn ich an sie dachte, die Erinnerung an ihre Strahlkraft in einem lebhaften Azur, da sie blond war: wer weiß, hätte sie nicht schwarze Augen gehabt, die einen so tief trafen, wenn man sie das erste Mal sah, wäre ich nicht, wie es dann kam, ganz besonders in Liebe zu ihren blauen Augen entbrannt.

Ich befürchtete so sehr, mein Großvater und mein Vater könnten sie von einer Sekunde auf die andere erblicken und mich ihr entreißen, indem sie mich vorauslaufen hießen, dass ich mit einem Blick, der unwillentlich flehte, sie zu zwingen suchte, auf mich aufmerksam zu werden, mich zu erkennen! Sie warf ihre Pupillen nach vorn und zur Seite, um von meinem Großvater und meinem Vater Kenntnis zu nehmen, und offenkundig zog sie daraus den Schluss, dass wir ganz lächerlich waren, denn sie wandte sich mit gleichgültiger, ja verächtlicher Miene ab, damit ihr Gesicht nicht weiter in deren Sehfeld fiel, und weitermarschierend, ohne sie bemerkt zu haben, hatten sie mich überholt, da ließ sie ihre Blicke alles durchdringend in meine Richtung schweifen, ohne jeden eigentümlichen Ausdruck, ohne mich allem Anschein nach überhaupt zu sehen, so starr und von einem unterdrückten Lächeln untermalt, dass ich es mit Hilfe aller Vorstellungen von guter Erziehung, die man mir eingeflößt hatte, nicht anders deuten konnte denn als einen Beweis schimpflicher Verachtung, umso mehr als ihre Hand gleicherzeit eine unzüchtige Geste vollführte, was für mich, in aller Öffentlichkeit, ein Zeichen von flegelhafter Schamlosigkeit war.

– Komm schon, Gilberte; was treibst du denn, rief mit durchdringender und herrischer Stimme eine Frau in Weiß, die ich noch nie gesehen hatte, und nicht weit von ihr

noch nie gesehen hatte, und nicht weit von ihr richtete ein Herr, in ein Kostüm weißen Zwillich gekleidet, den ich nicht kannte, seine Augen auf mich, die ihm aus dem Kopf quollen; und ihr Lächeln jäh abbrechend, nahm das kleine junge Mädchen seinen Spaten und ging von dannen, ohne sich umzuwenden, der Ausdruck folgsam, unergründlich und heimtückisch.[102]

So also zog der Name Gilberte nah an mir vorbei, er wurde mir wie ein Talisman anvertraut, der es mir ermöglichen sollte, eines Tages jene wiederzufinden, aus der er für mich eine Person geformt hatte und die, einen Augenblick zuvor, lediglich eine ungewisse Erscheinung gewesen war. So also zog er vorüber, über die Sonnenblumen, das Eisenkraut und die Veilchen dahingesagt, schrill und frisch wie die Tropfen des grünen Schlauches; er tränkte die von ihm durchlaufene und dadurch isolierte Zone reiner Luft er tränkte die von ihm durchlaufene – und dadurch isolierte – Zone reiner Luft, schillernd vom mysteriösen Leben derjenigen, auf die er jene seligen Menschen verwies, die mit ihr lebten, mit ihr reisten; er versprühte unter der rosa Dornenhecke, auf der Höhe meiner Schultern, die Quintessenz ihrer für mich so schmerzlichen Vertrautheit mit ihr, mit dem Unbekannten ihres Lebens, zu dem ich nie Zugang finden würde.

Für einen Augenblick (während wir uns entfernten und mein Großvater murmelte: „Armer Swann, was für eine Rolle haben sie ihm nur zugedacht, man drängt ihn zum Aufbruch, damit sie mit ihrem Charlus allein bleiben kann, ich habe ihn nämlich sehr wohl erkannt! Und die Kleine, sie wird in diese schmutzige Sache hineingezogen!") linderte der Eindruck, den der despotische Ton in mir weckte, mit dem Gilbertes Mutter zu ihr gesprochen hatte, ohne dass Letztere etwas erwidert hätte, um ein weniges mein Leid, und indem er aufzeigte, dass sie jemandem zum Gehorsam verpflichtet war und also nicht über alles erhaben war, ließ er mich ein wenig Hoffnung schöpfen und dämpfte meine Liebe. Doch recht rasch breitete sich diese

richtete ein Herr, den ich nicht kannte, seine Augen auf mich, die ihm aus dem Kopf quollen. Ihr Lächeln jäh abbrechend, nahm sie ihren Spaten und ging von dannen, ohne sich umzuwenden, der Ausdruck folgsam, unergründlich und heimtückisch. So also zog der Name Gilberte nah an mir vorbei, er wurde mir wie ein Talisman anvertraut, der es mir ermöglichen sollte, eines Tages jene wiederzufinden, aus der er, für mich, eine Person geformt hatte und die, einen Augenblick zuvor, lediglich eine ungewisse Erscheinung gewesen war. So also zog er vorüber, über die Sonnenblumen, das Eisenkraut und die Veilchen dahingesagt, schrill und frisch wie die Tropfen des grünen Schlauches; er tränkte die von ihm durchlaufene und dadurch isolierte Zone reiner Luft, schillernd vom mysteriösen Leben derjenigen, auf die er jene seligen Menschen verwies, die mit ihr lebten, mit ihr reisten; er versprühte unter der rosa Dornenhecke, auf der Höhe meiner Schultern, die Quintessenz ihrer für mich so schmerzlichen Vertrautheit mit dem Unbekannten, zu dem ich nie Zugang finden würde. Für einen Augenblick (während wir uns entfernten und mein Großvater murmelte: „Armer Swann, was für eine Rolle haben sie ihm nur zugedacht, man drängt ihn zum Aufbruch, damit sie mit ihrem Gurcy allein bleiben kann, ich habe ihn nämlich sehr wohl erkannt! Und die Kleine, sie wird in diese schmutzige Sache hineingezogen!") linderte der Eindruck, den der despotische Ton in mir weckte, mit dem Gilbertes Mutter zu ihr gesprochen hatte, ohne dass Letztere etwas erwidert hätte, um ein weniges mein Leid, und indem er aufzeigte, dass sie zum Gehorsam verpflichtet war und also nicht über alles erhaben und vollkommen unnahbar war, ließ er mich ein wenig Hoffnung schöpfen und dämpfte meine Liebe. Doch recht rasch breitete sich in mir diese Liebe wieder aus, wie zur Reaktion, indem mein gedemütigtes Herz sich auf ihre Höhe stellen oder sie bis zu sich hinunterziehen wollte. Ich liebte sie, ich bedauerte, weder die Zeit noch die Eingebung gefun-

Liebe in mir wieder aus, wie zur Reaktion, mit der mein gedemütigtes Herz sich auf Gilbertes Höhe stellen oder sie bis zu sich hinunterziehen wollte. Ich liebte sie, ich bedauerte, weder die Zeit noch die Eingebung gefunden zu haben, sie zu kränken, ihr wehzutun und sie dazu zu zwingen, sich an mich zu erinnern. Ich fand sie so schön, dass ich gern kehrtgemacht hätte, um ihr mit einem Schulterzucken zuzurufen: „Wie hässlich Sie doch sind, wie grotesk, mich ekelt vor Ihnen." Jedoch, ich ging weiter und trug ein für allemal, als frühestes Inbild eines Glücks, das Kindern meiner Abstammung aufgrund unüberschreitlicher Naturgesetze verwehrt bleibt, das Bild eines kleinen rothaarigen Mädchens mit mir, die Haut mit rosa Flecken gesprenkelt, wie sie, eine Harke haltend, lächelte und ihre langen Blicke über mich schweifen ließ, ausdruckslos und hinterhältig. Und schon sollte der Zauber, mit dem ihr Name diese Stelle unter den rosa Dornenhecken beweihräuchert hatte, just dort, wo er von ihr und mir gemeinsam gehört worden war, alles erobern, überziehen, ~~was in seine Nähe gerät,~~ umschmeicheln, was in seine Nähe geriet, ihre Großeltern etwa, mit denen die meinen in ihrem unsäglichen Glück bekannt waren, den erhabenen Stand eines Wechselmaklers, das schmerzensreiche Quartier der ~~Champs-Élysée~~ Champs-Élysée ~~de l'Étoile,~~ das sie in Paris bewohnte.¹⁰³

– Léonie, sagte mein Großvater bei der Heimkehr, ich hätte dich vorhin gern bei uns gehabt. Du würdest die Frapelière nicht wiederkennen. Hätte ich es gewagt, ich hätte dir einen Zweig rosa Hagedorn abgeschnitten, der dir so lieb ist.

So berichtete mein Großvater meiner Tante Léonie von unserem Spaziergang, sei es zur Zerstreuung, sei es, weil er die Hoffnung noch nicht ganz aufgegeben hatte, sie aus dem Haus zu locken. Denn einst, da hatte sie jenes Anwesen innig geliebt, und zudem ~~war Swann die letzte Person~~ waren die Besuche von Swann die letzten, die sie noch in Empfang nahm, als ihre Türen allen anderen schon verschlossen waren, ~~und indem sie.~~

den zu haben, um zu kränken, ihr wehzutun und sie dazu zu zwingen, sich an mich zu erinnern. Ich fand sie so schön, dass ich gern kehrtgemacht hätte, um ihr mit einem Schulterzucken zuzurufen: „Wie hässlich Sie doch sind, wie grotesk, mir ekelt vor Ihnen." Jedoch, ich ging weiter und trug ein für allemal, als frühestes Inbild eines Glücks, das Kindern meiner Abstammung aufgrund unüberschreitlicher Naturgesetze unverständlich bleibt, das Bild eines kleinen blonden Mädchens mit mir, die Haut mit Sommersprossen gesprenkelt, wie sie, eine Harke haltend, lächelte und ihre langen ausdruckslosen Blicke über mich schweifen ließ. Und schon sollte der Zauber, mit dem ihr Name diese Stelle unter den rosa Dornenhecken beweihräuchert hatte, just dort, wo er von ihr und mir gemeinsam gehört worden war, alles erobern, überziehen, was in seine Nähe geriet, ihre Großeltern etwa, mit denen die meinen in ihrem unvorstellbaren Glück bekannt waren, den erhabenen Stand eines Wechselmaklers, das schmerzensreiche Quartier der Champs-Élysée, das sie in Paris bewohnte. Nach diesem Namen Swann verzehrte ich mich, wenn ich mit meinen Eltern plauderte, so sehr tat es Not, ihn zu hören; zwar wagte ich es nicht, ihn selber auszusprechen, aber ich lenkte sie auf Gebiete aus dem Umfeld von Gilberte und ihrer Familie, mit einem Bezug zu ihr, sodass ich mich nicht mehr so weit weg von ihr im Exil fühlte; und so zwang ich meinen Vater, indem ich zum Beispiel unvermittelt die Ansicht vorschützte, dass das Amt meines Großvaters schon vor ihm in unserer Familie lag oder dass die rosa Hecke auf dem Boden der Gemeinde stand, dies nur, damit er meine Behauptung berichtigte und mir, gleichsam ohne mein Zutun, ganz von sich aus sagte: „Aber nein, dieses Amt oblag dem Vater von *Swann*, diese Hecke gehörte zum Park von *Swann*." Dann musste ich tief Luft schöpfen, denn indem sich dieser Name auf jene Stelle legte, die ihm für immer zugedacht war, lastete er bis zum Ersticken auf mir, wobei er mir, im Augenblick, in dem ich ihn vernahm, von

Und in der Tat, wenn er ~~sie besuchen kam~~ sich jetzt nach Neuigkeiten erkundigte (sie war nunmehr die Einzige von uns, die er
noch zu sehen wünschte)~~, sagte sie: „Richten Sie ihm aus, dass
ich~~, ließ sie ihm ausrichten, dass sie ~~allzu~~ erschöpft sei, aber
~~ich ihn~~ dass sie ihn das nächste Mal vorlassen würde, und so
sagte sie an diesem ~~Tag~~ Abend: „Ja, eines Tages, wenn es schön
ist, dann werde ich in der Kutsche bis ~~zu dessen~~ zur Pforte
des Gartens fahren." ~~Ihr Wunsch, Swann wiederzusehen, die
Frapelière zu sehen, war aufrichtig, aber er war~~ Und das meinte
sie aufrichtig. Gern hätte sie Swann wieder gesehen, die Frapelière gesehen; der bloße Wunsch entsprach gerade noch ihren
verbliebenen Kräften, seine Umsetzung hätte sie überstiegen.
Bisweilen verlieh ihr das schöne Wetter etwas Kraft, sie stand
auf, kleidete sich an; die Erschöpfung überkam sie, noch bevor
sie im anderen Zimmer war, und sie verlangte nach ihrem Bett.
Was bei ihr bereits eingesetzt hatte – früher als ~~bei den ande-
ren~~ gewöhnlich –, das war jene große Entsagung des Alters,
das sich auf den Tod vorbereitet, ~~und~~ sich in seine Chrysalide
zurückzieht, und das kann man am ~~Lebensende~~ Ende langer
Leben beobachten, selbst zwischen früheren Geliebten, die sich
über alles zugetan sind, zwischen Freunden, die durch geistige
Bande tief verbunden sind und von einem bestimmten Jahr an
~~darauf verzichten~~ auf die Reise oder die Ausfahrt verzichten,
die nötig wäre, um einander zu sehen, wie sie sich nicht mehr
schreiben und wissen, dass sie in dieser Welt nicht mehr miteinander kommunizieren werden. Meine Tante wusste wohl in
ähnlicher Weise, dass sie Swann nicht mehr wiedersehen, das
Haus nie mehr verlassen würde. ~~Doch war für sie das Wissen
um diese endgültige Einkapselung nicht sonderlich schmerzlich, wurde sie doch vom Schwinden ihrer Kräfte über sie verhängt.~~ Doch diese endgültige Einkapselung sollte ~~meiner Tante~~
ihr recht ~~sanft sein~~ leicht fallen, und zwar just aus dem Grund,
~~der uns im Glauben ließ~~ der ihr dies in unseren Augen besonders schmerzlich hätte machen müssen: diese Abkapselung war

442

größerer Fülle schien als jeder andere, denn er war mit all den Gelegenheiten, an denen ich ihn wieder und wieder im Geist ausgesprochen hatte, schwanger. Er bescherte mir eine Lust, die mich ganz verwirrt zurückließ, weil ich es gewagt hatte, sie meinen Eltern abzulocken, und sie war so groß, dass ich sie mir gewiss nur unter großer Mühsal verschaffen mochte, und dies erst noch ohne Gegengabe, da er ihnen in keiner Weise Lust verschaffte. Und so lenkte ich das Gespräch aus Takt in eine neue Richtung, nicht zuletzt aus Gewissensbedenken. All die unvergleichlichen Lockungen, die ich in den Namen Swann legte, überströmten mich, sobald sie ihn aussprachen. Mir war dann, meine Eltern könnten nicht umhin, ähnlich zu empfinden, sahen sie sich doch an meine Stelle versetzt, und so würden sie sie, mit meinen Träumen vermählt, ihres Orts wahrnehmen, absegnen, und ich fühlte mich untröstlich, als hätte ich sie überwältigt und verdorben.

In jenem Jahr, als meine Eltern den Tag unserer Rückkehr nach Paris etwas früher festgesetzt hatten als sonst und man mich, am Morgen des Aufbruchs, für einen Photographen frisiert und umsichtig mit einem Hut geschmückt hatte, den ich noch nie getragen hatte, bevor ich in ein wattiertes Mäntelchen aus Samt gesteckt wurde, da fand mich meine Mutter, nachdem sie überall nach mir gesucht hatte, in Tränen aufgelöst auf dem kleinen ansteigenden Pfad neben der Frapelière, wo ich, im Begriff, dem Weißdorn Adieu zu sagen, meine Arme um die dornigen Zweige schlang und wie eine Prinzessin aus einer Tragödie, der ihr eitler Schmuck zur Last fiel und bei der eine lästige Hand beim Knüpfen der Bänder viel Sorgsicht darauf verwandt hatte, ihre Haare auf ihrer Stirn zu versammeln, so trat ich meine abgerissenen Lockenwickler und meinen neuen Hut mit den Füßen. Beim Anblick der zerbeulten Kopfbedeckung und des zerrissenen Mäntelchens stieß meine Mutter einen Schrei aus, aber ich hörte ihn nicht: „Oh meine armen Weißdornen", sprach ich unter Tränen, „ihr wart es

~~durch die Schwächung ihrer Kräfte~~ eine Folge der Abnahme ihrer Kräfte, die sie jeden Tag beobachten konnte und die ~~ihr~~ jede Verrichtung, jede Bewegung in Erschöpfung rief ~~wandelte sich~~, wenn nicht in Schmerz wandelte und so der Untätigkeit, der Weltflucht die gesegnete und heilsame Süße der Ruhe verlieh.

Meine Tante würde die rosa Dornenhecke nicht mehr sehen, aber ich fragte meine Eltern ununterbrochen, ob sie nicht doch hingehen könne, ob sie einst oft zur Frapelière gegangen sei, dies im Versuch, die Sprache auf die Eltern und Großeltern von Mlle Swann zu bringen, die mir groß wie Götter erschienen, ~~zum mindesten sollten sie so diesen für mich geradezu mythologischen Namen Swann aussprechen, und wenn ich mit meinem Vater plauderte, verschmachtete ich geradezu vor Not, zu hören, wie er ihn aussprechen würde~~ Nach diesem für mich geradezu mythologisch gewordenen Namen Swann verzehrte ich mich, wenn ich mit meinen Eltern plauderte, so sehr tat es Not, ihn zu hören; zwar wagte ich es nicht, ihn selber auszusprechen, aber ich lenkte sie auf Gebiete aus dem Umfeld von Gilberte und ihrer Familie, mit einem Bezug zu ihr, sodass ich mich nicht mehr so weit weg von ihr im Exil fühlte; und so zwang ich meinen Vater, indem ich zum Beispiel unvermittelt die Ansicht vorschützte, dass das Amt meines Großvaters schon vor ihm in unserer Familie lag oder dass die rosa Hecke, die meine Tante Léonie zu sehen wünschte, auf dem Boden der Gemeinde stand, dies nur, damit er meine Behauptung berichtigte und mir, gleichsam ohne mein Zutun, ganz von sich aus sagte: „Aber nein, dieses Amt oblag dem Vater von *Swann*, diese Hecke gehörte zum Park von *Swann*." Dann musste ich tief Luft schöpfen, denn indem sich dieser Name auf jene Stelle legte, die ihm für immer zugedacht war, lastete er bis zum Ersticken auf mir, wobei er mir, im Augenblick, in dem ich ihn vernahm, von größerer Fülle schien als jeder andere, denn er war mit all den Gelegenheiten, an denen ich ihn wieder und

nicht, die mir Kummer bereiten, mich zum Aufbruch zwingen: Ihr, ihr habt mir nie ein Leid getan! Und so werde ich euch ewig lieben." Meine Tränen trocknend, gelobte ich ihnen, wenn ich groß sein würde, nicht das sinnentleerte Leben anderer Männer zu führen, sondern, selbst in Paris, während der Frühlingstage nicht irgendwelche Besuche abzustatten und mir läppisches Gerede anzuhören, wie ich es vom Muttertag kannte, um in die Felder zu gehen, um die ersten Hagedornen zu sehen.

War man erst einmal in den Feldern, so verließ man sie während des ganzen Spaziergangs auf der Seite von Méséglise nicht mehr. Ewig streifte, wie ein unsichtbarer Landstreicher, der Wind durch sie dahin, für mich der Genius von Combray. Jedes Jahr am Karsamstag suchte ich ihn, um gleich am Tag unserer Ankunft zu spüren, dass ich wirklich in Combray war, dort oben auf, wo er durch die Furchen der Felder jagte und mich an seiner Seite laufen ließ. Dieses Jahr lag die Karwoche etwas spät, und obwohl der Winter mehrmals zurückgekehrt war und der Frühling die Obstbäume in den Feldern vergessen hatte, wo sie, verloren, in ihrer rosa Robe am Eingang zum Wald von Pinconville, unter dem weißen Reif, schlotterten, wich die Luft da und dort dem Duft eines Veilchens, das den blauen Schnabel seines Leibes niederbeugte. Ich kehrte mit frischem Appetit ins Haus zurück, wo man das Feuer entfacht hatte, und in der Nacht schlief ich besser als in Paris. Man fühlte auf der Seite von Méséglise stets den Wind an seiner Seite, auf jener hügeligen Ebene, die von Chartres bis hierher keinen jähen Wechsel des Terrains kannte. Wie ich wusste, verbrachte Mlle Swann stets ein paar Wochen dort, und auch wenn es dahin mehrere Meilen waren, wurde die Distanz durch das Fehlen jeglicher Hindernisse aufgehoben, und wenn ich, an heißen Nachmittagen, sah, wie ein einziger Hauch von dort drüben kam und am Horizont weit entfernte Weizenfelder niederbeugte, um gleich der Meeresflut über die ganze gewaltige Weite zu strömen, murmelnd

wieder im Geist ausgesprochen hatte, schwanger. Er bescherte mir eine Lust, die mich ganz verwirrt zurückließ, weil ich es gewagt hatte, sie meinen Eltern abzulocken, und diese Lust war so groß, dass ich sie mir gewiss nur unter großer Mühsal verschaffen mochte, und dies erst noch ohne Gegengabe, da er ihnen in keiner Weise Lust verschaffte. Und so lenkte ich das Gespräch aus Takt in eine neue Richtung. Nicht zuletzt aus Gewissensbedenken. All die unvergleichlichen Lockungen, die ich in den Namen Swann legte, überströmten mich, sobald sie ihn aussprachen. Mir war dann, meine Eltern könnten nicht umhin, ähnlich zu empfinden, sahen sie sich doch an meine Stelle versetzt, und so würden sie sie, mit meinen Träumen vermählt, ihres Orts wahrnehmen, absegnen, und ich fühlte mich untröstlich, als hätte ich sie überwältigt und verdorben.

In jenem Jahr, als meine Eltern den Tag unserer Rückkehr nach Paris etwas früher festgesetzt hatten als sonst und man mich, am Morgen des Aufbruchs, für einen Photographen frisiert und umsichtig mit einem Hut geschmückt hatte, den ich noch nie getragen hatte, bevor ich in ein wattiertes Mäntelchen aus Samt gesteckt wurde, da fand mich meine Mutter, nachdem sie überall nach mir gesucht hatte, in Tränen aufgelöst auf dem kleinen Steig neben der Frapelière, wo ich, im Begriff, dem Weißdorn Adieu zu sagen, meine Arme um die stechenden Zweige schlang und wie eine Prinzessin aus einer Tragödie, der ihr eitler Schmuck zur Last fiel, und voll Undank gegenüber einer lästigen Hand, die beim Knüpfen der Bänder viel Sorgsicht darauf verwandt hatte, meine Haare auf meiner Stirn zu versammeln, so trat ich meine abgerissenen Haarwickler und meinen neuen Hut mit den Füßen. Vom Anblick meiner Tränen zeigte sich meine Mutter nicht berührt, doch vermochte sie nicht, einen Schrei zu unterdrücken, als sie der zerbeulten Kopfbedeckung und des zerschlissenen Mäntelchens ansichtig wurde, aber ich hörte ihn nicht: „Oh meine armen Weißdornen", sprach ich unter Tränen, „ihr wart es nicht, die mir

und lau, zwischen Esparsetten und Klee, und sich, zu meinen Füßen, schlafen legte, dann schien uns diese Ebene, die uns gemeinsam war, einander zu nähern, uns zu vereinen, und ich stellte mir vor, wie dieser Hauch an ihr vorübergeweht war, mir eine Botschaft von ihr zuflüsterte, die ich nicht verstehen konnte, und so umhalste ich ihn auf seinem Flug.

In symmetrischen Abständen, mitten im unnachahmlichen Schmuck ihres Blattwerks, das sich mit keinen Blättern anderer Obstbäume verwechseln lässt, öffneten die Apfelbäume ihre breiten Blüten aus weißer Seide oder ließen die scheuen Büschel ihrer errötenden Knospen baumeln. In der Gegend von Méséglise fiel mir zum ersten Mal der runde Schatten auf, den die Apfelbäume auf die sonnengetränkte Erde warfen, aber auch jene goldenen, jedem Zugriff entzogenen Seidenfäden, die die Abendsonne schräg unter ihre Blätter webt, und ich sah, wie mein Vater sie mit seinem Stock unterbrach, ohne sie je umzulenken.

Bisweilen zog der weiße Mond über den Nachmittagshimmel, wie eine Wolke, verstohlen, ohne jeden Glanz, gleich einer Schauspielerin, deren Auftritt noch nicht gekommen ist und die, in städtischer Tracht, aus dem Zuschauerraum einen Moment ihren Kolleginnen zuschaut, sich selbst auslöschend, da sie nicht wünscht, dass man auf sie aufmerksam wird. Ich liebte es, in Gemälden oder in Büchern auf sein Bild zu stoßen – jedenfalls während jener ersten Jahre, bevor Bloch meine Augen und meine Gedanken an subtilere Harmonien gewöhnt hatte –, ganz anders als jene, auf denen er mir heute als schön gilt und auf denen ich ihn damals gar nicht bemerkt hätte, wie etwa in einem Roman von Saintine oder in einer Landschaft von Gleyre, wo er am Himmel in aller Schärfe eine silberne Sichel schneidet.

Die Leute, die denken, man müsse Kinder mit Werken konfrontieren, für die sie, reif geworden, Bewunderung empfinden würden, damit sie schon jetzt durch ihre Liebe zu ihnen Geschmack beweisen können, stellen sich gewiss

Kummer bereiten, mich zum Aufbruch zwingen: Ihr, ihr habt mir nie ein Leid getan! Und so werde ich euch ewig lieben." Meine Tränen trocknend, gelobte ich ihnen, wenn ich groß sein würde, nicht das sinnentleerte Leben anderer Männer zu führen, sondern, selbst in Paris, während der Frühlingstage nicht irgendwelche Besuche abzustatten und mir läppisches Gerede anzuhören, um in die Felder zu gehen, um die ersten Hagedornen zu sehen.

War man erst einmal in den Feldern, so verließ man sie während des ganzen Spaziergangs, den man auf der Seite von Méséglise unternahm, nicht mehr. Ewig streifte, wie ein unsichtbarer Landstreicher, der Wind durch sie dahin, für mich der Genius von Combray. Jedes Jahr suchte ich ihn, um gleich am Tag unserer Ankunft zu spüren, dass ich wirklich in Combray war, dort oben auf, wo er durch die Furchen der Felder jagte und mich an seiner Seite laufen ließ. Man fühlte auf der Seite von Méséglise stets den Wind an seiner Seite, auf jener hügeligen Ebene, die von Chartres bis hierher keinen jähen Wechsel des Terrains kannte. Wie ich wusste, verbrachte Mlle Swann stets ein paar Wochen dort, und auch wenn es dahin mehrere Meilen waren, wurde die Distanz durch das Fehlen jeglicher Hindernisse aufgehoben, und wenn ich, an heißen Nachmittagen, sah, wie ein einziger Hauch vom äußersten Horizont kam und weit entfernte Weizenfelder niederbeugte, um gleich der Meeresflut über die ganze gewaltige Weite zu strömen, murmelnd und lau, zwischen Esparsetten und Klee, und sich, zu meinen Füßen, schlafen legte, dann schien uns diese Ebene, die uns gemeinsam war, einander zu nähern, uns zu vereinen, und ich stellte mir vor, wie dieser Hauch an ihr vorübergeweht war, mir eine Botschaft von ihr zuflüsterte, die ich nicht verstehen konnte, und so umhalste ich ihn auf seinem Flug. Zur Rechten erblickte man mitten hinter den Weizenfeldern die beiden gedrechselten und doch rustikalen Glockentürme von St André des Champs, ganz schlank und schmal, gelblich und gekörnt

448

vor, ästhetische Werte seien materielle Objekte, die ein offenes Auge unweigerlich als solche erkennen muss. Sie übersehen, dass sich unsere Eindrücke wandeln, sobald wir über sie nachsinnen, und es uns nur so möglich ist, in uns die Gegenstücke jener Werte herauszubilden, die es uns überhaupt erst erlauben, sie zu erfassen, wenn wir ihnen in Form eines Kunstwerks begegnen. Bis dahin finden wir nur an Werken Gefallen, die so wirr sind, dass sie dem schwachen Auge eines Kindes klar erscheinen, weil es darin just jene Eindrücke erkennt, die es von einem Gegenstand erhält, unvollständig zwar, aber nicht falsch. Diese Eindrücke müssen wir später eher anreichern als auslöschen. Unter diesem Gesichtspunkt sind ein banales Gemälde, eine pompöse Prosa, nicht unbedingt schrecklich, wie wir voreilig sagen; meist sind sie schlicht und einfach so rudimentär, dass bei einem Leser, der sich damit zufriedengeben will, die künstlerische Intelligenz noch nicht recht entwickelt sein darf, sondern kindlich geblieben sein muss. Sie vermitteln dem Subjekt eine Fülle von Beobachtungen über die Realität, deren Wahrheit selbst ein verfeinerter Geist gerade dadurch bestätigt, dass er voll Verachtung auf sie herabblickt, jedenfalls sind sie so allbekannt, dass der Autor offenbar über keinerlei Auffassungsgabe verfügt, wenn ihm nie auffiel,

wie zwei Ähren schuppig, wabenartig gehöhlt, guillochiert, gelblich und gekörnt wie zwei Ähren!

In symmetrischen Abständen, mitten im unnachahmlichen Schmuck ihres Blattwerks, das sich mit keinen Blättern anderer Obstbäume verwechseln lässt, öffneten die Apfelbäume ihre breiten Blüten aus weißer Seide oder ließen die scheuen Büschel ihrer errötenden Knospen baumeln. In der Gegend von Méséglise fiel mir zum ersten Mal der runde Schatten auf, den die Apfelbäume auf die sonnengetränkte Erde warfen, aber auch jene goldenen, jedem Zugriff entzogenen Seidenfäden, die die Abendsonne schräg unter ihre Blätter webt, und ich sah, wie mein Vater sie mit seinem Stock unterbrach, ohne sie je umzulenken.

Bisweilen zog der weiße Mond über den Nachmittagshimmel, wie eine Wolke, verstohlen, ohne jeden Glanz, gleich einer Schauspielerin, deren Auftritt noch nicht gekommen ist und die, in städtischer Tracht, aus dem Zuschauerraum einen Moment ihren Kolleginnen zuschaut, sich selbst auslöschend, da sie nicht wünscht, dass man auf sie aufmerksam wird. Ich liebte es, in Gemälden oder in Büchern auf sein Bild zu stoßen, doch die Kunstwerke waren – jedenfalls während jener ersten Jahre, bevor Bloch meine Augen und meine Gedanken an subtilere Harmonien gewöhnt hatte – anders als jene, auf denen mir der Mond heute als schön gilt und auf denen ich ihn damals gar nicht bemerkt hätte, etwa in irgendeinem Roman von Saintine, in einer Landschaft von Gleyre, wo er am Himmel in aller Schärfe eine silberne Sichel schneidet, Werke also, auf naive Weise unvollendet wie meine eigenen Eindrücke, wobei die Schwestern meiner Großmutter für meine Liebe zu ihnen nur Verachtung übrig hatten.

Sie dachten,[104] man müsse Kinder mit Werken konfrontieren, für die sie, reif geworden, Bewunderung empfinden würden, damit sie schon jetzt durch ihre Liebe zu ihnen Geschmack beweisen können. Sicher stellten sie sich vor, ästhetische Werte

seien materielle Objekte, die ein offenes Auge unweigerlich als solche erkennen muss, ohne dass ein langsamer Reifungsprozess im Herzen die Äquivalente herausgebildet haben muss. Für mich wandelten sich meine Eindrücke, die ich während dieser Spaziergänge empfing, sobald ich über sie nachsann, und es war mir nur so möglich, in mir selbst das Gegenstück jener Werte herauszubilden, die es mir überhaupt erst erlauben, sie zu erfassen, wenn ich ihnen in Form eines Kunstwerks begegne. Bis dahin fand ich nur an Werken Gefallen, die so wirr sind, dass sie dem schwachen Auge des Kindes, das ich damals noch war, klar erschienen, weil ich darin jene Eindrücke erkannte, die ich von einem Gegenstand erhielt, unvollständig zwar, aber nicht falsch. Diese Eindrücke musste ich später eher anreichern als auslöschen. Selbst heute noch erscheinen sie mir nicht so sehr, wie es heißt, schrecklich, sondern rudimentär. Ein banales Gemälde, eine pompöse Prosa, die mich damals zufriedenstellten, erscheinen mir – nicht etwa schrecklich, wie man zu sagen beliebt – sondern einfach so rudimentär, dass bei einem Amateur-Leser, der sich damit zufriedengeben will, die künstlerische Intelligenz noch nicht recht entwickelt sein darf, sondern kindlich geblieben sein muss. Sie vermitteln dem Subjekt eine Fülle von Beobachtungen über die Realität, deren Wahrheit selbst ein verfeinerter Geist gerade dadurch bestätigt, dass er voll Verachtung auf sie herabblickt, jedenfalls sind sie so allbekannt, dass der Autor offenbar über keinerlei Auffassungsgabe verfügt, wenn ihm nie auffiel, dass sie allen geläufig sind, sondern sie noch für unausgesprochen hält und der Vorstellung verfällt, er würde tatsächlich etwas erfinden, wo er sie doch nur wiederkäut.

PLACARD 24
VOM 22. APRIL 1913

Auf der Seite von Méséglise, bei La Combe, einem Haus am Ufer eines großen Weihers, das sich an eine buschige Böschung schmiegte, da wohnte M. Vinteuil. Und so kam es, dass man

452

dass sie allen geläufig sind, sondern sie noch für unausgesprochen hält und der Vorstellung verfällt, er würde tatsächlich etwas erfinden, wo er sie doch nur wiederkäut.

Auf der Seite von Méséglise, bei La Combe, einem Haus

auf der Straße oft seine Tochter kreuzte, die in vollem Galopp einen Buggy lenkte. Von einem gewissen Alter an traf man sie nie mehr allein, sondern in Begleitung einer etwas älteren Freundin, die in der Gegend einen schlechten Ruf hatte und sich eines Tages endgültig in La Combe häuslich einrichtete. Es hieß: „Ist denn der arme M. Vinteuil aus zarter Zuneigung mit Blindheit geschlagen, dass er nicht merkt, was man so munkelt, und obwohl er bereits über ein unangemessenes Wort in Empörung gerät, gestattet er seiner Tochter, mit so einer Frau unter einem Dach zu leben. Er sagt sogar, sie sei eine erhabene Frau von großem Herz und sie würde über eine außerordentliche Begabung für Musik verfügen, wenn sie sie nur etwas gepflegt hätte. Dabei kann er Gift darauf nehmen, dass seine Tochter mit ihr gewiss nicht der Musik obliegt.“ Nun, M. Vington hatte gesprochen; und es ist in der Tat bemerkenswert, wie jemand Bewunderung für seine geistigen Anlagen bei den Eltern einer Person zu erregen vermag, mit der er eine fleischliche Beziehung unterhält. Die körperliche Liebe, zu Unrecht verschrien, bringt jedes Wesen dazu, selbst noch die geringsten Funken von Güte, Selbstlosigkeit zu bezeugen, wobei sie bis in die Augen der unmittelbaren Umgebung strahlen. Doktor Percepied, der dank seiner plumpen Stimme und seiner buschigen Brauen nach Verlangen die Rolle des Perfiden spielen konnte, wiewohl er nicht über den entsprechenden Körper verfügte, verstand sich darauf, ohne seinen unerschütterlichen und unverdienten Ruf als unwirscher Wohltäter zu gefährden, den Pfarrer und alle anderen Tränen lachen zu machen, indem er in ungehobeltem Tonfall sagte: „Tja dann, es scheint, sie treibt mit ihrer Freundin Musik, das Fräulein Vington. Das scheint Sie zu erstaunen? Ich weiß nicht recht. Papa Vington hat es mir gerade gestern selber gesagt. Alles in allem hat die Kleine doch das Recht, für Musik zu schwärmen. Ich halte nichts davon, die künstlerische Berufung eines Kindes zu unterbinden. Vington auch nicht, wie es scheint. Er treibt ja selbst mit der Freundin seiner Tochter

454

am Ufer eines großen Weihers, das sich an eine buschige Böschung schmiegte, die sich bis zur Höhe des ersten Stocks erhob, da wohnte M. Vington. Und so kam es, dass man auf der Straße oft seine Tochter kreuzte, die in vollem Galopp einen Buggy lenkte. Von einem gewissen Alter an traf man sie nie mehr allein, sondern in Begleitung einer etwas älteren Freundin, die in der Gegend einen schlechten Ruf hatte und sich eines Tages endgültig in La Combe häuslich einrichtete. Es hieß: „Ist denn der arme M. Vington aus zarter Zuneigung mit Blindheit geschlagen, dass er nicht merkt, was man so munkelt, und obwohl er bereits über ein unangemessenes Wort in Empörung gerät, gestattet er seiner Tochter, mit so einer Frau unter einem Dach zu leben. Er lässt sich sogar zur Behauptung hinreißen, diese Person würde über eine außerordentliche Begabung für die Botanik verfügen, wenn sie sie nur etwas gepflegt hätte. Dabei kann er Gift darauf nehmen, dass seine Tochter mit ihr gewiss nicht der Botanik obliegt." Leute, die so reden, übersehen, dass es vielmehr bemerkenswert ist, wie jemand Bewunderung für seine geistigen Anlagen bei den Eltern einer Person zu erregen vermag, mit der er eine fleischliche Beziehung unterhält. So sehr zwingt die körperliche Liebe, zu Unrecht verschrien, jedes Wesen dazu, alle Funken von Güte, Selbstlosigkeit zu bezeugen, und sie strahlen bis in die Augen der unmittelbaren Umgebung. Jene indes, die in jenen Tagen beobachten konnten, wie M. Vington den Leuten, die er kannte, aus dem Weg ging, wie er sich abwandte, wenn er uns erblickte, wie er in wenigen Monaten alterte, die konnten nur schwerlich vermuten, dass er über das laufende Gerede nicht unterrichtet war. Natürlich kannte er es, schenkte ihm womöglich sogar Glauben. Gewiss, es ist wohl niemand, bei aller Tugend, angesichts der Komplexität der Menschen davor gefeit, eines Tages mit jenem Laster, das er ausdrücklich so tief verachtet wie nichts sonst, auf vertrautem Fuß zu leben – ohne es unter der Gestalt

Musik. Ha! sapristi! in diesem Haus wird mächtig gefiedelt. Was lacht ihr denn so? ~~Ich sage ja nicht gut~~ Sie übertreiben es vielleicht ein wenig mit dieser Musikmacherei. Eben erst traf ich Vater Vington auf dem Friedhof. Er konnte sich kaum auf den Beinen halten."[105]

Wer wie wir in jenen Tagen beobachten konnte, wie M. Vington den Leuten, die er kannte, aus dem Weg ging, wie er sich abwandte, wenn er sie erblickte, wie er in wenigen Monaten alterte, in seinem Kummer fast ertrank, wie ihm alles, was nicht das Wohl seiner Tochter zum Ziel hatte, eine Last wurde, wie er ganze Tage am Grab seiner Gattin verweilte, wie er die Vollendung seiner Kompositionen aus den letzten Jahren immer wieder hinausschob und schließlich gänzlich ruhen ließ, obwohl sie ihm allem Anschein nach so sehr am Herzen lag, während wir sie für wertlos hielten – der konnte nur schwerlich die Augen vor der Tatsache verschließen, dass er vor Kummer bald sterben würde, und man ging davon aus, dass er über das laufende Gerede unterrichtet war. Natürlich kannte er es, schenkte ihm womöglich sogar Glauben. Es ist wohl niemand, bei aller Tugend, angesichts der Komplexität der Umstände davor gefeit, eines Tages mit jenem Laster, das er ausdrücklich so tief verachtet wie nichts sonst, auf vertrautem Fuß zu leben – freilich ohne es unter dem Gewand der besonderen Umstände zu erkennen, in das es schlüpft, um mit ihm in Kontakt zu treten ~~und ihn leiden zu lassen~~: bizarre Worte, unerklärliche Attitüden – eines Abends, und das von einem Wesen, das er aus tausend guten Gründen liebt. Aber[106] ~~ein Mann wie M. Vington müsste leiden wie ein anderer~~ für einen Mann wie M. Vington lag weit mehr Leid als für jeden anderen in der Kapitulation vor Situationen, die man fälschlicherweise für das exklusive Privileg der Welt der Bohème hält und die womöglich nur dort vorkommen sollten, doch sie produzieren jedes Mal ~~im Widerstreit mit einer Gruppe~~, zur Gewährleistung des notwendigen Raumes und der Sicherheit, auf die es

der besonderen Umstände zu erkennen, unter denen es mit ihm in Kontakt tritt, um ihm Leid zu bereitet: bizarre Worte, unerklärliche Attitüden – eines Abends, und das von einem Wesen, das er aus tausend guten Gründen liebt. Und gleichwohl, gewisse Situationen, die man fälschlicherweise für das exklusive Privileg der Welt der Bohème hält, sollten womöglich nur dort vorkommen, wo sie weniger tiefen Schmerz verursachen, doch als unausweichliche Folge eines Lasters, das die Natur, bisweilen nur schon durch die Mischung der Tugenden des Vaters und der Mutter bei einem Kind, wie etwa die Farbe seiner Augen, aufkeimen lässt, werden sie von ihm für sich selbst konstruiert, um ihm den Raum und die Sicherheit zu gewährleisten, die es gegen so viele soziale Gruppen verteidigen muss, die im Widerstreit zu ihm stehen, und so mag man es auch in der heiligsten Familie antreffen. Doch aus dem Umstand, dass M. Vington womöglich das Betragen seiner Tochter bekannt war, lässt sich nicht ableiten, dass dies seinen Kult um sie beeinträchtigt hätte. Tatsachen dringen nicht in jene Welt, in der unser Glaube lebt, sie haben ihn nicht ausgebrütet, sie werden ihn nicht auslöschen. Sie mögen ihm noch so hartnäckig widersprechen, sie werden ihn nicht schwächen, und mag auch eine Lawine von Unglück und Krankheit ohne Unterlass über eine Familie hereinbrechen, es wird sie nicht am lieben Gott zweifeln lassen und auch nicht am Talent des Arztes. Doch wenn M. Vington an sich und seine Tochter dachte, unter dem Gesichtspunkt ihres Rufes, wenn er versuchte, sich und ihr den Rang zuzuweisen, den sie in der öffentlichen Meinung einnehmen mochten, so trug er diesen Richtspruch der sozialen Ordnung, wie es jeder Einwohner von Combray, und sei er ihm gegenüber noch so feindlich gesinnt, auch getan hätte: er sah sich mit seiner Tochter im tiefsten Abschaum, und dies hatte in seinem Verhalten zu jener Demut, jenem Respekt gegenüber Leuten geführt, die weit über ihm standen und die er von unten herauf bewunderte (auch wenn

angewiesen ist, ein Laster, das die Natur höchstselbst in einem Kind aufkeimen lässt, bisweilen als bloße Frucht der Mischung der väterlichen und mütterlichen Tugenden – gerade so wie die Farbe seiner Augen. Doch aus dem Umstand, dass M. Vington womöglich das Betragen seiner Tochter bekannt war, lässt sich nicht ableiten, dass dies seinen Kult um sie beeinträchtigt hätte. Tatsachen dringen nicht in jene Welt, in der unser Glaube lebt, sie haben ihn nicht ausgebrütet, sie werden ihn nicht auslöschen; sie mögen ihm noch so hartnäckig widersprechen, sie werden ihn nicht schwächen, und mag auch eine Lawine von Unglück und Krankheit ohne Unterlass über eine Familie hereinbrechen, es wird sie nicht am lieben Gott zweifeln lassen und auch nicht am Talent des Arztes. Doch wenn M. Vington an sich und seine Tochter dachte, unter dem Gesichtswinkel der Welt, unter dem Gesichtspunkt ihres Rufes, wenn er versuchte, sich und ihr den Rang zuzuweisen, den sie in der öffentlichen Meinung einnehmen mochten, so trug er diesen Richtspruch der sozialen Ordnung, wie es jeder Einwohner von Combray, und sei er ihm gegenüber noch so feindlich gesinnt, auch getan hätte: er sah sich mit seiner Tochter im tiefsten Abschaum, und dies hatte in seinem Verhalten seit kurzem zu jener Demut, jenem Respekt gegenüber Leuten geführt, die weit über ihm standen und die er von unten herauf bewunderte (auch wenn sie bis anhin tief unter ihm gestanden hatten), dies im Versuch, wenigstens auf ihre Stufe zu gelangen, was geradezu das unvermeidliche Resultat jeglichen Abstiegs darstellt. Eines Tages, als wir mit M. Swann durch eine Straße von Combray gingen, da tauchte M. Vinteuil aus einer anderen auf und befand sich so unerwartet uns gegenüber, dass er nicht mehr Zeit fand, uns auszuweichen; mit jener stolzen Barmherzigkeit eines Mannes von Welt, der, ungeachtet des Zerfalls all seiner moralischen Werte, in der Schande eines anderen Menschen höchstens einen Ansporn sieht, ihm mit Wohlwollen zu begegnen, wobei dessen Zeugnisse der Selbstliebe des Spenders umso mehr

sie bis anhin tief unter ihm gestanden hatten), dies im Versuch, wenigstens auf ihre Stufe zu gelangen, was noch stets eine geradezu statistische Folge darstellte, die jedem Abstieg eigen ist. Eines Tages, als wir mit M. Swann durch eine Straße von Combray gingen, da tauchte M. Vington aus einer anderen auf und befand sich so unerwartet uns gegenüber, dass er nicht mehr Zeit fand, uns auszuweichen; mit jener stolzen Barmherzigkeit eines Mannes von Welt, der, ungeachtet des Zerfalls all seiner moralischen Werte, in der Schande eines anderen Menschen höchstens einen Ansporn sieht, ihm mit Wohlwollen zu begegnen, wobei dessen Zeugnisse der Selbstliebe des Spenders umso mehr schmeicheln, je kostbarer sie dem Empfänger sind, führte Swann eine lange Unterhaltung mit M. Vington, an den er bislang noch nie ein Wort gerichtet hatte, und bat ihn, bevor er uns verließ, noch darum, er möge eines Tages seine Tochter nach La Frapelière zum Spielen schicken. Eine Einladung, die M. Vington vor zwei Jahren noch empört zurückgewiesen hätte, die ihn jetzt jedoch mit so dankbaren Gefühlen erfüllte, dass er fürchtete, sie Swann gegenüber besser nicht dadurch zu bezeugen, dass er seiner Tochter gestattete, die Einladung anzunehmen. Die Liebenswürdigkeit von Swann gegenüber seiner Tochter schien ihm an und für sich bereits eine so ehrenswerte und willkommene Stütze, dass er zum Schluss kam, es sei wohl besser, keinen Gebrauch davon zu machen, um die platonische Süße zu genießen, sie sich zu bewahren.

– Was für ein vorzüglicher Mann, sagte er zu uns, als Swann von uns Abschied genommen hatte, mit ebenjener begeisterten – wenn auch in diesem Fall weniger ungerechtfertigten – Ehrerbietung, die aufgeweckte und hübsche Frauen bürgerlicher Herkunft voll Respekt der Hässlichkeit und Dummheit einer Duchesse entgegenbringen und sie unter deren Zauber beugt. Was für ein vorzüglicher Mann! Und was für ein Jammer, dass er eine so unangemessene Ehe einging.

schmeicheln, je kostbarer sie dem Empfänger sind, führte Swann eine lange Unterhaltung mit M. Vinteuil, an den er bislang noch nie ein Wort gerichtet hatte, und bat ihn, bevor er uns verließ, noch darum, er möge eines Tages seine Tochter nach La Frapelière zum Spielen schicken. Eine Einladung, die M. Vinteuil vor zwei Jahren noch empört zurückgewiesen hätte, die ihn jetzt jedoch mit mit solcher Dankbarkeit so dankbaren Gefühlen erfüllte, dass er sich von ihnen dazu verpflichtet fühlte, auf keinen Fall so indiskret zu sein, die Einladung anzunehmen. Die Liebenswürdigkeit von Swann gegenüber seiner Tochter schien ihm an und für sich bereits eine so ehrenswerte und willkommene Stütze, dass er zum Schluss kam, es sei wohl besser, keinen Gebrauch davon zu machen, um die platonische Süße zu genießen, sie sich zu bewahren.

– Was für ein vorzüglicher Mann, sagte er zu uns, als Swann von uns Abschied genommen hatte, mit ebenjener begeisterten Ehrerbietung, die aufgeweckte und hübsche Frauen bürgerlicher Herkunft voll Respekt einer Duchesse entgegenbringen und sie unter deren Zauber beugt, mag sie noch so hässlich und dumm sein. Was für ein vorzüglicher Mann! Und was für ein Jammer, dass er eine so unangemessene Ehe einging.

Nun aber, schließlich sind auch die aufrichtigsten Menschen nicht vor Heuchelei gefeit und vertuschen im Gespräch mit jemandem die Meinung, die sie von ihm haben, um sie erst zum Ausdruck zu bringen, wenn er nicht mehr da ist, und so beklagten meine Eltern gemeinsam mit M. Vinteuil die Ehe von Swann im Namen ebenjener Prinzipien und Konventionen, von denen sie (gerade indem sie sich, in ihrer Eigenschaft als rechtschaffene Leute des gleichen Schlages, gemeinsam mit ihm auf sie beriefen) unausgesprochen zu verstehen gaben, dass ihnen in La Combe keineswegs zuwidergehandelt würde.

M. Vington schickte seine Tochter nicht zu Swann, was dieser als Erster bedauerte, denn jedes Mal, wenn er M. Vington getroffen hatte, sagte er uns, er habe vergessen, ihn zu fragen

460

Nun aber, schließlich sind auch die aufrichtigsten Menschen nicht vor Heuchelei gefeit und vertuschen im Gespräch mit jemandem die Meinung, die sie von ihm haben, um sie erst zum Ausdruck zu bringen, wenn er nicht mehr da ist, und so beklagten meine Eltern gemeinsam mit M. Vington die Ehe von Swann im Namen ebenjener Prinzipien und Konventionen, von denen sie, gerade indem sie sich in ihrer Eigenschaft als rechtschaffene Leute des gleichen Schlages, gemeinsam mit ihm auf sie beriefen, unausgesprochen zu verstehen gaben, dass ihnen in La Combe keineswegs zuwidergehandelt würde.

Da der Spaziergang auf der Seite von Méséglise von den beiden, die wir in Combray unternahmen, der kürzere war und man ihn aus diesem Grund für unbeständige Tage aufsparte, war die Witterung auf der Seite von Méséglise stets recht regnerisch, und wir ließen nie den Waldrand von Troussinville aus den Augen, in dessen Dickicht wir einen Unterstand suchen mochten.

Oft versteckte sich die Sonne hinter einer Wolke, die ihr Oval dehnte und sich am Rand gelblich einfärbte. Die Landschaft sah sich jeglichen Glanzes, nicht aber der Helle beraubt, alles Leben hing in der Schwebe, während das Dorf Troussinville das Relief seiner bleichen Gräte mit einer geradezu niederschmetternden Klarheit und Geschliffenheit in den Himmel meißelte. Die Freude, die mir als Ablenkung gedient hatte, war verflogen, ich sah mich auf mich selbst zurückgeworfen, erblickte darin die Verpflichtung, weniger willensschwach zu sein, mehr zu arbeiten, meine Zukunft vorzubereiten, die mir, für gewöhnlich, verborgen blieb. Ein leichter Wind ließ einen Raben in die Höhe schießen, ehe er in der Ferne wieder abtauchte; und vor dem ausbleichenden Himmel wirkte die Ferne des Waldes blauer, fast schon wie auf jenen Camaieu-Malereien, die die Wandspiegel altertümlicher Wohnstätten zieren.

Dann wieder begann der Regen zu fallen, vor dem uns der Kapuzinermönch, der vor der Auslage des Optikers

von M. Vington Abschied genommen hatte, ~~sagte er uns~~ kam ihm nurmehr in den Sinn, dass er ihn schon seit längerem um eine Auskunft über jemanden bitten wollte, der den gleichen Namen wie er trug, also, wie er glaubte, über einen Verwandten von ihm. Und jedes Mal schwur er sich fest, das, was er ihm zu sagen habe, nicht zu vergessen, wenn M. Vington seine Tochter in die Frapelière schicken würde.

Da der Spaziergang auf der Seite von Méséglise von den beiden, die wir in Combray unternahmen, der kürzere war und man ihn aus diesem Grund für unbeständige Tage aufsparte, war die Witterung auf der Seite von Méséglise stets recht regnerisch, und wir ließen nie den Waldrand von Troussinville aus den Augen, in dessen Dickicht wir einen Unterstand suchen mochten.

Oft versteckte sich die Sonne hinter einem Dunstnebel, der ihr Oval dehnte und sich am Rand gelblich einfärbte. Die Landschaft sah sich jeglichen Glanzes, nicht aber der Helle beraubt, alles Leben hing in der Schwebe, während das Dorf Troussinville das Relief seiner bleichen Gräte mit einer geradezu niederschmetternden Klarheit und Geschliffenheit in den Himmel meißelte. Ein leichter Wind ließ einen Raben in die Höhe schießen, ehe er in der Ferne wieder abtauchte; und vor dem ausbleichenden Himmel wirkte die Ferne des Waldes blauer, fast schon wie auf jenen Camaieu-Malereien, die die Wandspiegel altertümlicher Wohnstätten zieren.

Dann wieder begann der Regen zu fallen, vor dem uns der Kapuzinermönch, der vor der Auslage des Optikers hing, gewarnt hatte; wie Wandervögel, die gemeinsam auffliegen, fielen die Regentropfen in dicht gedrängten Linien vom Himmel. Sie lösen sich nicht voneinander, sie suchen während ihrer raschen Reise keine Abenteuer, sondern eine jede hält ihren Platz inne, zieht die nächste hinter sich nach, wobei der Himmel dunkler wird als beim Ausschwärmen der Schwalben. Wir flüchteten uns in den Wald. Als ihre Reise zu Ende schien,

hing, gewarnt hatte; wie Wandervögel, die gemeinsam auffliegen, fielen die Regentropfen in dicht gedrängten Linien
vom Himmel. Sie lösen sich nicht voneinander, sie suchen
während ihrer raschen Reise keine Abenteuer, sondern
eine jede hält ihren Platz inne, zieht die nächste hinter
sich nach, so nah zwar, dass der Himmel dunkler wird als
beim Ausschwärmen der Schwalben. Wir flüchteten uns in
den Wald. Als ihre Reise zu Ende schien, kamen ein paar,
schwächer, langsamer, noch nach. Dann traten wir aus
unserem Unterschlupf, weil im Blattwerk weiterhin Tropfen verweilten und die Erde schon fast wieder trocken war,
manch einer rollte verspielt über das Geäder eines Blattes und glänzte, an der Spitze hängend und ausruhend, in
der Sonne, ehe er unvermittelt aus voller Höhe vom Zweig
glitt und uns auf die Nase fiel. Vor uns, in der Ferne lag, als
gelobtes oder verfluchtes Land, Toussinville, hinter dessen
Mauern ich nie vorgedrungen bin, und Troussinville wurde
bisweilen, wenn der Regen für uns schon vorüber war, weiterhin, wie eine biblische Stadt, von den Lanzen des Sturms
gezüchtigt, die, schräg niederfallend, die Wohnstätten der
Bewohner flagellierten, dann wieder hatte Gott der Vater
alles vergeben und sandte, unterschiedlich lang wie die
Strahlen der Monstranz auf dem Altar, die ausgefransten
Goldstäbe der wieder erstandenen Sonne.

Manchmal verschlechterte sich das Wetter dermaßen,
dass man umkehren und sich im Haus einschließen
musste. Da und dort, fern in der Landschaft, die vor lauter
Dunkelheit und Feuchtigkeit wie das Meer aussah, glitzerten vereinzelte Häuser, in den Hang eines Hügels gekrallt,
der ganz in Nacht und Nässe getaucht war, wie Boote, die
ihre Segel eingeholt haben und bis zum Morgen im offenen
Meer treiben. Doch was liegt schon am Regen, am Sturm!
Im Sommer ist das schlechte Wetter nur eine vorübergehende, oberflächliche Laune des untergründig herrschenden schönen Wetters, gänzlich verschieden vom unbeständigen und flüchtigen Wetter im Winter, denn es hat sich,

kamen ein paar, schwächer, langsamer, noch nach. Dann traten wir aus unserem Unterschlupf, weil im Blattwerk weiterhin Tropfen verweilten und die Erde schon fast wieder trocken war, manch einer rollte verspielt über[107] das Geäder eines Blattes und ließ sich, an der Spitze hängend ~~und~~, ausruhend, in der Sonne glänzend, unvermittelt aus voller Höhe vom Zweig gleiten und fiel uns auf die Nase. Oft[108] auch suchten wir, kunterbunt unter die Heiligen und Patriarchen aus Stein gemischt, unter dem Vorportal von Saint André des Champs Schutz. ~~Die Heiligen~~ Wie französisch diese Kirche war, durch und durch! Über der Pforte die Heiligen, die Ritterkönige mit einer Lilie in der Hand, Schaustücke von Hochzeiten und Grablegungen, dargestellt, wie ~~in der~~ sie in der Seele von Françoise aussehen mochten. Der Bildhauer hatte auch gewisse Anekdoten rund um Aristoteles und Vergil ausgebreitet, gerade so wie Françoise im Anrichteraum voll Gefallen von Ludwig dem Heiligen sprach, als hätte sie ihn persönlich gekannt, und dies für gewöhnlich nur, um durch den Vergleich Schande über meine Großeltern zu bringen, die nicht so „gerecht" waren wie er. Man fühlte, der mittelalterliche Künstler und die mittelalterliche Bauersfrau (im 19. Jahrhundert fortlebend) verfügten über eine Vorstellung der antiken beziehungsweise christlichen Geschichte, die sich durch Ungenauigkeit genauso auszeichnete wie durch Gutgläubigkeit, ~~gelernt~~ sie hatten sie nicht aus Büchern, sondern aus einer zugleich uralten und direkten Überlieferung, bruchlos, mündlich, verzerrt, unkenntlich und lebendig. Eine weitere ~~Person, die ich als Zeitgenosse der Heiligen und Mitbürger von St André des Champs erkannte, war~~ Persönlichkeit von Combray, die ich auf der gotischen Skulptur, als schlummernde Prophezeiung, ~~auch kannte~~ auch wiedererkannte, war der junge Théodore, der Laufbursche von Camus. Françoise freilich sah in ihm den heimatlich vertrauten Zeitgenossen, und wenn meine Tante Léonie so krank war, dass sich Françoise allein außerstande sah, sie im Bett umzudrehen und in ihren

gegenteils, auf der Erde ausgebreitet, sich im dichten Dach der Blätter eingenistet, von dem der Regen heruntertropft, ohne die Kraft ihres anhaltenden Jubels anzufechten, und so hisste es für die ganze Jahreszeit, selbst noch in den Straßen der Dörfer, an den Mauern der Häuser und in den Gärten, seine Flaggen aus violetter Seide. Im kleinen Salon sitzend, wo ich beim Lesen auf die Stunde des Abendessens wartete, hörte ich das Wasser von unseren Kastanienbäumen tropfen, doch wusste ich, dass der Niederschlag die Blätter nur mit einem dünnen Firnis überzog und sie ihr Versprechen halten würden, den ganzen Sommer über dazubleiben, gleichsam als Unterpfand des Sommers, die ganzen regnerischen Nächte hindurch, eine stete Versicherung für beständig gutes Wetter; es mochte noch so regnen, morgen würden sich über dem weißen Zaun der Frapelière die herzförmigen Blätter so zahlreich kräuseln wie zuvor; und ich betrachtete ohne jede Trauer, wie die Pappel in der Rue des Perchamps, voll Verzweiflung, flehende Bitten an den Sturm richtete; ohne Trauer auch hörte ich hinten im Garten das letzte Donnergrollen durch den Flieder gurren.

War das Wetter schon am Morgen widrig, verzichteten meine Eltern auf den Spaziergang und ich blieb im Haus. Später aber machte ich es mir zur Gewohnheit, allein Richtung Méséglise zu marschieren, selbst bei schlechtem Wetter, das war im Herbst, als wir wegen der Hinterlassenschaft meiner Tante nach Combray mussten, weil sie endlich gestorben war, ein Triumph für jene, die die Behauptung wagten, ihre auslaugende Diät würde sie zuletzt ins Grab bringen, und nicht minder für jene anderen, die die Ansicht vertraten, dass sie eine Krankheit hatte, die keineswegs eingebildet, sondern organisch war, eine Evidenz, der sich letztlich auch die Skeptiker fügen müssten, sobald sie ihr erlegen sei; tiefe Trauer löste ihr Tod nur bei einem Wesen aus, bei dem aber nachhaltig, heillos. Nämlich bei Françoise. Während der zwei Wochen, die ihre letzte Krankheit dauerte, wich Françoise keinen

Sessel zu tragen, dann rief sie, damit nicht die Küchenmagd hochkam und sich vor meiner Tante „in Pose warf", lieber nach Théodore. Nun, dieser Knabe ~~war völlig verkommen~~ stand, und zwar zu Recht, im Ruf, ein völlig verkommenes Subjekt zu sein, doch er war so von jener Seele erfüllt, mit der St André des Champs dekoriert war, und namentlich von jenem Gefühl des Respekts, ~~der Rücksicht~~ den man laut Françoise den „armen Kranken" und „ihrer armen Herrin" schuldete, dass er, wenn er den Kopf meiner Tante auf ihrem Kissen hob, ~~ebenjenen~~ den unbescholtenen und dienstfertigen Ausdruck ~~wie die~~ der kleinen Engel ~~aus Stein~~ auf dem Fries zeigte, ~~die sich drängen~~ mit einer Kerze in der Hand rings um die hinfällige ~~Maria~~ Muttergottes gedrängt, wobei ihre Gesichter aus Stein gemeißelt waren, kalt und gräulich, aber gleich den winterlichen Wäldern ~~nichts als einen schlummernden Vorrat darstellten, stets bereit in unzähligen Gesichtern neu aufzublühen, durchtrieben, ehrfürchtig, volkstümlich, gerade so wie das von Théodore, vom Rot eines reifen Apfels erleuchtet, und man ahnte, dass deren in Stein gemeißelte Gesichter, gräulich, finster und kalt wie der Wald im Winter~~ lediglich im Schlummer lagen, ein Vorrat ~~im Leben, und stets bereit, im Leben in unzähligen Gesichtern neu zu erblühen,~~ stets bereit, mitten im Leben in unzähligen volkstümlichen Gesichtern neu zu erblühen, ehrfürchtig und durchtrieben wie dasjenige von Théodore, vom Rot eines reifen Apfels erleuchtet. Nicht mehr in den Stein gehauen wie die kleinen Engel, sondern vom Portal abgelöst, von ~~großer menschlicher~~ übermenschlicher Statur, aufrecht auf einem Sockel wie auf einem Schemel, der es ihr erspart, die Füße auf den feuchten Boden stellen zu müssen, so ragte eine Heilige empor, ~~mit einer stumpfen und aufmüpfigen Nase, prall geblähten Wangen, einer niedrigen Stirn, tief liegenden Augen, dazu die unverwüstliche~~ ~~die gesunde, unverwüstliche und beherzte Miene einer hiesigen Bäuerin~~ der feste Busen wölbte den Faltenwurf wie eine reife Weintraube eine Tüte aus Sackleinen, ~~die Augen~~

Augenblick von ihrer Seite, zog sich nicht mehr aus, legte sich nicht zu Bett, überließ niemand anderem die Pflege und wich erst von ihrem Körper, als ihn die Sargträger fortgebracht hatten. Nun erst verstanden wir, dass jene Furcht, in der Françoise vor den bösen Worten meiner Tante lebte, vor ihrem Argwohn, ihrem Zorn, bei ihr ein Gefühl genährt hatten, das wir für Hass nahmen, das aber Verehrung war und Liebe. Sehr fern lag die Zeit, als wir, in unseren Ferien nach Combray gekommen, in ihren Augen ebenso viel Glanz hatten wie meine Tante. Nach und nach hatte sich, je mehr sich deren Wesensart gewandelt hatte, in Françoise' Augen eine Kluft zwischen ihr und uns aufgetan. Wir blieben Menschen wie alle anderen. Ihre wahre Herrin, mit all ihren völlig unvorhersehbaren Entschlüssen, ihrer schwer zu überlistenden Heimtücke, einem guten Herz, das stets leicht zu erweichen war, ihre mysteriöse und allmächtige Monarchin, sie war nicht mehr. Neben ihr wogen wir wenig. In jenem Herbst, da hatten meine Eltern, ganz von den Formalitäten in Anspruch genommen, die es zu erfüllen galt, von den Verhandlungen mit den Notaren und Pächtern, nicht die Muße für Spaziergänge, denen das Wetter ohnehin nicht gut gesinnt war, und so gewöhnten sie sich daran, mich allein nach Méséglise marschieren zu lassen. War ich zu erschöpft, nachdem ich schon den ganzen Morgen seit dem Frühstück gelesen hatte, ging ich hinaus; zur Reglosigkeit verurteilt, musste wie ein Kreisel, den man sausen lässt, die im Sitzen angesammelte Unrast und Energie ziellos verschleudern. Die Hauswände, die Hecke von La Frapelière, die Bäume im Wald von Piconville, die Gebüsche, an die sich La Combe schmiegte, sie alle erhielten Schläge mit dem Regenschirm oder Spazierstock, hörten Freudenschreie, samt und sonders von den verworrenen Vorstellungen zeugend, die mich erregten und sich draußen im Licht nicht legten, sondern einer langsamen und komplizierten Erhellung die Lust einer einfachen Entladung auf direktem Weg vorzogen. Übersetzen wir das,

die Stirn niedrig, die Nase stumpf und aufmüpfig, tiefliegende Augen, dazu die gesunde, unverwüstliche und unerschrockene Miene der hiesigen Bäuerinnen. Diese Ähnlichkeiten, die der Statue eine Süße einflößten, die ich gar nicht darin gesucht hätte, wurde nicht selten durch ~~die Gegenüberstellung mit~~ eine Feldarbeiterin unterstrichen, ~~gekommen~~ die wie wir gekommen war, um Unterstand zu suchen ~~wie wir, wobei sie neben der Statue~~, wobei ihre Gegenwart ~~dazu ausersehen schien, die~~, nicht anders als ~~die Pflanzen~~ diejenige des Mauerkrauts, dessen Blattwerk gleich neben ~~jenen, die denen, die~~ den gemeißelten Kreuzblumen spross, dazu ausersehen schien, uns durch die Gegenüberstellung mit der Natur ein Urteil über die Wahrhaftigkeit eines Kunstwerks zu gestatten. Vor uns, in der Ferne,[109] lag, als gelobtes oder verfluchtes Land, ~~Roussainville~~ Roussainville, hinter dessen Mauern ich nie vorgedrungen bin, und Roussainville wurde bisweilen, wenn der Regen für uns schon vorüber war, weiterhin, wie eine biblische Stadt, von den Lanzen des Sturms gezüchtigt, die, schräg niederfallend, die Wohnstätten der Bewohner flagellierten, dann wieder hatte Gott der Vater alles vergeben und sandte, unterschiedlich lang wie die Strahlen der Monstranz auf dem Altar, die ausgefransten Goldstäbe der wiedererstandenen Sonne.

Manchmal verschlechterte sich das Wetter dermaßen, dass man umkehren und sich im Haus einschließen musste. Da und dort, fern in der Landschaft, die vor lauter Dunkelheit und Feuchtigkeit wie das Meer aussah, glitzerten vereinzelte Häuser, in den Hang eines Hügels gekrallt, der ganz in Nacht und Nässe getaucht war, wie Boote, die ihre Segel eingeholt haben und die ganze Nacht im offenen Meer treiben. Doch was liegt schon am Regen, am Sturm! Im Sommer ist das schlechte Wetter nur eine vorübergehende, oberflächliche Laune des untergründig herrschenden schönen Wetters, gänzlich verschieden vom unbeständigen und flüchtigen Wetter im Winter, denn es hat sich, gegenteils, auf der Erde ausgebreitet, sich im dichten

was wir gefühlt haben, in Taten, so platzen sie meist nur in ungestalter Form hervor, die uns keinerlei Aufschluss über ihre wahre Natur gibt. Bei einem dieser Spaziergänge in jenem Herbst durch das Gelände von Méséglise, unweit des buschigen Hügels, der La Combe abschirmt, traf mich zum ersten Mal die Einsicht, welch Missverhältnis zwischen unseren Wahrnehmungen und den konventionellen Ausdrücken liegt. Nach einer Stunde Regen und Wind, gegen die ich fröhlich ankämpfte, kam ich am Ufer des Weihers von La Combe vor eine kleine Hütte mit Ziegeldach, wo der Gärtner von M. Vington sein Gartengerät stapelte, da brach die Sonne durch, und ihre vom Regenguss gereinigte Goldschicht glänzte wie neu am Himmel, auf den Bäumen, den Mauern der Hütte, den noch ganz feuchten Dachziegeln, über dessen First ein Huhn wackelte. Und der Wind, der wehte, zerrte horizontal am Unkraut, das in Mauerritzen wucherte, sowie an den Flaumfedern des Huhns, die sich je und je von seinem launischen Atem bis an ihre äußersten Spitzen zerzupfen ließen mit der Wehrlosigkeit leichter und lebloser Dinge. Das Ziegeldach warf über den Weiher, den die Sonne aufgleißen ließ, ein rosa Marmorgeäder, was mir noch nie aufgefallen war. Und als ich bemerkte, wie auf dem Wasser und sogar der Mauerfläche ein fahles Lächeln dem Lächeln des Himmels antwortete, ließ ich mich in meiner Verzückung, den geschlossenen Schirm schwingend, zum Ausruf hinreißen: „Pfft, pfft, pfft, pfft". Doch spürte ich sogleich, dass es meine Pflicht gewesen wäre, mich nicht mit diesen obskuren Wörter zufrieden zu geben, sondern den Versuch zu unternehmen, bei aller Verzückung klarer zu sehen.

Und genau in diesem Moment machte ich – dank eines Bauern, der gerade vorüberging, mit schon recht finsterer Miene, zumal mein Regenschirm um ein Haar sein Gesicht getroffen hätte, jedenfalls antwortete er ohne jede Herzlichkeit auf mein „Herrliches Wetter, nicht wahr, da ist es eine Lust, zu wandern" – die Erfahrung, dass nicht

Dach der Blätter eingenistet, von dem der Regen heruntertropft, ohne die Kraft ihres anhaltenden Jubels anzufechten, und so hisste es für die ganze Jahreszeit, selbst noch in den Straßen der Dörfer, an den Mauern der Häuser und in den Gärten, seine Flaggen aus violetter Seide. Im kleinen Salon sitzend, wo ich beim Lesen auf die Stunde des Abendessens wartete, hörte ich das Wasser von unseren Kastanienbäumen tropfen, doch wusste ich, dass der Niederschlag die Blätter nur mit einem dünnen Firnis überzog und sie ihr Versprechen halten würden, den ganzen Sommer über dazubleiben, gleichsam als Unterpfand des Sommers, die ganzen regnerischen Nächte hindurch, eine stete Versicherung für beständig gutes Wetter; es mochte noch so regnen, morgen würden sich über dem weißen Zaun der Frapelière die herzförmigen Blätter so zahlreich kräuseln wie zuvor; und ich betrachtete ohne jede Trauer, wie die Pappel in der Rue des Perchamps, voll Verzweiflung, flehende Bitten an den Sturm richtete; ohne Trauer auch hörte ich hinten im Garten das letzte Donnergrollen durch den Flieder gurren.

War das Wetter schon am Morgen widrig, verzichteten meine Eltern auf den Spaziergang und ich blieb im Haus. Später aber machte ich es mir zur Gewohnheit, an solchen Tagen allein Richtung Méséglise zu marschieren, das war im Herbst, als wir wegen der Hinterlassenschaft meiner Tante nach Combray mussten, weil sie endlich gestorben war, ein Triumph für jene, die die Behauptung wagten, ihre auslaugende Diät würde sie zuletzt ins Grab bringen, und nicht minder für jene anderen, die die Ansicht vertraten, dass sie an einer Krankheit litt, die keineswegs eingebildet, sondern organisch war, eine Evidenz, der sich letztlich auch die Skeptiker fügen müssten, sobald sie ihr erlegen sei; tiefe Trauer löste ihr Tod nur bei einem Wesen aus, die aber war nachhaltig, heillos, bei Françoise. Während der zwei Wochen, die die letzte Krankheit meiner Tante dauerte, wich Françoise keinen Augenblick von ihrer Seite, zog sich nicht mehr aus, überließ niemand anderem die Pflege und wich

bei allen Menschen die gleichen Emotionen simultan eine prästabilierte Reihenfolge durchlaufen. Wenn mir später eine längere Lektüre Lust auf eine Plauderei machte, da hatte der Schulkamerad, an den ich so dringend meine Worte richten wollte, gerade eine längere Konversation hinter sich und wünschte nun, dass man ihn in Ruhe lesen ließ. Und wenn ich voll Zärtlichkeit an meine Eltern dachte und die besten Vorsätze fasste, ganz dazu angetan, ihnen Freude zu bereiten, da hatten sie die gleiche Zeitspanne darauf verwandt, eine lässliche Sünde in Erfahrung zu bringen, die ich vergessen hatte und die sie mir

erst von ihrem Körper, als er unter der Erde lag. Nun erst verstanden wir, dass jene Furcht, in der Françoise vor den bösen Worten meiner Tante lebte, vor ihrem Argwohn, ihrem Zorn, bei ihr ein Gefühl genährt hatten, das wir für Hass nahmen, das aber Verehrung war und Liebe.[110] Ihre wahre Herrin, mit all ihren völlig unvorhersehbaren Entschlüssen, ihrer schwer zu überlistenden Heimtücke, einem guten Herz, das stets leicht zu erweichen war, ihre mysteriöse und allmächtige Monarchin, sie war nicht mehr. Neben ihr wogen wir wenig. Fern war die Zeit, als wir damit begannen, in unseren Ferien nach Combray zu fahren, und in den Augen von Françoise über ähnlich viel Prestige verfügten wie meine Tante. In jenem Herbst, da hatten meine Eltern, ganz von den Formalitäten in Anspruch genommen, die es zu erfüllen galt, von den Verhandlungen mit den Notaren und Pächtern, nicht die Muße für Ausflüge, denen das Wetter ohnehin nicht gut gesinnt war, und so gewöhnten sie sich daran, mich ohne sie nach Méséglise spazieren zu lassen. In einen großens grauen Houppelande Plaid gehüllt, das mich vor dem Regen schützte und das ich umso frohwilliger anzog umso frohwilliger über meine Schultern warf, als ich ahnte, dass sein schottisches Muster Françoise in Empörung versetzen würde, weil die Überlegung, dass die Kleiderfarbe in keinem Zusammenhang mit dem Kummer, den wir wegen des Todes meiner Tante trugen, ohnehin der Trauer stehe, einfach nicht in ihren Kopf wollte, wobei ihr unser der Kummer, den uns der Tod meiner Tante bereitete, ohnehin missfiel, zumal wir kein großes Totenmahl ausgerichtet hatten, keinen speziellen Tonfall annahmen, wenn wir von meiner Tante sprachen, und ich bisweilen sogar Melodien summte. Ich bin sicher, dass mir in einem Buch – und darin war ich ganz wie Françoise – diese Auffassung von Trauer im Stil des Rolandliedes und des Portals von St André des Champs sympathisch gewesen wäre und ich die Theorien eines jungen Mannes, der vor einer solchen Dienstmagd die Ansicht verfochten hätte, der Kummer die Ver-

~~wandtschaft habe nichts mit Kummer zu tun, für unangemes-~~
~~sen erachtet hätte.~~ Doch kaum stand Françoise neben mir,
packte mich ein Dämon und hauchte mir den Wunsch ein, sie
möge in Harnisch geraten, ~~ich nutzte den flüchtigsten Vor-~~
~~wand und brach dafür meine Lektüre ab~~ ich nutzte den flüchtigsten Vorwand, um ihr zu sagen, dass ich um meine Tante
trauere, weil sie, trotz all ihrer lächerlichen Seiten, eine gute
Frau gewesen sei, keineswegs aber aufgrund des Umstandes,
dass sie meine Tante gewesen sei, denn wäre sie mir, als meine
Tante, hassenswert erschienen, hätte mir ihr Tod keinerlei Pein
bereitet, lauter Behauptungen, die mir in einem Buch unangemessen vorgekommen wären. ~~Und~~ Wenn[111] nun Françoise, wie
ein Dichter von ~~Gedanken~~ einer Flut wirrer Gedanken über die
Trauer sowie von Familienerinnerungen erfüllt, zur Entschuldigung anführte, sie ~~könne~~ verstehe sich nicht darauf, meinen
Theorien etwas entgegenzuhalten, und sagte: „Ich kann mich
nicht ausdrücken", dann frohlockte ich über dieses Eingeständnis mit ironischer und brutaler Besserwisserei, die eines Dr.
Percepied würdig gewesen wäre;[112] und fügte sie hinzu: „Sie
war immerhin Ihre Muhme und man schuldet Vermuhmten
stets Respekt", zuckte ich nur die Schultern, und ich sagte mir:
„Was bin ich doch für ein Tropf, dass ich mit einer ungebildeten
Person diskutiere, die solche Patzer macht", und damit nahm
ich bei meinem Urteil über Françoise den armseligen Standpunkt von Menschen ein, die man ~~während der Stunden~~ bei
unvoreingenommener Betrachtung zutiefst verachtet, um dann
beim Auftritt in einer vulgären Szene des Lebens ausgerechnet
in deren Rolle zu schlüpfen.

Meine Spaziergänge in jenem Herbst waren umso angenehmer, als ich sie nach[113] langen Stunden ~~der Lektüre~~ über einem
Buch unternahm. War ich müde, weil ich den ganzen Morgen
im Salon gelesen hatte, ging ich, das Plaid über meine Schultern werfend, ins Freie. Mein Körper, so lange[114] zur Reglosigkeit verurteilt, musste wie ein Kreisel, den man sausen lässt, die

im Sitzen angesammelte Unrast und Energie ziellos verschleudern. Die Hauswände, die Hecke von La Frapelière, die Bäume
im Wald von Piconville, die Gebüsche, an die sich La Combe
schmiegte, sie alle erhielten Schläge mit dem Regenschirm
oder Spazierstock, hörten Freudenschreie, samt und sonders
von den verworrenen Vorstellungen zeugend, die mich erregten und sich draußen im Licht nicht legten, sondern einer langsamen und komplizierten Erhellung lieber die Lust einer einfachen Entladung auf direktem Weg vorzogen. Übersetzen wir
das, was wir gefühlt haben, in Taten, so platzen sie meist nur
in ungestalter Form hervor, die uns keinerlei Aufschluss über
ihre wahre Natur gibt. Wenn ich den Versuch unternahm,[115] mir
Rechenschaft abzulegen, was ich der Seite von Méséglise ver-
danke, geringe Errungenschaften bescheidene Entdeckungen
zwar, bald zufälliger Rahmen, bald unentbehrlicher Einflüste-
rer, dann kommt mir in den Sinn, wie mich in jenem Herbst, bei
einem Spaziergang durch das Gelände von Méséglise, unweit
des buschigen Hügels, der La Combe abschirmt, zum ersten
Mal die Einsicht traf, welch Missverhältnis zwischen unseren
Wahrnehmungen und den konventionellen Ausdrücken liegt.
Nach einer Stunde Regen und Wind, gegen die ich fröhlich
ankämpfte, kam ich am Ufer des Weihers von La Combe vor
eine kleine Hütte mit Ziegeldach, wo der Gärtner von M. Vington sein Gartengerät stapelte, da brach die Sonne durch, und
ihre vom Regenguss gereinigte Goldschicht glänzte wie neu
am Himmel, auf den Bäumen, den Mauern der Hütte, den
noch ganz feuchten Dachziegeln, über dessen First ein Huhn
wackelte. Der Wind, der wehte, zerrte horizontal am Unkraut,
das in Mauerritzen wucherte, sowie an den Flaumfedern des
Huhns, die sich je und je von seinem launischen Atem bis an
ihre äußersten Spitzen zerzupfen ließen mit der Wehrlosigkeit
leichter und lebloser Dinge. Das Ziegeldach warf über den
Weiher, den die Sonne aufgleißen ließ, ein rosa Marmorgeäder,
was mir noch nie aufgefallen war. Und als ich bemerkte, wie

auf dem Wasser und der Mauerfläche ein fahles Lächeln dem Lächeln des Himmels antwortete, ließ ich mich in meiner Verzückung, den geschlossenen Schirm schwingend, zum Ausruf hinreißen: „Pfft, pfft, pfft, pfft". Doch spürte ich sogleich, dass es meine Pflicht gewesen wäre, mich nicht mit diesen opaken Wörter zufriedenzugeben, sondern den Versuch zu unternehmen, bei aller Verzückung klarer zu sehen.

Und genau in diesem Moment machte ich – dank eines Bauern, der gerade vorüberging, mit schon recht finsterer Miene, zumal mein Regenschirm um ein Haar sein Gesicht getroffen hätte, jedenfalls antwortete er ohne jede Herzlichkeit auf mein „Herrliches Wetter, nicht wahr, da ist es eine Lust, zu wandern" – die Erfahrung, dass nicht bei allen Menschen die gleichen Emotionen simultan eine prästabilierte Reihenfolge durchlaufen. Wenn mir später eine längere Lektüre Lust auf eine Plauderei machte, da hatte der Schulkamerad, an den ich so dringend meine Worte richten wollte, gerade eine längere Konversation hinter sich und wünschte nun, dass man ihn in Ruhe lesen ließ. Und wenn ich voll Zärtlichkeit an meine Eltern dachte und die besten Vorsätze fasste, ganz dazu angetan, ihnen Freude zu bereiten, da hatten sie die gleiche Zeitspanne darauf verwandt, eine lässliche Sünde in Erfahrung zu bringen, die ich vergessen hatte und die sie mir

PLACARD 25
VOM 23. APRIL 1913

gnadenlos zum Vorwurf machten, wo ich doch nur darauf sann, ihnen entgegenzueilen, ihnen um den Hals zu fallen.

Zur Verzückung, die mich in der Einsamkeit überkam, gesellte sich bisweilen eine andere Erregung, die ich davon nicht recht scheiden konnte, hervorgekitzelt durch das Verlangen, zu beobachten, wie ein Bauernmädchen vor meinen Augen auftauchte, das ich in meine Arme nehmen könnte. Die damit einhergehende Wonne brach so überstürzt hervor, dass ich keine Zeit fand, sie auf ihren genauen Grund zurückzuführen, sie schien

478

hartherzig zum Vorwurf machten, wo ich doch nur darauf sann, ihnen entgegenzueilen, ihnen um den Hals zu fallen.

Zur Verzückung, die mich in der Einsamkeit überkam, gesellte sich bisweilen eine andere Erregung, die ich davon nicht recht scheiden konnte, hervorgekitzelt durch das Verlangen, ein Bauernmädchen möge vor mir auftauchen, das ich in meine Arme nehmen könnte. Die damit einhergehende Wonne brach so überstürzt hervor, dass ich keine Zeit fand, sie auf ihren genauen Grund zurück-

mir nur der Auswuchs einer Lust, die recht andere Gedanken geweckt hatten. Ich schrieb diese ungekannte Beglückung all dem zu, was ich gerade in meinem Geist trug, dem rosa Widerschein auf dem Ziegeldach, den wilden Gläsern, dem Dorf Roussainville, das ich schon seit langem aufsuchen wollte, den Bäumen des dortigen Waldes, dem Glockenturm seiner Kirche, und sie ließ mir all dies noch begehrenswerter erscheinen, weil ich darin den Auslöser vermutete, ja sie schien mich alldem in noch rascherer Bahn entgegenzutragen, indem sie meine Segel mit einer günstigen Brise von unbekannter Macht wölbte. Doch während dieses Verlangen, eine Frau möge auftauchen, die Anmut der Natur in meinen Augen noch erregender machte, entgrenzte die Anmut der Natur hinwiederum, was an der Begierde nach der Frau noch allzu gezügelt war. Mir schien, dass die Schönheit der Bäume auch die ihrige war, als ob mir die Seele des Horizonts, des Dorfes Roussainville, der Bücher, die ich in jenem Jahr las, von ihrem Kuss geschenkt wurden; aus der Reibung mit meiner Empfindsamkeit zog meine Phantasie ungeahnte Kräfte, meine Empfindsamkeit flutete alle Bereiche meiner Phantasie, mein Begehren kannte keine Grenzen mehr. In diesem Sinn – wie es in solchen Momenten reiner Träumerei in der freien Natur geschehen mag, wo die Macht der Gewohnheit aufgehoben ist und unsere abstrakten Begriffe der Dinge wegfallen, vertrauen wir zutiefst der Originalität, der Individualität des Ortes, an dem wir uns gerade befinden – schien mir die vorüberschweifende Gestalt, die mein Verlangen heraufbeschwor, nicht einfach ein weiteres Exemplar jener allgemeinen Spezies: Frau, sondern ein zwingendes und natürliches Produkt des hiesigen Bodens. Denn in jenen Tagen schien mir alles, was nicht ich war, Erde wie Lebewesen, kostbarer, wichtiger, mit mehr Wirklichkeit gesättigt als in der Sicht gestandener Männer. Erde und Lebewesen schied ich nicht voneinander. Ich verzehrte mich nach einem Bauernmädchen aus Méséglise oder Roussainville, einem Fischweib

zuführen, sie schien mir nur der Auswuchs einer Lust, die ganz andere Gedanken geweckt hatten. Ich schrieb diese ungekannte Beglückung all dem zu, was ich gerade in meinem Geist trug, dem rosa Widerschein auf dem Ziegeldach, den wilden Gräsern, dem Dorf Troussinville, das ich schon seit langem aufsuchen wollte, den Bäumen des dortigen Waldes, dem Glockenturm seiner Kirche, und sie ließ mir all dies noch begehrenswerter erscheinen, weil ich darin den Auslöser vermutete, ja sie schien mich alldem in noch rascherer Bahn entgegenzutragen, indem sie meine Segel mit einer günstigen Brise von unbekannter Macht wölbte. Doch während dieses Verlangen, eine Frau möge auftauchen, die Anmut der Natur in meinen Augen noch erregender machte, entgrenzte die Anmut der Natur hinwiederum, was an der Begierde nach der Frau noch allzu gezügelt war. Mir schien, dass die Schönheit der Bäume auch die ihrige war, als ob mir die Seele des Horizonts, des Dorfes Troussinville, der Bücher, die ich in jenem Jahr las, von ihrem Kuss geschenkt wurden; aus der Reibung mit meiner Empfindsamkeit zog meine Phantasie ungeahnte Kräfte, meine Empfindsamkeit flutete alle Bereiche meiner Phantasie, mein Begehren kannte keine Grenzen mehr. In diesem Sinn – wie es in solchen Momenten reiner Träumerei in der freien Natur geschehen mag, wo die Macht der Gewohnheit aufgehoben ist und unsere abstrakten Begriffe der Dinge wegfallen, vertrauen wir zutiefst der Originalität, der Individualität des Ortes, an dem wir uns gerade befinden – schien mir die vorüberschweifende Gestalt, die mein Verlangen heraufbeschwor, nicht einfach ein weiteres Exemplar jener allgemeinen Spezies: Frau, sondern ein zwingendes und natürliches Produkt des hiesigen Bodens. Denn in jenen Tagen schien mir alles, was nicht ich war, Erde wie Lebewesen, kostbarer, wichtiger, mit mehr Wirklichkeit gesättigt als in der Sicht starker Männer. Erde und Lebewesen schied ich nicht voneinander. Ich verzehrte mich nach einem Bauernmädchen aus Méséglise oder aus Balbec, so wie ich mich nach Méséglise oder Balbec selbst verzehrte. Die Lust, die sie mir verschaffen mochten, hätte ich für weniger echt gehalten, ich hätte nicht so innig an sie geglaubt, wenn ich nach Belieben die Umstände abgeändert hätte. In Paris die Bekanntschaft mit einem Fischweib aus Balbec oder einem Bauernmädchen aus Méséglise zu schließen, das wäre wie Muscheln zu sammeln, die ich nicht an einem Strand entdeckt hatte, ein Farnkraut, das ich nicht im Wald gefunden hatte. Das hätte die Lust, die mir diese Frau verschaffen mochte, um all jene Freuden des Umfelds gebracht, in die meine Phantasie sie gekleidet hatte. Doch durch die Wälder von Troussinville zu irren, ohne eine Bäuerin zu in die Arme zu schließen, hätte geheißen, den verborgenen Schatz dieses Waldes, seine tiefe Schönheit nie kennenzulernen. Jenes Mädchen, das ich stets von Blättern übersät sah, war für mich eher eine lokale Pflanze, wenn auch von höherer Art als alle anderen, und ihr Bau gestattete es mir, weiter in den eigentlichen Geschmack des Landes vorzudringen. Diesem Glauben verfiel ich umso leichter (auch dem Glauben, dass die Liebkosungen, durch die sie mich beglücken würde, von besonderer Art wären, von einer Wonne, die mir keine andere verschaffen mochte als sie), weil ich noch für eine lange Zeit in einem Alter stand, wo man diese Besitzlust nicht durch einen Allgemeinbegriff von den verschiedenen Frauen abstrahieren kann, mit denen man sie gekostet hat und die hinfort nur noch als auswechselbare Werkzeuge einer einförmigen Lust betrachtet werden, doch kaum hat man diese Lust im Geist geschieden, isoliert und in Worte gefasst, so zweckt man nicht mehr darauf ab, wenn man sie umwirbt, aber sie kann auch nicht mehr als Auslöser des Taumels gelten, den man im Vorfeld spürt. Man denkt nicht einmal mehr daran wie an eine Lust, die man genießt; eher noch nennt man es ihren eigenen Reiz; denn man denkt nicht an sich selbst, sondern sinnt nur darauf, aus sich herauszutreten. Dunkel erwartet, immanent und verborgen, treibt es im Moment des Vollzugs

Troussinville, einem Fischweib aus Brilquebec, so wie ich mich nach Méséglise oder Brilquebec selbst verzehrte. Die Lust, die sie mir verschaffen mochten, hätte ich für weniger echt gehalten, wenn ich nach Belieben die Umstände abgeändert hätte, dann hätte ich nicht so innig an sie geglaubt. In Paris die Bekanntschaft mit einem Fischweib aus Brilquebec oder einem Bauernmädchen aus Méséglise zu schließen, das wäre wie Muscheln zu sammeln, die ich nicht an einem Strand entdeckt hatte, ein Farnkraut, das ich nicht im Wald gesehen hatte. Das hätte die Lust, die mir diese Frau verschaffen mochte, um all jene Freuden des Umfelds gebracht, in die meine Gedanken sie kleideten. Doch durch die Wälder von Troussinville zu irren, ohne eine Bäuerin zu jagen, hätte geheißen, den verborgenen Schatz dieses Waldes, seine tiefe Schönheit nie kennenzulernen. Jenes Mädchen, das ich stets von Blättern übersät sah, war für mich ihres Orts eher eine lokale Pflanze, wenn auch von höherer Art als alle anderen, und ihr Bau gestattete es mir, weiter in den eigentlichen Geschmack des Landes vorzudringen. Diesem Glauben verfiel ich umso leichter (auch dem Glauben, dass die Liebkosungen, durch die sie mich beglücken würde, von besonderer Art wären, von einer Wonne, die mir keine andere verschaffen mochte als sie), weil ich noch für eine lange Zeit in einem Alter stand, wo man diese Besitzlust noch nicht durch einen Allgemeinbegriff von den verschiedenen Frauen abstrahieren kann, mit denen man sie gekostet hat und die hinfort nur noch als auswechselbare Werkzeuge einer einförmigen Lust betrachtet werden, doch kaum hat man diese Lust im Geist geschieden, isoliert und in Worte gefasst, so zweckt man nicht mehr darauf ab, wenn man sie umwirbt, aber sie kann auch nicht mehr als Auslöser des Taumels gelten, den man im Vorfeld spürt. Man denkt nicht einmal mehr daran wie an eine Lust, die man daraus zieht, ihren Zauber zu benennen, denn man denkt nicht an sich selbst, sondern sinnt nur darauf, aus sich herauszutreten. Dunkel erwartet,

all jene Freuden, die uns süße Blicke und Küsse der Frau an unserer Seite bescheren, auf einen solchen Paroxysmus, dass er gerade uns selbst wie eine Art überschwängliche Dankbarkeit gegenüber der Herzensgüte unserer Gefährtin und ihrer rührenden Zuneigung erscheint, was wir ganz nach Maßgabe der Wohltaten, des Glücksgefühls bemessen, mit denen sie uns krönt.

Aber ach, vergeblich flehte ich den Glockenturm von Roussainville an, bat ihn darum, er möge mir ein Kind seines Dorfes zuführen, ihn, den einzigen Vertrauten, den ich in meine ersten Wünsche einweihte, wenn ich, im Spitz unseres Hauses in Combray, im kleinen Abtritt, schwanger vom Fliederduft, einzig dessen Pfeil mitten im Geviert des klaffenden Fensters ragen sah, während ich mit dem heroischen Zögern eines Reisenden, der eine Expedition wagt, oder eines Verzweifelten, der einen Suizid unternimmt, mit schwindenden Sinnen, in mir selbst einen unbekannten Pfad bahnte, den ich für tödlich erachtete, bis zu dem Augenblick, wo sich[116] eine Spur der Natur, wie von einer Schnecke, auf die Blätter der wilden Johannisbeeren setzte, die sich zu mir hinunterneigten. Vergeblich bettelte ich ihn an. Vergebens fasste ich die weite Ebene ins Auge, durchpflügte sie mit meinen Augen, die in ihr eine Frau pflücken wollten. Ich mochte bis zum Portal von St-André des Champs schweifen; nie stieß ich auf die Bäuerin, die ich bestimmt getroffen hätte, wenn ich in Begleitung von Françoise oder meines Großvaters gewesen und es mir unmöglich gewesen wäre, mit ihr ein Gespräch anzuknüpfen. Ich starrte endlos auf einen fernen Baumstamm, hinter dem sie in Erscheinung treten und auf mich zukommen sollte; der ausgespähte Horizont blieb wüst und leer, die Nacht brach herein, ohne jede Hoffnung harrte meine Aufmerksamkeit aus, als wollte sie all jene Geschöpfe anziehen, die darin verborgen sein mochten, in diesem sterilen Boden, in dieser ausgelaugten Erde: und nicht mehr aus Übermut, sondern aus jähem Zorn peitschte ich die Bäume von

immanent und verborgen, treibt es im Moment des Vollzugs all jene Freuden, die uns süße Blicke und Küsse der Frau an unserer Seite machen, auf einen solchen Paroxysmus, dass er gerade uns selbst wie eine Art überschwängliche Dankbarkeit gegenüber der Herzensgüte unserer Gefährtin und ihrer rührenden Zuneigung erscheint, was wir ganz nach Maßgabe der Wohltaten, des Glücksgefühls bemessen, mit denen sie uns krönt.

Aber ach, vergeblich bat ich den Glockenturm von Troussinville, er möge mir ein Kind seines Dorfes zuführen, und dies erbat ich von ihm wie vom einzigen Vertrauten, den ich in meine ersten Wünsche einweihte, wenn ich, im Spitz unseres Hauses in Combray, im kleinen Abtritt, schwanger vom Fliederduft, einzig dessen Pfeil mitten im Geviert des klaffenden Fensters ragen sah, hinter dem Kalvarienberg, während ich mit dem heroischen Zögern eines Reisenden, der eine Expedition wagt, oder eines Verzweifelten, der einen Suizid unternimmt, in mir selbst einen unbekannten Pfad bahnte, den ich für tödlich erachtete, in dessen Verlauf meiner Hand unter der köstlichen Last der Blumen, die sie pflückte, die Kräfte schwanden, bis zu dem Augenblick, wo ich, gleich einer Schnecke, auf den Blättern des Flieders, der sich zu mir hinunterneigte, eine Spur der Natur hinterließ. Vergeblich flehte ich ihn an. Vergebens fasste ich die weite Ebene ins Auge, durchpflügte sie mit meinen Augen, die in ihr eine Frau pflücken wollten. Ich starrte endlos auf einen fernen Baumstamm, hinter dem sie in Erscheinung treten und auf mich zukommen sollte; der ausgespähte Horizont blieb wüst und leer, die Nacht brach herein, ohne jede Hoffnung harrte meine Aufmerksamkeit aus, als wollte sie all jene Geschöpfe anziehen, die darin verborgen sein mochten, in diesem sterilen Boden, in dieser ausgelaugten Erde: und nicht mehr aus Übermut, sondern aus jähem Zorn peitschte ich die Bäume von Piconville, zwischen denen ebenso wenig lebendige Wesen hervorkrochen wie zwischen gemalten Bäumen auf

Roussainville, zwischen denen ebenso wenig lebendige Wesen hervorkrochen wie zwischen gemalten Bäumen auf einem Panorama, und auch wenn ich mich nicht damit abfand, nach Hause zu gehen, ohne die so sehr ersehnte Frau in meine Arme zu schließen, so sah ich mich gleichwohl gezwungen, wieder den Weg nach Combray einzuschlagen und mir einzugestehen, dass der Zufall sie mir mit schwindender Wahrscheinlichkeit vor die Füße legen würde. Und hätte ich, wäre sie doch aufgetaucht, den Mut gehabt, sie anzusprechen? Mir schwante, dass sie mich als Irren betrachtet hätte; ich gab den Gedanken auf, dass die Wünsche, die ich während dieses Spaziergangs fasste und die nie Wirklichkeit wurden, außerhalb meines Innern Bestand hatten, von anderen Wesen geteilt würden. Sie wirkten nurmehr noch wie rein subjektive, ohnmächtige und trügerische Ausgeburten meines Temperaments. Sie hatten so wenig Bezug zur Natur, zur Wirklichkeit, die sogleich jeden Zauber und jegliche Bedeutung einbüßte und lediglich den konventionellen Rahmen meines Lebens bildete, wie die Fiktion eines Romans zum Zugwaggon, auf dessen Bank der Reisende ihn liest, um die Zeit totzuschlagen.

Vielleicht auch entstand aus einem anderen Eindruck, den ich, Jahre darauf, in La Combe empfangen hatte und der damals im Dunkeln dämmerte, viel später die Vorstellung, die ich mir vom Sadismus machte. Sehr heiß war es; meine Eltern, die den ganzen Tag fort mussten, hatten mir gesagt, ich dürfe so spät heimkommen, wie ich wollte; und bis zum Weiher von La Combe vorstoßend, auf dem ich den Abglanz des Ziegeldachs genoss, lag ich langhin im Schatten, schlafend zwischen den Büschen, hoch in der Böschung vor dem Haus, da, wo ich einst auf meinen Vater gewartet hatte, eines fernen Tages, als er M. Vington aufsuchte. Fast Nacht war es, als ich wach wurde, schon wollte ich aufstehen, aber da sah ich Mlle Vington, die wahrscheinlich gerade nach Hause kam, genau mir gegenüber, wenige Zentimeter nur vor mir, in jenem Zimmer, wo ihr

einem Panorama, und auch wenn ich mich nicht damit abfand, nach Hause zu gehen, ohne die so sehr ersehnte Frau in meine Arme zu schließen, so sah ich mich gleichwohl gezwungen, wieder den Weg nach Combray einzuschlagen und mir einzugestehen, dass der Zufall sie mir mit schwindender Wahrscheinlichkeit vor die Füße legen würde. Und hätte ich, wäre sie doch aufgetaucht, den Mut gehabt, sie anzusprechen? Mir schwante, dass sie mich als Irren hätte einsperren lassen; ich gab den Gedanken auf, dass die Wünsche, die ich während dieses Spaziergangs fasste und die nie Wirklichkeit wurden, außerhalb meines Innern Bestand hatten, von anderen Wesen geteilt würden! Sie wirkten nurmehr noch wie rein subjektive, ohnmächtige und trügerische Ausgeburten meines Temperaments. Sie hatten nicht mehr Bezug zur Natur, zur Wirklichkeit (die sogleich jeden Zauber und jegliche Bedeutung einbüßte und lediglich den konventionellen Rahmen meines Lebens bildete), als die Fiktion eines Romans zum Zugwaggon, auf dessen Bank der Reisende ihn liest, um die Zeit totzuschlagen.

Vielleicht auch entstand aus einem anderen Eindruck, den ich, Jahre darauf, in La Combe empfangen hatte und der damals im Dunkeln dämmerte, viel später die Vorstellung, die ich mir vom Sadismus machte. Sehr heiß war es; meine Eltern, die den ganzen Tag fort mussten, hatten mir gesagt, ich dürfe so spät heimkommen, wie ich wollte; und bis zum Weiher von La Combe vorstoßend, auf dem ich den Abglanz des Ziegeldachs genoss, lag ich langhin im Schatten zwischen den Büschen, hoch in der Böschung vor dem Haus, da, wo ich einst auf meinen Vater gewartet hatte, eines fernen Tages, als er M. Vington aufsuchte, da überraschte mich der Schlaf. Fast Nacht war es, als ich wach wurde, schon wollte ich aufstehen, aber da sah ich Mlle Vington, die wahrscheinlich gerade nach Hause kam, genau mir gegenüber, einen Meter nur vor mir, in jenem Zimmer, wo ihr Vater früher den meinen empfangen und

Vater früher den meinen empfangen und sie nun ihren kleinen
Salon eingerichtet hatte. Das Fenster stand einen Spalt offen,
die Lampe brannte, ich sah all ihre Bewegungen, ohne dass
sie mich sehen konnte, doch hätte ich mich davongeschlichen,
hätte sie das Geräusch im Gebüsch gehört und sicher gedacht,
ich hätte mich dort versteckt, um sie auszuspionieren.

Sie trug tiefe Trauer, da ihr Vater vor kurzem verstorben war.
Wir hatten ihr keinen Besuch abgestattet, meine Mutter wollte
nicht, und zwar aufgrund einer Tugend, die bei ihr, wie nichts
sonst, den Schwang der Güte zügeln mochte: der Scham; aber
sie beklagte ~~Mlle Vington~~ sie zutiefst. ~~Die Erinnerung[117] an das~~
~~tragische Lebensende, das ihr Vater M. Vington, zunächst ganz~~
~~von der Pflege in Anspruch genommen, die er als Mutter und~~
~~Gouvernante seiner Tochter gab, dann von den Schmerzen, die~~
~~sie ihm bereitete und die meine Mutter im gequälten Gesicht des~~
~~Alten, das der Alte hatte, wiederfand, sein Verzicht, jemals sein~~
~~Werk der letzten Jahre ins Reine zu schreiben zu vollenden, ins~~
~~Reine zu schreiben, kümmerliche Stücke eines früheren alten~~
~~Klavierlehrers, eines früheren Dorforganisten, von denen wir~~
~~dachten, dass sie nicht viel taugten, von denen wir nicht viel~~
~~hielten, aber die wir nicht verachten durften konnten, da sie~~
~~am Schluss seines Lebens standen, ehe er sich für seine Toch-~~
~~ter aufopferte und sie deshalb zum Teil nie notiert und nur in~~
~~seinem Gedächtnis aufbewahrt, zum Teil nur gerade mit einem~~
~~Zeichen auf verstreute Blätter notiert geschrieben hatte, son-~~
~~dern mehrheitlich nur in seinem Gedächtnis aufbewahrte, so~~
~~dass sie unbekannt bleiben würden, bei alledem fühlte Mutter,~~
~~die das gequälte Gesicht wieder vor sich sah, das M. Vington~~
~~in letzter Zeit gehabt hatte, eine große Traurigkeit und dachte~~
~~voll Schreck an jene weit grausamere, durchwirkt mit~~

Meine Mutter erinnerte sich an das tragische Ende, ~~das~~
~~M. Vignton ereilt hatte~~ von M. Vington, zunächst ganz von
der Pflege in Anspruch genommen, die er als Mutter und
Kindermagd seiner Tochter gab, dann ~~durch~~ von den Schmer-

sie nun ihren kleinen Salon eingerichtet hatte. Das Fenster stand einen Spalt offen, die Lampe brannte, ich sah all ihre Bewegungen, ohne dass sie mich sehen konnte, doch hätte ich mich davongeschlichen, hätte sie das Geräusch im Gebüsch gehört und sicher gedacht, ich hätte mich dort versteckt, um sie auszuspionieren.

Sie trug tiefe Trauer, da ihr Vater vor kurzem verstorben war. Wir hatten ihr keinen Besuch abgestattet, meine Mutter wollte nicht, und zwar aufgrund einer weiteren hohen Tugend, die bei ihr, wie nichts sonst, den Schwang der Güte zügeln mochte: der Scham; aber sie beklagte sie zutiefst. Die Erinnerung an das tragische Ende von M. Vington, an seinen Verzicht auf das Werk seines gesamten Lebens, das, gänzlich unvollendet, in Dokumenten verstreut war, deren Sinn nur in ihrem inneren Zusammenhang lag und nun für immer unbekannt bleiben würde, an seinen Verzicht auch auf eine Zukunft voll ehrenwertem und anständigem Glück für seine Tochter, an diese dauernde Tortur seines Herzens, die man seinem Gesicht ablas, all dies erfüllte meine Mutter mit großer Traurigkeit, und sie dachte voll Schreck an den weit grausameren und von Schuldgefühlen durchwirkten Schmerz, der Mlle Vington verzehren mochte. „Armer M. Vington", sagte meine Mutter, „er lebte und starb für seine Tochter, ohne dass er dafür einen Lohn erhielt. Wird er ihn nach seinem Tod erhalten, und wenn ja, in welcher Form? denn er könnte ihm nur von ihr kommen."

Zuhinterst im Zimmer von Mlle Vington stand ein kleines Porträt ihres Vaters auf dem Kamin, das sie flink holte, als von der Straße her das Rollen einer Kutsche herüberklang, dann warf sie sich auf ein Kanapee und zog ein Tischchen zu sich, auf das sie das Porträt stellte, ganz so wie M. Vington einst das Manuskript in Griffweite legte, das er meinem Vater vorlesen wollte. Bald schon trat ihre Freundin ein. Mlle Vington empfing sie, ohne sich zu erheben, beide Hände hinter ihrem Kopf verschränkt, wobei sie auf das hintere Ende des Sofas rutschte, als wollte sie

zen, die sie ihm bereitete; wieder sah sie das gequälte Gesicht, das der Alte in der letzten Zeit gehabt hatte; sie wusste, dass er auf immer darauf verzichtet hatte, das Werk seiner letzten Jahre ins Reine zu schreiben, kümmerliche Stücke eines alten Klavierlehrers, eines früheren Dorforganisten, von denen wir dachten, dass sie für sich genommen keinen Wert hatten, aber wir verachteten sie nicht, da sie für ihn einen hatten, ja sie waren für ihn der Lebensgrund, ehe er sie für seine Tochter aufopferte, wobei sie mehrheitlich nicht einmal notiert waren und er sie nur in seinem Gedächtnis aufbewahrt hatte, wenige nur auf verstreute Zettel geschrieben, ~~unleserlich, unentzifferbar~~ unleserlich ~~und zudem unvollendet, nicht fürs Orchester ausgearbeitet~~, und so würden sie unbekannt bleiben; meine Mutter dachte an ~~jene Verzweiflung von~~ jenen weit grausameren Verzicht, zu dem sich M. Vington gezwungen sah, den Verzicht auf eine ehrenwerte Zukunft voll anständigem Glück für seine Tochter; ~~und wenn sie an die Verzweiflung des Alten dachte, evozierte sie nicht ohne Herzschmerz~~ wenn sie die Verzweiflung des früheren Klavierlehrers meiner Tanten evozierte ~~und daran dachte, wie viel trauriger bitterer die seiner Tochter sein mochte, ganz durchwirkt von Gewissensbissen, dass sie ihn ihren Vater sozusagen ins Grab gebracht hatte~~, verspürte sie einen echten Kummer und ~~dachte~~ stellte sich voll Schreck den weit bittereren vor, ~~der Mlle Vington das Herz zuschnüren~~ den Mlle Vington verspüren musste, ganz durchwirkt von den Gewissensbissen, ihren Vater sozusagen ins Grab gebracht zu haben:[118] „Armer M. Vington", sagte meine Mutter, „er lebte und starb für seine Tochter, ohne dass er dafür einen Lohn erhielt. Wird er ihn nach seinem Tod erhalten, und wenn ja, in welcher Form? denn er könnte ihm nur von ihr kommen."

Zuhinterst im Zimmer von Mlle Vington stand ein kleines Porträt ihres Vaters auf dem Kamin, das sie flink holte, als von der Straße her das Rollen einer Kutsche herüberklang, dann warf sie sich auf ein Kanapee und zog ein Tischchen zu sich,

ihr Platz machen. Doch sogleich spürte sie, dass sie ihrer Freundin dadurch eine Haltung aufzwingen würde, die ihr vielleicht nicht genehm war. Sie dachte, dass ihre Freundin lieber weiter weg von ihr auf einem Stuhl säße, fühlte sich indiskret, der Zartsinn ihres Herzens störte sich daran, und indem sie wieder die ganze Länge des Sofas einnahm, schloss sie die Augen und begann zu gähnen, um zu zeigen, dass der einzige Grund, dass sie sich dieserweise hingebettet hatte, in der Lust lag zu schlafen. Trotz der Ungezwungenheit im Umgang mit ihrer Gefährtin erkannte ich die höflichen und zögerlichen Gesten, die jähen Gewissensbedenken ihres Vaters wieder. Man hätte meinen können, sie würde sein Leben fortsetzen. Bald aber stand sie auf, fasste sich so, als wolle sie die Fensterläden schließen, ohne dass sie es vermochte.

– Lass ruhig offen, mir ist heiß, sagte ihre Freundin.

– Das ist ätzend, man wird uns sehen, erwiderte Mlle Vington.

Zweifellos aber ahnte sie, dass ihre Freundin dachte, sie würde diese Worte nur sagen, um sie zu Entgegnungen zu provozieren, heiß ersehnten zwar, aber aus Diskretion wollte sie ihr die Initiative überlassen, sie in den Mund zu nehmen. Und so hatte wohl ihr Blick, den ich nicht ausmachen konnte, jenen wilden und naiven Ausdruck angenommen, der meiner Großmutter immer so gefallen hatte, als sie flink hinzusetzte:

– Wenn ich sage „uns sehen", so meine ich, „uns lesen sehen", wirklich ätzend, wenn man bei jeder Regung, so harmlos sie auch sei, immer gleich an die Augen denkt, die einen sehen.

– Schon möglich, dass man uns zu dieser Stunde beobachtet, hier in dieser belebten Gegend, tat ihre Freundin ironisch.

– Und wenn schon? setzte sie hinzu und hielt es für angezeigt, diese Worte, die sie, ganz gutmütig, in einem erzwungen zynischen Tonfall wie einen Text hersagte, der Mlle

auf das sie das Porträt stellte, ganz so wie M. Vington einst die Partitur in Griffweite legte, die er meinen Eltern vorspielen wollte. Bald schon trat ihre Freundin ein. Mlle Vington empfing sie, ohne sich zu erheben, beide Hände hinter ihrem Kopf verschränkt, wobei sie auf das hintere Ende des Sofas rutschte, als wollte sie ihr Platz machen. Doch sogleich spürte sie, dass sie ihr eine Haltung aufzwingen würde, die ihr vielleicht nicht genehm war. Sie dachte, dass ihre Freundin lieber weiter weg von ihr auf einem Stuhl säße, fühlte sich indiskret, die zarte und gequälte, viel zu gewissenhafte Höflichkeit der Zartsinn ihres Herzens schreckte davor zurück; indem sie wieder die ganze Länge des Sofas einnahm, schloss sie die Augen und begann zu gähnen, um zu zeigen, dass der einzige Grund, dass sie sich dieserweise hingebettet hatte, in der Lust lag zu schlafen. Trotz der rüden und herrischen Ungezwungenheit im Umgang mit ihrer Gefährtin erkannte ich die unterwürfigen und zögerlichen Gesten, die jähen Gewissensbedenken ihres Vaters wieder... Bald aber stand sie auf, fasste sich so, als wolle sie die Fensterläden schließen, ohne dass sie es vermochte.

– Lass ruhig offen, mir ist heiß, sagte ihre Freundin.

– Das ist ätzend, man wird uns sehen, erwiderte Mlle Vington.

Zweifellos aber ahnte sie, dass ihre Freundin dachte, sie würde diese Worte nur sagen, um sie zu Entgegnungen zu provozieren, heiß ersehnten zwar, aber aus Diskretion wollte sie ihr die Initiative überlassen, sie in den Mund zu nehmen. Und so hatte wohl ihr Blick, den ich nicht ausmachen konnte, jenen wilden und aufrichtigen Ausdruck angenommen, der meiner Großmutter immer so gefallen hatte, als sie flink hinzusetzte:

– Wenn ich sage „uns sehen", so meine ich, „uns lesen sehen", wirklich ätzend, wenn man bei jeder Regung, so harmlos sie auch sei, immer gleich an die Augen denkt, die einen sehen.

Durch eine Höflichkeit Güte instinktive Großzügigkeit und unwillentliche Höflichkeit sagte sie nicht verschwieg sie jene Ausdrücke, die sie wohl abgewogen hatte, um ihr Begehren

Vington schmeicheln mochte, mit einem schelmenzünftigen und zarten Zwinkern der Augen zu begleiten, und falls
man uns sieht, umso besser.

Mlle Vington erschauerte und erhob sich. Ihr gewissenhaftes und empfindsames Herz wusste nicht, welche
Ausdrücke sich spontan in jenes Schauspiel fügten, das
ihre Sinne ersehnten. Sie suchte, in weitester Ferne ihrer
wahren sittsamen Natur, nach einer Sprache, die zu dem
lasterhaften Mädchen passen würde, das sie so gern wäre,
aber alle Wörter, die jenes in aller Aufrichtigkeit ausgesprochen hätte, schienen ihr in ihrem Mund falsch. Und
da ihre scheuen Gewohnheiten jegliche kühnen Anwandlungen lähmten, wurde das wenige, was sie sich gestattete,
in einem steifen Ton hervorgepresst, untermischt von: „du
bist nicht kalt, dir ist nicht so heiß, du willst nicht allein
sein und frei ".
– Mademoiselle scheint mir heute Abend recht lüsterne
Gedanken zu hegen, hörte sie sich zum Schluss sagen,
wobei sie ohne Zweifel eine Wendung wiederholte, die sie
einst aus dem Mund ihrer Freundin vernommen hatte.

Da spürte Mlle Vington, wie ihre Freundin in den Ausschnitt ihres Kreppkorsetts einen Kuss stippte, stieß einen
leisen Schrei aus, entwischte, und sie verfolgten sich hüpfend, mit ihren breiten Ärmelschößen schlagend wie mit
Flügeln und gurrend und piepsend wie verliebte Vögel.
Dann ließ sich Mlle Vington auf das Kanapee fallen, vom
Leib ihrer Freundin bedeckt. Die aber drehte dem Tischchen, auf das Mlle Vington das Porträt ihres Vaters gestellt
hatte, den Rücken zu. Sie sah ein, dass es ihrer Freundin
nicht auffallen würde, wenn sie deren Aufmerksamkeit
nicht dahin lenken würde, und so sagte sie zu ihr, als würde
sie es selbst erst bemerken:
– Oh! das Porträt meines Vaters beobachtet uns, keine
Ahnung, wer es da hingestellt hat, ich habe doch zwanzigmal gesagt, dass es nicht hierhergehört.

wohlüberlegten Ausdrücke, die sie zur Verwirklichung ihres Begehrens für unverzichtbar hielt. Doch in jedem Moment klagte in der Tiefe ihrer selbst eine scheue, flehende Jungfrau und schlug den ungehobelten und auftrumpfenden Kerl in die Flucht.

– Schon möglich, dass man uns zu dieser Stunde beobachtet, hier in dieser belebten Gegend, tat ihre Freundin ironisch.[119] Und wenn schon? setzte sie hinzu und hielt es für angezeigt, diese Worte, die sie, ganz gutmütig, in einem erzwungen zynischen Tonfall wie einen Text hersagte, der Mlle Vington schmeicheln mochte, mit einem schelmenzünftigen und zarten Zwinkern der Augen zu begleiten, „und falls man uns sieht, um so besser".

Mlle Vington erschauerte und erhob sich. Ihr gewissenhaftes und empfindsames Herz wusste nicht, welche Ausdrücke sich spontan in jenes Schauspiel fügten, das ihre Sinne ersehnten. Sie suchte, in weitester Ferne ihrer wahren sittsamen Natur, nach einer Sprache, die zu dem lasterhaften Mädchen passen würde, das sie so gern wäre, aber alle Wörter, die jenes in aller Aufrichtigkeit ausgesprochen hätte, schienen ihr in ihrem Mund falsch. Und da ihre scheuen Gewohnheiten jegliche kühnen Anwandlungen lähmten, wurde das wenige, was sie sich gestattete, in einem steifen Ton hervorgepresst, untermischt von: „du bist nicht kalt, dir ist nicht so heiß, du willst nicht allein sein und lesen".

– Mademoiselle scheint mir heute Abend recht lüsterne Gedanken zu hegen, hörte sie sich zum Schluss sagen, wobei sie ohne Zweifel eine Wendung wiederholte, die sie einst aus dem Mund ihrer Freundin vernommen hatte.

Da spürte Mlle Vington, wie ihre Freundin in den Ausschnitt ihres Kreppkorsetts einen Kuss stippte, stieß einen leisen Schrei aus, entwischte, und sie verfolgten sich hüpfend, mit ihren breiten Ärmelschößen schlagend wie mit Flügeln und gurrend und piepsend wie verliebte Vögel. Dann ließ sich Mlle Vington

Ich erinnerte mich, dass dies die Worte waren, die M. Vington meinem Vater mit Blick auf das Manuskript gesagt hatte. Aber dieses Porträt diente ihnen wohl im Rahmen ihrer Gewohnheiten zu rituellen Profanationen, denn ihre Freundin erwiderte ihr folgende Worte, die Teil ihrer liturgischen Antworten sein mochten:

– Lass ihn doch, wo er ist, er ist nicht mehr da, um uns zu nerven. Ach, wie er flennen, dich mit deinem Mantel bedecken würde, wenn er dich hier so sähe, bei offenem Fenster, der dreckige Affe.

Mlle Vington erwiderte: „Na, na", Worte des sanften Widerspruchs, die die Güte ihrer Natur unter Beweis stellten, nicht weil sie von der Empörung diktiert waren, die diese Art, von ihrem Vater zu sprechen, in ihr auslöste (offensichtlich war sie es gewohnt, diese Regung – durch was für Sophismen? – in solchen Minuten zum Schweigen bringen), sondern weil sie damit, um nicht egoistisch zu erscheinen, höchstselbst die Freuden zügelte, die ihr ihre Freundin zu verschaffen suchte. Und wer weiß, vielleicht erschien ihrer aufrichtigen und guten Natur diese lächelnde Abschwächung solcher Lästerlichkeiten, dieser geheuchelte und zarte Vorwurf als ein besonders schändlicher Ausdruck, ein süßer Ausdruck jener Ruchlosigkeit, die sie sich zu eigen machen wollte. Doch sie vermochte dem lockenden Reiz, ausgerechnet von einer Person, die gegenüber einem wehrlosen Toten so herzlos war, mit solch sanfter Süße behandelt zu werden, nicht zu widerstehen; sie hüpfte ihrer Freundin in den Schoß und anerbot ihr ganz züchtig die Stirn zum Kuss, ganz so wie sie es als ihre Tochter getan hätte, von Wonne durchschauert, dass sie alle beide auf den Gipfel der Grausamkeit gelangten, indem sie M. Vington, noch im Grab, seine Vaterschaft raubten. Ihre Freundin nahm ihren Kopf in die Hände und setzte ihr ganz gefügig einen Kuss auf die Stirn, was ihr aufgrund der großen Zuneigung, die sie für Mlle Vington hegte, leichtfiel, aber auch aufgrund des Wunsches, in

auf das Kanapee fallen, vom Leib ihrer Freundin bedeckt. Die aber drehte dem Tischchen, auf das Mlle Vington das Porträt ihres Vaters gestellt hatte, den Rücken zu. Sie sah ein, dass es ihrer Freundin nicht auffallen würde, wenn sie deren Aufmerksamkeit nicht dahin lenken würde, und so sagte sie zu ihr, als würde sie es selbst erst bemerken:

– Oh! das Porträt meines Vaters beobachtet uns, keine Ahnung, wer es da hingestellt hat, ich habe doch zwanzigmal gesagt, dass es nicht hierhergehört.

Ich erinnerte mich, dass dies die Worte waren, die M. Vington meinem Vater mit Blick auf die Partitur gesagt hatte. Dieses Porträt diente ihnen wohl im Rahmen ihrer Gewohnheiten zu rituellen Profanationen, denn ihre Freundin erwiderte ihr folgende Worte, die Teil ihrer liturgischen Antworten sein mochten:

– Lass ihn doch, wo er ist, er ist nicht mehr da, um uns zu nerven. Ach, wie er flennen, dich mit deinem Mantel bedecken würde, wenn er dich hier so sähe, bei offenem Fenster, der dreckige Affe.

Mlle Vington erwiderte: „Na, na", Worte des sanften Widerspruchs, die die Güte ihrer Natur unter Beweis stellten, nicht weil sie von der Empörung diktiert waren, die diese Art, von ihrem Vater zu sprechen, in ihr auslöste (offensichtlich war sie es gewohnt, diese Regung – durch was für Sophismen? – in solchen Minuten zum Schweigen bringen), sondern weil sie damit, um nicht egoistisch zu erscheinen, höchstselbst die Freuden zügelte, die ihr ihre Freundin zu verschaffen suchte. Und wer weiß, vielleicht erschien ihrer aufrichtigen und guten Natur diese lächelnde Abschwächung dieser Lästerlichkeiten, dieser geheuchelte und zarte Vorwurf als ein besonders schändlicher Ausdruck, ein süßer Ausdruck jener Ruchlosigkeit, die sie sich zu eigen machen wollte. Doch sie vermochte dem lockenden Reiz, ausgerechnet von einer Person, die gegenüber einem wehrlosen Toten so herzlos war, mit solch sanfter Süße

das nunmehr so trostlose Leben der armen Waisen etwas Abwechslung zu bringen.

– Weißt du, was ich mit diesem alten Schreckgespenst gern machen würde, sagte sie und schnappte sich das Porträt.

Und murmelte Mlle Vington etwas ins Ohr, was ich nicht hören konnte.

– Oh! das wagst du nie und nimmer.

– Was, ich werde es nicht wagen, darauf zu spucken?, auf *es*?, sagte die Freundin mit einer Stimme, die sie brutal klingen ließ.

behandelt zu werden, nicht zu widerstehen; sie hüpfte ihrer Freundin in den Schoß und anerbot ihr ganz züchtig die Stirn zum Kuss, ganz so wie sie es als ihre Tochter getan hätte, von Wonne durchschauert, dass sie alle beide auf den Gipfel der Grausamkeit gelangten, indem sie M. Vington, noch im Grab, seine Vaterschaft raubten. Ihre Freundin nahm ihren Kopf in die Hände und setzte ihr ganz gefügig einen Kuss auf die Stirn, was ihr aufgrund der großen Zuneigung, die sie für Mlle Vington hegte, leichtfiel, aber auch aufgrund des Wunsches, in das nunmehr so trostlose Leben der Waisen etwas Abwechslung zu bringen.

– Weißt du, was ich mit diesem alten Schreckgespenst gern machen würde, sagte sie und schnappte sich das Porträt.

Und murmelte Mlle Vington etwas ins Ohr, was ich nicht hören konnte.

– Oh! das wagst du nie und nimmer.

– Was, ich werde es nicht wagen, darauf zu spucken?, auf *es?*, sagte die Freundin.

PLACARD 26
VOM 24. APRIL 1913

Das war alles, was ich hörte, denn Mlle Vinteuil schickte sich an, lasch und linkisch, die Läden und das Fenster zu schließen, hitzig, die Miene redlich und betrübt, aber nun kannte ich den Lohn, den M. Vinteuil für all das Leid, das er ein Leben lang wegen seiner Tochter ertragen hatte, im Tod noch von ihr empfing.

Und doch, denke ich inzwischen, selbst wenn M. Vinteuil diesem Schandspiel hätte beiwohnen können, hätte er seinen Glauben an das gute Herz seiner Tochter noch immer nicht verloren, und vielleicht hätte er damit sogar nicht einmal ganz unrecht gehabt. Gewiss, in diesem Schauspiel in diesen sadistischen Gewohnheiten von Mlle Vington war der Schein des Bösen so vollkommen, dass man ihm nur schwerlich in solcher Vollendung begegnen würde, außer bei einem sadistischen

498

Das war alles, was ich hörte, denn Mlle Vington schickte sich an, lasch und linkisch, die Läden und das Fenster zu schließen, hitzig, die Miene redlich und betrübt, aber nun kannte ich den Lohn, den M. Vington für all das Leid, das er ein Leben lang wegen seiner Tochter ertragen hatte, im Tod noch von ihr empfing.

Und doch, selbst wenn M. Vington diesem Schandspiel hätte beiwohnen können, er hätte seinen Glauben an das gute Herz seiner Tochter vielleicht noch immer nicht verloren, und er hätte vielleicht damit nicht einmal ganz unrecht gehabt. Gewiss, im Sadismus ist der Schein des Bösen so vollkommen, dass man ihm im Leben nie in solcher Vollendung begegnen würde, wenn es den Sadismus

Wesen, und[120] . Eher man würde eher im Rampenlicht eines Boulevardtheaters als im Lampenschein eines realen Landhauses eine Tochter erblicken, die eine Freundin dazu bringt, auf das Porträt eines Vaters zu spucken, der nur für sie gelebt hatte; und einzig der Sadismus ~~verleiht realisiert eine Grundlage~~ verleiht der Ästhetik des Melodramas im Leben eine Grundlage. In der Realität mag sich eine Tochter, unter Absehung solcher Fälle von Sadismus, vielleicht ähnlich grausam wie Mlle Vington am Andenken und am Willen ihres toten Vaters vergehen, aber sie würde dies nie ausdrücklich in einem Akt von solch grobschlächtigem und so naivem Symbolismus umsetzen; die verbrecherische Seite ihres Tuns wäre vor den Augen der anderen viel verschleierter, aber auch vor ihren eigenen Augen, da sie das Böse täte, ohne es sich einzugestehen. Doch allem Anschein zum Trotz war das Böse auch im Herz von Mlle Vington, zumindest anfänglich, zweifellos nicht ungemischt. Eine Sadistin wie Mlle Vington ist ein Künstler des Bösen, was eine durch und durch verrottete Kreatur nie sein könnte, denn das Böse bliebe ihr nicht äußerlich, es schiene ihr völlig natürlich, wäre ganz eins mit ihr; und sie zöge aus der Profanierung der Tugend, des Totengedenkens, der töchterlichen Zuneigung niemals eine blasphemische Lust, da sie all dies gar nicht in Ehren hielte. Sadisten wie Mlle Vington sind zutiefst sentimentalische Wesen, sie sind von Natur aus so tugendhaft, dass ihnen schon die Sinneslust als etwas Schlimmes erscheint, als Vorrecht der Bösen. Und wenn sie sich selbst einmal gönnen, ihm zu frönen, dann versuchen sie, mitsamt ihren Komplizen, in die Haut der Bösen zu schlüpfen, um sich so für einen Augenblick in der Illusion zu wiegen, sie seien ihrer gewissenhaften und zarten Seele in die unmenschliche Welt der Lust entflohen. Und ich verstand, wie sehr sie sich danach sehnte, wenn man bedenkt, wie sehr es ihr verwehrt war, es je dahin zu bringen. Gerade im Augenblick, da sie sich so sehr von ihrem Vater abheben wollte, gemahnte sie mich an die Denk- und Redeweise des

nicht geben würde, und wenn man ein Mädchen sähe, das ihre Freundin auf das Porträt ihres Vaters spucken lässt, der nur für sie gelebt hatte, so wäre das nur im Rampenlicht eines Boulevardtheaters denkbar, nicht aber im Lampenschein eines Landhauses. Einzig der Sadismus verleiht der Ästhetik des Melodramas auch in der Realität eine gewisse Grundlage. Im Leben mag sich eine Tochter, unter Absehung solcher Fälle von Sadismus, vielleicht ähnlich grausam am Andenken und am Willen ihres toten Vaters vergehen, aber sie würde dies nie ausdrücklich in einem Akt von solch grobschlächtigem und so naivem Symbolismus umsetzen; die verbrecherische Seite ihres Tuns wäre vor den Augen der anderen viel verschleierter, aber auch vor ihren eigenen Augen, da sie das Böse täte, ohne es sich einzugestehen. Doch allem Anschein zum Trotz ist das Böse auch im Herz eines Sadisten, zumindest anfänglich, nie ganz ungemischt. Der Sadist ist ein Künstler des Bösen, ein durch und durch schlechter Mensch aber könnte nie Sadist sein, denn das Böse bliebe ihm nicht äußerlich, es schiene ihm natürlich, wäre ganz eins mit ihm; und er zöge aus der Profanierung der Tugend, des Totengedenkens, der töchterlichen Zuneigung niemals eine blasphemische Lust, da er all dies gar nicht in Ehren hielte. Die Sadisten sind zutiefst sentimentalische Wesen, sie sind von Natur aus so tugendhaft, dass ihnen schon die Sinneslust als etwas Schlimmes erscheint, als Vorrecht der Bösen. Und wenn sie sich selbst einmal gönnen, ihm zu frönen, dann versuchen sie, mitsamt ihren Komplizen, in die Haut der Bösen zu schlüpfen, um sich so für einen Augenblick in der Illusion zu wiegen, sie seien ihrer gewissenhaften und zarten Seele in die unmenschliche Welt der Lust entflohen. Und man versteht, wie sehr sie sich danach sehnen, wenn man bedenkt, wie sehr es ihnen verwehrt ist, es je dahin zu bringen. Gerade im Augenblick, da sich Mlle Vignton so sehr von ihrem Vater abheben wollte, gemahnte sie mich an die Denk- und Redeweise des alten Gelehrten. Dass sich

alten Klavierlehrers. Dass sich etwas zwischen sie und ihre
Lüste stellte und am direkten Genuss hinderte, lag weit weniger an der Photographie, die sie entweihte und ihren Lüsten
unterwarf, sondern an der Ähnlichkeit ihres Gesichts, an den
blauen Augen ihrer Mutter, die sie ihr wie ein Juwel der Familie vererbt hatte, an ihren lieblichen Gesten, sie schoben zwischen das Leben ihre Taten das Laster von Mlle Vington und
sie eine Phraseologie, eine Geisteshaltung, die gar nicht für sie
geschaffen war, und so erlebte sie all dies wie etwas, was von
den vielen Pflichten der Höflichkeit, denen sie für gewöhnlich
huldigte, so ganz verschieden war. Es ist nicht das Böse, das
ihr die Idee der Lust verschaffte, ihr ein Kitzel schien; es ist
die Lust, die ihr so verwerflich erschien. Und da sie jedes Mal,
wenn sie sich ihr hingab, von schlimmen Gedanken begleitet
wurde, die ihrer tugendhaften Seele sonst ganz fernstanden,
entdeckte sie in der Lust schließlich etwas Diabolisches, identifizierte sie mit dem *Bösen*. Vielleicht fühlte Mlle Vington, dass
ihre Freundin gar nicht durch und durch schlecht war und sich
verstellte, wenn sie solch blasphemische Reden schwang. Aber
sie kam zumindest in den Genuss, auf deren Gesicht grinsende
Blicke abzulesen, die zwar gespielt sein mochten, aber in ihrem
lasterhaften und verworfenen Ausdruck das Abbild jener Züge
zu sein schienen, die nicht ein Mensch voll Güte und Duldsamkeit, wie sie selbst einer war, gezeigt hätte, sondern ein
Wesen voll Grausamkeit und Lust.[121] Sie mochte sich einen
Augenblick vorgaukeln, dass sie wirklich jene Spiele spielte, die
ein Mädchen, das beim Andenken an seinen Vater tatsächlich
solch barbarische Regungen empfände, mit einer ähnlich entarteten Gefährtin spielen würde. Wer weiß, vielleicht hätte sie
nicht gedacht, das Böse sei ein so seltener Zustand, so außerordentlich, dass es so lockend entspannend sein könnte, dahin
auszuwandern und sich fremd zu werden, wenn sie bedacht
hätte, dass in ihrem eigenen Inneren, wie auch im Innern aller
anderen Menschen, die Gleichgültigkeit angesichts der von

etwas zwischen sie und ihre Lüste stellte und sie am direkten Genuss hinderte, lag weit weniger an der Photographie, die sie entweihte und solchen Lüsten unterwarf, sondern an ihrer List, an solch lieblichen Gesten, sie schoben zwischen sie und ihr Leben eine Phraseologie, eine Geisteshaltung, die gar nicht für sie geschaffen war, und so erlebte sie all dies nicht viel anders als wie eine Pflicht beflissener Höflichkeit. Es ist nicht das Böse, das den Sadisten die Idee der Lust verschafft, ihnen als Kitzel dient; es ist die Lust, die ihnen so verwerflich erscheint. Und da sie jedes Mal, wenn sie sich ihr hingeben, von schlimmen Gedanken begleitet wird, die ihren tugendhaften Seelen sonst ganz fernstehen, entdecken sie in der Lust schließlich etwas Diabolisches, identifizieren sie mit dem *Bösen*. Vielleicht fühlte Mlle Vington, dass ihre Freundin gar nicht durch und durch schlecht war und sich verstellte, wenn sie solch blasphemische Reden schwang. Aber sie kam zumindest in den Genuss, auf deren Gesicht grinsende Blicke abzulesen, die zwar gespielt sein mochten, aber in ihrem lasterhaften und verworfenen Ausdruck das Abbild jener Züge zu sein schienen, die nicht ein Mensch voll Güte und Duldsamkeit gezeigt hätte, sondern ein Wesen voll Grausamkeit und Lust. Sie mochte sich einen Augenblick vorgaukeln, dass sie wirklich jene Spiele spielte, die ein Mädchen, das beim Andenken an seinen Vater tatsächlich solch barbarische Regungen empfände, mit einer ähnlich entarteten Gefährtin spielen würde. Wer weiß, hätte sie besser in ihrem Herzen, im üblichen Verlauf aller Handlungen ihres Lebens gelesen, sie hätte entdeckt, dass in ihrem Innern, wie auch im Innern aller anderen Menschen, das Böse, die Gleichgültigkeit angesichts der von uns verursachten Leiden (diese schrecklichste, da permanente Form der Grausamkeit) allgegenwärtig und keineswegs etwas Seltenes sind, sondern unter diesem oder jenem Namen, den wir ihnen geben mögen, zahlreiche unserer Handlungen diktieren. Sie hätte nicht länger gedacht, das Böse sei ein

503

uns verursachten Leiden entdeckt hätte, die unter diesem oder jenem Namen, die wir ihnen geben mögen, die schreckliche und permanente Form der Grausamkeit darstellt.

Während es unkompliziert war, auf die Seite von Méséglise zu gehen, so war es eine andere Angelegenheit, auf die Seite von Guermantes zu gehen, denn da war der Spaziergang lang und man musste sich auf das Wetter verlassen können. Wenn man in eine Reihe schöner Tage eintrat; wenn Françoise in ihrer Verzweiflung, dass kein Tropfen Wasser für die „arme Ernte" fiel, nur vereinzelte weiße Wolken über die Oberfläche des ruhigen und blauen Himmels ziehen sah und klagend ausrief: „Es macht ganz den Anschein, als ob dort oben tatsächlich Seehunde herumtollen und ihre Schnauze zeigen. Die denken nicht im Traum daran, es für die armen Ackersleute regnen zu lassen! Aber dann, wenn der Weizen höher steht, dann kommt der Regen klitschklatsch, ohne Unterbrechung, als hätte er keine Ahnung, worauf er niedergeht, wie über dem Meer"; wenn unser Vater vom Gärtner und vom Barometer stets die gleich günstigen Antworten erhielt, dann hieß es: „Wenn morgen das Wetter so bleibt, dann gehen wir auf die Seite von Guermantes." Man brach gleich nach dem Frühstück auf, hinaus durch die kleine Gartenpforte, und schon stand man auf der Rue des Perchamps, eng und einen spitzen Winkel bildend, wo zwischen einer Fülle von Gräsern zwei oder drei Wespen den Tag damit verbrachten, zu herborisieren; sie war nicht weniger wunderlich als ihr Name, dem ihre kuriose Eigenart und ihr garstiger Charakter zu entspringen schien, im heutigen Combray jedenfalls wird man vergebens nach ihr suchen, auf ihrer früheren Spur steht die Schule. Meine Träumereien aber (gleich den architektonischen Schülern von Violet le Duc, die im Glauben, unter einem Lettner aus der Renaissance oder unter einem Altar aus dem 17. Jahrhundert die Spuren eines romanischen Chors zu entdecken, das ganze Gebäude in den mutmaßlichen Zustand des 12. Jahrhunderts versetzten) ließen

504

außerordentlicher, ihrer Natur gänzlich fremder Zustand, und hätte nicht länger danach gestrebt, ihn sich anzueignen, um, wie sie glaubte, in das unvorstellbare und wollüstige Leben einer anderen Rasse vorzustoßen.

Während es alles in allem unkompliziert war, auf die Seite von Méséglise zu gehen, so war es eine ganz andere Angelegenheit, auf die Seite von Guermantes zu gehen, denn da war der Spaziergang lang und man musste sich auf das Wetter verlassen können. Wenn man in eine Reihe schöner Tage eintrat; wenn Françoise, die darüber verzweifelte, dass kein Tropfen Wasser für die „arme Ernte" fiel, nur vereinzelte weiße Wolken über die Oberfläche des ruhigen und blauen Himmels ziehen sah und wehklagte: „Es macht ganz den Anschein, als ob dort oben tatsächlich Seehunde herumtollen und ihre Schnauze zeigen. Die denken nicht im Traum daran, es für die armen Ackersleute regnen zu lassen! Aber dann, wenn der Weizen höher steht, dann kommt der Regen in Bindfäden, ohne Unterbrechung, als hätte er keine Ahnung, worauf er niedergeht, als regnete es über dem Meer"; wenn unser Vater vom Gärtner, von Swann und vom Barometer stets die gleich günstigen Antworten erhielt, dann verkündete mein Vater beim Essen: „Wenn morgen das Wetter so bleibt, dann gehen wir auf die Seite von Guermantes." Man brach gleich nach dem Frühstück auf, durch die kleine Gartenpforte gelangte man auf die kleine Rue des Perchamps, eng und einen spitzen Winkel bildend, wo zwischen einer Fülle von Gräsern eine Wespe den Tag damit verbrachte, zu herborisieren; sie war nicht weniger wunderlich als ihr Name, dem ihre kuriose Eigenart und ihr garstiger Charakter zu entspringen schien, im heutigen Combray jedenfalls wird man vergebens nach ihr suchen, auf ihrer früheren Spur steht die Schule. Meine Träumereien aber, gleich den architektonischen Schülern von Violet le Duc, der heute nicht mehr in der allgemeinen Gunst steht, die im Glauben, unter einem Lettner aus der Renaissance oder unter einem Altar aus

keinen Stein des neuen Baus auf dem andern, um mit Hilfe eines Durchstichs die Rue des Perchamps „wiederherzustellen". Für deren Wiederaufbau verfügt sie übrigens über genauere Vorgaben als übliche Restauratoren: etwelche Bilder, die mein Gedächtnis aufbewahrt hat, womöglich die letzten, die es zur Zeit noch gibt und die dazu bestimmt sind, bald schon zu verschwinden, Bilder von Combray, wie es zur Zeit meiner Kindheit war; und angesichts des Umstandes, dass sie meinem Inneren von ihm selbst eingeprägt werden, so bewegend wie – falls der Vergleich eines schäbigen Porträts mit jenen ruhmreichen Effigien erlaubt ist, von denen mir meine Großmutter so gern Reproduktionen schenkte – jene alten Stiche vom Abendmahl oder jenes Gemälde von Gentile Bellini, auf dem man das Meisterwerk von da Vinci und das Portal von San Marco in einem Zustand sieht, der heute nicht mehr existiert.

Durch die Rue de l'Oiseau[122] ging es vorbei an der früheren Herberge de l'Oiseau, in deren Hof im 18. Jahrhundert die Kutschen der Duchesses de Montpensier, de Guermantes und Montmorency vorfuhren, wenn sie für irgendwelche ~~Prozesse mit~~ Rechtshändel mit ihren Pächtern nach Combray kamen, oder in einer Frage der Lehenspflicht. Man kam auf die Mail-Allee, ~~wo der Glockenturm von St Hilaire auftauchte~~ zwischen deren Bahnen der Glockenturm von St Hilaire auftauchte; und ~~es war so schönes Wetter, dass~~ gern hätte ich mich dort hingesetzt und den ganzen Tag mit Lesen verbracht, im Ohr ~~den Glockenturm, der die Stunden läutete~~ den Glockenturm; denn es war ~~dort~~ so schön, so ~~ruhig~~ friedlich, dass ~~der Glockenturm~~ man beim Schlag der Stunde ~~gesagt hätte~~ nicht etwa gesagt hätte, dass er die Geruhsamkeit des Tages unterbreche, sondern ihn von all seiner Last befreie, und dass der Glockenturm, ~~voll achtsamer Gleichgültigkeit~~ mit der ~~nachlässigen~~ ebenso nachlässigen wie achtsamen Präzision einer Person, die nichts anderes zu tun hat, lediglich ~~von den vereinzelten goldenen Tropfen kündete~~ die vereinzelten goldenen Tropfen, die die Hitze langsam und

dem 17. Jahrhundert die Spuren eines romanischen Chors zu entdecken, das ganze Gebäude in den mutmaßlichen Zustand des 12. Jahrhunderts versetzten, ließen keinen Stein des neuen Baus auf dem andern, um mit Hilfe eines Durchstichs die Rue des Perchamps „wiederherzustellen". Für deren Wiederaufbau verfügt sie übrigens über genauere Vorgaben als übliche Restauratoren – etwelche Bilder, die mein Gedächtnis aufbewahrt hat, womöglich die letzten, die es zurzeit noch gibt und die dazu bestimmt sind, bald schon zu verschwinden –, Bilder von Combray, wie es zur Zeit meiner Kindheit war; und angesichts des Umstandes, dass sie meinem Inneren von ihm selbst eingeprägt werden, so bewegend wie – falls der Vergleich eines schäbigen Porträts mit ruhmreichen Effigien erlaubt ist – jene alten Stiche vom Abendmahl oder jenes Gemälde von Gentile Bellini, auf dem man das Meisterwerk von da Vinci und das Portal von San Marco in einem Zustand sieht, der heute nicht mehr existiert.

{Der größte Zauber der Seite von Guermantes aber lag darin, dass man fast die ganze Zeit die Vivonne an seiner Seite wusste. Das erste Mal überquerte man sie zehn Minuten, nachdem man das Haus verlassen hatte, auf einem Steg mit dem Namen „Pont-Vieux". Gleich am Tag nach unserer Ankunft am Morgen von Karfreitag und nach der Messe lief ich, wenn das Wetter schön war, bis dorthin, um im Gewimmel eines hohen Festmorgens, an dem verschiedene prunkreiche Vorbereitungen die herumliegenden Haushaltsgegenstände besonders herausstechen ließen, den Fluss zu schauen, der bereits im himmelblauen Festrock zwischen den noch nackten und schwarzen Feldern dahinfloss, wo sich da und dort, man weiß nicht, von wo, lange Streifen von Primeln und Schlüsselblumen niedergelassen hatten.}

Der Pont-Vieux mündete in einen Treidelweg, der den Sommer über an diesem Abschnitt in das blaue Blattwerk eines Zwetschgenbaums gehüllt war, wo ein Fischer mit

ungezwungen angesammelt hatte, verkündete und fallen ließ, um im gewünschten Augenblick ~~mit der ebenso nachlässigen wie achtsamen Präzision einer Person, die nichts anderes zu tun hat~~ das Übermaß der Stille zu steigern.

Der größte Zauber der Seite von Guermantes aber lag darin, dass man fast die ganze Zeit die Vivonne an seiner Seite wusste. Das erste Mal überquerte man sie zehn Minuten, nachdem man das Haus verlassen hatte, auf einem Steg mit dem Namen Pont-Vieux. Gleich am Tag nach unserer Ankunft lief ich am Ostersonntag nach der Messe, wenn das Wetter schön war, bis dorthin, um im Gewimmel eines hohen Festmorgens, an dem verschiedene prunkreiche Vorbereitungen die herumliegenden ~~Haushaltsobjekte~~gegeräte besonders schäbig wirken ließen, den Fluss zu schauen, der bereits im blauen Festrock ~~der~~ zwischen den noch nackten und schwarzen kahlen Feldern dahinfloss, in der alleinigen Begleitung einer Schar verfrüht eingetroffener Kuckucksblumen[123] und vorzeitigen Primeln, auch wenn da und dort schon ein blauschnäbliges Veilchen seinen Stängel unter dem Gewicht eines Dufttropfens neigte, das es in seinem Kelch trug.

Der Pont-Vieux mündete in einen Treidelweg, der den Sommer über an diesem Abschnitt in das Blattwerk eines Feigenbaums vom Blau einer Pflaume gehüllt war, unter dem ein Fischer mit Strohhut Wurzeln geschlagen hatte. In Combray, wo ich stets wusste, welcher Hufschmied oder Krämergeselle unter einer Schweizeruniform oder dem Hemd eines Chorknaben verborgen war, blieb dieser Fischer die einzige Person, deren Identität ich nie eruieren konnte. Allem Anschein nach kannte er meine Eltern, denn er lüftete den Hut, wenn wir vorübergingen; schon wollte ich seinen Namen erfragen, da bedeuteten sie mir, still zu bleiben, um die Fische nicht zu schrecken. Und so schlugen wir den Treidelweg ein, der an der Böschung mehrere Fuß über dem Strom verlief; die andere Seite des Ufers lag niedrig, erstreckte sich über weite Wiesen bis zum Dorf und

Strohhut Wurzeln geschlagen hatte. In Combray, wo ich stets wusste, welcher Hufschmied oder Bäckergeselle unter einer Schweizeruniform oder dem Hemd eines Chorknaben verborgen war, blieb dieser Fischer die einzige Person, deren Identität ich nie eruieren konnte. Allem Anschein nach kannte er meine Eltern, denn er lüftete den Hut, wenn wir vorübergingen; schon wollte ich seinen Namen erfragen, da bedeuteten sie mir, still zu bleiben, um die Fische nicht zu schrecken. Und so schlugen wir den Treidelweg ein, der an der Böschung mehrere Fuß über dem Strom verlief; die andere Seite des Ufers lag niedrig, erstreckte sich über weite Wiesen bis zum Dorf und Bahnhof, der etwas außerhalb lag. Über sie verstreut sah man halb von Gras überwucherte Ruinen der Burg der früheren Comtes von Combray, die im Mittelalter auf dieser Seite den Lauf der Vivonne als Verteidigungslinie gegen die Angriffe der Adelsherren von Guermantes und der Äbte von Troussinville nutzten. Es handelte sich nur noch um ein paar Trümmer von Türmen, über denen sich die Wiese wellte, unscheinbar fast, dazwischen vereinzelte Zinnen, von denen der Armbrustschütze einst Steine schleuderte und der Späher Novepont, Clairefontaine, Martinville le vineux überwachte, alles Lehensgebiete der Guermantes, zwischen denen Combray eingepfercht war; heute liegen sie gerade noch so hoch wie das Gras, überragt von den Kindern der Klosterschule, die dort in den Pausen ihren Lektionen oder Spielen oblagen – eine Vergangenheit, fast schon in der Erde versunken –, am Ufer des Wassers hingebettet wie ein Wanderer, der frische Luft schnappt, die mich aber langhin sinnen lässt, wobei ich unter dem Namen Combray an die Stelle der kleinen Stadt von heute eine ganz andere Stätte setze, es entrückt mich mit seinem undurchdringlichen Antlitz von früher, das es zur Hälfte unter Butterblumen barg. Man fand sie an diesem Ort in hoher Zahl, sie hatten ihn für ihre Spiele auf der Wiese auserwählt, vereinzelt, in Gruppen verkuppelt, gelb wie das

bis zum Bahnhof, der etwas außerhalb lag. Über sie verstreut sah man halb von Gras überwucherte Ruinen der Burg der früheren Comtes von Combray, die im Mittelalter auf dieser Seite den Lauf der Vivonne als Verteidigungslinie gegen die Angriffe der Adelsherren von Guermantes und der Äbte von Martinville nutzten. Es handelte sich nur noch um ein paar Trümmer von Türmen, über denen sich die Wiese wellte, unscheinbar fast, dazwischen vereinzelte Zinnen, von denen der Armbrustschütze einst Steine schleuderte und der Späher Novepont, Clairefontaine, Martinville le vineux überwachte, alles Lehensgebiete der Guermantes, zwischen denen Combray eingepfercht war; heute liegen sie gerade noch so hoch wie das Gras, überragt von den Kindern der Klosterschule, die dort in den Pausen ihren Lektionen oder Spielen oblagen – eine Vergangenheit, fast schon in der Erde versunken –, am Ufer des Wassers hingebettet wie ein Wanderer, der frische Luft schnappt, die mich aber langhin sinnen lässt, wobei ich unter dem Namen Combray an die Stelle der kleinen Stadt von heute eine ganz andere Stätte setze, es ~~entrückt meine bannt meine~~ bannt meine Gedanken mit seinem undurchdringlichen Antlitz von früher, das es zur Hälfte unter Butterblumen barg. Man fand sie an diesem Ort in hoher Zahl, sie hatten ihn für ihre Spiele auf der Wiese auserwählt, vereinzelt, in Gruppen verkuppelt, gelb wie das Gelb eines Eis, glanzvoller noch, so schien mir, weil die Lust, die mir ihr Anblick spendete, nicht in Gaumenfreuden mündete, sondern, in ihren vergoldeten Oberflächen verdichtet, die Macht gewann, zweckfreie Schönheit hervorzutreiben; und dies seit meiner frühesten Kindheit, wenn ich ihnen, vom Treidelweg aus, meine Arme entgegenstreckte und doch nicht ihren ganzen Namen buchstabieren konnte, den hübschen Namenszug eines französischen Märchenprinzen, „Bouton-d'or"[124], aus Asien kommend, wahrscheinlich schon vor Jahrhunderten, aber für immer in diesem Dorf heimisch geworden, hier gaben sie sich zufrieden mit dem bescheidenen Horizont, voll Liebe

Gelb eines Eis, glanzvoller noch, so schien mir, weil die Lust, die mir ihr Anblick spendete, nicht in Gaumenfreuden mündete, sondern, in ihren vergoldeten Oberflächen verdichtet, die Macht gewann, zweckfreie Schönheit hervorzutreiben; und dies seit meiner frühesten Kindheit, wenn ich ihnen, vom Treidelweg aus, meine Arme entgegenstreckte und doch nicht ihren ganzen Namen buchstabieren konnte, den hübschen Namenszug eines französischen Märchenprinzen, „Bouton-d'or", aus Asien kommend, aber für immer in diesem Dorf heimisch geworden, hier gaben sie sich zufrieden mit dem bescheidenen Horizont, voll Liebe zur Sonne und dem Flussufer, erfüllt von Treue zum begrenzten Ausblick auf den Bahnhof, aber sie bewahrten sich wie bestimmte alte Gemälde, in ihrer volkstümlichen Schlichtheit, den poetischen Glanz des fernen Orients.

Ich vertrieb mir die Zeit mit dem Anblick der langhalsigen Flaschen, die die Knaben in die Vivonne tauchten, um kleine Fische zu fangen, und die, vom Fluss erfüllt, in dem sie eingeschlossen lagen, zugleich ein „Gefäß" aus durchsichtigen Wänden wie von gehärtetem Wasser und den „Gehalt" bildeten, der in ein größeres Gefäß aus flüssigem und fließendem Kristall getaucht war, wodurch sie den Inbegriff von Frische auf weit lockendere und köstlichere Weise erweckten als auf einer gedeckten Tafel, weil sie es in ständigem Entfliehen andeuteten, in dieser ständigen Alliteration zwischen Wasser ohne jede Konsistenz, das sich den Händen entzieht, und dem Glas ohne jede Flüssigkeit, an dem der Gaumen keinen Geschmack findet. Ich erbettelte es, dass man ein bisschen Brot aus dem Proviant hervorkramte, und warf ein paar kleine Brocken in die Vivonne, was bereits zu genügen schien, um das Phänomen der Sättigung hervorzurufen, denn rund um sie herum verfestigte sich das Wasser sogleich in ovalen Trauben vorsintflutlicher Kaulquappen, die allem Anschein nach bis dahin in aufgelöster Form darin enthalten waren, unsichtbar, kurz vor ihrer Kristallisation.

zur Sonne und dem Flussufer, erfüllt von Treue zum begrenzten Ausblick auf den Bahnhof, und doch bewahrten sie sich wie bestimmte alte Gemälde, in ihrer volkstümlichen Schlichtheit, den poetischen Glanz des Orients.

Ich vertrieb mir die Zeit mit dem Anblick der langhalsigen Flaschen, die die Knaben in die Vivonne tauchten, um kleine Fische zu fangen, und die, vom Fluss erfüllt, in dem sie eingeschlossen lagen, zugleich ein „Gefäß" aus durchsichtigen Wänden wie von gehärtetem Wasser und den „Gehalt" bildeten, der in ein größeres Gefäß aus flüssigem und fließendem Kristall getaucht war, wodurch sie den Inbegriff von Frische auf weit lockendere und köstlichere Weise erweckten als auf einer gedeckten Tafel, weil sie es in ständigem Entfliehen andeuteten, in dieser ständigen Alliteration zwischen Wasser ohne jede Konsistenz, das sich den Händen entzieht, und dem Glas ohne jede Flüssigkeit, an dem der Gaumen keinen Geschmack findet. Ich nahm mir fest vor, später mit Ruten zurückzukommen; ich erbettelte es, dass man ein bisschen Brot aus dem Proviant hervorkramte, und warf ein paar kleine Brocken in die Vivonne, was bereits zu genügen schien, um das Phänomen der Sättigung hervorzurufen, denn rund um sie herum verfestigte sich das Wasser sogleich in ovalen Trauben vorsintflutlicher Kaulquappen, die allem Anschein nach bis dahin in aufgelöster Form darin enthalten waren, unsichtbar, kurz vor ihrer Kristallisation.

Bald schon ließen Wasserpflanzen den Lauf der Vivonne stocken. Zunächst noch ganz vereinzelt, wie jene Seerose, der die Strömung, zu der sie auf unglückliche Weise quer lag, so wenig Ruhe ließ wie gewissen mechanisch betriebenen Fähren. Sie erreichte das eine Ufer nur, um an jenes zurückzukehren, von dem sie gerade gekommen war, ohne Unterlass die zwiefache Überquerung wiederholend. Ans Gestade getrieben, entrollte sich ihr Stängel, wurde lang und länger, erreichte in fliehender Fahrt die äußerste Grenze seiner Spannkraft, bis sie ans

Bald schon ließen Wasserpflanzen den Lauf der Vivonne stocken. Zunächst noch ganz vereinzelt, wie jene Seerose, der die Strömung, zu der sie auf unglückliche Weise quer lag, so wenig Ruhe ließ wie gewissen mechanisch betriebenen Fähren. Sie erreichte das eine Ufer nur, um an jenes zurückzukehren, von dem sie gerade gekommen war, ohne Unterlass die zwiefache Überquerung wiederholend. Ans Gestade getrieben, entrollte sich ihr Stängel, wurde lang und länger, erreichte in fliehender Fahrt die äußerste Grenze seiner Spannkraft, bis sie ans Ufer gelangte, wo sie erneut von der Strömung erfasst wurde, das grüne Tau rollte sich von selbst wieder zusammen und brachte die arme Pflanze an ihren Ausgangspunkt zurück, der dieser Bezeichnung umso mehr gerecht wurde, als sie keine Sekunde dort verharrte, ehe sie nicht in unendlicher Wiederkunft des nämlichen Manövers ablegte. Ich sah sie wieder, von Spaziergang zu Spaziergang, in der gleichen Zwangslage, die an gewisse Neurastheniker gemahnte, die uns, ohne jede Variation, über Jahre hinweg unverändert das Schauspiel ihrer bizarren Ticks bieten, wobei sie jeden Tag meinen, sie demnächst abzulegen, um dann doch an ihnen festzuhalten; im Triebrad ihres Missbehagens und ihrer Manien gefangen, führen all ihre Anstrengungen, mit denen sie sich vergeblich aus ihnen zu befreien suchen, lediglich dazu, deren Ablauf zu sichern und den Auslöser ihrer wunderlichen, unvermeidlichen und unseligen Vorbeugung zu betätigen. So glich diese Seerose einem jener Unseligen, deren einzigartige Marter sich in alle Ewigkeit wiederholt und die Neubegierde von Dante so sehr erregte, dass er sich vom Gemarterten deren Eigenheit und Ursache noch ausführlicher hätte darlegen lassen, wenn ihn Vergil, in weiten Schritten ausschreitend, nicht dazu gezwungen hätte, ihn rasch aufzuholen, wie ich meine Eltern.

Weiter unten aber verlangsamt sich die Strömung langsamer, durchquert ein Anwesen, dessen Zutritt dem Publikum geöffnet war, auf Anordnung des Besitzers, der Gefallen

Ufer gelangte, wo sie erneut von der Strömung erfasst wurde, das grüne Tau rollte sich von selbst wieder zusammen und brachte die arme Pflanze an ihren Ausgangspunkt zurück, der dieser Bezeichnung umso mehr gerecht wurde, als sie keine Sekunde dort verharrte, ehe sie nicht in unendlicher Wiederkunft des nämlichen Manövers ablegte. Ich sah sie wieder, von Spaziergang zu Spaziergang, in der gleichen Zwangslage, die an gewisse Neurastheniker gemahnte, ~~wie meine Tante Léonie~~ zu denen mein Großvater auch meine Tante Léonie zählte, die uns, ohne jede Variation, über Jahre hinweg unverändert das Schauspiel ihrer bizarren Ticks bieten, wobei sie jedes Mal meinen, sie demnächst abzulegen, um dann doch an ihnen festzuhalten; im Triebrad ihres Missbehagens und ihrer Manien gefangen, führen all ihre Anstrengungen, mit denen sie sich vergeblich aus ihnen zu befreien suchen, lediglich dazu, deren Ablauf zu sichern und den Auslöser ihrer wunderlichen, unvermeidlichen und unseligen Vorbeugung zu betätigen. So glich diese Seerose einem jener Unseligen, deren einzigartige Marter sich in alle Ewigkeit wiederholt und die Neubegierde von Dante so sehr erregte, dass er sich vom Gemarterten deren Eigenheit und Ursache noch ausführlicher hätte darlegen lassen, wenn ihn Vergil, in weiten Schritten ausschreitend, nicht dazu gezwungen hätte, ihn rasch aufzuholen, wie ich meine Eltern.

Weiter unten aber verlangsamt sich die Strömung, durchquert ein Anwesen, dessen Zutritt dem Publikum geöffnet war, auf Anordnung des Besitzers, der Gefallen an seinen aquatischen Pflanzenkulturen gefunden hatte, die in den kleinen Teichen, die die Vivonne bildete, wahre Gärten von Seerosen erblühen ließen. Da die Gestade in diesem Abschnitt stark bewachsen waren, verliehen die gewaltigen Schatten der Bäume dem Wasser einen Grundton, der für gewöhnlich dunkelgrün war; bisweilen jedoch, wenn wir an gewissen Abenden zurückkehrten, an denen es nach einem stürmischen Nachmittag aufge-

an seinen aquatischen Pflanzenkulturen gefunden hatte, die in den kleinen Teichen, die die Vivonne bildete, wahre Gärten von Seerosen erblühen ließen. Da die Gestade in diesem Abschnitt stark bewachsen waren, verliehen die gewaltigen Schatten der Bäume dem Wasser einen Grundton, der für gewöhnlich dunkelgrün war; bisweilen jedoch, wenn wir an gewissen Abenden zurückkehrten, an denen es nach einem stürmischen Nachmittag aufgeklart hatte, sah ich sein helles und hartes Blau, das ins Violette hinüberspielte, fast wie ein Cloisonné und von japanischer Anmutung. Da und dort errötete an der Oberfläche, gleich einer Erdbeere, die Blüte einer Seerose, im Herzen scharlachfarben, an den Rändern weiß. Weiter hinten waren die Blumen zahlreicher und weit bleicher, weniger glatt auch, körnig, vielgefältelt und vom Zufall in so anmutiger Weise eingerollt, dass man meinen mochte, es würden, wie nach dem melancholischen Abblättern eines galanten Festes, schäumende Rosen in wallenden Girlanden in die Ferne treiben. Dann wieder schien ein Fleck den gemeinen Arten vorbehalten, die das herausgeputzte Weiß und Rosa der Nachtviole aufwiesen, mit häuslicher Sorgfalt reingewaschen wie Porzellan, während sie, ein wenig weiter unten, eng aneinander zu eigentlichen schwimmenden Rabatten zusammengedrängt waren, sodass man versucht war, sie für Stiefmütterchen zu halten, die gleich Schmetterlingen ihre bläulichen und glasierten Flügel auf die durchscheinende Neige dieses Wasserbeetes legten; oder auch: dieses Himmelbettes. Denn es bereitete den Blumen einen Boden von einer Farbe, die erlesener noch, bewegender war als die Farbe der Blumen selbst; und ob es nun am Nachmittag unter den Seerosen das Kaleidoskop eines wachen Glückes glitzern ließ, still und rege, oder ob es sich wie ein ferner Hafen mit dem Rosa und der Träumerei des Abends tränkte, in beständigem Wechsel, um sich, im Kreis der farblich unwandelbaren Blütenblätter, dem anzugleichen, was diese Stunde an Tiefstem, Flüchtigstem, Geheimnis-

klart hatte, sah ich sein helles und hartes Blau, das ins Violette hinüberspielte, fast wie ein Cloisonné und von japanischer Anmutung. Da und dort errötete an der Oberfläche, gleich einer Erdbeere, die Blüte einer Seerose, im Herzen scharlachfarben, an den Rändern weiß. Weiter hinten waren die Blumen zahlreicher und weit bleicher, weniger glatt auch, körnig, vielgefältelt und vom Zufall in so anmutiger Weise eingerollt, dass man meinen mochte, es würden, wie nach dem melancholischen Abblättern eines galanten Festes, schäumende Rosen in wallenden Girlanden in die Ferne treiben. Dann wieder schien ein Fleck den gemeinen Arten vorbehalten, die das herausgeputzte Weiß und Rosa der Nachtviole aufwiesen, mit häuslicher Sorgfalt reingewaschen wie Porzellan, während sie, ein wenig weiter unten, eng aneinander zu eigentlichen schwimmenden Rabatten zusammengedrängt waren, sodass man versucht war, sie für Stiefmütterchen zu halten, die gleich Schmetterlingen ihre bläulichen und glasierten Flügel auf die durchscheinende Neige dieses Wasserbeetes legten; oder auch: dieses Himmelbettes. Denn es bereitete den Blumen einen Boden von einer Farbe, die erlesener noch, bewegender war als die Farbe der Blumen selbst; und ob es nun am Nachmittag unter den Seerosen das Kaleidoskop eines wachen Glückes glitzern ließ, still und rege, oder ob es sich, gegen Abend, wie ein ferner Hafen mit dem Rosa und der Träumerei des Sonnenuntergangs tränkte, in beständigem Wechsel, um sich, im Kreis der farblich unwandelbaren Blütenblätter, dem anzugleichen, was diese Stunde an Tiefstem, Flüchtigstem, Geheimnisvollstem birgt – an Ewigem –, mir war, als erblühten sie am offenen Himmel.

Am Ausgang dieses Parks strömte die Vivonne wieder lebhafter. So manches Mal erblickte ich einen Ruderer, dem ich, wenn ich dereinst frei nach meinem Willen leben sollte, nacheifern wollte und der das Ruder aus der Hand gelegt hatte und auf dem Boden seiner Barke, den Kopf ganz unten, flach auf dem Rücken ruhte und sich von den Wellen treiben ließ, nur

vollstem birgt, an Ewigem, mir war, als erblühten sie am offenen Himmel.

Am Ausgang dieses Parks strömte die Vivonne wieder lebhafter. So manches Mal erblickte ich einen Ruderer, der das Ruder aus der Hand gelegt hatte und auf dem Boden seiner Barke, den Kopf ganz unten, flach auf dem Rücken ruhte und sich von den Wellen treiben ließ, nur den Himmel vor Augen, der langsam über ihn dahinglitt und auf sein Antlitz die Vorfreude von Glück und Frieden zeichnete.

den Himmel vor Augen, der langsam über ihn dahinglitt und auf sein Antlitz die Vorfreude von Glück und Frieden zeichnete.

PLACARD 27
VOM 24. APRIL 1913[125]

Wir setzten uns zwischen Schwertlilien ans Ufer des Gewässers. Im feiertäglichen Himmel flanierte langhin eine faule Wolke. Dann und wann schnellte, von Langeweile getrieben, ein Karpfen aus dem Wasser, ängstlich nach Luft schnappend. Es war Vesperzeit. Bevor wir aufbrachen, verweilten wir lange, Früchte, Brot und Schokolade verzehrend, im Gras, wo uns, horizontal, gedämpft, aber noch immer dicht und metallisch, die Klänge der Glocke von St-Hilaire erreichten, die nicht in der Luft entschwebt waren, die sie so lange durchstreift hatten, und, in der pochenden Abfolge ihrer gerippten Klangmuster über die Blumen hinwegstreifend, zu unseren Füßen erzitterten.

Bisweilen trafen wir, am waldgesäumten Flussufer, auf ein sogenanntes Lusthäuschen, abgeschieden, verloren, das nichts von der Welt kannte sah gesehen hatte außer den Fluss, der seine Füße netzte. Eine junge Frau, deren nachdenkliches Gesicht und elegante Schleier nicht aus dieser Gegend stammten und die sich hier ohne Zweifel, wie es im Volksmund hieß, „vergraben" hatte, um das bittere Vergnügen und Gefühl zu kosten, wie ihr Name, vor allem der Name von dem, dessen Herz sie sich nicht hatte bewahren können, hier unbekannt war, vom Fenster umgittert, das sie nicht weiter blicken ließ als auf den vor ihrer Pforte vertäuten Nachen. Abwesend hob sie den Blick, als sie hinter den Bäumen am Ufer die Stimmen von Spaziergängern hörte, von denen sie, noch bevor sie ihre Gesichter erkannte, mit Sicherheit wusste, dass sie den Treulosen nie gekannt hatten und auch nie kennenlernen würden, dass nichts in ihrer Vergangenheit den Stempel seines Daseins trug und auch in Zukunft nie empfangen sollte.[126] Man fühlte, dass sie,

Wir setzten uns zwischen Schwertlilien ans Ufer des Gewässers. Im freien Himmel flanierte langhin eine faule
Wolke. Dann und wann schnellte, von Langeweile getrieben,
ein Karpfen aus dem Wasser, ängstlich nach Luft schnappend. Es war Vesperzeit. Bevor wir aufbrachen, verweilten wir lange, Früchte, Brot und Schokolade verzehrend,
im Gras, wo uns, horizontal, gedämpft, aber noch immer
dicht und metallisch, die Klänge einer Glocke erreichten,
die nicht in der Luft entschwebt waren, die sie so lange
durchstreift hatten, und, in der pochenden Abfolge ihrer
gerippten Klangmuster über die Blumen hinwegstreifend,
zu unseren Füßen erzitterten.

Bisweilen trafen wir, am waldgesäumten Flussufer, auf
ein sogenanntes Lusthäuschen, abgeschieden, verloren,
das nichts von der Welt sah außer den Fluss, der seine Füße
netzte. Eine junge Frau, deren nachdenkliches Gesicht
und elegante Schleier nicht aus dieser Gegend stammten
und die sich hier ohne Zweifel, wie es im Volksmund hieß,
„vergraben" hatte, um das bittere Vergnügen und Gefühl
zu kosten, wie ihr Name, vor allem der Name von dem,
den sie nicht hatte halten können, hier unbekannt ist, vom
Fenster umgittert blieb, das sie nicht weiter schauen ließ
als auf den vor ihrer Pforte vertäuten Nachen. Abwesend
hob sie den Blick, als sie hinter den Bäumen am Ufer die
Stimmen von Spaziergängern hörte, von denen sie, noch
bevor sie ihre Gesichter erkannte, mit Sicherheit wusste,

in ihrer Entsagung, aus freien Stücken jene Gegend, wo sie den Mann, den sie liebte, wenigstens hätte sehen können, gegen die hiesige getauscht hatte, die ihn nie erblicken würde. Und ich sah sie, wie sie von einem Spaziergang zurückkam, über Wege, auf denen sie ihm, wie sie wusste, nie begegnen würde, und ihre langen Handschuhe von enttäuschten Fingern streifte, mit nutzloser Anmut.

Nie kamen wir auf dem Spaziergang durch das Gelände der Guermantes bis zu den Quellen der Vivonne, an die ich oft gedacht hatte und die für mich von so abstrakter, so idealer Natur waren, dass ich mit ähnlicher Überraschung hörte, dass sie so und so viele Kilometer weit von Combray in diesem Departement lagen, wie ich einst erfahren hatte, dass es einen bestimmten Punkt geben soll, an dem sich in der Antike das Tor der Hölle öffnete. Nie auch gelangten wir bis an jenes Ziel, das ich so gern erreicht hätte, bis nach Guermantes. Wie ich wusste, residierten dort Schlossherren, der Duc und die Duchesse de Guermantes; ich wusste, dass es sich bei ihnen um reale Personen handelte, die hier und heute lebten. Aber jedes Mal, wenn ich an sie dachte, stellte ich sie mir bald als eingefärbte Wolle Wandteppich vor, wie die Comtesse de Guermantes in der Kirche, bald unter dem wechselnden Farbenspiel wie Karl Gilbert der Schlechte auf seiner Glasmalerei, wo er vom Kohlgrün ins Pflaumenblaue hinüberspielte, je nachdem, ob ich mich noch mit dem Weihwasser netzte oder bereits an unsere Stühle herantrat, bald ungreifbar wie das Bildnis von „Esthers Krönung" in unserer Kirche oder von Geneviève de Brabant, Ahnfrau der Familie de Guermantes, die die Zauberlaterne über die Vorhänge meines Zimmers wandern und bis an die Decke steigen ließ – jedenfalls stets vom Geheimnis des merowingischen Zeitalters umhüllt, badete sie, wie im Schein der Abendsonne, im orangenen Licht, das jener einen Silbe entströmte: „antes". Und gleichwohl waren sie für mich in ihrer Funktion als Duc und Duchesse wirkliche, wenn auch

dass sie den Treulosen nie gekannt hatten und auch nie kennenlernen würden, dass nichts in ihrer Vergangenheit den Stempel seines Daseins trug und auch in Zukunft nie empfangen sollte.

Man fühlte, dass sie aus freien Stücken jener Gegend entsagt hatte, wo sie den Mann, den sie liebte, wenigstens hätte sehen können, und gegen die hiesige getauscht hatte, die ihn nie erblickt hatte und ihn ihr nie wieder zeigen würde. Und ich sah sie, wie sie von einem Spaziergang zurückkam, über Wege, auf denen sie ihm, wie sie wusste, nie begegnen würde, und ihre langen Handschuhe von enttäuschten Fingern streifte, mit nutzloser Anmut.

Nie kamen wir auf dem Spaziergang durch das Gelände der Guermantes bis zu den Quellen der Vivonne, an die ich so oft gedacht hatte und die für mich von so abstrakter, so idealer Natur waren, dass ich mit ähnlicher Überraschung hörte, dass sie an einem bestimmten Punkt des Departements lagen, wobei man die Distanz in Kilometern kannte, wie ich einst erfahren hatte, dass es einen bestimmten Punkt geben soll, an dem sich in der Antike das Tor der Hölle befand. Nie auch gelangten wir bis an jenes Ziel, das ich so gern erreicht hätte, bis nach Guermantes. Wie ich wusste, residierten dort Schlossherren, der Duc und die Duchesse de Guermantes, sie waren reale Personen, die hier und heute lebten. Aber jedes Mal, wenn ich an sie dachte, stellte ich sie mir bald als Wandteppich vor, wie die Comtesse de Guermantes in der Sakristei der Kirche von Combray, bald unter dem wechselnden Farbenspiel wie die Figuren auf der Glasmalerei, bald ungreifbar wie das Bildnis des hohen Herrn und der hohen Dame von Brabant, der Vorfahren der Familie de Guermantes, die die Zauberlaterne an die Wand warf. Und stets vom Geheimnis des merowingischen Zeitalters umhüllt, badeten sie, wie im Schein der Abendsonne, im orangenen Licht, das jener einen Silbe entströmte: „antes". Und dennoch waren sie für mich in ihrer Funktion als Duc und Duchesse wirk-

seltsame Personen, während sich ihr herzögliches Wesen ins Unermessliche dehnte, ganz entmaterialisierte, um jenes Guermantes in sich aufzunehmen, dem sie als Duc und Duchesse vorstanden, jene ganze sonnendurchflutete „Seite von Guermantes", mitsamt dem Lauf der Vivonne, den Seerosen und den hohen Bäumen, und auch mit so manch schönem Nachmittag. Und wie ich wusste, trugen sie nicht nur den Titel Duc und Duchessse de Guermantes, sondern seit dem 14. Jahrhundert, als sie sich nach vergeblichen Versuchen, ihre vormaligen Herren zu besiegen, durch Eheschließungen mit ihnen verbündet hatten, auch denjenigen der Comtes de Combray, sie waren demnach die höchsten Bürger von Combray, und doch die einzigen, die nicht dort wohnten. Als Comtes de Combray verwahrten sie Combray im Schoß ihrer Namen, ihrer Person, und zweifelsohne waren sie in der Tat von jener seltsamen und frommen Traurigkeit durchherrscht, die Combray eigen war; Eigentümer der Stadt zwar, aber keines einzigen Hauses, residierten sie gewiss ~~auf offener Straße~~ draußen auf der Straße, zwischen Himmel und Erde, wie jener Gilbert de Guermantes, von dem ich in der Apsis von St Hilaire nur die Rückseite aus schwarzem Firnis sah, sobald ich auf dem Weg zu Camus, wo ich Salz holte, den Kopf hob.

Bisweilen kam es auch vor, dass ich auf der Seite von Guermantes auf kleine feuchte Stellen hinter Gehegen stieß, wo ganze Trauben düsterer Blumen sprossen. Ich hielt inne, in der Überzeugung, einen klaren Begriff zu gewinnen, denn mir war, als stünde ein Bruchstück jener fluvialen Region vor meinen Augen, die ich unbedingt kennenlernen wollte, seit ich sie von einem meiner Lieblingsautoren beschrieben wusste. Mit ihm also, mit diesem von strudelnden Wasserläufen durchzogenen imaginären Boden sah sich Guermantes, in meiner Vorstellungskraft seine Gestalt wandelnd, gleichgesetzt, nachdem ich den Doktor Percepied von den Blumen und den prächtigen Springbrunnen erzählen hörte, die es im Schlosspark gab. Mme

liche, wenn auch einzigartige Personen, während sich ihr herzögliches Wesen ins Unermessliche dehnte, ganz entmaterialisierte, um jenes Guermantes in sich aufzunehmen, dem sie als Duc und Duchesse vorstanden, jene ganze sonnendurchflutete „Seite von Guermantes", mitsamt dem Lauf der Vivonne, den Seerosen und den hohen Bäumen, und auch mit so manch schönem Nachmittag. Und sie trugen nicht nur den Titel Duc und Duchessse de Guermantes, sondern seit dem 14. Jahrhundert, als sie sich nach vergeblichen Versuchen, ihre vormaligen Herren zu besiegen, durch Eheschließungen mit ihnen verbündet hatten, auch denjenigen der Comtes de Combray, sie waren demnach die höchsten Bürger von Combray, und doch die einzigen, die nicht dort wohnten. Als Comtes de Combray verwahrten sie Combray im Schoß ihrer Namen, ihrer Person, und zweifelsohne waren sie in der Tat von jener seltsamen und frommen Traurigkeit durchherrscht, die Combray eigen war; Eigentümer der Stadt zwar, aber keines einzigen Hauses, residierten sie gewiss draußen, zwischen Himmel und Erde, wie jener Gilbert de Guermantes, auch der Schlechte genannt, der ein Glasfenster einnahm und von dem ich in St Hilaire nur die Rückseite aus schwarzem Firnis sah, sobald ich auf dem Weg zu Camus, wo ich Salz holte, den Kopf hob.

Bisweilen kam es auch vor, dass ich auf der Seite von Guermantes auf kleine feuchte Stellen hinter Gehegen stieß, wo ganze Trauben düsterer Blumen sprossen. Ich hielt inne, in der Überzeugung, einen klaren Begriff zu gewinnen, denn mir war, als stünde ein Bruchstück jener fluvialen Region vor meinen Augen, die ich unbedingt kennenlernen wollte, seit ich sie von einem meiner Lieblingsautoren beschrieben wusste. Mit ihr also, mit dieser von strudelnden Wasserläufen durchzogenen Erde sah sich Guermantes, in meiner Vorstellungskraft seine Gestalt wandelnd, gleichgesetzt, nachdem ich unseren Pfarrer von den Blumen und den prächtigen Springbrunnen erzählen

de Guermantes bestellte mich zu ihr, von einer plötzlichen Schwärmerei für mich erfasst, und angelte dort den ganzen Tag lang mit mir Forellen. Und wenn sie, am Abend meine Hand haltend, an den kleinen Gärten ihrer Vasallen vorbeiwandelte, zeigte sie mir entlang niedriger Mauersimse die Blumen, die auf ihm ihre violetten und roten Garnspindeln abstützten, wobei sie mich deren Namen lehrte. Sie entlockte mir das Thema der Gedichte, die ich verfassen wollte. Und dieser Traum war mir Warnung, dass es, gerade weil ich eines Tages Schriftsteller werden wollte, wohl an der Zeit wäre, zu wissen, was ich denn zu schreiben gedachte. Doch kaum stellte ich mir diese Frage und versuchte einen Gegenstand zu finden, in den ich unerschöpflichen philosophischen Gehalt legen konnte, setzte die Tätigkeit meines Verstandes jäh aus, ich gewahrte im Bannkreis meiner Aufmerksamkeit nichts als Leere, fühlte, dass mir jegliches Genie fehlte oder dass ich womöglich unter einer zerebralen Krankheit litt, die alles im Keim erstickte. Bisweilen zählte ich auf meinen Vater, um das zu ändern. Er war so mächtig, stand bei den Würdenträgern in solcher Gunst, dass er uns sogar Gesetze überschreiten ließ, die ich im Sinne der Anweisungen von Françoise für unumstößlicher hielt als jene von Leben und Tod, er konnte die Verputzarbeiten an unserem Haus, als dem einzigen im ganzen Quartier, um ein Jahr hinausschieben, vom Minister für den Sohn von Madame Sazerat, die zur Badekur gehen wollte, die Bewilligung erwirkten, dass er seinen Baccalaureus zwei Monate früher ablegen durfte, in der Gruppe von Kandidaten, deren Name mit einem A begann, statt warten zu müssen, bis das S an der Reihe war. Wäre ich schwer erkrankt, wäre ich von Banditen gefangen gesetzt worden, ich hätte in der Überzeugung, dass mein Vater mit den höchsten Mächten in solchem Einvernehmen stand und über so zwingende Empfehlungsschreiben verfügte, dass meine Krankheit oder meine Gefangenschaft nichts anderes als eitle Trugbilder waren, von denen keinerlei Gefahr für mich ausging, ohne jede

hörte, die es im Schlosspark gab. Mme de Guermantes bestellte mich zu ihr, von einer plötzlichen Schwärmerei für mich erfasst, und angelte den ganzen Tag lang mit mir Forellen. Und wenn sie, am Abend meine Hand haltend, an den kleinen Gärten ihrer Vasallen vorbeiwandelte, zeigte sie mir entlang niedriger Mauersimse die Blumen, die auf ihm ihre violetten und roten Garnspindeln abstützten, wobei sie mich deren Namen lehrte. Sie entlockte mir das Thema der Gedichte, die ich verfassen wollte. Und dieser Traum war mir Warnung, dass es, gerade weil ich eines Tages Schriftsteller werden wollte, wohl an der Zeit wäre, zu wissen, was ich denn zu schreiben gedachte. Doch kaum stellte ich mir diese Frage und versuchte einen Gegenstand von unerschöpflichem philosophischem Gehalt zu finden, setzte die Tätigkeit meines Verstandes jäh aus, ich gewahrte im Bannkreis meiner Aufmerksamkeit nichts als Leere, fühlte, dass mir jegliches Genie fehlte oder dass ich womöglich unter einer Krankheit des Gehirns litt, die alles im Keim erstickte. Bisweilen zählte ich auf meinen Vater, um das zu ändern. Er war so mächtig, stand bei den Würdenträgern in solcher Gunst, dass er uns sogar Gesetze überschreiten ließ, die ich im Sinne der Anweisungen von Françoise für unumstößlicher hielt als jene von Leben und Tod, er konnte die Verputzarbeiten an unserem Haus, als dem einzigen im ganzen Quartier, um ein Jahr hinausschieben, vom Minister für meinen Cousin, der zur Badekur gehen wollte, die Bewilligung erwirken, dass er seinen Baccalaureus zwei Monate früher ablegen durfte, in der Gruppe von Kandidaten, deren Name mit einem anderen Buchstaben als dem seinen begann. Wäre ich schwer erkrankt, wäre ich von Banditen gefangen gesetzt worden, ich hätte in der Überzeugung, dass mein Vater mit den höchsten Mächten in solchem Einvernehmen stand und über so zwingende Empfehlungsschreiben verfügte, dass meine Krankheit oder meine Gefangenschaft nichts anderes als eitle Trugbilder waren, von denen keinerlei Gefahr für mich ausging,

Angst auf die unabwendbare Stunde gewartet, wo die günstige Realität wiederkehren würde, die Stunde der Befreiung oder der Heilung; wer weiß, vielleicht war dieser Mangel an Genie, dieses schwarze Loch, das sich im Geist öffnete, wenn ich einen Gegenstand für meine künftigen Schriften suchte, auch nur ein Trugbild ohne jeden Bestand, und vielleicht würde es dank einer Intervention meines Vaters weichen, der gewiss mit der Regierung und mit der Vorsehung bereits übereingekommen war, dass ich zum führenden Autor meiner Epoche avancieren würde. Bei anderen Gelegenheiten, wenn meine Eltern unruhig wurden, weil ich nicht nachkam und ihnen nicht folgen konnte, schien mir mein jetziges Leben weniger eine künstliche Kreation meines Vaters, die er nach Belieben ändern konnte, sondern vielmehr eine Wirklichkeit, die nicht eigens für mich erschaffen worden war und gegen die ich keinen Beistand zu erwarten hatte, in deren Herz ich auf keine Verbündeten zählen konnte, die keinerlei Hinterwelt verbarg.[127] Mir war dann, als existierte ich auf die gleiche Weise wie die anderen Menschen, als würde ich altern, sterben wie sie, als gehörte ich in ihrer Mitte zu den wenigen, die keinerlei Veranlagung zum Schreiben hatten. So schwor ich, entmutigt, der Literatur ein für allemal ab, trotz des Ansporns, den mir Bloch zukommen ließ. Dieses tiefinnerliche, unvermittelte Gefühl der Nichtigkeit meines Denkens überwog alle Schmeichelworte, die man an mich verschwenden mochte, wie bei einem Bösewicht, dessen gute Taten alle loben, die Gewissensbisse.

Eines Tages sagte meine Mutter zu mir: „Wo du doch immer von Mme de Guermantes sprichst, die der Dr. Percepied vor vier Jahren so trefflich behandelt hat, sie soll offenbar nach Combray kommen, um der Trauung ihrer Tochter beizuwohnen. Du wirst sie bei der Zeremonie sehen." Ich hatte übrigens von Dr. Percepied mehr über Mme de Guermantes erfahren als von irgendjemandem sonst, ja er hatte uns sogar die Ausgabe einer illustrierten Revue gezeigt, in der sie im Kleid abgebildet

ohne jede Angst auf die unabwendbare Stunde gewartet, wo die günstige Realität wiederkehren würde, die Stunde der Befreiung oder der Heilung. Wer weiß, vielleicht war dieser Mangel an Genie, dieses schwarze Loch, das sich im Geist öffnete, wenn ich einen Gegenstand für meine künftigen Schriften suchte, auch nur ein Trugbild ohne jeden Bestand, und vielleicht würde es dank einer Intervention meines Vaters weichen, der gewiss mit der Regierung und mit der Vorsehung bereits übereingekommen war, dass ich zum führenden Autor meiner Epoche avancieren würde. Bei anderen Gelegenheiten, wenn mein Vater und mein Großvater unruhig wurden, weil ich nicht nachkam und ihnen nicht folgen konnte, schien mir mein jetziges Leben weniger eine künstliche Kreation meines Vaters, die er nach Belieben ändern konnte, sondern vielmehr eine Wirklichkeit, die nicht eigens für mich erschaffen worden war und gegen die ich keinen Beistand zu erwarten hatte, in deren Herz ich auf keine Verbündeten zählen konnte, die keinerlei Hinterwelt verbarg. Mir war, als existierte ich auf die gleiche Weise wie die anderen Menschen, als würde ich altern, sterben wie sie, als gehörte ich in ihrer Mitte zu den wenigen, die keinerlei Veranlagung zum Schreiben hatten. So schwor ich, entmutigt, der Literatur ein für allemal ab, trotz des Ansporns, den mir Bloch zukommen ließ. Dieses tiefinnerliche, unvermittelte Gefühl der Nichtigkeit meines Denkens überwog alle Schmeichelworte, die man an mich verschwenden mochte, wie bei einem Bösewicht, dessen gute Taten alle loben, die Gewissensbisse.

Eines Tages sagte meine Mutter zu mir: „Wo du doch immer von Mme de Guermantes sprichst, die der Dr. Percepied vor vier Jahren so trefflich behandelt hat, sie soll offenbar nach Combray kommen, um der Trauung ihrer Tochter beizuwohnen. Du wirst sie bei der Zeremonie sehen." Ich hatte übrigens von Dr. Percepied mehr über Mme de Guermantes erfahren als von irgendjemandem sonst, ja er hatte uns sogar die Ausgabe einer illustrierten

war, das sie am Kostümball bei der Princesse de Léon getragen hatte.

Unvermutet gab mir bei der Hochzeitsmesse eine Bewegung des Schweizers, als er den Platz wechselte, den Blick auf eine blonde sitzende Dame Dame frei, in der Kapelle sitzend, blond blond, mit einer großen Nase, blauen und stechenden Augen, einer bauschigen Halskrause aus mauvefarbener Seide, gebügelt und glänzend, sowie einem kleinen Pickel im Winkel der Nase. Und weil ich auf der Oberfläche ihres Gesichtes, gerötet, als wäre ihr sehr warm, etwelche Anflüge von Analogien mit den mir gezeigten Porträtgemälden entdeckte, verschwommen zwar und kaum wahrnehmbar, aber auch weil sich die hervorstechenden Züge, die ich an ihr entdeckte, beim Versuch, sie zu benennen, just in den gleichen Begriffen niedergeschlagen hätten: große Nase, blaue Augen, deren sich Dr. Percepied bedient hatte, als er in meiner Gegenwart die Duchesse de Guermantes beschrieben hatte, sagte ich mir: Diese Dame gleicht Mme de Guermantes; nun, ebenjene Kapelle, in der sie die Messe mitverfolgte, war die von Gilbert dem Schlechten, unter ihren flachen Grabsteinen, vergoldet und verteilt wie Honigwaben, ruhten die ehemaligen Comtes de Guermantes Brabant; und wer man hatte mir bedeutet und als man mir bedeutet hatte, dass diese Kapelle für die Familie der Guermantes reserviert war, wenn eines ihrer Mitglieder in die Kirche zu einem Gottesdienst nach Combray kam und konnte es nicht, konnte es dort also[128] offensichtlich nur eine einzige Frau geben, die jenem Porträt glich und an der Zeremonie teilgenommen hatte, sie! Meine Enttäuschung kannte keine Grenzen. Dies lag an etwas, worauf ich nie geachtet hatte, wenn ich an Mme de Guermantes dachte und sie mir unter den Farben eines Wandteppichs oder einer Glasmalerei vorstellte, einem anderen Jahrhundert angehörig und aus einem anderen Stoff als der Rest der lebenden Menschen. Nie hätte ich vermutet, dass sie ein gerötetes Gesicht haben könnte, eine mauvefarbene Halskrause

Revue gezeigt, in der sie im Kleid abgebildet war, das sie am Kostümball bei der Princesse de Léon getragen hatte.

Von unserem Platz in der Kirche konnten wir sie während der Hochzeitsmesse nicht sehen. Beim Zug in die Sakristei, in die die flimmernde und heiße Sonne eines windigen Tages fiel, sah ich eine blonde Dame mit großer Nase, blauen und stechenden Augen, einer bauschigen Halskrause aus mauvefarbener Seide, gebügelt und glänzend, sowie einem kleinen Pickel im Winkel der Nase. Und weil ich auf der Oberfläche ihres Gesichtes, gerötet, als wäre ihr sehr warm, etwelche Anflüge von Analogien mit den mir gezeigten Porträtgemälden entdeckte, verschwommen zwar und kaum wahrnehmbar, aber auch weil sich die hervorstechenden Züge, die ich an ihr entdeckte, beim Versuch, sie zu benennen, just in den gleichen Begriffen niedergeschlagen hätten: große Nase, blaue Augen, deren sich Dr. Percepied bedient hatte, als er in meiner Gegenwart die Duchesse de Guermantes beschrieben hatte, und ich mir: Diese Dame gleicht Mme de Guermantes; nun, sie kam gerade aus der Kapelle, die für sie in St-Hilaire reserviert war, in der schon ihre Vorfahren bestattet lagen und wo es offensichtlich nur eine einzige Frau gab, die jenem Porträt glich und an der Zeremonie teilgenommen hatte, sie! Meine Enttäuschung kannte keine Grenzen. Dies lag an etwas, worauf ich nie geachtet hatte, wenn ich an Mme de Guermantes dachte und sie mir unter den Farben eines Wandteppichs oder einer Glasmalerei vorstellte, einem anderen Jahrhundert angehörig und ganz bestimmt nicht aus der gleichen Materie wie die anderen lebenden Menschen. Nie hätte ich vermutet, dass sie ein gerötetes Gesicht haben könnte, eine mauvefarbene Halskrause wie Mme Sazerat, und das Oval ihrer Wangen erinnerte mich so sehr an Leute, die ich in unserem Haus gesehen hatte, dass mich, auch wenn er sich alsogleich wieder verflüchtigte, der Verdacht anwehte, diese Frau sei in ihrem zeugenden Prinzip, in all ihren Molekülen, in ihrer ganzen Substanz

wie Mme Sazerat, und das Oval ihrer Wangen erinnerte mich so sehr an Leute, die ich in unserem Haus gesehen hatte, dass mich, auch wenn er sich alsogleich wieder verflüchtigte, der Verdacht anwehte, diese Frau sei in ihrem zeugenden Prinzip, in all ihren Molekülen, in ihrer ganzen Substanz gar nicht Mme de Guermantes, sondern nur deren Leib, ohne jede Ahnung des Namens, den man ihm zuschrieb, Teil eines bestimmten Frauentypus, der auch unter Gattinnen von Ärzten und Kaufleuten vorkam. „Das also, und nicht mehr, ist Mme de Guermantes!", besagte die gespannte und verwunderte Miene, mit der ich dieses Bildnis betrachtete, das naturgemäß nichts mit jenem gemein hatte, das unter dem Namen Mme de Guermantes so oft in meinen Träumen erschienen war, denn es glich nicht jenem anderen, das ich willkürlich geformt hatte, schließlich war sie mir erst jetzt zum ersten Mal ins Auge gefallen, hier in der Kirche; es war nicht von der gleichen Natur, man konnte es nicht nach Belieben färben wie jenes, das sich mit dem orangegefarbenen Ton einer Silbe tränken ließ, sondern war so wirklichkeitsgesättigt, dass alles, bis hin zum kleinen Pickel, der im Winkel der Nase aufflammte, unzweideutig zeigte, dass sie den Gesetzen des Lebens unterworfen war, gerade so, wie in einer Apotheose im Theater eine Falte im Gewand der Fee, ein Zittern ihres kleinen Fingers, die körperliche Präsenz einer lebenden Schauspielerin verraten, während wir im Ungewissen waren, ob wir nicht eine Lichtprojektion vor Augen hatten.

Zugleich aber versuchte ich, dieses Bild, das die ragende Nase, die stechenden Augen in meinem Gesichtsfeld aufspießten (vielleicht weil sie es waren, die die erste Kerbe schlugen, und das in einem Augenblick, wo ich noch gar keine Zeit gefunden hatte, auf den Gedanken zu verfallen, dass die Frau, die vor mir erschien, Mme de Guermantes sein könnte), dieses noch ganz frische, unveränderliche Bild auf den Gedanken abzustimmen: „Das also ist Mme de Guermantes", wobei es mir lediglich gelang, sie vor dieses Bildnis hinzustellen, wie zwei Scheiben,

womöglich gar nicht Mme de Guermantes, sondern nur deren Leib, ohne jede Ahnung des Namens, den man ihm zuschrieb, Teil eines bestimmten Frauentypus, der auch unter Gattinnen von Ärzten und Kaufleuten vorkam. „Das also, und nicht mehr, ist Mme de Guermantes!", besagte die gespannte und verwunderte Miene, mit der ich dieses Bildnis betrachtete, das naturgemäß nichts mit jenem gemein hatte, das unter dem Namen Mme de Guermantes so oft in meinen Träumen erschienen war, denn es glich nicht jenem anderen, das ich willkürlich geformt hatte, schließlich war sie mir erst jetzt zum ersten Mal ins Auge gefallen, hier in der Kirche; es war nicht von der gleichen Natur, man konnte es nicht nach Belieben färben wie jenes, das sich mit dem orangefarbenen Ton einer Silbe tränken ließ, sondern war so wirklichkeitsgesättigt, dass alles, bis hin zum kleinen Pickel, der im Winkel der Nase aufflammte, unzweideutig zeigte, dass sie den Gesetzen des Lebens unterworfen war, gerade so, wie in einer Apotheose im Theater eine Falte im Gewand der Fee, eine Bewegung ihres kleinen Fingers, die körperliche Präsenz einer lebenden Schauspielerin verraten, während wir im Ungewissen waren, ob wir nicht eine schlichte Lichtprojektion vor Augen hatten.

Zugleich aber versuchte ich, dieses Bild, das die ragende Nase, die stechenden Augen in meinem Gesichtsfeld aufspießten (vielleicht weil sie es waren, die die erste Kerbe schlugen, und das in einem Augenblick, wo ich noch gar keine Zeit gefunden hatte, auf den Gedanken zu verfallen, dass die Frau, die vor mir erschien, Mme de Guermantes sein könnte), dieses noch ganz frische, unveränderliche Bild auf den Gedanken abzustimmen: „Das also ist Mme de Guermantes", wobei es mir lediglich gelang, sie vor dieses Bildnis hinzustellen, wie zwei Scheiben, die durch einen Zwischenraum getrennt bleiben. Doch ebendiese Mme de Guermantes, von der ich so oft geträumt hatte, schlug nun, wo ich sehen konnte, dass es sie in der Tat nicht nur in meinem Inneren gab, meine Phantasie noch stärker in

die durch einen Zwischenraum getrennt bleiben. Doch ebendiese Mme de Guermantes, von der ich so oft geträumt hatte,
schlug nun, wo ich sehen konnte, dass es sie in der Tat nicht
nur in meinem Inneren gab, meine Phantasie noch stärker in
ihren Bann, denn nach einem Moment der Lähmung durch den
Kontakt mit der Wirklichkeit, die so gänzlich anders war als das
Erwartete, ging sie zum Gegenschlag über und sprach zu mir:
„Ruhmreich schon vor den Zeiten von Karl dem Großen, verfügten die Guermantes über Leben und Tod ihrer Vasallen; die
Duchesse de Guermantes stammt von Geneviève de Brabant ab.
Sie kennt keine der hier anwesenden Personen und würde sich
auch niemals dazu herablassen, mit ihnen bekannt zu sein.“
Während Madame de Guermantes noch in ihrer Kapelle saß,
über den Gräbern ihrer Toten[129]

Und – oh wundersame Freiheit des menschlichen Blickes,
mit dem Gesicht nur durch einen Faden ein so loses Seil verbunden, so lang, so dehnbar, dass er fern von ihm schweifen
kann – während Madame de Guermantes noch in ihrer Kapelle
saß, über den Gräbern ihrer Toten, wanderten ihre Blicke dahin
und dorthin, stiegen an den Säulen entlang in die Höhe, verweilten sogar auf mir – gleich einem Sonnenstrahl, der sich
ins Kirchenschiff verirrt hatte, ein Sonnenstrahl aber, der, so
schien es mir im Augenblick, als ich seine Liebkosungen empfing, von Bewusstsein erfüllt war. Was Madame de Guermantes
betrifft, so blieb es mir versagt, herauszufinden, ob sie angesichts der Untätigkeit ihrer Seele das Ausschweifen ihrer Augen
verdammte oder guthieß, so saß blieb sie reglos sitzen, fern
von ihren Blicken sitzen wie eine Mutter, die allem Anschein
nach weder die Spiele kühnen Tollereien und unverschämten
Vorstöße ihrer Kinder nicht zu bemerken scheint, wenn sie
spielen und Personen einbeziehen, die ihnen nicht bekannt
sind, und so blieb es mir versagt, herauszufinden, ob sie
angesichts der Untätigkeit ihrer Seele das Ausschweifen ihrer
Blicke verdammte oder guthieß.

ihren Bann, denn nach einem Moment der Lähmung durch den Kontakt mit der Wirklichkeit, die so gänzlich anders war als das Erwartete, ging sie zum Gegenschlag über und sprach zu mir: „Mächtig schon vor den Zeiten von Karl dem Großen, verfügten die Guermantes über Leben und Tod ihrer Vasallen; die Duchesse de Guermantes stammt von Geneviève de Brabant ab. Sie kennt keine der hier anwesenden Personen und würde sich auch niemals dazu herablassen, mit ihnen bekannt zu sein."

Viel lag mir daran, dass sie nicht aufbrach, ehe ich sie eingehend betrachten konnte, denn wie mir erinnerlich war, erachtete ich seit Jahren schon ihren Anblick für äußerst begehrenswert, ich wandte kein Auge von ihr, ganz so als könnte jeder meiner Blicke die Erinnerung an ihre ragende Nase, ihre roten Wangen, kurz an all jene Eigenschaften, die mir je und je eine unschätzbare, unverfälschte und einzigartige Erhellung über ihr Gesicht zu sein schienen, als Materieteilchen hinfort tragen und als Vorrat auf die Seite legen. Nun, wo sie mir dank aller Gedanken, die ich auf sie verwandte, wirklich schön erschien – womöglich in erster Line von unserem ständigen Wunsch beseelt, nie enttäuscht zu werden, eine Art Selbsterhaltungstrieb unserer besten Veranlagungen –, erhob ich sie (weil sie und jene Duchesse de Guermantes, die ich mir bis anhin ausgemalt hatte, ein und dieselbe Person waren) über die übrige Menschheit, mit der ich sie beim schlichten und reinen Anblick ihres Körpers für einen Augenblick verwechselt hatte, und geriet in Empörung, als ich hörte, wie man rund um mich herum tuschelte: „Sie stellt Mme Sazerat in den Schatten, auch Mlle Vington", als ob sie mit ihnen überhaupt zu vergleichen wäre. Und meine Blicke hefteten sich an ihr blondes Haar, an ihre blauen Augen, an den Ansatz ihres Halses, und verdrängte alle Züge, die mich an andere Gesichter erinnern mochten, wobei ich vor dieser bewusst unfertigen Skizze ausrief: „Wie schön sie ist! Wie nobel! Da steht sie vor mir, eine stolze Guermantes, ganz die Nachfahrin von

Viel lag mir daran, dass sie nicht aufbrach, ehe ich sie eingehend betrachten konnte, denn wie mir erinnerlich war, erachtete ich seit Jahren schon ihren Anblick für äußerst begehrenswert, ich wandte kein Auge von ihr, ganz so als könnte jeder meiner Blicke die Erinnerung an ihre ragende Nase, ihre roten Wangen, kurz an all jene Eigenschaften, die mir je und je eine unschätzbare, unverfälschte und einzigartige Erhellung über ihr Gesicht zu sein schienen, als Materieteilchen hinfort tragen und als Vorrat auf die Seite legen. Nun, wo sie mir dank aller Gedanken, die ich auf sie verwandte, wirklich schön erschien – womöglich in erster Line von unserem ständigen Wunsch beseelt, nie enttäuscht zu werden, eine Art Selbsterhaltungstrieb unserer besten Veranlagungen –, erhob ich sie (weil sie und jene Duchesse de Guermantes, die ich mir bis anhin ausgemalt hatte, ein und dieselbe Person waren) über die übrige Menschheit, mit der ich sie beim schlichten und reinen Anblick ihres Körpers für einen Augenblick verwechselt hatte, und geriet in Empörung, als ich hörte, wie man rund um mich herum tuschelte: „Sie stellt Mme Sazerat in den Schatten, auch Mlle Vington", als ob sie mit ihnen überhaupt zu vergleichen wäre. Und meine Blicke hefteten sich an ihr blondes Haar, an ihre blauen Augen, an den Ansatz ihres Halses, und verdrängte alle Züge, die mich an andere Gesichter erinnern mochten, wobei ich vor dieser bewusst unfertigen Skizze ausrief: „Wie schön sie ist! Wie nobel! Da steht sie vor mir, eine stolze Guermantes, ganz die Nachfahrin von Geneviève de Brabant!" Und die Aufmerksamkeit, mit der ich ihr Antlitz ergründete, umzirkte es so eng, dass es mir bis heute, wenn ich an jene Zeremonie zurückdenke, verwehrt ist, auch nur eine einzige Person, die ihr beigewohnt hat, wieder vor mir zu sehen, außer sie und den Schweizer, der meine Frage, ob dies wirklich Mme de Guermantes sei, bejahte. Sie aber, ich sehe sie wieder, namentlich während der Prozession in der Sakristei, erhellt von in die die flimmernde und warme Sonne

Geneviève de Brabant!" Und die Aufmerksamkeit, mit der ich ihr Antlitz ergründete, umzirkte es so eng, dass es mir bis heute, wenn ich an jene Zeremonie zurückdenke, verwehrt ist, auch nur eine einzige Person, die ihr beigewohnt hat, wieder vor mir zu sehen, außer sie und den Schweizer, der meine Frage, ob dies wirklich Mme de Guermantes sei, bejahte. Sie aber sehe ich wieder, mit der mauvefarbenen Halskrause, seidig und gebauscht, und darüber das sanfte Staunen ihrer Augen, und die sandten, da ihr niemand in der Kirche bekannt war, keinen jener regen Blicke aus, mit denen man sich in bestimmter Absicht an jemanden richtet, sondern ließen lediglich, ohne Unterlass, ihre Gedanken entwischen, in einer Flut von blauem Licht, die sie nicht einzudämmen vermochte. Als könnte es jene, die es allaugenblicklich traf, in Verlegenheit bringen, bewahrte sie sich ein recht scheues Lächeln, einen Ausdruck voll Entschuldigung gegenüber all denen, deren Unterlegenheit so sehr von ihrer eigenen Überlegenheit kündete, dass sie ihnen ein aufrichtiges Wohlwollen entgegenbrachte, wobei sie sie durch Güte und Schlichtheit noch tiefer zu beeindrucken trachtete. Dieses Lächeln fiel auch auf mich, der ich sie nie aus den Augen ließ, und hielt dort

~~eines windigen Tages mit Stürmen fiel, ich sehe sie wieder~~, die die flimmernde und warme Sonne eines windigen und stürmischen Tages erhellte und wo sich Madame de Guermantes mitten unter all den Leuten von Combray befand, die sie nicht einmal dem Namen nach kannte und deren Unterlegenheit so sehr von ihrer eigenen Überlegenheit kündete, dass sie ihnen ein aufrichtiges Wohlwollen entgegenbrachte, zumal sie sie durch Güte und Schlichtheit noch tiefer zu beeindrucken trachtete. ~~Und so sehe ich auch wieder~~ Und ~~ohne sich an jemanden zu richten~~ ohne jene Blicke senden zu können, die man willentlich mit einer bestimmten Bedeutung erfüllt und an jemanden richtet, den man kennt, ließ sie, ohne Unterlass, ihre zerstreuten Gedanken in einer Flut von blauem Licht entwischen, die sie nicht eindämmen konnte, obwohl sie doch auf keinen Fall wollte, dass sie jenen kleinen Leuten, auf die sie im Vorübergehen allaugenblicklich fielen, anmaßlich erscheinen

PLACARD 28
VOM 24. APRIL 1913

und sie in Verlegenheit bringen mochten. Noch sehe ich ihre Halskrause, mauvefarben, seidig und gebauscht, das süße Staunen ihrer Augen, dem sie ein Lächeln hinzufügte, ohne es direkt an jemanden zu richten, sondern um alle ~~ihre Vasallen~~ daran teilnehmen zu lassen, recht scheu, das Lächeln einer Herrscherin, die sich bei ihren Vasallen voll Liebe zu entschuldigen scheint. Dieses Lächeln fiel auf mich, der ich sie nicht aus den Augen ließ. Das rief mir jenen ~~anderen~~ Blick in Erinnerung, den sie während der Messe auf mir hatte ruhen lassen, blau wie ein Sonnenstrahl, der durch das Glasfenster von Gilbert dem Schlechten gefallen war, und ich sagte mir: „Kein Zweifel, sie ~~hat~~ schenkt mir Beachtung." Ich glaubte, ihr zu gefallen, glaubte, sie würde noch an mich denken, wenn sie die Kirche bereits verlassen hätte, und allein um meinetwillen würde sie am Abend in Guermantes traurig sein. Und schon entflammte

536

voll Süße inne. Ich glaubte, ihr zu gefallen, glaubte, sie
würde noch an mich denken, wenn sie die Kirche bereits
verlassen hätte, und allein um meinetwillen würde sie am
Abend in Guermantes traurig sein. Und schon entflammte
ich in Liebe zu ihr, denn so wie wir bisweilen eine Frau
allein darum lieben, weil sie uns voll Verachtung anblickt,
und wir uns denken, dass sie nie die unsrige werden mag,
so genügt es bisweilen, dass sie uns voll Güte anblickt, und
schon denken wir, sie sei die unsrige. Ihre Augen erblauten
wie ein Immergrün, das man unmöglich pflücken mag
und das sie gleichwohl mir zugedacht hat; und die Sonne
sandte, obzwar von einer Wolke bedroht, ihre Pfeile noch
mit aller Macht über den Platz und in die Sakristei, verlieh
dem roten Teppich, den man für die Feierlichkeit auf dem

ich in Liebe zu ihr, denn so wie wir bisweilen eine Frau allein darum lieben, weil sie uns, wie ich es im Fall von Mlle Swann vermutete, voll Verachtung anblickt und wir uns denken, dass sie nie die unsrige werden mag, so genügt es bisweilen, dass sie uns, wie es ~~mir~~ Madame de Guermantes getan, voll Güte anblickt, und schon denken wir, sie sei die unsrige. Ihre Augen erblauten wie ein Immergrün, das man unmöglich pflücken mag und das sie gleichwohl mir zugedacht hat; und die Sonne sandte, obzwar von einer Wolke bedroht, ihre Pfeile noch mit aller Macht über den Platz und in die Sakristei, verlieh den roten Teppichen, die man für die Feierlichkeit auf dem Boden ausgebreitet hatte und über die, lächelnd, Mme de Guermantes dahinschritt, das Kolorit von Geranien und überzog deren Wollwerk mit rosa Sammet, mit einer Haut aus Licht, mit einem Anflug von Zärtlichkeit und getragener Süße, bei allem Pomp und aller Freude, die in gewissen Passagen von *Lohengrin*, in gewissen Gemälden von Carpaccio mitschwingen und erklären, weshalb Baudelaire dem Klang der Trompete das Beiwort „erlesen" verlieh.

Ach, ~~es bedrückte mich~~ seit jenem Tag bei den Spaziergängen auf der Seite von Guermantes schien es mir noch bedrückender als zuvor, dass ich keinerlei Veranlagung zum Schreiben fühlte und den Gedanken aufgeben musste, je ein berühmter Schriftsteller zu werden. ~~Das Bedauern~~ Das Bedauern, das mich überfiel, wenn ich ein wenig im Abseits ~~von meinen Eltern~~ blieb, bereitete mir solches Leid, dass mein Geist, um es nicht länger spüren zu müssen, wie zur Unterbindung des Schmerzes, ganz und gar davon absah, an Verse zu denken, an Romane, an eine poetische Zukunft, auf die ich aufgrund meines mangelnden Talents nicht mehr zählen durfte. Dann aber, gänzlich fern all dieser literarischen Sorgen und in keiner Weise damit zusammenhängend, ließ mich, jählings, ein Dach, der Widerschein der Sonne auf einem Stein, der Geruch eines Pfades innehalten, erfüllt von der eigentümlichen Verzückung,

Boden ausgebreitet hatte und über den, lächelnd, Mme de Guermantes dahinschritt, das Kolorit von Geranien und überzog dessen Wollwerk mit rosa Sammet, mit einer Haut aus Licht, mit einem Anflug von Zärtlichkeit und getragener Süße, bei allem Pomp und aller Freude, die in gewissen Passagen von *Lohengrin*, in gewissen Gemälden von Carpaccio mitschwingen und erklären, weshalb Baudelaire dem Klang der Trompete das Beiwort „erlesen" verlieh.

Ach, wie sehr gab ich mich seit jenem Tag bei den Spaziergängen auf der Seite von Guermantes, einen gewissen Abstand zu meinen Eltern bewahrend, voll Bitternis meinem Bedauern hin, dass ich ohne jede Veranlagung zum Schreiben den Gedanken aufgeben musste, je ein berühmter Schriftsteller zu werden. Das bereitete mir solches Leid, dass mein Geist, um es nicht länger spüren zu müssen, wie zur Unterbindung des Schmerzes, ganz und gar davon absah, an Verse zu denken, an Romane, an eine poetische Zukunft, auf die ich aufgrund meines mangelnden Talents nicht mehr zählen durfte. Dann aber, gänzlich fern all dieser literarischen Sorgen und in keiner Weise damit zusammenhängend, ließ mich, jählings, ein Dach, der Widerschein der Sonne auf einem Stein, der Geruch eines Pfades innehalten, erfüllt von der eigentümlichen Verzückung, die sie mir bereiteten, aber auch weil sie, allem Anschein nach, jenseits des Sichtbaren etwas bargen, das man, verlockt, erhaschen wollte, wobei ich all meinen Bemühungen zum Trotz einfach nicht entdecken konnte, was es sein mochte. Aus dem Gefühl heraus, dass dieses Etwas in ihnen selbst enthalten sei, blieb ich unverwandt stehen, schauend, schnuppernd, stets danach trachtend, im Geist das Bild oder den Duft hinter mir zu lassen. Und sobald ich mich gezwungen sah, meinen Weg fortzusetzen, versuchte ich, die Augen schließend, zu ihnen zurückzufinden; ich blieb versunken im Bemühen, mir ganz genau den Umriss des Daches, die Farbnuance des Steins in Erinnerung zu rufen, die mir, ohne zu wissen, warum, so erfüllt schienen, kurz

die sie mir bereiteten, aber auch weil sie, allem Anschein nach, jenseits des Sichtbaren etwas bargen, das man, verlockt, erhaschen wollte, wobei ich all meinen Bemühungen zum Trotz einfach nicht entdecken konnte, was es sein mochte. Aus dem Gefühl heraus, dass dieses Etwas in ihnen selbst enthalten sei, blieb ich unverwandt stehen, schauend, schnuppernd, stets danach trachtend, im Geist das Bild oder den Duft hinter mir zu lassen. Und sobald ich mich gezwungen sah, meinen Weg fortzusetzen, um ~~meine Großeltern~~ meinen Großvater einzuholen, versuchte ich, die Augen schließend, zu ihnen zurückzufinden; ich blieb versunken im Bemühen, mir ganz genau den Umriss des Daches, die Farbnuance des Steins in Erinnerung zu rufen, die mir, ohne zu wissen, warum, so erfüllt schienen, kurz davor, sich zu entfalten und mir all das zu erschließen, wovon sie lediglich die Hülle waren. Gewiss, derlei Eindrücke vermochten mir nicht die verlorene Hoffnung wiederzugeben, eines Tages Schriftsteller und Dichter zu werden, denn sie hingen immer nur mit einem bestimmten Gegenstand zusammen, dem es an jeglichem intellektuellen Wert gebrach und der sich auf keinerlei philosophische Wahrheit bezog. ~~Doch die Gewissenspflicht, die mir diese Eindrücke auferlegten, um zu versuchen, wahrzunehmen~~ Doch immerhin schenkten sie mir eine sinnentleerte Lust, das Trugbild eines fruchtbaren Geistes, und so lenkten sie mich ~~von den Gedanken an den~~ vom Verdruss, vom Gefühl meiner Ohnmacht ab, die ich jedes Mal ertragen musste, wenn ich ~~versuchte~~ nach einem philosophischen Gegenstand für meine literarische Großtat suchte. Doch die Gewissenspflicht, die mir diese Eindrücke von Formen, Düften oder Farben auferlegte – um ~~zu suchen~~ wahrzunehmen, was sich hinter ihnen verbergen mochte, war so glühend,[130] dass ich ohne jedes weitere Zögern für mich nach Ausflüchten ~~fand~~ suchte, die mich von diesen Bemühungen befreien und vor jeglicher Erschöpfung bewahren würden. Zum Glück riefen meine Eltern nach mir, sodass mir zu diesem Zeitpunkt die notwen-

davor, sich zu entfalten und mir all das zu erschließen, wovon sie lediglich die Hülle waren. Gewiss, derlei Eindrücke vermochten mir nicht die verlorene Hoffnung wiederzugeben, eines Tages Schriftsteller und Dichter zu werden, denn sie hingen immer nur mit einem bestimmten Gegenstand zusammen, dem es an jeglichem intellektuellen Wert gebrach und der sich auf keinerlei philosophische Wahrheit bezog. Immerhin, durch das sinnentleerte Vergnügen, das sie mir bereiteten, lenkten sie mich von allen Gedanken an Literatur und allem eklen Nachgeschmack ab. Doch diese von ihnen auferlegte Gewissenspflicht, eben doch herauszufinden, was sich hinter ihnen verbergen mochte, war so glühend, dass ich ohne jedes weitere Zögern für mich nach Ausflüchten suchte, die mich von diesen Bemühungen befreien und vor jeglicher Erschöpfung bewahren würden. Zum Glück riefen meine Eltern nach mir, sodass mir zu diesem Zeitpunkt die notwendige Ruhe fehlte, um meine Suche mit Gewinn fortzusetzen, und so schien es mir tunlicher, nicht mehr daran zu denken, bis ich wieder zu Hause war, um mich nicht schon im Voraus erfolglos zu verausgaben. Schon beschäftigte ich mich nicht mehr mit jenem unbekannten Ding, das sich in eine Form oder einen Duft hüllte, und war ganz beruhigt, weil ich es nach Hause tragen würde, vom Gewand der Bilder beschützt, unter denen ich es pulsieren spürte, wie die Fische, die ich gefangen hatte und in meinem Korb zurücktrug, von einer Schicht Kräuter bedeckt, die sie frisch hielt. Zu Hause angekommen, dachte ich erst einmal an anderes, und so häuften sich in meinem Geist (wie in meinem Zimmer die Blumen, die ich auf meinen Spaziergängen gepflückt hatte, oder all die Sachen, die man mir geschenkt hatte) ein Stein, auf dem ein Abglanz schimmerte, ein Dach, ein Glockenklang, der Geruch von Blättern, allerlei verschiedene Bilder, unter denen vor langer Zeit die Ahnung einer Wirklichkeit abgestorben war, die ich aus mangelnder Willenskraft nicht entdeckt hatte. Einmal indes, als sich unser Spazier-

dige Ruhe fehlte, um meine Suche mit Gewinn fortzusetzen, und so schien es mir tunlicher, nicht mehr daran zu denken, bis ich wieder zu Hause war, und mich nicht schon im Voraus erfolglos zu verausgaben. Schon beschäftigte ich mich nicht mehr mit jenem unbekannten Ding, das sich in eine Form oder einen Duft hüllte, und war ganz beruhigt, weil ich es nach Hause tragen würde, vom Gewand der Bilder beschützt, unter denen ich es pulsieren spürte, wie die Fische, die ich an den Tagen, wo man mich zum Angeln gehen ließ, in meinem Korb zurücktrug, von einer Schicht Kräuter bedeckt, die sie frisch hielt. Zu Hause angekommen, dachte ich erst einmal an anderes, und so häuften sich in meinem Geist (wie in meinem Zimmer die Blumen, die ich auf meinen Spaziergängen gepflückt hatte, oder all die Sachen, die man mir geschenkt hatte) ein Stein, auf dem ein Abglanz schimmerte, ein Dach, ein Glockenklang, der Geruch von Blättern, allerlei verschiedene Bilder, unter denen vor langer Zeit die Ahnung einer Wirklichkeit abgestorben war, die ich aus mangelnder Willenskraft nicht entdeckt hatte. Einmal indes – als sich unser Spaziergang weit über seine übliche Dauer hinaus erstreckte und wir auf halbem Rückweg, während sich der Nachmittag zu Ende neigte, zu unserem Glück auf Dr. Percepied trafen, der in seiner Kutsche, die Zügel schießen lassend, vorbeifuhr, uns erkannte und einsteigen ließ –, da wandelte mich wieder ein solcher Eindruck an und diesmal wandte ich mich nicht von ihm ab, ehe ich ihn um ein weniges ergründet hatte. Man hatte mich neben den Kutscher gesetzt, wir flogen dahin wie der Wind, denn der Doktor musste vor seiner Rückkehr nach Combray noch in Martinville le vineux bei einem Kranken Halt machen, vor dessen Tür wir auf ihn warten sollten. Bei einer Wegbiegung, da fühlte ich unvermittelt jenes eigentümliche Lustgefühl, das mit keinem anderen vergleichbar ist, beim Anblick der beiden Glockentürme von Martinville, auf denen die Abendsonne lag und die aufgrund der Bewegung unserer Kutsche und der Kurven ihren Platz zu

gang lange über seine übliche Dauer hinaus erstreckte und wir auf halbem Rückweg, während sich der Nachmittag zu Ende neigte, zu unserem Glück auf Dr. Percepied trafen, der in seiner Kutsche, die Zügel schießen lassend, vorbeifuhr, uns erkannte und einsteigen ließ, da wandelte mich wieder ein solcher Eindruck an und diesmal wandte ich mich nicht von ihm ab, ehe ich ihn um ein weniges ergründet hatte. Man hatte mich neben den Kutscher gesetzt, wir flogen dahin wie der Wind, denn der Doktor musste vor seiner Rückkehr nach Combray noch in Martinville bei einem Kranken Halt machen, vor dessen Tür wir auf ihn warten sollten. Bei einer Wegbiegung, da fühlte ich unvermittelt jenes eigentümliche Lustgefühl, das mit keinem anderen vergleichbar ist, beim Anblick der beiden Glockentürme von Martinville, auf denen die Abendsonne lag und die aufgrund der Bewegung unserer Kutsche und der Kurven ihren Platz zu tauschen schienen, und dann wirkte derjenige von Vieuxvicq, durch einen Hügel und eine Senke von ihnen getrennt und höher als sie auf einer Ebene liegend, bei aller Ferne ganz nah.

All dies bemerkend und mir einprägend, ihre Pfeilform, das Wandern ihrer Umrisse, den Sonnenglanz auf ihrer Oberfläche, fühlte ich, dass ich mit meinem Eindruck nicht zu einem Ende kam, dass hinter dieser Bewegung, hinter dieser Helle etwas lag, das sie zu bergen und ineins zu verbergen schienen.

Die Glockentürme wirkten so weit von uns entfernt und wir schienen ihnen überhaupt nicht näher zu kommen, sodass ich ganz verblüfft war, als wir, wenige Augenblicke später, vor der Kirche von Martinville Halt machten. Mir blieb der Grund der Verzückung, mit der ich sie in der Ferne erblickt hatte, unbekannt, und die Verpflichtung, ihn herauszufinden, lastete schwer auf mir; lieber wollte ich diese im Sonnenlicht wandernden Umrisse in meinem Kopf als Vorrat aufbewahren und jetzt nicht weiter daran denken. Denn hätte ich es versucht, die Wahrscheinlich-

tauschen schienen, und dann wirkte derjenige von Vieuxvicq, durch einen Hügel und eine Senke von ihnen getrennt und auf einer erhöhten Ebene liegend, bei aller Ferne[131] ganz nah.

All dies bemerkend und mir einprägend, ihre Pfeilform, das Wandern ihrer Umrisse, den Sonnenglanz auf ihrer Oberfläche, fühlte ich, dass ich mit meinem Eindruck nicht zu einem Ende kam, dass hinter dieser Bewegung, hinter dieser Helle etwas lag, das sie zu bergen und ineins zu verbergen schienen.

Die Glockentürme wirkten so weit von uns entfernt und wir schienen ihnen überhaupt nicht näher zu kommen, sodass ich ganz verblüfft war, als wir, wenige Augenblicke später, vor der Kirche von Martinville Halt machten. Mir blieb der Grund der Verzückung, mit der ich sie am Horizont erblickt hatte, unbekannt, und die Verpflichtung, diesen Grund herauszufinden, lastete schwer auf mir; lieber wollte ich diese im Sonnenlicht wandernden Umrisse in meinem Kopf als Vorrat aufbewahren und jetzt nicht weiter daran denken. Denn hätte ich es versucht, die Wahrscheinlichkeit wäre groß gewesen, dass die beiden Glockentürme sich für immer all jenen Bäumen, Dächern, Düften, Klängen zugesellt hätten, die ich aus ebendieser dunklen Entzückung heraus, die sie mir verschafft hatten und die ich nie ergründen konnte, von allem anderen abgesondert hatte. Ich stieg von der Kutsche, um mit meinen Eltern zu plaudern und auf den Doktor zu warten. Dann brachen wir wieder auf, wieder nahm ich meinen Platz auf dem Kutschbock ein, wandte den Kopf, um die Glockentürme zu sehen, diesmal ein wenig später, die Sonne war schon ganz untergegangen, da erblickte ich sie ein letztes Mal, als der Weg eine Biegung beschrieb. Der Kutscher schien nicht zum Plaudern aufgelegt, hatte kaum etwas auf mein Gerede entgegnet, und so sah ich mich, in Ermangelung anderer Gesellschaft, gezwungen, mich mit meiner eigenen zufriedenzugeben und zu versuchen, mir meine Glockentürme in Erinnerung zu rufen. Bald aber brachen ihre glänzende Oberfläche und ihre Umrisse auf, als wären sie

keit wäre groß gewesen, dass die beiden Glockentürme sich für immer all jenen Bäumen, Dächern, Düften, Klängen zugesellt hätten, die ich aus ebendieser dunklen Entzückung heraus, die sie mir verursacht hatten und die ich nie ergründen konnte, von allem anderen abgesondert hatte. Ich stieg von der Kutsche, um mit meinen Eltern zu plaudern und auf den Doktor zu warten. Dann brachen wir wieder auf, wieder nahm ich meinen Platz auf dem Kutschbock ein, wandte den Kopf, um die Glockentürme zu sehen, diesmal ein wenig später, die Sonne war schon ganz untergegangen, da erblickte ich sie ein letztes Mal, als der Weg eine Biegung beschrieb. Der Kutscher schien nicht zum Plaudern aufgelegt, hatte kaum etwas auf mein Gerede entgegnet, und so sah ich mich, in Ermangelung anderer Gesellschaft, gezwungen, mich mit meiner eigenen zufriedenzugeben und zu versuchen, mir meine Glockentürme in Erinnerung zu rufen. Bald aber brachen ihre glänzende Oberfläche und ihre Umrisse auf, als wären sie eine Art Rinde, und ein weniges von dem, was für mich unter ihr verborgen lag, zeigte sich mir, ich fasste einen Gedanken, der mir noch einen Augenblick zuvor ganz fern war und nun in Form von Worten in meinem Geist ablief, und die Verzückung, die mir der Anblick der Glockentürme eingeflößt hatte, spitzte sich so sehr zu, dass ich, von einer Art Taumel erfasst, an nichts anderes mehr denken konnte. In diesem Augenblick, Martinville lag schon weit hinter uns, erblickte ich sie beim Wenden des Kopfes wieder, dieses Mal tiefschwarz, denn die Sonne war untergegangen. Zeitweise wurden sie mir durch eine Wegbiegung entzogen, da sah ich sie wieder, und schließlich sah ich sie nicht mehr.

Ohne mir zu sagen, dass das, was hinter den Glockentürmen von Martinville verborgen lag, in Analogie zu einem hübschen Satz stehen musste, der sich mir in Form von Worten, die mich entzückten, gezeigt hatte, bat ich den Doktor um Bleistift und Papier, und trotz der Stöße des Wagens verfasste ich, um mein Gewissen zu entlasten und

eine Art Rinde, und ein weniges von dem, was für mich unter ihr verborgen lag, zeigte sich mir, ich fasste einen Gedanken, der mir noch einen Augenblick zuvor ganz fern war und nun in Form von Worten in meinem Geist ablief, und die Verzückung, die mir der Anblick der Glockentürme eingeflößt hatte, spitzte sich so sehr zu, dass ich, von einer Art Taumel erfasst, an nichts anderes mehr denken konnte. In diesem Augenblick, Martinville lag schon weit hinter uns, erblickte ich sie beim Wenden des Kopfes wieder, dieses Mal tiefschwarz, denn die Sonne war untergegangen. Zeitweise wurden sie mir durch eine Wegbiegung entzogen, da zeigten sie sich ein letztes Mal, und schließlich sah ich sie nicht mehr.

Ohne mir zu sagen, dass das, was hinter den Glockentürmen von Martinville verborgen lag, in Analogie zu einem hübschen Satz stehen musste, der sich mir in Form von Worten, die mich entzückten, gezeigt hatte, bat ich den Doktor um Bleistift und Papier und verfasste trotz der Stöße des Wagens, um mein Gewissen zu entlasten und meiner Schwarmseligkeit nachzugeben, folgendes kleine Stück, das ich mittlerweile wiedergefunden habe und nur wenigen Änderungen unterziehen musste: „Allein ragend, hoch über der Ebene und wie verloren in der Landschaft, stürmten die beiden Glockentürme von Martinville himmelwärts. Bald schon erblickten wir ihrer drei: hatte sich doch ihnen gegenüber, durch einen kühnen Sprung, ein verspäteter Glockenturm hingestellt, derjenige von Vieuxvicq, und sich ihnen hinzugesellt. Die Minuten verstrichen, wir jagten dahin, und gleichwohl blieben die drei Türme stets gleich fern von uns wie drei Vögel, auf die Ebene getupft, reglos im Sonnenschein. Da rückte der Glockenturm von Vieuxvicq ab, nahm Abstand, und die Glockentürme von Martinville blieben allein zurück, glänzend im Licht der Abendsonne, die ich, selbst in dieser Entfernung, auf ihren Flanken spielen sah, und lächeln. Es hatte so lange gedauert, in ihre Nähe zu kommen, dass ich noch über die Zeit sann, bis wir sie erreichen mochten, als,

meiner Schwarmseligkeit nachzugeben, folgendes kleine Stück, das ich mittlerweile wiedergefunden habe und nur wenigen Änderungen unterziehen musste:

„Allein ragend, hoch über der Ebene und wie verloren in der Landschaft, stürmten die beiden Glockentürme von Martinville himmelwärts. Bald schon erblickten wir ihrer drei: hatte sich doch ihnen gegenüber, durch einen kühnen Sprung, ein verspäteter Glockenturm hingestellt, derjenige von Vieuxvicq, und sich ihnen hinzugesellt. Die Minuten verstrichen, wir jagten dahin, und gleichwohl blieben die drei Türme stets gleich fern von uns wie drei Vögel, auf die Ebene getupft, reglos im Sonnenschein. Da rückte der Glockenturm von Vieuxvicq ab, nahm Abstand, und die Glockentürme von Martinville blieben allein zurück, glänzend im Licht der Abendsonne, die ich, selbst in dieser Entfernung, auf ihren Flanken spielen sah, und lächeln. Es hatte so lange gedauert, in ihre Nähe zu kommen, dass ich noch über die Zeit sann, bis wir sie erreichen mochten, als, jählings, die Kutsche wendete, uns zu ihren Füßen abstellte, und sie waren so schroff vor ihr aufgetaucht, dass man gerade noch Gelegenheit fand, Stopp zu reißen, um nicht gegen das Portal zu prallen. Wir setzten unseren Weg fort; seit geraumer Weile hatten wir Martinville hinter uns gelassen und das Dorf war, nachdem es uns noch ein paar Sekunden begleitet hatte, entschwunden, als, allein am Horizont zurückgelassen und unsere Flucht verfolgend, deren Glockentürme, vereint mit dem von Vieuxvicq, uns zum Abschiedsgruß mit ihren sonnenbeschienenen Spitzen winkten. Bisweilen schwand der eine, damit uns die beiden anderen noch einen Augenblick sehen konnten; doch als die Straße ihre Richtung änderte, vollführten sie im Licht wie drei goldene Angelpunkte eine Drehung und entschwanden meinen Augen. Doch nur wenig später, wir befanden uns bereits in der Nähe von Combray und die Sonne war schon untergegangen, da erblickte ich sie ein letztes Mal in weiter Ferne, sie waren nur noch drei

jählings, die Kutsche wendete, uns zu ihren Füßen abstellte, und sie waren so schroff vor ihr aufgetaucht, dass man gerade noch Gelegenheit fand, Stopp zu reißen, um nicht gegen das Portal zu prallen. Wir setzten unseren Weg fort; seit geraumer Weile hatten wir Martinville hinter uns gelassen und das Dorf war, nachdem es uns noch ein paar Sekunden begleitet hatte, entschwunden, als, allein am Horizont zurückgelassen und unsere Flucht verfolgend, deren Glockentürme, vereint mit dem von Vieuxvicq, uns zum Abschiedsgruß mit ihren sonnen-beschienenen Spitzen winkten. Bisweilen schwand der eine, damit uns die beiden anderen noch einen Augenblick sehen konnten; doch als die Straße ihre Richtung änderte, vollführ-ten sie im Licht wie drei goldene Angelpunkte eine Drehung und entschwanden meinen Augen. Doch nur wenig später, wir befanden uns bereits in der Nähe von Combray und die Sonne war schon untergegangen, da erblickte ich sie ein letztes Mal in weiter Ferne, sie waren nur noch drei Blumen, in den Himmel gemalt, über der tiefliegenden Linie der Felder. Sie gemahnten mich auch an die drei Frauen aus einem Märchen, verlassen in einer Einsamkeit, über die sich schon das Dunkel senkte; und während wir uns [132] im Galopp entfernten, sah ich sie, wie sie schüchtern ihren Weg suchten, und nach etwelchem linki-schem Straucheln ihrer edlen Silhouetten schmiegten sie sich aneinander, glitten hintereinander, bildeten auf dem Himmel, rosa noch, eine einzige schwarze Masse, allerliebst und sich in ihr Schicksal schickend, ehe sie sich in der Nacht auflösten.“[133] Nie wieder hatte ich an diese Seite gedacht, aber in ebendiesem Moment, als ich, in der Ecke jenes Bocks, auf den der Kutscher des Doktors für gewöhnlich einen Korb mit Geflügel stellte, das sie auf dem Markt von Martinville gekauft hatten, mit Schrei-ben fertig war, da war ich so selig, dass sie mich gänzlich von den Glockentürmen befreit hatte und von dem, was sie hinter sich bargen, dass ich, selbst zum Huhn gewandelt und als hätte ich ein Ei gelegt, aus voller Kehle zu singen begann.[134]

Blumen, in den Himmel gemalt, über der tiefliegenden Linie der Felder. Sie gemahnten mich auch an die drei Frauen aus einem Märchen, verlassen in einer Einsamkeit, über die sich schon das Dunkel senkte; und während wir uns im Galopp entfernten, sah ich sie, wie sie schüchtern ihren Weg suchten, und nach etwelchem linkischem Straucheln ihrer edlen Silhouetten schmiegten sie sich aneinander, glitten hintereinander, bildeten auf dem Himmel, rosa noch, eine einzige schwarze Masse, allerliebst und sich in ihr Schicksal schickend, ehe sie sich in der Nacht auflösten."

Nie wieder hatte ich an diese Seite gedacht, aber im Moment, in dem ich, in der Ecke jenes Bocks, auf den der Kutscher des Doktors für gewöhnlich einen Korb mit Geflügel stellte, das sie auf dem Markt von Martinville gekauft hatten, mit Schreiben fertig war, da war ich so selig, dass sie mich gänzlich von den Glockentürmen befreit hatte und nach dem suchen ließ, was sie hinter sich bargen, dass ich, selbst zum Huhn gewandelt und als hätte ich ein Ei gelegt, aus voller Kehle zu singen begann. Den ganzen Tag lang hatte ich, auf solchen Spaziergängen, davon geträumt, welch Freude es wäre, der Freund der Duchesse de Guermantes zu sein, Forellen zu angeln, im Nachen auf der Vivonne zu treiben und in solchen Momenten, glücksbegierig, nichts anderes vom Leben zu verlangen, als dass es sich als stete Folge aus solch seligen Nachmittagen zusammensetzte. Doch wenn ich auf dem Rückweg zur Linken ein bestimmtes Gehöft erblickte, recht weit von zwei anderen entfernt, die wiederum nah zusammen standen, dann musste man, um nach Combray zu gelangen, nur noch eine Allee von Eichen einschlagen, die auf der einen Seite Wiesen säumten, welche je und je eng umzäunt und in gleichmäßigen Abständen mit Apfelbäumen bepflanzt waren, die, im Schein der untergehenden Sonne, die japanischen Umrisse ihrer Schatten warfen, und da begann mein Herz jäh zu rasen, ich wusste, wir würden in weniger als andert-

Den ganzen Tag lang hatte ich, auf solchen Spaziergängen, davon geträumt, welch Freude es wäre, der Freund der Duchesse de Guermantes zu sein, Forellen zu angeln, im Nachen auf der Vivonne zu treiben und in solchen Momenten, glücksbegierig, nichts anderes vom Leben zu verlangen, als dass es sich als stete Folge aus solch seligen Nachmittagen zusammensetzte. Doch wenn ich auf dem Rückweg zur Linken einen Bauernhof erblickte, recht weit von zwei anderen entfernt, die wiederum nah zusammen standen, dann musste man, um nach Combray zu gelangen, nur noch eine Allee von Eichen einschlagen, die auf der einen Seite Wiesen säumten, welche je und je eng umzäunt und in gleichmäßigen Abständen mit Apfelbäumen bepflanzt waren, die, im Schein der untergehenden Sonne, die japanischen Umrisse ihrer Schatten warfen, und da begann mein Herz jäh zu rasen, ich wusste, wir würden in weniger als anderthalb Stunden zu Hause sein, und es herrschte an den Tagen, wo wir auf die Seite von Guermantes gingen und das Abendessen später aufgetragen wurde, die Regel, dass man mich gleich nach der Suppe ins Bett schickte, sodass meine Mutter, am Tisch zurückgehalten, wie in den Fällen, wo andere Leute zum Diner da waren, nicht hochkäme, um mir, in meinem Bett, Gutnacht zu sagen. Die Zone der Trauer, in die ich dann trat, war von der Zone, in der ich noch vor ein paar Augenblicken voll Freude geschwelgt hatte, so verschieden, wie an gewissen Abendhimmeln ein rosa Band durch einen Strich von einem grünen oder schwarzen Band getrennt lag. Man erblickt einen Vogel, der durch das Rosa fliegt, bis an dessen Rand, fast berührt er das Schwarz, und schon ist er darin verschwunden. Gerade noch hatte mich, um und um, die Sehnsucht umfangen, nach Guermantes zu gehen, zu reisen, glücklich zu werden, jetzt war ich so fern aus ihr verbannt, dass mir selbst deren Erfüllung keine Freude mehr bereitet hätte. Wie liebend hätte ich all das hergegeben, um die ganze Nacht in den Armen meiner Mutter weinen zu können. Ich erschauerte, wandte meine

halb Stunden zu Hause sein, und es herrschte an den Tagen, wo wir auf die Seite von Guermantes gingen und das Abendessen später aufgetragen wurde, die Regel, dass man mich gleich nach der Suppe ins Bett schickte, sodass meine Mutter, am Tisch zurückgehalten, wie in den Fällen, wo andere Leute zum Diner da waren, nicht hochkäme, um mir, in meinem Bett, Gutnacht zu sagen. Die Zone der Trauer, in die ich dann trat, war von der Zone, in der ich noch vor ein paar Augenblicken voll Freude geschwelgt hatte, so verschieden wie an gewissen Abendhimmeln ein rosa Band von einem grünen oder schwarzen wie durch einen Strich getrennt lag. Man erblickt einen Vogel, der durch das Rosa fliegt, bis an dessen Rand, fast berührt er das Schwarz, und schon ist er darin verschwunden. Gerade noch hatte mich, um und um, die Sehnsucht umfangen, nach Guermantes zu gehen, zu reisen, glücklich zu werden, jetzt war ich so fern aus ihr verbannt, dass mir selbst deren Erfüllung keine Freude mehr bereitet hätte. Wie liebend hätte ich all das hergegeben, um die ganze Nacht in den Armen meiner Mutter zu weinen. Ich erschauerte, wandte meine bangen Augen keinen Moment vom Antlitz meiner Mutter, die an diesem Abend nicht in meinem Zimmer erscheinen würde, in dem ich mich, in Gedanken, bereits liegen sah, ich hätte sterben mögen. Und dieser Zustand hielt bis zum nächsten Morgen an, wenn die Strahlen des Tages, gleich dem Gärtner, ihre Leiter gegen die von Kapuzinerkresse überwucherte Mauer lehnten, die bis an mein Fenster kletterten, dann würde ich aus dem Bett springen, um rasch in den Garten hinunterzugelangen, ohne daran zu denken, dass der Abend je wiederkehren würde und mit ihm die Stunde, wo es von meiner Mutter Abschied zu nehmen galt. Und so also lernte ich auf der Seite von Guermantes zwischen diese beiden Zustände, die in meinem Innern aufeinander folgten, einen Unterschied zu setzen, denn bisweilen, während gewisser Zeiträume, teilten sie jeden Tag unter sich auf, der eine erstand, verjagte den anderen,

bangen Augen keinen Moment vom Antlitz meiner Mutter, die an diesem Abend nicht im Zimmer erscheinen würde, in dem ich mich, in Gedanken, bereits liegen sah, ich hätte sterben mögen. Und dieser Zustand hielt bis zum nächsten Morgen an, wenn die Strahlen des Tages, gleich dem Gärtner, ihr Gitter-werk gegen die von Kapuzinerkresse überwucherte Mauer lehnten, die bis an mein Fenster kletterten, dann würde ich aus dem Bett springen, um rasch in den Garten hinunterzuge-langen, ohne daran zu denken, dass der Abend je die Stunde mitbringen würde, wo es von meiner Mutter Abschied zu neh-men galt. Dergestalt Und so also lernte ich auf der Seite von Guermantes zwischen diese beiden Zustände, die in meinem Innern aufeinander folgten, einen Unterschied zu setzen, denn bisweilen, während gewisser Zeiträume, teilten sie jeden Tag unter sich auf, der eine erstand, verjagte den anderen, mit der Pünktlichkeit des Wechselfiebers; beide waren dem Zufall ent-sprungen, blieben sich fremd, entbehrten jeglicher Kommu-nikation untereinander, so dass ich im einen nicht mehr ver-stehen, noch auch mir vorstellen konnte, was ich im anderen gewünscht oder befürchtet oder vollbracht hatte.

So blieben die Seite von Méséglise und die Seite von Guer-mantes für mich mit vielen winzigen Ereignissen verbunden, die unter all unseren parallel geführten Leben just aus jenem stammten, das mehr als jedes andere von Umschwüngen geprägt und reich an Episoden ist, nämlich dem Leben des Intellekts. Ohne Zweifel, es wandelt sich unmerklich in uns, und was die Wahrheiten betrifft, die für uns dessen Sinn und Anmutung verändern, uns neue Wege erschließen, so haben wir deren Entdeckung schon lange vorgespurt, aber ohne es zu wissen; und so datieren wir sie auf jenen Tag, auf jene Minute, wo sie offensichtlich wurden.[135] Die Blumen, die damals über die Wiesen tollten, das Wasser, das in der Sonne dahinfloss, der gesamte Landstrich, der ihr Erscheinen einrahmte, beglei-tet stetsfort die Erinnerung an sie mit seinen unbewussten

mit der Pünktlichkeit des Wechselfiebers; beide waren dem Zufall entsprungen, blieben sich fremd, entbehrten jeglicher Kommunikation untereinander, sodass ich im einen nicht mehr verstehen noch auch mir vorstellen konnte, was ich im anderen gewünscht oder befürchtet oder vollbracht hatte.

So blieben die Seite von Méséglise und die Seite von Guermantes für mich mit vielen winzigen Ereignissen verbunden, die unter all unseren parallel geführten Leben just aus jenem stammten, das mehr als jedes andere von Umschwüngen geprägt und reich an Episoden ist, nämlich dem Leben des Intellekts. Ohne Zweifel, es wandelt sich unmerklich in uns, und was die Wahrheiten betrifft, die für uns dessen Sinn und Anmutung verändern, uns neue Wege erschließen, so haben wir deren Entdeckung schon lange vorgespurt. Aber ohne es zu wissen; und so datieren wir sie auf jenen Tag, auf jene Minute, wo sie offensichtlich wurden.

Die Blumen, die damals über die Wiesen tollten, das Wasser, das in der Sonne dahinfloss, der gesamte Landstrich, der ihr Erscheinen einrahmte, begleitet stetsfort die Erinnerung an sie mit seinen unbewussten oder zerstreuten Gesichtszügen; und gewiss, wenn sie nur lange genug von diesem demütigen Passanten, von diesem träumenden Kind betrachtet wurden – wie ein König von einem Geschichtsschreiber betrachtet wird, der in der Menge untergeht –, mochten dieser Winkel der Natur oder jener Saum eines Gartens niemals auf den Gedanken kommen, dass sie dank ihm dazu berufen waren, selbst noch in ihren flüchtigsten Einzelheiten zu überdauern; und doch, dieser Duft von Weißdorn, der sich bis zum Abend verflüchtigt, diese Geräusche von Kies unter Schritten, die echolos verhallen, eine Blase, die vom Flusswasser unter einer Wasserpflanze gebildet wurde und alsogleich platzt, dies alles trug die Verzückung meiner überspannten Einbildungskraft mit sich fort, und es gelang ihr, sie so viele

oder zerstreuten Gesichtszügen; und gewiss, wenn sie nur lange genug von diesem demütigen Passanten, von diesem träumenden Kind betrachtet wurden – wie ein König von einem Geschichtsschreiber betrachtet wird, der in der Menge untergeht –, mochten dieser Winkel der Natur oder jener Saum eines Gartens niemals auf den Gedanken kommen, dass sie dank ihm dazu berufen waren, selbst noch in ihren flüchtigsten Einzelheiten zu überdauern; und doch, dieser Duft von Weißdorn, der entlang der Hecke Bienen lockt, ehe ihn, bald schon, die Buschrosen ablösen, diese Geräusche vom Kies in einem Garten unter Schritten, die echolos verhallen, eine Blase, die vom Flusswasser unter einer Wasserpflanze gebildet wurde und alsogleich platzt, dies alles trug die Verzückung meiner überspannten Einbildungskraft mit sich fort, und es gelang ihr, sie so viele aufeinander folgende Jahre durchqueren zu lassen, während um sie herum alle Pfade verschwunden sind und all jene starben, die auf ihnen wandelten, und auch die Erinnerung all jener, die auf ihnen wandelten. Bisweilen, da löst sich dieses ins Heute überführte Stück Landschaft, so abgesondert von allem, dass es ungewiss in meinen Gedanken schwebt wie ein schwimmendes Delos, ohne dass ich zu sagen vermöchte, zu welchem Land es gehört, in welche Zeit oder, vielleicht nur, zu welchem Traum. Doch wenn ich an die Seite von Méséglise und die Seite von Guermantes denke, dann wie an tiefe Schichten in meinem mentalen Boden, wie an ein korrosionsbeständiges Erdreich, auf das ich mich noch immer stützen kann. Dies, weil ich an die Dinge, die Lebewesen glaubte, während ich sie

PLACARD 29
VOM 25. APRIL 1913

durchstreifte, weil jene Dinge, jene Lebewesen, die sie mir offenbarten, die einzigen sind, die ich noch heute ernst nehme und die mir noch immer Freude schenken. Sei es weil der schöpferische Glaube in mir versiegt ist, sei es, weil sich die Wirklichkeit

aufeinanderfolgende Jahre durchqueren zu lassen, während um sie herum alle Pfade verschwunden sind und all jene starben, die auf ihnen wandelten, und auch die Erinnerung all jener, die auf ihnen wandelten. Bisweilen, da löst sich dieses ins Heute überführte Stück Landschaft, so abgesondert von allem, dass es ungewiss in meinen Gedanken schwebt wie ein schwimmendes Delos, ohne dass ich zu sagen vermöchte, zu welchem Land es gehört, in welche Zeit oder zu welchem Traum. Doch wenn ich an die Seite von Méséglise und die Seite von Guermantes denke, dann wie an tiefe Schichten in meinem mentalen Boden, wie an ein korrosionsbeständiges Erdreich, auf das ich mich noch immer stützen kann. Dies, weil ich an die Dinge, die Lebewesen glaubte, während ich sie

PLACARD 29
VOM 25. APRIL 1913

durchstreifte, weil jene Dinge, jene Lebewesen, die sie mir offenbarten, die einzigen sind, die ich noch heute ernst nehme und die mir noch immer Freude schenken. Sei es weil der schöpferische Glaube in mir versiegt ist, sei es, weil sich die Wirklichkeit einzig in der Erinnerung bildet,

einzig in der Erinnerung bildet, die Blumen, die man mir heute zum ersten Mal zeigt, sind für mich keine wirklichen Blumen. Die Seite von Méséglise mit ihrem Flieder, ihrem Weißdorn, ihren Kornblumen, ihren Apfelbäumen, die Seite von Guermantes mit ihrem Fluss voll Kaulquappen, ihren Seerosen und Butterblumen haben für mich ein für allemal die Gestalt der Länder geprägt, in denen ich leben möchte, wobei ich vor allem verlange, dass man angeln gehen, sich im Kanu treiben lassen, die Ruinen gotischer Festungen besichtigen und mitten in Wiesen wie in Saint André des Champs auf eine ~~monumentale~~ monumentale Kirche stoßen kann, rustikal und golden wie ein Heuschober; und die Kornblumen, der Weißdorn, die Apfelbäume, die ich heute auf Reisen in Feldern finde, stehen, weil sie in der gleichen Tiefe, in der Schicht meiner Vergangenheit liegen, in unmittelbarem Zwiegespräch mit meinem Herzen. Und doch, da jedem Ort etwas ganz Eigenes anhaftet, kann man mir, wenn mich die Sehnsucht packt, die Seite von Guermantes wiederzusehen, nicht Genüge tun, indem man mich an das Ufer eines Flusses führt, wo es ebenso schöne, ja noch schönere Seerosen gibt als in der Vivonne, so wenig wie ich mich – zur Stunde, als ~~in mir~~ jene Beklemmung wach wurde, die sich in mir dereinst, ~~als Grundlage~~ mit der Liebe assoziiert, ~~mit Hilfe~~ unter dem Titel einer chronischen Krankheit herausbilden sollte, deren wahre Ursache allein in meinem Inneren liegt, und sich ganz unabhängig von der äußeren Welt entwickelt, von ihr lediglich einen Vorwand verlangt, um ihre Anfälle auszulösen und zu rechtfertigen – mit dem Wunsch getragen hätte, dass mir am Abend bei der Heimkehr eine schönere und intelligentere Mutter als die meine Gutnacht sagt. Nein; um selig einzuschlafen, in jenem ungestörten Frieden, den mir seither keine Geliebte mehr schenken mochte, da man selbst noch in dem Augenblick an ihr zweifelt, in dem man an sie glaubt, und man ihr Herz nie so ganz besitzt, wie ich in einem Kuss dasjenige meiner Mutter erhielt, in ungeteilter Gänze, ohne den Vorbe-

die Blumen, die man mir heute zum ersten Mal zeigt, sind für mich keine wirklichen Blumen. Die Seite von Méséglise mit ihrem Flieder, ihrem Weißdorn, ihren Kornblumen, ihren Apfelbäumen, die Seite von Guermantes mit ihrem Fluss voll Kaulquappen, ihren Seerosen und Butterblumen haben für mich ein für allemal die Gestalt der Länder geprägt, in denen ich leben möchte, und die Kornblumen, der Weißdorn, die Apfelbäume, die ich heute in Feldern finde, stehen, weil sie in der gleichen Tiefe, in der Schicht meiner Vergangenheit liegen, im Zwiegespräch mit meinem Herzen. Und doch, da jedem Ort etwas ganz Eigenes anhaftet, kann man mir, wenn mich die Sehnsucht packt, die Seite von Guermantes wiederzusehen, nicht Genüge tun, indem man mich an das Ufer eines Flusses führt, wo es ebenso schöne, ja noch schönere Seerosen gibt als in der Vivonne, so wenig wie ich mich am Abend bei der Heimkehr mit dem Wunsch getragen hätte, dass mir eine schönere und intelligentere Mutter als die meine Gutnacht sagen kommt. Nein; um selig einzuschlafen, war ich darauf angewiesen, dass sie es war, dass sie mir jenes Gesicht entgegenneigte, auf dem unter dem Auge ein Anflug eines Makels lag, den ich genauso liebte wie alles Übrige, wenn ich also die Seite von Guermantes wiedersehen will, dann jene, die ich kannte, das heißt den Bauernhof, der recht weit von den zwei nächstfolgenden entfernt liegt, die ihres Orts eng aneinandergeschmiegt sind, gleich beim Beginn der Eichenallee. Jene Wiesengründe auch, auf denen sich das Blattwerk der Apfelbäume abzeichnet, wenn die Sonne sie wie einen Weiher aufgleißen lässt, jene Landschaft also, deren Einzigartigkeit mich, nächtens, in meinen Träumen bisweilen mit einer geradezu märchenhaften Macht bedrängt und der ich beim Erwachen keinen Ausdruck verleihen kann. Gewiss, weil sie das, was sie mich ineins empfinden ließen, unzertrennlich verschmolzen hatten, setzten mich die Seite von Méséglise und die Seite von Guermantes in der Zukunft manchen Enttäuschungen aus,

halt eines Hintergedankens, ohne den Bodensatz einer Absicht, die gar nicht mir galt, war ich darauf angewiesen, dass sie es war, dass sie mir jenes Gesicht entgegenneigte, auf dem unter dem Auge ein Anflug eines Makels lag, den ich genauso liebte wie alles Übrige, in gleicher Weise will ich von der Seite ~~von Guermantes~~ von Guermantes das wiedersehen, was ich kannte, den Bauernhof, der recht weit von den zwei nächstfolgenden entfernt liegt, ihres Orts eng aneinandergeschmiegt, gleich beim Beginn der Eichenallee; jene Wiesengründe auch, auf denen sich das Blattwerk der Apfelbäume abzeichnet, wenn die Sonne sie wie einen Weiher aufgleißen lässt, jene Landschaft also, deren Einzigartigkeit mich, nächtens, in meinen Träumen bisweilen mit einer geradezu märchenhaften Macht bedrängt und die ich beim Erwachen nicht wiederfinden kann. Gewiss, weil sie für immer die unterschiedlichen Eindrücke in mir unzertrennlich verschmolzen hatten,[136] indem sie sie mich zur gleichen Zeit hatten empfinden lassen, setzten mich die Seite von Méséglise beziehungsweise die Seite von Guermantes in der Zukunft manchen Enttäuschungen aus, und sogar manchen Fehltritten. Denn so manches Mal wollte ich eine Person wiedersehen, ohne zu merken, dass es nur daran lag, weil sie mich an eine Hecke von Weißdorn erinnerte, und allein schon die Sehnsucht nach einer Reise ließ mich glauben – und glauben machen –, meine Zuneigung sei zurückgekehrt. Doch aus dem nämlichen Grund verleihen sie jenen heutigen Eindrücken, denen sie innewohnen, und jenen, mit denen sie zusammenhängen mögen, eine Art Grundstein, Tiefe, eine Dimension mehr als allen anderen. Sie fügen ihnen auch einen Zauber, eine Bedeutung bei, die nur mir gilt. Wenn an Sommerabenden der harmonische Himmel grollt wie ein wildes Tier und jeder dem Sturm die Stirn bietet, so liegt es an der Seite von Méséglise, wenn ich als Einziger voll Verzückung dastehe und, durch das Geräusch des Regens, der fällt, den Duft von unsichtbarem und aufdringlichem Flieder atme.[137]

und sogar manchen Fehltritten. Denn so manches Mal wollte ich eine Person wiedersehen, ohne zu merken, dass es nur daran lag, weil sie mich an eine Hecke erinnerte, und allein schon die Sehnsucht nach einer Reise ließ mich glauben – und glauben machen –, meine Zuneigung sei zurückgekehrt. Doch aus dem nämlichen Grund verleihen sie jenen heutigen Eindrücken, denen sie innewohnen, und jenen, mit denen sie zusammenzuhängen scheinen, eine Art Tiefe, eine Dimension mehr als allen anderen. Sie fügen ihnen auch einen Zauber, eine Bedeutung bei, die nur mir gilt. Wenn an Sommerabenden der harmonische Himmel grollt wie ein wildes Tier und jeder dem Sturm die Stirn bietet, so liegt es an der Seite von Méséglise, wenn ich als Einziger voll Verzückung dastehe und, durch das Geräusch des Regens, der fällt, den Duft von unsichtbarem und aufdringlichem Flieder atme.

So also sann ich oft bis in die Morgenstunden {über die Tage in Combray nach und aufgrund einer Assoziation von Erinnerungen über das, was ich Jahre später, nachdem ich dieser kleinen Stadt den Rücken gekehrt hatte, in Bezug auf eine Liebe in Erfahrung brachte, die Swann einst hatte, bevor ich geboren war. Ich kannte die Geschichte mit einer Genauigkeit, die wenig wahrscheinlich erscheint, wenn man die Schliche nicht kennt, dank derer ich davon erfuhr. So manche Erfindungen der Wissenschaft, archäologische Auferstehungen oder polizeiliche Aufklärungen erscheinen unmöglich, solange man den Umweg nicht kennt, dank dem dies Außergewöhnliche eine Wendung nahm. Überdem geschieht es nicht alle Tage, das uns ein Zufall das Leben und die Liebeleien von Personen erschließt, die seit Jahrhunderten tot sind, und dies oft weit detaillierter als diejenigen unserer besten Freunde.

Gewiss, wenn der Morgen nahte, so war er seit langer Zeit vom kurzen Trugbild beherrscht, dass ich in Combray erwachte. Ich wusste, dass ich in meinem Zimmer in Paris lag, ich hatte es rings um mich} in der Dunkelheit rekons-

* * *

So also sann ich oft bis in die Morgenstunden über[138] die Zeit in Combray nach,[139] über meine traurigen Abende ohne Schlaf, über all jene Tage, deren ~~Erinnerung~~ Bild mir kürzlich durch das Aroma – in Combray hätte man gesagt: durch das Parfum – einer Tasse Tee wiedergeschenkt wurde und durch die Kette von Erinnerungen an all das, was ich Jahre später, nachdem ich dieser kleinen Stadt den Rücken gekehrt hatte, in Bezug auf ~~die Liebeleien~~ eine Liebe in Erfahrung brachte, die Swann hatte, bevor ich geboren war, und zwar ~~mit jener Detailgenauigkeit, die man für ausgeschlossen hält~~ mit jener Genauigkeit von Details,[140] die man bisweilen leichter über das Leben von Leuten versammeln kann, die vor Jahrhunderten verstorben sind, als über dasjenige unserer besten Freunde[141] – so wie es lange ausgeschlossen schien, sich von einer Stadt mit einer anderen zu unterhalten –, solange man den Umweg nicht kennt, dank dem sie eine Wendung genommen hat. ~~Alle Jene Erinnerungen, die frühesten, und dann jene, die aus einem Parfum entstanden~~ All diese Erinnerungen, aufeinandergetürmt, bildeten nur noch eine einzige Gemengelage, ~~aber in ihrem Schoß hätte man unterscheiden~~ und doch konnte man sie voneinander unterscheiden – die ~~jüngsten~~ allerfrühesten, ~~dann~~ die jüngsten, die aus einem Parfum aufgestiegen waren, ~~dann~~ jene, ~~von denen ich indirekt erfahren habe~~, die die Erinnerungen eines anderen waren –, wenn nicht Risse, ~~eine~~ eigentliche Verwerfungen, so doch zumindest jenes Geäder, jene Farbdurchschüsse, die bei gewissen Gesteinen, gewissem Marmor, Aufschluss über die unterschiedliche Herkunft geben, über Alter, „Formation". ~~Gewiss~~[142]

Gewiss, wenn der Morgen nahte, so war die kurze Ungewissheit beim Erwachen seit langer Zeit schon Vergangenheit. Ich wusste genau, ~~dass~~ in welchem Zimmer ich mich befand, das ich rings um mich ~~in der Dunkelheit~~[143] in der Dunkelheit rekonstruiert

truiert, sei es, dass ich mich ausschließlich ans Gedächtnis hielt, sei es, dass mir, als Hinweis, ein schwacher Schimmer, den ich wahrnahm, zu Hilfe kam, unter den ich die Vorhänge des Fensterkreuzes hing: ich hatte es vollständig rekonstruiert und möbliert, so wie ein Architekt und ein Tapezierer den Fenstern und Türen ihre ursprüngliche Öffnung lassen, hatte ich die Spiegel bereits wieder aufgestellt, die Kommode an ihren üblichen Platz gerückt. Doch kaum zeichnete das Tageslicht – und nicht mehr der Widerschein einer letzten Kohle auf der kupfernen Vorhangstange, mit dem ich es verwechselt hatte – mitten in die Dunkelheit, wie mit einer Kreide, den ersten weißen und alles berichtigenden Strahl, schon verließ das Fenster mitsamt seinen Vorhängen den Türrahmen, wo ich es irrtümlich eingelassen hatte, während der Schreibtisch, den mein Gedächtnis linkischerweise genau dort aufgestellt hatte, sich rasch rettete und den Kamin vor sich herschob, mitsamt der Zwischenmauer des Korridors; diese Mauer erstreckte sich da, wo sich einen Augenblick zuvor noch ein Waschraum befunden hatte, und die in der Finsternis errichtete Wohnstätte versank zwischen all den anderen im Taumel des Erwachens erblickten Wohnstätten, in die Flucht geschlagen von dem wehen Zeichen, unter dem Vorhang vorgespurt vom erhobenen Zeigefinger des Tages.

ENDE DES ERSTEN TEILS

hatte, sei es, dass ich mich ausschließlich am Gedächtnis ori-
entierte, sei es, dass mir, als Hinweis, ein schwacher Schimmer,
den ich wahrnahm, zu Hilfe kam, unter den ich die Vorhänge
des Fensterkreuzes hing – ich hatte es vollständig rekonstruiert und möbliert, so wie ein Architekt und ein Tapezierer den
Fenstern und Türen ihre ursprüngliche Öffnung lassen, hatte
ich die Spiegel bereits wieder aufgestellt, die Kommode an
ihren üblichen Platz gerückt. Doch kaum zeichnete das Tageslicht – und nicht mehr der Widerschein einer letzten Kohle
auf der kupfernen Vorhangstange, mit dem ich es verwechselt
hatte – mitten in die Dunkelheit, wie mit einer Kreide, den
ersten weißen und alles berichtigenden Strahl, schon verließ
das Fenster mitsamt seinen Vorhängen den Türrahmen, wo ich
es irrtümlich eingelassen hatte, während der Schreibtisch, den
mein Gedächtnis linkischerweise genau dort aufgestellt hatte,
sich rasch rettete und den Kamin vor sich herschob, mitsamt
der Zwischenmauer des Korridors; diese Straße ein Innenhof
erstreckte sich da, wo sich einen Augenblick zuvor noch ein
Waschraum befunden hatte, und die in der Finsternis errichtete
Wohnstätte versank zwischen all den anderen im Taumel des
Erwachens erblickten Wohnstätten, in die Flucht geschlagen
von dem fahlen Zeichen, über dem Vorhang vorgespurt vom
erhobenen Zeigefinger des Tages.

1 **S. 21** {Bisweilen war es ein einzelner Ort,
Diese Passage hat Proust zunächst gestrichen und dann durch eine eingeklebte Passage aus dem Placard 2 überklebt. Wir folgen dem entsprechenden Text in den unkorrigierten Druckfahnen NAF 16754 der Bibliothèque Nationale Paris.

2 **S. 23/25** {wo man, ins Bett gekuschelt,
Hier folgt der Text dem Zettel, den Proust an dieser Stelle ausgeschnitten in der korrigierten Version und nach vorn verlagert hat (vgl. S. 18).

3 **S. 75** {Kaum richtete mein Großvater an Swann
Nur die ersten Wörter dieser überklebten Stelle sind auf den Druckfahnen der Bodmeriana zu lesen. Wir folgen dem Text der Druckfahnen NAF 16754.

4 **S. 79** {An den Abenden,
Wir ergänzen die überklebte Stelle mit dem Text, den Proust selbst oben an den Placard 5 geklebt hat.

5 **S. 289** {wie in den Armen
Die unten auf der zweiten Druckseite dieses Placards ausgeschnittene und über den Anfang der dritten Druckseite geklebte Stelle überdeckt eine Passage, die wir nach NAF 16754 übersetzen.

6 **S. 293** {Meine Begriffe über die soziale Hierarchie
Wir ergänzen den überklebten Text nach NAF 16754.

7 **S. 325–341** {Die Kirche!
Hier folgen wir dem Text des nach vorn versetzten Placards 17. Vgl. S. 192 ff.

8 **S. 353–357** {Der Samstag zeichnete sich
Diese Passage klebte Proust auf den Placard 11, vgl. S. 208 ff.

9 **S. 507** {Der größte Zauber
Wir ergänzen die mit einer Paperole überklebte Stelle nach NAF 16754.

10 **S. 559** {über die Tage in Combray
Wir ergänzen die mit einer Paperole überklebte Stelle nach NAF 16754.

1 Der erste „Placard", also „Druckbogen", trägt den Stempel „CR Molin Drucker in Mayenne" und ist auf den 31. März 1913 datiert. Auf jedem Druckbogen sind acht von der Druckerei gesetzte Buchseiten angeordnet.

Die Druckerei schickte Proust fast im Tagesrhythmus einen Druckbogen in jeweils drei Exemplaren. In der Bibliothèque Nationale liegen zum einen die unkorrigierten Druckbogen (unter der Signatur NAF 16754) sowie ein paar wenige korrigierte Druckbogen (NAF 16753). Die Korrekturen dieser Placards übertrug Proust dann auf die sogenannten „Placards Bodmer", das dritte Set von Druckbogen, das lange unbekannt blieb.

Es war Teil der Sammlung von Jacques Guérin und wurde im Jahr 2000 in Paris versteigert. Es gelangte in den Besitz der Fondation Martin Bodmer in Coligny, unweit von Genf. Im Jahr 2013 veröffentlichte die Fondation Bodmer zusammen mit dem Verlagshaus Gallimard diesen Schatz in einer luxuriösen Faksimile-Ausgabe, in der Charles Méla eine Transkription der handschriftlichen Korrekturen vorlegte, die Proust vorgenommen hatte.

Der erste Druckbogen weist eine überraschende Anomalie auf: Die beiden ersten Druckseiten wurden aus der Version NAF 16753 ausgeschnitten und mit den entsprechenden Seiten aus der Version in der Bodmeriana ausgewechselt. Beim Ausschneiden und Einkleben – ein lustvolles Spiel, an das sich Proust erst noch gewöhnen musste – unterlief Proust ein neckischer Fehler: Das „R" im Wort „Cœur" wiederholt sich, sodass es hier zum Flimmern des „Herrzens" kommt.

2 Die Titel selbst hat Proust wohl erst spät im Mai ausgewechselt, als dieser Zettel bereits in das Set der Bodmeriana eingeklebt war, sonst müssten sie sich ja auch auf dem Set NAF 16753 finden, wo jedoch nur das „A" in „CAMBRAY" durch ein „O" ausgewechselt wurde.

3 Auf der ursprünglichen Version der Bodmeriana-Placards, die Proust in das Set NAF 17653 transferiert hat, überschneiden sich zwei Varianten: Proust ersetzt eine erste Korrektur mit einer seiner berühmt gewordenen „Paperoles". Diesen Namen erfand seine Haushälterin Mlle Céleste für seine „Zettelwirtschaft". Dieser Zettel, der zunächst zum Set der Bodmeriana gehörte, ist insofern bemerkenswert, als er die allererste Paperole darstellt, die Proust auf einen Druckbogen seines Romans klebte.

Proust streicht den berühmten Einstieg und ersetzt ihn zunächst handschriftlich am Rand der Seite: „~~Lange Zeit, ging ich zu guter Stunde zu Bett. Bisweilen, kaum war meine Kerze erloschen~~ Während mancher Jahre las ich, am Abend, wenn ich zu Bett gegangen war, ein paar Seiten in einer Abhandlung über Archäologie von Monumentalbauten, die neben meinem Bett lag; Lange Zeit ging ich zu guter Stunde ins Bett; dann oft schlossen sich meine Augen so rasch, dass ich nicht einmal Zeit fand, mir zu sagen: ‚Ich schlafe ein.' Doch, schon eine halbe Stunde später, da weckte mich der Gedanke, dass es Zeit sei, Schlaf zu suchen; ich wollte ~~die Zeitung hinwerfen, die ich noch in Händen wähnte, und mein Licht ausblasen~~ das Buch hinlegen, das ich noch in den Händen wähnte, (es war für gewöhnlich eine Abhandlung über Archäologie) und ~~mein Licht ausblasen; während der Zeit, wo ich schlief,~~ hatte ~~fortwährend~~ über die Seite nachgedacht, die ich gerade gelesen hatte;".

Diese Versionen überklebt er mit der ersten Paperole, auf der getrennt der erste Satz und unter einem Querstrich der Übergang in die handschriftliche Ergänzung (ab: „über ~~die Seite~~ das Gelesene nachgedacht") stehen. Das Ganze fügt sich wie folgt in die Anfangspassage: „Lange Zeit ging ich zu guter Stunde zu Bett; ~~oft~~ bisweilen schlossen sich, kaum war meine Kerze erloschen, meine Augen so rasch, dass ich nicht einmal Zeit fand, mir zu sagen: ‚Ich schlafe ein.' Doch schon eine halbe Stunde später, da weckte mich der Gedanke, dass es Zeit sei, Schlaf zu suchen; ich wollte ~~die Zeitung hinwerfen, die ich noch in Händen wähnte, und mein Licht ausblasen; voll Verwunderung erblickte ich um mich herum~~ das Buch (es war für gewöhnlich eine archäologische Abhandlung) hinlegen, das ich noch in den Händen wähnte, und mein Licht ausblasen; ~~dann~~ während der Zeit wo ich schlief, hatte ich fortwährend..."

Hier wechselt der Text von der Paperole wieder in die handschriftliche Ergänzung auf dem Druckbogen über: „... über ~~die Seite~~ das Gelesene nachgedacht; doch diese Gedanken hatten eine recht eigentümlichen Wendung genommen, denn sie hatten mich überzeugt, dass ich selbst ~~die regionale Architekturschule~~ die Skulpturen war, von denen das Werk sprach; während ein paar Sekunden hielt diese Überzeugung auch noch nach meinem Erwachen ~~noch ein paar Sekunden~~ an; sie schien meine Vernunft ~~zunächst~~ keineswegs in Schreck zu setzen, aber sie lag wie Schuppen auf meinen Augen, und so bemerkten sie, von ihr gehemmt, nicht einmal, dass die ~~Kerze~~ Handleuchte nicht mehr ~~brannte und~~ brannte. Dann verblasste sie nach und nach [hier folgen ein paar unleserliche gestrichene Wörter] wie nach einer Metempsychose die Gedanken, die man in einem früheren Leben hatte~~, die Metempsychose: die Metempsychose tat ihr Werk. Der Stil der regionalen Schule~~. Die Skulpturen stellten sich in einer vernünftigen Distanz zu mir auf, wie ein Objekt, bei dem es mir frei stand, mich in ihn zu versenken oder nicht, aber es sie waren nicht mehr ich. Sogleich gewann ich mein Augenlicht zurück und fand voll Verwunderung ~~rings um mich~~ in der Kammer ein Dunkel, ~~das~~ sanft und beruhigend für meine Augen ~~war, und,~~ aber vielleicht mehr noch für meinen Geist, dem dies wie ein Ding ohne Grund vorkam, unfasslich, ein wahrhaft dunkles Ding, und es ließ ihn jene innerliche Dunkelheit fühlen, in die er selber abgesunken war."

Den Schluss des letzten Satzes hat Proust auf dem Set NAT 16753 noch nicht gestrichen, ansonsten decken sich alle weiteren Korrekturen, die nur die ersten zwei Druckseiten betreffen, mit der Version in der Bodmeriana. Der Rest des Placards 1 im Set NAF 16753 weist keine Korrekturen auf. Dafür kann man, wie weiter unten gezeigt wird, auf dem Druckbogen der Bodmeriana deutlich erkennen, dass eine erste Korrekturfassung noch viel weniger in den Text eingriff.

Der Placard 1 der sogenannten unkorrigierten Fassung NAF 16754 fehlt im Set der Bibliothèque Nationale, sodass man sich den ganzen Ablauf noch komplizierter vorstellen kann.

4 Der eingeklebte Streifen aus dem Set NAF 16753 endet hier.

5 Bevor Proust diesen Vorverweis auf den Gutnachtkuss strich, bereitete ihm der Übergang in den gedruckten Fahnen allerlei Mühe.

6 Großer Tintenfleck im Manuskript. Ab hier folgt der Text bis zum Ende des Abschnitts der zweiten Paperole, die Proust in den Druckbogen eingeklebt hat. Am unteren Rand sind noch halbe Buchstaben der ersten Korrektur zu entziffern wie: „mich zusammenfügen".

7 Ende der Paperole. Der Text wechselt zurück auf den Druckbogen.

8 Zunächst ließ Proust den Text mit wenigen Varianten stehen, er hätte damals wie folgt gelautet: „... damals, als es noch Schlafzimmer gab und Großeltern auch: Als noch jedes Gefühl sein unvergleichliches Gepräge hatte und jedes Ding seine Zeit und seinen Platz, als man seine Eltern nicht liebte, weil sie intelligent oder nett waren, sondern einfach weil es Ihre Eltern waren, als die Kinder nicht schlafen gingen, weil sie gerade Lust hatten, sondern weil es Zeit zum Schlafen war, und sie mussten während der langen Zeremonie des Entkleidens den Verzicht auf die Großen, die unten schwatzten, bis zum bitteren Ende auskosten, die Einwilligung auch, sich schlafen zu legen, sowie die Bereitschaft, im erhöhten Bett, in das man über zwei Stufen stieg, Schlaf zu suchen, unter dem Baldachin zu einem Nichts zu werden, zwischen den Vorhängen, die mit rotem Rips und samtgeklöppelten Bändern von derselben Farbe schon bald zugezogen werden; -- in jenen Zeiten, wo Sie die alte Arzneikunst, wenn man krank war – wie es mir bisweilen nicht erspart blieb –, mehrere Tage unter Ihren Decken und zusätzlichen Fußdecken schmachten ließ, nur weil man sich erkältet hatte, voll und ganz der geradezu vulgären Heilkraft etwelcher Tees ausgeliefert, ebenso altmodisch wie Feldblumen und die Weisheit der Weiblein, Borretsch, Kirschstängel oder Sennesblätter, die Sie unter Ihrem Flanell schlimm schwitzen und Ihren Topf füllen ließen; und dies ohne die Hilfe irgendeines jener perversen Produkte der modernen Immoralität wie Antypirin, Trional, Aspirin, allesamt mächtige Zersetzungsmittel der familiären Gesetze und charakterlichen Grundlagen, da sie auf nichts anderes abzwecken, als uns glauben zu machen, man könne, wenn man krank ist, in einem gewissen Maß das Leben eines gesunden Menschen führen, mir wäre es zum Beispiel erlaubt, nachdem ich den ganzen Morgen im Bett zugebracht, eine Stunde an

die Sonne zu gehen, den Skandal eines Spaziergangs im Schlafrock durch den kleinen Garten in Combray zu wagen, womit ich mich jeglicher Entschuldigung beraubte, dass ich nicht zur üblichen Stunde aufgestanden war und Françoise dazu gezwungen hatte, zweimal ein ‚Frühstück' aufzutragen."

9 Hier vergaß Proust, im zweiten Korrekturgang folgende Passage zu streichen: „... man jeden Abend bei Sonnenuntergang zurückkehrte und nach dem Abendessen zu Bett ging. Es ist ein anderes Leben, eine andere Art Vergnügen, denen man bei Mme de St Loup obliegt".

10 Hier klebte Proust einen ausgeschnittenen Zettel aus dem Placard 2 ein. Da es sich nicht um eine handschriftliche Ergänzung handelt, belassen wir die Passage in schwarzen Lettern, wobei wir die Streichungen sichtbar machen, damit man die Veränderungen nachverfolgen kann, ohne auf die entsprechende Seite der unkorrigierten Druckbogen (hier S. 23/25) blättern zu müssen.

11 Hier endet der eingeklebte Zettel.

12 Bevor Proust den obgenannten Zettel ausschnitt und verlagerte, hatte er die gesamte Passage mit geringfügigen Änderungen stehen lassen.

13 Auf dem Druckbogen trennen zwei Leerzeilen den Lauftext.

14 Zunächst ließ Proust die Passage stehen, sie hätte wohl wie folgt gelautet: „Gleichwohl fand ich Gefallen an den zitternden Erscheinungen, die mein Zimmer, in den Farben des Regenbogens, mit dem Widerschein der Geschichte kolorierten, so alt und so poetisch; und sie, jene von der Zauberlaterne hingeworfenen Landschaftsansichten, schienen mysteriöse Emanationen einer merowingischen Vergangenheit voll legendärer Widerfahrnisse, von denen sie handelten. Ihr Anblick würde mich heute tief treffen, denn sie würden mich in eine längst versunkene Vergangenheit, in meine Kindheit, von der ich doch so fern bin, hinabsteigen lassen, ~~Erinnerungen an Schmerzen, die weit realer sind als jene von Geneviève de Brabant, an Verfehlungen, die mich härter treffen als jene von Golo, da sie zu meinem Herzen sprechen,~~ die prächtigen Lichtflecken, leuchtend und blau wie jene, die ~~ich~~ ich auf den Wänden meines Zimmers in Combray sah und die man auf den Flügeln gewisser Schmetterlinge entdeckt, flatterten, ehe sie verschwanden, ganz so, als schlüge der unsichtbare Flügel, den sie zieren, im Moment des Aufschwungs ein letztes Mal. ~~Sie~~ Es sind dies Schmerzen, die weit wirklicher sind als jene von Geneviève de Brabant, Verfehlungen, die mich härter treffen als jene von Golaud, ~~weil ihr Anblick~~ sie würden mir das Herz zusammenschnüren. Und ich könnte nicht mehr wie früher aufbrechen zur friedsamen Lampe, die erloschen ist, zurück in Arme, die auf immer geschlossen sind und mich wie nichts sonst zu heilen wussten."

15 Zunächst scheint Proust folgende Variante erwogen zu haben: „... bis zum nächsten Morgen bewahrten; Hostie einer Kommunion des Friedens, die mir einen süßeren und ruhigeren Schlaf sicherte als jene

nicht minder wundersamen Hostien, in denen der Apotheker den Schlaf einschließt. Doch jene Abende…"

16 Hier wechselt der Text auf eine eingeklebte Paperole. Unter der Paperole sind noch folgende gestrichene Satzfragmente zu lesen:

„die künstlerischen Diskussionen und hat uns…

Geschichte, jedes Mal eine neue Geschichte…

zustieß mit Leuten, die wir kannten…

Apotheker von Combray, mit unserer…

Kutscher und in der er aß…

Gewiss…

diese Erzählungen, aber da Swann sich darin…

ganz, aber und in dem er…

Gewiss…

diese Erzählungen aber da Swann…

Tante, aber machte sie vor allem lachen,

ohne dass sie recht ausmachen…

extra eine leicht lächerliche Rolle. Da…"

Die Paperole endet mit der Wiederholung jener Wendung („mit einem leicht vulgären Einschlag in unserer Familie"), die auch auf dem Druckbogen steht und dort mit einem orangefarbenen Kreuz versehen ist. Darauf verweist am Schluss der Paperole die Bemerkung: „Bei der Markierung wieder aufnehmen".

17 Hier markiert ein orangefarbenes Kreuz den Ort, wo der Setzer wieder auf den Text des Druckbogens wechseln soll.

18 In einer ersten Überarbeitung scheint Proust folgende Variante erwogen zu haben: „und sich in einen ‚Salon' verfügen würde, den das Auge anderer Wechselhändler und Geldgesellschafter nie erblickte, unvermutet und ruhmreich wie eine blendende Schatzhöhle, in die man, auf den Desserttellern von Combray, Ali Baba eintreten sah, sobald er gewiss sein konnte, dass man ihn nicht mehr beobachte, so wäre das…"

19 Auf dem korrigierten Placard 4 von NAF 16753 weichen die mehrheitlich identischen Korrekturen zum ersten Mal voneinander ab, denn dort sieht sich der Name „Frohsdorf" noch nicht durch „Twickenham" ersetzt. Dafür erwägt Proust in diesem Einschub noch kleine Variationen.

20 Auf dem Placard 4 aus dem Set NAF 16753 hätte die korrigierte Version der Stelle wie folgt gelautet: „… blieb er weniger wirklichkeitsgetreu als jener elegante, von dem er ~~getrennt~~ verschieden und getrennt war, jener von Müßiggang erfüllte Swann, durchduftet vom großen Kastanienbaum, von Himbeerkörbchen und einem Zweig Estragon.

Ach! ~~jedes Mal~~ an den Abenden, wo er dinieren kam, kam Maman nicht in meine Kammer hoch; ich dinierte allein, vor allen anderen, dann setzte ich mich eine Weile an den Tisch, und den Kuss von Maman, diesen köstlichen und zerbrechlichen Kuss, musste ich an Abenden, wo Leute da waren, dort unten pflücken, statt dass ihn mir

Maman wie gewöhnlich in jenem Moment anvertraute, wo ich einschlafen sollte, musste ihn vom Speisesaal oder vom Garten in meine
Kammer tragen und, die ganze Zeit, während ich mich entkleidete,
bewahren, ohne dass seine Süße brach, ohne dass seine Macht sich
ergoss und verdunstete – ausgerechnet an solchen Abenden, wo ich
ihn mit noch höherer Sorgsicht hätte pflücken müssen, da sollte ich
ihn in aller Öffentlichkeit empfangen, abjagen, jäh, ohne die Zeit und
die nötige Geistesgegenwart zu finden, um meinem Tun jene Aufmerksamkeit zu widmen, dank der ich dem Erwachen krankhafter Zweifel
siegreich eine unerschütterliche Erinnerung hätte entgegenhalten
können. Doch Maman, um meinen Vater nicht zu verärgern, ließ mich
sie nur eine Sekunde umarmen, wenn wir nicht allein waren."

21 Auf dem Placard 4 aus dem Set NAF 16753 erprobt Proust zunächst
eine andere Variante: „Die ersten Zweifel meiner Großeltern an Swanns
Verhältnissen kamen ihnen anlässlich gewisser Bemerkungen der
Marquise de Villeparisis aus dem berühmten Geschlecht de Bouillon,
die mit meiner Großmutter in Sacré-Cœur erzogen worden war. Auch
wenn sie sich ein wenig aus dem Blick verloren hatten, weil meine
Großmutter aufgrund unserer Konzeption der Kasten ihrer früheren
Freundin aus dem Kloster keine Besuche mehr abstatten wollte; doch
wie sie wusste, fand sie in ihr immer eine Stütze, wenn sie sie um
eine Gefälligkeit bat; sie schilderte sie uns als eine erhabene, nicht
sonderlich empfindsame, wenig liebenswürdige Frau, aber treu, von
bewundernswertem Scharfsinn, Takt und schneller Entschlossenheit,
wenn es darum ging, ein Versprechen zu halten. Meine Großmutter
suchte Madame de Villeparisis auf, damit sie ein günstiges Wort beim
Maréchal de Mac-Mahon einlegte, der ihr Neffe war. Sie nun drängte
meine Großmutter, die ein Gemach suchte, mit Nachdruck dazu, eines
in ihrem eigenen Haus zu mieten. Sie gingen Es ging auf den Garten
hinaus, von dem meine Großmutter ganz begeistert war, nicht weniger
als vom Westenschneider, der sein Geschäft im Hof hatte mit seiner
Tochter ein Geschäft im Hof betrieb und bei dem meine Großmutter
mit der Bitte eintrat, man möge ihren Rock nähen, den sie auf der
Treppe zerrissen hatte."

22 Auf dem Placard 4 aus dem Set NAF 16753 streicht Proust nur den
ersten Satz des Abschnitts und setzt mit folgender Variante ein: „Leider
erzählte uns meine Großmutter auch, nicht ohne zu erröten, ahnte sie
doch, welch Verdruss dies meiner Großtante bereiten sollte, dass ihr
Madame de Villeparisis gesagt habe: ‚Allem Anschein nach sind Sie mit
M. Swann recht gut bekannt, ein enger Freund meiner Neffen Villebon.'
Meine Großmutter scheute es, weitere Einzelheiten zu erfragen, denn
statt Swann zu erhöhen, setzte diese Neuigkeit die Neffen von Villebon
auf der Leiter unserer mondänen Wertschätzung herunter,..."

23 Auf dem Set NAF 16753 erscheint eine andere Variante: „Die irrige
Vorstellung, die sich meine Großeltern von Swanns Umgang mach-

ten, wurde später durch die Ehe mit einer Frau aus der schlimmsten Gesellschaft bestätigt, einer Kokotte fast, die er ihnen nicht vorzustellen suchte, und mit Blick auf sie etc."

24 Auf dem Set NAF 16753 erwog Proust eine andere Abfolge dieser Passage, sie hätte wohl wie folgt gelautet: „Mein Großvater zeigte sich weniger überrascht: ‚Das erstaunt mich nicht sonder Maßen', sagte er. ‚Seiner armen Mutter erging es nicht anders. So manches Mal traf man bei ihr Leute auf Besuch, die in unseren Kreisen nicht bekannt waren. Und da sie sich sofort von ihnen abwandte und nur noch für uns Augen hatte, sagten sich schlichte Gemüter, dass diese Unbekannten gewiss Leute von geringem Rang sein müssten. Ich aber, der ich ihr Taktgefühl und ihren Feinsinn kannte, ahnte wohl, dass es sich genau umgekehrt verhalten müsse.' Mein Großvater war selbst noch auf die unscheinbarsten Einzelheiten erpicht, die ihm, in Gedanken, das Tor zum Privatleben von Menschen ~~wie Molé, wie dem Duc de Broglie, wie Casimir Perier, die~~ sowohl ~~während der Monarchie als auch während der ersten Jahre der Republik~~ eine gewichtige Rolle gespielt hatten. wie Molé, wie dem Duc de Broglie, wie Casimir Perier, ~~die unter der Monarchie eine gewichtige Rolle gespielt hatten. Und Swann sollte in der Tat in ein paar Tagen zum Essen kommen. Doch meine Großtante war nicht günstig der Ansicht, dass mein Großvater ihn~~ Er war entzückt, als er erfuhr, dass Swann mit Leuten Umgang hatte, die sie gekannt hatten. Meine Großtante ~~fand diese Neuigkeit unwichtig, aber interpretierte sie~~ interpretierte diese Neuigkeit hingegen ungünstig: Wer sich seinen Umgang außerhalb der ‚Kaste', in die er hineingeboren war, mithin außerhalb seiner sozialen Klasse suchte, der war in ihren Augen tief gefallen. Ihr war, als würde man auf einen Schlag die Früchte all der erfreulichen Verbindungen mit wohlgesitteten Leuten verlustig gehen, die vorausschauende Familien zum Wohl ihrer Kinder auf löbliche Weise gepflegt und bewahrt hatten. Meine Großtante sah sogar davon ab, den Sohn eines Notars aus unserem Freundeskreis zu frequentieren, weil er eine Durchlaucht geehelicht hatte, womit er, in ihren Augen, vom würdigen Rang eines Notarsohnes in denjenigen eines Frauenhelden abgesunken war, gleich jenen ehemaligen Kammerdienern oder Stallburschen, denen, wie man sich erzählt, gewisse Königinnen ihre Gunst geschenkt hatten. Sie tadelte meinen Großvater wegen seines Vorhabens, Swann am ~~ersten Abend~~ nächsten Tag, wenn er zum Diner käme, auszuhorchen. Überdem verkündeten die beiden Schwestern ~~seiner Frau, alte Jungfern~~ meiner Großmutter, alte Jungfern, die mit ihr deren edle Natur ~~ohne~~, nicht aber deren Geist teilten, ~~sie könnten~~ es würde sich ihrem Verständnis entziehen, welches Vergnügen ihr Schwiegerbruder daraus ziehen mochte, über solche Lappalien zu reden. Sie waren Persönlichkeiten mit hochfliegenden Absichten…"

25 Hier beginnt unter dem Titel „Zu den Dann zu den Schwestern" eine eingeklebte, frei flatternde Paperole.

26 Hier endet diese mit einem eigenen Titel versehene Paperole.

27 Hier wechselt der Text auf eine eingeklebte und unten an der Seite gefaltete und eingeklappte Paperole, der weitere handschriftliche Zettel angeklebt sind.

Auf dem Set der BN ist der nächste Abschnitt gestrichen und mehrheitlich aus der Seite herausgerissen.

28 Die folgenden Wörter werden von einem weiteren auf die Paperole geklebten Zettel teilweise verdeckt.

29 Hier wurde ein weiterer handschriftlicher Zettel angeklebt.

30 Ende der aus mehreren Zetteln zusammengesetzten Paperole.

31 Dieser Druckbogen ist über der zweiten Spalte mit einem handschriftlichen Zusatz als „Planche 5" bezeichnet. Denn über das Datum dieses Placards ist eine Paperole aus zwei Zetteln geklebt, einmal ein handschriftlicher Zettel, einmal eine gedruckte Passage, die Proust aus dem Set unkorrigierter Druckbogen NAF 16754 ausgeschnitten hat, wie dort eine Lücke auf dem Placard 5 zeigt. Die Seite ist dabei allem Anschein nach zunächst gerissen. Proust vergass den nächsten Satz zu streichen.

32 Ende des eingeklebten und gerissenen Zettels aus NAF 16754.

33 Ab hier erfolgt der Zusatz wieder handschriftlich auf einem breiten Zettel.

34 Hier wechseln die handschriftlichen Korrekturen von der Paperole an den Seitenrand des Placard 5 über.

35 Hier wechselt der Text wieder auf den „normalen" Druckbogen über.

36 Der erste Teil der Korrektur ist über die Anfangszeilen des gestrichenen Abschnittes gestellt.

37 Bis zum Ende des Abschnitts hat Proust hier eine weitere Passage aus dem Set NAF 16754 eingeklebt.

38 Hier beginnt eine handschriftliche Ergänzung auf einem eingeklebten Zettel.

39 Hier sprang der Text auf dem Set NAF 16754 ursprünglich auf die nächste Seite; Proust schnitt die unbeschriebene Stelle aus und klebte Seitenende und Seitenanfang zusammen, bevor er den Abschnitt in den Satzspiegel von Placard 5 klebte.

40 Hier endet der Text auf dem eingeklebten Zettel, wobei Proust noch vermerkt: „Abschnitt".

41 Zwei kurze gestrichene Korrekturen weisen darauf hin, dass Proust die überklebte Passage zunächst überarbeitet hatte.

42 Im Set NAF 16753 erwägt Proust folgende Variante: „Erst einmal in meinem Zimmer, hieß es, alle Zugänge versperren, die Fensterläden schließen, mein eigenes Grab graben, indem ich meine Decken aufschlug, ins Leichentuch meines Nachthemds schlüpfen. Doch ehe ich mich selbst im Eisenbett einsargte, das man in meine Kammer gestellt hatte, weil mir im Sommer unter den Ripsvorhängen des großen Bettes

zu heiß war, überwältigte mich eine Regung der Revolte, ich wollte die List eines Todgeweihten wagen. ~~Die Furcht, ich lächerlich~~ Ohne mich durch die Vorstellung abschrecken zu lassen, dass ich mich in den Augen von Swann womöglich lächerlich machte, schrieb ich meiner Mutter mit der Bitte, eine Sekunde hochzukommen, in einer extrem ernsten Angelegenheit, die ich ihr nicht schriftlich unterbreiten konnte. Meine Angst war, dass sich die Köchin meiner Tante, die mir in Combray als Magd diente, Françoise, weigern könnte, meinen Brief zu überbringen. Ich ahnte nur allzu gut, für sie war es genauso unmöglich, Maman gegenüber eine Besorgung zu machen, solange alle Welt da war, wie wenn man den Portier eines Theaters fragen wollte, einem Schauspieler, der gerade auf der Bühne steht, einen Brief auszuhändigen. Es war immer schwierig, im Voraus zu wissen, wie sie entscheiden würde, doch wenn sie sich einmal entschieden hatte, konnte man gewiss sein, dass sie ganz verbissen daran festhalten würde, denn in Bezug auf Sachen, die man machen oder nicht machen durfte, verfügte sie über einen komplexen, ausführlichen und barbarischen Kodex, dessen Gebote sie nicht einmal im Tausch gegen ein Königreich gebrochen hätte. Sie bezeigte ihnen gegenüber eine so verstörende Unterwürfigkeit, dass mich ~~selbst die weisesten Geboten~~ selbst die vernünftigsten Gebote mit Abscheu erfüllen mochten, wie etwa die Achtung vor den Eltern, den Toten, ~~den Priestern und dem Beichtvater~~ dem Fremden, dem man Gastrecht gewährt, und mit mehr Recht all jene, die derartige soziale Komplikationen und mondäne Künsteleien kannten, dass man sich fragen mochte, wer aus ihrer bäuerlichen und ganz und gar primitiven Abkunft, wer in ihrer Umgebung oder aus dem Umfeld dörflicher Domestiken ihr all dies suggeriert haben mochte.

Indes, in Momenten, wo ich nicht gegen Françoise aufgebracht war, konnte ich es nicht verhindern, eine gewisse Schönheit darin zu finden, dass ihr Denken offensichtlich mitten in ~~einer Vergangenheit, die sie nicht gekannt hatte~~ der Vergangenheit des alten Frankreich, dem Frankreich der Kathedralen und des Rolandliedes, lebte, ~~dass~~ wie ~~die~~ in einer ~~Fabrik für chemische Produkte, die wir~~ jener Manufakturstädte, die wir besucht hatten, in denen ~~monumentale~~ alte Stadtpalais davon zeugen, dass es hier einst höfisches Leben gegeben hat, und wo ~~wie in einer umfunktionierten Abtei~~ die Arbeiter in Fabriken für chemische Produkte, untergebracht in Gebäuden einer umfunktionierten Abtei, zwischen zarten Figurenfriesen arbeiten, die Hochzeiten und Grablegungen darstellen, die früheren ~~Beichtväter~~ Könige, die heiligen Beichtväter, sogar die Entführung von Europa und den schlafenden Bacchus. Und in Bezug auf gewisse Fragen, die den engen Bezirk sprengten, in dem sie lebte, entschied Françoise' Kodex immer mit einer Art unbeugsamem Zartsinn...“

Die nächsten zwei Seiten behält Proust bei und fügt keine für die deutsche Übersetzung relevanten Korrekturen ein.

43 Die letzten drei Druckseiten rechts sind durch die entsprechenden Seiten aus dem Set NAF 16753 ersetzt.

44 Das Set NAF 16753 präsentiert folgende Variante, wobei der Schluss auf der drittletzten Druckseite dieses Druckbogens steht, den Proust in das Set der Bodmeriana eingeklebt hat, wobei er die ganze Schlusspassage strich: „Ach! ~~und Swann~~ ~~wusste besser als irgend jemand~~ hatte seine Erfahrung gemacht, dass die guten Absichten eines Dritten machtlos gegen seine Frau sind, die uns nicht liebt und sich daran stört, dass sie von uns bis mitten in einen Ball verfolgt wird; oft kommt der Freund allein herunter."

Der letzte Abschnitt hätte gelautet: „~~Wenn~~ Doch als ich recht viel später erfuhr, dass Swann diese Beklemmung teilte, ~~da~~ war sie mir bereits so fern, dass mich eine gewisse Trägheit überkam, dieses Thema mit ihm zu erörtern. Er mochte sie damals übrigens auch nicht mehr empfinden; und es war mir nach so langer Zeit vollkommen gleichgültig geworden, ~~falls er mich an jenem Abend lächerlich gefunden hatte~~ ~~ein Gefühl, das ihm~~ denn er wäre von einem Gefühl gerührt gewesen, das er selbst kannte. Schließlich war jene Epoche, wo ich oft an Swann dachte, auch jene, wo ich am wenigsten gern mit ihm plauderte. Es schien mir ebenso überflüssig, ihn über die Entwicklungen ~~in Kenntnis~~ in Kenntnis zu setzen, die sein geistiges ‚Double' in meinem Inneren machte, wie andern Leuten, mit Künstlern in Beziehung zu treten, deren Talent ihnen so teuer ist. Und doch, diese Beklemmung fiel bei ihm und bei mir ~~gleich~~ ähnlich aus, bis hin zu diesem eigentümlichen Wesenszug, diesem ursprünglichen Merkzeichen, vesperal zu sein; bei ihm, weil er es zunächst aus Anlass einer Frau erlebt hatte, die er nur abends sehen konnte, sodass er nie herauszufinden suchte, womit sie ihre Tage verbrachte, eifersüchtig war er nur auf das, was sie nach Einbruch der Nacht machte; bei mir am Umstand, dass sie in Combray geboren worden war, an diesem Kuss von Maman, den ich erwartete, um einschlafen zu können, an dem feindlichen Einfluss der ‚Geladenen', die ihn mir raubten."

Auf der Rückseite im Set NAF 16753 findet man noch das gleichlautende Fragment: „Und doch war diese Beklemmung ~~die gleiche~~ ähnlich, bei ihm sollte sie jenen eigentümlichen Wesenszug annehmen, jenes ursprüngliche Merkzeichen, vesperal zu sein; bei ihm, weil er es zunächst aus Anlass einer Frau erlebt hatte, die er nur abends sehen konnte, sodass er nie herauszufinden suchte, womit sie ihre Tag verbrachte, eifersüchtig war er nur auf das, was sie nach Einbruch der Nacht machte; bei mir, weil sie geboren wurde..."

45 Hier klebt eine kleine Paperole über einer früheren handschriftlichen Version, von der nur noch Wortfragmente zu entziffern sind, wobei die Paperole nochmals mit dem Wort „Zweifel" einsetzt.

46 Hier endet die kleine eingeklebte, gefaltete und hochgeklappte Paperole. Beim Sprung auf die nächste Seite wiederholt Proust: „~~der mich um den Besuch meiner Mutter von Maman brachte~~". Die ganze Seite ist gestrichen und durch eine handschriftliche Variante ersetzt, die wiederum gestrichen ist.

Die unteren Seiten stammen aus NAF 16753, darunter die Passage: „Ach – all die Qualen gekannt zu haben, die ich nannte, ließ mich zuweilen in Balbec, als mich der Zufall in einem solchen Moment in die Halle eines Luxushotels oder in den Vorraum einer ,Spelunke' führte, vielleicht einen Blick voll überflüssigem Mitleid auf eines jener armen Mädchen werfen, das, in Tränen und Schminke, wartet…"

47 Hier wechselt die handschriftliche Korrektur auf eine weitere eingeklebte Seite aus dem Set NAF 16753, wobei die ersten Zeilen gestrichen sind.

48 Zunächst lässt Proust diesen Anfang des Abschnittes stehen: „Ich vermochte es nicht, mir den Ernst des Falles, in dem ich mich…"

49 Zunächst setzte Proust zur Erklärung für das familiäre Wort „jaunet" („Goldschatz") den Vogelnamen „serin" (hier: „Goldschnabel") in die einzige Anmerkung des Bandes.

50 Proust korrigierte zunächst die folgenden Zeilen bis zum Schluss des Abschnitts, bevor er sie ganz ersetzte (bzw. einzelne Wörter wie „ich ahnte / allein in der Liebe" stehen lässt), wie folgt: „Aber wenn sich meine Ängste erst einmal gelegt hatten, verstand ich sie nicht mehr; es schien ganz in meiner Hand zu liegen, dass sie nicht mehr wiederkämen; denn morgen lag noch in weiter Ferne, ich dachte, es würde anders sein, und es schien mir, was in der Ferne lag, könne noch verändert werden. Vor allem aber wollte ich gar nicht an den nächsten Tag denken; ich ahnte, dass es dem entsprechen würde, was ich dereinst in der einseitigen Liebe erfahren würde, (schlicht gesagt ,in der Liebe', denn es gibt Wesen, die keine wechselseitige Liebe kennen), man kann nie ein anderes Glück kosten als jenes, das mir an ebendiesem Abend eröffnet wurde: ein Augenblick nur, ein Trugbild, denn selbst da, wo wahres Glück nicht möglich ist, mag eine Stunde kommen, wo die Güte der von uns Geliebten, vielleicht auch eine flüchtige Laune oder der Zufall, auf unser Begehren, aufgrund einer vollkommen glücklichen Fügung, ebenjene Worte, ebenjene Gesten, ebenjene Handlungen in Anschlag bringt, wie wenn wir uns wirklich geliebt sähen, wie wenn wir wirklich selig wären. Wir können dann diesen Anflug von Glück, wie ich es in jener Nacht tat, voll Neugier wägen und voll Wonne auskosten, widrigenfalls wir sterben würden, ohne je zu ahnen, was Glück für Herzen bedeutet, die weniger heikel sind oder in höherer Gunst stehen; wir müssen nur gewärtigen, dass dies lediglich ein Bruchstück eines beständigen und wahrhaften Glücks darstellt, das uns nur in diesem einen Moment winkt; und nach jener Gunst, die wir dem

Blendwerk einer außergewöhnlichen Minute verdanken, keine weitere erwarten; und versuchen wir lieber, in aller Einsamkeit lange im Einklang mit den letzten Schwingungen jener Stimme zu leben, die wir für einen Augenblick verliebt machen konnten und von der wir nur noch eins verlangen: dass sie sich nie wieder an uns wendet, aus Angst, dass jedes weitere Wort unweigerlich anders klänge, es würde eine Dissonanz in jene gefühlvolle Stille hineintragen, in der, gleichsam dank eines Pedals, die Klangfarbe des Glücks nachhallte.“

51 Diesen Stern setzt Proust als Ersatz für II, mit der er den zweiten Teil von *Combray* zunächst an dieser Stelle beginnen ließ.

52 Zunächst ließ Proust die in Klammern gesetzte Passage noch stehen und korrigierte sie leicht: „(Heilige, von denen ich etliche kannte, da ich sie in der Kirche auf Glasmalereien gesehen hatte, nicht selten mit Bezug auf die Geschichte der ersten Herren der Gegend, wobei ihre Namen, an den Straßenkreuzungen von Combray angebracht, alldort ihre unvordenkliche und übernatürliche Statthalterschaft verewigten)...“.

53 Das Wort „industrielle“ auf dem Druckbogen war wohl nur ein Verschreiber, den Proust in „industrieuse“ korrigiert.

54 Zunächst erwägt Proust: „Maman, über jenes Zartgefühl verfügend, das sich bei ihr der Güte beigesellte, hatte sofort bemerkt,...“

55 In einer ersten Version ließ Proust zunächst die gestrichene Passage mit geringfügigen Änderungen stehen:

„– Madame Octave, es tut Not, dass ich Sie verlasse, ich kann nicht länger verweilen, es ist schon fast elf Uhr, mein Ofen ist noch nicht einmal am Glühen und ich muss noch meine Spargel rupfen.

– Wie, Françoise, schon wieder Spargel! Sie haben dieses Jahr ja eine richtige Spargelkrankheit, Sie werden unsere Pariser noch ganz auslaugen!

– Aber nein, Madame Octave, sie mögen das. Sie werden mit Appetit von der Messe kommen und Sie werden sehen, dass sie nicht darin herumstochern! Ich wäre ja zu Camus gegangen...“

56 Im Set der Bodmeriana folgt hier gleich der Placard 17, umbenannt in „Placard 10 ter“. Es handelt sich um Placard 10 ter, weil ihm Proust einen „Placard 10 bis“ vorausgehen lässt, der der rechten Seite des Placards 16 entspricht, – wir nennen ihn neu Placard 10 B. Wir springen also zunächst auf diesen Druckbogen.

Diese große Umschichtung im Ablauf lässt keinen synoptischen Blick auf die Veränderungen zu, weshalb wir in diesen Passagen all das, was Proust auf den Druckbogen strich, auszeichnen vgl. S. 317 ff.

Ein Teil der Korrekturen bezieht sich wohl auf einen ersten Korrekturdurchlauf, als er die Stelle noch nicht umgeschichtet hatte; darauf weisen verschiedenartige Tönungen der Tinte sowie Streichungen hin, die zum Teil rückgängig und nochmals handschriftlich eingefügt werden.

57 Handschriftlicher Vermerk: „Abschnitt".

58 Proust wiederholt selbst das Verb „sah".

59 Hier wechselt der handschriftliche Text auf eine eingeklebte Paperole über.

60 Um den Anschluss für die Drucker deutlich anzuzeigen, wiederholt Proust: „Zwei Tapisserien Abschnitt Zwei Tapisserien etc.".

61 Proust verschiebt den Placard 17, der mit blauem Farbstift neu „Planche 10 ter" genannt wird. Proust hat den Placard 17 zunächst, wie die verschiedenen Farben der Tinten suggerieren, ein erstes Mal korrigiert und dann in einem zweiten Durchgang zwischen die Placards 10 und 11 eingebaut. Wir springen auf diesen Placard zurück.

62 In einer ersten Überarbeitung ließ Proust diese Worte stehen und ergänzte: „in der Kapelle".

63 In einem ersten Arbeitsschritt ließ Proust diesen Nebensatz noch stehen.

64 Die letzte Druckseite unten rechts auf dem Placard ist herausgerissen. Der Text wechselt auf den Placard 18, vgl. S. 352.

65 Hier beginnt eine hohe Paperole. Proust klebt zwei bereits gedruckte Passagen aus dem Placard 18 übereinander. Hier beginnt die erste.

66 Hier wechselt der Text auf die zweite eingeklebte gedruckte Seite über.

67 Hier endet der zweite Zettel.

68 Das Datum wird von den eingeklebten Zetteln verdeckt, Placard 11 trägt in NAF 16753 das Datum 11. April, obwohl Placard 12 auf den 10. April datiert ist.

69 Damit beginnt der eigentliche Text des Placards 11.

70 In einem ersten Überarbeitungsschritt scheint Proust folgende Variante erwogen zu haben: „... nichts Nichts mochte interessefreier und beglückender sein als die Träume, die jedes plakatierte Stück meiner Einbildungskraft eingab und die je und je, imgleichen, durch die Bilder, in untrennbarem Verbund mit den Wörtern des Titels, und durch die Farbe des Papiers ausgelöst wurden, auf dem sich der Titel abhob..."; bemerkend, dass sich die Wendung über die Wörter des Titels nun wiederholen würde, fügt er nach „Nichts mochte" in kleiner Schrift ein: „interessefreier und beglückender sein als die Träume, die jedes plakatierte Stück meiner Einbild...", hier bricht er mitten im Wort ab, streicht alle Ergänzungen, um weiter oben nochmals neu anzusetzen und die nun vollständig gestrichene Passage durch einen einzigen Satz zu ersetzen.

71 Zunächst erwog Proust folgende Korrektur: „Ihre Falten Sie erinnerten an jene Überröcke, die gewisse symbolische Figuren von Giotto trugen..."

72 Proust korrigiert den Verschreiber „tisons" („glühende Holzscheite") in „trésor", wir haben das bereits in der Übersetzung der unkorrigierten Druckbogen korrigiert.

73 Proust korrigiert „orange" in den Namen „Borange". Das haben wir

bereits in der Übersetzung der unkorrigierten Druckbogen korrigiert.

74 Hier hebt Proust mit einem Strich den Abschnitt auf.

75 Im Seitensprung scheint sich Proust bei der Korrektur zu vergaloppieren: „wie die überschwemmten Trottoirs, wie Böschungen".

76 Proust schreibt fälschlich „Baqhanat".

77 Hier wechselt der Text auf eine kleine Paperole, deren rechte Seite umgeklappt ist, um die darunterliegenden Korrekturen der übernächsten Seite entziffern zu können.

78 Hier fehlt ein Satzteil an der unteren Klebelinie der Paperole, einzelne Worte wie „seine Zweifel" oder „Thema" lassen sich entziffern.

79 Hier hat Proust die zwei unten ausgeschnittenen Passagen eingeklebt.

80 Hier endet die eingeklebte Stelle. Proust setzt die letzte Wendung, die beim Schneiden verloren ging, handschriftlich dazu und streicht die folgenden Zeilen der überklebten Druckseite: „... über seine Beschreibung, über seine Ansicht zu allen Dingen zu verfügen, in Sonderheit über all jene, die ich selber besichtigen konnte, und unter all diesen wiederum über die, von denen mich ein Wort aus seinen Büchern glauben ließ, dass sie ihm besonders am Herzen lagen, die alte Architektur von Frankreich, Seestücke."

81 Zunächst schreibt Proust fälschlicherweise: „der" Berma.

82 Hier wechselt der handschriftliche Text auf eine Paperole, die die durchgestrichenen Zeilen, aber auch handschriftliche Zusätze verdeckt, von denen nur noch zu entziffern ist:

„So also...
Wie...
um...
vielleicht... "

83 Hier endet die Paperole. Der Text wechselt auf eine weitere Paperole über, die Proust über die erste Spalte der rechten Seite des Druckbogens klebte und einfaltete.

84 Hier wechselt der Text auf einen weiteren kleinen Zettel, den Proust auf den anderen klebte.

85 Hier endet der eingeklebte Zettel auf dem eingeklebten Zettel und die Korrektur schlängelt sich zwischen den gedruckten Seiten hindurch.

86 Bevor Proust den vormaligen Schluss des Abschnitts streicht („prachtreiche Abteien, Schlösser an poetischen Lagen."), erwägt er andere Bezeichnungen wie „Kathedralen, Abteien".

87 Statt „jeune" steht auf dem Druckbogen „germe" („Keim"), was keinen Sinn macht.

88 Proust notiert zunächst: „Abschnitt", setzt dann: „Großer Abschnitt" und zuletzt: „Zwei Leerzeilen".

89 Zunächst ließ Proust die gestrichene Passage stehen und korrigierte sie geringfügig:

„– Und welchen Teil von Saint-Hilaire will der Künstler, ihrer Ansicht nach, auf seinem Gemälde abbilden? Etwa die große Glasmalerei von

Gilbert dem Schlechten, der für dieses falsche Tageslicht vor meinem Altar verantwortlich ist?

– Das ist ja das Hässlichste in der ganzen Kirche!"

90 Die folgende Passage versetzt Proust vom Placard 16 unter der neuen Bezeichnung „Placard 10 bis" nach oben.

91 Ab hier stammt der Text von jenem Stück, das Proust aus dem Placard 17 ausgeschnitten hat, als er ihn unter der neuen Bezeichnung „Placard 10ter" nach vorn verschob. Dieses Stück nun klebte er oben an den Placard 18.

92 Hier endet der eingeklebte Zettel, der Text fährt mit dem Placard 18 fort, der hier mit „pl. 17 und 18" bezeichnet wird und am 18. April eintraf. Zu diesem Zeitpunkt hat Proust wohl erst diese große Umschichtung vornehmen können...

93 Den Rest dieser Seite und die nächste Seite über M. Legrandin hat Proust ausgeschnitten und auf den Placard 11 geklebt. Diese ursprünglich letzte Seite des Druckbogens hat er nach links versetzt und unten eingeklappt.

94 In einem ersten Durchgang, vielleicht bevor er diese Seite nach vorn versetzte, ließ Proust das Ende des Abschnitts stehen und stellte nur eine Wortfolge um: „eine letzte und luftige Zier".

Möglicherweise lief damals der Text ohne Kürzung durch, denn Proust korrigierte die Wendung „im Vorbeigehen" mit „vor dem Aufbruch", ehe er diese Korrektur strich.

95 Die durchgestrichene Passage ersetzt Proust mit einer deutlich schwärzeren Tinte und setzt ans Ende der Korrektur das Wort: „Abschnitt".

96 Die Wörter „vor dem Altar" sind mit blauem Farbstift angezeichnet, dazu setzt Proust ein blaues Sternchen, das am Ende der eingefügten Passage nach den gleichen Wörtern „vor dem Altar" ebenfalls in Blau aufgenommen wird, um den Anschluss zu garantieren.

97 Zunächst ließ Proust folgende Passage stehen und änderte sie nur geringfügig ab.

98 Im Text steht „tantôt" („bald"), wohl ein Verschreiber für „tante" („Tante").

99 Proust korrigiert in den späteren Druckfahnen „Hekaya" in „das Land der Kimmerier".

100 Proust hebt den Abschnitt auf.

101 Zunächst schien Proust die folgende Passage beibehalten zu haben, korrigierte er doch „von einem Maler" in „von dem Maler".

102 Proust notiert: „Abschnitt".

103 Das Set NAF 16753 erwägt: „... von ihr und mir gemeinsam gehört worden war, alles erobern, überziehen, durchduften, was in seine Nähe geriet, ihre Großeltern etwa, mit denen die meinen in ihrem unvorstellbaren Glück bekannt waren, den erhabenen Stand eines Wechselmaklers, das schmerzensreiche Quartier der Champs-Élysée, das sie in Paris bewohnte. Dieser Name Swann wurde für mich auf einen Schlag so ungewohnt und neuartig wie für jemanden mit Aphasie die Namen,

die er bestens kannte, dass es mir nicht einmal so vorkam, als wolle man ihn vor mir vermeiden und die Freude, die er mir nicht, er bannte mein Denken und Dieser Name Swann hatte auf einen Schlag aufgehört war für mich auf einen Schlag ein neuartiger und ungewohnter Name geworden, wie für jemanden mit Aphasie die Wörter, die er am besten kennt; war mir nicht länger vertraut; imgleichen und imgleich er war mir imgleichen nicht länger vertraut und schien mir auch nicht mehr unschuldig. Die Freuden, die er mir verschaffte Er gab mir ich nannte ihn formte ihn verblüfft; und selbst er war mir imgleichen nicht länger vertraut wie er mir nicht mehr unschuldig schien. Die Freuden, die er mir verschaffte, erschienen mir so schuldbeladen, dass sie mich verwirrt zurückließen, weil ich es gewagt hatte, ihn meinen Eltern abzulocken Nach diesem Namen Swann verzehrte ich mich…"

Hier läuft der Abschnitt bis ans Ende weiter wie in den unkorrigierten Druckbogen. Dann erwägt Proust folgende Variante, die zum Teil durch einen Tintenfleck unleserlich geworden ist:

„Diese Lockungen waren so einzig in ihrer Art, als ich diesen Namen seit so langer Zeit kannte, und nun war er für mich ein neuartiger Name geworden. Er mochte meine Gedanken noch so selten verlassen und noch so gebannt haben. Wie für jemanden mit Aphasie die Namen Wörter, die ihnen am geläufigsten waren. Ein neuer Name, den Seine Orthographie verblüffte mich Er wich nicht mehr aus meinem Denken, schlug es in seinen Bann. Seine Orthographie verblüffte mich. Er wich nicht Er wohnte nicht mehr so in mir er wich nicht, bannte mein Denken, wohnte mein Denken."

Die restlichen neun Zeilen werden durch einen Riss in der Seite unleserlich und sind ohnehin durchgestrichen. Uff!

104 In einem ersten Schritt korrigiert Proust den Absatz und lässt eine längere Passage stehen, die er in einem zweiten Korrekturschritt streicht. Wir haben diese für seine Konzeption der Kunst sicher nicht unwichtige Passage im Haupttext belassen; um die Korrekturen im Detail besser nachzuvollziehen, fügen wir sie hier mit den gestrichenen und ersetzten Teilen an:

„Die Leute, die denken Zweifellos denken gewisse Leute, man müsse Kinder mit Werken konfrontieren, für die sie, reif geworden, Bewunderung empfinden würden, damit sie schon jetzt durch ihre Liebe zu ihnen Geschmack beweisen können. Doch diese Personen stellen sich diese ästhetischen Werte sicher als materielle Objekte vor, die ein offenes Auge unweigerlich als solche erkennen muss. Sie übersehen, dass sich unsere Für mich wandelten sich meine Eindrücke wandeln, die ich während dieser Spaziergänge empfing, sobald wir ich über sie nachsinnensann, und es uns war mir nur so möglich, in uns mir selbst das Gegenstück jener Werte herauszubilden, die es uns mir überhaupt erst erlauben, sie zu erfassen, wenn wir ich ihnen in Form eines Kunstwerks begegnen. Bis dahin finden wir nur fand ich nur an

Werken Gefallen, die so wirr sind, dass sie dem schwachen Auge ~~eines~~ des Kindes, das ich damals noch war, klar ~~erscheinen~~ erschienen, weil ~~es~~ ich darin jene Eindrücke ~~erkennt~~ erkannte, ~~die es~~ die ich von einem Gegenstand ~~erhält~~ erhielt, unvollständig zwar, aber nicht falsch. ~~Diese Eindrücke müssen wir später eher anreichern als auslöschen. Unter diesem Gesichtspunkt sind ein banales Gemälde, eine pompöse Prosa, nicht unbedingt schrecklich, wie wir voreilig sagen; meist sind sie schlicht und einfach so rudimentär~~ Diese Eindrücke musste ich später eher anreichern als auslöschen. Selbst heute noch erscheinen sie mir nicht so sehr, wie es heißt, schrecklich, sondern rudimentär. Ein banales Gemälde, eine pompöse Prosa, die mich damals zufriedenstellten, erscheinen mir – nicht etwa schrecklich, wie man zu sagen beliebt –, sondern einfach so rudimentär, dass bei einem Amateur-Leser, der sich damit zufriedengeben will, die künstlerische Intelligenz noch nicht recht entwickelt sein darf, sondern kindlich geblieben sein muss. Sie vermitteln dem Subjekt eine Fülle von Beobachtungen über die Realität, deren Wahrheit selbst ein verfeinerter Geist gerade dadurch bestätigt, dass er voll Verachtung auf sie herabblickt, jedenfalls sind sie so allbekannt, dass der Autor offenbar über keinerlei Auffassungsgabe verfügt, wenn ihm nie auffiel, dass sie allen geläufig sind, sondern sie noch für unausgesprochen hält und der Vorstellung verfällt, er würde tatsächlich etwas erfinden, wo er sie doch nur wiederkäut."

105 Proust vermerkt: „Abschnitt".

106 Zunächst erwägt Proust folgende Korrektur: „Aber ~~ein Mann wie M. Vington müsste leiden wie ein anderer~~ für einen Mann wie M. Vington lag weit mehr Leid als für jeden anderen in der Kapitulation vor Situationen, die man fälschlicherweise für das exklusive Privileg der Welt der Bohème hält, sie sollten womöglich nur dort vorkommen, wo sie weniger tiefen Schmerz verursachen, doch als unausweichliche Folge eines Lasters, das die Natur, bisweilen nur schon durch die Mischung der Tugenden des Vaters und der Mutter, wie die Farbe seiner Augen, bei einem Kind aufkeimen lässt, das, erst einmal geboren, in den Kampf mit den sozialen Gruppen tritt, von denen es nur Verachtung erntet, um sich so den Raum und die Sicherheit zu erkämpfen, die für es notwendig sind ...".

107 Zunächst korrigiert Proust die Passage: „... manch eine rollte verspielt über das Geäder eines Blattes und, an der Spitze hängend und ausruhend, glänzte sie in der Sonne, und unvermittelt über die ganze Länge des Zweiges gleitend, fiel sie uns auf die Nase."

Dann versetzt er sie an das untere Ende der linken Seite des Druckbogens.

108 Hier beginnt ein langer handschriftlicher Einschub, der sich wie ein Kreuz in allen Zwischenräumen zwischen den Druckseiten der rechten Hälfte des Druckbogens ausbreitet.

109 Die letzten Worte werden von einem „etc." und einem mit blauem Farb-

stift gezogenen Kreuz gefolgt, das den Anschluss an die bereits gedruckte Passage garantiert.

110 Eine erste Korrektur zeigt, dass Proust diese Passage zunächst beibehielt.

111 Hier wechselt die handschriftliche Passage auf eine Paperole über, die leicht über den rechten Seitenrand ragt.

112 Die Paperole überdeckt weitgehend eine Passage, die Proust weiterentwickelte. Davon zeugen die noch zu entziffernden Wörter:
„brutal...
würdig...
am Ende ihres Lateins wandte sie ein: „Für...
Vermuhmte, ich zuckte nur mit den Schultern und ich...“

113 Hier wechselt der handschriftliche Zusatz auf einen auf dem eingeklebten Zettel eingeklebten Zettel über.

114 Ein mit blauem Farbstift gezogener Kreis garantiert den Anschluss an die Passage auf dem Druckbogen.
Zunächst lässt Proust, wie eine gestrichene Korrektur zeigt, folgenden Satz stehen: „War ich zu erschöpft, nachdem ich schon seit dem Morgen nach dem Frühstück gelesen hatte, ging ich hinaus...“

115 Diesen handschriftlichen Zusatz oben an der Seite umkreist Proust mit blauem Farbstift und versieht ihn mit einem Kreuz, um den Anschluss im gedruckten Text zu bezeichnen.

116 Zunächst erwog Proust die Formulierung: „wo ich, gleich einer Schnecke, eine Spur der Natur auf den Blättern der wilden Johannisbeere hinterließ“.
Die „wilde Johannisbeere“ tritt bereits im Set NAF 16753 auf.

117 Zunächst scheint Proust den Text nur geringfügig korrigiert zu haben, wobei er diesen Einschub plante, bevor er die ganze Passage strich und noch einmal neu ansetzte.

118 Ein mit blauem Farbstift gezeichnetes Kreuz garantiert den Anschluss an den Text des Druckbogens.

119 Proust hebt den Abschnitt auf: „Kein Abschnitt“.

120 In einem ersten Korrekturversuch scheint Proust dem Text zunächst weiter folgen zu wollen: „... außer bei einem sadistischen Wesen, und wenn man ein Mädchen sähe, das ihre Freundin auf das Porträt ihres Vaters spucken lässt, der nur für sie gelebt hatte, dann geschähe das eher im Bühnenlicht eines Boulevardtheaters als unter dem Lampenschein eines Landhauses.“
Dann streicht Proust den ganzen Satzteil und setzt neu an.

121 Proust hebt hier den Abschnitt auf: „Kein Abschnitt“.

122 Diese handschriftliche Ergänzung steht auf einem eingeklebten Zettel, der unten an der Seite gefaltet und hochgeklappt wurde.

123 Es könnte sich auch um eine Schar von Kuckucks handeln, die aber, wie ·Proustkenner betonen, nie in Scharen auftreten, weshalb jene „Primeln“ gemeint sind, die der Volksmund mit „coucou“ bezeichnet, wobei wir auf Deutsch eine „falsche“ Blume gewählt haben, die aber

an den Vogel erinnert und immerhin in der von Proust behandelten Jahreszeit blüht.

124 Wir ergänzen den französischen Namen der Butterblumen, der an Märchenprinzen gemahnen soll.

125 Mit diesem Abschnitt beginnt der Placard 27 vom 24. April, wie eine handschriftlich nachgefühlte Imitation des Druckereistempels oben auf dem Druckbogen zeigt.

126 Hier hebt Proust den Abschnitt durch einen Federstrich auf.

127 Proust vermerkt: „kein Abschnitt".

128 Proust variiert diese handschriftliche Ergänzung wie folgt: „geben und man hatte mir ich erinnerte mich, wie man mir gesagt hatte und von der man, wie ich mich erinnerte, gesagt hatte, sie sei für die Familie de Guermantes reserviert, wenn eines ihrer Mitglieder für eine Zeremonie nach Combray kam; es konnte offensichtlich nur eine einzige Frau geben, die dem Porträt von Madame de Guermantes glich, die beiwohnte an diesem Tag bei der Zeremonie war, als sie just in diese Kapelle kommen musste: Sie war es!"

129 Proust vermerkt vor diesen handschriftlichen Ergänzungen zur Sicherheit: „Abschnitt".

130 Diese drei Worte streicht Proust, vergisst aber, sie zu ersetzen, weshalb wir sie eben doch stehen lassen.

131 Ginge man davon aus, dass das später gestrichene „und" eigentlich statt „et" hätte „me" lauten müssen, dann hätte die Wendung ursprünglich wie folgt gelautet: „dessen Ferne mir ganz nah schien".

132 Dieses Wort ist auf singuläre Weise mit blauer Tinte eingefügt.

133 Zunächst erwägt Proust: „Dieses Stück als Anmerkung setzen. In kleinen Buchstaben."

Zudem hebt er den Abschnitt durch einen Federstrich auf.

134 Hier fügt Proust einen Abschnitt ein: „Abschnitt".

135 Proust hebt den Abschnitt durch einen Federstrich auf.

136 Freischwebend findet man links die Worte: „… in gleicher Weise ist das, was ich wiedersehen will, die Seite von Guermantes…"

137 Proust bemerkt, dass vor und nach den eingefügten Sternchen jeweils eine Leerzeile steht, was in unserem Versuch einer Konkordanz nicht so stark ins Gewicht fällt wie von ihm gewünscht.

138 Hier beginnt eine letzte Paperole.

139 Hier sah Proust zunächst eine Ergänzung vor, die an der Seite der eingeklebten Paperole nur noch bruchstückhaft zu lesen ist:

„an die Zeit von Combray, an die traurigen Abende…
Schlaf, bei so vielen…
von denen der Kranke?…
in Combray genannt…
eine Tasse? Tee…
Ich…
nicht ohne dass ein Parfum verschieden…

> gewisser Marmor...
> Marmor, wenn nicht...
> ein Riss...
> eine Verwerfung...
> dieses Geäder...
> Verfärbung...
> ‚Formation'..."

Und rechts davon:

> „Die Ungewissheit des Ortes wo...
> das Erwachen, ich..."

140 Hier dreht sich der Text kurz im Kreis, weshalb wir folgende Satzteile in die Anmerkungen verbannen: „... die man für ausgeschlossen hält, solange man den Umweg nicht kennt, den sie genommen haben, diese Unmöglichkeit – wie zum Beispiel jene, aus einer Stadt mit einer anderen zu reden – nahm... mit jener Detailgenauigkeit, die wir bisweilen versammeln..."

141 Hier dreht sich der Text gleich nochmals im Kreis: „... und die gleichwohl ausgeschlossen scheint, solange man..."

142 Proust bemerkt: „Großer Abschnitt".

143 Hier endet die letzte aufgeklebte Paperole.

des années ont passé depuis Combray, où on
tous les soirs au coucher du soleil et où on se
au lit après dîner. C'est une autre vie, un
enre de plaisir qu'on a chez M⁽ᵐᵉ⁾ de Villeparisis
rtir qu'à la nuit, à suivre silencieusement, au
la lune ces chemins où je jouais jadis au soleil
rentrer dîner que plusieurs heures après,
souvent la lune était déjà haute dans le ciel ; et
chambre où je me suis endormi au lieu de
er pour ce dîner, de loin je l'apercevais, quand
ntrions, éclairée à l'intérieur par la lampe, seule
dans la nuit ; tandis qu'à Combray, dans nos
les plus tardifs, c'étaient les nuances rouges
l couchant que je voyais sur le vitrage de ma
reflets de la bande de pourpre qui s'étendait
ue du petit bois noir du Calvaire.

être me suis-je endormi après dîner dans le jar
Combray ou au fond d'une barque à Querque-
ourtant, je ne me sens pas en plein air et n'en-
as le bruit de l'eau.

vocations tournoyantes et confuses ne duraient
que quelques secondes ; souvent, ma brève in-
le du lieu où je me trouvais ne distinguait pas
les unes des autres les diverses suppositions
le était faite, que nous n'isolons, en voyant un
courir, les positions successives que nous mon-

venait me visiter, quand on est couché, on se blottit la tête dans un nid
qu'on se tresse avec les choses les plus disparates :
un coin de l'oreiller, le haut des couvertures, un bout
de châle, le bord du lit, et un numéro du Petit Temps,
qu'on finit par cimenter ensemble selon la technique
des oiseaux en s'y appuyant indéfiniment ; où par un
temps glacial le plaisir qu'on goûte est de se sentir
séparé du dehors (comme l'hirondelle de mer qui a son
nid au fond d'un souterrain dans la chaleur de la
terre), et où, le feu étant entretenu toute la nuit dans la
cheminée, on dort dans un grand manteau d'air chaud
et fumeux, traversé des lueurs des tisons qui se
lument, sorte d'impalpable alcôve, de chaude caverne
creusée au sein de la chambre même, zone ardente et
mobile en ses contours thermiques, aérée de souffles
qui nous rafraîchissent la figure et viennent des angles,
des parties voisines de la fenêtre ou éloignées du foyer
et qui se sont refroidies ; chambres d'été où l'on trouve
le plaisir opposé d'être uni à la nuit tiède, où le clair
de lune appuyé aux volets entrouverts, jette jusqu'au
pied du lit son échelle enchantée, où on dort presque en
plein air, comme la mésange balancée par la brise à
la pointe d'un rayon

es que j'ai habitées dans ma vie ; tantôt la
re Louis XVI, si gaie que même le premier soir
avais pas été trop malheureux et où les colon-
qui soutenaient légèrement le plafond s'écar-
avec tant de grâce pour montrer et réserver la
u lit ; tantôt celle, petite et si élevée de plafond,
e en forme de pyramide dans la hauteur de deux
et revêtue d'acajou, où dès la première seconde
été intoxiqué moralement par l'odeur inconnue
iver, convaincu de l'hostilité des rideaux vio-
de l'insolente indifférence de la pendule qui
ait tout haut comme si je n'eusse pas été là ; —
e étrange et impitoyable glace à pied qua-
ulaire, barrant obliquement un des angles de la
se creusait à vif dans la douce plénitude de mon
visuel accoutumé un emplacement qui n'y était
où ma pensée s'efforçant pendant des

VARIANTEN, VERWORFENES UND VER-SCHOBENES

DIE MUTTER UND DAS MILCHMÄDCHEN [1]
Eingangsszene zu *Contre Sainte-Beuve*

aus dem *Cahier 2*, Folio 29 verso – 23 verso

Seit langer Zeit war auf den rosa Himmel, an dem die Sonne aufgrund ihrer eigenen Schnellkraft hervorgebrochen war und den sie mit ihrem Licht ertränkt hatte, ein klarer Himmel gefolgt.

Es war jetzt neun Uhr morgens, höchste Zeit, mich wieder ins Bett zu legen, falls ich noch einschlafen wollte, ich schickte mich an, die Vorhänge zu schließen, aber da traf mein Herz der blendende Glanz des Wetterhahns auf dem Haus gegenüber.

Nun, ich wollte Maman einen Kuss geben, ehe ich mich wieder hinlegte und einschlief, und sie fragen, was sie von meinem Artikel hielt, schon ganz ungeduldig, um bei Leuten meiner Bekanntschaft etwelche Erhebungen vorzunehmen, da es mir verwehrt war, durch eine Versuchsanordnung zu überprüfen, ob ihn die zehntausend Leser des *Figaro* gelesen und gern hatten. Es war Mamas Empfangstag, vielleicht würde man mit ihr darüber sprechen.

Bevor ich ihr Adieu sagte, schickte ich mich an, die Vorhänge zu schließen. Unter dem rosa Himmel war jetzt die Sonne schon zu erahnen, sie hatte Gestalt angenommen und würde aufgrund ihrer eigenen Schnellkraft hervorbrechen. Dieser rosa Himmel weckte in mir eine starke Sehnsucht zu reisen, denn ihn hatte ich oft durch die Scheiben eines Zugwaggons gesehen, nach einer Nacht, in der ich nicht wie hier unter dem erstickenden Druck der verschlossenen und reglosen Dinge rings um mich geschlafen habe, sondern inmitten reger Bewegung meines Ortes mitgerissen wie die Fische, die, im Schlaf, schweben und sich, umringt noch vom strudelnden Wasser, fortbewegen. So hatte ich wach gelegen oder geschlafen, von jenen Geräuschen des Zuges gewiegt, die das Ohr zwei um zwei, vier um vier verkuppelt, ganz nach seiner Phantasie, wie den Klang der Glocken, nach Maßgabe des Rhythmus, den es zu vernehmen meint, der eine Glocke der anderen nachzuschicken scheint, und immer so fort, bis sie ihn einem anderen weichen lässt, dem sich die Glocken oder das Geräusch des Zuges gehorsam fügen. Nach solchen Nächten, wenn mich der Zug in rasender Geschwindigkeit ersehnten Ländern entgegentrug, erblickte ich im Geviert des Fensters ebendiesen rosa Himmel über den Wäldern. Schon schwenkte das Gleis, tauschte ihn gegen einen sternenbesäten Nachthimmel, hoch über einem Dorf, dessen Straßen noch im bläulichen Schein der Nacht dalagen. Dann rannte ich zum andern Wagenschlag, wo der prächtige rosa Himmel hell und heller über den Wäldern erglänzte, und so ging ich von Fenster zu Fenster, im Richtungswechsel des Zuges, um ihn nicht aus den Augen zu verlieren, holte ihn im rechten Fenster auf, wenn ich ihn im linken Fenster verloren hatte. Alsdann schwört man sich, ohne Unterlass zu reisen. Und jetzt kam wieder diese Sehnsucht auf; liebend gern hätte ich vor diesem Himmel jene wilde Schlucht im Jura erblickt, mitsamt dem kleinen Wachhaus, das nichts kennt als den Fluss, der an seiner Seite strömt. Doch das war es nicht, was ich dort sehen wollte. Da, wo der Zug einen Halt einlegte und ich mich ans Fenster setzte, durch das ein Geruch von Nebel und Kohle wehte, ging ein Mädchen von sechzehn Jahren, groß und rosig, vorüber und bot Kaffee mit dampfender Milch an. Das abstrakte Begehren nach Schönheit ist fad, denn es malt sie sich aufgrund dessen aus, was wir schon kennen, es zeigt uns ein fertiges und abgeschlossenes Universum. Doch ein neues schönes Mädchen trägt uns etwas zu, was wir uns noch nie vorgestellt haben, und das ist nicht die Schönheit, nicht etwas, was sie mit anderen gemein hat, es ist etwas Persönliches, etwas Eigentümliches, was nichts anderem gleicht, und auch etwas Individuelles, das statt hat, mit dem wir unser Leben mischen möchten. Ich rief ihr um Milchkaffee nach und sie hörte mich nicht, ich sah, wie sich dieses Leben entfernte, in dem ich keine Rolle spielte, ihre Augen, die mich, ach, nicht kannten, ihre Gedanken, in denen ich nicht vorkam, ich rief sie, sie hörte mich, sie wandte sich um, lächelte, kam herbei, und während ich den Milchkaffee trank und der Zug sich zur Abfahrt bereitmachte, schaute ich ihr fest in die Augen, sie wichen mir nicht aus, starrten die meinen mit einer gewissen Überraschung an, in der mein Begehren Sympathie zu entdecken glaubte. Wie liebend hätte ich ihr Leben eingefangen, wäre mit ihr gereist, wäre, wenn nicht mit ihrem Körper, so zumindest mit ihrer Aufmerksamkeit verschmolzen, mit ihrer Zeit, ihrer Freundschaft, ihren Gewohnheiten; die Zeit drängte, der Zug würde gleich losfahren, da sagte ich mir: ich komme morgen wieder. Und jetzt noch, nach zwei Jahren, fühle ich, dass ich dorthin zurückkehren werde, dass ich mich in jener Gegend niederlassen werde, und zu guter Morgenstunde werde ich, unter dem rosa Himmel und über der wilden Schlucht, das rothaarige Mädchen küssen, das mir Milchkaffee reicht. Ein anderer nimmt seine Geliebte mit und stillt an ihr, wenn der Zug abfährt, das Begehren nach den Mädchen dieses Landstrichs, denen er begegnet ist. Doch damit entsagt er, versagt sich die Bekanntschaft mit dem, was uns ein Landstrich bietet, dringt nicht zum Wesensgrund der Wirklichkeit vor. Wer in der Wirklichkeit ein bestimmtes Vergnügen sucht, kann in den Armen seiner Geliebten das Mädchen vergessen, das ihm mit einem Lächeln Milchkaffee reichte. Er mag beim Anblick irgendeiner schönen Kathedrale den Wunsch stillen, die Türme der Kathedrale von Amiens zu sehen. Für mich ist die Wirklichkeit etwas Individuelles, ich suche nicht die Verlustierung mit einer Frau, sondern eine bestimmte Frau, nicht eine schöne Kathedrale, sondern die Kathedrale von Amiens, ebendort, wo sie im Boden verankert ist, nicht ihr Gegenstück, ihr Double, sondern sie, mitsamt der Mühsal, sie zu erreichen, mitsamt dem Wetter, das gerade herrscht, unter ein- und demselben Sonnenstrahl, der sie trifft und mich. Und oft verschmelzen zwei Sehnsüchte, und dann, nach zwei Jahren, heißt es, nach Chartres zurückzukehren und, nach der Besichtigung des Portals, auf den Turm zu steigen, mit der Tochter des Küsters.

Jetzt war es heller Tag, ich erblickte über diesem Landstrich jenes märchenhafte goldene Glänzen, das denen, die ihr Fenster öffnen, anzeigt, dass die Sonne noch nicht seit langer Zeit aufgegangen ist, wobei es die großen Sonnenblumen der Gärten erschauern lässt, den abschüssigen Park und in der Ferne die reglose Loire, mitten im Goldstaub, den sie erst beim Untergang wiedersehen werden, doch dann eignet ihm nicht mehr diese Schönheit des Hoffens, die sie hinunterhasten lässt, auf den noch ganz stillen Weg.

Bevor ich mich wieder ins Bett legte, wollte ich wissen, wie Maman meinen Artikel gefunden hatte.

„Félicie, wo ist Madame?

– Madame ist ihn ihrem Ankleideraum; ich war gerade dabei, sie zu frisieren. Madame dachte, Monsieur sei eingeschlafen."

Ich nutze die Gelegenheit, dass ich noch wach bin, um bei Maman einzutreten, wo mein Kommen zu solch früher Stunde (die Stunde, wo ich mich für gewöhnlich ins Bett legte und einschlief) ganz und gar ungewohnt wirkt. Maman sitzt vor ihrem Toilettentisch, mit dem großen weißen Pudermantel, das schöne schwarze Haar über ihre Schultern fließend.

„Was sehe ich meinen kleinen Wolf um diese Stunde? *Den Abend verwechselt mein Herr wohl mit dem Morgen.*

Nein, mein Wolf wollte nicht zu Bett gehen, ohne davor mit seiner Maman über seinen Artikel gesprochen zu haben. – Wie findest du ihn?

– Deine Maman hat nicht im großen Cyrus studiert und findet ihn sehr gut.

– Nicht, die Passage über das Telephon ist nicht schlecht.

– Ganz trefflich, wie deine alte Tante Louise gesagt hätte, ich weiß gar nicht, wo dieses Kind all dies her hat, bin ich doch schon so alt geworden und habe dergleichen noch nie gehört.

– Nein, im Ernst, wenn du das gelesen hättest, ohne zu wissen, dass es von mir ist, hättest du es gut gefunden?

– Ich hätte es sehr trefflich gefunden und gedacht, das muss jemand sein, der weit gescheiter ist als mein kleiner Goldspatz, der nicht wie alle anderen schlafen kann und zu dieser Stunde in seinem Nachthemd vor seiner Mutter steht. Félicie, passen Sie auf, Sie zerren an meinem Haar. Geh rasch und zieh dich an oder leg dich hin, mein Schatz, glaubst du denn, die Leute, die dich lesen, würden dir, wenn sie dich zu dieser Stunde so erblicken könnten, auch nur einen Schatten von Achtung entgegenbringen?

– Warte, ein Wort noch, stell dir vor, dass du mich nicht kennst, dass du nicht wusstest, dass dieser Tage ein Artikel von mir erscheinen sollte, glaubst du, du hättest ihn gesehen? Mir jedenfalls scheint, dass man diesen Teil nicht liest.

– Aber du kleiner Trottel, wie soll man ihn denn übersehen,

er ist das Erste, was man beim Aufschlagen der Zeitung sieht. Immerhin ein Artikel über fünf Spalten!

– Ja, das wird M. Calmette nicht recht sein. Er meint, das passt nicht in eine Zeitung, die Leser mögen das nicht."

Hier nun zeigt sich das Gesicht von Maman sehr besorgt.

„Weshalb hast du ihn dann gemacht? Das ist wirklich nicht lieb von dir, wo er doch so gut zu dir ist, verstehst du denn nicht, wenn es nicht ankommt, wenn man es kritisiert, wird er dich nie mehr anfragen. Vielleicht hättest du das eine oder andere weglassen können."

Und Maman griff zur Zeitung, von der sie ein Exemplar für sich hatte holen lassen, damit sie sich nicht von mir das meine erbitten musste. Der Himmel hatte sich verdunkelt, ich hörte im Kamin Windstöße, die mein Herz bis an die Küsten des Meeres trugen, zu denen ich aufbrechen wollte, und ließ meinen Blick über den *Figaro* schweifen, den Maman las, um zu schauen, ob ich nicht etwas hätte weglassen können, da fällt er auf einen Artikel, der mir zuvor entgangen war: *Der Sturm: Brest. Seit gestern Abend wütet der Wind, die Ankerketten des Hafens haben sich losgerissen etc.* Der Anblick einer Einladungskarte zum ersten Ball, zu dem es eingeladen werden möchte, mag das Begehren eines jungen Mädchens nicht mehr erregen als der Anblick dieser Wörter: Der Sturm. Er verlieh dem Gegenstand meiner Begierde seine Gestalt, seine Wirklichkeit. Doch versetzen diese Worte meinem Herzen auch einen schmerzlichen Stich, denn dem Wunsch nach Aufbruch steht seit Jahren die Reiseangst entgegen, die jeweils im letzten Moment meinen Aufbruch verhindert.

„Maman, es gibt einen Sturm, wo ich schon wach bin, möchte ich gern die Gelegenheit ergreifen und nach Brest gehen."

Maman wendet ihren Kopf Félicie zu und lacht:

„Félicie, was habe ich Ihnen gesagt? Wenn M. Marcel sieht, dass es einen Sturm gibt, möchte er gleich los."

Félicie blickt meine Mutter voll Bewunderung an, da sie

immer alles vorausahnt. Zudem wandelt sie beim Anblick unserer Nähe, wenn ich Maman von Zeit zu Zeit einen Kuss gebe, aufgrund dieser familiären Szene eine Rührung an, die, wie ich wohl fühle, Maman ein wenig verärgert, so sehr, dass sie ihr schließlich bedeutet, ihr Haar sei jetzt gut so, sie würde ihrer Frisur selber den letzten Schliff geben. Ich litt unter Beklemmung, zwei Bilder stritten um meine Aufmerksamkeit, das eine zog mich nach Brest und das andere brachte mich an mein Bett zurück, das erste zeigte mir, wie ich nach dem Frühstück eine brühheiße Tasse Kaffee trinke, während ein Seemann darauf wartet, mich zu den Klippen zu fahren, um den Sturm zu beobachten, da gerade die Sonne durchbricht; das andere malte mich im Moment, wo alle Welt zu Bett geht und ich in ein unbekanntes Zimmer hochsteige, mich zwischen feuchte Decken betten muss, im Wissen, ich würde Maman nicht mehr sehen.

1 Die Eingangsszene in Entwürfen zur Studie *Contre Sainte-Beuve* aus dem *Cahier 2*, NAF 16642. Übersetzt nach der Transkription in: Luzius Keller *Marcel Proust – La Fabrique de Combray* (Carouge-Genève 2006) im gleichnamigen Aufsatz S. 48ff.

Luzius Keller fügt als Urzelle dieser Sequenz eine Passage aus einem Brief von Proust an Georges de Lauris vom 8. oder 9. September 1903 an: „Ich dachte gar nicht daran, im Zug zu schlafen. Ich sah, wie sich die Sonne erhob, was mir seit langer Zeit nicht mehr vergönnt gewesen war und etwas Schönes ist, meines Erachtens die weit berückendere Inversion des Untergangs. Morgens ein wildes Begehren, die kleinen schlafenden Weiler zu vergewaltigen (lesen Sie genau: Weiler, und nicht: kleine schlafende Weiber!), jene nämlich, die im Westen noch im letzten ersterbenden Lichtschein des Mondes lagen, jene auch, die im Orient in der aufgehenden Sonne lagen."

DER OPALSTRAHL [1]
Entwurf

aus dem *Cahier 1*, Folio 70 verso – 66 verso, 59 recto – 57 verso

So wie Eva aus einer Rippe von Adam entstand, so entstand manchmal während meines Schlafes eine Frau aus der queren Position meines Schenkels. Von der Lust geformt, die mich erfasste, gaukelte ich mir vor, dass sie es war, die mir diese Lust schenkte. Mein Körper, der in ihr seine eigene Wärme fühlte, wollte mit ihr verschmelzen, ich erwachte. Im Vergleich zu jener Frau, die ich vor wenigen Augenblicken erst verlassen hatte, schienen mir alle übrigen Menschen sehr fern; meine Wange war noch warm von ihren Küssen, der Körper gerädert vom Gewicht ihrer Hüften. Nach und nach sank meine Erinnerung dahin; ich hatte die Frau meines Traumes jetzt ebenso rasch vergessen, als hätte es sich um eine reale Geliebte gehandelt. Dann wieder wandelte ich im Schlaf durch jene Tage unserer Kindheit, ich empfand mühelos jene Gefühle, die mit dem zehnten Jahr für immer verschwunden sind und die wir, so unbedeutend sie auch sein mögen, erneut kennenlernen wollen, wie einer, der weiß, dass er keinen Sommer mehr sehen wird, selbst noch Sehnsucht nach dem Geräusch der Fliegen im Zimmer hat, das von der heißen Sonne draußen zeugt, selbst nach dem Sirren der Mücken, das von wohl duftender Nacht zeugt. Ich träumte, dass unser alter Pfarrer an meinen Locken zog, was der Schreck, das harte Gesetz meiner Kindheit war. Der Fall von Kronos, die Erfindung von Prometheus, die Geburt Christi mochten den Himmel nicht so hoch über die bis dahin erdrückte Menschheit heben als das Schneiden meiner Locken, was die grässliche Furcht davor für immer mit sich nahm. Zugegeben, das waren andere Qualen und andere Befürchtungen, aber die Achse der Erde hatte sich verschoben. In diese Welt des alten Gesetzes kehrte ich im Schlaf mühelos zurück, ich erwachte erst im Moment, wo ich nach einem vergeblichen Fluchtversuch vor dem Pfarrer, der seit Jahren tot ist, wirklich fühlte, wie meine Locken hinten am Kopf gezogen wurden. Und ehe ich wieder einschlief, erinnerte ich mich daran, dass der Pfarrer tot war und ich kurzes Haar trug, und doch trug ich Sorge, mir mit dem Kopfkissen, der Decke, meinem Schnupftuch und der Wand ein schützendes Nest zu zementieren, bevor ich in jene bizarre Welt zurückglitt, wo der Pfarrer gleichwohl noch lebte und ich Locken hatte.

Es gibt[2] Regungen, die gleichfalls nicht mehr wiederkehren, außer im Traum, sie kennzeichnen die folgenden
Jahre, und so wenig poetisch sie auch sein mögen, sie
bergen die ganze Poesie jenes Alters, denn nichts ist so
sehr vom Klang der Osterglocken und der ersten Veilchen
erfüllt, wie die letzten Fröste des Jahres, die uns unsere
Ferien verdarben und uns dazu zwangen, vor dem Mittagessen ein Feuer anzufachen. Von diesen Regungen, die
damals bisweilen in meinem Schlaf wiederkehrten, würde
ich nicht zu sprechen wagen, wenn sie darin nicht auf fast
poetische Weise aufgetreten wären, ganz abgelöst von meinem gegenwärtigen Leben, weiß wie jene Wasserpflanzen,
deren Wurzeln nicht in der Erde haften. La Rochefoucauld
hat gesagt, unsere ersten Liebeleien geschähen unwillentlich. So verhält es sich auch mit jenen einsamen Freuden,
die uns später dazu dienen, uns über die Abwesenheit
einer Frau hinwegzutäuschen, uns vorzustellen, sie sei bei
uns. Aber mit zwölf Jahren schloss ich mich zum 1. Mal im
Abtritt im Spitz unseres Hauses[3] in Combray ein, wo Ketten von Irisperlen aufgehängt waren, doch was ich suchte,
war eine unbekannte Lust, selbstursprünglich und keineswegs der Ersatz für eine andere. Es war, für einen Abtritt,
ein recht großer Raum; er[4] ließ sich mit dem Schlüssel
wohl verriegeln, aber das Fenster stand immer offen und
ließ einem jungen Flieder, der an der Außenmauer hoch-
geklettert war und durch den klaffenden Spalt seinen
duftenden Busch gestreckt hatte, einen Durchschlupf. So
hoch oben (im First des Schlosses) war ich vollkommen
allein, doch dieses vermeintliche Gefühl, im Freien zu sein,
krönte das Gefühl der Sicherheit, das solide Riegel meiner
Einsamkeit gewährten, mit köstlichem Taumel. Die Expedition, die ich damals in mein Inneres auf der Suche nach
einer ungekannten Lust unternahm, hätte mich nicht mehr
aufgewühlt, geschreckt, als wenn ich am eigenen Leib mein
Mark oder mein Hirn einer chirurgischen Operation hätte
unterziehen müssen. Jeden Moment meinte ich, sterben

zu müssen. Doch das war mir einerlei, mein vor Lust verzücktes Denken fühlte wohl, dass es weit umfassender, weit mächtiger war als jenes Universum, das ich in der Ferne durch das Fenster erblickte und von dessen Unermesslichkeit und Ewigkeit ich zu gewöhnlichen Zeiten voll Trauer nur ein flüchtiges Teilchen war, so dachte ich. In diesem Moment nicht weniger weit als die Wolken, die sich über dem Wald wölbten, hinausgetragen, spürte ich, wie sich mein Geist noch weiter wagte, dass er noch nicht ganz erfüllt war, er ließ noch eine winzige Spanne. Ich fühlte, wie mein mächtiger Blick in meinen Augenhöhlen den schlichten und jegliche Wirklichkeit entbehrenden Widerschein der schön gewölbten Hügel in sich barg, die sich, Brüsten gleich, zu beiden Seiten des Flusses erhoben. All das ruhte auf mir, und ich war mehr als all das, ich konnte nicht sterben. Ich schnappte kurz nach Luft; um mich auf den Sitz zu setzen, ohne von der Sonne belästigt zu werden, die ihn aufheizte, sagte ich zu ihr: Hebe dich hinweg, meine Kleine, damit ich mich darauf setzen kann, und ich zog den Vorhang des Fensters, aber der Zweig des Flieders verhinderte es, ihn zu schließen. Endlich hob sich ein opalfahler [5] Strahl, mit immer neuem Schwung, wie, im Moment des Hochschnellens, das Wasserspiel von St Cloud, das wir in jenem Porträt entdecken können – denn im unversieglichen Strömen seines Wassers eignet ihm eine Individualität, voll Anmut von seiner unbezwinglichen Krümmung gezeichnet –, das Hubert Robert von ihm hinterließ, während die Menge, die ihn bewunderte, lediglich... [6] hatte, die auf dem Gemälde des alten Meisters kleine rosa Ritzen hinterließen, purpurrot oder schwärzlich. In diesem Moment fühlte ich etwas Zärtliches, was mich umhüllte, das war der Duft des Flieders, den ich in meiner Verzückung nicht mehr wahrgenommen hatte.

Doch ein ätzender Geruch, ein herber Geruch spielte hinein, wie wenn ich den Ast geknickt hätte; ich hinterließ auf dem Blatt einzig eine silbrige Spur der Natur, wie es die Marienfäden oder die Schnecken tun. Doch auf diesem Zweig erschien sie mir wie die verbotene Frucht am Baum des Bösen. Und gleich den Völkern, die ihren Gottheiten ungestalte Formen zuweisen, stellte ich mir unter dem Gepräge dieses Silberfadens, den man fast unendlich spannen konnte, ohne dass er ein Ende nahm, und den ich aus mir selbst gesponnen hatte, indem ich mein natürliches Leben gegen den Strich bürstete, seit damals und für eine lange Weile den Teufel vor. Trotz des Geruchs eines geknickten Astes, von feuchter Wäsche, schwebte über allem der zarte Geruch des Flieders.

Wenn ich im Park vor der Stadt spielen ging, schon lange, bevor ich von fern die weiße Pforte erblickte, neben der seine Zweige wie alte Damen, gut erhalten und maniert, ihre geschmeidigen Hüften wiegten und ihren gefiederten Kopf schüttelten, kam uns der Geruch des Flieders entgegen und hieß uns auf dem kleinen Pfad willkommen, der leicht erhöht dem Bach folgt, dort wo die Buben ihre Flaschen in die Strömung senken, um Fische zu fangen, sie erweckten den zwiefachen Eindruck von Frische, weil sie nicht nur das Wasser bargen, wie auf einer Tafel, wo sie ihm den Anschein von Kristall verleihen, sondern von ihm umschlossen wurden, woraus sie selbst eine Art flüssige Konsistenz zogen, just da, wo sich rings um kleine Brotbrocken, die wir hineinwarfen, in wimmelnder Trübe die Kaulquappen ballten, im Augenblick zuvor noch im Wasser aufgelöst und unsichtbar, kurz bevor wir die kleine Holzbrücke überquerten, in deren Winkel im Sommer ein Fischer mit Strohhut zwischen den blauen Zwetschgenbäumen gesprossen war; [7]

Ich dringe in die Weite der Ebene vor wie eine Barke, die ihre einsame nächtliche Navigation vollendet; in der Ferne hätte man beobachten können, wie sich der Mondschein sammelte; von meinem gefurchten Schatten gefolgt, querte ich eine verzauberte Ebene und ließ sie hinter mir. Bis-

begleitete mich die Schlossdame, rasch ließen wir die Felder hinter uns, deren äußerste Enden ich auch während meiner ausgedehntesten Spaziergänge der Kindheit, nämlich der Spaziergänge am Nachmittag, nie erreicht hatte, wir überschritten jene Kirche, jenes Schloss, die ich stets nur dem Namen nach gekannt hatte, als lägen sie auf einer Karte des Traumes; die Landschaft änderte sich, man musste hochsteigen, die Abhänge hinuntergehen, und zuweilen, just wenn man hinunter ins Mysterium eines tiefen Tales trat, das vom Mondschein tapeziert wurde, hielten meine Gefährtin und ich einen Augenblick inne, ehe wir in diesen Kelch aus Opal vordrangen und die gleichgültige Dame eines jener Worte fand, dank dem ich mich auf einen Schlag und gegen meinen Willen in ihrem eigenen Leben wiederfand, zu dem ich, so glaubte ich, nie Zutritt finden würde, an dem ich nun teilhatte, für immer, so schien mir, aus dem sie mich aber schon am nächsten Tag, als ich das Schloss verließ, bereits wieder entließ.

Die Nacht neigte sich ihrem Ende zu, während in meiner Erinnerung langsam all die verschiedenen Zimmer vorüberzogen, zwischen denen mein Körper in seiner Unsicherheit über den Ort, an dem er erwacht war, geschwankt hatte, bevor mein Gedächtnis ihm die Gewissheit gab, dass er sich im jetzigen Zimmer befand. Sofort hatte er es in seiner Gänze rekonstruiert, doch von seiner eigenen, für ihn noch ganz ungewissen Lage ausgehend, hatte er die Ausrichtung in jeder Hinsicht falsch berechnet. Ich hatte gefolgert, dass, rings um mich, da die Kommode, dort der Kamin, weiter hinten das Fenster lagen. Auf einen Schlag erblickte ich über jener Stelle, die ich der Kommode zugedacht hatte, die Linie des Tages, der sich erhoben hatte.

1 Entwürfe aus dem *Cahier 1*, NAF 16640. Wir folgen der Transkription von Bernard Brun: „Le dormeur éveillé, genèse d'un roman de la mémoire" in den *Cahiers Marcel Proust 11*, *Études proustiennes IV*, Paris 1982, S. 242–286. Gestrichene Stellen fügen wir nur vereinzelt an.

2 Zunächst folgte hier eine erste Version, die Proust wieder strich: „Noch andere Regungen kennzeichnen eine Kindheit, die bereits etwas jünglingshafter war. Sie gehören zu denen, von denen man nicht sprechen könnte, wenn sie nicht in aller Ausschließlichkeit mit einem so fernen Alter verbunden wären, dass sie…"

3 Zunächst nannte Proust es noch ein „Schloss".

4 Zunächst stand hier: „die Lust das Gefühl von Sicherheit, dass ich mich dort allein eingeschlossen wusste, wurde noch taumeliger durch das offene Fenster, durch das ein junger Flieder, der im Ritz der Mauer spross, seinen duftenden Busch streckte."

5 Zunächst nannte Proust ihn „ganz blass".

6 Proust lässt eine Leerstelle.

7 Hier bricht der Text ab. Es folgen mehrere Seiten mit Sequenzen, die wir überspringen: Der Erzähler kennt als einzige Person den Fischer nicht, der seinen Onkel grüßt / die Karpfen schnappen nach Luft / er schläft ein im Kaleidoskop der Dunkelheit, wo er einen Topf Konfitüre hört.

Diese Sequenz wiederholt Proust gleich noch einmal und kombiniert sie mit weiteren Sequenzen: der Großvater, der an seinen Locken zieht / die Wand dreht sich und er liegt neben der Mutter am Meer, ohne ihren Atem zu hören / verschiedene Erinnerungsfetzen an verschiedene Zimmer / das Zimmer bei den Großeltern mit dem Kruzifix / das pyramidale Zimmer mit der Standuhr / die Schlösser des Sommers und des Winters. Dann wechselt der Text wieder zum Spaziergang über, die Nacht ist hereingebrochen, sie kehren durch das Dorf zurück, in dem die leeren Geschäfte „wie Aquarien" schimmern.

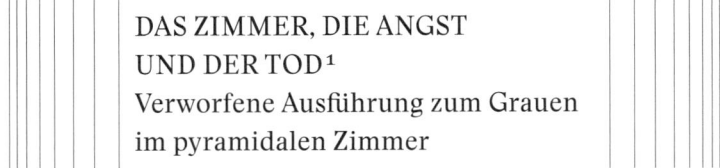

DAS ZIMMER, DIE ANGST
UND DER TOD[1]
Verworfene Ausführung zum Grauen
im pyramidalen Zimmer

aus den Typoskripten, S. 9 – 12

Jenes Grauen, das ich empfand – und das viele kennen –, wenn ich in einer unbekannten Kammer schlafen musste, dieses Grauen, das uns das Herz abschnürt, am Abend der Ankunft, im Augenblick, wo die Wirtin uns sagt: „Ich komme mit Ihnen, um Ihnen zu zeigen, wo sich Ihre Kammer befindet", dieses Grauen ist vielleicht nur der kümmerliche, dunkle, organische, fast unbewusste Ausdruck jenes großen und verzweifelten Protests, den in unserem Innern all jene Aspekte, die zum Besten unseres gegenwärtigen Lebens zählen, gegen die bereits mit unserem geistigen Einverständnis ausgestattete Ausgestaltung einer Zukunft richten, in der sie keinen Platz mehr haben; ein Protest, der aus der Tiefe des Grauens kommt, das uns der Gedanke einflößt, dass unsere Eltern eines Tages sterben werden, dass uns die Zwänge des Lebens dazu drängen, eine angebetete Geliebte zu verlassen oder auch nur für immer in ein Land überzusiedeln, in dem wir unsere Freunde nie mehr sehen; dieser Protest liegt auch der Problematik zugrunde, ohne Missfallen an unseren eigenen Tod zu denken, beziehungsweise an eine Unsterblichkeit, wie sie uns die Philosophen zuweilen in Aussicht stellen, in die wir weder unsere Erinnerungen noch unsere Mängel oder unsere Wesensart mitnehmen können, die sich nicht damit abfinden wollen, nicht mehr zu sein.

Hélas! die Gewohnheit, die die Aufgabe übernimmt, uns eine unbekannte Wohnstätte lieben zu lassen, nimmt es, wenn wir uns ihr anvertrauen, auch auf sich, uns neue Gefährten lieben zu machen, die uns zuvor missfielen. Ebenso rasch wie die Dimensionen des Bettes oder die Tapete an der Wand ändert sie die Form einer Nase, den Klang einer Stimme, den Witz eines Geistes, die Neigung der Herzen. Das erfahren wir, sobald wir mit ihr zu tun haben. Aber wir wissen auch, dass neue Freundschaften, zu Menschen wie zu Dingen, mit dem Vergessen der früheren verkettet sind. Ebendiese Gewissheit, dass wir jene vergessen werden, die wir heute lieben, sollte uns ohne Furcht jegliche andersartige Existenz ins Auge fassen lassen, wo wir für immer von ihnen getrennt bleiben.

Als mir Monsieur de Penhoët in Querqueville sagte: „Brechen Sie zu den wonnereichen Inseln Ozeaniens auf; Sie werden schon sehen, dass Sie nie mehr von dort zurückkehren werden", hätte ich gern geantwortet: „Aber dann sehe ich ja Ihre Tochter nie wieder!" Doch mein Verstand sagte mir: „Aber was tut das schon, wo du darüber doch gar nicht traurig sein wirst? Wenn Monsieur de Penhoët sagt, dass du nicht zurückkehren wirst, so meint er damit, dass du nicht mehr zurückkehren willst, und falls du es nicht willst, dann, weil du dort unten glücklich sein wirst und seiner Tochter nicht nachweinst." Doch was uns unsere Intelligenz als Trost anbietet, lässt Verzweiflung in unserem Herz aufkommen. Gewiss, sobald die Trennung vollzogen ist, wird es sie kennenlernen, die Kraft, die lindernde Macht der Gewohnheit; doch bis dahin wird es weiterhin leiden. Und die Furcht vor einer Zukunft, in der ihm der Anblick und die Unterhaltung mit den geliebten Wesen verwehrt wird, woraus er heute seine höchste Freude zieht, diese Furcht wird sich nicht legen, sondern anwachsen, wenn er sich bewusst wird, dass zum Schmerz über diesen Verlust noch etwas hinzukommt, was ihm im Moment noch weit grausamer scheint, nämlich: es nicht weiter als Schmerz zu empfinden, in völliger Gleichgültigkeit; denn dann wird sich sein Ich gewandelt haben, er wird um sich herum nicht nur den Zauber seiner Eltern, seiner Maîtresse, seiner Freunde missen, sondern seine Zuneigung zu ihnen, voll und ganz aus seinem Herzen gerissen, in dem sie heute einen beträchtlichen Platz einnimmt, schließlich könnte er an diesem Leben fern von ihnen, das ihn jetzt beim bloßen Gedanken schreckt, Gefallen finden; es wäre für ihn ein eigentlicher Tod seiner selbst, ein Tod, auf den zwar, wohl wahr, eine Auferstehung folgt, aber in einem anderen Ich, und nie werden sich die Teile des alten Ichs, zum Tode verdammt, dazu aufschwingen, es zu lieben. Sie erschrecken und wehren sich durch derlei Rebellionen letztlich gegen den Gedanken an unseren endgültigen Tod, der uns besonders grausam erscheint, wenn unsere schönen Augen, die reizende Art und die Phantasie, dank der wir so viele Freunde gefunden haben, sowie unsere Vergangenheit, in unserem Gedächtnis fortlebend, für uns nicht vom Nichts und auch nichts von einer Ewigkeit wissen wollen, in der es sie nicht mehr geben wird. Das gilt auch für das Grauen vor unbekannten Ländern und gesellschaftlichen Kreisen, vor neuen Lebensbedingungen, sie sind es, die gewissermaßen den heimlichen, vereinzelten, handgreiflichen und wahren Ausdruck unseres Widerstands gegen den Tod darstellen, jenes langen und verzweifelten Widerstands gegen einen teilweisen und täglichen Tod, wie er sich in unser ganzes langes Leben schleicht, indem er jeden Augenblick einen Fetzen von uns selbst ablöst, ehe auf dem Wundbrand bald neue Zellen zu wimmeln beginnen. Und bei nervösen Naturen, bei denen selbst noch die Klage der kümmerlichsten zum Tod verurteilten Elemente des Ichs klar und schmerzvoll ins Bewusstsein dringen, stellt die ängstliche Bestürzung unter einer neuen und allzu hohen Decke lediglich einen Protest der langen Liebe zur vertrauten niedrigen Decke dar; an neuen Orten einer Zukunft ausgesetzt, die sich bereits verwirklicht sieht und in der sie sich bereits dem Untergang geweiht sieht, jammert sie, wie sie schon am Abend zuvor im Moment unseres Aufbruchs gejammert hat, als wir den Ort, wo wir wohnen würden, noch gar nicht kannten und nur wussten, dass es nicht mehr der unsrige sein würde, wobei uns dämmerte, dass es für sie dort keinen Platz mehr gibt; und sie wird uns mit ihren Klagen quälen, bis zum Tag, wo sie ganz abgestorben sein wird, dann werden sich aus ihrem Staub die Blumen einer neuen Freundschaft jubelnd bis zur hohen Decke emporschwingen; dann werden der Tod und ein neues Leben jene zwiefache Wandlung ins Werk gesetzt haben, wobei wir diese beiden ewigen Werkmeister, ohne sie zu erkennen, unter einem Namen vereinen: *Gewohnheit*.

1 In den Typoskripten NAF 17630 und NAF 16733 folgt diese Passage auf: „... wenn ich später in einem anderen Zimmer schlief, dessen Decke niedrig war." – In der Version NAF 16733 ist die ganze Stelle durchgestrichen, mit dem Vermerk: „gestrichen, null". Beide Typoskripte weisen die gleichen Korrekturen auf. Wir folgen dem maschinenschriftlichen Text vor den Korrekturen und Streichungen.

„Aber komm doch rein, Cécile!", rief meine Großtante unter
der Veranda hervor oder aus dem kleinen Salon, dessen
verglaste Tür offenstand. „Siehst du denn nicht, dass es
regnet, weshalb treibst du dich ständig im Garten rum, wo
du ihn doch so hässlich findest?", setzte sie ironisch hinzu.
Denn die Pflege des neuen Gärtners erfüllte meine Großtante mit ebenso viel Befriedigung wie meine Großmutter
mit Schmerz. Wenn er alle Blüten von den Orangenbäumen zupfte, um daraus einen Sirup zu brauen, mit dem er
heimlich Handel trieb, pflegte er stets ein kleines Fläsch-
chen meiner Großtante zu offerieren, und während meine
Großmutter niedergeschlagen die massakrierten Sträucher
betrachtete, berichtete sie den „Fremden", denen sie Oran-
genblütensirup kredenzte, voll Stolz: „Alles hausgemacht,
von unserem Gärtner." Wenn sie vom Spaziergang zurückkehrte und die Bediensteten eilig ihre Decken und Pakete
aus der Kutsche holten, verfehlte sie es nie, einen Augenblick voll staunender Bewunderung vor dem Labor stehen
zu bleiben, in dem der Gärtner den berühmten Sirup fab-
rizierte, wobei sie sich mit der Befürchtung trug, dass er
sich überanstrengen könnte, wie eine Köchin, die sie einst
hatte und die ganze Nächte hindurch zuckersüße Kuchen
buk, mit denen sie bei Wettbewerben der Stadt Paris Preise
gewonnen hatte, die sie dann jedoch ins Grab brachten.
Das Labor verließ sie jeweils für einen längeren Aufenthalt
vor den verschiedenen Geraniensorten, die der neue Gärtner gezüchtet hatte und die so viel zu reden gaben, dass
der Präfekt des Hauptortes um Erlaubnis gebeten hatte,
seinen Gärtner zu entsenden, um sie mit eigenen Augen
zu sehen, eine Bitte, die meiner Tante schmeichelte, ohne
zu wissen, ob sie ihr stattgeben sollte, aus Furcht, dass
der Anblick der Blüten dem Gärtner des Präfekten einen

Wink geben könnte, um ebenso prächtige herzustellen. Doch selbst dieses Zaudern hatte noch seinen Reiz. Zudem fiel ihr ein, dass an solchen sommerlichen Nachmittagen, wenn die Straßen öd und leer lagen, die wenigen Passanten lange vor dem Gartenzaun stehenblieben, um die rote und rosa Lichtung zu bewundern, die die Geranien rund um den breiten und geschmeidigen Rasen gezogen hatten, rund um die strahlende, sanfte Schönheit dieses Gartens, aus dem jeder Gedanke an leidige Hitze auch während dieser Sonnenstunden vollständig durch den Anblick des Hauses verbannt war, das, ganz im Hintergrund, all seine Läden geschlossen hatte und dessen Bewohner, in dunkle Kammern gebettet, die Sonne bis zum Abend ihrem Tête-à-Tête mit den Blumen überließen. Ganz entzückt über ihren Gärtner und fest entschlossen, ihn zu behalten, mokierte sich meine Großtante ihrerseits laut und deutlich über das geringe Aufhebens, das meine Großmutter um ihn machte, denn in ihrem Innern war sie verzweifelt. Da sie in keiner Sache den gleichen Geschmack wie meine Großmutter hatte – der ihre war abscheulich –, wusste sie, dass jeder Gegenstand, unbesehen ihrer Wahl, niemals den Segen meiner Großmutter finden würde, und im Entschluss, ganz ihrem Geschmack zu folgen und nur ihre eigene Befriedigung zu suchen, gab sie nichts mehr auf solchen Segen. Und doch blieb sie darauf angewiesen, und so sah sich ihre Befriedigung geschmälert. Sie versuchte sich einzureden, dass es vollkommen unsinnig sei, etwas auf die Meinung meiner Großmutter zu geben, die ja ohne jeden Wert war, aber es wollte ihr nicht gelingen. Und wäre sie gewiss gewesen, dass wir den nagenden Zweifel an der Überlegenheit ihres eigenen Geschmacks nicht teilten, dann wäre ihr diese Gewissheit eine große Stütze gewesen. Doch verfiel sie ganz im Gegenteil dem Verdacht, dass wir womöglich, ohne es sagen zu wagen, das Urteil meiner Großmutter für feinsinniger erachteten als das ihrige. Und so suchte sie, um ihren Argwohn zu zerstreuen, uns durch Überrumpelung eine allumfassende Verdammung aller Ansichten und Taten meiner Großmutter zu entreißen, sobald eine zur Diskussion stand, von der sie wusste, dass sie nicht unsere Billigung fand. Und so wandte sie sich, als sie vergeblich nach meiner Großmutter gerufen hatte, die im Regen spazierte, nach uns um: „Ich weiß gar nicht, weshalb ich nach ihr rufe. Sie kann nie in irgendeiner Sache so denken wie wir. Es genügt, dass etwas von euch oder mir für gut befunden wird, und schon krittelt sie daran herum." Hélas, unsere alleinige Antwort war Schweigen.

1 Diese handschriftliche Passage findet sich auf den Rückseiten der Blätter 17 bis 19 des Typoskripts NAF 16730 im Anschluss an den Satz: „Fanden diese Gartengänge meiner Großmutter nach dem Abendessen statt, so hatte nur eins die Macht, sie hineinzurufen: …" – Wir folgen in der Übersetzung der vereinfachten Lesart in *À la recherche du temps perdu I*, Pléiade, Paris 1987, S. 1094f.

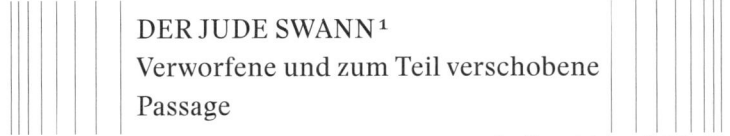

DER JUDE SWANN [1]
Verworfene und zum Teil verschobene Passage

aus den Typoskripten, S. 23 – 25

M. Swann war, wiewohl viel jünger, der beste Freund meines Großvaters. Dies, wiewohl er von jüdischer Abstammung war und mein Großvater Juden nicht mochte. Das war eine seiner kleinen Schwächen, eines jener absurden Vorurteile, wie man sie auch bei den besten, den gerechtesten und in Hinblick auf das Gute besonders standhaften Leuten findet – ja vor allem bei diesen, gleich missfälligen Kanten, die die geradlinigen Figuren begrenzen und definieren, wie das antibourgeoise und antiparlamentarische Vorurteil bei jemandem wie Saint-Simon, der so tugendhaft, so tolerant war, oder wie das Vorurteil gegenüber Zahnärzten bei gewissen vorbildlichen Chirurgen des Second Empire oder gegenüber den Schauspielern bei einem gewissen durchaus bezaubernden und herzlichen Bourgeois während der Juli-Monarchie. Diese Entfremdung gegenüber den Juden – übrigens auf recht bizarre Weise mit der fast ebenso ungerechtfertigten Vorstellung ihrer intellektuellen Überlegenheit verbunden,[2] wenn auch ganz harmlos, sah sich dadurch verschärft, dass mein Großvater behauptete, jedes Mal, wenn wir uns mit einem unserer Kameraden tiefer verbanden und ihn gar zum Diner nach Hause brachten, so sei es stets ein Jude. Er empfing ihn durchaus freundlich, aber er trällerte ohne Unterlass „O dieu de nos Pères" aus *La Juive*, bevor er „Israel brich deine Fesseln" aus *Samson* in Angriff nahm, wobei er nur die Naturtöne der Melodie sang (Ti la lam-tam ta lam, talam, ta-lam, ta-lam, ta-lam, talim, talilalam, tim, ta lam), in der Befürchtung, dass sie unser Kamerad erkannte und im Geist die Worte hinzufügte.

Schon bevor er sie sah, hatte er die jüdische Abkunft all meiner Freunde, die es wirklich waren, allein schon an ihrem Namen abgelesen, auch wenn ihm des öfteren nichts Israelitisches anhaftete. – Und wie heißt er, dein Freund, der heute Abend kommt? – Dumont, mein Onkel. – Dumont! Oh! da bin ich besser auf der Hut", und schon sang er:

Archers, faites bonne garde!
Veillez sans trève et sans bruit;
Bogenschützen, seid auf der Hut!
Wacht ohne Rast noch Lärm;

und nachdem er uns geschickt ein paar präzisere Fragen gestellt hatte, rief er possenhaft: „Sei auf der Hut! Sei auf der Hut!", oder wenn er den Unseligen bereits bei seiner Ankunft, ohne dessen Wissen, durch ein verdecktes Verhör dazu gebracht hatte, gegen seinen Willen seinen Glauben und sein Blut zu beichten, dann begnügte er sich damit, uns ins Auge zu fassen, und trällerte, zum Beweis dafür, dass er keine Zweifel mehr hegte, fast unhörbar:[3]

De ce timide Israëlite
Quoi! vous guidez ici le pas!
Wie denn! hierher lenkt ihr den Schritt
Dieses scheuen Israeliten!

oder auch:

Champs paternels, Hebron, douce veillée.
Väterliche Gefilde, Hebron, du sanftes Tal.
oder auch:
Oui je suis de la race élue.
Ja, ich bin vom auserwählten Volk.[4]

Doch wenn der anwesende Israelit M. Swann war, schämte sich mein Großonkel nicht, diese Melodien aus voller Kehle zu singen, wobei er klar und deutlich den Text des Librettos artikulierte, wohlwissend, dass dies M. Swann nicht verärgern würde, und er meinte: „Bei Swann verlohnt es sich nicht der Mühe, die Worte zu unterdrücken, das würde nicht verfangen, er kennt mein gesamtes Repertoire, nicht wahr, Swann", und Swann antwortete lachend: „Ja, und ich bin Ihnen nicht gram", und etwas ernster: „Eines Tages werden Sie erfahren, dass all das, was Sie in Ehren halten und was, Ihrer Ansicht nach, den Juden grundsätzlich mangelt, die Großzügigkeit, die Barmherzigkeit, die Solidarität, die Vergebung von Beleidigungen zwar gewiss christliche Tugenden sind, aber sie können auch jüdische Tugenden sein."[5]

1 Teilweise verworfene Passage im Wortlaut verschiedener Stufen der drei Typoskripte NAF 16730, NAF 16733 und NAF 16752. Wir folgen zunächst der „reichhaltigsten" Version NAF 16730, um dann auf NAF 16752 zu wechseln.

2 Dieser Satzteil folgt einer handschriftlichen Einfügung auf NAF 16730, die dann gestrichen wurde.

3 Hier wechselt das Typoskript NAF 16730 auf ein handschriftliches Blatt 25 über, da die maschinenschriftliche Seite 25 nach hinten verschoben und in die Charakterisierung von Bloch eingearbeitet wurde. – Wir wechseln auf den Text von NAF 16752.

4 Die Handschrift fährt wie folgt fort: „wobei er sich nicht schämte, auch die Worte hinzuzufügen, wenn der anwesende Israelit Swann war, der als Erster darüber lachte, im Wissen, dass mein Großvater ihm gegenüber in keiner Weise feindlich gesinnt war und es nicht verletzend meinte. Er liebte dessen Vater sehr und schilderte ihn uns als vorzüglichen, wenn auch etwas wunderlichen Mann...".

Über Vater Swann heißt es etwas später in einer gestrichenen Passage: „(der Umstand, dass er Jude war, änderte nichts daran, da er kaum Katholiken frequentierte, und es sahen sich höchstens neugierige Frauen von der Lust gepackt, ihn zu fragen, ob er an gewissen Tagen gezwungen sei, das Fleisch christlicher Kinder zu essen, eine Frage, die zu stellen ihnen ihre Gatten, mit einem Anflug von schlechter Laune, durchaus abrieten)".

SWANNS JÜDISCHE MUTTER[1]
Verworfene Passage

aus den Typoskripten, S. 28 ff.

In Tat und Wahrheit war Swann in mondäner Hinsicht nicht so sehr Sohn seiner eigenen Werke, wie ich es anzudeuten schien, denn Madame Swann, die Mutter, war ein Geschöpf der Elite und unterhielt zeit ihres Lebens allerlei prunkreiche Frauenfreundschaften. Gewiss, diese Freundschaften hatte Madame Swann nicht gesucht. Sie gab lediglich dem Buhlen eleganter Frauen nach, die sie, von ihrer Intelligenz und ihrer Anmut verführt, mit aller Macht in ihren Bann zu ziehen suchten. Dieser Beginn eines Aufstiegs – den ihr Sohn so glänzend vollenden sollte – in eine andere Welt hatte Madame Swann zwar nicht angestrebt, aber es kann nicht verschwiegen werden, dass sie ihn kaum hätte vollbringen können, wenn sie nicht jüdisch gewesen wäre, mit anderen Worten: Erst seit kurzem bürgerlich, nicht wie die Frauen der Kollegen ihres Gatten, also noch nicht vom Eigengewicht der Vorurteile und der Routine erdrückt und jener Biegsamkeit, jener Beweglichkeit beraubt, die für einen Wechsel der Gesellschaftsschicht unumgänglich sind. Sie stieg hoch, gleich einer ganz leichten und glanzvollen Blase, die still zwischen Molekülen einer Flüssigkeit hinaufschwebt, die aufgrund ihrer Kohäsion schwerfälliger sind. Frisch aus dem Orient gelandet (ihre Familie lebte erst seit fünf oder sechs Generationen in Frankreich), verfügte sie noch über jene Instabilität, über jenen Hang zum Neuen, über jene organische Geschmeidigkeit, die sich jedem Wunsch anverwandeln kann, über all das also, was einen Reisenden, der gerade in ein neues Land kommt, zu einer Exkursion lockt, für die er am Ort seines Wohnsitzes und seiner Gewohnheiten weder die Kraft, noch die Lust, noch auch die Idee aufbringen würde. Diese verschiedenen glänzenden Freundschaften, deren lockenden Merkzeichen alle anderen Frauen aus der gleichen bourgeoisen Schicht ohne Zweifel (als wären sie vom Planet Mars gesendet worden) eine Gelenksteife, ein physiologisches, statisches, astronomisches *non possumus* entgegengesetzt hätten, das ihrer Unterwerfung unter die Gesetze der Schwerkraft entstammte, und die wiederum hätte es ihnen nur erlaubt, diese Anziehung im ungekehrten Quadrat zur Distanz zu fühlen, und auch dies nur unter der Bedingung, dass sie aus ihrer „Welt" stammten, diese glanzvollen Freundschaften konnte Madame Swann, die keinerlei Eitelkeit zeigte, vor ihrer Entourage aus Frauen von Notaren und Wechselhändlern leicht kaschieren, und zwar dank des unschuldigen und natürlichen Zusammenspiels ihrer vornehmen Art und ihres Zartgefühls. Stieß meine Großtante bei einem Besuch bei Madame Swann auf eine Frau, die in Finanzkreisen unbekannt war, ließ Madame Swann, aus Freundlichkeit gegenüber meiner Tante, die andere Dame unauffällig stehen, ohne dass sie diese Abkehr als Schmach empfinden konnte, und schon kümmerte sie sich einzig und allein um meine Tante, die sich Madame Swanns Attitüde nach den Maßgaben ihrer weit weniger adligen Natur und ihrer weit weniger raffinierten Auffassung von Höflichkeit interpretierte, und so sagte sie sich, wenn Madame Swann jene Dame zu ihren Gunsten stehen ließ, sie stamme gewiss aus der finsteren semitischen Brut. Und wenn man vor dem Stadtpalais der Swanns etwelche Kutschen mit dem Wappenbild einer geschlossenen Krone warten sah, so sagte man sich, dass der berufliche Stand von Monsieur Swann ihn mit so manchen Leuten in Beziehung setzte, deren Frauen gewiss nicht mit der seinen Umgang haben wollten, aber es wohl für füglicher hielten, ihn in seinem Domizil zu sprechen als am „Amtssitz". Wenn die Brille meiner Großtante schon außerstande war, den sanften Wandel von Madame Swanns gesellschaftlicher Stellung zu erkennen, so vermochte sie noch weit weniger die vollständige Umwälzung zu erahnen, die deren Sohn vollzogen hatte, den sie nur selten sah, wobei er stets von einer Höflichkeit und Beflissenheit beseelt war, die sie grundsätzlich für ein hinreichendes Merkmal mediokrer sozialer Verhältnisse betrachtete, um sie bei einem Sohn von so gut „gestellten" Leuten nicht einfach für ein wenig naiv zu halten. Überdem war Madame Swann, und zwar ganz aufrichtig, über den Erfolg ihres Sohnes in den Bereichen Archäologie und Botanik weit mehr beglückt als über seine mondänen Erfolge; und da ihr, wie allen Müttern, zu einem gegebenen Zeitpunkt gegenüber verschiedenen fremden Mächten eine Art allmächtige Verfügungsgewalt zugestanden wurde, versuchte sie an „ihrem Empfangstag", wenn sie mit Frauen von Anwälten und Sachwaltern über ihn sprach, seinen, zwar durchaus vorhandenen, Hang zu Isolation und Studium, seine Menschenscheu zu übertreiben, um, mit strategischem Kalkül, die Empfindlichkeit von Leuten zu schonen, mit denen er gar keinen Umgang pflegte.

1 Typoskripte NAF 16730, NAF 16733 und NAF 16752, S. 28–30. Nur Letzteres weist geringfügige Korrekturen auf, die wir nicht berücksichtigen. Die Passage folgt auf: „… schielte sie, über ihr Lorgnon hinweg, zu den anderen Besuchern."

GEORGE SAND VS. GUSTAVE FLAUBERT [1]
Entwurf einer teilweise ans Ende der *Recherche* verschobenen Passage

aus dem Typoskript NAF 16752, S. 72–77

Nun, die Prosa von George Sand atmet stets jene Erhabenheit der Gefühle, jene Gediegenheit, jene Süße, jene Freimütigkeit, die Maman, geschult von meiner Großmutter, über alles andere im Leben stellte, wobei ich ihr erst viel später abgewöhnen konnte, sie auch in Büchern über alles zu stellen. Zu jener Zeit empfand sie bei der Lektüre des Briefwechsels von George Sand mit Gustave Flaubert (natürlich zugunsten von George Sand) eine gewaltige Kluft zwischen ihren beiden „Naturen", die, so dachte sie, auch zwischen ihren beiden Talenten klaffen musste. Die polternden und prätentiösen Briefe von Flaubert ekelten sie, als hätte sich ihr eine armselige und vulgäre Natur offenbart. In den Briefen von George Sand hingegen, und auch in all ihren Büchern, ergoss sich, wie sie wohl fühlte, der Überschwang einer reichen und noblen Natur, und zwar auf jene ungekünstelte Art, von der meine Großmutter ihr gegenüber stets als allerhöchste Auszeichnung gesprochen hatte. Und so las sie diese Prosa auf bewundernswerte Weise vor, sie schien just für ihre Stimme geschrieben.

Noch den schlichtesten Sätzen wohnt ein Ton voll Güte, Zartgefühl, Schlichtheit inne, mehr noch: er spurt ihnen vor, sodass man sie im angemessenen Tonfall anstimmt, ohne dass die Wörter selbst irgendeinen Wink geben; im Fortgang wählt er die Adjektive, und falls man ihn nicht hinter ihnen fühlbar macht, bleibt ihre Wahl unverständlich, sie erscheinen nur noch banal; er erstickt im gleichen Zug jegliche Unbeholfenheit in den Zeitformen, verleiht dieserweise dem Imperfekt und dem historischen Perfekt jene Sanftheit, die der Güte eignet, jene Traurigkeit, die in der Zärtlichkeit mitschwingt. Dann drängt er von einem Satz, der endete, zum nächsten, der anhebt, die Silben bald beschleunigend, bald hemmend, damit sie, wiewohl verschieden an Länge – da es sich nicht um Verse handelt –, in einen einförmigen Rhythmus finden. Es liegt an diesem anhaltenden Atem, dass eine Prosa lebendig erscheint, und jeder Leser muss ihn in sich selbst finden, will er ihn ihr einhauchen.

Maman war zum Kapitel der verzauberten Nacht gekommen, wo Marie unter den mondbeschienenen Bäumen, unweit vom Sumpf des Teufels, so trefflich zum kleinen

Pierre spricht: „Der Mond", sagt George Sand, „begann, seine Diamanten zu säen. Die Stämme blieben in majestätisches Dunkel gehüllt, und die weißen Zweige glichen einem Gefolge von Gespenstern in Leichentüchern." Und so lagen auch wir, Maman und ich, da, unter dem Schatten der Akazie, deren Schatten sich im Zimmer abzeichnete und deren fast schon übernatürlicher Wipfel draußen schimmerte; meine Schuldgefühle hatten sich gelegt, ich überließ mich ganz der Süße dieser Nacht, in der ich Maman an meiner Seite hatte. Ich wusste, dass solches nicht wiederkehren würde, dass morgen das Leben seinen üblichen Lauf nehmen würde, und doch entsinne ich mich nicht, je ein solches Gefühl von Ruhe und Glück gefühlt zu haben wie während dieser Lektüre. Sie brach erst ab, als ich in meinen Schlaf gefallen war, ohne dass ich genau wusste, an welcher Stelle das geschehen war. Ich erinnerte mich mehr oder weniger an die Worte, die der kleine Pierre sagte: „‚Für immer möchte ich sie mir, gleich Maman, bewahren', dann, sagt der Erzähler, schloss er, ohne eine Antwort abzuwarten, die Augen und schlummerte ein." Ich hielt es wohl schon bald wie der kleine Pierre, denn ich erinnere mich nicht mehr an das, was danach geschah; und Maman konnte sich von ihrem Stuhl erheben und sich ins Bett legen, ohne dass ich etwas hörte.

Der Zauber, den das Kapitel der verzauberten Nacht aus *Mare au Diable* für mich bewahrt hatte, ist schlicht der Zauber dieser Nacht. Doch das lag nicht allein an der Ähnlichkeit der beiden Szenen. Diese gebenedeite Nacht in der Kammer von Combray ruft mir allein schon der Titel *François le Champi* in Erinnerung. Gewisse[2] Geister, die das Mysterium lieben, möchten glauben, dass die Dinge etwas von den Augen bewahren, die sie angeschaut haben, dass uns die Baudenkmäler und Gemälde stets nur unter dem fühlbaren Schleier erscheinen, den ihnen die Liebe und Betrachtung zahlloser Bewunderer gesponnen haben, im Verlauf der Jahrhunderte. Dieses Hirngespinst würde wahr, wenn sie es in das Reich der einzig wahren Wirklichkeit übertragen würden, ins Reich der eigenen Sensibilität. Ja, in diesem Sinn, und nur in diesem Sinn; aber er geht noch weiter, ein Etwas, was wir einst betrachtet haben, schenkt uns, wenn wir es wiedersehen, den Blick wieder, den wir darauf geworfen haben, mit allen Bildern, von denen er sich damals erfüllt sah. Dies liegt daran, dass die Dinge – und ebenso gut wie alles andere: ein Buch in seinem roten Einband –, sobald sie von uns wahrgenommen werden, in unserem Inneren zu etwas Immateriellem werden, in gleicher Weise wie all unsere Beschäftigungen und unsere Empfindungen aus jener Zeit, wobei sie unauflöslich mit ihnen verschmelzen. Ein bestimmter Name, den wir einst in einem Buch gelesen haben, webt für immer zwischen seine Silben den raschen Wind und die glänzende Sonne, die draußen vorbeizogen, als wir ihn lasen. Noch im flüchtigsten Gefühl, das uns die gewöhnlichste Speise zuträgt, im Duft von Milchkaffee, können wir jene vage Hoffnung auf schönes Wetter wiederfinden, die uns, so manches Mal, zulächelte, wenn der Tag noch unberührt und voll Fülle war, im Ungewissen des morgendlichen Himmels; ein Lichtglanz ist ein Gefäß, gefüllt mit Düften, Klängen, Momenten, verschiedenen Stimmungen, Witterungen.

Aus diesem Grund ist jene Literatur, die sich darauf beschränkt, die Dinge „zu dezimieren",[3] von ihnen lediglich den jämmerlichen Aufriss ihrer Linien und Oberflächen zu vermitteln, auch wenn sie sich realistisch nennt, ausgerechnet die, die der Realität am fernsten bleibt, jene, die uns ärmer macht und am tiefsten betrübt, denn sie schneidet jäh jegliche Zwiesprache unseres gegenwärtigen Ichs mit der Vergangenheit ab, deren Essenz die Dinge bergen,[4] und auch mit der Zukunft, wo wir sie, dank ihrer Ermunterung, abermals kosten sollen. Und ebendieser Essenz muss die Kunst, die diesen Namen verdient, Ausdruck verleihen, und selbst wenn sie daran scheitert, kann man aus ihrer

Ohnmacht noch eine Lehre ziehen (während man keinerlei Lehren aus den Erfolgen des Realismus ziehen kann), und zwar, dass jene Essenz zu Teilen subjektiv und unkommunizierbar bleibt.

Mehr noch, ein Ding, das wir zu einem bestimmten Zeitpunkt sahen, ein Buch, das wir lasen, sie bleiben nicht nur all dem verbunden, was uns damals umgab; sie bleiben auch ebenso getreu dem verbunden, was wir damals waren, sie kehren nur dank der Empfindsamkeit, dank der Person wieder, die wir damals waren; wenn ich, allein in Gedanken, in der Bibliothek *François le Champi* wieder zur Hand nehmen will, so ersteht in meinem Ich unverzüglich ein Kind, das meinen Platz einnimmt, es allein hat das Recht, diesen Titel zu lesen: *François le Champi*, denn es liest ihn noch, wie es ihn damals gelesen hat, mit dem nämlichen Eindruck vom Wetter, das im Garten herrschte, den nämlichen Träumen, die es damals über Länder und über das Leben hegte, mit der nämlichen Angst vor dem nächsten Tag. Wenn ich einen Gegenstand aus einer anderen Zeit wiedersehe, erhebt sich in mir ein junger Mann. Und wenn sich meine Person von heute wie ein verlassener Marmorsteinbruch vorkommt und meint, dass alles, was er enthält gleich und monoton sei, so schöpft jede Erinnerung, gleich einem Bildhauer aus Griechenland,[5] zahllose Statuen aus ihm. Ich sage, jedes Ding, das wir wiedersehen; denn die Bücher verhalten sich in dieser Hinsicht wie die anderen Dinge; die Art und Weise, wie sich ihr Rücken öffnet, das Korn des Papiers mögen sich eine ebenso lebhafte Erinnerung an die Art und Weise bewahrt haben, wie ich mir damals Venedig vorstellte, aber auch an die Sehnsucht, die ich hatte, dorthin zu gehen, wie die Sätze der Bücher. Und wäre ich je versucht, bibliophil zu werden, dann nur auf eine ganz bestimmte Weise: Die erste Edition eines Buches wäre mir mehr wert als alle anderen, aber darunter verstünde ich jene Edition, in der ich das Buch zum ersten Mal gelesen habe. Ich würde nach Originaleditionen suchen, womit ich sagen will: jenen, aus denen ich den originalen Eindruck zog, denn die späteren Eindrücke sind das nicht mehr. Bei Romanen würde ich die Einbände von damals sammeln, jene aus der Zeit, als ich meine ersten Romane las, die sich ungezählte Male anhören mussten, wie Papa sagte: „He, halt dich gerade!"; ganz wie der Rock, in dem wir zum ersten Mal eine Frau erblickten, wären sie mir eine Hilfe, um die Liebe wiederzufinden, die ich damals hegte, die Schönheit, die ich seither mit allzu vielen Bildern überlagert habe, weniger und weniger geliebt, bis ich die erste wiederfand, ich, der ich nicht mehr jenes Ich bin, das sie erblickt hatte, wobei ich dem Ich weichen müsste, das ich damals war. Doch selbst in diesem Sinn, im einzigen, der mir fasslich ist, wäre ich nicht versucht, bibliophil zu werden. Ich weiß nur allzu gut, wie durchlässig die Dinge für den Geist sind und wie sie sich an ihm vollsaugen. Und hätte ich noch jenes Exemplar von *François le Champi*, das Maman an jenem Abend aus dem Paket mit Büchern geholt hatte, die mir Großmutter zum Namenstag schenken sollte, ich würde ihm keinen Blick schenken: Allzu groß wäre die Angst, dass es sich nach und nach mit meinen Eindrücken von heute füllen könnte, um darin die damaligen zu ertränken, und so würde es so sehr ein Ding von heute, dass auf meine Bitte, ein einziges Mal noch das Kind zu erwecken, das in der kleinen Kammer von Combray seinen Titel entzifferte, dieses Kind die Stimme nicht erkennen, dem Ruf nicht folgen würde, es bliebe für immer begraben, im Vergessen.[6]

1 NAF 16752 S. 72–77. Wir folgen dem Text vor den Korrekturen und Kürzungen. – Proust verschiebt Teile dieser Passage ans Ende seines Werkes: In der zentralen Szene des letzten Bandes *Le Temps retrouvé* erinnert sich der Erzähler im Moment, als seine Füße ungleiche Pflastersteinen im Hof der Guermantes berühren, an Venedig und wird von einer Folge von drei verschiedenen Epiphanien über die lineare Zeit hinausgetragen. Da fällt ihm in der Bibliothek der Guermantes ein Exemplar von George Sands Buch in die Hände, das ihn zurück in die Kindheit reisen lässt, wobei er die Gegenwart dieses kindlichen Ichs zunächst als bedrohlichen Fremden wahrnimmt.

In jene spektakuläre, sage und schreibe ein 1,65 m lange Paperole klebt Proust einzelne Passagen aus den frühen Typoskripten, ergänzt mit noch früheren Notizen aus dem *Cahier 10*. So fügt sich ganz von selbst auch ein leichter stilistischer Bruch in die Szene. Wer dieses Schachspiel in allen Zügen mitverfolgen möchte, sei auf Volker Roloffs Artikel „*François le Champi* et le texte retrouvé" verwiesen, in: *Cahiers Marcel Proust 9, Études proustiennes III*, Paris 1979, S. 259–287.

2 Von hier ab versetzt Proust den Text in *Le Temps retrouvé*, wovon eine weiter entwickelte und umgeschriebene Version in NAF 16752 zeugt.

3 Ein Verschreiber? Proust ändert „décimer" in „décrire" („beschreiben").

4 Proust ergänzt hier später: „in jener Tiefe, die eine solche Kunst vernachlässigt".

5 Proust diktierte wohl eher: „Bildhauer von Genie", wobei sich der Sekretär verhört hatte und statt „génie" eben „Grèce" setzte, ehe Proust in späteren Versionen „Michelangelo" bemüht.

6 Der Rest der Seite bleibt leer. Die nächste Seite des Typoskripts setzt mit der Passage über die Madeleines ein: „So also sah ich während mancher Jahre, sobald ich, in der Nacht wach daliegend, an Combray dachte, stets nur eine Art Lichteck ..."

Die überarbeiteten Seiten, die Proust in *Le Temps retrouvé* verlagerte, weisen ganz unten auf der letzten Seite folgenden handschriftlichen Hinweis auf, der den Anschluss an die Schlüsselszene über die Epiphanien in *Le Temps retrouvé* garantieren soll: „Und indem ich mich dann an das Geräusch des Löffels gegen die Untertasse erinnerte, an die steife Serviette, die Schritte auf den Steinplatten im Hof, *** ".

IM ZWIEGESPRÄCH MIT DEN WEISSDORNEN[1]
Entwurf zu einer verworfenen Passage

aus dem *Cahier 12*, Folio 95 verso, 106 verso – 102 verso

Für gewisse Männer bleibt das junge Mädchen, das ihre erste Liebe war, für immer, auch alt geworden, tot sogar, viele Jahre später nach anderen Liebeleien, die sie erlebt haben, von einem Zauber beseelt, von einer eigentümlichen Blendkraft, die keine andere Frau haben kann. Diese anders geartete Natur, Essenz zwischen diesem einen und allen anderen Wesen, gründet in einer Kindheitsliebe, für mich gibt es sie auch, aber nicht zu einer Frau, sondern zu einer Blume. Zu mehreren Blumen, könnte ich behaupten, die Apfelblüte, das Immergrün, aber weit mehr noch zum Weißdorn.[2]

Ich kann ihn nicht ohne Freude, aber auch nicht ohne Sorgen betrachten. Die Dinge, die wir lediglich vor Augen haben, sind weder so schön noch so anstrengend wie das, was wir zugleich auch in der Tiefe unserer selbst sehen. Denn dann krönt eine Tätigkeit des Geistes die Vision. Die betrachtete Blume ist da, gewiss, aber die Blume, an die ich mich erinnere, die muss ich in weiter Ferne suchen, bisweilen ohne sie zu finden. Doch wenn ich sie finde, fühle ich, dass es nicht eine Blume war, was ich suchte; was der Anblick des Weißdorns dunkel in mir weckte, war eine andere Erinnerung, wer weiß, vielleicht sollte ich jene Schönheit seiner Blüte herauslösen, die mir nicht von der Blüte vermittelt wird. Ich betrachte wechselweise die Blüte und mein Inneres. Wenn ich die Blume betrachtete, erzittert rings um ihre Gestalt, flirrt über den Staubfäden, erglänzt in ihrem Weiß für Momente etwas Unfassliches, was aus der Tiefe meines Innern stammt, dann sehe ich wieder nichts als die Blütenblätter, die Weiße. Dann eben auf ein andermal. Ich begnüge mich damit, die Blume zu riechen, zu betrachten, ich fühle mich aufgewühlt, möchte sie wiedersehen.

Dann fühle ich mich so selig, dass ich wiederkommen möchte, sie wiedersehen, sie allein sehen. Ich lasse mich erweichen, gebe Versprechungen ab.

– Morgen will ich nicht wiederkommen, aber schon nächste Woche komme ich wieder.

– Zu spät, sagen sie mir, nächste Woche werden wir nicht mehr da sein. Und vielleicht reise ich schon Ende der Woche ab. Schau nur, ein paar sind schon abgereist, jene dort hat schon ihren Seidenrock gelüftet, ich werde es ihr wohl schon morgen oder später gleichtun, doch ich sage Ihnen ganz offen, ich hasse es, wenn man mich so erblickt. Ich putze mich ein für allemal so heraus, wie du mich hier siehst, mit all meinen Guipure-Spitzen, meinem Chenille-Garn, dann bin ich bereit, ob man mich an der frischen Luft lässt oder in die Kirche bringt, ich muss mein Kleid nicht mehr wechseln, ich kann mich zeigen. Doch wenn man die Sachen packt, um abzureisen, das ist nicht hübsch, ich habe es nicht gern, wenn man mich so sieht.

– Dann kann ich Euch also nicht wiedersehen.

– Aber gewiss, kommen Sie im nächsten Jahr wieder.

– Und ihr werdet gewiss auch da sein?

– Gewiss, abgemacht, Sie werden uns vom 15. Mai an vorfinden, vielleicht schon etwas früher, wenn das Wetter schön ist. Doch wenn das Wetter garstig ist, werden wir nicht vor dem 20. Mai da sein, aber das werden Sie ja selbst sehen. Oh! und wenn Sie uns nicht sehen, werden wir Sie eben rufen, unser Duft wird Sie suchen und Ihnen einen Wink geben, es ist jemanden da, der hier auf Sie wartet.

– Jedenfalls nicht nach dem 20. Mai.

– Ah nein, nicht später, denn wir sehen uns gezwungen, Anfang Juni aufzubrechen, dann lohnt es sich nicht mehr der Mühe.

– Ich weiß eben nicht, ob ich das nächste Jahr kann.

– Ah! deswegen also ... Doch falls Sie einen Versuch wagen können, wir werden alle da sein, wir werden uns vergnügen wie früher, Sie werden schon sehen. Wir werden alle da sein; es wird auch Apfelblüten geben. Sie erinnern sich doch an die Apfelblüten, Sie haben sie einst auch sehr geliebt, Sie wissen doch, jene großen, die einen so schönen und glatten Teint aufweisen.

– Sie sind gar nicht so toll.

– Oh! ich finde sie sehr hübsch; ich bin nur ein kleiner zerknitterter Fetzen, ich beneide ihren Teint, ihre Taille.

– Hört, ehrlich, ich finde euch weit schöner als sie, meine Weißdornen, ich kenne nichts, was ich so liebe wie euch, wenn ihr nur wüsstet, wie es mich aufwühlt, wenn ich euch dies gestehe.

– Das ist lieb von Ihnen, wir sind eben alte Kameraden, Sie erinnern sich an Combray, als Sie mich heiraten, für immer mit mir leben wollten. Es braucht für jeden Geschmack etwas.[3]

– Ich kann euch versichern: wenn ich komme, dann nicht für die Apfelblüten; natürlich freut es mich, sie zu sehen. Aber ihr sprecht von ihrer weißen Haut. Die eure ist weit feiner.

– Feiner würde ich nicht sagen, die ihre hat mehr Glanz. Nein, ich werde Ihnen jetzt verraten, weshalb sie Ihnen nicht so gefallen, ich verstehe das recht gut: Ihnen mangelt es an Lebhaftigkeit, an Aufgewecktheit, an Zauber, sie stehen immer brav an ihrem Platz, aber das ist nicht Ihr Stil. Sie sind intelligent, Sie lieben uns bei all unserer Kopflosigkeit mehr, wie wir mal hier, mal da sind, denn das beweist Ihnen unsere Lebendigkeit. Sie sind sehr wohlerzogen, und so pflegt man sie für gewöhnlich weit mehr als uns, da wir über keine Mitgift verfügen, sie aber tragen in ihrem Körbchen fruchtigere Hoffnungen, sie wohnen in den guten Quartieren mitten an der Sonne, und uns bleibt als Mitgift nur unser Antlitz. Was ihre Eltern in ihr Körbchen legen können, ist weit fruchtbarer. Nun, sie sind gar schön, aber auch ein wenig gewöhnlich, fast schon Krämerseelen. Wie Sie wissen, ist ihr Vater, der Apfelbaum, ein Großhändler. Sie haben sicher schon Cidre getrunken. Ha, das ist ihr Vater, der ihn fabriziert. Unter uns gesagt: Das ist wirklich nicht chic! nicht wahr?

– Lass gut sein, meine Teure, sag keine Dummheiten, wirf deine kleinen Worte nicht kreuz und quer, sagte nebenan ein sanfterer und ruhigerer Weißdorn: Nicht sehr chic! Die Apfelbäume verfügen doch über eine ausgezeichnete Stellung. Geh, wohin immer du willst, erwähne die Apfelbäume, jeder weiß, wovon du sprichst. Sie sind in der ganzen Welt bekannt. Und Obacht: Ihre Töchter sind unsere Freundinnen. Seit langem schon, seit wir zur gleichen Zeit hierherkommen. Zudem sind sie zauberhaft, hübsch, gediegen, behaupten sich, also, mäßige ein wenig deine Worte, meine Liebe.

– Aber weshalb ist Ihre Schwester nicht da, es hat einen ganzen Busch ohne Blüten.

– Ah! Die ist auf dem Altar der Heiligen Jungfrau, Sie werden sie heute Abend beim Marienfest sehen, sehen, wie hübsch sie ist, die frischeste von uns allen. Deshalb wurde sie auch auserwählt.

– Ich glaube, ich gehe nicht zum Marienfest.

– Wie, Sie gehen nicht zum Marienmonat. Ihre Eltern sind doch keine Republikaner, hoffe ich. Sonst lassen wir es lieber. Mir ist es nicht gestattet, mit jungen Leuten zu sprechen, die meine Religion nicht teilen.

– Schau her, Dummerchen, was redest du da, du weißt sehr wohl, dass wir uns im Marienmonat kennengelernt haben, aber ich verbringe mein Leben nicht am Fuß der Altäre.

– Ah! gut, das ist in Ordnung. Aber geh doch heute Abend hin, du wirst sehen, wie hübsch sie ist. Ich versichere dir, keine von uns kann sich mit ihr messen.

– Aber wenn ich zum Beten hingehe...

– Sie wird dich erkennen, geh nur. So geh doch. Das bist du ihr schuldig. Man sollte seine Kameraden nie im Stich lassen. Sag ihr, dass wir dir sagten, hinzugehen. Und just heute Abend gibt es Musik. Ich bedaure, dass ich selbst nicht hingehen kann. Du, der du hingehen kannst, wo immer du willst, du würdest einen Fehler begehen, wenn du dir das entgehen lässt.

– Aber wenn sie für die Heilige Jungfrau dort weilt, hat sie für die jungen Leute und mich, wenn ich dort beten gehe, keinen Blick übrig.

– Tja, du hältst dein Gebet ab, und dann, wenn du vor dem Altar vorbeikommst, näherst du dich, als ob nichts wäre, das ist schließlich nicht verboten, du weißt doch noch, wie wir deinen Hals kitzelten, um dich lachen zu machen.

– Oh! ja!

– Dann also bis zum nächsten Jahr im Mai?

– Bis zum nächsten Jahr.

– Für den ganzen Monat Mai, versprochen?

– Versprochen. Auf Wiedersehen, Weißdornen.

Ich entferne mich, und dort, wo der Weg in die Haupt-

straße mündet, drehe ich mich noch einmal um: „Auf
Wiedersehen, auf Wiedersehen Weißdornen", ihrem
Lachen entgegen, ihren Spielen, ihren Schwüngen, hin
und her in ihren weißen Schleiern, und ihren Sprüngen:
„Auf Wiedersehen, auf Wiedersehen, Weißdornen,[4]

1 *Cahier 12*, NAF 16652, zit. nach Bernard Bruns Aufsatz „Brouillons des
   Aubépines" in: *Cahiers Marcel Proust 12, Études proustiennes V*, Paris 1984,
   S. 215–304. Wir vereinfachten den Einstieg. Der Dialog zieht sich über
   lange Abschnitte dahin, wir lösen ihn in einzelne Absätze auf, auch
   wenn Proust die Einbettung der Dialoge in den Lauftext oft lieber war.
2 Hier bricht der Text mit dem Satzteil „Als ich, ein Kind noch, am Sonntag hinter La Frapelière vorbeikam" ab. Es folgt eine erste Skizze über
   den Duft des Weißdorns nach Marzipan und die Kapellen, die er in
   den Hecken bildet. Wir fügen eine Passage auf dem Folio 106 verso ein,
   bevor wir in den Dialog überblenden.
3 Wir lassen ein paar Zeilen aus, da Proust sie im übernächsten Abschnitt
   in abgewandelter Form wieder aufnimmt.
4 Hier bricht das Fragment unvermittelt ab.

DER DRITTE STERN[1]
Entwurf über die Seite von
„Garmantes"

aus dem *Cahier 4*, 37 recto – 40 recto

Mit dem Automobil kann man die gesamte geliebte Region
abtasten, tappend erkunden, in der man bereits ein wirres
Pochen fühlt, bis man seine Hand aufs Herz legt; man ist
sich des Weges, der Distanz und also der Stelle nicht sicher.
Man nimmt die seligen Straßen, die ihr Leben in der Nähe
der geliebten Frau verbringen, wo ihr Name den Passanten
ein Begriff ist. Man reichert seine diesbezüglichen Kennt-
nisse über sie mit dem Wissen an, dass man sich durch diesen Wald anpirschen kann. Man sieht die Stadt, entfernt
sich wieder, schon wechselt sie auf unsere linke Seite, man
sieht sie nicht mehr, wähnt sich fern von ihr, noch eine
halbe Stunde Weges liegt vor einem, man wird sie nicht
erreichen, dann kommt man auf eine Avenue, diese Avenue
trägt bereits ihren Namen, da ist sie, als wäre sie vor uns
hergerannt. Eine allzu lange Verfolgungsjagd, ein unerwar-
tetes Warten, all das lässt ihren Platz noch prächtiger her-

vortreten, den sie im Verlauf ihrer perspektivischen Ziererei und Annäherungen von sich aus einzunehmen schien. Dies ist die schöne Geometrie der Erde und der Liebe.

Als Kind habe ich von Garmantes immer nur die Seite der Garmantes gekannt, wobei Garmantes selbst lediglich der äußerste, fast schon idealisierte Punkt jener berühmten Seite war, etwas Mysteriöses wie der Kardinalpunkt, doch am Tag, als ich, nach einem langen Ausflug im Automobil in einer Gegend, die ich nicht kannte, verloren war, sagte mir mein Chauffeur, dass man, wenn man die erste Straße zur Rechten einschlägt, in Garmantes ankommt, das war ganz und gar so, als hätte er mir gesagt, wenn man den ersten Weg links nimmt und dann den zweiten nach rechts, dann läge direkt vor mir meine Jugend oder meine erste Liebe. Und verhält es sich nicht jedes Mal so, wenn sich das Paradox eines realisierten Ideals zeigt, einer Sache, die man nur dank der Einbildungskraft kannte und die durch einen Salto plötzlich vor unsere Augen gerät, immer dann, wenn man sich vor einer Stadt sagen muss, das ist Venedig, vor einem Monsieur, der spaziert, das ist Victor Hugo, vor einem viereckigen Schlammbecken, das sind die Quellen der Loire. Auf der Seite von Méséglise spürte ich, sobald ich erfahren hatte, dass Madame Swann mit ihrer Tochter nach Chartres gegangen war, die Süße, mich auf der nämlichen wohlgewölbten Ebene aufzuhalten, wo auch sie war, ein paar Meilen entfernt. Für Momente strich der Wind vorbei, beugte den Weizen nieder, und ich dachte, dass dies derselbe Hauch war, der an ihr vorübergeweht war, dem nichts Einhalt gebot, und im Moment, da er meine Lippen traf, da sagte ich mir: sie sagte ihm, trag ihm meinen Kuss zu. Doch wenn wir auf der Seite von Garmantes ihr Anwesen längst hinter uns gelassen hatten, da flirrten auf der Hauptstraße die Telegraphendrähte, die eine Depesche von ihr übermittelten. Ich würde sie bei der Rückkehr vorfinden, arrangierte bereits jeden Satz, dann, von der Vorstellung aufgeschreckt etc.

Nach ein paar Mäandern der Loire, die ganz vom Gehölz abgeschirmt wurde, das sie umgab, stieß man auf ein kleines Haus. Ich dachte an die Traurigkeit, meine Tage an einem Ort zu beenden, der jener unbekannt war, die ich liebte, wo ich selbst unbekannt sein würde, dachte daran, wie man sich damit abfindet, wenn man sich sagen muss, ich habe mich willentlich von all dem entfernt, was es mir erlaubt hätte, sie wiederzusehen, von all jenen, die mir von ihr erzählt hätten, ihr womöglich von mir erzählten. Ich werde nichts anderes mehr kennenlernen als diese Seerosen und diese Hecke, ich werde nur noch der kleinen Pforte ein Begriff sein, die noch lange läutet, wenn man sie aufgestoßen hat. Man wird mich nie jenseits dieses Weges sehen, ich werde nicht weiter blicken als bis zu diesem vertäuten Nachen. Und da zeigt sich just im Fenster eine Frau mit einem melancholischen Gesicht von solchem Feinsinn, wie man es in diesen Gegenden nicht findet, sie muss hier gestrandet sein, um dem Leben zu entsagen, um es hier zu beschließen. Ich möchte es ihr gleichtun, doch schon am zweiten Abend würde ich wahnsinnig und aufbrechen. Und doch, ist es angesichts jener gewaltigen Regung, das zu sein, was wir nicht sind, uns mit der Erde zu vermählen, das geheime Leben derer zu kosten, die sie bewohnen, ist es dann nicht von Vorteil, selbst einer ihrer Bewohner zu werden, der Schlossherr jenes im Wald verlorenen Kastells zu sein, Bürger jenes Weilers zu werden und dem Steuereintreiber von Garmantes einen Beitrag zu zahlen! Aber nein! das ist unmöglich, wir bewohnen nie eine neue Wohnstätte, wie die Schnecke schleppen wir unsere Wohnstätte mit uns, unsere Atmosphäre, unsere Vergangenheit, unsere Gewohnheiten. Binnen weniger Tage wäre das kleine Haus an der Loire von meinem Ich erfüllt, dieses Land würde zu meiner Residenz und nicht ich zu ihrem Bewohner, es würde mir nicht seinen Stempel aufdrücken, sondern ich ihm den meinen. Ich hätte, gegen meinen eigenen Willen, auf dem Boden jenen Teppich ausgerollt, den ich wie jeder Gaukler überallhin mit mir trage, und so würde ich den Duft der Erde nie kennenlernen. Man sah die ersten Sterne, wenn man spät von der Seite von Garmantes heimkehrte, und ich dachte, sie würde sie zur gleichen Zeit in Chartres, in Paris sogar sehen, wohin sie zurückgekehrt sein mochte. Wenn ich drei auf einmal sehe, dann hat sie an mich gedacht! Aber ich sah nur zwei. Doch zwei plus mein Begehren, das macht drei. Sie hat an mich gedacht.

1 *Cahier 4*, NAF 16644. Wir lösen diese kurze Passage aus ihrem Zusammenhang. Zuvor hat er in der Kutsche eine Dame erblickt, die Schlossherrin de Guermantes; er bringt sie im nächsten Fragment wieder ins Spiel.

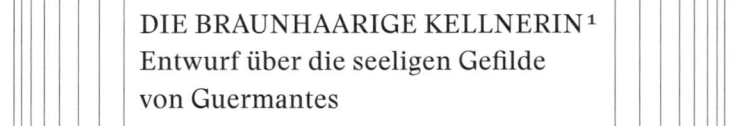

DIE BRAUNHAARIGE KELLNERIN [1]
Entwurf über die seeligen Gefilde
von Guermantes

aus dem *Cahier 12*, Folio 31 recto – 42 recto

Am Ausgang dieses Parks strömt die Vivonne wieder lebhafter. Weiter unten sieht sich der Fluss von diesen wuchernden Pflanzen befreit und wird, für eine Weile, für Nachen befahrbar. So manches Mal erblickte ich einen Ruderer, der das Ruder aus der Hand gelegt hatte, er ruhte rücklings auf dem Boden der Barke, die er frei treiben ließ, den Kopf ganz unten, nur den Himmel vor Augen, der langsam über ihm dahinglitt und auf sein Antlitz die Vorfreude von Glück und Frieden zeichnete. Unweit von da, am Fuß eines Dorfes, gab es eine Art kleines ländliches Restaurant, ans Flussufer gebaut, wo die Unteroffiziere, die Studenten, die Bürger einer recht großen Stadt, die nur wenige Kilometer entfernt lag, am Sonntag Fritiertes aßen und Ruderpartien unternahmen. Der verstrichene Abend in diesem kleinen Dorf, das für seine hübschen Flecken voll Flusskraut bekannt war, war wie eine seltene Blume voll Frische, Entspannung und Frieden, der sich alle zuwandten, um sie fernab der harten Straße des Alltags zu pflücken.

Ich suchte es später einmal mit meinem Cousin auf; und kaum hatten wir unser Essen bestellt, nahmen wir eine Barke und fuhren aufs Wasser hinaus; dieser Moment blieb für mich, vielleicht weil ich ermüdende Beschäftigungen hinter mir ließ, die ich am nächsten Tag wieder aufnehmen sollte, eine vor lauter Freude und Frieden derart süße Erinnerung, dass er mir heute als eine der zwei oder drei Formen von Seligkeit gilt, die ich einmal noch kosten möchte. Und zwar möchte ich sie nur dort kosten. Mir ist, als könnte eine Minute meiner Gegenwart exakt jene selige Minute meiner Vergangenheit berühren, ich muss sie nur exakt auf sie abstimmen, dann verläuft meine Linie von heute entlang der Punkte von damals, und zwar so, dass eine exakte Koinzidenz vorliegt. Ich möchte um vier Uhr aus dem städtischen Getriebe, im Wagen. Mir scheint, dass es nur an diesem Fluss jene Frische im sinkenden Licht gibt, die ich dort um sieben Uhr abends genossen hatte, und die braunhaarige Kellnerin, die ich nicht zu küssen wagte und die ich heute im Zimmer oben im Chalet lieben würde. Und wenn die Forellen gar sind, würden wir mit unserer Barke vorsichtig zwischen den Binsen nahen.

So liegt die Vision der immergleichen Züge und Lichtspuren in unserer Erinnerung, darin liegt für uns der ganze Zauber, der entscheidende Anlass zu einer Reise. Unter dem Druck von Gegengründen, in der Trauer des Aufbruchs, wenn uns ein schwerwiegendes Hemmnis zurückhält, kehren, um uns umzustimmen, vor unsere Augen der gemietete Karren wieder, die horizontalen Strahlen, die braunhaarige Kellnerin, über die Binsen gebeugt. Dies bleibt, während langer Zeit, unser Grund zum Aufbruch. Und eines Tages wird es für uns der Grund zum Bleiben. Denn wir wissen, die Züge, unter denen sich eine Erinnerung zeigt, wiederholen sich nie. Es wird keine Sonne geben, man wird die Binsen ausgerissen haben, die braunhaarige Kellnerin wird tot oder in weiter Ferne angestellt sein. Und auch wenn all das noch dort wäre, es würde nach unserem Aufbruch keine Spur im neuen Bild hinterlassen und keinerlei Rolle bei unserem Genuss gespielt haben.

Ich hatte so manches Jahr, wenn wir auf die Seite von Guermantes gingen und ich dem Ufer der Vivette folgte, von den „Quellen der Vivette" als einem fast schon abstrakten Ort gehört und war, als ich vernahm, dass sich die „Quellen" an einem bestimmten Ort, in einer bestimmten Distanz zu einer realen Stadt befanden, so überrascht wie ein Heide, der vernahm, dass sich unweit einer bestimmten Stadt die Pforten der Hölle befinden, und dann nahm man mich eines Tages mit, um die Quellen der Vivette zu schauen. Ein wenig weiter oben nimmt die Vivette die Gracieuse auf, die ihr genügend Wasser zuführt, um schiffbar zu werden. Danach, und bis hinauf zu den Quellen, ist es nur noch ein schmaler Fluss, dann ein Bächlein.[2]

Mir wurde vor einem viereckigen Schlammwerk, aus dem vereinzelte Blasen aufstiegen, gesagt, dies seien die Quellen der Vivette, das zwang mich, in eine vollkommen ideale und weit ausgreifende Konzeption das materielle, begrenzte und übrigens recht armselige Schauspiel einzubauen, das ebenso niederschmetternd war, wie wenn man in Rom ankommt und sich sagt: Das ist Rom, oder wenn man mich auf einen alten Herrn mit einer Melone hinweist, auf der man eine kleine Delle ausbeulen müsste, das ist Victor Hugo. Ich war ganz verwirrt, mich erfasste jenes bedrückende Befremden, wenn man imgleichen eine imaginäre Sache und eine gesehene Sache denken, sie eins werden lassen muss.

Doch für gewöhnlich verließen wir die Vivette gleich nach dem kleinen Restaurant und fielen auf die Hauptroute von Guermantes zurück, auf der wir Richtung Combray hinuntergingen. Eines Tages rückten wir rasch zusammen, um nicht von einer Kalesche umgeworfen zu werden, die in höchster Geschwindigkeit vorbeiraste, gelenkt von gepuderten Postillons. Durch das Fenster erblickte, oder besser: erahnte ich, unter einem Schleier, eine bezaubernde blonde Frau, die uns einen verächtlichen Blick zuwarf, allem Anschein nach zeigte sie jemandem, der mit ihr in der Kutsche war, lachend unsere wenig elegante Truppe. Doch schon war sie im Staub entschwunden. Ein Straßenwärter, der auf der Straße seinen Hut gelüftet hatte, sagte uns: Das ist die Comtesse de Guermantes, wobei für ihn Guermantes weniger ein Eigenname als der Name für das Schloss war, in dem die Comtesse wohnte, wie ich Bauern von der Duchesse d'Uzès, der Duchesse de Bonelles reden hörte, von der Duchesse de Luynes, der Duchesse de Dampierre.

Wenn man die Route nach Guermantes verließ, war man nicht mehr weit von Combray entfernt, und wenn es nicht schon allzu spät war und man durch die Stadt heimgehen musste, gingen wir hinten herum. Dies war ein Hohlweg voller Eichenlaub, das ein goldenes Licht hindurchließ, mit Gehöften auf jeder Seite und einem „Korso" von Apfelbäumen, deren Blattwerk auf dem hellen Boden japanische Schatten schnitt. Da lag ein Gehöft, gegenüber kein Gehöft, dafür weiter weg gleich zwei. An einer Stelle, wo eines zur Linken lag und daneben ein kleines Haus, bog gegenüber, in der Ecke eines armseligen Hügels, ein kleiner Weg ab. Wir waren angekommen, er führte direkt in die Rue des Perchamps. Da es in dieser langen von Eichen überwölbten Allee immer wieder ein Gehöft zur Rechten mit einem kleinen Haus gab und ich in meiner Müdigkeit stets hoffte anzukommen, glaubte ich den Hügel zu sehen und den kleinen Weg, aber wir waren noch nicht dort. Und recht rasch erkannte ich die kleinen eigentümlichen Züge, die dazu führten, dass das Gehöft und das kleine Haus, die Grenzzäune, die dem kleinen Weg gegenüberlagen, um ein weniges von den anderen abwichen, jene kleinen Züge, dank denen man eine Person erkennt, die man schon einmal gesehen hat und nicht mit einer anderen verwechselt. Um die Rue des Perchamps zu vermeiden, die nichts für müde Füße war, ließ uns mein Onkel, dessen Spezialität es war, über unbekannte und privilegierte Quellen der Gelehrsamkeit und topographischen Taktik zu verfügen, einen kleinen Weg einschlagen, der nach Akazien duftete und an dessen Ende wir, ich weiß nicht, wie, hinter Efeu verborgen, auf die kleine Pforte unseres Gartens stießen. In einem Augenblick waren wir da. Jetzt noch quer durch den Garten, aber ohne jede Müdigkeit. Hier stieß ich auf die *Gewohnheit*, sie kam mir entgegen und nahm mich an der Hand, dann in ihre Arme wie ein kleines Kind. Von der Gartentür an nahm mir der Boden das Gehen ab, er floss unter mir dahin, so sehr hatte die Gewohnheit jegliche Anteilnahme der Aufmerksamkeit und des Willens an diesen Akten aufgehoben. Ich fand mich im kleinen Salon wieder, ohne dass ich den Knauf der Tür mit dem grün bemalten Holzgitter im Vestibül hätte drehen müssen, sie hatte sich von selbst geöffnet.

Dies war die Seite von Guermantes, und Sie könnten mich in ein Land führen, wo es ebenso schöne, ja noch schönere Seerosen gibt, einen hübscheren Fluss, prächtigere Straßen – wenn es nicht dieses Land da, sondern ein anderes ist, dann wird mir dies so wenig Freude bereiten, wie wenn mir meine Mutter zum Gutnachtsagen an ihrer Statt eine Frau geschickt hätte, die ihr zwar gleichen mochte, ebenso schön und ebenso intelligent, intelligenter noch und schöner gewesen wäre. Der kleine Makel, den Maman am Kinn trug, erinnerte mich daran, dass es wirklich sie war, er war mir lieber als ein perfekteres Kinn bei einer anderen.

Und wenn ich vom Weg gesprochen habe, an dem auf der einen Seite drei Gehöfte und auf der anderen zwei lagen, so habe ich etwas gesagt, was nicht weniger zählt als das, was ich über die Nuancen der Nymphaea sagte. Was wir an einer Landschaft oder an einer Person lieben, ist nicht ihre Schönheit, die andere auch erreichen, in den Schatten stellen können, sondern ihre Individualität. Wenn ich wünschte, dass mir Maman in meiner Kammer Gutnachtsagen kam und Sie hätten mir eine Mutter geschickt, die nicht sie gewesen wäre, schöner gar und auch intelligenter, so hätte mir dies keinerlei Freude bereitet. Der Fehl einer kleinen Spalte, die sie am Kinn trug, war mir, zum Beweis, dass es sehr wohl sie war, weit angenehmer als das perfekte Kinn einer anderen. Ein schönerer Fluss als die Vivette, der aber nicht sie wäre, mit noch strahlenderen Seerosen, da liegt mir nichts daran, ihn sehen zu gehen. Doch was gäbe ich nicht darum, nach Combray zurückzukehren, und mit welcher Freude würde ich dort wieder auf jene Eigentümlichkeiten stoßen, die vielleicht einer gewissen Schönheit entbehren, aber die sagen: genau hier ist es, der Ort, wo der Weg abzweigt, das vereinzelte Gehöft gegenüber zwei Gehöften, die Baumallee, die zum früheren Kalvarienberg führt, allein schon der Name der Bahnstation gleich vor Combray, der für mich so aufwühlend ist wie der Name der Straße, an der eine geliebte Frau wohnt. Und wenn man erst einmal darüber nachdenkt, in der Kluft zwischen einem geliebten Ort und einer geliebten Frau, die sich ansonsten so sehr gleichen, wobei die Landschaft ewig mit ebendiesem Platz zusammenhängt, oder mehr noch: der Platz selbst ist, in dieser Kluft liegt das stets falsch gestellte Problem des Reisens. Ja, eine Reise ist für alle, die es aufgrund der Macht ihrer Sehnsucht verdient hätten, in den Genuss ihrer Wonne zu kommen, enttäuschend, weil der Anblick der Realität uns nicht geben kann, worauf die Phantasie abzielte.[3]

So war die Seite von Guermantes. Die Seite von Méséglise, mit all ihren Feldern hoch über der Stadt und bis ins Unendliche sich erstreckend, sie machte für mich aus den Kornblumen, dem Klatschmohn, der Apfelblüte, dem Weißdorn etwas ganz anderes als Blumen, wie sie eine Frau von Welt oder eine Blumennärrin zu lieben vorgeben, wobei sie deren einzigartige Farbe oder Parfum mit einem treffenden Wort kennzeichnen; doch eine Realität, die sich mir mit so viel Zauber aufdrängt wie der Anblick der kleinen Flamme des roten Segels eines Klatschmohns, an der Spitze seiner grünen Takelage gehisst und im Wind gegen die schwarze und ölige Boje flatternd, oben auf einem Hügel, das lässt mein Herz schlagen, und zwar voll Mysterium, und noch immer laufe ich los, wie damals, als ich klein war, sobald ich einen Apfelbaum in Blüte stehen sehe, ganz damit beschäftigt, aus den prächtigen Blütenblättern, die ich noch unter allen anderen erkenne, all das herauszulösen, was mit so viel Macht meine Liebe und mein Studium weckt. Auf diesen Blüten liegt eine Art dünne Schicht, unsichtbar und ungreifbar, die meinem Blick einen sanften Widerstand bietet, ehe er bis zum fleischigen Weiß der Blütenblätter vordringt; sie ist womöglich aus all den Blicken gewirkt, die ich einst auf sie geworfen habe und die mein Blick von heute wieder queren muss, um bis zur Blüte vorzudringen; diese Blumen liebe ich nicht aus ästhetischem Mutwillen, sie überwältigen mich mit der ganzen Wucht einer Vergangenheit, die ich nicht mehr ändern kann. Sie sind das, was von dem geblieben ist, was nicht mehr ist. Sie setzen in den Feldern jene Minute fort, die in meinem Leben abgeschlossen ist. Sie sind außerhalb meiner selbst das Einzige, was so tief ist wie die Vergangenheit, die in meinem Herzen ruht. Dadurch sind sie für mich nicht einfach eine Schönheit der Natur, ihnen eignet die ganz reale, von unseren heutigen Liebhabereien ganz und gar unabhängige Existenz, der wir uns fügen müssen und die sich uns nicht fügt. Dadurch verkörpern sie das, was ich wiederfinden möchte, was unabhängig von mir existiert, was ich nicht ändern kann, was größer ist als ich und worin ich das Glück wiederfinden könnte. Man mag mir gewaltige Landschaften schenken, in denen es weder Klatschmohn noch Kornblumen, weder Apfelbäume noch Weißdorn gibt, ich würde nichts von ihnen wissen wollen, ich würde mich nicht draußen in der Natur fühlen.

Die Seite von Guermantes hat dem, was für mich das Bild des Glücks ausmacht, andersartige, aber ganz unabdingbare Züge eingeprägt, einen anderen Aspekt. So wie ich mir keine Natur ohne Weißdorn vorstellen kann, kann ich sie mir auch nicht ohne Fluss vorstellen. Eine der seltenen Freuden, die ich noch genießen möchte und die vor mir dahinfliegen, wobei sie mir gleichwohl durch zauberhafte Zeichen Kraft geben, um meinen Weg weiterzugehen, wäre es, eines Tages zurückzukehren, um in jenem kleinen Restaurant an der Vivette zu essen. Ich will kein Restaurant an einem anderen Fluss, ich möchte sogleich aus dem Getriebe der Stadt hinaus, mit dem Karren. Mir scheint, nur wenn ich die Gegenwart genau über der Vergangenheit entfalte, indem ich die Linien von heute genau entlang der Punkte von damals laufen lasse, nur dann kann ich eine perfekte und wirklich beseligende Koinzidenz erhoffen. Wenn ich dorthin will, dann will ich das Licht um fünf Uhr abends sehen, wie es sich über die Kühle des Wassers senkt, die Barke, die Rosensträucher streift, die braunhaarige Kellnerin, die sich am Ufer vorbeugt, um uns zu melden, dass die Forellen gar sind. Es ist nicht das betrachtete Licht ohne die Spazierfahrt in der Barke, was ich will, es ist nicht die Spazierfahrt in der Barke ohne die Kellnerin, die sich vornüberbeugt. Die Kellnerin gefällt mir wohl, aber nicht für sich allein, ich will, dass sie mir die Forellen ankündigt, die für sich genommen auch nichts sind. Es ist dies nicht einfach ein Naturgenuss, noch Freude am Sport, an der Sinnlichkeit, der Feinschmeckerei, es ist der Reiz einer Minute, der all diesen Freuden, sich gegenseitig erweckend, sich aufeinander stützend, in der Tiefe meines Gedächtnisses Dauer verleiht, in zauberhafter Harmonie. Es sind diese Bilder, die über eine Reise entscheiden, und im Moment, da wir an die Notwendigkeit denken, dableiben zu müssen, an den Kummer des Aufbruchs, an die wichtigen Sachen, die man hinter sich lässt, bilden sie die Gestalt, und zwar stets die nämliche, unter der sich eine andere Alternative abzeichnet, der Aufbruch. Dies während wir weiter zögern, während wir zum einen die Komplikationen erblicken, zum andern die schräg einfallenden Lichtstrahlen, die gestreiften Binsen, die halb vornübergebeugte Kellnerin, die sagt, dass die Forellen gar sind. Dies ist unser Grund zum Aufbrechen. Eines Tages wird dies unser Grund zum Bleiben, denn wir wissen, dass sich uns die Orte, die wir wiedersehen, nie unter jenen Zügen zeigen, die uns umgestimmt haben. Es wird keine Sonne an diesem Tag geben, oder keine Forelle. Die Kellnerin wird tot sein oder anderswo angestellt. Und selbst wenn es dies alles noch gibt, werden wir es nicht bemerken, wir werden auf anderes achten, anderes wird zum Bild, das zu künftigen Reisen rät, auf denen wir es wieder verfehlen.

Es war auf jenen riesigen gewölbten Hügeln der Seite von Méséglise, wo ich jene große Süße kennenlernte, mir beim Gedanken an Mlle Swann zu sagen, dass sie in Chartres sei, so und so viele Meilen von mir entfernt, dass mich nichts von ihr trennt, und wenn mein Blick schärfer wäre, könnte ich sie sehen. Und wenn die gewaltigen warmen Luftzüge kamen, den Weizen in der Ferne beugend und meine Wange streifend, sagte ich mir, sie kommen in direkter Line von Chartres, dieser Luftzug, der gerade meine Wange berührt, er kommt von Chartres, er kann mir von ihr Neuigkeiten überbringen, wer weiß, vielleicht sagte sie ihm, als sie ihn entschwinden fühlte: Küss ihn für mich.

Fern von mir, aber auf demselben Feld, schien sie noch bei mir zu sein. Seither fühlte ich, dass man nicht allzu viel mit einer Frau zusammen sein sollte, die ich liebte, damit sie nur den Umständen und nicht meinem eigenen Ungenügen die Schuld daran geben konnte, dass ihr die großen Gefühle verwehrt blieben, jenes Glück, das ich ihr, wie ich in meiner Impotenz fühlte, nicht verschaffen mochte, da ich selber nicht darüber verfügte, und wenn ich sie den ganzen Tag allein ließ, schaute ich oft, dass meine Ausflüge ohne sie durch Felder wie jene auf der Seite von Méséglise führten. Und für Momente, während sie mich gleichgültig und vergesslich wähnte, ließ ich das Automobil anhalten, setze mich auf den Hügel eines Feldes und blickte in eine Distanz, die meine Augen nicht überwinden mochten, in Erwartung jener heftigen Windstöße, die nichts hemmen konnte, seit sie von ihrer Seite ausgegangen waren, je und je den Weizen beugend wie eine Welle von dreißig Meilen. Aber wenn ich auf der Seite von Guermantes auf die Hauptstraße gelangte und die Telegraphendrähte flirren hörte, sagte ich mir, Madame de Guermantes hat mich gesehen, hat über meinen Namen Erkundungen eingezogen, sie bereut ihr Gespött, sie wird mich lieben, sie wollte mir eine Depesche senden, jene, die gerade in diesem Moment übermittelt wird, sie wird noch vor uns in Combray eintreffen, und sie wird mir Folgendes sagen, wobei ich immer wieder von neuem ansetzte, bis es genau dem entsprach, was ich mir wünschte.[4]

1 *Cahier 12*, NAF 16652. Vgl. Claudine Quémar: „Sur deux versions anciennes des ‚côtés‘ de Combray“, *Cahiers Marcel Proust 7, Études proustiennes II*, Paris 1975, S. 159–282.

2 Wir lassen hier ein paar Zeilen aus, da Proust sie in abgewandelter Form im nächsten Abschnitt wieder aufnimmt.

3 Proust setzt zu weiteren Ausführungen zum Reisen an, lässt den Satz aber unvermittelt abbrechen. „Doch wie wollte man behaupten, dass man sich damit begnügen sollte zu reisen, um …“.

4 Das lange Fragment, das wir teilweise wiedergegeben haben, endet hier mit dem Satz: „Bevor wir auf die Straße gelangten, blieb der Blick, solange wir der Vivette folgten, auf ein paar Schritte beschränkt.“

MLLE SWANN IM LICHT DER FRÜHE[1]
Entwurf

aus dem *Cahier 14*, Folio 56 verso – 58 verso

Ach! ich hätte sie so geliebt, hübsch wie sie sein mochte, diese junge Frau, die ich mir stets an der Seite von Bergotte vorstellte, und hinter ihr, im Licht eines jener schönen Wintermorgen, an denen sie sie besonders gern aufsuchte, eine jener mysteriösen Kathedralen, die ich nicht kannte, Amiens, Bourges oder Reims, strahlend weiß im Schnee. Ich malte mir aus, dass wir plötzlich enge Freunde waren, dass sie sich von mir küssen ließ, dass sie aus einem Grund, den ich lieber nicht vertiefte, eine hohe Meinung von mir hatte (damit mich unsere Freundschaft nicht demütigte) und dass wir uns von Zeit zu Zeit sahen. Und unsere Freundschaft bestand just darin, dass wir zusammen Bourges aufsuchten, Amiens, Reims, ihre Hand in meiner Hand, wobei sie mir die Bedeutung der Skulpturen auseinandersetzte; wir stiegen in einem jener Hotels ab, von denen ich schon so manche Winternacht geträumt hatte, im Wunsch, dort zu schlafen. Am Morgen erkundigte sie sich, ob ich schon bereit sei. Ich ging hinunter, um an ihrer Seite einen Milchkaffee zu trinken, und wir brachen auf, mit ihren Eltern, in der Sonne und in der Kälte. Was für ein prächtiges Leben würden wir zusammen führen. Sosehr mir all dies Anlass war, mich in sie zu verlieben, auf diese Weise kann man nur in ein Gesicht verliebt sein, wenn man fühlt, dass es von einem speziellen Wesen unterströmt wird, das Pfand einer Realität, die ihm selbst unbewusst ist, ganz unentbehrlich, Blüte eines Lebens, das es hervortreibt und das wir liebend gern kennenlernen würden, zu dem es uns, wie wir glauben, Zutritt verschaffen wird. Aus den nämlichen Gründen wie ein junges Mädchen nur einen Offizier heiraten will, eine Magd für Feuerwehrmänner schwärmt, eine reiche Baronin in den jungen König verliebt ist, auch wenn er recht hässlich ist – wünschte ich mir, dass Mlle Swann so hübsch war, wie ihr Vater sagte, mich lieben und in die Philosophie von Bergotte einführen würde –, wer weiß, womöglich würde sie mich sogar mit ihm bekannt machen, so also nahm sie, eines Wintermorgens, zu guter Stunde mit mir in einem Hotel in Reims einen Milchkaffee und geleitete mich durch diese goldene Kälte, unermüdlich die schneebedeckten Skulpturen erläuternd, dahinter, im Schein der Sonne, die Kathedrale, vor der ich sie mir stets vorstellte.

Zudem ist unsere Seele in keinem Moment eins, sie hat viele Schichten, die uns zum gleichen Zeitpunkt verschiedene Aspekte bieten. Ich las am Sonntag im Garten ein schönes Buch, doch zugleich fand ich, dass es sich auf dem Korbsessel gut ruhen ließ, ich bemerkte über der Pappel in der Rue des Perchamps, dass es bald regnen könnte, und ich dachte, dass ich Hunger hatte und Françoise Spargel zubereitet hatte. Doch unter diesen verschiedenen Schichten zeigt jene der Bewunderung, des Glaubens, das heißt jene der Lektüre, des Denkens, eine Neigung, sich die anderen unterzuordnen. Wir stellen uns die Dinge in unserem Geist schon vor, noch bevor wir sie kennen, und wir mühen uns bei ihrem Anblick, sie in die Nähe dessen zu rücken, was unser Geist gerade für vortrefflich hält. Ich identifizierte die Felder von Combray mit Versen von Musset, und in Hinblick auf Mlle Swann wünschte ich mir, dass sie mich die Kathedralen lieben lernte. *Vielleicht hinter die letzten Worte setzen.* Ich dachte an sie, doch zugleich erhob sich in der Tiefe meines Denkens eine Kathedrale, vor der sich ihr Umriss abzeichnete. Und so brachen wir, nachdem wir unten das Frühstück eingenommen hatten, alle beide auf, um, von Küssen unterbrochen, die Skulpturen zu betrachten, im Licht der Frühe.

1 *Cahier 14*, NAF 16654, wir folgen dem Text von *À la recherche du temps perdu I*, Pléiade, Paris 1987, S. 790f.

SKIZZEN ZUR MADELEINE-EPISODE [1]

Die Fragmente setzen oft unvermittelt ein oder brechen mitten in einem Satz ab, wobei wir diese grammatikalischen Besonderheiten in der Übersetzung beibehalten. Rot gesetzt sind eingefügte Passagen.

1 Wir folgen, wo nicht anders vermerkt und mit Vereinfachungen, der Transkription von Luzius Keller in: *Les avant-textes de l'épisode de la madeleine dans les cahiers de brouillons de Marcel Proust*, Paris 1978. Vgl. auch ders.: *La Fabrique de Combray*, Carouge-Genève 2006.

DAS GERÖSTETE BROT DES GROSSVATERS [1]

aus dem *Cahier „Proust 45"*, NAF 16636, *Contre Sainte-Beuve*, Folio 1 recto – 2 recto

Jeden Tag messe ich dem Verstand weniger Wert zu. Jeden Tag wird mir klarer, dass ein Schriftsteller nur fern von dessen Zugriff etwas von unseren vergangenen Eindrücken einfangen, mit anderen Worten: an etwas von sich selbst rühren kann, dem einzigen Gegenstand der Kunst. Was uns der Verstand unter dem Namen Vergangenheit wiedergibt, hat nichts mit ihr zu tun. In Wirklichkeit verkörpert sich jede Stunde unseres Lebens, kaum ist sie abgestorben, in irgendeinem materiellen Gegenstand und sucht in ihm Zuflucht, wie es in gewissen populären Sagen den Seelen der Hingeschiedenen beschieden ist. Sie liegt darin gefangen, gefangen für immer, außer wir begegnen diesem Gegenstand. Durch ihn hindurch erkennen wir sie wieder, rufen sie an, und schon sieht sie sich befreit. Der Gegenstand, in dem sie sich versteckt – oder die Empfindung, denn jeder Gegenstand ist in seinem Bezug zu uns: Empfindung –, mag uns unter Umständen nie begegnen. Und so gibt es Stunden unseres Lebens, die nie auferstehen werden. Denn dieser Gegenstand ist so klein, so verloren in der Welt, die Chance bleibt so gering, dass wir ihn auf unserem Weg antreffen! Es gibt ein Landhaus, in dem ich mehrere Sommer meines Lebens verbracht habe. Bisweilen denke ich an jene Sommer zurück, aber es waren nicht wirklich *sie*. Die Chancen standen hoch, dass sie für mich verloren bleiben würden, für immer. Ihre Auferstehung hing, wie jegliche Auferstehung, von einem schlichten Zufall ab. Eines Abends kam ich, vom Schnee ganz durchfroren, nach Hause, und da ich mich nicht aufwärmen konnte, als ich mich in meinem Zimmer unter der Lampe ans Lesen machte, schlug mir meine alte Köchin vor, mir eine Tasse Tee zu machen, den ich sonst nie nehme. Und der Zufall wollte es, dass sie[2] mir ein paar Scheiben gerösteten Brotes[3] brachte. Ich tränkte es in der Teetasse, und im Augenblick, da ich das geröstete Brot in meinen Mund schob und die Empfindung seiner vom Teegeschmack[4] durchdrungenen Weichheit an meinem Gaumen fühlte, wandelte mich ein Schwindel an, Düfte von[5] Geranien, Orangenbäumen, eine außergewöhnliche Empfindung von Licht, von Glück; ich regte mich nicht, in der Befürchtung, durch eine einzige Bewegung all das anzuhalten, was in mir vorging und was ich nicht zu fassen wusste, ich hielt mich ganz an den Geschmack des durchtränkten Brotes, das solche Wunder hervorzurufen schien, als unvermittelt die erschütterten Trennwände meines Gedächtnisses nachgaben, und schon brachen die Sommer, die ich in besagtem Landhaus verbracht hatte, mitten in mein Bewusstsein, mit all ihren Morgen, sie zogen hinter sich den nicht abbrechenden Schweifzug und den Zustrom seliger Stunden nach. Da erinnerte ich mich: jeden Tag, sobald ich angezogen war, stieg ich in das Zimmer meines Großvaters hinunter, der gerade aufgewacht war und seinen Tee trank. Er tunkte einen Zwieback[6] hinein und gab ihn mir zum Probieren. Und als diese Sommer längst vergangen waren, bildete die Empfindung von diesem im Tee aufgeweichten Zwieback eine jener Zufluchten, in die sich die toten Stunden – für den Intellekt tot – ducken und wo ich sie sicher nie aufgestöbert hätte, wenn[7] mir an jenem Winterabend, als ich vom Schnee unterkühlt heimkam, meine Köchin nicht das Getränk vorgeschlagen hätte, mit dem die Auferstehung verbunden war, aufgrund der Macht eines magischen Paktes, von dem ich nichts ahnte. Doch kaum hatte ich vom Zwieback gekostet, schon war es ein ganzer Garten, bis dahin mit all seinen vergessenen Alleen trüb und verschwommen vor meinen Augen liegend, der sich abzeichnete, Beet für Beet, mit all seinen Blumen, in einer kleinen Tasse Tee, wie jene kleinen japanischen Blumen, die erst im Wasser Gestalt annehmen.[8]

1 Wir folgen dem Text in: *Contre Sainte-Beuve*, Pléiade, Paris 1971, S. 11f.

2 Im Manuskript steht zunächst: „dass sie den Einfall hatte, für mich ein paar ... zu rösten."

3 Luzius Keller verweist in *La Fabrique de Combray* (S. 135) auf eine Bemerkung in *Hygiène des neurasthéniques* von 1897, an dem Prousts Vater Adrien als Mitautor mitwirkte: „Das erste Essen am Morgen sollte mit Vorteil aus reiner Milch (1/4 Liter) bestehen, je nach Geschmack des Kranken angereichert mit Tee, Kaffee oder Kakao, einem frischen und nur kurz gekochten Ei, einem bisschen geröstetem Brot, leicht mit ganz frischer Butter bestrichen."

Etwas weniger prosaisch bringt Edi Zollinger in *PROUST – FLAUBERT – OVID. Der Stoff, aus dem Erinnerungen sind* (München 2013) die Madeleine-Episode mit Hans Christian Andersens Märchen *Das Fliedermütterchen* in Zusammenhang, in dem vor den Augen eines erkälteten Knaben aus einer „Teekanne" ein Ast mit Fliederblüten auftaucht, in dem eine Dryade sitzt und ihm sein Leben erzählt, wobei sie, wie sie zum Schluss verrät, nichts anderes sei als „die Erinnerung".

4 Proust schreibt zunächst: „Teeduft".

5 Hier tauchen im Manuskript noch „Schokolade" und „Rosen" auf.

6 Luzius Keller weist in *La Fabrique de Combray* (S. 14ff.) auf einen Brief von Wagner vom 9. Mai 1859 hin, der auf Französisch 1905, also wenige Jahre vor Prousts Madeleine-Erkundungen, publiziert wurde: „Kind!

Kind! Der Zwieback hat geholfen; er hat mich mit einem Ruck über eine böse Stelle hinweggebracht, über der ich seit acht Tagen stockte und nicht weiter konnte. (...) Wie der Zwieback kam, merkte ich nun, was mir gefehlt hatte: mein Zwieback hier war viel zu sauer, dabei konnte mir nichts vernünftiges einfallen; aber der süße, altgewohnte Zwieback, in Milch getaucht, brachte auf einmal alles wieder in's rechte Geleise. Und so warf ich die Ausarbeitung bei Seite, und fuhr im Componiren wieder fort, bei der Geschichte von der fernen Aerztin. Jetzt bin ich ganz glücklich: der Uebergang ist über alle Begriffe gelungen, mit einem ganz wunderbaren Zusammenklang zweier Thema's. Gott, was der richtige Zwieback nicht Alles kann! – Zwieback! Zwieback! du bist die richtige Arzenei für verstockte Componisten, – aber der rechte muss er sein! –"

7 Hier schreibt er sich im Manuskript den Einfall zunächst selbst zu: „wenn ich nicht einen Zwieback in meine Tasse erbeten hätte".

8 Schon 1909 taucht in der *Agenda 1906* NAF 28724 das Stichwort „jeu japonais" auf. Noch Jahre später, im Sommer 1911, erkundigt sich Proust, während er sein Typoskript diktiert, in einem Brief bei René Gimpel: „Kennen Sie die japanische (oder chinesische? welches nun?) Spielerei, die darin besteht, kleine Papiere in Wasser zu geben, die dann Gestalt annehmen und zu Männchen etc. werden? Könnten Sie Japaner fragen, wie das heißt, vor allem aber, ob man es gelegentlich auch mit Tee macht, ob man es genauso in heißem wie in warmem Wasser macht, und ob es bei den kompliziertesten auch Häuser, Bäume, Personen und was sonst noch gibt. Falls es Ihnen mühselig ist, fragen Sie einfach nicht."

DAS LEBEN IST SCHÖN

Agenda 1906, Folio 55 verso

Nicht vergessen die Phrase (Figur) der Violine, die mir jedes Mal eine Reminiszenz eingab.

Und zum Ende, mich an eine erinnernd, sagte ich mir: Wieviel verlorene Zeit seit Combray, ich werde mich an alles erinnern und mir den Sinn deuten (und dann das Gegenstück – der Duft von Tee, das Leben ist schön etc.).

DER ZWIEBACK VON FRANÇOISE

aus dem *Cahier 8*, NAF 16648, Folio 9 recto – 13 recto

nun geriet mein Gedächtnis, meine Träumerei in Aufruhr; ich mühte mich gar nicht, wieder einzuschlafen; ich rief mir verbrachte die Nacht damit, mir das unser Leben von dazumal in Erinnerung zu rufen, in Paris, bei meinen

Großeltern, in Combray, in Querqueville und anderswo, die Wesen, die ~~wir~~ ich dort gekannt hatte, was ich von ihnen gesehen hatte, was man mir von ihnen erzählt hatte.

Combray aus ~~zehn~~ der Ferne, aus zehn Meilen im Umkreis, aus der Eisenbahn, wenn wir alljährlich in der ersten Osterwoche eintrafen, das war ~~nur seine~~ nichts als eine Kirche, sie allein brachte die Stadt auf den Punkt, verkörperte sie, sprach weithin ~~in die Felder~~ von ihr und für sie und scharte, wenn man näher kam, die ~~versammelten~~ dicht gedrängten Rücken der Häuser, klein und grau, ~~im Kreis~~ mitten im freien Feld eng um den düster ragenden Überwurf, zum Schutz vor dem Wind, wie eine Hirtin ihre Schafe, Reste mittelalterlicher Ruinen zogen ringsum einen Kreis, so rund wie auf einem Gemälde der spätgotischen Maler. Zum Wohnen war Combray recht bedrückend, Ebenbild seiner Straßen mit den gestrengen Namen von Heiligen, Rue Saint-Hilaire, Rue Sainte-Hildegarde, Rue du Saint-Esprit, sie alle überragte die Kirche an ihrem „Platz", windgepeitscht, da und dort ein paar Tauben, und ~~und immer jene Frau~~ jene Frau in Schwarz, die man in Provinzstädtchen immer antrifft, nicht nur zu Zeiten des Hochamtes, stets im Begriff, die ins Portal eingelassene Holztür aufzudrücken. Die Alten raffte es ~~in Combray~~ dahin, in rascher Folge, die Jungen waren angekränkelt, der Zungenschlag aller schleppend, melancholisch und sanft, man hörte oft die Totenglocke, und bei Begräbnissen zog eine Prozession von Priestern im Chorhemd durch die Straßen, mit den Chorknaben und dem heiligen Abendmahl. Wir wohnten bei einer alten Cousine meines Vaters, deren ~~verwitwete~~ Tochter, meine Tante Léonie, ~~die seit~~ seit dem Tod ihres Gatten ~~ihre Kammer in Combray~~ zunächst Combray, dann ihre Kammer nicht mehr verließ, nicht mehr herunterkam, fast immer bettlägerig, schwebend zwischen körperlicher angekränkelter Schwäche, Traurigkeit, ~~Manie~~ fixen Vorstellungen und Gotteshingabe.

Von Combray hatte ich, offen gesagt, nur ein verstümmeltes Bild behalten, das mir auf nächtlichem Hintergrund ~~alles~~ nur gerade die notwendige Kulisse zeigte, um das Drama meines Entkleidens und Zubettgehens aufzuführen, die Treppe, meine Kammer, ~~der kleine~~ kleine Salon, in dem meine Eltern plauderten, die finstere Allee, durch die M. Swann, unser einziger Nachbar, nahte, dessen Besuch meine Mutter davon abhielt, hochzukommen, um mir Gutnacht zu sagen. Es schien, als hätte Combray nur ~~existiert~~ über eine Kammer, eine Treppe, ~~einen kleinen Salon und~~ eine Allee verfügt, und als hätte es all das immer nur um neun Uhr abends gegeben. Wer weiß, hätte man mich über den Rest befragt, ich hätte vielleicht eine Antwort gefunden, aber ich erlebte es nicht mehr. Doch eines Wintertages, als ich ganz unterkühlt nach Hause kam und Françoise darum bat, sie möge mir etwas Brühheißes geben, um mich aufzuwärmen, da brachte sie mir eine Tasse Tee, den ich nie nehme, mit einem ~~kleinen~~ Zwieback. Ich tunkte den Zwieback in den Tee, führte ihn aufgeweicht an meine Lippen und wurde von einer einzigartigen Empfindung voll Zauber überflutet, ohne dass ich die Ursache hätte benennen können.[1]

So zwar, dass Combray nun ~~vor meinen Augen rekonstruiert ist~~ voll und ganz vor meinen Augen ersteht, und zwar nicht nur um 9 Uhr abends aufersteht, wenn es mir einzig eine Treppe und eine Kammer zeigt. ~~Es ist vollständig rekonstruiert, mit seinen Straßen zu verschiedenen Tageszeiten,~~ Das ganze Haus ist vollständig rekonstruiert und rund um das Haus die Stadt mit ihren Straßen zu verschiedenen Tageszeiten, jenen, durch die ich am Morgen ging, jene, ~~wo ich war~~ die ich stets nur mittags sah, wenn ich dort nach dem Mittagessen einen Kuchen essen ging, und rings um die Stadt die „Spaziergänge“, jene ~~der~~ für die schönen Tage, jene für ungewisse Tage. Die einzige Ungenauigkeit dieses Bildes liegt daran, dass meine Erinnerung, wie gewisse archäologische Architekten, ~~die Dinge „in den Zustand, in~~

dem sie waren" versetzten die in einer gotischen Kirche, ohne zu zögern, einen im 17. Jahrhundert hinzugefügten Lettner abreißen, „alle Dinge „in den Zustand, in dem sie waren," versetzen. Wenn ich Und wenn ich also womöglich zu Ihnen Und wenn ich auf eine bestimmte kleine Straße mit dem Namen Rue des Perchamps zu sprechen komme, an deren Ende man zwei große Pappeln, die man von den Fenstern des Hauses mitten im Leeren ragen sah die, grässlich gepflastert war, eine spitzigere Krümmung beschrieb als der Rücken eines Buckligen und deren Name sowie Krümmung im Geist ein Amalgam sich in meinem Geist zu einer unzerstörbaren, individuellen Mischung amalgamiert sahen, als wäre dieser Krummbogen eine Folge ihres Namens, als wären das eine wie das andere exklusive Eigenschaften jener bizarren kleinen Person, die diese Straße war, diese Straße gibt es nicht mehr. An ihrer Stelle stehen eine Schule und ein paar neue Gebäude, und es braucht die ganze archäologische Manie meiner Erinnerung, um sie so garstig „wiederzugeben", wie sie war. Und so verhält es sich auch, wenn ich vom Haus von Mme Sazerat mit seinem kleinen Gipsgärtner spreche, der uns Blumen zu reichen schien, dieses Haus wurde dem Erdboden gleichgemacht, um den Durchstich einer Straße zu ermöglichen.

Combray, aus der Ferne, aus zehn Meilen im Umkreis

1 Hier folgen zwei leere halbe Seiten, als wäre der Platz für die künftigen Ergänzungen schon ausgespart.

 EINE BRETONISCHE LEGENDE

aus dem *Cahier 8*, NAF 16648, Folio 46 recto – 48 recto

So Während So also sah ich während langer Jahre, sobald ich mich, in der Nacht wach daliegend, an Combray zurückerinnerte, stets nur meine Kammer, den Garten vor dem Haus eine Art Eck, als schmale Pyramide in die Nacht geschnitten in der umhüllenden Finsternis, zu der man unten wohin man unten durch die Allee kam, die M. Swann nahm, und durch die beginnt unten recht breit mit der ganzen Allee, durch die M. Swann nahte, ~~dem Garten~~ dem Garten vor dem Haus (stets um 9 Uhr abends), der kleine Salon, der Speisesaal, ~~dann darüber die Treppe~~ das Vestibül, ~~dann die Treppe, der kleine Gang~~. Und über alldem die Treppe, dann meine Kammer mit ihrem kleinen Gang und der zweiflügeligen Tür, das war alles. All das ~~lag in einer Nacht, in der ich nicht wiedersah~~ eng, abgeschnitten, erleuchtet, in einer Nacht, in der es sonst absolut nichts gab. Hätte man mir Fragen ~~über jene Zeit Combray,~~ über andere Orte, Wesen bezüglich Combray, ~~ohne Anknüpfungspunkt~~ und zwar in Hinsicht auf Personen oder Orte, die nichts mit der täglichen Episode des Zubettgehens zu tun hatten, gestellt, so kann es gut sein, dass ich darauf eine Antwort gefunden hätte, aber nur ~~das~~ mit Hilfe des Faktengedächtnisses, des Gedächtnises, des Intellekts, des willentlichen Gedächtnisses~~, das Antwort gegeben hätte~~. ~~Und~~ Nun, ~~da jenes nichts erweckt~~ dieses Gedächtnis gibt Auskunft, aber es erweckt nichts, es bleibt ohne Zauber, ~~ich hatte nicht~~ nie dachte ich daran. Ich hatte es nie von mir aus befragt und ich wäre vor Langeweile gestorben, bevor ich seine Antworten bis zum Schluss aufgezeichnet hätte.

Es hätte sehr wohl sein können, dass ~~dies blieb~~ die Dinge so bleiben würden, ~~bis zu meinem Tod~~ stets so tot, und dass Combray, abgesehen von den Kammern, die ich erwähnt habe, und ~~zu dieser~~ außer um neun Uhr abends, für mich tot gewesen wäre.

Doch es gibt eine bretonische Legende, die besagt, dass ~~jene, die wollen, dass~~ die Seelen derer, die man verloren hat, nicht sterben, sondern sich in irgendeiner Pflanze inkarnieren, in irgendeinem Tier, in irgendeinem unbeseelten Gegenstand. Solange man der Pflanze nicht begegnet

ein Eck, ein pyramidaler Schnitt, mitten in der umhüllenden Finsternis erhellt, an der Basis, noch recht breit, der Speisesaal, der kleine Salon, die „Vorderseite des Hauses" in Richtung Garten mit dem Eingang der Allee, durch die

M. Swann kam und, ~~um ihn hinausgehen zu lassen~~ durch die er hinausgehen würde; ~~auf und auf dieser Basis erhob sich dann der Abschnitt~~ und über dieser breiten Basis erhob sich ein recht ~~schmaler~~ geschmälerter Abschnitt, der nur aus einer langen Treppe bestand, während der Rest des Hauses wohl in die Finsternis gebaut war, und oben ~~verbreiterte er sich~~ erstreckte er sich ~~über eine Etage mehr oder weniger~~ fast ebenso breit wie ~~unten~~ an der Basis und versammelte in seiner ganzen Länge mein Zimmer mit der Doppeltür und den Gang, durch den Maman Zutritt hatte; ~~das war alles und dies abgeschnitten und erhellt~~ in einem Wort die Kulisse ~~und die Personen~~, für das Drama meines Entkleidens ganz unverzichtbar, all das abgeschnitten, erhellt, stets um neun Uhr abends, und darum herum nichts als der Rest des Hauses rund um die Treppe, ~~der Rest das Dorf, der Landstrich bestand nur aus Dunkel~~ in unbeschreibliche Finsternis gebaut und als ob es in Combray stets 9 Uhr abends gewesen wäre, Zeit, ins Bett zu gehen.

~~hatte ich~~ Combray stand nie mehr vor den Augen meiner Erinnerung bis zu dem Tag, wo der Tod sie schließen würde, nur ~~diese~~ die schlanke Stiege, zwischen einem Erdgeschoss und einem Stück der Stockwerke, wo die Zeit durch eine Art Verzauberung stets 9 Uhr abends anzeigt

dieser schmale Einschnitt von Treppen und hellen Kammern mitten in einem Dunkel ohne Namen, wo die Zeit durch eine Art Verzauberung stets 9 Uhr abends anzeigt

mit ein bisschen Zwieback. Sie sagte: hast du diesen Lärm heute Nacht nicht gehört; nein, mein armes Kind, du hast geschlafen, wie es deinem Alter entspricht. Ich bin nicht sicher, ob sie ihn wirklich gehört hat. Doch sagte sie es, ganz dem Zufall überlassen, damit man, falls es in dieser Nacht solche Geräusche gegeben hatte, nicht auf den Gedanken verfallen wäre, dass sie nichts gehört, dass sie geschlafen habe. Und sogleich erkannte ich jenen Geschmack von Tee, vermischt mit dem aufgeweichten Zwieback meiner Tante Léonie, voilà, ~~eine ganze~~ darin lag die Vergangenheit eingeschlossen, verhext, und ich hätte sie womöglich nie wieder in meinen Gedanken erblickt, hätte ich an jenem Tag nicht den Einfall gehabt, nach Tee zu fragen, nun war sie ~~wiedererweckt~~ entbunden und wiedererweckt. Die Treppe von Combray existiert nur um neun Uhr abends, aber da, da ist sie am Morgen, mit der Sonne auf den Stiegen, ganz fröhlich gehe ich hinunter, ohne an den Schmerz zu denken, den ich empfinden werde, wenn ich ~~sie~~ am Abend ~~wieder~~ hinauf muss. Sie führt nicht mehr in einem Zug von meiner Kammer ins Vestibül. Es gibt einen ersten Stock, und zwar einen recht großen, und in diesem ersten Stock beginnt eine andere kleine Treppe mit fünf Stiegen, die just zu meiner Tante Léonie führt. Und noch ein anderer Flügel des Hauses zeichnet sich immer genauer ab, all das gesellt sich zu einem abgeschnittenen Eck, das ich bis jetzt als Einziges wiedersah. Voilà, das ganze Haus. Und die ganze Straße, an der Seite der Kammer meiner Tante, und die Kirche, und ganz Combray, mit all seinen Straßen zu allen Stunden, jener, wo ich morgens vor dem Mittagessen, wenn man im Garten von Mutter Turfaut Spargel holen musste, hindurchkam, jene, in die ich erst am Nachmittag ~~an Regentagen~~ ging, um beim Pfarrer eine Lateinstunde zu nehmen, und auch die Spaziergänge rund um die Stadt; ~~jene~~ Spaziergänge für jede Witterung, jene, ~~wo man keine Risiken~~ für die es einen „schönen Tag" brauchte, und jene, die man für Tage aufsparte, an denen der Himmel bedrohlich wirkte. Und die Felder oben und die Wälder unten und die Blumen des Parks und sogar der Fluss, ~~all das bildet ein ganzes kleines~~ eine ganze Stadt mit winzigen Figuren und ein ganzer Garten stiegen aus einer Tasse Tee wie jene kleinen japanischen Papiere, die jahrelang ungestalt und unkenntlich in einer Schublade liegen, aber wenn sie in eine Wasserschale getaucht werden, nehmen sie augenblicks ihre unvermutete Gestalt an, ein Kirchturm, ein Bauernhof, ein ~~Krieger~~ Krämer, ein Kind, eine Eiche und Dahlien. Und von diesem Tag an, sobald ich ~~in~~, in der Nacht wach liegend, an Combray dachte, erstand für mich eine ganze Welt wieder.

~~Combray~~

„TOT FÜR IMMER?"

aus dem *Cahier 8*, NAF 16648, Folio 66 verso bis 69 recto

~~So Während~~ Während ~~langer Zeit~~ mancher Jahre~~, wenn ich in meiner Kammer in Combray zu erwachen meinte~~ wenn ~~ich beim Erwachen~~ blieb dies alles, was ich von Combray wiedersah, wenn ~~ich zu erwachen meinte in~~ ich ~~dort zu erwachen~~ ich mitten in der Nacht wach lag und meinte, ich sei in Combray, dann dachte ich, statt wieder einzuschlafen, während der folgenden Stunden daran zurück. ~~Eine Art abgeschnittenes Eck~~ ~~Wie ein Einschnitt~~ ~~Ein Einschnitt~~ Ein Lichteck, ein Einschnitt, ~~ein Dacheck~~ Hauseck, ~~ein Einschnitt~~ wie jene, die, auf nächtlichem Hintergrund, von jenem „Aufgleißen" ausgeschnitten, geschieden werden, das bei Festen nur einen Abschnitt eines Bauwerks erhellt, dessen Rest in Dunkel gehüllt bleibt. An der Spitze dieses pyramidalen Ecks: nichts als meine Kammer mit dem Gang und seiner doppelflügeligen Tür, die zu ihr führte ~~dann in einem.~~ Dann über die ganze Höhe eine Treppe, die man hochsteigen musste, um dorthin zu gelangen, und unten die Stelle, wo ich Gutnacht sagte, ~~vor dem Garten man~~ der kleine Salon vor dem Garten mit der finsteren Allee, durch die M. Swann nahte, der ~~unwillentliche~~ unwissentliche Urheber all meiner Bekümmernisse, ~~mit einem Wort~~ und all dies um neun Uhr abends, mit einem Wort die unverzichtbare Kulisse, wie man es von der Auflistung bei alten Theaterstücken kennt, für das Drama meines Entkleidens, mitsamt der Stunde, wo dies statt hatte. ~~Andere Kammern Zimmer, andere Häuser~~ ~~Darum herum~~ Ich sehe immer nur das, und stets im selben Licht. Verfügte dieses Haus nicht noch über andere Zimmer, habe ich das Haus nie verlassen,

begannen hatten die Tage in Combray ~~erst, wenn der Mond~~
~~aufging~~ nur eine oder zwei Stunden, von neun Uhr bis elf
Uhr abends? ~~Kannte ich keine Morgendämmerung Dies~~
~~allein sah ich wieder~~ Vielleicht hätte ich auf diese Fragen
antworten können (– vielleicht nicht –), und zwar durch
ein paar weitere ~~Details~~ Stellen ~~über~~ zu Combray. Vielleicht
nicht. ~~Aber das, was das Was mein~~ ~~bewusstes~~ Gedächtnis
~~mir dann zur Verfügung gestellt hätte, wären nur Worte~~
~~gewesen, klar zur Verfügung gestellt~~ hervorgerufen Wie auch
immer, wären sie auf den Ruf meines Willens von meinem
bewussten Gedächtnis aufgezeigt worden, hätte ich mich
an sie erinnert, ohne sie noch einmal zu erleben, mit einer
offensichtlichen Präzision ohne jede Wahrheit, ohne Zauber, ohne die Sehnsucht, sie zu beschreiben. In Wirklichkeit war der ganze Rest von Combray, die Orte, die Sorgen,
die Gedanken und die Freuden, ~~alles~~ all dies war für mich
verloren, war ~~für mich~~ tot. ~~Tot war, was ich vollkommen~~
~~vergessen hatte, noch endgültiger tot, was ich so präzise~~
~~dank des Verstandes wiederzusehen wähnte, der uns~~
~~täuscht.~~ Tot für immer? Durchaus möglich. Ich las irgendwo
eine bretonische Legende, die besagt, dass die Seelen, die
wir verloren glauben, in Wirklichkeit ~~gegenwärtig~~ in
irgendeinem Wesen gefangen sind, in irgendeiner Pflanze,
einem schlichten Kieselstein auf der Straße. Gefangene,
Unbekannte, für immer tot, bis wir bei einer Wiederbegeg-
nung das Wesen oder den Gegenstand ~~berühren~~ wieder
pflücken und die Verzauberung aufheben. Dann wird schon
beim ~~einfachen~~ Kontakt mit uns, wenn er stark genug ist,
die Gefangene entfesselt. So verhält es sich auch mit dem,
was für uns einmal war und nicht mehr ist. Unser Intellekt
müht sich, aber er vermag nichts. Er versteht es nicht, Wie-
dererweckungen ~~zu erwecken~~ auszulösen, wir wollen uns
erinnern, aber wir vermögen es nicht. Was den Gegenstand
betrifft, in dem dieses ganze verlorene Leben Zuflucht
gesucht hat, so wissen wir nicht, wo er sich befindet, falls
wir ihn nicht auf unserem Weg treffen. Und wenn wir ihn

treffen, ~~haben~~ sind wir dann ~~die Kraft~~ stark genug, um ihm
sein Leben zu entlocken? In einem der letzten Winter~~, wo
ich~~ kehrte ich heim, da war mir kalt, den Schnee spürend.
Mein Feuer wollte nicht brennen. Françoise ~~macht mir~~
schlug mir, um mich zu wärmen, ~~vor,~~ mir Tee zu machen~~,
den ich nicht nehme~~: Ich nehme nie welchen, zögerte, wil-
ligte ein. Sie brachte ihn mir mit einem kleinen Zwieback,
den ich darin tunkte. Er ~~wurde so weich, dass ich gerade
noch Zeit fand, ihn in meinen Mund zu werfen, bevor er
zerfiel. Und~~ bevor ich Zeit hatte, zerfiel ~~er~~ und ich ~~trank
nahm einen Löffel Tee, in dem ein bisschen Zwieback ver-
bröckelt war. Im Moment, da der Löffel sich gerade~~ war
weich geworden ~~und~~, so sehr, dass ~~er sich~~ ich ihn zerbrö-
ckelte, in einem Löffel Tee, den ich an meine Lippen führte.
~~Sogleich~~ Sowie er sie berührte, ~~fühlte ich eine Art Verzau-
berung~~ fühlte ich mich von einer köstlichen Empfindung
geflutet. ~~Ohne dass ich formulierte~~ Mir schien, mein Sein
~~sei der Ort von Freuden geworden~~ sei auf einen Schlag von
einer unbekannten köstlichen Essenz erfüllt ~~und~~, die meinem Leben einen unermesslichen Preis verlieh und es
allen Zufälligkeiten entzog. ~~All meine~~ ~~die~~ Gründe Der Ekel
vor meiner Mittelmäßigkeit, die Plattheit der Gegenwart,
die Furcht vor der Zukunft, all das war entschwunden. Dieses Gefühl war ebenso dunkel wie mächtig, und ich wäre in
große Verlegenheit geraten, hätte ich es benennen, definieren, ja auch nur wahrnehmen müssen, es trug gewissermaßen die Evidenz seiner Überlegenheit über das Leben in
sich selbst, dies dank der jähen Gleichgültigkeit, die es mir
gegenüber allem vermittelte, was nicht es war. Doch was
mochte es sein, ich fühlte wohl, dass es in mich getreten
war, ~~bevor~~ im Moment, wo ich ~~den Geschmack~~ den Schluck
Tee, vermischt mit Zwieback, gefühlt hatte, als er meinen
Gaumen berührte. Doch wusste ich auch, dass es noch
etwas anderes war. Ich suchte in mir selbst, in der Tiefe
meines Ichs, denn mir war, als ob mein Sein eine Art
unendliche Tiefe gewonnen hätte. Und ich fühlte, dass in

dieser Tiefe ohne Zweifel etwas durch den Geschmack des Tees geweckt worden war, sich ablöste, ins Licht des Bewusstseins steigen wollte, ~~mir gab~~ höher und höher, altvergangene Räume querend, deren Empfindungen es mir zurückgab wie ein Anker, der die ganze Tiefe des Wassers durchmessen hat, ehe er wieder zum Vorschein kommt. Doch konnte es so hoch steigen? Ich mühte mich, ich lehnte mich über diesen Grund meiner selbst, ich gewahrte glaubte nichts, ~~ich wusste nicht wie mir helfen~~ ~~fühlte mich ohnmächtig, dann glaubte ich~~ mir war, als ob ich gleich etwas klar und deutlich wahrnehmen würde. Bald verschleierten ~~sich meine Augen~~ sich mein Blick ganz und gar. Dann hielt ich einen Augenblick mit Denken inne, dann begriff ich, dass ich mich lediglich vom ersten erhellenden Augenblick entfernt hatte, ich suchte mich wieder in den Zustand zu versetzen, in dem ich mich befand, als ~~ich den Löffel in meinen Mund~~ der Tee meinen Mund berührte, ich mühte mich, nicht an das zu denken, was nun geschehen würde, um es nicht zu verändern, und ich nahm einen zweiten Löffel. Der Tee sagte mir beim zweiten Mal nicht mehr als beim 1. Mal. Ich musste also in mir selbst suchen. Und dann versuchte ich mit Hilfe des Gedächtnisses zu reproduzieren, was ich im Moment gefühlt hatte, als ich den Geschmack des Tees spürte. Doch mit der Laschheit, die mir in unzähligen Momenten meines Leben dazu geraten hatte, eine glühende Suche nach einem wertvollen Ziel aufzugeben, zugunsten der geringen Anstrengung üblicher Handlungen, gab ich es auf, meinen Tee zu trinken, ohne jeden weiteren Gedanken. Und ich fühlte Tote, die ich nicht wiedererkannte, und sie sagten wie die Toten des Erebus, als Äneas vorüberschritt: ~~gib~~ Gib uns das Blut, das uns wieder zum Leben erweckt. Doch ich verjagte die lästige Meute. ~~Der~~ Unser üblicher Wille würde in dieser Hinsicht wenig vermögen, wenn in solchen Zuständen nicht ein eigener Zauber läge, der uns davon abhält, uns mit anderem abzugeben. ~~Wir sind~~ Es war wie Liebe, aber eine Liebe ohne Hemmendes, die – ach, für einen Moment nur – alle Bande löst, die bisher so stark waren. Noch eine Anstrengung. Und dann, auf einen Schlag, erinnere ich mich. Dieser ~~Löffel~~ Geschmack von Tee, vermischt mit aufgeweichtem Zwieback, war jenes Aroma, das ich jeden Morgen in Combray schmeckte, wenn ich ~~kaum~~ frisch angezogen meiner Tante Léonie einen guten Morgen wünschte, die mir einen Löffel von ihrem Tee gab. Und jetzt sieht sich, hinter dem Pavillon, den ~~wir~~ meine Großeltern in Combray gebaut hatten und in dem wir wohnten, das alte provinzielle Haus meiner Tante Léonie, an das jener Pavillon anschloss, rekonstruiert. Die Treppe, die von meiner Kammer ins Vestibül führt, hält auf der langen ersten Etage inne, wo eine kleine innere Treppe abzweigt, die ins ~~Haus~~ Zimmer meiner Tante Léonie mündet. Und da ist auch schon die Straße, auf die das Zimmer meiner Tante Léonie hinausging, mitsamt dem Morgen, der auf ~~unseren~~ meinen Besuch folgte, ganz Combray, und die Spaziergänge rund um die Stadt, und der Fluss und all seine Wasserblumen, und all das nimmt Gestalt an ~~und steigt aus der~~ in der Tasse Tee wie die kleinen ~~japanischen Männchen~~ japanischen Papierblumen, die Jahr für Jahr, Monat für Monat ihre unbestimmte Gestalt bewahrt hatten und die, sobald man sie in eine Schale mit Wasser oder Tee taucht, ihre vielfältigen Formen von Blumen, Schäfern, Personen annehmen. Wenn ich, von diesem Tag an, ~~in~~ während der Stunden der Nacht an das Leben in Combray dachte, so sah ich nicht mehr nur jenen illuminierten Abschnitt vor der Nacht, sondern das ganze Zweierhaus, den ganzen Garten, die Straßen zu jeder Stunde und die Spaziergänge für jede Witterung etc.

Denn es ist eine so große Sache, ein weniges vom Leben zu fühlen, ein weniges von dem, was man gefühlt hat, man fühlt es nie. Dinge, Milchkaffee, alles Realismus.

aus dem *Cahier 63*, NAF 18313

So also während langer Jahre
So während recht langer Zeit … war dies alles, was ich von
Combray wiedersah
Während mancher Jahre
Während recht langer Zeit war dies alles, was ich wiedersah
von Combra (sic)

„EIN SCHLUMMERNDES WESEN
JENSEITS DER ZEIT"

aus dem *Cahier 25*, NAF 16665, Folio 2 recto – 10 verso

Während ~~So also~~ mancher Jahre war dies alles, was ich von
Combray wiedersah, wenn ich, mitten in der Nacht wach
daliegend

So also sah ich während mancher Jahre ~~jedes Mal, wenn
ich erwachte,~~ sobald ich, ~~mitten~~ in der Nacht wach daliegend, ~~dazu ansetzte, mich~~ an Combray dachte, stets nur
eine Art Lichteck, ~~mitten durch undeutliche Finsternis
geschnitten, wie jene Feuer~~ mitten durch undeutliches
Dunkel geschnitten, ~~erhellt, geschnitten in ein Bauwerk,
dessen Rest in Nacht getaucht, das „Aufgleißen"~~ wie wenn
das Aufgleißen von bengalischem Feuer oder irgendeine
~~andere~~ elektrische Projektion an einem Bauwerk einzelne
Abschnitte erleuchtet, während der Rest in Nacht gehüllt
bleibt: eine ~~unregelmäßig~~ zusammengesetzte, ~~im Spitz von
meiner Kammer abgeschlossene~~ Pyramide – mit ihrem
~~dem~~ kleinen Gang und der Doppeltür ~~für den Auftritt von
Maman, als breite Basis der Saal, der Speisesaal, der kleine
Salon, das Vestibül, dessen~~ an der Basis, noch recht breit,
~~umfasste sie~~ der kleine Salon, der Speisesaal, ~~das Vesti-
bül~~ die Mündung der finsteren Allee, durch die M. Swann
nahen würde, der unwissentliche Urheber

~~im Spitz von meinem Schlafzimmer abgeschlossen, mit
dem kleinen Gang und seiner Doppeltür für die Ankunft
von Maman, und, auf einer recht breiten Basis ruhend,~~ die

~~umfasste~~ ~~der kleine Salon, der Speisesaal, die Mündung~~
~~der finsteren Allee, durch die M. Swann nahen würde,~~
~~unwissentlicher Urheber~~ ~~Ursache~~ meiner Bekümmernisse,
das ~~Vestibül~~

~~meiner Bekümmernisse, das~~ Vestibül, wo ich mir einen
Weg zur ersten Stiege der Treppe bahnte, die ich nur unter
Grauen betreten konnte; die ~~sie~~ ~~war~~ bildete für sich allein
den äußerst schmalen Keil dieser unregelmäßigen Pyra-
mide~~, die im Spitz endete~~ ~~die für sich allein nur von dieser~~
~~Treppe gebildet wurde~~: im Spitz aber, da lag meine Schlafkammer mit dem kleinen Gang und der ~~Doppeltür~~ verglasten Tür für Mamans ~~Ankunft~~ Auftritt; kurzum, ~~abge-~~
~~löst~~ abgeschnitten von allem, was es darum herum geben
mochte, ~~abgeschnitten mitten~~ ganz allein im Finstern
ragend, dazu, auf das Wesentlichste beschränkt (wie man
es in ~~die~~ der Auflistung der Schauplätze zu Beginn alter
Theaterstücke ~~setzt~~ anzeigt, die in der Provinz aufgeführt
werden), die Kulisse für das Drama meines Entkleidens,
abgeschnitten ~~abgelöst, allein ragend, ohne etwas darum~~
~~herum, und alles, was es darum herum geben mochte,~~
~~löste sich,~~ stets ~~zur selben Stunde um neun Uhr abends~~ zur
selben Stunde erblickt; ganz so, als hätte es in ganz Combray nur ~~ein einziges Haus~~ zwei Etagen gegeben, durch
eine schlanke Stiege verbunden, und als wäre es immer
neun Uhr abends gewesen. Zugegeben, ~~ich wusste, wenn~~
~~man mich gefragt hätte~~ ~~auf allfällige Fragen, ob Combray~~
~~nicht anderes umfasste und die Tage nicht 24 Stunden~~
~~hatten,~~ hätte man mich hierüber befragt, ich hätte sagen
können, ~~dass es noch in~~ dass Combray noch mehreres
~~umfassen musste~~ umfasste und ~~dass sie Bestand hatten~~
auch zu anderen Stunden Bestand hatte. Doch ~~wie~~ was ich
~~wissen konnte~~ wusste, von dieser anderen Sache wusste,
ich wusste es nicht dank des Gedächtnisses des Verstandes, das ~~uns über die Vergangenheit~~ nur Auskünfte gibt, in
denen nichts ~~von ihr übrig bleibt,~~ ich denke nie daran und

~~die Auskünfte, die ich hätte ich wurde nur unterrich-~~
~~tet~~ Doch einzig das Gedächtnis des Verstandes ~~hätte mir~~
~~beschafft~~ hätte es mir erlaubt, ~~über diesen Rest~~ eine Antwort zu geben, und ~~nur~~ da die Auskünfte, die es über die
Vergangenheit gibt, nichts von ihr bewahren, ~~konnten sie~~
~~mir keine Lust vermitteln,~~ nähren

~~es hätte mich~~ vor allem ~~nie die Lust angewandelt, zu~~
~~schreiben diese andere Sache beschäftigte~~ war ~~für mich~~
~~nie ein Gegenstand zum Träumen, und noch weniger~~ Diese
andere Sache, die vielleicht sehr unbedeutend war, ich
~~hätte keine Lust~~ nie die Idee gehabt, daran zu denken noch
auch darüber zu schreiben.

Doch da mir die, übrigens nicht sonderlich zahlreichen,
Auskünfte, die ich über diesen Rest von Combray hätte
geben können, einzig vom Gedächtnis des Verstandes zur
Verfügung gestellt ~~worden wären~~ wurden, das heißt, sie
umfassten nichts

Doch was ich mir in Erinnerung rufen mochte, wäre mir
einzig vom bewussten Gedächtnis zur Verfügung gestellt
worden, dem Gedächtnis des Verstandes, und da die Auskünfte, die es gibt, nichts von jener Vergangenheit bewahren, ~~wäre mir dieser Rest von Combray~~ so hätte mich nie
die Lust angewandelt, an dieses Bruchstück Combrays zu
denken noch auch darüber zu schreiben.

In Wirklichkeit ~~war all dies~~ war all dies für mich tot. Für
immer? Schon möglich. ~~Unser Geist~~ In diesem Moment
~~umschließt~~ umfasst, ~~umschließt illuminiert, herzt~~ Denn
~~die Oft unser Geist So oft~~ Oft genug, ~~wenn wir den Gegen-~~
~~stand betrachten, den unser Geist~~ achtet unser Geist auf
den Gegenstand Und wenn oft Oft genug, wenn unser
Geist, ohne Beschäftigung, in der Kutsche, im Bett ~~bei dem~~
~~Gegenstand der Vorstellung~~ beim Gedanken an den Gegenstand, den er in diesem Augenblick umfasst, umschließt,
herzt, ~~das rings um ihn~~ das seinen Kern ausmacht, um
den herum er seine Gestalt gewinnt und dem er sich
wie lebendigem Fleisch ganz verliebt anverwandelt, seine

~~Liebe~~ momentane ~~Freude~~ Sorge, ~~gewinnen wir~~ gewinnt er Klarheit, ~~dass unser~~ dass das Leben sich aus ~~unserem Geist~~ ihm hätte zurückziehen können, und auch aus dem Licht, bevor sich jener Gegenstand in ihm verkörpert hätte, ~~unser Geist hätte sich um ihn herum wie lebendiges Fleisch angeschmiegt, zitternd, liebend, und wir schnüren ihn~~, und er schnürt es mit mehr Traurigkeit und Freude zusammen, wenn er daran denkt, dass er es ~~vielleicht morgen~~ schon morgen vielleicht nicht mehr kennt, dass ~~wir~~ er es nie hätte kennenlernen können. ~~Das Leben~~ Die Dauer des Geistes ~~ist kurz, von einer Dauer~~ währt kurz, bleibt ungewiss, und ~~das Schicksal~~ die Gegenstände, die in ihn dringen, werden ihm vom Zufall ~~zugetragen~~ zugeführt oder zurückgeführt; ~~bisweilen~~ bisweilen ~~hielten sie sich darin auf~~ ~~hatte sie der Geist~~ hatten wir sie bereits in unserem Besitz, dann ~~haben wir sie verloren~~ entschlüpften sie.

Für immer? schon möglich. ~~Unsere~~ Die Dauer ~~unseres~~ des ~~geistigen~~ Lebens unseres Geistes ~~wird vom anderen konditioniert~~ sieht sich demjenigen unseres Körpers verbunden und währt nur kurz, ~~der Zeitpunkt unseres Todes~~ die Stunde seines Endes bleibt ungewiss, die Anwandlung dieser oder jener Idee, dieses oder jenes Hirngespinstes zufällig. In ~~jenen~~ einem Moment ~~der Untätigkeit, in der sich all unsere Tätigkeit aufgehoben sieht~~ geistiger Erregung, in dem unsere körperliche Tätigkeit aufgehoben wird, wie es zum Beispiel geschehen mag, wenn wir in der Kutsche zu einem Rendezvous unterwegs sind, wenn wir in aller Aufmerksamkeit das Mark unseres ~~Denkens~~ Geistes durchqueren und den gegenwärtigen Inhalt des Kerns betrachten, um den es sich, zitternd, schmiegt, dann stellen wir fest, es bleibt ein fremdes Objekt, eine mittelmäßige Idee, die gerade so gut nicht in unseren Geist hätte dringen können. Und einen Moment später mochte der Aufprall der Kutsche gegen einen Baum

Wir ~~spüren~~ spüren, dass sie ihn umso fiebriger zwingt, als ~~der Besitz~~ der Fund dieser Idee zahlreichen Zufällen unterworfen war, dass der Besitz zahlreichen Risiken unterworfen bleibt. Dass die Kutsche, in der wir träumen, von einer anderen ~~gestoßen~~ umgeworfen werden mag und unser Geist, alles Leben verlierend, auf immerdar die Idee aufgibt, die er birgt. ~~Aber wie sehr diese Wirklichkeit dieser Gegenstand~~, ~~der ihm vom Zufall zugeführt wurde und den er in Besitz genommen hat~~ ~~Aber wenn der Gegenstand nicht Das Gesetz, das Dass der Gegenstand dahin gelangte~~ Wenn der Gegenstand erneut dahin gelangte, wenn er sich bereits in unserem Besitz befunden hatte, bevor er verloren ging,

Nun, ~~es ist es ist ein wenig~~ es ist auch der Zufall, der ~~statt~~ eine neue Wirklichkeit in den Geist trägt, so wie er eine alte zurückführt, die er verloren hat

Aber ~~falls es etwas gibt~~ falls es ein wenig der Zufall ist, der dem Geist eine neue Wirklichkeit zuträgt, ~~so ist~~ so ist es nicht nur er und ein Zufall, der seines Orts einem extrem komplexen Produktionsprozess ~~unterstellt~~ ausgesetzt ist, ~~wie~~ ~~unterworfen~~ ein derart gesiebter Zufall, einer Serie von Ausscheidungsverfahren unterworfen, der ihm eine Wirklichkeit zuführt, über die er einst frei verfügte und die der Geist verloren hat. Und recht oft sterben wir, ohne dass es uns durch den Zufall ~~vergönnt~~ möglich war, sie uns wieder

Wenn wir in einem Augenblick ~~von zugleich~~ geistiger Erregung ~~und wir uns gezwungen sehen,~~ von äußeren Umständen gezwungen, unsere körperliche Tätigkeit kurz aussetzen lassen, zum Beispiel, wenn wir in der Kutsche zu einem Rendezvous unterwegs sind und einen neugierigen Blick auf den Inhalt unseres Geistes werfen, dann stellen wir fest, dass die Vorstellungen, die er alsdann gerade umfasste und herzte, ~~es hing nur an einem Zufall~~ nur aus Zufall nicht erst später in ihn traten; ~~oder ich~~ und wer weiß, ~~eine~~ diese Kutsche, in der wir uns aufhalten, könnte, jetzt gleich, zusammenbrechen, und unser Geist, aus dem langsam alles Leben tropft, sähe sich gezwungen, jene Anschauung aufzugeben, der er nur durch Zufall begegnete ~~und die~~

~~bleibt~~ und deren Besitz so zahlreichen Risiken ausgesetzt bleibt, und das für eine so kurze Dauer. Vielleicht auch gleichen wir einem Maler, der ~~entlang~~ einen Weg hinansteigt, der an einem See entlangläuft, dessen Anblick hinter einem Vorhang aus Fels und Bäumen verborgen liegt, er erspäht ihn ~~für Momente in~~ durch eine Bresche. Er hält inne, um zu malen, ~~er hat~~ der See liegt in seiner Gänze vor ihm. Er nimmt seine Pinsel. So ~~verfügen wir über~~ liegt auch unser Geist in seiner Gänze ~~uns gegenüber~~ vor uns, wir verfügen völlig frei über ihn, sehen jeden Hügel, der ihn überragt, alle Schleier, die über ihm wallen. Doch wir müssen uns beeilen, ~~ihn zu malen~~ unsere Pinsel zu nehmen, denn bald schon, da kommt jene Nacht, in der man nicht mehr malen kann und auf die kein Tag mehr folgt.

Ich halte den ~~bretonischen~~ keltischen Glauben für ~~recht~~ sehr vernünftig, der besagt, dass die Seelen derer, die wir verloren haben, in irgendeinem geringeren Wesen ~~existieren gefangen~~ verborgen sind, ~~aus dem sie nicht mehr nur befreit werden können, wenn wir sie in unsere Nähe geraten~~ Gefangene, für uns in der Tat verloren, ~~außer wenn wir außer wir kommen~~ wenn wir sie nicht befreien kommen. All unsere Mühen, sie anzurufen, um sie wieder zum Leben zu erwecken, bleiben müßig, ~~wenn~~ bis zu dem Tag, wo wir an einer Eiche vorbeischlendernd in den Besitz des Werkzeugs kommen, in das sie eingeschlossen sind und wo sie bei unserem Anblick erzittern, uns anflehen, ihr Grab aufzubrechen. So verhält es sich auch mit ~~unserem vergangenen Leben~~ unserer Vergangenheit, ~~es nützt uns nichts mehr, zu versuchen~~ wenn unser Denken sich müht, ~~es sie wiederzusehen, denn sie hängt nicht von unserem Verstand~~ es nützt nichts, wenn wir ~~versuchen uns mühen~~ wenn wir es sie zu erinnern suchen; alle Bemühungen unseres Verstandes sind umsonst, ~~sie~~ der Ort, an dem ~~es~~ sie sich aufhält, liegt fernab von seinem Reich und Zugriff; ~~dies~~ sie liegt in irgendeinem Gegenstand verborgen (in der Empfindung, die uns, ~~irgendeinem Gefühl~~ ein Gegenstand

654

~~vermittelt, wenn wir ihm begegnen)~~, doch er ~~sie~~ die Begegnung mit diesem Gegenstand hängt vom Zufall ab, ~~dank~~
~~dem wir ihm vor unserem Tod noch einmal begegnen, oder~~
~~eben nicht.~~ Indem wir dieserweise Umstände anrufen, die
~~nicht wir sind~~ wir nicht willentlich erzeugen, mit dem Ziel
~~Es gab~~

Seit Jahren schon hatte für mich alles, was nicht mit dieser Stunde, mit diesem Theater meines Zubettgehens in
Combray zusammenhing, keinerlei Wirklichkeit mehr, bis
ich ~~in einem der letzten~~ in einem der letzten Winter ~~unter-~~
~~kühlt nach Hause durchfroren~~ nach Hause kam und mir
meine Mutter ein bisschen Tee machen wollte, den ich nie
nehme, und mit ihm, ohne dass ich darauf achtete, da ich
gleich zu lesen angefangen hatte, ~~ein bisschen Brot~~ etwelchen Zwieback brachte.

traurig, voll Ekel über meine Mittelmäßigkeit~~, voll Sorge~~
und über die Mittelmäßigkeit des Lebens, aus Furcht vor
der Vorstellung der Möglichkeit ~~eines nahen~~ des Todes,
wollte meine Mutter, die mich unterkühlt fand, für mich
Tee machen, den ich nie nehme. Zunächst schlug ich es
aus, dann, ich weiß nicht, warum, ändere ich meine Meinung. Und schon bald ~~bringt mir~~ bringt mir Maman eine
brühheiße Tasse mit einem Zwieback. Ich nehme unwillkürlich ~~davon~~ ein Stück, tunke es in den Tee, und sowie es
aufgeweicht ist, ~~stecke ich es in meinen~~ ~~führe ich es an mei-~~
~~nen~~ stecke ich es in meinen Mund~~, wobei ich einen Schluck~~
~~trinke~~, zusammen mit einem Schluck Tee. ~~Doch kaum ist~~
~~es~~ Noch selbigen Augenblicks überlief mich ein Schauer,
und ich merkte nur noch auf das, was sich Wundersames
in mir vollzog: Eine köstliche Wonne flutete mich, ~~und~~
~~ohne allein ohne~~ eine Wonne, die nicht vom Begriff ihrer
Ursache begleitet wurde~~, sie bestand gewiss nicht im ange-~~
~~nehmen Geschmack mich mit einer Art kostbarer Essenz~~
~~erfüllend, ungekannt, machte aus mir das reine Gefäß von~~
~~sie gab erfüllte mich mit einer Essenz, sie gab sie erfüllte~~
~~mich aber ich war wie erfüllt von ich barg,~~ ich barg eine

kostbare Essenz, ~~eine Art Liebe, die mir augenblicks alle Wechselfälle~~: wie etwa wie ~~der Gedanke~~ beim Gedanke ~~daran~~ die Liebe für die Liebenden, die mir die Wechsel-fälle des Lebens einerlei, all ~~sein Unglück~~ seine Desaster harmlos, selbst den Tod trügerisch erscheinen ließ, wie es die Liebe in einem Herzen wirkt, in das sie tritt. ~~Oder mehr noch ich war selbst diese kostbare Essenz geworden.~~ Oder mehr noch: diese Essenz war nicht in mir, sie war ich, ~~es ich sie war ich sie war, was ich war geworden~~ Ich fühlte mich nicht länger mittelmäßig, zufällig, sterblich, ~~ich war es nicht mehr länger~~ für einen Augenblick war ich all dies nicht mehr. Woher kam denn diese Seligkeit, ~~diese befreiende Erhebung,~~ die alle Sorgen und alle Mühen des Lebens, den tristen Tag, mein mittelmäßiges Ich fern von mir warf. Ich fühlte wohl, dass sie ~~war~~ ~~musste~~ mit dem Geschmack des Zwiebacks in Zusammenhang stand, ihn aber auch überstieg, ins Unendliche. Sie ~~trat in mich~~ war in dem Moment in mich getreten, als der Geschmack des Zwiebacks meinen Gaumen traf, sie musste mit diesem Geschmack zusammenhängen, aber sie war von ande-rer Art, überstieg ihn ins Unendliche. Was war sie, ~~worin bestand sie~~ woher stammte sie, was bedeutete sie, wie war sie zu fassen? ~~Schwere Aufgabe~~ ~~Augenblick Bedeutungs-schwere Minute~~ schwere Ungewisse Minute, schwer auch, wenn der Geist da ist, ~~in sich~~ ~~selbst~~ forscht imgleichen sich ~~verdoppelt fühlt, imgleichen der Suchende und das Licht, das erleuchtet fühlt, dass das, was er sucht, er selbst ist~~ sich von sich selbst überstiegen fühlt ~~und er, der sucht,~~ wenn der ~~helle erleuchtete~~ Suchende auch das dunkle Land ist, in dem er suchen muss, und ihm all sein Gepäck nicht wei-terhilft. Was er sucht, ist Teil von ihm selbst, den er selbst, Licht, nicht sieht ~~ist ein Teil von ihm selbst, den er selbst als Licht nicht sieht~~, etwas, was noch nicht ist, was viel-leicht sein wird: ~~Aber er sieht nicht in sich selbst, bis dort-hin. Ich müßte mich, alles zu entfernen und~~ aber es kann nur aus ihm ~~wachsen~~ kommen. Was ist jener unbekannte

Zustand, der in sich zwar nicht die logischen Beweise, aber die Evidenz der Seligkeit, seiner ~~Super-~~ SurRealität birgt, vor ~~denen~~ der alle anderen verblassen. Ich ~~versuche~~ will ihn besser festhalten, noch einmal jenes Gefühl spüren, um in ihm ~~etwas~~ jenes zusätzliche Etwas zu finden, mit dem es zusammenhängt, und dafür ~~versuche ich~~ suche ich, mich exakt in jenen Zustand zurückzuversetzen, in dem er mir erschienen war; und damit dies gelingt, schütze ich mein Denken vor allen Vorstellungen, die es ablenken könnten, ~~versetze mich exakt~~ ich verschließe meine Ohren vor den Geräuschen ~~von draußen~~ aus dem Zimmer nebenan. ~~Mein Geist denkt noch einmal einen Moment über die~~ ~~nämliche Wonne nach, findet nichts Neues, ich fordere ihm eine weitere Anstrengung ab, aber ich spüre, wie er müde wird~~ ich schütze meine Aufmerksamkeit vor allem, was sie ablenken könnte

Ich versuche ihn noch einmal vor meinen Geist zu tragen, um ihn besser zu erkennen, ich versuche mich in ebenjenen Geisteszustand zurückzuversetzen, in dem ich mich befand, als er mir erschienen ist, er kommt noch ein Mal, trägt mir nicht mehr zu als beim ersten Mal, ich verlange ~~noch eine Anstrengung~~ von meinem Denken noch eine Anstrengung, es soll ihn ein letztes Mal erschaffen, ich schütze meine Ohren, meine Aufmerksamkeit vor jedem Geräusch aus dem Zimmer nebenan, ich versuche ~~mein Denken machen zu lassen,~~ dass nichts Fremdes in meinem Denken den Schwung hemmt, der Not tut, um ihn noch einmal zu fassen. Und dann spüre ich, wie es ermattet, schenke ihm jene Zerstreuung, die ich ihm verwehrt hatte, ich wende mich extra allen möglichen anderen Ideen zu, ~~um erfrischt~~ Zeit, um Kräfte zu schöpfen. ~~Dann noch eine Anstrengung, die Wonne kehrt wieder, aber blasser, und stets das gleiche Wonnegefühl~~ ~~Ich nehme~~ Dann ~~nehme ich abermals einen Schluck Tee und denke, dass ich darin~~ erinnere ich mich, dass es der Schluck Tee mit dem zerbröselten Zwieback war, der in mir jene Wonne geweckt hatte, ich nehme einen zweiten, der mir nicht mehr schenkt als der erste, einen dritten, der mir noch weniger zuträgt als der zweite. Ich halte inne, im Gefühl, dass die Macht des Getränks zu schwinden beginnt, ich trinke nicht mehr weiter, um es unberührt zu bewahren, damit ich, wenn ich jetzt dann gleich in einer alles klärenden Minute darauf angewiesen bin, es darum zu bitten, jenes genaue Zeugnis abzulegen, das es mir ~~das erste~~ zunächst verschaffte und das ich womöglich nicht mehr deuten kann. Gewiss aber ist, dass die Wahrheit nicht in ihm, sondern in mir liegt, es hat sie erweckt, aber keine Kenntnis davon, es kann nur immer wieder die gleiche Sache wiederholen, mit weniger und weniger Kraft. Die Wahrheit liegt in meinem Geist, er allein kann sie fassen. Aber wie.

Ein letztes Mal ~~versetze~~ leere ich meinen Geist ~~in den Geisteszustand, in dem er sich befand,~~ angesichts von allem anderen, ich setze ihn der Erinnerung an den Geschmack des Zwiebacks aus, und ich spüre in der Tiefe meiner selbst etwas erzittern, was dahinjagt, ~~aufsteigen~~ hoch und höher will, bis in mein Bewusstsein, ich weiß nicht, was, und trotzdem steigt es hoch, und mir ist, als ob man einen Anker lichten würde, den Widerstand und das Raunen der durchmessenen Räume. Wird es bis an die Oberfläche der ~~gro-ßen~~ Erinnerung steigen, die ~~die Anziehung~~ die ~~Ähnlichkeit~~ Verwandtschaft mit einer ähnlichen Minute ~~geweckt~~ ~~heraufbeschworen aufgerüttelt~~ heraufbeschworen und aufgerüttelt hat, aus der Tiefe meines Innern nach oben kehrte. Ich weiß nicht, ich sehe nichts mehr. Zehn Mal muss ich mich der Gegenwart meiner selbst aussetzen. ~~Doch jedes Mal~~ Dann wurde ich wieder von jener Laschheit erfasst, die uns allen Werken entsagen lässt, deren Erfüllung schwierig und wichtig ist. Ich will aufgeben, meinen Tee trinken und nur an mein Tagewerk denken. Und doch, auch wenn ich die Erinnerung nicht dingfest machen konnte, habe ich mich jetzt zu jener tiefen Ursache der Wonne vorgetastet, die ~~davon kündete~~ ihr vorausging und auf die kein klarer Begriff, keine „Wiedererkennung" folgte. Dies, weil es in uns ein Wesen gibt, das nur von dem leben kann, was in den Dingen nicht der Zeit unterworfen ist. Darin allein liegt sein Nährboden, sein Reiz, seine Poesie. Es schlummert in der Gegenwart, in der es aus der Beobachtung seiner Sinne nicht die permanente Essenz des Lebens ziehen kann. Es schlummert in der Vergangenheit, vom Verstand und dem willentlichen Gedächtnis betrachtet, die ebenfalls jene Essenz entwischen lassen, es schlummert in der Betrachtung der Zukunft, die der Wille aus Fragmenten der Gegenwart und der Vergangenheit baut, das heißt mit ~~Irrealem~~ einer Realität, die jegliche Anmut verloren hat, und der zuletzt noch das wenige entrissen wird, was ihr davon geblieben war, ~~konstruierend setzend~~ indem sie ihm nicht sich selbst zum Ziel setzten, sondern ~~unsere Freude~~ unsere Freuden, eine ~~egoistische Bestimmung~~ menschliche utilitaristische Regung, eine menschliche Bestimmung. Doch dass ein Geräusch, ein Duft, ein Geruch, wenn man ihn als identisch mit dem wahrnimmt, was einmal war, in uns auf einen Schlag etwas Permanentes schafft, was zugleich in der Vergangenheit und in der Gegenwart wahrgenommen wird, die Essenz der Dinge von der Verstümmelung durch die Zeit erlöst, von der mangelhaften Beobachtung oder seiner Wiedererinnerung – und schon wird in uns der ewige Mensch geweckt, neu erschaffen von der Nahrung, die ihm geboten wird. Für einen Augenblick üben wir unsere Funktion aus, leben in einem Teil von uns selbst, der außerhalb der Zeit steht und sich wenig um die Wechselfälle ~~bekümmert~~ bekümmern kann, für den der Tod keinen Schrecken kennt, für den der Tod seiner eigenen Mittelmäßigkeit hinfällig wird, da er gerade im Begriff ist, aus dem Speicher aller Poesie zu trinken, er schweift frei durch die Essenz der Welt und ~~darüber hinaus~~ in seinem Rausch würde er über die Macht verfügen, sie neu zu erschaffen. Ah! ~~die Wirklichkeit muss~~ wir sagen oft, dass ~~die Wirklichkeit~~ das Leben mittelmäßig sei, und ~~unsere wir~~ unsere Vergangenheit erscheint uns nicht besser. ~~In der Tat, was wir~~ Doch was wir dieserweise bezeichnen, hat nichts mit unserer Vergangenheit gemein. ~~Dass ein~~ Wenn der Geschmack eines Zwiebacks ~~voll Tee,~~ in Tee getaucht, ~~uns~~ sie in uns erzittern lässt, fühlen wir die Wonne, die uns flutet wie die reale Vergangenheit, jene, die sich in ein identisches Gefühl geflüchtet hat, wie wir es damals hatten, welche Kluft zu dem, was uns der Verstand in aller Kälte in Erinnerung ruft. Und es ist sehr wohl jene Wonne, die uns den Mut zufächelt, den Lockungen der Müdigkeit nicht zu erliegen, der Freude am Mittelmäßigen, ~~um zu versuchen, in einer~~ um noch eine Anstrengung zu unternehmen, im Versuch, etwas zu schaffen; all jene Toten, die sich wirr in uns rühren, fordern Gestalt und Leben wie die Wesen im Hades, wir ~~trennen sie von~~ verscheuchen diese lästige Meute. Doch diese mysteriöse Lust gibt es, diesen Zauber, der uns gegenüber allen utilitaristischen Motiven gleichgültig macht, denen wir abgeschworen haben. Ihm eignet ein Reiz wie der Liebe, die so rasch alle Fesseln abstreift, die uns bändigen, damit wir allein ihr gehören. Und auf einen Schlag war die Erinnerung da. ~~Diese Wonne dieser Geschmack~~ Dieser Geschmack des in Tee getunkten Zwiebacks ist jener, den ich ~~fühlte~~ schmeckte jeden Morgen in Combray schmeckte, wenn ich, gerade erst erwacht, bei meiner Tante Léonie eintrat, um guten Morgen zu sagen ~~ging.~~ Und sogleich das alte Haus, in dem das Gemach, das Zimmer meiner Tante Léonie lag, und ~~dahinter~~ im Rücken der jüngere Pavillon meiner Eltern, nur gerade angelehnt, zum Garten hin, all dies fügte sich wie eine Theaterkulisse an das verstümmelte Eck, das ich bis dahin erblickt hatte, mitsamt der Straße, auf die es hinausging, und der ganzen Stadt und sogar der Umgebung, vom ~~Morgen~~ Tagesanbruch bis zum Abend, die ~~Straße~~ Plätze, wo man vor dem Mittagessen hinging, zur Morgenstunde, die Straßen, denen man am Nachmittag folgte, die Straßen, wo man eine Besorgung vor oder nach dem Mittagessen machen musste. Und alle Blumen des Gartens und des Parks von M. Swann und die Wasserblumen der Vivonne und die wackeren Leute von Combray und die kleinen Häuser und die Kirche, all das ~~nahm wieder ein wenig Gestalt an und stieg~~ entstieg dieser Tasse Tee, nahm nach und nach Konsistenz und Gestalt an, wie jene kleinen Blumen und kleinen Figuren aus japanischem Papier.

Wie bei jenem kleinen ~~japanischen~~ Zeitvertreib, ~~wo kleine und nach nichts aussehende Papiere, wenn sie~~ bei dem sich die Japaner darin gefallen, in einer Tasse mit ihrem Lieblingsaufguss kleine Papierstreifen zu tränken, die bis dahin keine Form aufwiesen ~~und darin~~, doch kaum tauchen sie ein, ~~öffnen~~ ziehen sie sich in die Länge, nehmen Formen an, wandeln sich in Blumen, Häuser, in fest erkennbare Personen

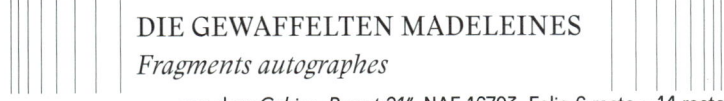

DIE GEWAFFELTEN MADELEINES
Fragments autographes

aus dem *Cahier „Proust 21"*, NAF 16703, Folio 6 recto – 14 recto

II

So also sah ich während mancher Jahre, sobald ich, in der Nacht wach daliegend, an Combray dachte, stets nur eine Art Lichteck, mitten durch undeutliches Dunkel geschnitten, wie wenn das Aufgleißen von bengalischem Feuer oder elektrische Projektionen an einem Bauwerk einzelne Abschnitte erleuchten, während der Rest in Nacht gehüllt bleibt: an der Basis, noch recht breit, der kleine Salon, der Speisesaal, die Mündung der finsteren Allee, durch die M. Swann (, der unwissentliche Urheber all meiner Bekümmernisse), nahte, das Vestibül, wo ich mir einen Weg zur ersten Stiege der Treppe bahnte, die ich nur unter Grauen betreten konnte und die für sich allein den äußerst schmalen Keil dieser unregelmäßigen Pyramide bildete, ~~immer zur selben Stunde gesehen~~; im Spitz aber, da lag meine

Schlafkammer mit dem kleinen Gang und der verglasten Tür für Mamans Auftritt; kurzum, ich sah es immer zur selben Stunde, abgeschnitten von allem, was es darum herum geben mochte, ganz allein im Finstern ragend, dazu, auf das Wesentlichste beschränkt (wie man es von der Auflistung der Schauplätze zu Beginn alter Theaterstücke kennt, die in der Provinz aufgeführt werden), die Kulisse für das Drama meines Entkleidens; ganz so, als hätte es in Combray nur zwei Etagen gegeben, durch eine schlanke Stiege verbunden, und als wäre es immer nur neun Uhr abends gewesen. Zugegeben, auf allfällige Fragen hierüber hätte ich sehr wohl angeben können, dass Combray noch mehreres umfasste und auch zu anderen Stunden Bestand hatte. Doch derlei Erinnerungen kämen einzig vom bewussten Gedächtnis, dem Gedächtnis des Verstandes, und da dessen Auskünfte nichts von jener Vergangenheit bergen, über die sie uns Bericht geben, so hätte mich nie die Lust angewandelt, von diesem Bruchstück Combrays zu träumen, noch auch darüber zu schreiben. All dies war für mich in Wirklichkeit bereits tot.

Tot, für immer? Schon möglich.

In alledem west viel Zufall, und ein anderer weiterer Zufall, unser Tod, erlaubt es uns nicht, lange den Erfahrungen auf die Gunst des Ersteren ausgeliefert zu sein zu warten. Wenn wir in einem Augenblick geistiger Erregung, in dem äußere Umstände unsere körperliche Tätigkeit aussetzen lassen, zum Beispiel, wenn wir in der Kutsche zu einem Rendezvous unterwegs sind und den gegenwärtigen Gegenstand unseres Geistes unserer Gedanken ins Auge fassen, dann stellen wir fest, dass die paar Ideen, die paar Körnchen, die wir darin erblicken, die er dann mit seinem erschauernden Mark schützt dass es nur am Faden des Zufalls hing und sie dieser Gegenstand wäre unbemerkt geblieben. Und wer weiß, die Kutsche könnte, jetzt gleich, über uns zusammenbrechen, und unser Geist, aus dem langsam alles Leben tropft, müsste sogleich auf immerdar all jene Anschauungen aufgeben, die er in diesem Augenblick mit seinem erschauernden Mark ~~in diesem Moment~~ ängstlich schützt und umhüllt. Vielleicht auch gleichen wir einem Maler, der einen Weg hinansteigt, hoch über einem See dahinführend, dessen Anblick ~~ihm~~ hinter einem Vorhang aus Fels und Bäumen verborgen liegt. Er späht durch eine Bresche, schon liegt er in seiner Gänze vor ihm. Er nimmt seine Pinsel. So liegt auch unser Geist in seiner Gänze vor uns. Wir verfügen frei über ihn, wir können jeden Hügel beschreiben, der ihn überragt, alle Schleier, die über seiner Oberfläche wallen. Doch bald schon kommt jene Nacht, in der man nicht mehr malen kann und auf die kein Tag mehr folgt.

Oft also ist es der Zufall (darunter verstehe ich Umstände, die nicht von unserem Willen in Szene gesetzt werden, jedenfalls nicht in Hinblick auf das Resultat, das sie zeitigen), der unserem Geist ~~neue Gegenstände~~ einen neuen Gegenstand zuträgt, dabei handelt es sich um eine weit seltenere Form von Zufall, ~~äußerst komplexen Produktionsbedingungen unterworfen~~ einen Zufall, der in einem Ausscheidungsverfahren gesiebt und komplexen Produktionsprozessen unterzogen wurde, bis er dem Geist einen Gegenstand zuführt, über den er einst frei verfügte und ~~den er verloren hat~~ der sich ihm entzog. ~~Für sehr vernünftig halte ich~~

Ich halte den keltischen Glauben für sehr vernünftig, der besagt, dass die Seelen derer, die wir verloren haben, ~~Gefangene~~ in irgendeinem geringeren Wesen gefangen sind, in einem Tier, in ~~einer Pflanze~~ einem Gewächs, einem unbelebten Gegenstand, unwiederbringlich verloren ~~außer wir entdecken den Ort, wo sie ihrer Gefangenschaft~~ bis zu dem Tag, auf den viele ~~oft~~ vergeblich warten – an dem uns, an ~~einer Eiche~~ einem Baum vorbeischlendernd, das Werkzeug in die Hände gespielt wird, ~~in dem sie~~ das ihr Kerkergehäuse bildet. Schon ~~erkennen sie uns~~ erzittern sie, flehen uns an, und sobald wir sie erkennen, ist der Zauber unterbrochen. Von uns entfesselt, haben sie den Tod überwunden und wollen wieder an unserer Seite leben.

So verhält es sich auch mit unserer Vergangenheit. ~~Sie liegt geduckt in irgendeinem materiellen Gegenstand (– den wir nicht kennen –,~~ genauer: in der Empfindung, die uns dieser Gegenstand vermittelt). ~~Es würde uns nichts helfen, wollten wir sie beschwören.~~ Es wäre ~~für uns~~ verlorene Liebesmüh, wollten wir sie beschwören, denn sämtliche Bemühungen unseres Verstandes sind umsonst. Sie liegt fernab von seinem Reich und Zugriff, in irgendeinem materiellen Gegenstand – in der Empfindung, die uns dieser materielle Gegenstand vermittelt –, ohne dass wir uns dessen versehen. Was diesen Gegenstand betrifft, so hängt es vom Zufall ab, ob wir ihm begegnen, bevor wir sterben, oder ob wir ihm nie begegnen.

Seit Jahren schon hatte für mich alles, was in Combray nicht mit dem Theater ~~und dem Drama~~ ~~meines Zubettgehens, mit allem Respekt für die Einheit~~ und Drama meines Zubettgehens zusammenhing, keinerlei Wirklichkeit mehr, bis ich in einem der letzten Winter ~~zurück~~ nach Hause kam und mich ~~Maman~~ meine Mutter unterkühlt fand und mir vorschlug, ein bisschen Tee zu machen, ~~den ich aus Gewohnheit nicht~~ den ich nie will. Zunächst schlug ich es aus, dann, ich weiß nicht, warum, änderte ich meine Meinung. ~~Und bald Man schickte~~ Sie schickte nach einem jener ~~kleine Kleine Madeleines genannten,~~ feisten und bauchigen Backwerke, die die Kleine Madeleines genannt werden und aus dem gefurchten Schoß einer Jakobsmuschel gegossen ~~und gewaffelt~~ scheinen. Und bald schon, ganz unwillkürlich, ~~ganz im Gedanken von Traurigkeit~~ vom grauen Tag und der Aussicht auf ein trübes Morgen bedrückt, führte ich ~~die Tasse~~ einen Teelöffel an meine Lippen, in dem ich ein Stück Madeleine aufgeweicht hatte. Doch noch selbigen Augenblicks, da der Schluck ~~Tee~~, mit Kuchenkrumen untermengt, meinen Gaumen gerade ~~getroffen hatte~~ traf, überlief mich ein Schauer, ~~aufmerk-~~

sam ~~blieb ich~~ und ich merkte nur noch auf das, was sich Wundersames in mir vollzog. Eine köstliche Wonne, ganz abgekapselt, flutete mich, ohne jeglichen Begriff ihrer Ursache. Sie ließ mir ~~sofort~~ alsogleich alle Wechselfälle des Lebens einerlei erscheinen, all seine Desaster harmlos, seine Kürze trügerisch, just so, wie ~~die Liebe der Gedanke an das geliebte Wesen~~ jene, die es ~~liebt, das Herz gleichgültig sorglos gegenüber allem macht, was nicht es ist~~ Liebe wirkt, indem sie mich mit einer kostbaren Essenz erfüllt, oder mehr noch: diese Essenz war nicht in mir, sie war ich.

~~Woher mochte mir diese Seligkeit kommen, die nur einen Augenblick währt.~~ Ich fühlte mich nicht länger mittelmäßig, zufällig, sterblich. Woher mochte diese machtvolle Seligkeit kommen? Ich ~~fühlte wusste~~ fühlte, dass sie mit dem Geschmack ~~der im Tee aufgeweichten Madeleine~~ des ~~Getränks, von dem ich einen Schluck getrunken hatte~~ Tees und des Gebäcks in Zusammenhang stand~~, da sie zur gleichen Zeit in mich drang wie es~~, ihn aber auch überstieg, ins Unendliche, sie konnte nicht von nämlicher Natur sein. Woher stammte sie? Was bedeutete sie? Wie war sie zu fassen? Ich trinke ~~abermals~~ einen zweiten Schluck Tee, der mir nicht mehr zuträgt als der erste, dann einen dritten, der mir weniger zuträgt als der zweite. Zeit, innezuhalten, die Macht des Trankes scheint zu schwinden. Eindeutig, die Wahrheit, nach der ich suche, liegt nicht in ihm, sondern in mir. Er hat sie in mir erweckt, doch sie selbst ist ihm gänzlich unbekannt, und so kann er nur, mit schwindender Kraft, ebendieses Zeugnis, das ich nicht zu deuten weiß, wiederholen, ohne Ende, ich aber will es ~~unberührt wiederfinden, mir preisgegeben~~ ihm wieder und wieder abfordern, um es, ganz unberührt, abermals vorzufinden, mir preisgegeben, jetzt gleich, für eine alles klärende ~~Minute~~ Erhellung. Ich stelle die Tasse hin und wende mich meinem Geist zu. Er allein kann die Wahrheit finden: Aber wie? ~~Wenn sich der Geist~~ Immer wenn sich der Geist selbst überfordert fühlt, lastet ernste Ungewissheit; immer dann, wenn er, der Suchende, ~~auch~~ imgleichen das dunkle Land ist, in dem er suchen muss und wo ihm all sein Gepäck nicht weiterhilft. Was er erobern, in sein Licht treten lassen muss, ist ein Teil seiner selbst, der noch nicht ~~erleuchtet~~ ist und der nur aus ihm ~~stammen~~ kommen kann.

Und wieder fragte ich mich, was wohl jener ~~neue Zustand, den ich gerade kennengelernt~~ ungekannte Zustand sein könnte, der keinerlei logischen Beweis vorlegt, dafür aber die Evidenz ~~der~~ seiner Seligkeit, seiner Wirklichkeit, vor der ~~alle anderen Wirklichkeiten~~ alles andere verblasst. ~~Ich müsste ihn noch einmal wecken~~ Ich will versuchen, ~~nachdem ich ihn wieder geweckt habe, ihn fest zu fassen, ich räume jegliches Hindernis aus meinem Geist~~ ihn einmal noch zu wecken. Ich versetze mich in den Zustand, in dem ich im Moment war, da ich den ersten ~~Schluck~~ Löffel Tee nahm. ~~Die Erfahrung bringt mir nichts~~ Ich finde nichts Neues. Ich fordere meinem Geist ~~noch~~ eine zusätzliche Anstrengung ab, ~~damit nichts seinen~~ ~~den~~ Schwung bricht, ~~der es ihm erlauben soll, noch einmal jenes selige Gefühl zu fassen, das entflieht, ich räume jegliches fremde Objekt aus dem Weg, das meine Aufmerksamkeit behindern könnte, ich schütze meine Ohren vor dem Geräusch aus dem Zimmer nebenan, vor jeder Zerstreuung~~ um einmal noch jenes Gefühl ~~zu erschaffen~~ zurückzurufen, das entflieht. Und um den Schwung, mit dem er danach strebt, nicht zu brechen, räume ich ~~aus meiner Aufmerksamkeit~~ jegliches Hindernis, jeden fremden Gedanken aus dem Weg, ich schütze meine Ohren und meine Aufmerksamkeit vor allen Geräuschen aus dem Zimmer nebenan. Als ich dann fühle, wie sich mein Geist ohne Erfolg abmüht, zwinge ich ihm, im Gegenzug, ebenjene Zerstreuung auf, die ich ihm zuvor verwehrt hatte, er soll ruhig an anderes denken, ~~Kräfte schöpfen, bevor er noch einmal~~ ~~den Versuch wagt~~ sich vor der ~~letzten~~ äußersten Anstrengung sammeln. Abermals setze ich ihn der Leere aus, stelle ihn vor diesen Geschmack ~~von,~~ den er aus dem mit Kuchen vermischten

Tee ~~zog~~ zog, und ich fühle in ~~der Tiefe von~~ mir etwas erschauern, was dahinjagt, hoch und höher will, wie ein Anker, den man ~~hebt~~ lichtet, in großer Tiefe; ich weiß nicht, was es ist, doch es ~~erhebt sich~~ steigt und steigt, ganz langsam, ~~steigt an die Oberfläche meines Bewusstseins; ich fühle~~ Widerstände machen sich bemerkbar, und ich höre das Raunen der durchmessenen Räume.

Wird es, ~~dieses Andenken~~ ~~dieser Moment~~ dieses Andenken, bis an die Oberfläche meines klaren Bewusstseins aufsteigen, jener alte ~~Moment~~ Augenblick, der durch den Sog ~~einer identischen Minute~~ eines identischen Augenblicks aus so großer Ferne alles in der Tiefe meines Innern beschwor, aufrüttelte, nach oben kehrte. Ich weiß nicht. ~~Ich~~ Nichts fühle ich mehr, jetzt, er stockt, ist womöglich abgetaucht. ~~Er ist~~ ~~womöglich~~ in seine Nacht abgetaucht. Wer weiß, ob er der Nacht je wieder entsteigen wird. Zehn Mal muss ich neu beginnen, in Hinneigung zu ihm. Doch jedes Mal riet mir die Laschheit, die uns ~~abrät von~~ allen schwierigen ~~Werken~~ Aufgaben, allen wichtigen ~~Werken~~ Werken, ~~die wir vollbringen sollten,~~ entsagen lässt, ich möge doch alles bleiben lassen, meinen Tee trinken und nur an ~~die kleinen Ereignisse~~ meine Sorgen von heute denken, an meine Wünsche von morgen, die ~~ich~~ man ohne Sorgen wiederkäuen kann. Und doch, auch wenn ich die Erinnerung bereits nicht dingfest machen konnte, habe ich mich jetzt zum ~~Verständnis~~ tiefen Grund der Wonne vorgetastet, die ihr vorausging und auf die seine „Wiedererkennung", sein klarer Begriff nicht folgte. ~~Dies~~ Dieser Grund besteht darin, dass es in uns ein Wesen gibt, das ~~sich~~ nur von ~~jener~~ der Essenz der Dinge ~~nähren~~ leben kann, die man nur außerhalb der Zeit findet. Darin allein findet es seinen Nährboden, seinen Reiz, seine Poesie. Es schlummert in der Beobachtung der Gegenwart, in der ihm seine Sinne nicht die Essenz der Dinge zutragen, es schlummert in der Vergangenheit, die vom Intellekt trockengelegt wird. Es schlummert in der Erwartung der Zukunft, die der Wille aus Fragmenten der

Gegenwart und der Vergangenheit baut, was sie noch weniger wirklich macht, da er ihnen eine ~~allzu menschliche~~ utilitaristische Neigung, eine allzu menschliche Bestimmung zuschreibt. Doch wie ein Geräusch, ein Duft, ein Geruch, ~~identisch die nämlichen, die wir einst gehört, eingeatmet haben, von uns~~ einst bereits wahrgenommen, sozusagen zugleich in der Vergangenheit und in der Gegenwart von uns gehört wird – real, ohne aktuell zu sein, ideal, ohne imaginiert zu sein –, so ~~entströmt ihm~~ entlässt er sogleich jene permanente Essenz der Dinge, und unser wahres Ich, das schon so lange tot war, erwacht, regt sich und labt sich an der himmlischen Nahrung, die ihm gebracht wird. Eine überzeitliche Minute hat, damit sie überhaupt empfunden wird, den überzeitlichen Menschen erschaffen. Und was könnte der von der Zukunft befürchten?

Ah! wir sagen oft, dass das gegenwärtige Leben mittelmäßig ist, und unsere Vergangenheit erscheint uns nicht besser. Doch das liegt allein daran, dass das, was wir dieserweise ~~als unsere Vergangenheit~~ bezeichnen, null und nichts mit unserer Vergangenheit gemein hat. Dass unter unserem Fuß in einem Hof ein Stein eine einzige Empfindung weckt, die wir hatten, als wir die ~~Schwellen~~ das Pflaster im Baptisterium von San Marco berührten, dass der Geschmack einer in Tee getauchten Madeleine uns ein weniges der Vergangenheit zuträgt, ohne dass sie sie uns bereits erkennen lässt, ~~noch nicht wiedererkannt und für sich genommen vielleicht wenig Wert hatte,~~ wir fühlen an der unwiderstehlichen Freude, am Zauber, die uns fluten ~~wie eine Vergangenheit,~~ wie sehr die wahre Vergangenheit ~~vielleicht~~ ~~sogar noch die bescheidenste, jene die in einer Empfindung Zuflucht gesucht hat, die mit jener identisch ist, die wir einst empfunden hatten, wie diese Vergangenheit~~ – selbst die bescheidenste – eine Kluft zu jener bildet, die uns das Gedächtnis des Verstandes auf Befehl unseres Willens vermittelt.

Und es ist sehr wohl wegen jene Wonne, jener Zauber,

die uns den Lockungen widerstehen ließ ~~die uns die Kraft verleiht gibt~~ ~~die uns noch eine Anstrengung unternehmen lassen, um etwas schaffen wollen, um nicht auf die Lockungen der Müdigkeit zu hören, der Freuden der Mittelmäßigkeit, die uns,~~ die uns ~~die Kraft~~ den Mut geben, eine letzte Anstrengung zu unternehmen, ~~wollen wir doch~~ um jene ~~flehenden~~ bittenden Toten ins Licht zurückzuführen, die wir nach dem Rat ~~der~~ unserer Erschöpfung, unserer Freunde als lästige Meute verscheuchen sollten. Doch dies ist die Lust, die ~~uns~~ uns wie eine Liebe befreit hat von ~~den vulgären Reizen~~ allen anderen Reizen ausser dem ihrigen. Und auf einen Schlag zeigte sich mir die Erinnerung. Dies war der Geschmack ~~der kleinen~~ des kleinen Bissen Madeleine, den mir meine Tante Léonie jeden Morgen in Combray, wenn ich ihr in ihrem Zimmer einen guten Morgen wünschte, ~~aus ihrer Tasse Tee holte, um ihn mir zu geben~~ in ihren Tee tunkte und mir dann ~~zu essen gab~~. ~~Allein schon~~ Der Anblick ~~ebendieses Kuchens~~ der kleinen Madeleine hatte mir nichts in Erinnerung gerufen, ~~es tat Not, dass ich davon kostete, und dies vielleicht, weil ich sie oft in den Auslagen der Patisserien gesehen hatte, zur gleichen~~ solange ich nicht davon gekostet hatte; vielleicht, weil ich sie seit Combray oft in den Auslagen der Patisserien gesehen hatte, ohne sie zu probieren, und so hatte sich ihr Bild von jenen ~~Erinnerungen~~ Tagen in Combray gelöst, ~~zugunsten von~~ um sich an frischeren ~~zu heften~~; vielleicht auch hatte von diesen ~~fernen~~ Erinnerungen, seit langer Zeit vom Gedächtnis im Stich gelassen, nichts ~~gehalten~~ überlebt, alles hatte sich zersetzt, die Formen – auch jene ~~der Muschel~~ der Muschel ~~aus Mehl als Gebäck in seinem gestrengen und frommen Nonnenbrustschleier~~ des Jakobspilgers als sinnliches Gebäck, ~~in~~ unter seinem gestrengen und frommen Faltenwurf, – waren ~~verblasst~~ verwittert. Doch wenn von ~~so lang~~ lang Vergangenem, nach dem Ableben der geliebten Wesen, nach der Zernichtung aller Dinge, nichts mehr ~~bleibt~~ Bestand hat, bleiben noch lange, zerbrechlich zwar, aber lebhafter, weit körperloser, beständiger, treuer auch, der Geruch und Geschmack ~~auf den verbleibenden Ruinen~~ übrig, ~~entsinnen~~ erinnern sich, Seelen gleich, harrend und hoffend ~~über den verbleibenden Ruinen~~ über den verbleibenden Ruinen, und ~~tragen~~ ~~bewahren die Form~~ tragen, über ihrem fast unfasslichen Tröpfchen, ohne einzubrechen, das gewaltige Gebäude der Erinnerung.

Und ~~sowie~~ kaum hatte ich den Geschmack des in Tee getunkten Stückes Madeleine ~~erinnert~~ erkannt, das mir meine Tante ~~Léonie jeden Morgen~~ jeden Morgen gab, ~~im selben~~ schon

 EIN NEUER ANFANG?[1]

aus dem Typoskript NAF 16752, S. 79

~~Tot, für immer? Schon möglich.~~

Während mancher Jahre habe ich mich nie an unser Haus in Combray erinnert. Ich wusste, dass ich dort einen Teil meiner Kindheit verbracht hatte. Das willentliche Gedächtnis – jenes, das uns Bilder unserer Vergangenheit zu geben glaubt, sie aber ganz und gar in einer eintönigen und falschen Farbe malt, die es der Gegenwart entlehnt – stellte mir ein paar Auskünfte zur Verfügung, die ich mir ausmalte. Wollte ich ein bestimmtes Bild wiederfinden, erbat ich es von meinem Gedächtnis, dem intellektuellen und willentlichen Gedächtnis, das uns null und nichts von unserer Vergangenheit zuträgt, denn es zeichnet alles in einer einförmigen und falschen Farbe, die sie der Gegenwart entlehnt. In Wirklichkeit war all dies für mich tot. Tot für immer? Schon möglich.

In alledem west viel Zufall, und ein weiterer Zufall, unser Tod, gestattet es uns nicht, lange auf die Machenschaften des ersten zu warten. ~~Wenn wir in einem Augenblick...~~[2]

1 Wir folgen dem Text des Typoskripts, das man auf www.item.ens.fr/index.php?id=578147 findet.
2 Der Rest der Seite ist gestrichen.

aus den Typoskripten NAF 16730 und NAF 17633, Folio 79 bis, 80 – 80 bis

Seit Jahren schon hatte für mich alles, was in Combray nicht mit dem Theater und Drama meines Zubettgehens zusammenhing, keinerlei Wirklichkeit mehr, bis ich in einem der letzten Winter nach Hause kam und meine Mutter mich unterkühlt fand und mir, gegen meine Gewohnheit, vorschlug, ~~ein bisschen Tee~~ ~~oder einen warmen Aufguss Tee oder einen warmen Kräutertrank~~ ein bisschen Tee zu ~~machen, den ich nie will~~ nehmen.[2]

Kein Zweifel,[3] was in der Tiefe meines Ichs so pocht, kann nur eins sein: das Bild, die visuelle Erinnerung, die mit diesem Geschmack verbunden ist und ihm bis in mein Innerstes nachjagen will. Doch es plagt sich in allzu großer Ferne ab, in einem allzu großen Wirrwarr; kaum kann ich den neutralen Widerschein ausmachen, in dem sich der unablässige Wirbel der vermengten Farben mischt; und ich kann die Gestalt nicht fassen, kann sie nicht, als einzig mögliche Dolmetscherin, darum bitten, mir die Zeugenschaft ihres Zeitgenossen, ihres unzertrennlichen Gefährten, des Geschmacks nämlich, zu übersetzen, ihn darum zu ersuchen, mir etwas über die besonderen Umstände zu verraten, zu sagen, um welche vergangenen Zeitläufte es geht.

Wird es, dieses Andenken, bis an die Oberfläche meines klaren Bewusstseins aufsteigen, jener alte Augenblick, der durch den Sog eines identischen Augenblicks aus so großer Ferne[4] alles in der Tiefe meines Innern beschwor, aufrüttelte, nach oben kehrte? Ich weiß nicht. Nichts fühle ich mehr, jetzt, es stockt, ist womöglich abgetaucht, ~~vielleicht,~~ wer weiß, ob es der Nacht je wieder entsteigen wird. Zehn Mal muss ich neu beginnen, in Hinneigung zu ihm. Doch jedes Mal riet mir die Laschheit, die uns allen schwierigen Aufgaben, allen wichtigen Werken entsagen lässt, ich möge doch alles bleiben lassen, meinen Tee trinken und nur an meine Sorgen von heute denken, an meine Wünsche von morgen, die man ohne Sorgen wiederkäuen kann.

Und doch,[5] auch wenn ich die Erinnerung bereits nicht dingfest machen konnte, habe ich mich zur Ursache der Wonne aufgeschwungen, die ihr vorausging und auf die ihre „Wiedererkennung", ihr klarer Begriff nicht folgte. Diese Ursache besteht darin, dass es in uns ein Wesen gibt, das nur von der Essenz der Dinge leben kann, die man nur außerhalb der Zeit finden kann. Darin allein findet es seinen Nährboden, seinen Reiz, seine Poesie. Es schlummert in der Beobachtung der Gegenwart, in der ihm seine Sinne nicht die Essenz der Dinge zutragen; es schlummert in der Betrachtung der Vergangenheit, die vom Intellekt trockengelegt wird: es schlummert in der Erwartung der Zukunft, die der Wille aus Fragmenten der Gegenwart und der Vergangenheit baut, was sie noch unwirklicher macht, indem es ihnen eine utilitaristische Neigung, eine allzu menschliche Bestimmung zuschreibt. Wobei ein Geräusch, ein Duft, die man einst wahrgenommen hat, die man, sozusagen, zugleich in der Vergangenheit und in der Gegenwart gehört, eingeatmet hat – real, ohne aktuell zu sein, ideal, ohne imaginiert[6] zu sein –, jene permanente Essenz der Dinge befreien, bis unser wahres Ich, das schon so lange tot war, erwacht, sich regt und sich labt an der himmlischen Nahrung, die ihm gebracht wird. Eine überzeitliche Minute hat, damit sie überhaupt empfunden wird, den überzeitlichen Menschen erschaffen. Und was könnte der von der Zukunft befürchten? Ah! wir sagen oft, dass das gegenwärtige Leben mittelmäßig ist, und unsere Vergangenheit erscheint uns nicht besser. Doch das liegt allein daran, dass das, was wir dieserweise ~~als unsere Vergangenheit~~ bezeichnen, null und nichts mit unserer Vergangenheit gemein hat. Dass unter unserem Fuß in einem Hof ein Stein eine einzige Empfindung weckt, die wir hatten, als wir das Pflaster im Baptisterium von San Marco berührten, dass der Geschmack einer in Tee getauchten Madeleine uns ein weniges der Vergangenheit[7] zuträgt, ohne dass sie es uns schon wieder erkennen lässt, wir fühlen die Freude, ein unwiderstehlicher Zauber flutet uns, wir fühlen, wie sehr die wahre Vergangenheit, selbst noch die bescheidenste, eine Kluft zu jener bildet, die uns das Gedächtnis des Verstandes auf Befehl unseres Willens vermittelt. Und es ist sehr wohl jene Wonne, jener Zauber, die uns den Mut geben, eine letzte Anstrengung zu unternehmen, um jene bittenden Toten ins Licht zurückzuführen, die wir nach dem Rat unserer Erschöpfung, unserer Freunde als lästige Meute verscheuchen sollten. Doch dies ist die Lust, die uns, wie eine Liebe, von allen anderen Reizen gelöst hat, außer dem ihren.[8]

Und, auf einen Schlag, zeigte sich mir die Erinnerung. Dies war der Geschmack jenes kleinen Bissens Madeleine, den mir meine Tante Léonie in Combray jeden Morgen, wenn ich ihr in ihrem Zimmer einen guten Morgen wünschte, ~~in ihren Tee tunkte und dann mir gab~~ gab anbot, nachdem sie ihn in ihren ~~Tee~~ Aufguss ~~bald~~ von ~~Tee und bald von~~ Tee oder Lindenblüten getunkt hatte. Der Anblick der kleinen Madeleine hatte mir nichts in Erinnerung gerufen, bevor ich von ihr kostete; vielleicht, weil ich sie seit Combray oft ~~im Schaufenster~~ in den Auslagen der Patisserien gesehen hatte, ohne sie zu probieren, und so hatte sich ihr Bild von jenen Tagen in Combray gelöst, um sich an frischere zu heften; vielleicht auch hatte von diesen Erinnerungen, seit so langer Zeit vom Gedächtnis ~~seit so langer Zeit~~ im Stich gelassen, nichts überlebt, alles hatte sich zersetzt, die Formen – namentlich jene ~~der Muschel des Jakobpilgers, ein Gebäck~~ des ~~ganz~~ kleinen Muschelgebäcks voll fetter Sinnlichkeit unter seinem gestrengen und frommen Faltenwurf – waren verwittert oder entschlummert, hatten ihre Strahlkraft verloren, dank der sie ~~dringen ins Bewusstsein dringen~~ ins Bewusstsein dringen.[9]

675

1 Wir folgen den Texten der Typoskripte, die man auf www.item.ens. fr/index.php?id=578147 findet. Die Typoskripte NAF 16730 und NAF 17633 verändern den Text fast gleichlautend in die Fassung der Druckbogen der Fondation Martin Bodmer. Wir zitieren deshalb neben dem „Kernsatz" nur die verworfene Passage und deren „Einleitung" in ihrem Wortlaut.

2 Wir springen nun an die Stelle nach: „.... das Raunen der durchmessenen Räume."

3 Hier beginnt ein eingeklebter Zettel mit einer handschriftlichen Passage, die im Verlauf der verschiedenen Typoskripte mehrere Stadien durchläuft.

Auf der Rückseite der Seite 80 von NAF 16730 findet sich folgende Notiz: „Ich kann die Gestalt nicht fassen, weiß noch nicht, wie sie wiedererkennen wusste von ihr, sie darum bitten, wer dieser Geschmack war, ihr Zeitgenosse, ihr unzertrennlicher Gefährte, den ich hätte kennen müssen, den ich aber nicht erkannte. Kein anderer Dolmetsch mochte mir in der Sprache der Zeit die Zeugenschaft des Geschmacks übersetzen vervollständigen, mir das Jahr angeben, die Umstände, die der Geschmack nicht kann spürt, aber"

Auf dem ersten herausgerissenen Zettel in NAF 16752 findet man neben den getippten Zeilen handschriftlich: „Kein Zweifel, was in der Tiefe meines Ichs so pocht, ist die Gestalt, der Ort, die Erinnerung der Augen, die mit diesem Geschmack verbunden ist, die ihm nachspüren wollte, bis an die klare Oberfläche und ins Licht meines Bewusstseins in mein Ich. Doch es plagt sich in allzu großer Ferne ab, in einem allzu großen Wirrwarr von Bewegungen, man nimmt nur den Widerschein eines undeutlichen Farbtons wahr, den alle Farben ..."

Auf dem zweiten handschriftlichen Zettel von NAF 16752 entziffert man: „Kein Zweifel, was in der Tiefe meines Ichs so pocht, ist die Gestalt, der Ort, die Sache, einst erblickt, die mit diesem leichten Geschmack verbunden ist, die ihm bis an die klare Oberfläche meines Bewusstseins nachspüren wollte, bis in mein Innerstes. Doch all dies plagt sich in allzu großer Ferne ab, in einem allzu großen Wirrwarr von Bewegungen. Ich kann diese Gestalt nicht fassen, die mir erlaubt, zu wissen zu sagen mir sagen könnte von der zu erfahren sie fragen, wer ist ihre Freundin dieser Geruch Geschmack, ihr Zeitgenosse und ihre unzertrennliche Gefährtin, die ich vergessen habe."

Auf dem Typoskript NAF 16733 findet man auf der Rückseite von Seite 80 annähernd die Schlussversion: „Kein Zweifel, was in der Tiefe meines Ichs so pocht, ohne dass ich es ausmachen kann, kann nur eins sein: das Bild, die visuelle Erinnerung, die mit diesem Geschmack verbunden ist und ihm bis in mein Innerstes nachjagen will. Doch es plagt sich in allzu großer Ferne ab, in einem allzu großen Wirrwarr; kaum kann ich den neutralen Widerschein ausmachen, in dem sich der unablässige Wirbel der vermengten Farben mischt; und ich kann die Gestalt nicht fassen, wiedererkennen, kann sie nicht, als einzige Dolmetscherin, darum bitten, mir in der Sprache der Zeit die Zeugenschaft ihres Zeitgenossen, ihres unzertrennlichen Gefährten, des Geschmacks nämlich, zu übersetzen, mir die besonderen Umstände zu verraten, die Zeitläufte."

Auf einem einzelnen Zettel findet sich: „Kein Zweifel, was in der Tiefe meines Ichs so pocht, kann nur eins sein: das Bild, die visuelle Erinnerung, die mit diesem Geschmack verbunden ist und ihm bis in mein Innerstes nachjagen will. Doch es plagt sich in allzu großer Ferne ab, in einem allzu großen Wirrwarr; kaum kann ich den neutralen Widerschein ausmachen, in dem sich der unablässige Wirbel der vermengten Farben mischt; und ich kann die Gestalt nicht fassen, wiedererkennen, kann sie nicht, als einzige Dolmetscherin, darum bitten, mir in der Sprache der Zeit die Zeugenschaft ihres Zeitgenossen, ihres unzertrennlichen Gefährten, des Geschmacks nämlich, zu übersetzen, ihn darum zu bitten, mir zu verraten, um welchen besonderen Umstand es ~~geht, um welche Epoche meines Lebens,~~ um ~~welchen Moment~~ welche Epoche der Vergangenheit es geht.

Wird es, dieses Andenken, bis an die Oberfläche meines klaren Bewusstseins aufsteigen, jener alte Augenblick, der durch den Sog eines identischen Augenblicks aus so großer Ferne kam."

4 Hier endet der eingeklebte Zettel.
5 Ab hier streicht Proust auf dem Typoskript die Passage bis: „... wie eine Liebe, von allen anderen Reizen gelöst hat außer dem ihren."
6 NAF 16733 ersetzt es: „ohne abstrakt zu sein".
7 NAF 16733 ersetzt es durch „eine einstige Stunde".
8 Hier endet die gestrichene Passage.
9 Der Schluss der Madeleine-Episode auf den Typoskripten weist keine wesentlichen Varianten auf.

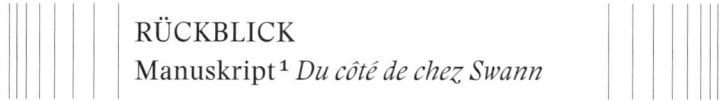

RÜCKBLICK
Manuskript [1] *Du côté de chez Swann*

Seite 48, mit Auslassungen, aus Platzmangel

Und, auf einen Schlag,
zeigte sich mir die Erinnerung.
Dies war der Geschmack jenes
kleinen Bissen Madeleine, den mir meine
Tante Léonie anbot.
Der Anblick der
kleinen Madeleine hatte mir nichts in Erinnerung gerufen,
bevor ich von ihr gekostet hatte;

vielleicht,
hatte von diesen Erinnerungen, vom Gedächtnis
seit so langer Zeit im Stich gelassen, nichts
überlebt, alles hatte sich zersetzt; die Formen
– namentlich jene des kleinen Muschelgebäcks
voll fetter Sinnlichkeit unter
seinem gestrengen und frommen Faltenwurf – waren
verwittert.
Doch wenn von lang Vergangenem,
nach dem Ableben der geliebten Wesen,
nach der Zernichtung aller Dinge,
nichts mehr Bestand hat, bleiben noch lange Zeit,
zerbrechlich zwar, aber lebhafter, weit körperloser,
beständiger, treuer auch, der Geruch und
Geschmack übrig, erinnern sich, Seelen gleich,
und tragen in der Hoffnung, nicht einzubrechen,
über ihrem fast unfasslichen Tröpfchen,
das gewaltige Gebäude der Erinnerung.
Marcel Proust.

1 In den *Bulletins proustiennes* 43 (2013) tauchte kürzlich unter der Rubrik „Ventes" folgender Zettel auf, den Proust wohl, wie der Verweis auf die Seitenzahl der Buchausgabe und die Unterschrift andeuten, als Bravourstück abgeschrieben und jemandem zum Geschenk gemacht hat.

AUf DER SUCHE NACH DEM

ERSTEN SATZ

DIE MORGENSONNE

aus dem *Cahier 2*, NAF 16642, Folio 29 verso

~~Die Sonne Der Himmel Die Sonne, die jetzt~~ Seit langer ~~Zeit Die Sonne brach hervor,~~ die unter dem ~~rosa Himmel~~ Gestalt angenommen hatte, ~~war aufgrund ihrer eigenen Schnellkraft hervorgebrochen~~ vor dem sie Seit langer Zeit war auf den rosa Himmel, an dem die Sonne aufgrund ihrer eigenen Schnellkraft hervorgebrochen war und den sie mit ihrem Licht ertränkt hatte, ein klarer Himmel gefolgt.

Es war ~~schon~~ jetzt neun Uhr morgens, höchste Zeit, mich wieder ins Bett zu legen, falls ich noch einschlafen wollte, ~~aber unter dem klaren Himmel~~ ich schickte mich an, die Vorhänge zu schließen, aber da traf mein Herz ~~der Wetterhahn der blendende Glanz~~ der blendende Glanz des Wetterhahns auf dem Haus gegenüber, ~~der in der prallen Sonne lag. Nun, es war Zeit[2]~~

EIN VERSUCH
AUS CONTRE SAINTE-BEUVE

aus dem *Cahier „45"*, NAF 16636, Folio 7 recto – 8 verso

~~Ich hatte mich gerade zu Bett gelegt~~ Ich lag schon seit rund einer Stunde im Bett, ~~der Tag war noch nicht angebrochen~~

der Tag, der gerade erst anbrach, erschien noch nicht über den geschlossenen Vorhängen des Fensters, aber

~~Der Tag ist nicht darauf angewiesen~~

~~Wir~~ In ~~dem~~ meiner Kammer, *noch ganz* ~~finster~~ schwarz, ~~mit den Vorhängen~~ ~~wo keine weiße Linie über den Vorhängen~~ hatte der Tag, der ~~sich gleich erhob~~ sich gleich erheben sollte, über die Vorhänge ~~des Fensters~~ noch nicht jene weiße Linie gezeichnet, die ~~setzt~~ ~~dem das Fenster seinen Platz zuweist~~ ~~wechseln lässt~~ das Fenster von jenem Platz rückt, den wir ihm im Dunkeln zuwiesen~~, wo wir es im Dunkeln aufgrund eines schwachen Abglanzes der verkupferten Kommode, vielleicht getäuscht von einem dem Abglanz der verkupferten Kommode, vermuteten,~~ (zuweilen von einem dem schwachen Abglanz der verkupferten *Ecke der* Kommode getäuscht) ~~die Mauer verschiebt und eine Mauer eine Vierteldrehung vollziehen lässt, um dort die Kommode aufzustellen hinzustellen zu installieren; das Zimmer um uns kreisen lässt und die Tür fortschickt Doch ist man darauf angewiesen, den Tag zu sehen, um zu wissen, ob es hell oder finster ist dreht das Gemäuer die Mauer um sich selbst, versetzt sie um eine Vierteldrehung~~ und die Mauer eine Vierteldrehung vollziehen lässt, um wieder der zurückgeschobenen Kommode Platz zu machen. Doch ist man nicht darauf angewiesen, den Tag ~~zu sehen~~ erblickt zu haben, um zu wissen, ob es hell oder finster ist, die Atmosphäre, in der die ersten Geräusche der Straße deren Klang färben, der Duft der Luft in der Kammer selbst, von einem gewissen

VARIANTEN

aus dem *Cahier 3*, NAF 16643, Folio 1 recto, 3 recto, 8 recto – 18 recto

Ich lag seit rund einer Stunde wach. Der Tag hatte noch nicht ~~über den Vorhängen meines Fensters jene weiße Linie, die im Dunkeln der Kammer~~ in der Kammer ~~da~~ an der

Stelle, an der wir uns die Kommode einbildeten, jene Linie gezogen, unter der sich das Fenster rasch ~~aufstellt~~ installiert, das ~~der Schlafende wir aufstellten~~ wir wie den Stiefel des Weihnachtsmanns ~~ins~~ neben den Kamin stellten;[3]

~~Der Tag war noch nicht angebrochen, ich dachte an einen Artikel~~

Ich dachte an einen Artikel, den ich vor langer Zeit dem *Figaro* geschickt hatte, ich hatte sogar schon die Druckfahnen korrigiert, ~~aber~~ und seither hoffte ich jeden Morgen, ihn in der Zeitung zu finden, dann gab ich die Hoffnung auf. ich fragte mich, ob ich je wieder an einem schreiben soll. Als ich die Augen aufschlug, war der Tag angebrochen. Bald hörte ich, wie man im Haus aufstand. ~~Da ich die Gewohnheit angenommen hatte, nur am Tag zu schlafen, trat man bei mir~~ 8 Uhr, der Moment, wo Maman eintreten und mir Gutnacht sagen würde, ich schlief nach der 1. Post ein[4]

~~Ich musste recht jäh eingeschlafen sein, ohne den Plan der Kammer auf mir zu bewahren.~~

~~Ich musste vom Schlaf überrascht worden sein recht jäh eingeschlafen sein, ohne Zeit gefunden und vergessen haben Ich musste recht jäh eingeschlafen sein~~ Der Schlaf musste mich recht jäh erfasst haben, in einem Augenblick, da ich für eine Weile den Lageplan, wo ich mich befand, aus meinem Kopf hatte fallen lassen; als ich aufwachte, hatte ich ihn verloren; ich wusste nicht, wo ich mich befand

~~Als ich erwachte, ich~~

~~Im Schlaf hatte ich den Plan des Ortes verloren, an dem ich mich befand, als ich erwachte~~ ich erwachte, doch gewiss recht jäh vom Schlaf überrascht, hatte ich im Schlaf den Plan des Zimmers verloren, in dem ich mich befand, ~~und mit ihm mein geräderter Körper meine geräderten Beine~~ mein desorientierter Körper versuchte sich auszu-

~~malen malte sich allaugenblicklich aus~~ binnen eines Augenblicks hatte mein desorientierter Körper

~~Es war noch nicht~~
Meine Kammer war ~~noch~~ schwarz, der Tag hatte noch nicht ~~an der Stelle, wo sich der, der aus einem tiefen Schlaf erwacht, sich ausmalt die Kommode verortet im Dunkeln, dort, wo wir uns die Kommode vorstellen dort wo der Schlafende, der gerade aus einem tiefen Schlaf erwacht, die Kommode den Kamin~~ verortet im Dunkeln, da wo der Schlafende, ~~noch~~ nicht richtig aus einem tiefen Schlaf erwacht, sich die Kommode vorstellt, jene weiße Linie gezogen, unter der ~~das Fenster und seine Vorhänge hinten vom Kamin~~ das Fenster ~~seinen Platz verlässt, den wir ihm im Vertrauen auf einen Abglanz zugewiesen hatten, das der Schlafende, noch nicht richtig aus tiefem Schlaf erwacht, im Vertrauen auf einen Abglanz an die Stelle der Kommode, vielleicht von einem Abglanz auf dem Kupfer eines Möbelstücks, den er für das Tageslicht hielt, getäuscht, hingestellt hatte~~ sich das Fenster überstürzt ganz hinten in den Raum stellte. Da begriff er, dass das, was er bis anhin für das Tageslicht unter den Vorhängen gehalten hatte, der Abglanz vom Kupfer eines Sessels, einer im erloschenen Feuer vergessenen Kohle war; [5]

~~ich erwachte~~ im Dunkeln, ~~aber ich hatte im Schlaf das Bild dessen verloren, was mich umgab den Lageplan, wo ich mich befand, verloren, und mein schwindelnder Körper versuchte seine Lage herauszufinden zu erraten~~ Ich erwachte, aber ich hatte ~~in~~ während meines Schlafs vergessen, wo ich eingeschlafen war, ~~und mein noch schwindelnder Körper konnte sich nicht vorstellen, was er~~ und die Dinge, die mein Körper weder sah noch sich vorstellen konnte, kreisten um ihn, als hätte ihn ein Schwindel erfasst. Er versuchte zu erraten, in welcher Lage er sich befand,

Ich erwachte, ~~doch ich hatte im Schlaf den Ort verloren~~ und mein schwindelnder Körper versuchte seine Lage zu erra~~ten, um Gewiss war ich eingeschlafen~~ Ich war gewiss vom Schlaf überrascht worden, ~~doch als ich erwachte, hatte ich bevor meine Gedanken Zeit fanden, zu verschließen~~ ohne dass meine Augen, als sie sich schlossen, Zeit fanden, unter ihren Lidern den Plan ~~des Ortes~~ des Zimmers aufzubewahren, in dem ich mich befand,

Seit langer Zeit schlief ich nur noch am Tag, und in jener Nacht blieben mir nur ein paar Minuten Schlaf vergönnt, aber er hatte mich gewiss jäh erfasst, ohne dass meine Augen Zeit fanden, unter ihren Lidern den Plan ~~des Zim-mers~~ meiner Kammer zu verschließen. ~~Denn als ich erwachte~~ Denn als ich erwachte, suchte mein schwindelnder Körper seine Lage zu erfassen, um daraus abzuleiten, wo er lag

~~Seit langer Zeit schlief ich nur noch am Tag, aber In jener Nacht, da hatte ich indes Ich erwachte schon nach ein paar Minuten Schlaf (seit langer Zeit schlief ich nur noch am Tag), doch überrascht von~~ Ich erwachte mitten in der Nacht nach wenigen Minuten Schlaf (seit langer Zeit schlief ich nur noch am Tag), aber er hatte mich so jäh erfasst, dass meine Augen, ehe sie sich schlossen, nicht mehr Sorge tragen konnten, das Bild der Kammer aufzubewahren.

~~Ich erwachte mitten in der Nacht~~ Ich hatte nur ein paar Minuten geschlafen ~~Der Schlaf Meine Augen hatten~~

~~Ich erwachte im Dunkeln, und meine Augen hatten, als sie sich schlossen~~ Es war schwarze Nacht in meiner Kammer. Die Stunde, wo der, ~~dessen Schlaf ihm die Augen allzu rasch geschlossen hat, als dass sie Zeit gefunden hätten, unter ihren Lidern das Bild des Ortes zu tragen wo der erwacht, ohne im Schlaf aufbewahrt zu haben der in seinem Schlaf~~

~~verloren hatte~~ unter seinen Lidern nicht das Bild ~~der Kammer, in der er sich befand~~ der Dinge, die ihn umringten, aufbewahrt hatte, ~~für einen Augenblick~~ sich beim Erwachen nicht erinnern kann

Es war ~~noch~~ schwarze Nacht in meiner Kammer. Die Stunde, wo der, der aus einem tiefen Schlaf erwacht, in den er bald wieder zurückfallen wird, unter seinen Lidern nicht das Bild der Dinge aufbewahrt hat, die ihn umringen. ~~Sein Körper~~ Seine schwindelnden Glieder versuchen ihre Position ~~zu verstehen~~ ~~zu finden~~ zu erfassen, das Zimmer, die Umstände

wo der arme Kranke, der ein paar Tage in einem fremden Hotel zugebracht hat, leidet und daran verzweifelt, allein zu sein.[6]

Es war die Stunde, wo ~~jene, die schlafen~~ der, der in seinem Bett gut schläft, bisweilen ~~aus einem tiefen Schlummer~~ einen Augenblick erwacht, um sogleich wieder einzuschlafen; aber ~~sie verloren~~ ~~überrascht von ihrem~~ seine Augen, überrascht vom Schlaf, fanden nicht die Zeit, um unter ihre Lider das Bild der Dinge zu tragen, die sie umringen. ~~Sie erwachen und ihre Körper~~ Er erwacht und ~~seine schwindelnden Glieder suchen ihre Lage zu erfassen, ob sie auf dem Sofa im Club ausgestreckt liegen oder im~~ sein schwindelnder Körper sucht seine Lage zu erfassen, ob er ~~wach ist~~ gerade in einem Sessel des Clubs sitzend oder auf die Planken einer Barke gebettet eingeschlafen war, und während ~~der Schlafende~~ die Seele des Schlafenden, noch nicht ganz wach, außerhalb von Raum und Zeit zwischen den Orten, Umständen und Jahren schwankt ~~und abwartet,~~ suchen seine Glieder in ~~ihrem Gedächtnis~~ den Erinnerungen ihrer Position das Bild der Orte.

Die Stunde, wo die schwindelnden Glieder desjenigen, der gerade ~~im Dunkeln~~ aus einem tiefen Schlaf erwacht, ~~in dem er verlor~~ in dem er das Bild der ihn umringenden Dinge verlor, wobei sie in ihrem Gedächtnis die Position zu erfassen suchen, in der sie sich befinden, ob sie ~~langhin gestreckt~~ auf einem Sessel sitzen, ~~dorthin gebettet~~ in einer Barke ausgestreckt, in ein Bett gebettet. ~~Und~~ Indes, seine Seele, an der Schwelle von Raum und Zeit, schwankt zwischen den Orten, Umständen und Jahren. Und rings um seinen Körper ordnen sich die Dinge je nach den beifolgenden Positionen, die ~~sie sich vorstellen~~ er sich vorstellt, und nehmen im Dunkeln eine neue Stelle ein, und all die Wände, zwischen denen er ~~gelebt~~ geschlafen hat, wandeln ihres Orts die Form des Raumes, an dem sie sich befinden. ~~Ihr ausgestreckter Rücken fühlt sich an einer Scheidewand Die Orte~~ Erinnerungen an ~~gebenedeite Tage, deren Erinnerung ihr schwaches Herz verloren hat, ruhten zwischen den hingestreckten~~ Heilige Erinnerungen, die ihr schwaches Herz nicht zu bewahren wusste, werden von ihrer Rippe erweckt, die die Neigung der Wand ~~erfassen~~ erkunden möchte. Er fühlt sich an ihr entlang ausgestreckt, vor der Tür, die zur Kammer hin aufging, wo seine Großeltern, seit Jahren gestorben, Seite an Seite schliefen. Hinter ihnen die kleine Rumpelkammer, wo man im Dunkeln unter dem Vorhang aus Barchet, den man nicht hochziehen konnte, seine Kleider kaum finden mochte. Gleich heißt es aufstehen und die Lampe anmachen, um die Aufgaben zu erledigen. Doch nein ~~die Beine orientieren sich, er der schwindelnde Körper fühlte seine Beine, in der Lage, in der sie sich befinden, fühlten die Beine~~ die Dinge kreisen weiter, die Beine haben sich just vor dem Fenster ausgestreckt, es muss zur Linken und zur Rechten noch andere Betten geben, und gleich ~~wird er~~ heißt es, bevor es heller Tag wird, im Kasernenhof einen dampfenden Milchkaffee in der Kantine trinken, denn es geht hinaus aufs Land, die Musik im Kopf, die ertönen wird, sobald man die schlafende Stadt

hinter sich gebracht hat. ~~So~~ Doch nein, die Kammer ist
ganz leer, liegt man etwa unter dem Alkoven

Maman trat in meine Kammer ~~und küsste mich~~, um mir
meine Briefe auszuhändigen. ~~Zu dieser Stunde wird sie
nur kurz hereinkommen. Sie hatte jenes Gesicht~~ Die Zärtlichkeit lag nicht mehr unter ihren Gesichtszügen verborgen wie damals, als sie sich noch mit der Hoffnung
trug, aus mir einen wackeren Mann zu machen, und den
Überschwang meiner Zärtlichkeit für sie eindämmen und
möglichst wenig nähren wollte. Jetzt ~~räumte sie ein~~ war
ich ein Kranker, den sie nicht mehr zu heilen hoffte, sie
suchte mir Trost zu spenden. Der Kummer hatte ihren Willen gebrochen, und ihre Stimme, ihr Gesicht standen stets
in heimlicher Harmonie mit jenen, die sie beweinte, als
hätte ihnen Härte ein Leid zugefügt. Sie hatte sich etwas
von jener Geste voll unendlichem Respekt, unendlicher
Scheuheit, unendlicher Sanftheit bewahrt, mit der sie auf
dem Friedhof, wie starr vor Schreck, die Schaufel Erde als
leichten und zerfallenen Staub über den Sarg ihrer Mutter rieseln ließ. Selbst ihre Fröhlichkeit wirkte auf uns
sanft gedämpft, sie zeigte sich ohne jeden Ausbruch und
schien nicht über ihren Kummer bis zu ihr zu gelangen.
~~Sie hatte~~ Zu dieser Stunde indes gab sie mir rasch einen
Kuss und zog sich zurück, sie blieb nie zum Plaudern, ~~um
mir zu zeigen~~ räumte sie mir doch ein, dass ich, krank, den
Tag über schlief, sie wollte, in Hinblick auf bessere Tage,
nicht, dass in mir der Stundenplan eines gesunden und
tätigen Lebens für immer verfällt, und so zeigte sie mir,
dass es für alles eine geeignete Stunde gibt, und dies war
~~ihrer Ansicht nach~~ nicht eine, um zu plaudern, ~~wo man
im Schlafrock zum Schwatzen verweilt, denn es sei hohe
Zeit, dass sie sich ankleide~~ der Koch warte auf sie, um seine
Anweisungen zu erhalten, und es sei höchste Zeit, dass sie
sich ankleide, falls sie noch mit dem Metzger reden wollte,
sobald er käme, um ihm zu sagen, dass man seine Dienste

nicht mehr in Anspruch nehmen werde, wenn er nicht zartere und bessere Beefsteaks liefere.

Doch als sie mir meine Post aushändigte, legte sie sie so rasch auf einen Tisch, dass ich, der ich zu lesen wusste

Einst kannte ich wie alle Welt die Süße, ~~für einen Augenblick im Dunkeln und~~ mitten in der Nacht zu erwachen, für einen Augenblick ~~die Schwärze~~ das Dunkel, die Stille ~~zu fühlen~~ zu genießen, irgendein dumpfes Knarren wie es ~~ein Apfel~~ zuhinterst in einem Schrank ein Apfel von sich geben mochte, der für einen Moment ein schwaches Bewusstsein seiner Lage erlangte, dann ~~tauchte mein Kopf wieder~~ dachte ich ~~einen Augenblick~~ an irgendetwas, wobei ich unvermittelt fühlte, wie dieser recht kümmerliche Gedanke von mysteriöser Schönheit geprägt war, ~~und abermals~~ doch und

 „KRANK“

aus dem *Cahier 5*, NAF 16645, Folio 114 verso bis 111 verso, 112 recto

Zu jener Epoche ~~hatte ich bereits die Gewohnheit angenommen, am Tag zu schlafen.~~ war ich schon krank und konnte nur noch am Tag ins Bett und schlafen. Aber ich konnte mich an eine nicht allzu ferne Zeit erinnern, die heute sehr fern ist, wo ich in der Nacht nie für lange Zeit erwachte, sondern nur um kurz bewusst zu werden

Zu jener Epoche war ich schon krank und konnte ~~mich~~ nicht mehr ins Bett und schlafen, außer am Tag. Doch ~~ich erinnerte mich an eine Zeit, die noch nah war und die, wie ich mir vorgaukelte, wiederkommen würde~~ die Zeit war noch nicht ~~sehr~~ fern – und ich nährte die Hoffnung, sie käme bald wieder –, als ~~ich die ganze Nacht schlief,~~ zur gleichen Zeit wie meine Kammer ich mit ~~meiner Kammer~~ meinem Bett und meiner Kammer eins war, ich schlief die ganze Nacht eng umschlossen mit ihnen [7]

~~Als ich jung war, schlief ich in der Nacht, mit meiner~~
~~Kammer.~~ Bis ins Alter von zwanzig Jahren schlief ich in
der Nacht. ~~Mein Schlaf war nur~~ Eine Art ~~Kommunion mit~~
Teilhabe am Dunkeln der Kammer und am unbewussten
Leben ihrer ~~Wände und Möbel Holzmöbel~~ Wände ~~mein~~
~~Körper~~ Scheidewände und Möbel, ~~dies war mein Schlaf.~~ [8]

~~Bis ins Alter von zwanzig Jahren schlief ich in der Nacht.~~
~~Ich erwachte manchmal, gerade Zeit genug Es kam zu~~
~~kurzem Erwachen. Manchmal währte es~~ Bis ins Alter von
zwanzig Jahren schlief ich die ganze Nacht durch, mit
kurzem Erwachen. Manchmal ~~war es nur währte es nur~~
~~so lange Zeit, um meinen Geist aus dem Dunkeln zu zie-~~
~~hen, in dem er gleichzeitig wie mit der Kammer versunken~~
~~lag,~~ gerade Zeit genug, dass mein Geist ~~aus der Nacht dem~~
~~Schlummer findend~~ aus dem Schlummer der Nacht fand,
in dem die Kammer versunken lag; [9]

Bis ins Alter von zwanzig Jahren schlief ich in der Nacht
durch, mit kurzem Erwachen. Manchmal ~~währte es nur so~~
~~lange Zeit, wie mein Geist brauchte, um herauszufinden~~
~~machte~~ fand mein Geist ~~aus der Nacht~~ aus dem Schlummer, in dem ~~die Kammer~~ er mit der Kammer eins war,
außer dem winzigen Teil, der er selbst war, und in dem sie
versunken lag, gerade Zeit genug, um seiner bewusst zu
werden, ihn zu genießen und zu beschließen, möglichst
rasch in ihn zurückzufinden. [10]

~~Bisweilen schlief ich so jäh ein, ohne zu wissen~~
    Manchmal schlief ich auf einen Schlag ein, ohne ~~zu wis-~~
~~sen, dass ich einschlief~~ den Gedanken zu fassen, dass ich
einschlief. Und wenn ich erwachte, ~~wusste ich nicht, dass~~
~~ich war jener Gedanke~~
    ~~Manchmal schlief ich jäh ein~~
~~Wir wissen Wenn wir erwachen, wissen wir, dass wir~~
~~geschlafen haben Um während man schläft zu wissen,~~

~~dass man schläft, und sich bewusst zu sein, dass man~~ ~~gerade geschlafen hat, wenn man aufwacht, muss man das~~ ~~Bewusstsein gehabt haben, dass~~ Man sagt sich, ich habe gerade geschlafen, im nämlichen Moment, in dem man aufwacht, ~~weil man sich weil man sich bewusst war, dass~~ da dem Moment, in dem man einschlief, Momente voller Bewusstsein vorausgingen, während derer man sich darauf vorbereitete zu schlafen, und weil man diesen Gedanken, dass man schlafen würde, während des Schlafes intakt aufbewahrt hat und er der erste ist, den man wiederfindet, wenn man erwacht. Doch manchmal schlief ich so jäh ein, dass ich nicht Zeit fand, mir dessen bewusst zu werden. Und so wusste ich, wenn ich in der Nacht erwachte, nicht, dass ich erwachte, ~~instinktiv ich wähnte gerade zu~~ instinktiv suchte ich die Zeitung, die ich gerade zu lesen wähnte, ~~und~~ ~~nach einer Sekunde~~ um sie hinzuwerfen und die Lampe zu löschen, damit ich einschlafen konnte. Voll Verwunderung sah ich, dass alles in Dunkel getaucht war. Erholsam für meine Augen war dieses mysteriöse Dunkel, ~~das ich dort~~ ~~vorfand, ohne mich daran zu erinnern, dass es bereits~~ ~~geherrscht hatte, als ich einschlief~~ das gekommen schien, ohne dass ich es bemerkt hatte, ~~und~~ noch beruhigender für meinen Geist, der spürte, dass er für eine Sekunde gleichsam noch in dieser herrlichen Hängematte hing, ~~die~~ ~~nicht bis in die Welt des Verstandes der Wirkungen reicht,~~ erhaben über die Erde, ohne die Verkettung von Wirkung und Ursache zu begreifen.

UM ZEHN UHR ABENDS

aus dem *Cahier 1*, NAF 16640, Folio 71 verso

Zu jener Epoche, von der ich heute sprechen ~~werde~~ will, war ich schon krank und ~~ich~~ konnte ~~schon~~ nicht mehr schlafen ~~und~~ noch mich ins Bett legen, außer am Tag. Doch die Zeit ~~war noch nicht fern~~ lag nicht sehr weit zurück~~, als~~ ~~ich am Abend einschlief~~ (und ~~jeden Tag hoffte~~ ich konnte noch hoffen, dass sie wiederkehren würde), als ich um

Zur Zeit jenes Morgens, dessen Erinnerung ich, ich weiß nicht, warum, festhalten will, war ich schon krank, ich ~~war~~ blieb die ganze Nacht wach, ~~und schlief~~ legte mich am Morgen ins Bett und schlief am Tag. ~~Doch die Zeit war noch nicht sehr~~ Doch noch war mir eine Zeit recht nah, von der ich hoffen durfte, dass sie wiederkäme, und die, aus heutiger Sicht, von einer anderen Person erlebt wurde, wo ich um

zehn Uhr abends in mein Bett stieg, und außer gelegentlichem kurzem Aufschrecken schlief ich bis zum nächsten Morgen. ~~Manchmal~~ Oft schlief ich, kaum war meine Lampe erloschen, so rasch ein, dass ich nicht einmal Zeit fand, ~~zu denken~~ mir zu sagen, dass ich einschlief. ~~Wenn ich eine Stunde später aufwachte (diese Schlummer ohne Behelfsmittel dauerten nie sehr lange Zeit), wusste ich nicht, ob ich geschlafen hatte, ich wähnte mich noch im Begriff, die Zeitung zu lesen, und ich sagte mir, dass es Zeit sei~~ [11]

LETZTES ZÖGERN

aus dem Typoskript NAF 16752

In der Epoche jenes Morgens, dessen Erinnerung ich festhalten möchte, war ich schon krank; ich war gezwungen, die Nacht wach zu bleiben, und lag nur tagsüber im Bett. Doch lag damals die Zeit noch nicht weit zurück, und ich war noch voll Hoffnung, dass sie zurückkehren könnte, als ich jeden Abend zu guter Stunde ins Bett ging und, abgesehen von gelegentlichem mehr oder weniger langem Erwachen, bis zum Morgen durchschlief.

Bisweilen schlossen sich, kaum war meine Kerze erloschen, meine Augen so rasch, dass ich nicht einmal Zeit fand, mir zu sagen: „Ich schlafe ein."

EINE REGIEANWEISUNG

Deckblatt des *Cahier 68*, NAF 18318

Der 1. Satz wird sein: Während der letzten Monate, die ich in Paris zubrachte, bevor ich ins Ausland gehen würde, verschrieb mir mein Arzt ein geruhsames Leben. Zu guter Stunde im Bett, schlief ich bisweilen so rasch ein

UNTERWEGS ZUM BUCH

aus dem Typoskript NAF 16733

~~In der Epoche jenes Morgens, dessen Erinnerung ich fest-halten möchte, war ich schon krank; ich war gezwungen, die Nacht wach zu bleiben, und lag nur tagsüber im Bett. Doch lag damals die Zeit noch nicht weit zurück, und ich war noch voll Hoffnung, dass sie zurückkehren könnte, als ich jeden Abend zu guter Stunde ins Bett ging und, abgesehen von gelegentlichem mehr oder weniger langem Erwachen, bis zum Morgen durchschlief.~~

~~Während der letzten Monate, die ich in der Banlieue von Paris zubrachte, bevor ich ins Ausland gehen würde, verschrieb mir mein Arzt ein geruhsames Leben. Am Abend ging ich~~ zu guter Stunde ins Bett.[12]

Lange Zeit, ging ich zu guter Stunde zu Bett. ~~Oft~~ Bisweilen schlossen sich, kaum war meine Kerze erloschen, meine Augen so rasch, dass ich nicht einmal Zeit fand, mir zu sagen: „Ich schlafe ein."

AUKTION JUNI 2005 [13]

Während mancher Jahre, wenn ich mich, am Abend, gerade ins Bett gelegt hatte, da schlossen sich, oft war meine Kerze kaum erloschen, meine Augen so rasch, dass ich nicht einmal Zeit fand, mir zu sagen, ich schlafe ein. Doch eine ½ Stunde später weckte mich der Gedanke, dass es Zeit sei, Schlaf zu suchen, ich wollte mein Licht ausblasen, die Zeitung hinwerfen, die ich noch in Händen wähnte; im Schlaf hatte ich mir stetsfort ~~gedacht gemacht gedacht~~ Gedanken gemacht, ~~über das, was ich darin gelesen hatte~~ über das, was ich gerade darin gelesen hatte. ~~Aber ich~~ ~~Aber~~ abgelenkt ~~durch den Schlaf, durch den sie gezogen waren, glaubte ich~~ ~~Aber der Schlaf hatte sie abschweifen ließ sie abschwei-~~

fen; ~~mir war~~ ich war überzeugt, dass ich selbst die neue Symphonie war, die Abgeordneten, die gegen die Regierung für eine Senkung der Rente gestimmt hatten; dieser ~~Anschein~~ Überzeugung hielt nach dem Erwachen noch ein paar Sekunden an; sie setzte meine Vernunft keineswegs in Schreck, aber lag wie Schuppen auf meinen Augen, und so bemerkten sie, von ihr gehemmt, nicht einmal, dass meine Handleuchte erloschen war;

DER MAULWURF

aus dem Typoskript NAF 16730

Lange Zeit ging ich zu guter Stunde zu Bett. Bisweilen schlossen sich, kaum war meine Kerze erloschen, meine Augen so rasch, dass ich nicht einmal Zeit fand, mir zu sagen: „Ich schlafe ein." Doch schon eine halbe Stunde später, da weckte mich der Gedanke, dass es Zeit sei, Schlaf zu suchen; ich wollte die Zeitung hinwerfen, die ich noch in Händen wähnte, und mein Licht ausblasen; noch im Schlaf ~~wusste ich~~ hatte ich fortdauernd ~~nachgedacht~~ mir über den Artikel Gedanken gemacht, den ich gerade gelesen hatte, über das Alter gewisser Skulpturen, ~~aber ich hatte auf eine recht eigentümliche Weise darüber nachgedacht, denn~~ recht eigentümliche Gedanken, denn ~~ich war darin selbst ich war~~ mir schien, ich sei selbst das Datum dieser Skulpturen; ~~dieser Anschein~~ diese tiefe Überzeugung für einen Augenblick ~~erweckte dieser Anschein und hinderte beim Erwachen meine Augen, zu sehen~~ lastete dieser Anschein auf meinen Augen wie eine Schuppe, er hinderte sie daran, zu bemerken, dass meine Kerze nicht mehr brannte und dass es in der Kammer, entgegen meiner Überzeugung, nicht hell war. ~~Aber das Alter der Skulpturen blätterte von mir ab, war nur noch eine Vorstellung, in die ich mich freiwillig versenken mochte; alsogleich gewannen meine Augen die Sicht zurück und bemerkten und erblickten rings um sich ein Dunkel, das für sie erholsam war.~~

Die ganz klaren Vorstellungen, die ich im Schlaf hergeleitet hatte, wurden für mich so unbegreiflich wie einem Menschen ~~das~~ Tier der Maulwurf, der er ~~vielleicht~~ in einer früheren Existenz war; die ~~Metamorphose~~ Metempsychose tat ihr Werk; ~~ich~~ das Alter der Skulpturen ~~blätterte von mir~~ entfernte sich wie eine Vorstellung, wobei es einem frei steht, sich in sie zu versenken oder nicht; ich glaubte nicht länger, dass sie ich war; sogleich gewann ich meine Sicht zurück; meine Augen bemerkten, dass es rings um mich schwarz war;[14]

1 Wo nicht anders erwähnt, folgen wir der Transkription von Bernard Brun: „Le dormeur éveillé, genèse d'un roman de la mémoire" in den *Cahiers Marcel Proust 11, Études proustiennes IV* Paris 1982, S. 242–286. Gestrichene Stellen fügen wir nur vereinzelt an.

2 Hier geht der Text über in „Die Mutter und das Milchmädchen".

3 Der Text fährt mit Sequenzen fort: Gedanken an den Artikel im *Figaro*, „dessen Druckfahnen ich korrigiert hatte"/Beklemmung im fremden Hotel/die Zimmer neben den Eltern, am Meer, in der Militärkaserne.

4 Der Text kreist um nächtliche Zimmer. Maman legt den *Figaro* hin – wie ein Anarchist eine Bombe.

5 Das Zimmer dreht sich noch ein wenig weiter.

6 Er führt diese Situation kurz aus.

7 Proust kreist um Eindrücke im Dunkeln.

8 Proust erinnert sich, wie der Onkel Marcel an den Locken zog.

9 Hier folgt eine Variation über das Knarren des Konfitüren-Topfs.

10 Es folgt ein erster Versuch, die solitären Freuden der Onanie mit fünfzehn Jahren zu beschreiben.

11 Hier folgt „Der Opalstrahl".

12 Proust streicht die handschriftliche Ergänzung bis auf die letzten Worte. Zunächst also hieß der erste Satz: „Am Abend ging ich zu guter Stunde zu Bett." Proust streicht die ersten Worte und ersetzt sie durch „Longtemps, je me suis".

13 2005 kam bei einer Auktion durch J. A. Stargardt in Berlin ein kleiner Zettel zur Versteigerung, dessen untere Ecken eingerissen sind, während er oben gefaltet ist, wohl weil er, wie Luzius Keller vermutet, zum Einkleben gedacht war, wobei die letzten drei Zeilen noch auf dem eingefalteten Teil stehen. – Wir übersetzen den Text nach der Transkription von Luzius Keller in: op.cit. S. 89f.

14 Und nun beginnt das Ping-Pong zwischen den beiden Versionen der Druckbogen von 1913, vgl. Anmerkung 3. S. 564ff.

terre où il s'est solidifié en denses feuillag
quels la pluie peut s'égoutter sans comp
résistance de leur permanente joie, a hissé
la saison, jusque dans les rues du village
des maisons et des jardins, ses pavillons
lette. Assis dans le petit salon, où j'atten
du dîner en lisant, j'entendais l'eau dégou
marronniers, mais je savais que l'averse ne
vernir leurs feuilles et qu'ils promettaient
rer là, comme des gages de l'été, toute l
vieuse, à assurer la continuité du beau te
avait beau pleuvoir, demain, au-dessus de

e — qui tient de
respect et sous le
—d'une duchesse
qu'il ait fait un

cères sont mêlés
t avec une peri-
iment d'elle dès
déplorèrent avec
nom de principes
même qu'ils les
a braves gens de

is-entendre qu'il

Méséglise était la
sions de Combray
t pour les temps
église était assez
de vue de la lisière
paisseur desquels
t.
ère un nuage qui
issait la bordure.
vé à la campagne
andis que le petit
le ciel le relief de
on et un fini acca-
tait enfuie, j'étais
s une obligation
de préparer mon
e. Un peu de vent
bait dans le loin-
lointain des bois
ans ces camaïeux
nes demeures.
ber la pluie dont
devanture nous
nme des oiseaux
s ensemble, des-
es ne se séparent
endant la rapide
ace, attire à elle
ciel en est plus
. Nous nous réfu-
ge semblait fini,
entes, arrivaient
otre abri car les
a terre était déjà
ardait à jouer sur
e à la pointe et

blanche de la Frapelière, onduleraient a
ses de petites feuilles en forme de cœu
tristesse que j'apercevais le peuplier de
champs adresser à l'orage des suppli
salutations désespérées ; c'est sans tris
tendais au fond du jardin les derniers
tonnerre roucouler dans les lilas.
Si le temps était mauvais dès le mat
renonçaient à la promenade et je ne so
je pris ensuite l'habitude d'aller march
de Méséglise s'il faisait mauvais, dans
nous dûmes venir à Combray pour la
ma tante Léonie, car elle était enfin
triompher à la fois ceux qui prétend
régime affaiblissant finirait par la tuer
des autres qui avaient toujours souten
une maladie non pas imaginaire mai
l'évidence de laquelle les sceptiques
obligés de se rendre quand elle y aura
ne causât par sa mort de grande doul
seul être, très chez celui-là, sauvage
à Françoise. Pendant les quinze jours q
nière maladie, Françoise ne la quitta
ne se déshabilla pas, ne se coucha pas
sonne lui donner aucun soin, et ne q
que quand les croque-morts l'eurent
nous comprîmes que cette sorte de cr
çoise avait vécu des mauvaises paroles
des colères de ma tante avait dévelop
sentiment que nous avions pris pour
qui était de la vénération et de l'amo
loin le temps où, quand nous venions
cances à Combray, nous avions auta
ses yeux que ma tante. Peu à peu, au
que le caractère de celle-ci avait che
s'était creusé entre elle et nous aux
çoise. Nous restions des hommes par

nous sous une forme indistincte qui ne nous apprend pas à le connaître. C'est dans une promenade de cet automne-là, du côté de Méséglise, près du talus broussailleux qui protège la Combe, que je fus frappé pour la première fois de ce désaccord entre mes impressions et leur expression habituelle. Après une heure de pluie et de vent contre lesquels j'avais lutté avec allégresse, comme j'arrivais au bord de la mare de la Combe, devant une petite cahute recouverte en tuiles où le jardinier de M. Vington serrait ses instruments de jardinage, le soleil venait de reparaître,

et ses dorures lavées par l'averse reluisaient à neuf dans le ciel, sur les arbres, sur le mur de la cahute, sur son toit de tuile encore mouillé, à la crête duquel se promenait une poule. Et le vent qui soufflait tirait horizontalement les herbes folles qui avaient poussé dans la paroi du mur, et les plumes de duvet de la poule, qui, les unes et les autres se laissaient filer au gré du souffle jusqu'à l'extrémité de leur longueur avec l'abandon des choses inertes et légères. Le toit de tuile faisait dans la mare, que le soleil rendait de nouveau réfléchissante, une marbrure rose, à laquelle je n'avais encore jamais fait attention. Et voyant sur l'eau et à la face du mur même un pâle sourire répondre au sourire du ciel, je m'écriai dans mon enthousiasme en brandissant mon parapluie refermé : « Zut, zut, zut, zut ». Mais en même temps je sentis que mon devoir eût été de ne pas m'en tenir à ces mots obscurs et de tâcher de voir plus clair dans mon ravissement.

Et c'est à ce moment-là encore, — grâce à un paysan qui passait là, l'air déjà d'être d'assez mauvaise humeur, qui le fut davantage quand il faillit recevoir mon parapluie dans la figure, et qui répondit sa chaleur à mes, « beau temps, n'est-ce pas, il fait bon marcher », — que j'appris que les mêmes émotions ne se produisent pas simultanément, dans un ordre préétabli, chez tous les hommes. Plus tard chaque fois qu'une lecture un peu longue m'avait mis en humeur de causer, le camarade à qui je brûlais d'adresser la parole venait justement de se livrer au plaisir de la conversation et désirait maintenant qu'on le laissât lire tranquille. Si je venais de penser à mes parents avec tendresse et de prendre les décisions les plus sages et les plus propres à leur faire plaisir, ils avaient employé le même temps à apprendre une peccadille que j'avais oubliée et qu'ils me reprochai...

DAS FLIMMERN DES HERZENS

ist im November 2017 als dreihundertfünfundneunzigster
Band der ANDEREN BIBLIOTHEK erschienen.

Die Herausgabe lag in den Händen von Christian Döring.

Beim Lektorat wurde er unterstützt von Ron Mieczkowski
und dem Korrektorat von Kirsten Skacel.

Über die editorischen Grundlagen seiner Übertragung gibt
Stefan Zweifel Auskunft in seinem Vorwort und im Anhang.

Die Idee zu diesem Buch kam ihm im Zusammenhang
der Ausstellung *1900 – 1914 Expedition ins Glück* (2014) im
Schweizer Landesmuseum, die er, unterstützt von Rebecca
Sanders, mit Juri Steiner kuratierte.

Er dachte während der Arbeit viel an seinen Sohn Thibault
und dankt seinen Eltern und Freunden, insbesondere
Juri Steiner, Robert Hunger-Bühler und Katharina Faerber.

Wir danken der Fondation Martin Bodmer/Cologny und
ihrem Direktor Jacques Berchtold für die Bereitstellung der
Druckbogen.

Dieses Buch wurde von Jonas Vogler, Berlin, gestaltet
und aus der Stanley, der Lyno (Stan) sowie der Fugue gesetzt.

Die Herstellung betreute Katja Jaeger, Berlin.

Das Memminger MedienCentrum druckte auf 100 g/m²
holz- und säurefreies, ungestrichenes Munken Lynx.
Dieses wurde von Arctic Paper ressourcenschonend hergestellt.

Den Einband besorgte die Conzella Verlagsbuchbinderei
in Aschheim-Dornach.

Die Originalausgaben der ANDEREN BIBLIOTHEK
sind limitiert und nummeriert.
1. – 4.444
2017

DIESER BAND TRÄGT DIE NUMMER

0729 ✳

ISBN 978-3-8477-0395-2
AB – Die Andere Bibliothek GmbH & Co.KG
Berlin 2017

**Die Andere
Bibliothek**

Un jeune homme qui dort, les bras répandus, tient
en cercle autour de lui le fil des heures, l'ordre des
années et des mondes. Il les consulte d'instinct en
s'éveillant et y lit en une seconde le point de la terre

qu'il occupe, le temps qui s'est écoulé jusqu'à son
réveil ; mais leurs rangs peuvent se mêler, se rompre.
Qu'il se soit endormi brusquement, tourné sur un
côté où ne repose pas d'ordinaire la flexion de ses
membres, aussitôt les myriades des étoiles s'échappent, tombent à terre et s'éteignent, quoique la nuit
commence à peine et qu'elles brillent de leur plus vif
éclat dans le ciel ; s'il s'éveille alors dans ce premier
somme il ne saura plus l'heure, se figurera que le
matin est proche. Que vers le matin, au contraire,
après quelque insomnie, le sommeil le prenne en train
de lire, dans une posture trop différente de celle où il
dort habituellement, il suffit de son bras soulevé pour
arrêter et faire reculer le soleil, et à la première minute de son réveil) il estimera qu'il vient à peine de
se coucher. Que s'il s'assoupit dans une position encore plus déplacée et divergente, par exemple après
dîner assis dans un fauteuil, alors le bouleversement
sera complet dans les mondes désorbités, le fauteuil
magique le fera voyager à toute vitesse dans le temps
et dans l'espace, et quand il rouvrira les paupières,
avant d'y voir clair il se croira couché quelques mois
plus tôt dans une autre contrée. Mais il suffisait que
dans mon lit même mon sommeil fut profond et détendit entièrement mon esprit ; alors celui-ci lâchait le
plan du lieu où je m'étais endormi, et quand je m'é-
veillais au milieu de la nuit je ne savais pas où je me
trouvais.

   Peut-être l'immobilité des choses autour de nous
leur est-elle imposée par notre certitude de ce que se
sont elles et non pas d'autres, par l'immobilité de
notre pensée en face d'elles. Toujours est-il que, quand
je me réveillais ainsi, mon esprit s'agitant pour chercher, sans y réussir, à savoir où j'étais, tout tournait
autour de moi dans l'obscurité, les choses, les pays,
les années. Mon corps, trop engourdi pour remuer,
cherchait, d'après la forme de sa fatigue, à repérer la